Prüfe dein Wissen
Rechtsfälle in Frage und Antwort

Wiedemann/Frey
Gesellschaftsrecht

Gesellschaftsrecht

begründet von

Dr. Herbert Wiedemann

em. o. Professor an der Universität zu Köln
Richter am Oberlandesgericht Düsseldorf a. D.

ab der 6. Auflage mitverfasst und
ab der 8. Auflage allein fortgeführt von

Dr. Kaspar Frey

o. Professor an der Europa-Universität Viadrina Frankfurt (Oder)

9., völlig neu bearbeitete Auflage, 2016

C.H.BECK

www.beck.de

ISBN 978 3 406 70092 7

Wilhelmstraße 9, 80801 München
Druck und Bindung: Nomos Verlagsgesellschaft mbH & Co. KG
In den Lissen 12, 76547 Sinzheim

Satz: Druckerei C. H. Beck, Nördlingen
Umschlaggestaltung: Martina Busch, Grafikdesign, Homburg Saar

Gedruckt auf säurefreiem, alterungsbeständigem Papier
(hergestellt aus chlorfrei gebleichtem Zellstoff)

Vorwort

Dieses Buch behandelt die heute typischen gesellschaftsrechtlichen Aufgaben in mündlichen und schriftlichen Prüfungen. Es leitet gutachterlich zu den zentralen Wertungen oder Rechtstatsachen, deren Kenntnis das oft komplizierte Gesellschaftsrecht einfach werden lässt.

Der Leser kann mit einem beliebigen Kapitel beginnen, und er kann das Buch nach seiner Wahl mehr zur Wissensvermittlung oder mehr zur Wissenskontrolle benutzen. Es deckt sowohl den Pflicht- als auch den Schwerpunktbereich ab: Fälle, die nicht zum Pflichtfach gehören, sind mit einem Sternchen vor dem Fall oder dem Kapitel gekennzeichnet.

Ich habe das Werk von meinem großen Lehrer *Herbert Wiedemann* schrittweise übernommen und in enger Absprache fortgeführt. Alle Fälle unserer Vorauflage wurden im Kreise meiner akademischen Mitarbeiter eingehend diskutiert und für die Neuauflage ersetzt, aktualisiert oder jedenfalls didaktisch weiter verbessert. Jeweils an mehreren Kapiteln haben mitgewirkt *Sebastian Benke, Christoph Cors, Maximilian Kessemeier, Jaqueline Malack* und *Carsten Schirrmacher.*

Tendenziell wurden jene Fragen bevorzugt, die bei einer späteren praktischen Tätigkeit des Lesers Bedeutung behalten dürften. Nur die Personenhandelsgesellschaften sind etwas breiter dargestellt als es ihrer praktischen Bedeutung entspricht. Dies beruht auf zwei Gründen: Erstens werden sie in den Prüfungsordnungen und entsprechend in der Vorbereitung der juristischen Examina immer noch bevorzugt. Zweitens lässt sich das Gesellschaftsrecht hier anhand einfacher Sachverhalte leichter vermitteln. Über Verbesserungsvorschläge aus dem Leserkreis würde ich mich sehr freuen (E-Mail: *frey@europa-uni.de*). Fragen werden umgehend beantwortet; bei der Umstellung von Fallverweisen auf die neue Auflage hilft unsere Konkordanzliste *(https://www.rewi.europa-uni.de/de/lehrstuhl/br/handelsrecht/PdW).*

Frankfurt (Oder), im August 2016 *Kaspar Frey*

Inhaltsverzeichnis

Hinweis: Fälle, die nicht zum Pflichtfach gehören, sind mit einem Sternchen vor dem Fall oder dem Kapitel gekennzeichnet.

Abkürzungsverzeichnis

a. A.	anderer Ansicht
Abs.	Absatz
AcP	Archiv für die civilistische Praxis
ADHGB	Allgemeines Deutsches Handelsgesetzbuch
a. E.	am Ende
AEUV	Vertrag über die Arbeitsweise der Europäischen Union
a. F.	alte Fassung
AG	Aktiengesellschaft; Amtsgericht; Die Aktiengesellschaft (Zeitschrift)
AGB	Allgemeine Geschäftsbedingungen
AGG	Allgemeines Gleichbehandlungsgesetz
AIF	Alternativer Investmentfonds
AktG	Aktiengesetz
Alt.	Alternative
AnfG	Anfechtungsgesetz
Anh.	Anhang
AO	Abgabenordnung
AP	Arbeitsrechtliche Praxis (Nachschlagewerk des Bundesarbeitsgerichts)
ApoG	Apothekengesetz
ArbGG	Arbeitsgerichtsgesetz
ARGE	Arbeitsgemeinschaft
Art.	Artikel
Aufl.	Auflage
BaFin	Bundesanstalt für Finanzdienstleistungsaufsicht
BAG	Bundesarbeitsgericht
BayObLG	Bayerisches Oberstes Landesgericht
BB	Der Betriebs-Berater (Zeitschrift)
BbgKVerf	Kommunalverfassung des Landes Brandenburg
Bd.	Band
BDI	Bundesverband der Deutschen Industrie e. V.
BeamtStG	Beamtenstatusgesetz
BetrVG	Betriebsverfassungsgesetz
BFHE	Entscheidungen des Bundesfinanzhofs
BGB	Bürgerliches Gesetzbuch
BGH	Bundesgerichtshof
BGHZ	Entscheidungen des Bundesgerichtshofs in Zivilsachen
BörsG	Börsengesetz
BRAO	Bundesrechtsanwaltsordnung
BT-Drucks.	Bundestagsdrucksache
Buchst.	Buchstabe
BVerfG	Bundesverfassungsgericht

BVerwGE	Entscheidungen des Bundesverwaltungsgerichts
bzw.	beziehungsweise
Co.	Compagnie
DB	Der Betrieb (Zeitschrift)
DCGK	Deutscher Corporate Governance Kodex
DDR	Deutsche Demokratische Republik
DepotG	Depotgesetz
DGB	Deutscher Gewerkschaftsbund
d. h.	das heißt
DM	Deutsche Mark
DNotZ	Deutsche Notarzeitschrift
DrittelbG	Gesetz über die Drittelbeteiligung der Arbeitnehmer im Aufsichtsrat
DStR	Deutsches Steuerrecht (Zeitschrift)
DZWir	Deutsche Zeitschrift für Wirtschaftsrecht
eG	eingetragene Genossenschaft
EG	Europäische Gemeinschaft
Einf.	Einführung
e. K.	eingetragener Kaufmann
ErbStG	Erbschaftsteuer- und Schenkungsteuergesetz
EStG	Einkommensteuergesetz
et al.	et alii
EU	Europäische Union
EuGH	Europäischer Gerichtshof
EUR	Euro
e. V.	eingetragener Verein
EWiR	Entscheidungen zum Wirtschaftsrecht (Zeitschrift)
EWIV	Europäische Wirtschaftliche Interessenvereinigung
EWIV-VO	Verordnung (EWG) Nr. 2137/85 des Rates vom 25. Juli 1985 über die Schaffung einer Europäischen wirtschaftlichen Interessenvereinigung (EWIV)
f.	folgende
FamFG	Gesetz über das Verfahren in Familiensachen und in den Angelegenheiten der freiwilligen Gerichtsbarkeit
ff.	fortfolgende
FS	Festschrift
FusionskontrollVO	EG-Fusionskontrollverordnung Nr. 139/2004
GBO	Grundbuchordnung
GbR mbH	Gesellschaft bürgerlichen Rechts mit beschränkter Haftung
GbR	Gesellschaft bürgerlichen Rechts
GBV	Grundbuchverfügung
GDV	Gesamtverband der Deutschen Versicherungswirtschaft e. V.
GenG	Genossenschaftsgesetz

GewStG	Gewerbesteuergesetz
GG	Grundgesetz
GmbH & Co. KG	Gesellschaft mit beschränkter Haftung & Compagnie Kommanditgesellschaft
GmbH	Gesellschaft mit beschränkter Haftung
GmbHG	Gesetz betreffend die Gesellschaften mit beschränkter Haftung
GmbHR	GmbH-Rundschau
G. o. A.	Geschäftsführung ohne Auftrag
GrEStG	Grunderwerbsteuergesetz
GVG	Gerichtsverfassungsgesetz
GWB	Gesetz gegen Wettbewerbsbeschränkungen
h. A.	herrschende Ansicht
HGB	Handelsgesetzbuch
h. M.	herrschende Meinung
Hrsg.	Herausgeber
HRV	Handelsregisterverordnung
Hs.	Halbsatz
IFRS	International Financial Reporting Standards
IG	Industriegewerkschaft
i. G.	in Gründung
i. L.	in Liquidation
InsO	Insolvenzordnung
InvG	Investmentgesetz
InvKG	Investmentkommanditgesellschaft
i. S. d.	im Sinne der/des
i. S. v.	im Sinne von
i. V. m.	in Verbindung mit
JURA	Juristische Ausbildung (Zeitschrift)
JuS	Juristische Schulung
JW	Juristische Wochenschrift
JZ	Juristenzeitung
KAGB	Kapitalanlagegesetzbuch
Kap.	Kapitel
KG	Kammergericht; Kommanditgesellschaft
KGaA	Kommanditgesellschaft auf Aktien
KostO	Kostenordnung
krit.	kritisch
KSchG	Kündigungsschutzgesetz
KStG	Körperschaftsteuergesetz
KVG	Kapitalverwaltungsgesellschaft
LG	Landgericht
Lkw	Lastkraftwagen

LLC	Limited Liability Company
LLP	Limited Liability Partnership
LM	*Lindenmaier-Möhring,* Nachschlagewerk des Bundesgerichtshofs
LPG	Landwirtschaftliche Produktionsgenossenschaft
Ltd.	Private Company Limited by Shares
m. Anm.	mit Anmerkung
MBO	Management-Buy-Outs
MDR	Monatsschrift für Deutsches Recht
m. E.	meines Erachtens
Mio.	Million(en)
MitbestG	Mitbestimmungsgesetz
MontMitbestErgG	Montan-Mitbestimmungsergänzungsgesetz
MontMitbestG	Montan-Mitbestimmungsgesetz
Mrd.	Milliarde(n)
m. w. N.	mit weiteren Nachweisen
NJW	Neue Juristische Wochenschrift
NJW-RR	NJW Rechtsprechungs-Report Zivilrecht
NotVO	Notverordnung
Nr(n).	Nummer(n)
NV	Naamloze vennootschap (niederländisch für Aktiengesellschaft)
NZG	Neue Zeitschrift für Gesellschaftsrecht
OGAW	Organismen für gemeinsame Anlagen in Wertpapieren
OHG	offene Handelsgesellschaft
OLG	Oberlandesgericht
OLGE	Die Rechtsprechung der Oberlandesgerichte auf dem Gebiet des Zivilrechts
PAO	Patentanwaltsordnung
PartG	Parteiengesetz
PartGG	Partnerschaftsgesellschaftsgesetz
PatG	Patentgesetz
Pkw	Personenkraftwagen
plc	public limited company
ProdHaftG	Produkthaftungsgesetz
PublKG	Publikums-Kommanditgesellschaft
RG	Reichsgericht
RGZ	Entscheidungen des Reichsgerichts in Zivilsachen
Rn.	Randnummer
ROHG	Reichsoberhandelsgericht
ROHGE	Entscheidungen des Reichsoberhandelsgerichts
RPflG	Rechtspflegergesetz
Rs.	Rechtssache

S.	Seite
S. A.	Société Anonyme
S. A. R. L.	Société à responsabilité limitée
SCE	Societas Cooperativa Europaea (Europäische Genossenschaft)
SCEAG	SCE-Ausführungsgesetz
SE	Societas Europaea (Europäische [Aktien-]Gesellschaft)
SEAG	SE-Ausführungsgesetz
SEBG	SE-Beteiligungsgesetz
SE-RL	SE-Richtlinie 2001/86/EG
SE-VO	Verordnung (EG) Nr. 2157/2001 des Rates vom 8. Oktober 2001 über das Statut der Europäischen Gesellschaft (SE)
Slg.	Sammlung
sog.	sogenannt
SpruchG	Spruchverfahrensgesetz
s. r. l.	società a responsabilità limitata
st. Rspr.	ständige Rechtsprechung
StBerG	Steuerberatergesetz
StGB	Strafgesetzbuch
str.	streitig
StVG	Straßenverkehrsgesetz
Tz.	Textziffer
u. a.	unter anderem
UBGG	Gesetz über Unternehmensbeteiligungsgesellschaften
UG	Unternehmergesellschaft (haftungsbeschänkt)
UmwG	Umwandlungsgesetz
unstr.	unstreitig
UStG	Umsatzsteuergesetz
usw.	und so weiter
u. U.	unter Umständen
UWG	Gesetz gegen unlauteren Wettbewerb
v.	von
VAG	Versicherungsaufsichtsgesetz
Var.	Variante
VereinsG	Vereinsgesetz
VermAnlG	Vermögensanlagengesetz
vgl.	vergleiche
VOB	Vergabe- und Vertragsordnung für Bauleistungen
VVaG	Versicherungsverein auf Gegenseitigkeit
VVG	Versicherungsvertragsgesetz
VwGO	Verwaltungsgerichtsordnung
VwVfG	Verwaltungsverfahrensgesetz (Bund)
WEG	Wohnungseigentumsgesetz
WM	Wertpapier-Mitteilungen (Zeitschrift)

WpHG	Wertpapierhandelsgesetz
WPO	Wirtschaftsprüferordnung
WpPG	Wertpapierprospektgesetz
WpÜG	Wertpapiererwerbs- und Übernahmegesetz
z. B.	zum Beispiel
ZfgG	Zeitschrift für das gesamte Genossenschaftswesen
ZGR	Zeitschrift für Unternehmens- und Gesellschaftsrecht
ZHR	Zeitschrift für das gesamte Handels- und Wirtschaftsrecht
ZInsO	Zeitschrift für das gesamte Insolvenzrecht
ZIP	Zeitschrift für Wirtschaftsrecht (früher: Zeitschrift für die gesamte Insolvenzpraxis)
ZPO	Zivilprozessordnung
zzgl.	zuzüglich

Literaturverzeichnis

Emmerich/ Habersack	*Emmerich/Habersack,* Aktien- und GmbH-Konzernrecht, 6. Aufl. 2010
GroßkommAktG/ *Bearbeiter*	Aktiengesetz, Großkommentar, 4. Aufl. 1992 ff.
Grundmann	*Grundmann,* Europäisches Gesellschaftsrecht, 2. Aufl. 2011
Grunewald	*Grunewald,* Gesellschaftsrecht, 8. Aufl. 2011
Habersack/Verse	*Habersack/Verse,* Europäisches Gesellschaftsrecht, 4. Aufl. 2011
Henn/Frodermann/ Jannott	*Henn/Frodermann/Jannott,* Handbuch des Aktienrechts, 8. Aufl. 2009
Münchener Handbuch des Gesellschaftsrechts/ *Bearbeiter*	Münchener Handbuch des Gesellschaftsrechts, Bd. 1, 3. Aufl. 2009
MünchKommAktG/ *Bearbeiter*	Münchener Kommentar zum Aktiengesetz, Bd. 1, 3. Aufl. 2008
Reichert	*Reichert,* Handbuch Vereins- und Verbandsrecht, 13. Aufl. 2016
K. Schmidt	*Karsten Schmidt,* Gesellschaftsrecht, 4. Aufl. 2002
Spindler/Stilz/ *Bearbeiter*	*Spindler/Stilz* (Hrsg.), Aktiengesetz 3. Aufl. 2015
Wiedemann I	*Wiedemann,* Gesellschaftsrecht I: Grundlagen, 1980
Wiedemann II	*Wiedemann,* Gesellschaftsrecht II: Recht der Personengesellschaften, 2004
Windbichler	*Windbichler,* Gesellschaftsrecht, 23. Aufl. 2013

Kapitel 1. Grundfragen

1. Gesellschaftsrecht

Was versteht man unter „Gesellschaftsrecht“?

Gesellschaftsrecht ist das Recht aller privaten Gemeinschaften, in denen sich Personen zu einem bestimmten gemeinsamen Zweck durch Rechtsgeschäft, das heißt freiwillig, zusammenschließen können. Auch die sehr verbreiteten Einpersonen-Gesellschaften rechnen dazu (vgl. etwa § 1 GmbHG und Fall 274). Gesellschaftsrecht bietet einen organisatorischen Rahmen – insbesondere für wirtschaftliche Tätigkeit.

Schrifttum: *Windbichler,* § 1.

2. Keine Gesellschaften

Welche Gemeinschaften gehören demnach nicht in den Regelungsbereich des Gesellschaftsrechts?

a) Die Familie und „Gruppen“ im soziologischen Sinn, also Zusammenschlüsse, die weder auf rechtsgeschäftlicher noch sonst auf rechtlicher Grundlage entstanden sind.

b) Miterben- und Erfindergemeinschaften, denn sie entstehen nicht durch Rechtsgeschäft (vgl. § 2032 BGB, § 6 Satz 2 PatG).

c) Die Ehe: Hier ist kein Zweck vereinbart, der über ihre gesetzliche Regelung hinausgeht (vgl. Fall 62). Das Gleiche gilt für Rechtsgemeinschaften (z. B. Miteigentümer- oder andere Bruchteilsgemeinschaften nach §§ 741, 1008 BGB), selbst wenn sie auf vertraglicher Grundlage entstanden sind.

d) Auf öffentlich-rechtlicher Grundlage errichtete Zusammenschlüsse (vgl. Fall 8). Dazu gehören z. B. Staatengemeinschaften und Rechtsanwaltskammern und in der Regel Kirchen, Universitäten und Sparkassen.

e) Stiftungen, weil sie keine Mitglieder haben können (vgl. Fall 50).

3. Rechtsquellen

Nennen Sie Rechtsquellen des deutschen und europäischen Gesellschaftsrechts!

a) Verfassungsrechtliche Rechtsquelle des Gesellschaftsrechts ist die Vereinigungsfreiheit: Art. 9 Abs. 1 GG schützt das Recht des Einzelnen, sich mit anderen in Vereinen oder Gesellschaften zu verbinden, (Individualgrundrecht) und macht auch die Vereinigung als solche zum Träger dieses Grundrechts (Kollektivgrundrecht).

b) Einfaches nationales Recht findet sich für die beiden Grundformen (den „Verein" als Körperschaft und die „BGB-Gesellschaft" als Personengesellschaft) im BGB, für die Personenhandelsgesellschaften und die stille Gesellschaft im HGB, für die übrigen Verbandsformen in Spezialgesetzen wie dem AktG, GenG, GmbHG, PartGG und VAG. Für die meisten Gesellschaftsformen gelten das UmwG und die Rechnungslegungsvorschriften des HGB.

c) Europäisches (Primär-)Recht gestattet in Art. 54 und 50 Abs. 2 Buchst. g AEUV die Angleichung gesellschaftsrechtlicher Schutzbestimmungen.

Dementsprechend schufen Verordnungen nach Art. 352, 288 Abs. 2 AEUV die Europäische wirtschaftliche Interessenvereinigung (EWIV; vgl. Fall 485), die Europäische (Aktien-)Gesellschaft (SE; vgl. Fall 486) und die Europäische Genossenschaft (SCE; vgl. Fall 450). Richtlinien nach Art. 115, 288 Abs. 3 AEUV beeinflussten das deutsche Kapitalgesellschafts- und Bilanzrecht erheblich (vgl. Fall 339).

Schrifttum: *Habersack/Verse,* Einf.

4. Gesellschafts- und Schuldrecht

Was unterscheidet das Gesellschaftsrecht tendenziell vom Recht des obligatorischen Vertrages?

a) Die oft höhere Zahl der Beteiligten: Das Schuldrecht zerlegt Mehrpersonenverhältnisse (z. B. bei Käuferketten, Bürgschaften, Fehlüberweisungen) meist in Zwei-Personen-Verhältnisse und diese in Ansprüche und Einreden. Verpflichtet sich aber zum Beispiel eine Investorengruppe gegenüber einer anderen, wird es unübersichtlich. Besser fasst man Personen, die kooperieren wollten, um tendenziell gleiche Interessen zu verfolgen, zu Gesellschaften zusammen.

b) Die Möglichkeit, Rechtsträger zu schaffen.

c) Die Zuständigkeitsregeln: Sie erleichtern die gemeinsame Zweckverfolgung mehrerer und erfordern ein Organisationsrecht. Es beschreibt vor allem:
- die Bildung von Mitgliedschaften und Sondervermögen
- Stimmrecht, Stimmabgabe und Beschlussfassung
- die Zuständigkeitsverteilung und Verfahrensregeln
- Organträger und Organverantwortung.

5. Merkmale zur Klassifizierung

Nennen Sie die wichtigsten Merkmale zur Beschreibung von Gesellschaften!

a) Wirtschaftliche Zielsetzung ist notwendig (OHG, KG), typisch (AG, GmbH), möglich (GbR) oder allenfalls als Nebenzweck erlaubt (Idealverein).

b) Gesellschafterhaftung: Den Gläubigern haften neben der Gesellschaft auch die Gesellschafter unmittelbar und dann grundsätzlich unbeschränkt (GbR, OHG, KG;

KGaA im Hinblick auf den Komplementär). Alternative: Die Gesellschafter schulden nur ihre Einlage und diese nur der Gesellschaft (GmbH, AG).

c) **Körperschaftliche Organisation** ist auf Mitgliederwechsel angelegt (Verein, börsennotierte AG). Alternative: Der Verband ist personalistisch, also auf die persönliche Nähe der Gesellschafter zugeschnitten, eine Anteilsübertragung oder Konkurrenztätigkeit etwa an die Zustimmung der Mitgesellschafter gebunden (OHG, viele GmbHs). Formal unterscheidet man Personengesellschaften und Körperschaften. Zu den Körperschaften gehören u. a. die Kapitalgesellschaften und dazu die AG, KGaA und GmbH (vgl. die Überschrift vor § 264 HGB und § 3 Abs. 1 Nr. 2 UmwG) sowie die SE (Art. 10 SE-VO).

d) **Träger eigener Rechte und Pflichten** sind alle Außengesellschaften, sei es als Gesamthandsgesellschaft (OHG) oder als juristische Person (GmbH), die von ihren Gesellschaftern etwas stärker abstrahiert ist. Alternative: Innengesellschaften rufen Rechte und Pflichten nur unter den Gesellschaftern hervor (Mitfahr-GbR unter Berufspendlern; vgl. Fall 55).

6. Rechtsformzwang

Was versteht man unter Rechtsformzwang?

Ähnlich wie das Sachenrecht einen *numerus clausus* der dinglichen Rechte aufweist, stehen im Interesse des Verkehrsschutzes nur bestimmte, vom Gesetz vorgegebene Gesellschaftsformen zur Verfügung. Beispiel: Eine Gesellschaft, die sich nur aus „Kommanditisten" zusammensetzt, wird als solche nicht anerkannt, sondern einer der drei Grundformen zugewiesen: Ist sie auf Mitgliederwechsel angelegt und nichtwirtschaftlich (vgl. Fälle 16, 22), ist sie ein Verein. Anderenfalls ist sie OHG, wenn sie ein Handelsgewerbe betreibt, sonst GbR. Statt dieser Grundformen ist meist gut die Hälfte der anderen Gesellschaftsformen wählbar. Und auch für das Innenverhältnis der gewählten Gesellschaftsform verbleibt den Beteiligten ein weiter Gestaltungsspielraum.

7. Rechtsformwahl

a) Von welchen Überlegungen hängt die Rechtsformwahl ab?
b) Welche Rolle spielt insbesondere das Steuerrecht?

Zu a) Angesichts der Vielgestaltigkeit der Lebenssachverhalte sind allgemeine Aussagen kaum möglich. Einige Gesellschaftsformen sind für bestimmte Branchen und Unternehmensgrößen von vornherein nicht zulässig (Rechtsanwalts-KG) oder nicht geeignet (Stahlwerk als OHG, Zeitungskiosk als AG). Kriterien für die Wahl der Gesellschaftsform sind namentlich: die Zusammensetzung des Gesellschafterkreises aus Mitunternehmern oder Anlagegesellschaftern, ihre vielleicht fehlende Bereitschaft, die Geschäftsführung und eine persönliche Haftung zu übernehmen oder Eigenkapital selbst aufzubringen, der Zugang zum öffentlichen Kapitalmarkt sowie nicht zuletzt die Anforderungen an Publizität, Rechnungslegung und Mitbestimmung.

Zu b) Besonders wichtig für die Rechtsformwahl sind steuerrechtliche Erwägungen **(steuerrechtlicher Belastungsvergleich).** Das ist im Wesentlichen auf die unterschiedliche Besteuerung von Personengesellschaften und Körperschaften zurückzuführen. Die Personengesellschaft (z. B. KG) als solche unterliegt weder der Einkommen- noch der Körperschaftsteuer. Gewinn- und Verlust werden zwar einheitlich festgestellt, den Gesellschaftern dann aber anteilig zugerechnet und so den unterschiedlichen persönlichen Steuersätzen der einzelnen Gesellschafter unterworfen. Dagegen ist die Körperschaft (z. B. AG) als solche Steuerschuldnerin (§§ 1, 23 KStG: 15 %) und ihre Ausschüttungen an die Gesellschafter unterliegen zusätzlich einer Abgeltungssteuer in Höhe von 25 % (§ 32d EStG). Die **Kautelarjurisprudenz** (vertragsgestaltende Praxis) versucht, die zivil- und steuerrechtlichen Vorteile der Personengesellschaften und Körperschaften zu kombinieren.

Schrifttum: *Jacobs,* Unternehmensbesteuerung und Rechtsform, 5. Aufl. 2015.

*8. Besser im öffentlichen Recht bleiben?

Eisenhüttenstadt betreibt sein Elektrizitätswerk bislang als Eigenbetrieb (gemeindliches Unternehmen ohne eigene Rechtspersönlichkeit). Was wäre anders, wenn das Werk nicht von der Gemeinde, sondern von einer GmbH betrieben würde?

a) Befugnisse und Bindung: Als öffentlich-rechtliche Körperschaft kann eine Gemeinde nach öffentlichem Recht handeln und hoheitliche Befugnisse ausüben, z. B. Verwaltungsakte erlassen, insbesondere ohne Gerichtsverfahren jederzeit Zwangsmittel festsetzen, um Entgeltforderungen durchzusetzen. Im Verwaltungsprozess (§ 40 Abs. 1 VwGO) fehlt der landgerichtliche Anwaltszwang (§ 67 Abs. 1 VwGO, § 78 Abs. 1 Satz 1 ZPO); Prozesse können deshalb von Gemeindemitarbeitern geführt werden, die in der ersten Instanz noch nicht einmal die Befähigung zum Richteramt benötigen. Während die Gemeinde Dritten gegenüber unmittelbar an die Grundrechte gebunden ist, ist dies eine GmbH nur punktuell, soweit die Grundrechte z. B. ins Arbeitsrecht oder über die Generalklauseln (§§ 138, 242 BGB) ins Zivilrecht einstrahlen. Durch die Ausgliederung ihres Werks in eine GmbH kann sich die Gemeinde ihrer grundrechtlichen Bindung aber nicht entziehen: Grundrechtsträger haben einen Anspruch darauf, dass die Gemeinde auf ihren privaten Rechtsträger einwirkt („keine Flucht ins Privatrecht"). Der Zweck öffentlich-rechtlicher Körperschaften muss stets auch die Daseinsvorsorge und die Wahrung des Allgemeinwohls umfassen. Das wird bei einer gemeindlichen GmbH nur mittelbar durch Satzungsziele und ein meist mit Gemeindevertretern besetztes Aufsichtsgremium erreicht. Ihm können Aufgaben der Gesellschafterversammlung übertragen werden (§ 52 GmbHG, § 111 AktG, § 96 Abs. 1 Nr. 2 BbgKVerf).

b) Flexibilität und Kontrolle: Für Aus- oder Umgestaltungen des Eigenbetriebs sind nach Landesrecht Gemeindevertretung, Gemeinderat, Haupt-, Werks- oder Betriebsausschuss zuständig, deren Beschlüsse langwieriger Vorbereitung bedürfen.

Die Sitzungen dieser Gremien sind in der Regel öffentlich. Dagegen darf der Hauptverwaltungsbeamte in der GmbH allein agieren und sie in deren nichtöffentlicher Gesellschafterversammlung umgestalten, wenn sich dies aus Sicht der Gemeinde als ein Geschäft der laufenden Verwaltung darstellt.

c) Mitarbeiter und Mitbestimmung: Um qualifizierte Mitarbeiter zu gewinnen, können öffentlich-rechtliche Körperschaften kraft ihres Dienstherrenprivilegs Beamte ernennen (§ 2 BeamtStG, Art. 33 Abs. 4 GG), während die GmbH höher besolden kann: Sie ist nicht an die Vergütungsvorschriften im öffentlichen Dienst gebunden. Umgekehrt kann sie auf günstigere Tarifverträge ausweichen, um Personalkosten zu sparen. Ein Betrieb mit über 500 Beschäftigten, der kein Tendenzbetrieb ist, erfordert in der GmbH einen obligatorischen, mitbestimmten Aufsichtsrat. Beim Eigenbetrieb ist ein Aufsichtsgremium fakultativ und frei gestaltbar und wird häufig eingerichtet, damit die Gemeinde ihren Eigenbetrieb durch weisungsgebundene Vertreter leichter kontrollieren kann.

d) Haftung und Kredit: Betreibt die Gemeinde ihr Elektrizitätswerk weiterhin als Eigenbetrieb, wird sie unmittelbar berechtigt und verpflichtet. Letzteres ist ein großer Nachteil, doch kann eine Gemeinde so auch leichter und zu günstigeren Konditionen Kredite erlangen: Gläubiger brauchen einen Forderungsausfall weniger zu fürchten. Denn die Gemeinde verfügt z. B. aus Steuern über sichere laufende Einnahmen und kommunale Aufsichtsbehörden können der Zahlungsunfähigkeit durch Aufsichtsmittel vorbeugen. Notfalls ersetzt eine Zwangsverwaltung der Kommunalaufsicht das Insolvenzverfahren (§ 12 Abs. 1 Nr. 2 InsO i. V. m. § 118 Abs. 2 BbgKVerf). Andererseits unterliegt die GmbH nicht dem Kreditrahmen des gemeindlichen Haushaltsrechts und benötigt bei der Kreditaufnahme und bei bestimmten Vermögensverfügungen nicht die Genehmigung der Aufsichtsbehörde.

9. Geschützte Personengruppen

Nennen und erläutern Sie Grundsätze des Gesellschaftsrechts, mit denen bestimmte Personengruppen geschützt werden!

a) Individualschutz: Jedem Mitglied steht ein Kernbereich unverzichtbarer oder jedenfalls unentziehbarer Rechte zu (vgl. Fall 65). Dazu gehört z. B. das Recht, aus dem Verband auszuscheiden, aus wichtigem Grund Auskunft zu verlangen, unbegrenzte Beitragserhöhungen abzuwehren und mit den anderen Verbandsmitgliedern gleichbehandelt zu werden.

b) Minderheitenschutz: Um dem Missbrauch Einzelner vorzubeugen, werden einerseits zuweilen bestimmte Schwellenwerte verlangt, nach § 122 AktG etwa 5 %, um eine Hauptversammlung und einen Tagesordnungspunkt zu fordern. Das genügt andererseits nicht, wenn eine feste Mehrheit bei der Abstimmung ihre einseitige Gestaltungsmöglichkeit ausnutzt und loyale Rücksicht auf die berechtigten Interessen der Minderheit vermissen lässt. Solche Beschlüsse sind als rechtwidrig anzusehen.

c) Kapitalanlegerschutz: Werden Beteiligungen personenunabhängig angeboten und gehandelt, schützt man potenzielle Erwerber zusätzlich, überwiegend durch vorgelagerte Prospektpflichten (vgl. Fall 235).

d) Gläubigerschutz: Gläubiger schützt man durch *persönliche Gesellschafterhaftung*, Kapitalaufbringung und -erhaltung und *Verhaltenspflichten in Insolvenznähe.*

e) Arbeitnehmerschutz: Großunternehmen unterliegen der unternehmerischen Mitbestimmung im Aufsichtsorgan der Gesellschaft.

Schrifttum: *Wiedemann* I, S. 357 ff.

10. Innere Logik des Gesellschaftsrechts

Welche Wechselwirkungen bestehen aus Sicht des Gesetzgebers zwischen persönlicher Haftung und
a) Gläubigerschutz?
b) Gesellschaftereinfluss?

Zu a) Gesellschaftsgläubiger schützt der Gesetzgeber am besten, indem er die Handelnden motiviert, keine Risiken einzugehen, die außer Verhältnis zum Eigenkapital der Gesellschaft stehen. Für diese Motivation sorgt die persönliche Haftung der Handelnden (z. B. nach § 11 Abs. 2 GmbHG) oder der sie beeinflussenden (Mit-)Gesellschafter.

Haften weder Gesellschafter noch Handelnde unbeschränkt, kann der Gläubigerschutz teilweise durch Kapitalaufbringung oder Versicherungsschutz, vor allem aber durch Kapitalerhaltung (z. B. § 57 Abs. 3 AktG) und Insolvenzantragspflichten, gesichert werden.

Zu b) Wer unbeschränkt haftet, sollte nicht überstimmt werden können. Er benötigt Schutz gegen riskante Geschäfte (z. B. durch Gesamtvertretungsmacht und Widerspruchsrechte) und gegen nicht akzeptierte neue Personen mit Alleinvertretungsmacht (Selbstorganschaft statt Fremdgeschäftsführung, Vinkulierung statt freier Übertragbarkeit der Anteile; vgl. Fall 279). Dagegen ist Alleinvertretungsmacht in der OHG akzeptabel, weil sich die meist nur wenigen persönlich haftenden Mitgesellschafter sorgfältig gegenseitig ausgesucht haben, sich in besonderem Maße vertrauen (vgl. Fall 96) und es der typischen Interessenlage dieser potenziellen Kaufleute entspricht, schnell handeln zu können.

Haften die Gesellschafter nur beschränkt, benötigen sie kein Vetorecht, Mehrheitsbeschlüsse genügen also. Härten für die überstimmte Minderheit werden durch Individual- und Minderheitsschutz begrenzt.

Schrifttum: *Frey,* NZG 2004, 169.

11. Mitgliedschaft

Was ist eine Mitgliedschaft?

Die Mitgliedschaft wird in den Personengesellschaften als „Beteiligung“, in der GmbH und Genossenschaft als „Geschäftsanteil“ und im Aktienrecht als „Aktie“ bezeichnet. Sie ist ein subjektives Recht und umfasst alle Rechtsverhältnisse eines

Gesellschafters zur Gesellschaft und zu etwaigen Mitgesellschaftern, z. B. das Stimm- und Gewinnrecht. Während solche Teilrechte nur begrenzt abgespalten werden können (vgl. Fall 85), ist die Mitgliedschaft als Ganze übertragbar. Geschützt wird sie nach Art. 2 Abs. 1, 9, 14 GG und als absolutes, sonstiges Recht auch über § 823 Abs. 1 BGB.

Schrifttum: *Habersack,* Die Mitgliedschaft – subjektives und „sonstiges" Recht, 1996; *K. Schmidt,* ZGR 2011, 108, 113 ff.

12. Gesellschafterrechte

Nennen Sie einige Rechte, die mit einer Mitgliedschaft verbunden sind!

a) Teilnahmerechte: Anwesenheits-, Wahl- und Stimmrechte sowie gegebenenfalls Geschäftsführungsbefugnisse.

b) Teilhaberechte an der Vermögensnutzung und bei der Vermögensausschüttung (Gewinn- und Auseinandersetzungsansprüche).

c) Informations- und Kontrollrechte: Auskunftsrecht, Recht zur Einsicht in die Buchungsunterlagen der Gesellschaft, Gesellschafterklagen.

d) Lösungsrechte: das Recht zum Austritt aus der Gesellschaft oder zur Übertragung der Mitgliedschaft.

13. Gesellschafterpflichten

Beschreiben Sie die wichtigsten mitgliedschaftlichen Pflichten!

a) Beitragspflichten: Jeder Gesellschafter verpflichtet sich mit seinem Beitritt zur Gesellschaft, einen Beitrag in Geld-, Sach- oder Dienstleistungen (Geschäftsführung) zu erbringen, um damit den gemeinsamen Zweck zu fördern (vgl. §§ 58, 706 BGB).

b) Treuepflichten sind generalklauselartige Orientierungsgebote bei der Bestimmung gesellschaftsvertraglicher Pflichten: Gesellschafter müssen alles unterlassen, was dem Gesellschaftszweck zuwiderläuft (negative Werbung), aber auch manches tun, was zur Zweckförderung unerlässlich ist (Zustimmung zur Satzungsanpassung). Die Treuepflicht reicht in einer Bäckerei-OHG als Arbeits- und Haftungsgemeinschaft weiter (im Notfall Überstunden) als in einem anonymen Massensportverband (Gefahren nicht verschleiern) und sie reicht bei fremdnützigen Rechten (Geschäftsführung) weiter als bei eigennützigen (Abstimmung über die Ausschüttungshöhe).

14. Gesellschaftsorgane

a) Welches sind die notwendigen Gesellschaftsorgane?
b) Was versteht man unter Gesellschaftsorganen und wie ist die Zurechnung des Organverhaltens gegenüber der Gesellschaft geregelt?

Zu a) Die Gesamtheit der Gesellschafter heißt **Gesellschafterversammlung.** Beim Verein nennt man sie Mitglieder-, bei der AG Haupt- und bei der Genossenschaft Generalversammlung. Hier bilden und erklären die Gesellschafter ihren Willen. Die Gesamtheit der Geschäftsführer heißt **Geschäftsführung** (in Verein, AG und eG Vorstand genannt). Dieses zweite Organ trifft die laufenden Entscheidungen. Bei Außengesellschaften repräsentiert und vertritt es den Rechtsträger.

Einige Gesellschaften (AG, eG) haben zusätzlich einen **Aufsichtsrat** als Pflichtorgan, der die Geschäftsführung überwacht, teilweise auch mitgestaltet. In allen Gesellschaften können darüber hinaus freiwillige Organe (Ältestenrat, Beirat, Verwaltungsrat) eingeführt werden.

Zu b) Als Gesellschaftsorgan bezeichnet man eine in Gesetz oder Satzung mit eigenen Zuständigkeiten ausgestattete Person oder Gruppe von Personen, deren Bewusstsein (Wille, Kenntnisse) und Verhalten (Abgabe von Willenserklärungen, tatsächliche Handlungen) der Gesellschaft umfassend **zugerechnet** werden. So kann die Gesellschaft wie eine Person „mit Hirn und Hand" Beschlüsse fassen und sie im Innen- oder Außenverhältnis umsetzen. Zur Zurechnung analog § 31 BGB siehe die Fälle 36–38.

Schrifttum: *K. Schmidt,* S. 250 ff., 273 ff.

15. Organschaftliche Vertretungsmacht

Sollten Vertragspartner darauf achten, dass Erklärungen einer Gesellschaft von allen Gesellschaftern oder Geschäftsführern unterschrieben sind?

Zu Beweiszwecken ist Schriftform nützlich und wenn man die Unterschriften aller Mitglieder des Vertretungsorgans hat, ist man auf der sicheren Seite. Für die meisten Gesellschaftsformen sieht das Gesetz nämlich Gesamtvertretungsmacht vor. Nur für die kaufmannsähnlichen, persönlich haftenden Gesellschafter in OHG, KG und EWIV (vgl. Fall 485) besteht grundsätzlich Einzelvertretungsmacht (zu Verein und Stiftung vgl. Fall 32 und § 86 BGB). In allen Gesellschaftsformen kann aber eine andere Vertretungsart vereinbart werden (zur unechten Gesamtvertretung vgl. Fall 137). Die organschaftliche Vertretungsmacht ist meist aus Registern ersichtlich, die Vertrauensschutz gewähren und *online* einsehbar sind (vgl. etwa § 15 HGB). Stets genügt der Zugang einer Willenserklärung (Kündigung) bei nur einem Vertreter (vgl. z. B. § 37 Abs. 2 Satz 2 GmbHG).

Der inhaltliche Umfang der Vertretungsmacht kann nur in Verein, Stiftung und GbR beschränkt sein (§§ 26 Abs. 1 Satz 3, 86, 714, 709 BGB), nicht aber bei Handelsgesellschaften und der EWIV. Einem Vertreter mag im Innenverhältnis untersagt sein, seine Vertretungsmacht voll auszunutzen; darum brauchen sich Vertragspartner aber nicht zu kümmern. Nur wer erkennt, dass ein Vertreter seine internen Befugnisse überschreitet, wird nicht geschützt. Organschaftliche Vertreter können namens der Gesellschaft jemandem Vollmacht erteilen, ebenfalls im Namen der Gesellschaft zu handeln. Mitarbeiter sind dann meist stolz, sich auf Visitenkarten mit Bezeichnungen wie Prokurist, Handlungsbevollmächtigter oder Ähnlichem schmücken zu dürfen.

Kapitel 2. Verein

1. Allgemeines

16. Definition: Verein

Was ist ein Verein?

„Verein“ i. S. d. BGB (zum VereinsG vgl. Fall 49) ist jeder **körperschaftlich** organisierte, private Zweckverband (vgl. Fall 1), für den keine andere Form (z. B. AG, eG) gewählt wurde. Körperschaftlich organisiert ist ein Verband, der auf einen wechselnden Mitgliederbestand, also auch auf eine gewisse Dauer, angelegt ist und unter einem Gesamtnamen durch einen Vorstand vertreten werden soll. Typisch, aber nicht zwingend (vgl. Fall 63) für Vereine sind regelmäßige, feste Beiträge, eine größere Mitgliederzahl (§ 73 BGB) und das Mehrheitsprinzip (§§ 40, 32 BGB).

17. Frühstadien des Vereins

Drei Studentinnen beschließen, einen Verein „Studidee“ zur Diskussion und Durchsetzung studentischer Ideen zu gründen. Sie wollen erst eine Satzung ausarbeiten, dann Mitglieder werben. Was ist entstanden?

Wenn die drei Studentinnen Rechtsbindungswillen hatten, war ihr gemeinsamer Zweck, (künftig) einen Verein zu gründen. Dazu müssen sie (künftig) eine Satzung „feststellen“, sich also darauf einigen. Für die Zeit bis zur Gründung – die Vor-Gründungsphase (vgl. Fall 258) – haben die Studentinnen keinen Vorstand und wohl auch keinen Mitgliederwechsel vorgesehen. Mangels körperschaftlicher Organisation ist diese Vor-Gründungsgesellschaft also kein Verein; sie ist (vgl. Fall 6) eine BGB-Gesellschaft nach § 705 BGB.

18. Entstehung des Vereins

a) Wann entsteht ein Verein?
b) Ab wann besteht ein „rechtsfähiger“ Verein?
c) Was ist also ein „nicht rechtsfähiger“ Verein?
d) Wie viele eingetragene Vereine gibt es in Deutschland?
e) Was ist ein Vorverein?

Zu a) Ein Verein wird „errichtet“, entsteht also, wenn zwei oder mehr Personen durch Vertrag einen Satzungsentwurf als Satzung anerkennen (feststellen, errichten). Diese Satzung ist fortan objektives, vom Willen der Gründer unabhängiges Recht. Unter „Gründung“ wird meist der Gesamtvorgang von der Errichtung bis zur Eintragung verstanden.

Zu b) Sobald ein Verein juristische Person wird, ist er **rechtsfähig** i. S. d. §§ 21, 22 BGB. Juristische Person wird ein nichtwirtschaftlicher (Ideal-)Verein durch Eintrag in das Vereinsregister, ein wirtschaftlicher Verein durch landesgesetzlich geregelte Verleihung (Verwaltungsakt). Rechtsfähigkeit entsteht auch bei fehlerhafter Einordnung (vgl. § 43 BGB).

Zu c) Einen Verein, der keine juristische Person ist, nennt § 54 BGB „nicht rechtsfähig". Auch er ist – ebenso wie die GbR (vgl. Fall 59) – Träger von Rechten und Pflichten, also nach allgemeinem Sprachgebrauch „rechtsfähig".

Zu d) Mehr als 620 000.

Zu e) Ein errichteter „nicht rechtsfähiger" Verein heißt Vorverein (entsprechend der Vor-GmbH), wenn er nach dem Gründerwillen juristische Person werden soll.

*19. Rolle des Rechtspflegers

Nachdem die drei Studentinnen (vgl. Fall 17) ihre Satzung beschlossen haben, beantragen sie in notariell beglaubigter Form die Eintragung. Der Verein zählt jetzt sieben Mitglieder. Was wird der beim Registergericht nach §§ 3 Nr. 1 Buchst. a, 17 RPflG zuständige Rechtspfleger unternehmen?

Nachdem das von § 56 BGB geforderte „Fähnlein der sieben Aufrechten" (*Gottfried Keller,* Züricher Novellen, 1899) versammelt ist, wird er die Satzung darauf prüfen, ob es sich bei dem Verband um einen nichtwirtschaftlichen Verein i. S. d. § 21 BGB handelt und ob seine Satzung gegen das (gemäß §§ 40, 60 BGB meist zwingende) Gesetz oder gegen die guten Sitten verstößt.

*20. Idealverein und wirtschaftlicher Verein

a) Wonach richtet sich, ob ein Verein Idealverein oder wirtschaftlicher Verein ist?
b) Welche Rechtsfolgen hat die Einordnung als wirtschaftlicher Verein?

Zu a) Das Gesetz unterscheidet in den Voraussetzungen für den Erwerb der Rechtsfähigkeit danach, ob der Zweck des Vereins auf einen wirtschaftlichen Geschäftsbetrieb gerichtet ist (dann: wirtschaftlicher Verein) oder nicht (nichtwirtschaftlicher Verein, kurz: Idealverein; vgl. die §§ 21, 22 BGB). Der Idealverein widmet sich einer politischen, religiösen, wissenschaftlichen, künstlerischen, geselligen oder anderen nichtökonomischen Aufgabe. Als **Idealverein** eingetragen sind z. B. Sport- und Heimatvereine, der Deutsche Fußballbund und seine Landesverbände und das Deutsche Rote Kreuz, aber auch Berufs- und Wirtschaftsverbände wie etwa der Bundesverband der Deutschen Industrie (BDI), der Deutsche Gewerkschaftsbund (DGB) oder der Gesamtverband der Deutschen Versicherungswirtschaft (GDV).

Der **wirtschaftliche Verein** entfaltet hingegen eigenunternehmerische Tätigkeiten oder fördert die unternehmerischen Tätigkeiten seiner Mitglieder (vgl. näher Fall

22). Ist die wirtschaftliche Tätigkeit nur ein dem nichtwirtschaftlichen Hauptzweck zu- und untergeordnetes Hilfsmittel zu dessen Erreichung, bleibt es beim Idealverein (Nebenzweckprivileg; *Terner,* EWiR 2011, 366). Zur Auslagerung unternehmerischer Tätigkeiten in Tochtergesellschaften siehe Fall 24.

Zu b) Wirtschaftliche Vereine dürfen nicht ins Vereinsregister eingetragen werden (u. U. aber ins Handelsregister; siehe §§ 1, 33 HGB). Wird ihnen nicht ausnahmsweise Rechtsfähigkeit verliehen, haften für ihre Schulden neben den Handelnden auch alle Mitglieder. Diese sind nämlich wie Gesellschafter einer GbR oder OHG zu behandeln (vgl. § 54 Satz 1 BGB).

Wird ein Verein zunächst eingetragen, verfolgt er dann aber doch wirtschaftliche Zwecke, kann seine Rechtsfähigkeit durch Amtslöschung nach § 395 FamFG wieder *ex nunc* beseitigt werden. Praktisch geschieht das sehr selten. Die Privilegien des eingetragenen Vereins bleiben bis dahin erhalten (BGHZ 175, 12, 19 ff. – Kolpingwerk). Auch anschließend bleiben die Mitglieder von einer persönlichen Haftung verschont, wenn sie den Verein liquidieren und nicht beschließen, ihn ohne Eintragung fortzusetzen.

*21. Wirtschaftlicher Verein

Worin besteht der Regelungszweck des § 22 BGB? Unter welchen Gesichtspunkten wird heute das Bedürfnis der Verleihung der Rechtsfähigkeit an einen Verein mit wirtschaftlichem Geschäftsbetrieb noch anerkannt?

Wirtschaftliche Vereine, insbesondere Handelsvereine, berühren durch ihre Tätigkeit nach der Vorstellung des Gesetzgebers in stärkerem Maße Gläubigerinteressen, als dies für Idealvereine gilt. Denn anbietende Tätigkeit erfordert Investitionen, vermehrt die Zahl der Gläubiger, löst Reaktionen der Wettbewerber aus und erhöht somit die Risiken. Das Vereinsrecht des BGB enthält nur wenige Gläubigerschutzbestimmungen; diese betreffen die Insolvenz und die Auflösung (vgl. §§ 42 Abs. 2, 51–53 BGB). Ein Garantiekapital ist nicht vorgesehen. Zudem ist der Umfang der Vertretungsmacht des Vorstandes beschränkbar (§ 26 Abs. 1 Satz 3 BGB). Für wirtschaftliche Verbände werden im Recht der Kapitalgesellschaften und Genossenschaften (z. B. AG, GmbH, eG) Verbandsformen zur Verfügung gestellt, die durch Vorschriften über die Kapitalaufbringung, Bilanzierung, Publizität und Prüfung den Gesellschaftsgläubigern einen größeren Schutz bieten. Nur wenn diese Gesellschaftsformen ausnahmsweise unzumutbar sind (BVerwGE 58, 26, 31 ff.), kann die Behörde durch Verwaltungsakt Rechtsfähigkeit verleihen **(Konzessionssystem),** wobei der Verkehrsschutz fortan über eine staatliche Prüfung gewährleistet werden kann. Anerkannt wurde z. B. Lohnsteuerhilfevereine, Verwertungsgesellschaften (GEMA) oder Erzeugergemeinschaften (Landwirte kaufen gemeinsam ein). Man findet sie meist nur in verwaltungsinternen Verzeichnissen ohne Publizitätswirkung; potenzielle Vertragspartner können allein oft nicht herausfinden, wer die angebliche juristische Person vertreten kann. Junge rechtsfähige wirtschaftliche Vereine begegnen in der Praxis nur noch selten.

*22. Typen wirtschaftlicher Vereine

Welche Vereine unterhalten einen „wirtschaftlichen Geschäftsbetrieb“ und gelten deshalb als wirtschaftliche Vereine i. S. d. § 22 BGB?

a) Bis BGHZ 45, 395 versuchte die h. M. eine **begriffliche** Abgrenzung des wirtschaftlichen Vereins: Sein wirtschaftlicher Geschäftsbetrieb müsse in den Dienst eines wirtschaftlichen Hauptzwecks gestellt sein. Dabei blieb stets unklar, ob es auf den (subjektiven) Hauptzweck oder (objektiv) auf die wirtschaftliche Haupttätigkeit ankommt.

b) Die von *Karsten Schmidt* begründete moderne Ansicht versucht eine **teleologisch-typologische** Abgrenzung: Je nach der Tätigkeit des Vereins ist zu prüfen, ob Schutzinteressen insbesondere seiner Gläubiger und Mitglieder einer Eintragung entgegenstehen. Heute sind mehrere Grundtypen des Wirtschaftsvereins anerkannt:

- Der unternehmerische Verein, also das Handelsunternehmen in Vereinsform. Er bietet wie jedes andere Unternehmen an einem äußeren Markt planmäßig und dauerhaft Leistungen gegen Entgelt an. Beispiel: als Verein organisierte freie Sparkassen.
- Der Verein mit unternehmerischer Tätigkeit an einem inneren Markt, also die Verbrauchergenossenschaft in Form eines Vereins. Die Mitglieder sind hier zugleich Kunden. Beispiele: Die Wissenschaftliche Buchgesellschaft Darmstadt, Beamteneinkaufsstätten, Kreditreformvereine, Nachtclubs, Abwasser(kläranlagen)verein.
- Der Verein mit dem Zweck der genossenschaftlichen Kooperation. Auf diesen werden Teilbereiche wirtschaftlicher Tätigkeit zur gemeinschaftlichen Wahrnehmung ausgelagert (Beispiele: privatärztliche Verrechnungsstelle, Maschinengemeinschaften, Immobilienbörse).

Schrifttum: *K. Schmidt,* Verbandszweck und Rechtsfähigkeit, 1984, S. 89 ff.

*23. Taxi-Zentrale

Ein Funk-Taxi-Verein beantragt seine Eintragung ins Vereinsregister. Aufgabe des Vereins ist es, für die Mitglieder eine Geschäftsstelle zu unterhalten und per Taxifunk unentgeltlich die Vermittlung von Fahrgästen zu den Fahrzeugen der Mitglieder zu betreiben. Wird der Rechtspfleger die Taxi-Zentrale eintragen?

Nein, weil der Verein auf einen wirtschaftlichen Geschäftsbetrieb gerichtet ist (§§ 55, 21, 22 BGB). Er dient genossenschaftlicher Kooperation, denn auf ihn lagern seine Mitglieder Teilbereiche ihrer wirtschaftlichen Tätigkeit aus. Von deren Erfolg hängt es ab, ob im Gläubigerinteresse die Kosten des Vereins gedeckt werden können (vgl. BGHZ 45, 395, 397). Auf den Verein finden nach § 54 Satz 1 BGB die Vorschriften zur BGB-Gesellschaft Anwendung.

*24. Verein mit Tochtergesellschaft

Der durch Fusion unter Nachbarn entstandene Fußballclub Blau-Weiß Dortmund e. V. gründet eine Tochter-AG, um Fanartikel zu vertreiben. Wenn der eingetragene Verein dadurch zum wirtschaftlichen Verein geworden ist, fehlt ihm i. S. d. §§ 374, 395 FamFG, § 55 BGB jetzt eine wesentliche Voraussetzung für einen Idealverein. Deshalb erwägt das Vereinsregister, ein Löschungsverfahren gegen den eingetragenen Verein einzuleiten. Zu Recht?

Es geht um eine doppelte Frage: Muss die Tätigkeit der Tochter-AG dem Fußballverein zugerechnet werden? Wenn ja, wie wirkt sich das auf dessen vereinsrechtliche Einordnung aus?

a) Das Halten und Verwalten eigenen Vermögens ist keine wirtschaftliche Tätigkeit (vgl. § 105 Abs. 2 Satz 1 Alt. 2 HGB). Daher ist es grundsätzlich unschädlich, wenn der Verein sich an einer Gesellschaft beteiligt, für deren Schulden er nicht haftet. Die juristische und organisatorische Selbstständigkeit der AG schließt eine Zurechnung der unternehmerischen Tätigkeit auf den Verein daher grundsätzlich aus. Gefahren für die Vereinsgläubiger können sich hier zwar daraus ergeben, dass der Verein als Alleinaktionär mit auch anderer Interessenbindung, also herrschendes Unternehmen i. S. d. §§ 16, 17 AktG (vgl. Fall 422) für Maßnahmen haften kann, die für die Tochter-AG nachteilig sind (§§ 317 Abs. 1 und 4, 309 Abs. 4 Satz 3 AktG; siehe auch Fall 441). Doch aus dieser Verknüpfung erwachsen keine deutlich höheren Risiken als aus sonstigen Anlagen. Die wirtschaftliche Tätigkeit der abhängigen Tochtergesellschaft ist dem Verein deshalb nicht als eigene **zuzurechnen.**

b) Aber selbst wenn man einem Idealverein die wirtschaftliche Tätigkeit einer zu 100 % abhängigen Tochter zurechnet, bedeutet dies nicht automatisch, ihm den Rechtsstatus eines Idealvereins entziehen zu müssen. Wenn dem Verein bei einer eigenen wirtschaftlichen Tätigkeit das sog. **Nebenzweckprivileg** (vgl. Fall 20) zugutekommen kann, muss dies auch gelten, wenn die unternehmerische Tätigkeit ausgelagert wird. Der Verkauf von Fanartikeln dient der Identifikation und Mitgliederpflege und damit der Förderung des Fußballsports. Selbst wenn man dem FC Blau-Weiß Dortmund also die Tätigkeiten der Tochtergesellschaft zurechnet, bleibt er ein Idealverein. Ein Löschungsverfahren ist nicht einzuleiten; ebenso wenig steht der Konkurrenz ein Unterlassungsanspruch aus §§ 8 Abs. 1, 3 Abs. 1, 4 Nr. 11 UWG zu (BGHZ 85, 84, 88).

2. Aufnahme und Austritt von Mitgliedern

*25. Anspruch auf Aufnahme

Der Deutsche Eissportbund e. V. hat in seiner Satzung unter anderem festgelegt, dass die Aufnahme von Berufssportlern im Ermessen des Vereinsvorstandes liegt und ohne Angabe von Gründen abgelehnt werden kann.
a) Ist diese Bestimmung wirksam?
b) Wann besteht ein Aufnahmeanspruch?

Zu a) Nein, die Bestimmung ist nach § 134 BGB, § 20 Abs. 5 GWB unwirksam. Der Eissportbund ist eine Berufsvereinigung, der einzelne Berufssportler ein „Unternehmer“ i. S. d. § 20 Abs. 5 GWB. Die sachlich nicht begründete Ablehnung von Bewerbern bedeutet eine – im Verhältnis zu bereits aufgenommenen Mitgliedern – nicht gerechtfertigte Ungleichbehandlung.

Zu b) Gegen den Eissportbund haben die Berufssportler als Unternehmer bereits einen Aufnahmeanspruch nach §§ 20 Abs. 5, 33 GWB. Generell gilt:
- Daneben besteht ein Aufnahmeanspruch aus §§ 826, 249 BGB. Er schützt auch Nichtunternehmer und verlangt, dass der Idealverein über eine überragende wirtschaftliche oder soziale Machtposition verfügt und ein „wesentliches oder grundlegendes“ Interesse am Erwerb der Mitgliedschaft besteht. Neubewerber dürfen nur aus sachlichem Grund ungleich behandelt werden. Hierbei ist zwischen den Interessen jedes Bewerbers und des Vereins abzuwägen (vgl. *BGH* NJW 1980, 186 *(Redeker)* – Hamburgischer Anwaltsverein; BGHZ 93, 151, 153f. – IG Metall).
- Gegen solche Vereinigungen besteht zudem ein Aufnahmeanspruch nach §§ 18 Abs. 2, Abs. 1 Nr. 2 Alt. 2 AGG, soweit die Ablehnung gegen das Benachteiligungsverbot nach § 7 Abs. 1 AGG ungerechtfertigt verstößt.
- Private Verbände sind bei der Aufnahme neuer Mitglieder unmittelbar an das Verbot der Diskriminierung von Bürgern anderer EU-Staaten nach Art. 18 AEUV gebunden, jedenfalls wenn sie, wie der EuGH (Rs. 36/74, Slg. 1974, 1405 – Walrave) entscheiden hat, über eine Rechtssetzungsmacht verfügen, die funktionell mit der staatlichen vergleichbar ist.

*26. Teilnichtige Satzung

Ist damit die gesamte Satzung des Deutschen Eissportbundes unwirksam?

Nein. Zwar ist i. S. d. § 139 BGB ein Teil der Satzung unwirksam und diese ein Rechtsgeschäft der Gründer. Nicht aus deren Sicht aber ist die Satzung auszulegen, sondern, da der Verein aber auf Mitgliederwechsel angelegt ist, aus Sicht potenzieller Mitglieder, also objektiv. Entsprechend kommt es auch nicht auf den hypothetischen Gründerwillen an; § 139 BGB ist nicht anwendbar. Vielmehr ist der verbleibende Teil der Satzung wirksam, solange er eine in sich sinnvolle Regelung des Vereinslebens bildet und den Vereinszwecken und Mitgliederbelangen gerecht wird, die sich aus der Satzung ergeben (BGHZ 47, 172, 179ff.). Entstehende Lücken sind durch die gesetzlichen Vorschriften, hilfsweise durch allgemeine gesellschaftsrechtliche Grundsätze auszufüllen.

Damit wird die Lehre von der fehlerhaften Gesellschaft vorsichtig auf den Verein erstreckt: Die Nichtigkeit von Gesellschaft(sverträg)en ist stets die Ausnahme (vgl. § 75 GmbHG, § 275 AktG und Fälle 102ff. zur fehlerhaften Personengesellschaft).

27. Bindung an den Verein

Postbote Lempel, seit langem Mitglied eines kleinen Berufsverbandes e. V., möchte zur Gewerkschaft ver.di überwechseln. Im Januar 2016 erklärt er daher seinen Austritt „zum frühestmöglichen Zeitpunkt". Darauf teilt ihm der Vorstand mit, eine Kündigung sei erst zum 31.12.2017 möglich, da § 12 der Satzung des Berufsverbandes eine Kündigung erst zum Schluss des auf die Erklärung folgenden Kalenderjahres wirksam werden lasse. Lempel entrichtet zwar weiterhin Vereinsbeiträge, nutzt jetzt aber jede Gelegenheit, um bei Kollegen für ver.di zu werben.
a) Darf er das?
b) Kann er sich vorzeitig von seinem Verband lösen?

Zu a) Nein. Das Verhalten Lempels verstößt gegen den Grundsatz der **Vereinstreue:** Ein Vereinsmitglied hat – wie jeder Gesellschafter – alles zu unterlassen, was dem Verbandszweck schadet. Ein Mitglied darf zwar vereinsintern Opposition betreiben. Eine auf die Beeinträchtigung des Mitgliederbestandes gerichtete Maßnahme ist dem Mitglied aber, solange es dem Verein angehört, nicht erlaubt. Hierzu zählt das Werben für einen konkurrierenden Verein (vgl. *BGH* WM 1977, 1166).

Zu b) Zwar stimmt § 12 der Satzung mit der von § 39 Abs. 2 BGB vorgesehenen Höchstfrist von zwei Jahren überein. § 39 Abs. 2 BGB ist jedoch verfassungskonform zu reduzieren: Unzulässig sind Kündigungsfristen, die die individuelle (negative) Koalitionsfreiheit des Art. 9 Abs. 3 GG zeitlich länger begrenzen, als für die Gewerkschaft zur Vorbereitung auf das Ausscheiden eines Mitglieds nötig ist (*BGH* NJW 1981, 340). Anstelle der überdehnten Kündigungsfrist tritt eine angemessene, hier von höchstens einem halben Jahr. Lempel kann sich daher vorzeitig vom Verband lösen.

Beachte: Ein Mitglied einer politischen Partei kann jederzeit ohne Einhaltung einer Kündigungsfrist austreten (§ 10 Abs. 2 Satz 3 PartG).

*28. Beitragserhöhung

a) Zweck des Tennisclubs „Rot-Weiß 1989 e. V." ist laut Satzung „die Pflege des eleganten Tennissports". Jährlich erneuert er die Tennisplatzasche. Da die Kosten für einen Kubikmeter Asche deutlich gestiegen sind, beschließt die dafür zuständige Mitgliederversammlung, den Monatsbeitrag ab sofort um 5 EUR auf 50 EUR zu erhöhen. Anton Kerber, langjähriges Mitglied, hatte vorgeschlagen, die Asche nur noch zweijährlich zu wechseln und gegen die Beitragserhöhung gestimmt. Nun weigert er sich, den erhöhten Beitrag zu zahlen. Mit Recht?
b) „Rot-Weiß" hat seine Tennisanlage nur gepachtet und erhält nun eine Kündigung, weil der Verpächter die Tennisanlage pachtfrei an den benachbarten Freizeitpark verkaufen möchte. Mangels Alternativen beschließt die Mitgliederversammlung, das Grundstück selbst zu kaufen und zum Monatsende einen (in der Satzung nicht vorhergesehenen) „Sonderbeitrag" von 3 600 EUR von jedem Mitglied zu erheben. Der von der „endlosen Zahlerei"

genervte Kerber möchte nun zum Monatsende austreten, um den Sonderbeitrag nicht zahlen zu müssen. Die Satzung erlaubt einen Austritt erst zum Jahresende. Muss Kerber zahlen? Durfte er gegen die Umlage stimmen?
c) Der Vorstand stellt im nächsten Jahr fest, dass der Verein aufgrund des starken Mitgliederrückgangs und der finanziellen Belastung durch den Grundstückskauf überschuldet ist. Auf Antrag des Vorstandes wird am 1.2. das Insolvenzverfahren eröffnet. Julius Görges ist noch Mitglied des Vereins. Der Insolvenzverwalter verlangt von ihm die noch ausstehenden Mitgliedsbeiträge für das laufende Jahr. Zu Recht?

Zu a) Die Pflichten eines Mitglieds ergeben sich aus der Satzung: Wer einem Verein beitritt, muss Mehrheitsherrschaft akzeptieren und notfalls nach Ablauf einer Kündigungsfrist austreten; § 39 BGB. Die Mehrheitsmacht ist freilich durch die Satzung, Kernbereichslehre (vgl. Fall 65) und Treuepflicht begrenzt. Eine wirksame Beitragserhöhung durch Mehrheitsentscheidung setzt deshalb voraus, dass die Möglichkeit einer solchen Pflichtenmehrung schon bei Eintritt objektiv vorhersehbar war (vgl. § 58 Nr. 2 BGB und Fall 65). Die erforderliche Vorhersehbarkeit bezieht sich auf die Beitragserhöhung, nicht auf die dadurch finanzierte Investition. Dass der Betrag um 11 % steigen könnte, war objektiv bereits bei Kerbers Beitritt erkennbar. Denn gelegentliche Beitragserhöhungen sind auch in diesem Umfang bei vergleichbaren Vereinen nicht unüblich, etwa infolge der Inflation oder eines Reparaturbedarfs.

Ein außerordentliches Austrittsrecht kommt erst in Betracht, wenn die Beitragserhöhung einen unvorhersehbaren Eingriff in den Kernbereich der Mitgliedschaft bedeutet. Das macht Kerber nicht geltend.

Zu b) Jeweils nein. Außerordentliche Vereinsbeiträge (Umlagen) zur Befriedigung eines außergewöhnlichen Bedarfs müssen anhand der Satzung dem Grunde und der Höhe nach vorhersehbar sein. Anderenfalls bedürfen Umlagenbeschlüsse der Zustimmung aller Mitglieder (*BGH* NZG 2008, 38), weil sie in den unentziehbaren Kernbereich der Mitgliedschaft eingreifen (vgl. Fall 65). Eine Zustimmungspflicht kann sich ausnahmsweise aus der Abwägung der Treuepflichten von Verein und Überstimmtem ergeben (vgl. Fall 66). So liegt es hier: Ohne eine Tennisanlage kommt das Vereinsleben praktisch zum Erliegen. Demgegenüber hat der zahlungsunwillige Kerber keinen nennenswerten Nachteil aus seiner Zustimmung, wenn ihm der Verein erlaubt, nach einer angemessenen Überlegungsfrist außerordentlich auszutreten, allerdings so zügig, dass die Planungsinteressen des Vereins gewahrt bleiben. Denn Kerber könnte den Tennissport nach einem Erliegen des Vereinslebens hier ebenso wenig weiter betreiben wie nach einem außerordentlichen Vereinsaustritt.

Zu c) Grundlage der Beitragspflicht bleibt die Satzung. Die Satzung ist auszulegen, im Zweifel dahin, dass mit der Eröffnung des Insolvenzverfahrens keine Beitragspflicht mehr fällig wird. Sie soll den Mitgliedern dienen und kann das nur, solange Mitglieder von der Vereinstätigkeit profitieren (BGHZ 96, 253, 256). Gläubigerinteressen stehen zurück: Das Vereinsrecht fordert weder eine Außenhaftung der Mitglieder noch Mitgliederbeiträge zur Bildung einer gläubigerschützenden Haftungsmasse. Görges, dessen Mitgliedschaft fortbesteht, muss also nur noch den schon vor Eröffnung des Insolvenzverfahrens fälligen Januarbeitrag zahlen.

*3. Vereinsstrafe

29. Sperre für den Torwart

Als ruchbar wird, dass sich der Amateur-Torwart Toni Krüger unter Einfluss finanzieller Zuwendungen des gegnerischen Fußballvereins beim entscheidenden Spiel um die lokalen Meisterschaften mehrfach neben statt auf den Ball geworfen hat, wird er für die Dauer von zwei Jahren vom Verein gesperrt.
a) Welche Rechtsnatur hat die Sperre?
b) Könnte Krüger diese Sperre durch ein ordentliches Gericht prüfen lassen?

Zu a) Anders als bei den vom Sportgericht des Deutschen Fußballbundes verhängten Sperren für Lizenzspieler, die das BAG im Hinblick auf den Angestelltenstatus der Lizenzfußballspieler als Vertragsstrafen ansieht (vgl. *BAG* AP Nr. 2 zu § 611 BGB Berufssport), handelt es sich hier um eine Vereinsstrafe: Die Spielersperre gilt nicht der Durchsetzung rein schuldrechtlicher Ansprüche. Ihre Berechtigung wurzelt im Prinzip der Vereinsautonomie nach Art. 9 Abs. 1 GG und § 25 BGB, also in der Befugnis, eine eigene innere Ordnung festzulegen. Die §§ 339 ff. BGB und insbesondere § 343 Abs. 1 BGB sind hier daher nicht einschlägig.

Zu b) Ja. Weder der Gedanke der Vereinsautonomie noch der einer freiwilligen Unterwerfung der Mitglieder unter die Vereinsstrafgewalt (BGHZ 13, 5, 11; 21, 370, 376) noch justizpolitische Überlegungen (BGHZ 29, 352, 362) können es rechtfertigen, dass Vereinsmitglieder satzungs- und rechtswidrige Maßnahmen ohne gerichtliche Kontrolle erdulden müssen. Die Satzung kann die gerichtliche Nachprüfung nicht ausschließen.

Staatliche Gerichte prüfen allerdings erst, wenn der vereinsinterne Rechtsweg erschöpft ist (RGZ 85, 355, 356). Ausnahmen von diesem Subsidiaritätsprinzip sind denkbar, wenn die zuständigen Vereinsorgane das interne Verfahren ungebührlich verzögern (*RG* JW 1915, 1424, 1426) oder dem Mitglied nicht zugemutet werden kann, den Abschluss eines vereinsinternen Verfahrens abzuwarten (*RG* JW 1932, 1197). So können Mitglieder schon vor Abschluss des vereinsinternen Rechtsmittelverfahrens beantragen festzustellen, dass die jeweilige disziplinarische Ordnungsmaßnahme rechtswidrig ist.

Beachte: Interne Verfahren werden im Idealverein durch die persönliche Nähe der Mitwirkenden erleichtert. Deshalb sind Mitwirkungsrechte im Mitgliedschaftsverhältnis wie auch die Verteidigung in Vereinsstrafverfahren i. S. d. § 38 Satz 2 BGB grundsätzlich höchstpersönlich wahrzunehmen. Aus Gründen der „Waffengleichheit“ (Art. 103 Abs. 1 GG) können sich die das Verfahren betreibenden Organe darauf aber nicht berufen, wenn sie sich ihrerseits eines Rechtsanwalts bedienen und sich hierdurch ein Übergewicht verschaffen (BGHZ 55, 381, 391).

Schrifttum: *Reichert,* S. 560, 600 ff.

30. Umfang der gerichtlichen Kontrolle

Welchen Umfang hätte eine gerichtliche Kontrolle?

Anders als das Reichsgericht, welches 1901 eine umfassende sachliche gerichtliche Nachprüfung von Vereinsstrafen im Hinblick auf die Verbandsautonomie nach

§ 25 BGB versagte (RGZ 49, 150, 155), schützt der BGH das betroffene Mitglied: Vereinsstrafen kontrolliert er in formeller Hinsicht uneingeschränkt. In materieller Hinsicht hängt der gerichtliche Prüfungsumfang vom Charakter des Vereins ab:

a) Handelt es sich um wirtschaftlich oder sozial mächtige Vereine, für die womöglich eine Aufnahmepflicht besteht, so dürfen bei der gerichtlichen Überprüfung keine geringeren Anforderungen gestellt werden als an das Recht, einen Aufnahmeantrag abzulehnen, da Aufnahme und Bestand der Mitgliedschaft gleichermaßen schutzwürdig sind (BGHZ 102, 265, 276). Die Vereinsstrafe muss durch sachliche Gründe gerechtfertigt sein. Zwar darf das Gericht aufgrund der anzuerkennenden Autonomie des Vereins nicht ohne Weiteres die Überzeugung und die Wertmaßstäbe des Vereins durch eigene ersetzen, dem Beurteilungsspielraum des Vereins sind jedoch enge Grenzen gesetzt.

b) Sonstigen Vereinen steht ein weitergehender Beurteilungsspielraum zu. Die Nachprüfung beschränkt sich dort grundsätzlich darauf, ob die Vereinsstrafe willkürlich oder grob unbillig ist (*BGH* NJW 1997, 3368), wobei der im Vereinsleben geltende Gleichheitsgrundsatz (BGHZ 47, 381, 386) und die Bedeutung der Mitgliedschaft für den Betroffenen zu beachten sind.

c) Unabhängig von der Macht des Vereins urteilt der BGH seit BGHZ 87, 337, dass die Gerichte auch jene Tatsachen überprüfen können, auf denen der Vereinsbeschluss beruht (BGHZ 102, 265, 273).

d) An die Vereinsstrafe sind somit folgende Anforderungen zu stellen: (1.) rechtmäßige Satzungsklausel als Grundlage; (2.) Einhaltung eines geordneten Verfahrens (insbesondere Gewährung rechtlichen Gehörs); (3.) verschuldeter Verstoß gegen die Satzung (str.); (4.) bei Vereinen mit Aufnahmepflicht Einhaltung des Grundsatzes der Verhältnismäßigkeit, bei anderen Vereinen Überprüfung, ob die Strafe grob unbillig ist.

4. Vereinsorgane: Vereinsvorstand

31. Änderung des Vereinsnamens

Der Vorstand des Studentischen Gesangvereins Regensburg e. V. beschließt, dem Verein einen weniger biedermeierlichen Namen zu geben. Er soll in Zukunft lauten: „Akademisch-musischer Verein Regensburg". Der Vorstand meldet die Namensänderung beim Registergericht an; wird der Rechtspfleger eintragen?

Nein. Die Grundlagen einer Gesellschaft oder Körperschaft können vom Vorstand oder sonst geschäftsführenden Organ nicht geändert werden. Die Änderung des Vereinsnamens oder der Organisation obliegt allein der Mitgliederversammlung, ebenso wie eine Änderung des Gesellschaftsvertrages ausschließlich den Gesellschaftern zusteht. Auf diese Zuständigkeit für **Grundlagen-** und **Strukturfragen** können die Mitglieder eines Vereins oder die Gesellschafter einer Gesellschaft auch in der Satzung weder ganz noch teilweise verzichten (vgl. Fall 121).

Schrifttum: Zur Zuständigkeitsverteilung allgemein siehe *Wiedemann* I, S. 325.

32. Eigenmächtiger Kauf eines Ruderboots

Im Lindauer Ruderclub Hellas Titania e. V. erläutern der Vorsitzende und die beiden Kassenprüfer die angespannte Finanzlage. Die Mitgliederversammlung reagiert mit einer dreimonatigen Haushaltssperre. Dennoch bestellen drei der fünf Vorstandsmitglieder bei der Speedo GmbH per Telefax ein neues Ruderboot für 1 500 EUR. Die übrigen beiden vertretungsberechtigten Vorstandsmitglieder und der Sportwart werden nicht informiert. Ob das nötig gewesen wäre und welche Rolle die Haushaltssperre spielt, lässt sich der Satzung nicht entnehmen.
a) Die Speedo GmbH liefert und fordert vom Verein den Kaufpreis. Zu Recht?
b) Hat der Verein einen Schadensersatzanspruch gegen die drei Vorstandsmitglieder, welche das Ruderboot gekauft haben?

Zu a) Die Speedo GmbH hat einen Anspruch auf Kaufpreiszahlung, wenn die drei Vorstandsmitglieder beim Kaufvertrag Vertretungsmacht für ihren Verein hatten. Diese richtet sich mangels abweichender Satzungsregeln (§ 40 BGB) nach § 26 Abs. 2 Satz 1 BGB. Danach genügte die Mehrheit der Vorstandsmitglieder. Es kommt nicht darauf an, ob intern korrekt gehandelt wurde.

Maßgeblich ist hierbei die Mehrheit derjenigen, denen die Satzung Vertretungsmacht einräumt und die deshalb als Vorstand i. S. d. §§ 26 ff. BGB im Vereinsregister einzutragen sind. Diese Mehrheit war hier gegeben. Viele Satzungen bezeichnen als Vorstandsmitglieder auch den Jugend-, Sport- oder Vergnügungswart und sonstige Funktionsträger, ohne ihnen Vertretungsmacht einzuräumen. Letztere sind dann nur Mitglieder eines erweiterten Geschäftsführungsorgans.

Die der Vorstandsmehrheit durch § 26 BGB eingeräumte Vertretungsmacht ist grundsätzlich unbeschränkt, kann aber in der Satzung mit Wirkung gegenüber Dritten beschränkt werden (§ 26 Abs. 1 Satz 3 BGB). Die Vertretungsmacht und ihr Umfang sind nach § 64 BGB in das Vereinsregister einzutragen. Die anfängliche Beschränkung wirkt sonst nur gegen den Dritten, der sie positiv kennt (§§ 70, 68 BGB). Die nachträgliche Beschränkung wird dagegen nach § 71 BGB ohnehin erst mit Eintragung wirksam. Hinsichtlich der Haushaltssperre fehlt es vorliegend bereits an einer die Vertretungsmacht beschränkenden Satzungsklausel. Somit haben die drei Vorstandsmitglieder den Ruderclub Hellas Titania e. V. wirksam vertreten und der Verein muss zahlen.

Zu b) Ja. Überschreiten die Vorstandsmitglieder schuldhaft ihre von der Vertretungsmacht zu trennende Geschäftsführungsbefugnis (vgl. Fall 120), so machen sie sich gegenüber dem Verein wegen Verletzung von Pflichten aus dem Organ- und gegebenenfalls aus einem Anstellungsverhältnis schadensersatzpflichtig (§ 280 BGB).

33. Haftung im Ehrenamt

Der 17-jährige Abiturient Marc Antonietti spielt im Sportverein „Gepflegtes Passspiel e. V." erfolgreich Fußball. In Absprache mit dem entsprechend ermächtigten Platzwart Brückenbauer mäht er oft, zuverlässig und ehren-

amtlich den Rasen des Vereinsgeländes mit einem Rasentraktor. Als er eines Tages absteigt, um mehrere Fans zu begrüßen, lässt er den Schlüssel stecken. Unbemerkt steigt der hilfsbereite 13-jährige Philipp Zahm auf und übernimmt die Arbeit. Leider beherrscht er den Mäher nicht und fährt 20 m in das Erdbeerfeld des Obstbauern Schöneß. Marcs kürzlich gekündigte Privathaftpflichtversicherung hätte den Schaden übernommen.
a) Muss Marc den Schaden nun aus eigener Tasche bezahlen?
b) Wie ist die Rechtslage, wenn Schöneß den Schaden nachvollziehbar mit 500 EUR angegeben hat und Marc zahlt, der Schaden aber in Wahrheit 30 EUR niedriger war?

Zu a) Schöneß kann gegen Marc aus §§ 823 Abs. 1, 828 Abs. 3 BGB wegen Verletzung seiner Verkehrssicherungspflicht vorgehen. Marc hätte den Schlüssel abziehen oder den Mäher beobachten müssen. Er hat den rechtswidrigen Feldschaden also fahrlässig verursacht.

Gegen seinen Verein hat Marc allerdings einen Freistellungsanspruch aus § 31b Abs. 2 Satz 1 BGB. Denn er handelte i. S. d. § 31b Abs. 1 BGB ehrenamtlich und nur leicht fahrlässig. Diese Haftungsreduzierung bezweckt, die Risiken für übertragene, im Wesentlichen ehrenamtliche Vereinsaufgaben auch einfacher Vereinsmitglieder auf ein zumutbares Maß zu reduzieren und dadurch das bürgerschaftliche Engagement zu stärken (ähnlich § 31a BGB für Organmitglieder und besondere Vertreter). Der Verein „überträgt" m. E. Vereinsaufgaben i. S. d. § 31b Abs. 2 BGB, indem er dazu im Rahmen des Mitgliedschaftsverhältnisses und gegebenenfalls eines ergänzenden Auftrags ermächtigt.

Zu b) Wenn Marc die 500 EUR dennoch an Schöneß zahlt, wandelt sich sein Freistellungsanspruch in einen Aufwendungsersatzanspruch gegen den Verein (im Verhältnis zum Verein zahlte Marc ja freiwillig; vgl. Fall 115 Var. a). Ersatzansprüche ergeben sich m. E. aus § 670 BGB, hier i. V. m. §§ 683, 677, da die Zahlung nicht von der übertragenen Aufgabe umfasst ist (für Vorstandsgeschäftsführung i. V. m. § 27 Abs. 3 Satz 1 BGB). Marcs Anspruch gegen den Verein wird also nicht um die Zuvielzahlung gekürzt, soweit er die Zahlung in der Höhe von 500 EUR – wie hier – für erforderlich halten durfte. Zug um Zug muss er seinen Bereicherungsanspruch gegen Schöneß abtreten (§§ 273 f., 667, 681 Satz 2 BGB).

Beachte: Ehrenamtliche Vereinstätigkeit wird auch sonst privilegiert. Masseschmälernde Zahlungen des Vorstandes nach Eintritt der Insolvenzreife sind anders als nach § 64 Satz 1 GmbHG kein Haftungsgrund (*BGH* NZG 2010, 625 zu § 42 Abs. 2 BGB). Für Dienste in gemeinnützigen Vereinen sind bis 720 EUR im Jahr nach § 3 Nr. 26a EStG steuerfrei; für bestimmte Tätigkeiten nach § 3 Nr. 26 EStG sind es sogar 2 400 EUR.

Schrifttum: *Leuschner,* NZG 2014, 281.

*34. Dritteinfluss auf Vorstandsposten

Die Mitgliederversammlung des Studentischen Gesangvereins Regensburg e. V. beschließt, den jeweiligen städtischen Generalmusikdirektor zum Vorstandsmitglied zu ernennen. Ist dies möglich, wenn er nicht Mitglied des Vereins ist oder wird?

Ja. Der Grundsatz der Selbstorganschaft (vgl. Fall 136) gilt im Vereinsrecht nicht. Folglich kann auch ein Nichtmitglied als Vereinsvorstand bestellt werden. Sowenig das Vorstandsmitglied einer AG oder der Geschäftsführer einer GmbH Mitgesellschafter sein muss, sowenig gilt dies für den Generalmusikdirektor; dieser wird auch mit der Annahme des Amtes keineswegs automatisch Vereinsmitglied. Bedenken könnte man allenfalls wegen der Jeweiligkeits-Klausel haben, weil die Berufung eines Vorstandsmitglieds dadurch mittelbar von außenstehenden Dritten – hier der Stadt – beeinflusst wird. Die Vereinsmitglieder behalten aber genügend Spielraum, denn sie können die Besetzungsautomatik jederzeit aus der Satzung streichen. Das sollten sie spätestens tun und eintragen lassen (§ 71 BGB), bevor sie den Generalmusikdirektor aus wichtigem Grunde abberufen. Denn nach der alten Satzung ist der Abberufene ja automatisch doch wieder Vorstandsmitglied.

35. Entlastung

Was bedeutet die Entlastung des Vorstandes?

Die Entlastung enthält im Recht der Körperschaften eine Vertrauenserklärung. Sie ist einseitiges Rechtsgeschäft und führt dazu, dass die Körperschaft Ersatzansprüche, die bekannt oder nach dem Rechenschaftsbericht erkennbar waren, nicht mehr geltend machen kann (Ausnahme: § 120 Abs. 2 Satz 2 AktG). Entlastung ist also keine Routineangelegenheit; ein Anspruch darauf ergibt sich allenfalls aus der Satzung oder dahingehendem Vereinsbrauch.

36. Zurechnung

a) Wie unterscheiden sich § 31 und § 278 BGB in ihrem Anwendungsbereich?
b) Wie verhält sich die Haftungszurechnung gegenüber der juristischen Person zur Eigenhaftung des Organmitglieds?

Zu a) Die Normen unterscheiden sich wie folgt:

- § 31 BGB regelt die Haftungszurechnung für Repräsentanten der juristischen Person, deren Verhalten die juristische Person als eigenes zu verantworten hat. § 278 BGB regelt die Zurechnung des Verschuldens von Erfüllungsgehilfen, also fremden Verschuldens (Leutehaftung).
- § 31 BGB gilt für sämtliche Haftungstatbestände, § 278 BGB lediglich bei Bestehen eines Schuldverhältnisses.
- Beide Normen können nicht durch die Satzung (vgl. § 40 BGB), wohl aber durch Vertrag mit den jeweiligen Gläubigern in den Grenzen des § 309 Nr. 7 BGB abbedungen werden. In einem Individualvertrag kann die Haftung für den Vorsatz eines Erfüllungsgehilfen ausgeschlossen werden, nicht aber die für den Vorsatz eines Repräsentanten (§ 278 Satz 2 BGB).

Zu b) § 31 BGB setzt eine „zum Schadensersatz verpflichtende Handlung" des Organwalters voraus, was als Erfordernis der persönlichen Haftung des Organwalters verstanden werden könnte, welche dann nach § 31 BGB auf die juristische Person ausgedehnt wird. Eine Haftung des Organwalters lässt sich insoweit konstruieren, indem die Verkehrssicherungspflicht der juristischen Person zugleich als eine solche des Organwalters angesehen wird (vgl. BGHZ 109, 297, 303). Dieses Verständnis bereitet aber jedenfalls bei Vertragspflichtverletzungen Schwierigkeiten. Vertragspflichten der juristischen Person sind grundsätzlich keine persönlichen Pflichten des Organwalters gegenüber dem Vertragsgläubiger, sodass der Organwalter hieraus nicht unmittelbar gegenüber dem Gläubiger haftet. Bei konsequenter Anwendung der Organtheorie ist hingegen eine Eigenhaftung des Organwalters nicht notwendig; vielmehr erfüllt die juristische Person den jeweiligen Haftungstatbestand selbst, wobei das Verhalten des zuständigen Organwalters, welcher als „Arm" der juristischen Person fungiert, dieser nach § 31 BGB zugerechnet wird.

Schrifttum: *Haas,* Geschäftsführerhaftung und Gläubigerschutz, 1997; *Kleindiek,* Deliktshaftung und juristische Person, 1997.

37. Reichweite des § 31 BGB

Für welche Gesellschaften und Körperschaften gilt – über Wortlaut und systematische Stellung hinaus – § 31 BGB?

a) § 31 BGB begründet nach heutigem Verständnis die **Zurechnung von Organverhalten** gegenüber jedweder zivil- oder öffentlich-rechtlichen Vereinigung. Er gilt deshalb für alle Gesellschaften und Körperschaften (vgl. § 89 Abs. 1 BGB), also auch für die GbR (BGHZ 154, 88, 93).

b) Streitig ist die Geltung für die Erbengemeinschaft und nicht rechtsfähige Sondervermögen, wie das Gemeinschuldnervermögen unter gesetzlicher Verwaltung.

c) Nicht anwendbar ist § 31 BGB auf den Einzelkaufmann und dessen Mitarbeiter.

38. Verfassungsmäßig berufener Vertreter

Für wen haftet der Verein nach § 31 BGB?

Ein Verein haftet nach § 31 BGB für drittschädigendes Verhalten von Vorstand, Vorstandsmitgliedern und anderen verfassungsmäßigen Vertretern. Das sind in weiter Auslegung alle, denen „durch die allgemeine Betriebsregelung und Handhabung bedeutsame, wesensmäßige Funktionen der juristischen Person zur selbstständigen, eigenverantwortlichen Erfüllung zugewiesen sind", die den Verein somit **repräsentieren** (BGHZ 49, 19, 21). Beispiele: Filialleiter einer Auskunftei (BGHZ 49, 19, 21); Bankzweigstellenleiter (*BGH* NJW 1977, 2259, 2260); Chefarzt (BGHZ 77, 74, 79). Eine Exkulpation wie in § 831 BGB ist in diesen Fällen nicht möglich.

Schrifttum: *Martinek,* Repräsentantenhaftung, 1979, S. 160 ff.

5. Vereinsorgane: Mitgliederversammlung

39. Anfechtung der Stimmabgabe

In dem Arbeitgeberverband für die Metallindustrie Hessen e. V. wird über eine geringfügige Änderung der Satzung abgestimmt. Nachdem die Mehrheit sie angenommen hat, erklärt ein Mitglied, es habe sich geirrt und fechte die Stimmabgabe an.
a) Ist dies zulässig?
b) Welche Rechtsfolge ergibt sich hieraus für den Beschluss?
c) Wie kann die Mangelhaftigkeit eines Beschlusses gerichtlich geltend gemacht werden und welchen Umfang hat die Rechtskraft des Urteils?

Zu a) Ja. Die Stimmabgabe ist **Willenserklärung** des einzelnen Mitglieds, gerichtet auf Herbeiführung des Beschlusses als innerverbandliche Entscheidung. Die bürgerlich-rechtlichen Vorschriften über Zugang, Anfechtung und Nichtigkeit von Willenserklärungen sind also anwendbar; eine nach §§ 119, 121, 143 BGB angefochtene Stimmabgabe ist nichtig (§ 142 Abs. 1 BGB).

Zu b) Die nichtige Stimme ist als Stimmenthaltung zu werten. Auswirkungen auf das Beschlussergebnis hat diese Änderung nur, wenn sie die erforderliche Mehrheit beeinflusst. Das Vereinsrecht unterscheidet nicht zwischen anfechtbaren und nichtigen Beschlüssen (Fall 411). Beschlussmängel können im Verein – anders als bei AG, GmbH und Genossenschaft – grundsätzlich jederzeit **formlos** geltend gemacht werden (BGHZ 59, 369, 372).

Zu c) Beschlüsse können nach Ausschöpfung vereinsinterner Rechtsbehelfe mit einer gegen den Verein zu richtenden Feststellungsklage nach § 256 ZPO auf ihre Wirksamkeit überprüft werden. Geschieht das nicht binnen angemessener Frist, ist das Klagerecht verwirkt.

Das Urteil, welches die Nichtigkeit des Beschlusses feststellt, wirkt ausnahmsweise nicht nur zwischen den Parteien, sondern aus Gründen der Rechtssicherheit innerhalb des ganzen Vereins (*BGH* NJW-RR 1992, 1209) und bindet auch das Registergericht (*RG* JW 1929, 2708, 2709). Wird die Klage auf Feststellung der Nichtigkeit als unbegründet abgewiesen, wirkt das Urteil hingegen nur *inter partes.*

40. Mehrheit

Ist Tom Müller zum Vorstandsmitglied gewählt, wenn von 48 anwesenden Vereinsmitgliedern 22 für ihn und 20 gegen ihn stimmen, vier sich der Stimme enthalten und zwei gar nicht mitstimmen? Die Satzung aus dem Jahre 2008 verlangt eine Mehrheit der erschienenen stimmberechtigten Mitglieder.

Nach dem Wortlaut der Satzungsklausel und dem entsprechendem früheren Wortlaut der §§ 32, 33 BGB ist die Frage zu verneinen: Die erforderliche einfache Mehrheit der „erschienenen" 48 Mitglieder ist nicht erreicht. Enthaltungen wirken dann wie Nein-Stimmen. Wer sich enthält, möchte indes regelmäßig gerade Unentschiedenheit oder Unentschlossenheit ebenso bekunden wie der, der gar nicht mitstimmt. Wer vermeiden will, dass der objektive Erklärungswert seiner Stimme oder Anwesenheit verfälscht wird, müsste bei dieser Rechtslage den Sitzungsraum verlassen. Das aber haben sich weder Gesetz- noch Satzungsgeber so vorgestellt. Deshalb sprechen §§ 32, 33 BGB seit 2009 ebenso wie § 47 Abs. 1 GmbHG, § 133 AktG und § 43 Abs. 2 GenG von „abgegebenen" Stimmen und meinen damit nur die Ja- und Nein-Stimmen. So hatte die Rechtsprechung schon die frühere gesetzliche Formulierung korrigiert. Die Satzung hat ersichtlich den alten Gesetzeswortlaut übernommen, ist also – objektiv (vgl. Fall 26) – ebenfalls so auszulegen, dass nur Ja- und Nein-Stimmen zählen. Tom Müller ist zum Vorstandsmitglied gewählt und kann die Wahl annehmen.

*41. Einberufungsmängel

Von den 76 Mitgliedern des Fußballclubs 1. FC Burg e. V. haben vier aus unerfindlichen Gründen vom Vorstand keine Einladung zu einer Versammlung erhalten, auf der Neuwahlen zum Vorstand auf der Tagesordnung standen. Einer der abwesenden vier grüßt den neuen Vorsitzenden nun regelmäßig mit „Tag, Herr Scheinvorstand". Zu Recht?

Ja. Auch bloße **Form-** und **Verfahrensfehler** machen einen Vereinsbeschluss rechtswidrig und grundsätzlich unwirksam. Es gibt drei Ausnahmen:

- Ausnahmsweise ist ein Verfahrensfehler für das Beschlussergebnis nicht *relevant.* So liegt es z. B. bei Mängeln im Ablauf der Tagesordnung oder in der Führung des Sitzprotokolls. Relevant ist demgegenüber ein Fehler bereits, wenn er das Recht des Mitglieds zur Teilnahme an der Willensbildung in der Mitgliederversammlung möglicherweise beeinträchtigt hat. So liegt es hier, denn den nicht geladenen Mitgliedern wurde insbesondere die Möglichkeit genommen, das Stimmverhalten der anderen Mitglieder zu beeinflussen. Wie in § 243 Abs. 4 AktG ist also nach der Bedeutung des Fehlers für die Mitgliedschaft zu differenzieren.
- Die Treuepflicht verbietet, sich auf Nichtigkeit zu berufen, wenn die verletzte Verfahrungsvorschrift lediglich dem Interesse *einzelner* Mitglieder dient und das betroffene Mitglied nicht alsbald (ca. einen Monat) nach Kenntnis widerspricht. Ein Beispiel ist die geringfügige Unterschreitung der Ladungsfristen oder der unberechtigte Saalverweis eines Mitglieds, nicht aber die hier fehlende Einladung zur Mitgliederversammlung. Denn sie dient dem Interesse sämtlicher Mitglieder an einer ordnungsgemäßen Willensbildung; BGHZ 59, 369, 373.
- Ein Einberufungsmangel wird geheilt, wenn sämtliche Mitglieder des Vereins (Vollversammlung) dennoch rügelos verhandeln. Auch dies ist hier nicht geschehen.

Schrifttum: *Reichert,* S. 242 ff.

*42. Spontane Satzungsänderung

Unter dem Tagesordnungspunkt „Trainereinkauf?" geht es in der Mitgliederversammlung des Handballvereins Eintracht blau-weiß e. V. um Max: Er gilt als begabt, aber eigenwillig. Die Mehrheitsverhältnisse sind noch unklar. Nicht alle Vereinsmitglieder sind erschienen. Gegner des Anstellungsvertrages befürchten eine Abstimmungsniederlage. Sie weisen auf die grundlegende Bedeutung der Angelegenheit hin und schlagen eine „spontane Satzungsänderung" vor. Danach soll die Entscheidung über die Person des Trainers einer Dreiviertelmehrheit bedürfen. Der Antrag wird einstimmig angenommen. Für den Vertrag mit Max stimmen sodann 21 Teilnehmer, dagegen 19. Der Vorsitzende blickt Sie fragend an:
a) Ist die Satzungsänderung wirksam beschlossen?
b) Ist der Abschluss eines Anstellungsvertrages wirksam beschlossen?

Zu a) Die *ad hoc* erfolgte Satzungsänderung ist unwirksam. Die Mehrheit genügte (§ 33 Abs. 1 Satz 1 BGB; vgl. Fall 40), nicht aber das Verfahren: Die in der Einladung enthaltene Tagesordnung muss den Beschlussgegenstand bezeichnen (§ 32 Abs. 1 Satz 2 BGB), und zwar so genau, dass jedes Mitglied über die Notwendigkeit seiner Teilnahme entscheiden und die Angelegenheit vorbereiten kann. „Trainereinkauf?" sagt nichts zu Satzungsänderungen. Der Beschluss ist also nichtig. Ein Widerspruch gegen ihn war unnötig.

Zu b) Der Zweitbeschluss ist nicht etwa nach § 139 BGB nichtig. Dafür fehlt es an einem einheitlichen Rechtsgeschäft; außerdem wäre er auch ohne den nichtigen Erstbeschluss so zustande gekommen. Für den Zweitbeschluss fehlt aber die nötige Mehrheit: Zwar wurde die Satzung nicht geändert. Doch lag es in der Hand des Antragstellers, den Beschluss entgegen § 32 Abs. 1 Satz 3 BGB unter den Vorbehalt zu stellen, dass der Antrag eine Dreiviertelmehrheit findet. So wollten es alle Anwesenden und so war der Antrag auszulegen.

*6. Auflösung des Vereins

43. Vergessene Verbindlichkeiten

Der früher bedeutende Männergesangsverein Harmonie e. V. leidet unter Mitgliederschwund. Als der Verein nur noch zehn Mitglieder hat, beschließt die Mitgliederversammlung ordnungsgemäß dessen Auflösung. Die Liquidation soll durch den Vorstand erfolgen. Dieser macht die Auflösung des Vereins öffentlich bekannt, fordert die Gläubiger zur Anmeldung ihrer Ansprüche auf und veranlasst die Eintragung der Auflösung ins Vereinsregister. Ein Jahr später verteilt der Vorstand das nach Befriedigung der Gläubiger verbliebene Vereinsvermögen von 800 EUR unter die Mitglieder; jedes Mitglied erhält 80 EUR. Nunmehr meldet sich der Musikalienhändler Cedur mit einer Forderung von 200 EUR für Notenmaterial, das er dem Verein etwa ein Jahr vor der Auflösung auf Bestellung des Vorstandes geliefert hatte. Diese Forderung war aus den Vereinsbüchern nicht ersichtlich. Hat Cedur Aussicht, zu seinem Geld zu kommen?

a) Die Forderung des Cedur gegen den Verein ist untergegangen, wenn der Verein nicht mehr existiert. Durch die Auflösung des Vereins wird die anschließende **Liquidation** eingeleitet (vgl. §§ 41, 47 BGB). Im Liquidationsstadium **besteht** der Verein und damit auch seine Rechtsfähigkeit **fort** (§ 49 Abs. 2 BGB). Mit der Verteilung des Vereinsvermögens und dem Ablauf des Sperrjahres des § 51 BGB ist die Liquidation und die Existenz des Vereins dann **beendet.**

b) In Betracht kommt ein Anspruch aus § 53 BGB gegen die Vorstandsmitglieder als Liquidatoren (§ 48 BGB). Die Liquidatoren könnten Pflichten aus § 50 Abs. 2 oder § 52 Abs. 1 BGB verletzt haben. Beide Normen setzen aber voraus, dass den Vorstandsmitgliedern die Forderung des Cedur bekannt war; Fahrlässigkeit schadet nicht. Ohne Sanktion bleibt also, dass Cedur nach § 49 Abs. 1 Satz 1 BGB hätte befriedigt werden müssen, bevor an die Vereinsmitglieder ausgezahlt wurde.

c) Von seinen Mitgliedern kann der Verein in Anlehnung an § 31 Abs. 1 GmbHG grundsätzlich Zahlungen zurückfordern, die das Eigenkapital des Vereins auf ein Niveau unter Null senken (str.; nach §§ 29, 48 Abs. 1 Satz 2 BGB sind dann u. U. Nachtragsliquidatoren zu bestellen). Der mit einer korrekten Abwicklung des Vereins vollzogene Zustand muss jedoch endgültig sein; die Vereinsmitglieder, die Zahlungen erhalten haben, sollen nicht der Ungewissheit ausgesetzt sein, einem nachträglich auftretenden, bisher unbekannten Gläubiger haften zu müssen. Für diese unbekannten Gläubiger sorgt das Gesetz durch die Einführung des Sperrjahres – aber nicht darüber hinaus. Deshalb scheitert auch ein Anspruch aus § 812 Abs. 1 Satz 1 Alt. 1 BGB daran, dass die ordnungsgemäße Durchführung der Liquidation einen durch das Gesetz anerkannten Rechtsgrund für die Zahlung darstellt (RGZ 124, 210, 214).

Beachte: Die Vereinssatzungen sehen als Anfallberechtigte typischerweise nicht die Vereinsmitglieder, sondern gemeinnützige Körperschaften vor. Denn die Selbstlosigkeit des Vereins nach §§ 51, 52, 55 AO ist Voraussetzung für seine Anerkennung als gemeinnütziger Verein. Sie führt zu steuerlichen Privilegien: So sind z. B. Zweckbetriebe i. S. d. §§ 65–68 AO (z. B. sportliche Veranstaltungen, bei denen Eintrittsgelder eingenommen werden) von der Körperschaft- und Gewerbesteuer freigestellt (§ 5 Abs. 1 Nr. 9 KStG, § 3 Nr. 6 GewStG) und zahlen nur eine ermäßigte Umsatzsteuer (§ 12 Abs. 2 Nr. 8 Buchst. a UStG). Siehe auch § 4 Nrn. 16, 18, 20, 22 UStG, § 64 Abs. 3 AO.

7. Nicht rechtsfähiger Verein

44. Verein – eine BGB-Gesellschaft?

Warum hat der Gesetzgeber in § 54 Satz 1 BGB die nicht rechtsfähigen Vereine dem Recht der BGB-Gesellschaft unterstellt und warum wird darin für den Idealverein eine legislatorische Fehlleistung gesehen?

a) Die Regelung der nicht rechtsfähigen Vereine beruhte vor allem auf zwei Gründen:

– Zum einen auf politischen Gründen. Unerwünschten Dauerorganisationen wie Gewerkschaften, gewissen Parteien sowie religiösen und politischen Vereinigungen sollte das Dasein erschwert werden. Deshalb versagte man ihnen die Vermögensfähigkeit und aktive Parteifähigkeit, solange der Staat sie nicht kontrolliert, akzeptiert und eingetragen hat: Gegen die Eintragung von Vereinen, welche politische, sozialpolitische oder religiöse Zwecke verfolgten, konnte die Verwaltungsbehörde nach § 61 Abs. 2 BGB a. F. Einspruch erheben. Wenn sie bereits eingetragen waren und satzungswidrig derartige Zwecke verfolgten, konnte ihnen nach § 43 Abs. 3 BGB a. F. die Rechtsfähigkeit entzogen werden. Dieser Grund ist seit langem überholt.

- Zum anderen sollte die Regelung dem Gläubigerschutz dienen. Die Registereintragung informiert über den Schuldner. Die heutige Haftungsfreiheit der Vereinsmitglieder wollte man damals wohl erst akzeptieren, wenn eine Eintragung davor warnt.

b) Die vom Gesetz vorgeschriebene Anwendung der §§ 705 ff. BGB führt insbesondere für das innere Organisationsrecht des Vereins zu unannehmbaren Ergebnissen; vgl. nur das Einstimmigkeitserfordernis nach § 709 BGB. Nach heute allgemeiner Ansicht gelten neben der Handelndenhaftung nach § 54 Satz 2 BGB für den nicht rechtsfähigen Idealverein die Vorschriften für den rechtsfähigen Verein der §§ 25 ff. BGB entsprechend, soweit sie nicht die Eintragung und die Rechtsfähigkeit voraussetzen, wie z. B. §§ 68 ff. BGB. So gilt insbesondere das Mehrheitsprinzip (§§ 28, 32 Abs. 1 Satz 3 BGB) und der Verein wird durch den Vorstand vertreten, dessen Mitglieder keine Vereinsmitglieder sein müssen (Fremdorganschaft). Es handelt sich dabei um eine im Ergebnis nicht angezweifelte richterrechtliche Rechtsfortbildung *contra legem.* Der sog. nicht rechtsfähige Verein ist rechts- und parteifähig (§ 50 Abs. 2 ZPO).

45. Nicht rechtsfähige Idealvereine

Kennen Sie Beispiele für nicht rechtsfähige Idealvereine?

Vielleicht sind Sie bald Mitglied im Universitätssportverein (USV), Abteilung Volleyball. Ihre Abteilung hat dann einen eigenen Namen und eigene Aufgaben. Wählt sie ihre eigene Leitung, hat sie vielleicht sogar eine eigene Kasse und eine individuelle Beitragshöhe, dann sind die Studenten zugleich Mitglied im eingetragenen USV und in dessen Volleyballabteilung als nicht rechtsfähigem (Zweig-) Verein. Aber nicht die kleinen Vereine wie etwa auch studentische Verbindungen und gesellige Vereine machen die Bedeutung dieser Rechtsform aus: Als nicht rechtsfähige Vereine bestehen in der Regel die Arbeitnehmerverbände wie z. B. der DGB und seine acht Mitgliedsgewerkschaften. Auch die großen politischen Parteien sowie ihre regionalen Untergliederungen sind als nicht rechtsfähige Vereine organisiert, mit Ausnahme der CSU. Die Übergänge zur BGB-Gesellschaft mit wechselnden Mitgliedern sind fließend (vgl. Fall 63).

46. Wer bezahlt die Möbel?

Der Student Fritz, Mitglied einer nicht eingetragenen Studentenverbindung, kauft im Namen seiner Verbindung Einrichtungsgegenstände für das Verbindungshaus. Nachträglich ist niemand bereit, die Möbel zu bezahlen. An wen kann sich der Verkäufer halten?

a) In jedem Fall an Fritz selbst gemäß § 54 Satz 2 BGB. Handelnder im Sinne dieser Vorschrift ist jeder, der nach außen erkennbar im Namen des Vereins rechtsgeschäftlich aufgetreten ist; dabei spielt es keine Rolle, ob er Vorstands- oder Vereinsmitglied oder Dritter ist.

Keine Handelnden in diesem Sinne sind nach h. A. diejenigen Vereins- oder Vorstandsmitglieder, welche der Tätigkeit nur vereinsintern zugestimmt haben (*BGH* NJW 1957, 1186). Tritt ein vom Vorstand bevollmächtigter Dritter offenkundig für den Vorstand, also nur als Untervertreter auf, so ist wohl ausnahmsweise nicht der Vertreter, sondern der bevollmächtigende Vorstand als Handelnder anzusehen. Eine offenkundige Untervertretung ist vorliegend aber nicht gegeben, sodass die (übrigen) Vorstandsmitglieder nicht nach § 54 Satz 2 BGB haften.

b) Verfügte Fritz über Vertretungsmacht, haftet daneben das Vereinsvermögen (Gesamthandsvermögen).

Die übrigen Mitglieder des Idealvereins haften nicht nach § 54 Satz 1 BGB, also nicht analog § 128 HGB wie die Gesellschafter einer GbR. Die **Beschränkung der Haftung** *contra legem* (vgl. Fall 44) gilt unstreitig auch für gesetzliche Verbindlichkeiten, lässt sich also nicht mit einer eingeschränkten Vertretungsmacht begründen. Aus Gläubigersicht wird die dem nicht rechtsfähigen Verein fehlende Registerpublizität durch die Handelndenhaftung nach § 54 Satz 2 BGB mehr als ausgeglichen. Eine Haftung der übrigen – wechselnden – Mitglieder des nicht rechtsfähigen Idealvereins ist unzumutbar.

Beachte: Nach § 37 PartG findet § 54 Satz 2 BGB auf politische Parteien keine Anwendung. Im Übrigen kann die Handelndenhaftung zwar nicht in der Satzung, aber durch Vereinbarung mit dem jeweiligen Vertragspartner ausgeschlossen werden.

Bei dem Vor-Verein (vgl. Fall 18) wird der Begriff der Handelnden wie in § 11 Abs. 2 GmbHG, § 41 Abs. 1 Satz 2 AktG enger ausgelegt. Dies sind nur der Vorstand, der bestellte besondere Vertreter (§ 30 BGB) oder derjenige, welcher faktisch als ein solcher auftritt.

Schrifttum: *Schöpflin,* Der nichtrechtsfähige Verein, 2003, S. 400 ff.

*47. Handelndenhaftung und Eintragungsabsicht

Oehler ist alleinvertretungsberechtigtes Vorstandsmitglied des nicht eingetragenen Volleyballvereins Blockbuster. Bei der X-Bank nimmt er am 1.6. im Namen des Vereins ein Darlehen in Höhe von 1 000 EUR auf. Es wird an den Verein ausgezahlt. Am 1.7. beschließt die Mitgliederversammlung, die Satzung dahingehend zu ändern, dass der Verein die Rechtsfähigkeit durch Eintragung im Vereinsregister erlangen soll. Drei Wochen später erfolgt diese Eintragung. Nach Fälligkeit des Darlehens verlangt die X-Bank Zahlung von Oehler. Zu Recht?

Oehler könnte für das Darlehen des Vereins nach §§ 54 Satz 2, 488 BGB haften. Er handelte im Namen des damals nicht rechtsfähigen (vgl. Fall 18) Vereins. Ob die deshalb entstandene Handelndenhaftung wieder erlischt, sobald der Verein in das Vereinsregister eingetragen wird, hängt vom Sinn und Zweck des § 54 Satz 2 BGB ab.

a) Bei dem auf Eintragung gerichteten (echten) Vor-Verein soll die Handelndenhaftung auf den Vorstand Druck ausüben, schnellstmöglich dafür zu sorgen, dass der Verein die Rechtsfähigkeit erlangt. Bis dahin gleicht sie die fehlende Registerpublizität aus.

Eine darüber hinausgehende Sicherungsfunktion kommt der Handelndenhaftung nicht zu, wenn der Vor-Verein als solcher auftritt. Denn dies weist den Gläubiger deutlich darauf hin, dass der Vor-Verein nur ein kurzes Durchgangsstadium zum rechtsfähigen Verein ist. Zusätzliche Risiken ergeben sich für den Gläubiger daraus nicht: Das Kapital des eingetragenen Vereins ist ebenso wenig geprüft und gesichert wie das des nicht eingetragenen Idealvereins.

Wegen dieser Zwecke erlischt die Handelndenhaftung beim echten Vorverein, wenn er wirksam vertreten wurde, sobald der Verein Rechtsfähigkeit erlangt (das entspricht der Rechtslage bei § 11 Abs. 2 GmbHG; vgl. Fall 263). Denn zum einen ist die erwünschte Registerpublizität ab dem Zeitpunkt der Eintragung gegeben. Zum anderen ist bei einem Vor-Verein, welcher entsprechend seiner Satzung zügig auf die eigene Eintragung hinwirkt, ein weitergehender Druck nicht erforderlich.

b) Anders ist dies jedoch, wenn ein nicht rechtsfähiger Verein keine Eintragung anstrebt. Hier gleicht die Handelndenhaftung nicht nur die fehlende Registerpublizität aus, sondern stärkt auch die Bonität des Vereins. Die Gläubiger brauchen hier nicht davon auszugehen, dass der Verein eingetragen wird und können die Handelndenhaftung deshalb als dauerhafte Kreditsicherheit ansehen. Eine Druckfunktion geht hier von der Handelndenhaftung nicht aus, da sich der Verein und der Handelnde mit dessen dauerhafter Haftung abfinden mussten. Der Handelnde ist für die Eintragung also auch nicht zu privilegieren. Daher erlischt die Handelndenhaftung nicht für Verbindlichkeiten, die begründet wurden, bevor die Registereintragung im Wege einer Satzungsänderung beschlossen wurde.

Das Zahlungsbegehren der X-Bank ist also berechtigt. Oehler hat einen Freistellungsanspruch gegen den Verein nach §§ 27 Abs. 3, 670, 257 BGB.

48. Wirklich nicht rechtsfähig?

Kann der nicht rechtsfähige Verein „Freiwillige Feuerwehr Immekeppel"
a) als Eigentümer in das Grundbuch eingetragen werden?
b) Schuldner eines Insolvenzverfahrens werden?
c) mit dem gleichartigen Verband der Nachbargemeinde verschmolzen werden?

Zu a) Als Rechtsträger sollte er eingetragen werden können. Allerdings sind die Vertretungsverhältnisse dann unklar. Denn selbst wenn man analog § 47 Abs. 2 GBO auch alle Mitglieder einträgt, fehlt ihnen anders als in der GbR Gesamtvertretungsmacht. Praktisch empfiehlt sich, den Verein zunächst im Vereinsregister eintragen zu lassen oder einen Treuhänder zu suchen.

Zu b) Ja (§ 11 Abs. 1 Satz 2 InsO).

Zu c) Das UmwG nimmt die nicht rechtsfähigen Vereine nicht unter die für eine Verschmelzung, Spaltung oder einen Formwechsel geeigneten Rechtsträger auf (vgl. §§ 3, 124, 191 UmwG). Der nicht rechtsfähige Verein ist mithin als Rechtsträger noch weniger anerkannt als die Gesellschaft bürgerlichen Rechts (vgl. § 191 Abs. 2 Nr. 1 UmwG).

8. Öffentliches Vereinsrecht

49. Vereinsgesetz

Welche Aufgaben hat das Vereinsgesetz?

Das Gesetz zur Regelung des öffentlichen Vereinsrechts (VereinsG) regelt insbesondere das Verfahren gegen Vereinigungen, die verfassungswidrige oder bestimmte strafrechtswidrige Zwecke verfolgen und deshalb nach Art. 9 Abs. 2 GG verboten sind. Auf die Rechtsform des „Vereins" kommt es dabei nicht an (§ 2 VereinsG). Gibt etwa eine Verlags-GmbH eine Tageszeitung mit volksverhetzendem Inhalt heraus, so kann sie nach §§ 3, 17 VereinsG, § 130 StGB verboten werden.

*Kapitel 3. Stiftung

50. Stiftungsbegriff

Phil Waits verdient mit der Entwicklung von Software mehr Geld, als er je auf sinnvolle Weise für sich ausgeben könnte. Deshalb entschließt er sich, einen Großteil seines Geldes für Entwicklungshilfe in Ländern der Dritten Welt einzusetzen, z. B. für die Forschung nach Impfstoffen gegen Aids, Tuberkulose und Malaria und die Bereitstellung von Impfstoffen gegen Kinderlähmung und Diphtherie. Er will selbst weiterhin hauptsächlich in der Softwarebranche tätig sein, aber dennoch sichergestellt wissen, dass die Mittel zu seinen Lebzeiten und auch darüber hinaus in seinem Sinne verwendet werden.
Welche inländische Rechtsform würden Sie ihm empfehlen?

Phil Waits ist die rechtsfähige Stiftung zu empfehlen, welche in den §§ 80 ff. BGB und ergänzend in den Stiftungsgesetzen der Länder geregelt ist. Die rechtsfähige Stiftung ist eine juristische Person ohne Mitglieder. Die Stiftung wird nach außen durch den Vorstand vertreten. Als weiteres Organ kann ein Aufsichtsrat (Stiftungsrat, Kuratorium) bestellt werden, der den Vorstand berät und überwacht (§§ 26 Abs. 1, 86 Satz 1 BGB). Wenn sie bestimmte Personen begünstigt, dann nur als Destinatäre, also Nutznießer des Stiftungsvermögens. Dieses dient einem dauernden Zweck, den der Stifter bestimmt.

In anderen Rechtsformen, etwa im Verein, in der GmbH oder AG kann die Satzung und insbesondere der Zweck jederzeit durch die Mitglieder geändert werden. Die Stiftung dagegen ist grundsätzlich undemokratisch, unflexibel und ihr Zweck nach ihrer Errichtung unabänderlich (vgl. §§ 81 Abs. 2, 85, 87 BGB). Der Wille des Stifters regiert auch weit über seinen Tod und über die zeitlichen Grenzen der Dauertestamentsvollstreckung (§ 2210 BGB) hinaus. Ob die Stiftungssatzung eingehalten und der Stifterwille verwirklicht wird, ist Gegenstand staatlicher Rechtsaufsicht. Sie stärkt das Vertrauen der Öffentlichkeit in rechtsfähige Stiftungen und erleichtert es so, (sofort verbrauchbare) Spenden und (das Grundstockvermögen erhöhende) Zustiftungen einzuwerben.

Von der rechtsfähigen Stiftung ist die unselbstständige und daher nicht rechtsfähige Stiftung zu unterscheiden. Sie ist die historische Grundform der Stiftung, jedoch nicht spezialgesetzlich geregelt. §§ 80–88 BGB sind nicht anwendbar. Man versteht darunter die Übertragung von Vermögen an eine natürliche oder juristische Person, die es als von ihrem übrigen Vermögen wirtschaftlich getrenntes Sondervermögen dauerhaft zu einem bestimmten Zweck verwalten soll. Die Übertragung des Stiftungsvermögens erfolgt bei einer solchen Stiftung unter Lebenden aufgrund eines Treuhandgeschäfts (Auftrag oder Geschäftsbesorgungsvertrag) oder einer Schenkung unter Auflage, erbrechtlich aufgrund einer Verfügung von Todes wegen. Die unselbstständige Stiftung benötigt weder Mindestvermögen noch staatliche Anerkennung und der Staat kontrolliert nicht, ob der Stifterwille beachtet wird. Dies kontrolliert der Stifter (oder sein Erbe) selbst, wenn er im Rahmen eines Auftrags oder Geschäftsbesorgungsvertrages Geschäftsherr ist. Von dessen jeweiligem Willen ist dann auch der Bestand der unselbstständigen Stiftung abhängig.

Der (selbstständigen und unselbstständigen) Stiftung werden steuerliche Vergünstigungen eingeräumt, z. B. in § 58 Nr. 6 AO, § 10b Abs. 1 Sätze 1 und 2, Abs. 1a EStG, § 29 Abs. 1 Nr. 4 ErbStG.

51. Errichtung

Wie kann Phil Waits eine rechtsfähige Stiftung gründen?

§ 80 Abs. 1 BGB: Um eine rechtsfähige Stiftung zu errichten, muss Waits das Stiftungs(rechts)geschäft vornehmen und ihre Anerkennung beantragen. Die dafür zuständige Landesbehörde ist meist das Ministerium des Inneren.

Das privatrechtliche Stiftungsgeschäft besteht aus einem vermögensrechtlichen und einem organisationsrechtlichen Teil (§ 81 Abs. 1 Sätze 2 und 3 BGB). Es kann in einer Verfügung von Todes wegen enthalten sein; anderenfalls genügt eine nicht empfangsbedürftige Willenserklärung in Schriftform (§§ 83, 81 Abs. 1 Satz 1 BGB).

Unter den in § 80 Abs. 2 BGB genannten Voraussetzungen muss die Behörde die Stiftung mittels gebundenen, privatrechtsgestaltenden Verwaltungsaktes als rechtsfähig anerkennen. Mit dieser Anerkennung entsteht die rechtsfähige Stiftung. Und erst dann ist Phil Waits verpflichtet, das im Stiftungsgeschäft zugesicherte Vermögen auf die Stiftung zu übertragen (§ 82 BGB). Anders als eine Körperschaft (vgl. etwa § 7 Abs. 2 GmbHG) hat die Stiftung zwischen rechtsgeschäftlicher Gründung und staatlicher Anerkennung also noch keinen Einlagenanspruch und wird von der h. M. deshalb auch noch nicht als Rechtsträger anerkannt. Es gibt also keine „Vor-Stiftung“.

52. Vermögensausstattung

Was hat Phil Waits bei der Vermögensausstattung der Stiftung zu beachten?

Gemäß § 80 Abs. 2 BGB muss die dauerhafte und nachhaltige Erfüllung des Stiftungszwecks gesichert erscheinen. Andernfalls wird die Stiftungsbehörde die Anerkennung der Stiftung versagen. „Nachhaltig“ stellt kein eigenes Tatbestandsmerkmal neben „dauerhaft“ dar (BT-Drucks. 14/8894 S. 10).

Dauerhafte Zweckerfüllung erfordert eine bezogen auf den konkreten Stiftungszweck **angemessene** Vermögensausstattung. Das ist im Einzelfall zu prüfen. Berücksichtigen wird die Stiftungsbehörde neben dem angestrebten Förderzweck die Art der Förderinstrumente, den gewünschten Aktionsradius, die Komplexität der Organstruktur sowie die absehbare Zusammensetzung des Stiftungsvermögens. Oft genügen schon 50 000 EUR, welche der Stiftung in absehbarer Zeit zur Verfügung stehen müssen.

Für die Dauerhaftigkeit genügt es, wenn die Stiftung für einen Zeitraum von mindestens zehn Jahren bestehen und ihr Vermögen in dieser Zeit verbrauchen soll (nach §§ 80 Abs. 2, 81 Abs. 1 Satz 2 BGB). Eine solche **Verbrauchsstiftung** wird anschließend aufgelöst. Familienverbrauchsstiftungen können z. B. genutzt werden, um Familienunternehmen durch Familienfremde stabil und fachkundig fortzuführen und zugleich die zerstrittenen, anderweitig orientierten oder noch jungen Nachkommen zu versorgen.

Wird das Vermögen hingegen nicht zum Verbrauch bestimmt, heißt es **Grundstockvermögen.** Die Stiftung wird nur anerkannt, wenn absehbar ist, dass daraus dauerhaft genügende Erträge erwachsen. Absehbare Niedrigzinsphasen erfordern also ein höheres Grundstockvermögen. In die Satzung gehört ein Konzept, wie das Stiftungsvermögen sicher und ertragsbringend anzulegen ist. Üblich ist die kombinierte Anlage in Aktien, Immobilien und festverzinslichen Wertpapieren.

53. Flexibilität der Stiftungssatzung

a) Phil Waits liest den von Ihnen vorgelegten Satzungsentwurf. Darin heißt es u. a.: *„Änderungen dieser Stiftungssatzung sind möglich, wenn sie die nachhaltige Erfüllung des Stiftungszwecks im Wandel der Verhältnisse ermöglichen.“*
Er fragt, ob solche späteren Änderungen auch gegen seinen dann bestehenden Willen möglich sind.
b) Phil Waits will sich mehr Einfluss bei den Entscheidungen der Stiftung sichern. Er möchte sich daher in der Satzung auf Lebenszeit zum Vorstand bestellen und vorsehen, dass der Vorstand den Zweck der Stiftung jederzeit ändern kann. Sind die vorgeschlagenen Satzungsregelungen zulässig?

Zu a) Als Stifter ist Phil Waits kein Organ seiner Stiftung. Perpetuiert wird sein Wille bei Errichtung, sein späterer Wille ist für die Stiftung ohne Bedeutung. Der ehemalige Stifter hat also, wenn er sich in der Satzung keine organschaftlichen Rechte vorbehält, nicht mehr Befugnisse als ein stiftungsfremder Dritter (§ 87 BGB). Insbesondere ist er durch spätere Satzungsänderungen und deren behördliche Genehmigung nicht in subjektiven Rechten betroffen (str.). Lediglich aus dem Amtsermittlungsgrundsatz (nach a. A. aus § 28 VwVfG) folgt, dass zur Erforschung des ursprünglichen Stifterwillens seine Anhörung geboten ist, nicht hingegen seine Zustimmung. Wenn diese Zustimmung von einigen Landesstiftungsgesetzen für Satzungsänderungen dennoch gefordert wird, verstößt dies wohl gegen Bundesrecht (§§ 81, 85, 87 BGB). Manche legen die Zustimmung demgegenüber nur als eine verwaltungsverfahrensrechtlich vorgeschriebene Mitwirkung eines Privaten zum Erlass der behördlichen Genehmigung aus und müssen dann klären, ob die Zustimmung nach Belieben verweigert werden kann und ob und welche Rechtsschutzmöglichkeiten dem Stifter zustehen, wenn er übergangen wird.

Selbst wenn sich der Stifter in der Satzung ein Vetorecht gegen Satzungsänderungen vorbehält, kann die zuständige Behörde nach § 87 BGB doch den Stiftungszweck ändern; sie hat dabei nur den ursprünglichen Stifterwillen zu beachten.

Zu b) Als Mitglied des Vorstandes auf Lebenszeit (in anderen Fällen als Mitglied eines fakultativen weiteren Organs oder als derjenige, der die Organmitglieder beruft) kann Phil Waits seinen ursprünglichen, im Stiftungsgeschäft niedergelegten

Stifterwillen vollstrecken. Zu freien Zweckänderungen kann man den Vorstand nicht ermächtigen, da die Stiftung nach ihrer Anerkennung vom aktuellen Willen des Stifters abgekoppelt ist (str.). Soll die Satzung im Kern (Zweck, Vermögen, Organisation) abgeändert werden, bedarf es wegen der grundsätzlichen Unabänderbarkeit der Stiftung einer Rechtfertigung. Diese ist insbesondere bei einer wesentlichen Veränderung der Verhältnisse gegeben (BGHZ 99, 344, 348 f.). Andere Satzungsänderungen sind bereits möglich, wenn sie die Leistungs- und Funktionsfähigkeit der Stiftung verbessern. Die Satzungsänderung bedarf zur Wirksamkeit der behördlichen Genehmigung.

Phil Waits ist zu raten, den Stiftungszweck in den Grenzen des Bestimmtheitserfordernisses möglichst weit zu fassen, sodass die Stiftungsorgane ihren Tätigkeitsschwerpunkt flexibel verlagern können. Durch Bedingungen oder Fristen kann die Satzung auch vorgeben, dass die Stiftungszwecke nicht neben-, sondern nacheinander anzustreben sind, z. B. erst Erforschung, dann Bereitstellung der Impfstoffe (Sukzessivstiftung).

Kapitel 4. BGB-Gesellschaft

1. Allgemeines

54. Definition der BGB-Gesellschaft

Was ist eine BGB-Gesellschaft?

Eine BGB-Gesellschaft (Gesellschaft bürgerlichen Rechts, GbR) ist ein freiwilliger Zusammenschluss von Personen zur Verfolgung eines gemeinsamen Zwecks. § 705 BGB verlangt zudem eine Förderpflicht aller Gesellschafter. Diese Voraussetzung ist praktisch immer gegeben, da jede Bereitschaft zu Mitarbeit oder Haftung genügt. Negative Tatbestandsmerkmale sind:

- die körperschaftliche Verfassung (vgl. Fall 16 zum Verein),
- das betriebene oder still unterstützte Handelsgewerbe (vgl. Fälle 95 zur OHG/KG und 237 f. zur stillen Gesellschaft),
- die Eintragung als Partnerschaft oder EWIV (vgl. Fälle 78, 485) und
- die Maßgeblichkeit ausländischen Rechts (z. B. Fall 483).

55. Sind Sie BGB-Gesellschafter?

Sie sind in verschiedene gemeinsame Unternehmungen eingebunden und möchten wissen, ob es sich dabei um (BGB-)Gesellschaften handelt.
a) Samstags betreiben Sie mit Dagobert und Donald einen Imbiss in einem Bauwagen.
b) Sie bewerben sich gemeinsam mit dem Getränkehändler Goofy, bei der nächsten Hauptversammlung der McDaniel's AG für die Verpflegung zu sorgen.
c) Sie vereinbaren mit Dagobert, Donald bei den nächsten Abstimmungen über Angelegenheiten des Bauwagenimbisses zu überstimmen.
d) Mit zwei Freundinnen wollen Sie am kommenden Sonntag mit der Bahn an die Ostsee fahren. Eine Gemeinschaftsfahrkarte haben Sie abredegemäß bereits gekauft.

Zu a) Ja. Sie drei haben sich zusammengeschlossen, um einen gemeinsamen Zweck zu verfolgen, nämlich Lebensmittel zu verkaufen.

Zu b) Ja. Sie verfolgen den gemeinsamen Zweck, die Versammlungsteilnehmer mit Speisen und Getränken zu versorgen. Unschädlich ist, dass die BGB-Gesellschaft nur einer einzigen gemeinsamen Aktion dient. Solche **Gelegenheitsgesellschaften** sind konkludent befristet, sodass nur eine außerordentliche Kündigung möglich ist (§ 723 BGB).

Zu c) Ja. Es ist unerheblich, dass Ihre GbR mit Dagobert nicht selbst Trägerin von Rechten und Pflichten sein soll, insbesondere auch kein Vermögen haben soll. Solche **Innengesellschaften** nehmen am Rechtsverkehr mit Dritten nicht teil. Etwa notwendige Rechtsgeschäfte werden von Gesellschaftern im eigenen Namen für

Rechnung auch des Mitgesellschafters durchgeführt. Geheim zu bleiben brauchen Innengesellschaften deshalb aber nicht.

Zu d) Ja. Gesellschaftszweck ist die Durchführung einer gemeinsamen Reise. Für einen allseitigen Rechtsbindungswillen spricht, dass Sie abredegemäß schon eine Vermögensdisposition treffen und eine Fahrkarte erwerben sollten – wohl einfachheitshalber im eigenen Namen, also für eine Innengesellschaft. Das Bewusstsein, eine GbR zu gründen, ist ebenso unerheblich wie eine Gewinnerzielungsabsicht. Auch eine Wohngemeinschaft ist GbR, soweit der gemeinsame Zweck des Zusammenlebens nicht von einer ehelichen Lebensgemeinschaft überlagert wird.

56. GbR-Arten der Praxis

Was sind typische Erscheinungsformen der GbR?

Man kann BGB-Gesellschaften nach ihrem Zweck zum Beispiel wie folgt einteilen:

a) Gesellschaften zur **gemeinsamen** Berufs- oder Verwaltungs**tätigkeit** (Merkmal: eigener Geschäftsbetrieb):
- Berufssozietäten unter Freiberuflern (z. B. Rechtsanwälten, Ärzten, Architekten)
- Gesellschaften, die ein Kleingewerbe betreiben (§ 2 HGB; vgl. Fall 55 Var. a)
- Vermögensverwaltungsgesellschaften (§ 105 Abs. 2 HGB).

b) Gesellschaften zur Durchführung eines bestimmten **Projekts** (Merkmal: konkrete Zielvorgabe):
- *Joint Ventures* (Zusammenarbeit mehrerer Unternehmen durch Bildung einer gemeinsamen Tochtergesellschaft)
- Vorgründungsgesellschaften (vgl. Fall 258).

c) Gesellschaften zur **Verhaltensabstimmung,** oftmals als Ergänzungsorganisation zwischen bereits anderweitig verbundenen Personen (Merkmal: Koordinierung):
- Stimmenpools und andere gesellschaftsrechtliche Nebenabreden (vgl. Fälle 55 Var. c, 429).

Schrifttum: *Wiedemann* II, S. 605 ff.

57. Bindung unter Bauern

Die beiden benachbarten und befreundeten Bauern Kreitmeier und Hofer hatten sich vor Jahren zusammen einen Kartoffelroder zum Preis von 3 500 EUR gekauft, um diese Erntemaschine im gegenseitigen Vertrauen gemeinsam zu benutzen. Nachdem es zwischen den beiden in letzter Zeit immer wieder zu Streit wegen der hübschen Kellnerin Zenzi im Wirtshaus „Zum doppelten Ochsen" gekommen war, veräußert Hofer „seine Hälfte" an Lallinger, ohne Kreitmeier um Zustimmung zu bitten. Ist die Verfügung wirksam?

Das hängt davon ab, ob zwischen den beiden eine Bruchteilsgemeinschaft (§§ 741 ff. BGB) oder eine BGB-Gesellschaft bestand. Etwaiges Bruchteilseigentum konnte Hofer gemäß § 747 Satz 1 BGB frei übertragen. Lag eine BGB-Gesellschaft vor, steht der Kartoffelroder immer noch im Gesamthandseigentum; denn darüber und über seinen Gesellschaftsanteil kann ein Gesellschafter nicht verfügen (§ 719 Abs. 1 BGB), sofern die Mitgesellschafter nicht zustimmen. Im Gegensatz zur Bruchteilsgemeinschaft setzt eine BGB-Gesellschaft einen vertraglich vereinbarten **gemeinsamen Zweck** (§ 705 BGB) voraus, der über die Regelungen der §§ 741 ff. BGB hinausgeht. Solange er nicht verboten oder sittenwidrig ist, genügt jeder wirtschaftliche, aber auch ideelle Zweck (zur fehlerhaften Gesellschaft vgl. Fälle 102 ff.). Entscheidend ist, dass die Parteien mit ihrem gemeinsamen Zweck ein Ziel festlegen, welches sie in gemeinsamer Organisation und gegenseitiger personeller Bindung erreichen wollen, und dass dieser Zweck anders als beim Austauschvertrag ein konstitutives Wesensmerkmal der Vereinbarung darstellt. Zusätzliche Eigeninteressen der Gesellschafter stehen dem nicht entgegen. Ob ein gemeinsamer Zweck vereinbart ist, ist durch Auslegung zu ermitteln. Auch das **Halten** und **Verwalten** eines Gegenstandes kann einen gemeinsamen Zweck darstellen (vgl. § 105 Abs. 2 HGB).

Hier bestand zunächst eine BGB-Gesellschaft mit dem gemeinsamen Zweck, zusammen den Kartoffelroder zu erwerben. Fraglich bleibt, ob die Gesellschaft nach dem Erwerb weiter besteht oder nur noch eine Bruchteilsgemeinschaft vorliegt. Für einen – neben der Freundschaft fortbestehenden – Rechtsbindungswillen sprechen wie schon beim Kauf der hohe Wert des Roders und das Interesse an einer beruflichen Nutzung. Ob sich dieser Rechtsbindungswille auf einen gemeinsamen Zweck bezieht, ist schwer zu ermitteln, da gemeinsame Benutzung und Verwaltung eines Gegenstandes sowohl in Gestalt einer Gemeinschaft (vgl. §§ 743 ff. BGB) als auch einer BGB-Gesellschaft denkbar sind. Jeweils ist ein gewisser Organisationsaufwand (Zeiteinteilung, Unterbringung, Transport) erforderlich. Beiden Bauern kam es darauf an, den Roder nur mit dem ausgewählten Partner zusammen zu nutzen und daraus gemeinsam Vorteile zu ziehen. Hierfür sprachen räumliche Nähe, Freundschaft und gegenseitiges Vertrauen. Eine Einzelverfügungsbefugnis gemäß § 747 BGB wäre damit nicht in Einklang zu bringen. Also besteht weiterhin ein gemeinsamer Zweck. Ohne Kreitmeiers Zustimmung war Hofers Verfügung unwirksam.

58. Halbherzige Pferdezucht

Hofer und Kreitmeier betreiben auf dem Hof des Lammler mit diesem zusammen eine Pferdezucht, bei der sie ihren selbst angebauten Hafer verfüttern. Eine Handelsregistereintragung liegt nicht vor. Sie verabreden, dass Lammler aus dem jeweiligen Jahresgewinn einen Gewinnanteil in Höhe von 6 % seiner Einlage erhält, intern an einem Verlust aber nicht beteiligt wird, da er nur die Flächen zur Verfügung stellt. Hofer wird am Gewinn nicht beteiligt, da die Pferdezucht für ihn ein reines Hobby darstellt.
a) Ist eine Gesellschaft entstanden?
b) Konnten die Gewinnbeteiligung Hofers und die Verlustbeteiligung Lammlers ausgeschlossen werden?
c) Ist eine OHG oder eine BGB-Gesellschaft entstanden?

Zu a) Die unterschiedlichen Gewinn- und Verlustbeteiligungen könnten gegen einen **gemeinsamen** Zweck sprechen. Vorliegend verfolgen die Bauern aber den vergemeinschafteten Zweck, zusammen eine Pferdezucht zu betreiben. Die jeweiligen, eigenständigen Interessen der Bauern ändern hieran nichts und stellen nur außervertragliche Motive dar (zu jeweils eigenen Zwecken vgl. Fall 241).

Zu b) Ja. §§ 722, 735 BGB enthalten – auch für die Liquidationsphase – dispositives Recht. Es ist zwar sinnvoll, denjenigen, der Einfluss hat, auch am Verlust zu beteiligen; denn sonst kann er risikolos auf Kosten eines solventen Mitgesellschafters gefährliche Geschäfte abschließen. Zu einer Sittenwidrigkeit i. S. d. § 138 Abs. 1 BGB wegen einseitiger Ausgestaltung des Vertrages führt dies allein aber noch nicht. Die Interessen der Gläubiger sind gewahrt, weil ihnen alle Entscheidungsträger haften (vgl. auch Fall 136 Var. a). Und dass deren Motivation nur durch eine Gewinnbeteiligung gesichert werden kann, ist nicht zwingend. Deshalb darf in Personengesellschaften ein Kapitalanteil (vgl. Fall 130) von Null vereinbart werden.

Zu c) Pferdezucht ist, soweit sie auf eigenem oder gepachtetem Gelände mit selbst angebautem Futter betrieben wird, zwar gewerbliche, aber landwirtschaftliche Tätigkeit. Unter den Voraussetzungen des § 3 Abs. 2 HGB können die Beteiligten ihre Gesellschaft mit geändertem Gesellschaftsvertrag und Rechtsformzusatz durch Eintragung in das Handelsregister in eine offene Handelsgesellschaft überführen. Gründen die Bauern eine KG, können zwei von ihnen Kommanditisten sein, ihre Haftung also beschränken.

59. Rechtsfähigkeit

Die bauwirtschaftliche Arbeitsgemeinschaft „Weißes Rössl“ hat durch ihren Geschäftsführer einen Wechsel für Lieferungen von Baumaterial über 90 000 EUR akzeptiert. Als der Wechsel nicht eingelöst wird, klagt die Lieferfirma Wipperfuerth gegen die ARGE im Wechselprozess auf Zahlung. Die Beklagte wendet ein, die Klage sei unzulässig, weil es sich um eine nicht rechtsfähige und damit nicht parteifähige Gesellschaft bürgerlichen Rechts handele. Sind ihre Einwände zutreffend?

Nein. Die Arbeitsgemeinschaft ist als BGB-Gesellschaft rechts- und parteifähig.

Sie ist nicht OHG, da sie i. S. d. § 1 HGB kein Gewerbe betreibt. Das erfordert nämlich eine planmäßige, auf eine unbestimmte Vielzahl von Rechtsgeschäften gerichtete, anbietende Tätigkeit. Die Arbeitsgemeinschaft führt demgegenüber nur für einen Bauherren einen einzigen Auftrag aus.

Seit dem im Jahre 2001 zum geschilderten Sachverhalt ergangenen Grundlagenurteil BGHZ 146, 341 ist die – im Prinzip unbeschränkte – **Rechtsfähigkeit** der am Rechtsverkehr teilnehmenden Gesellschaft bürgerlichen Rechts anerkannt. Im Gegensatz zur traditionellen Auffassung, wonach nur die einzelnen Gesellschafter Zuordnungssubjekte der die Gesellschaft treffenden Rechte und Pflichten waren, verschafft das Richterrecht der GbR selbst Rechtsträgerschaft. Diese Verselbstständigung erklärt, warum Rechtsverhältnisse der GbR auch bei einem Gesellschafterwechsel bestehen bleiben. Die Entscheidung ist Ergebnis einer Rechtsentwicklung, während derer der BGB-Gesellschaft bereits verschiedene Einzelrechtsfähigkeiten zuerkannt wurden, so z. B. die Wechsel- und Scheckfähigkeit. In vielen Aspekten ist die BGB-Gesellschaft damit den Personenhandelsgesellschaften gleichgestellt, für die in den §§ 124, 161 HGB ausdrücklich eine Annäherung an die juristische Person vorgenommen wurde.

Die – entgegen dem Wortlaut von § 736 ZPO – zugleich anerkannte **Parteifähigkeit** hat für die Praxis noch größere Bedeutung. Gesellschaftsgläubiger können – unabhängig von der schwierigen Erkundung des gegenwärtigen Mitgliederstandes – mit einem Urteil gegen die Gesellschaft in deren Vermögen vollstrecken. (Ein gegen alle Gesellschafter ergangenes Urteil genügt auch; wird die Klage gegen die Gesellschafter rechtskräftig abgewiesen, bleibt eine zweite Klage gegen die Gesellschaft zulässig, *BGH* NZG 2011, 662.)

60. Folgen der Rechtsfähigkeit

Was folgt daraus für die anwaltliche Praxis?

Die Anerkennung der Parteifähigkeit einer Außengesellschaft bürgerlichen Rechts ermöglicht ihre Beteiligung als Klägerin oder Beklagte im Prozess. Ihre gesetzlichen Vertreter sind die dazu ermächtigten Gesellschafter (§§ 709, 714 BGB). In der Klageschrift ist die Gesellschaft identifizierbar zu bezeichnen, zu nennen sind möglichst die bekannten Gesellschafter, der organschaftliche Vertreter und der Name, unter dem die Gesellschaft im Verkehr auftritt.

Will der Gesellschaftsgläubiger nicht nur in das Gesellschaftsvermögen, sondern auch in das Privatvermögen der Gesellschafter vollstrecken, bedarf er wegen § 129 Abs. 4 HGB zusätzlich eines Titels gegen die einzelnen Mitglieder. Deshalb empfiehlt es sich bei (drohender Uneinbringlichkeit von) Zahlungsansprüchen, jeden bekannten Gesellschafter mitzuverklagen. Es ist aber möglich, aus einem Titel gegen die Gesellschaft in deren Vermögen zu vollstrecken, unabhängig von der möglicherweise schwierigen Erkundung des Mitgliederstandes und von einem etwaigen Wechsel im Mitgliederkreis.

Interne Streitigkeiten zwischen den Gesellschaftern über die Auslegung des Statuts, die Wirksamkeit von Gesellschafterbeschlüssen oder das Bestehen von Mitgliedschaftsrechten bleiben von der Rechts- und Parteifähigkeit unberührt; sie sind mangels abweichender Bestimmungen im Gesellschaftsvertrag auch in Zukunft zwischen den Gesellschaftern selbst auszutragen.

Schrifttum: *Wiedemann* II, S. 633 ff., 646 f.

61. Juristische Person und Gesamthand

Inwiefern bleiben Unterschiede zwischen der rechtsfähigen Gesamthandsgesellschaft und der juristischen Person bestehen?

Bei der Bildung eines kollektiven Sondervermögens wird traditionell zwischen juristischen Personen und rechtsfähigen Gesamthandsgesellschaften unterschieden. Diese Typisierung pflegt durch folgende Unterschiede gerechtfertigt zu werden:

a) Juristische Personen entstehen als solche durch Eintragung in ein staatliches Register (z. B. § 21 BGB) oder Verleihung (z. B. § 80 BGB) und damit nach staatlicher Prüfung (vgl. Fall 18 Var. b); Gesamthandsgesellschaften können dagegen auch frei gegründet werden (vgl. §§ 105 Abs. 1, 161 Abs. 2 HGB; Ausnahme: § 7 Abs. 1 PartGG).

b) Die Ausgestaltung der Vermögensordnung führt bei der juristischen Person – nicht zwangsläufig (vgl. § 278 AktG), aber doch charakteristisch – zum Haftungsausschluss der Mitglieder und damit zur Abschottung des Privatvermögens gegenüber den Gesellschaftsgläubigern, wohingegen die persönliche Haftung der Gesellschafter im Außenverhältnis für die Gesamthandsgesellschaft typisch ist.

c) Privatgläubiger der Mitglieder juristischer Personen können deren Beteiligung als solche pfänden und verwerten, ihnen ist aber jeder Zugriff auf das Sondervermögen verwehrt (Ausnahmen: §§ 66, 73 GenG). Im Gegensatz dazu können Privatgläubiger der Personengesellschafter wegen der besonderen Regelungen in § 725 BGB, § 135 HGB nach der Pfändung die Mitgliedschaft ihres Schuldners kündigen und sich über den Abfindungsanspruch an das Gesellschaftsvermögen halten.

d) Die Personengesellschaften hängen grundsätzlich von der Existenz wenigstens zweier Mitglieder ab, fällt der vorletzte Gesellschafter weg, wird der verbleibende Gesellschafter Gesamtrechtsnachfolger. Körperschaften können dagegen als Einpersonengesellschaft gegründet werden (§ 2 AktG, § 1 GmbHG) oder jedenfalls fortbestehen (§§ 4, 80 GenG, §§ 56, 73 BGB). Kapitalgesellschaften können außerdem eigene Anteile erwerben (§ 33 GmbHG, § 71 AktG), was bei Personengesellschaften bisher nicht anerkannt wird.

e) Bei juristischen Personen ist Fremdorganschaft meist zulässig (Ausnahme: § 9 Abs. 2 Satz 1 GenG; vgl. Fall 453 Var. a [4.]). Bei Personengesellschaften verlangt man dagegen grundsätzlich Selbstorganschaft (Ausnahme: Art. 19 Abs. 1 EWiV-VO; vgl. Fall 485).

f) Die juristische Person ist durchgehend selbstständiges Steuersubjekt (Trennungsprinzip). Als solches gilt die Personengesellschaft grundsätzlich nicht; Ausnahmen bestehen für einzelne Steuerarten (z. B. für die Umsatzsteuer nach § 2 UStG) oder bei Handelsgesellschaften für die Gewerbesteuer nach § 5 Abs. 1 Satz 3 GewStG.

Schrifttum: *Beuthien,* ZIP 2011, 1589.

62. Ehegattengesellschaft

Die Eheleute Bruno und Henriette Schneider hatten ein Jahr nach ihrer Hochzeit im Jahre 2008 aus gemeinsamen Mitteln ein Grundstück erworben, das mit einem stark renovierungsbedürftigen Haus bebaut war. Henriette wurde als Alleineigentümerin im Grundbuch eingetragen. Mit erheblichem Aufwand hatten sie das Haus anschließend umgebaut, wobei Henriette vorwiegend die

Kosten für das angeschaffte Material trug, Bruno hingegen die Umbauarbeiten weitgehend allein durchführte. 2015 wurde die Ehe geschieden.
Bruno verlangt einen angemessenen Ausgleich für die von ihm gemachten Aufwendungen für den Erwerb und den Umbau des Hauses.
Stehen Bruno gesellschaftsrechtliche Ausgleichsansprüche zu, wenn
a) die Eheleute im Güterstand der Zugewinngemeinschaft lebten?
b) bei der Eheschließung Gütertrennung vereinbart wurde?
c) beide ohne Trauschein zusammengelebt hatten?

Zu a) Bruno kann Ansprüche aus den §§ 730 ff. BGB erheben, wenn er und Henriette eine Ehegattengesellschaft des bürgerlichen Rechts gegründet haben. Für eine ausdrückliche Vereinbarung fehlen Anhaltspunkte. Eine konkludente Vereinbarung ist anzunehmen, wenn die Eheleute abredegemäß durch beiderseitige Leistungen einen über den typischen Rahmen der ehelichen Lebensgemeinschaft (§ 1353 Abs. 1 BGB) hinausgehenden Zweck verfolgen, z. B. gemeinsam eine Gaststätte oder ein Einzelhandelsgeschäft betreiben, ohne sich dabei bewusst sein zu müssen, dass ihre Beziehungen gesellschaftsrechtlich qualifiziert werden (BGHZ 142, 137, 144 ff. m. w. N.). Der Erwerb und Umbau eines Familienheimes verfolgt jedoch keinen solchen Zweck (BGHZ 84, 361, 366 f.). Bei Scheidung gewährleistet der Zugewinnausgleich eine im Regelfall angemessene Lösung, sodass weitergehende Ansprüche, etwa aus dem Gesichtspunkt der ungerechtfertigten Bereicherung oder der Störung der Geschäftsgrundlage von der Rechtsprechung nicht anerkannt werden. Das gilt auch für die von Bruno erbrachten Arbeitsleistungen, die wegen der Wertsteigerung des Grundstücks im Rahmen des Zugewinnausgleichs angemessen berücksichtigt werden können.

Zu b) Ist Gütertrennung vereinbart, findet kein Zugewinnausgleich statt. Hinsichtlich des Zustandekommens einer BGB-Gesellschaft gelten die gleichen Grundsätze wie im gesetzlichen Güterstand, in der Regel gibt es danach keinen Ausgleich. Um Unbilligkeiten zu vermeiden, nimmt die Rechtsprechung in Einzelfällen ehebezogene Zuwendungen (bei Vermögenstransfer) oder den Abschluss eines „besonderen familienrechtlichen Vertrages" (bei Arbeitsleistungen) an. Deren Geschäftsgrundlage entfalle, wenn die Ehe scheitere, sodass ein billiger Ausgleich möglich wird (BGHZ 84, 361).

Zu c) Entgegen seiner bisherigen Rechtssprechung (vgl. BGHZ 77, 55, 56 f.) wendet der BGH bei **nichtehelichen Lebensgemeinschaften** nunmehr die Regeln über die GbR deutlich restriktiver an. Ein konkludenter Vertragsschluss komme zwar unter geringeren Voraussetzungen als bei der Ehe in Betracht, da die Lebensgemeinschaft keine Rechtsgemeinschaft sei. Verfolgten die Partner – wie hier – keinen über die Verwirklichung der Gemeinschaft hinausgehenden Zweck, spreche dies gegen den nötigen Rechtsbindungswillen (vgl. BGHZ 177, 193). Gehen die Leistungen über das hinaus, was das tägliche Zusammenleben erst ermöglicht, und sind dem Leistenden die geschaffenen Vermögensverhältnisse nicht zuzumuten, gewährt der BGH Ausgleichsansprüche aus § 812 Abs. 1 Satz 2 Alt. 2 BGB oder – nachrangig – wie bei Gütertrennung aus §§ 346 Abs. 1, 313 Abs. 3 BGB. Ein Vertrauen in den Bestand der Lebensgemeinschaft sei ähnlich schützenswert wie das in den Bestand der Ehe.

Auch wenn diese Rechtsprechung zu gerecht erscheinenden flexiblen Ergebnissen führt, so handelt es sich doch um dogmatisch unscharfe Billigkeitserwägungen. So ist unklar, warum bei § 705 BGB ein Rechtsbindungswille verneint, bei § 313 BGB aber auf vertragliche Grundlagen zurückgegriffen werden kann.

63. Verein oder Gesellschaft?

In einem neu errichteten Einkaufszentrum haben verschiedene Gewerbetreibende Geschäftsräume angemietet. Sie gründen eine Werbegemeinschaft. In der ursprünglichen Satzung wird diese zunächst als „Verein" bezeichnet, in späteren Fassungen als „Gesellschaft". § 12 der Satzung legt die Mitgliedschaft auf die regelmäßig zehnjährige Dauer des jeweiligen Mietverhältnisses fest; Kündigungs- oder Austrittsmöglichkeiten sind nicht vorgesehen. Für die Werbegemeinschaft handelt im Übrigen ein Vorstand, der nach dem Mehrheitsprinzip gewählt wird. Die Geschäftsleute entrichten monatliche Werbebeiträge, aus denen die Werbung finanziert wird. Jahresüberschüsse werden gemäß § 15 der „Satzung" den einzelnen Mitgliedern gutgeschrieben; beim Ausscheiden eines Teilnehmers kann nach § 16 eine Auseinandersetzung stattfinden; im Auflösungsfall muss gemäß § 17 jeder Händler etwaige Fehlbeträge abdecken.
a) Wie ist die Werbegemeinschaft rechtlich zu qualifizieren?
b) Kann sich der Einzelhändler Schwedes von der Werbegemeinschaft lösen, ohne die von ihm angemieteten Geschäftsräume aufzugeben?

Zu a) Der Sachverhalt ist einer Entscheidung des BGH (NJW 1979, 2304 – Forum Steglitz) nachgebildet. Die Werbegemeinschaft ist keine OHG, weil sie kein Entgelt am Markt von Dritten anstrebt, also keinen Gewerbebetrieb unterhält. Es geht um die Abgrenzung zwischen Verein und BGB-Gesellschaft.

Die Abgrenzung ist im Kern eindeutig: Der Verein ist als Körperschaft auf Mitgliederwechsel angelegt, die GbR dagegen typische Personengesellschaft mit geschlossener Mitgliederzahl (vgl. *Wiedemann* I, S. 90). Bereitet die Einordnung Schwierigkeiten, sind weitere Kriterien heranzuziehen: Für die Gesellschaft sprechen Einstimmigkeitserfordernis im Willensbildungsorgan und vereinbarte Abfindungsansprüche; für den Verein eine große Mitgliederzahl und statutarisch vorgesehene Fremdorganschaft. Für den Verein weiterhin typisch ist eine abschnittsweise Beitragszahlung statt projektbezogener Nachschüsse, weil ein Mitgliederwechsel periodengerechte Aufteilung der Kosten erfordert; laufende Kosten sind durch laufende Beiträge zu decken, weil Gewinne nicht erwartet werden.

Die hier behandelte Werbegemeinschaft ist trotz der körperschaftlichen Nomenklatur, des Mehrheitsprinzips und der Erhebung regelmäßiger Beiträge eine BGB-Gesellschaft. Denn im Hinblick auf die an die langfristigen Mietverträge gekoppelte Mitgliedschaft ist der Mitgliederbestand fest und langfristig überschaubar. Die für den Verein sprechenden Indizien können diesen für die Abgrenzung wesentlichen Umstand nicht beseitigen, zumal die in den §§ 15–17 der „Satzung" getroffene Ausgestaltung der vermögensrechtlichen Beziehungen – insbesondere die Nachschusspflicht – für die Gesellschaft typisch ist. Wenn man die Werbegemeinschaft demgegenüber als Verein einordnete, verfolgte dieser einen genossenschaftlichen Zweck (vgl. Fall 22). Gegeben wäre also ein wirtschaftlicher Verein, auf den gemäß § 54 BGB ebenfalls GbR-Regelungen Anwendung fänden. Der BGH geht in seiner Entscheidung dagegen von einer „Mischform" aus, auf die je nach Regelungsbereich sowohl Normen des Gesellschafts- als auch des Vereinsrechts Anwendung finden. Es liegt nahe, im Außenverhältnis eine GbR als Auffangrechtsform anzunehmen, im Innenverhältnis im Rahmen der Dispositionsfreiheit jedoch vereinsrechtliche Elemente zuzulassen.

Zu b) Allein auf Grundlage des Statuts lässt sich Schwedes Wunsch nicht verwirklichen. Etwas anderes kann sich aber aus zwingendem Gesetzesrecht ergeben. Für die BGB-Gesellschaft und damit auch für den wirtschaftlichen Verein ist unnachgiebiges Kündigungsrecht in § 723 BGB geregelt: Bei fest bestimmter Zeitdauer – hier zehn Jahre – ist ein wichtiger Grund erforderlich (Abs. 1 Satz 2, Abs. 3). Umgekehrt sperrt die zehnjährige Festlegung eine ergänzende Vertragsauslegung, die die Kündigungsfrist nach dem Vorbild des § 39 Abs. 2 Hs. 2 BGB auf zwei Jahre begrenzt, da dies gerade nicht gewollt ist. Bis zum Nachweis eines wichtigen Grundes bleibt Schwedes damit an die Werbegemeinschaft gebunden.

2. Beitragspflichten

64. Wenig greifbare Beiträge

Vier junge Ärzte begründen eine Praxisgemeinschaft. Einer erlaubt die unentgeltliche Nutzung seines Röntgenlabors; ein anderer verspricht, seinen Krankentransporter mietweise zur Verfügung zu stellen; der dritte übernimmt anfallende Verwaltungsarbeiten. Der vierte wird wegen seines in Ärztekreisen berühmten Familiennamens aufgenommen.
Ist eine derartige Regelung mit § 706 BGB vereinbar?

Ja. Die Gesellschafter entscheiden durch Vertrag oder Beschluss, ob und wie sie ihre allgemeine Förderpflicht aus § 705 BGB zu Beitragspflichten konkretisieren. Gleiche Beiträge sind nach § 706 Abs. 1 BGB nur zu leisten, wenn nichts anderes vereinbart ist.

Der Beitrag eines Gesellschafters kann nicht nur in der Übereignung von Geld oder Sachen (§ 706 Abs. 2 BGB) liegen. Vereinbart sein kann auch die unmittelbare Überlassung von Gegenständen zur Benutzung (§ 732 BGB), der Abschluss eines weiteren, (un-)entgeltlichen Vertrages mit der Gesellschaft (Miete, Darlehen) oder die Leistung von Diensten (§ 706 Abs. 3 BGB). Zuweilen wird die allgemeine Förderpflicht eines Partners nicht weiter konkretisiert, etwa weil die Mitgesellschafter seinen Namen oder persönliche Haftung für werbewirksam halten oder auf dem kleinen Dienstweg von seiner Kompetenz profitieren möchten.

Schrifttum: *Wiedemann* II, S. 184 ff.

65. Grenzen der Mehrheitsmacht

Die drei Freunde Carsten, Christoph und Sebastian betreiben gemeinsam eine kleine Zoohandlung. In § 12 des Gesellschaftsvertrages heißt es: *„Alle Beschlüsse der Gesellschafterversammlung werden mit einfacher Mehrheit der abgegebenen Stimmen gefasst."* Den Freunden bietet sich nun die Möglichkeit, an die Verkaufsräume angrenzende Räumlichkeiten zu erwerben.
Mit den Stimmen von Sebastian und Christoph fasst die Gesellschafterversammlung nun folgende Beschlüsse: *„1. Ordentliche Gesellschafterversammlungen dürfen nicht mehr in den Schulferien stattfinden. 2. Die Gesellschaft strebt den Kauf der benachbarten Räumlichkeiten an. Das dafür notwendige Kapital wird durch eine Beitragserhöhung von je 20 000 EUR beschafft."*
Carsten, der jeweils dagegen stimmte, fragt, ob die Beschlüsse wirksam sind und ob er zur Zahlung verpflichtet ist.

a) Der erste Beschluss scheitert möglicherweise an Carstens Gegenstimme. Das Einstimmigkeitserfordernis in § 709 Abs. 1 BGB ist zwar dispositiv, wie Abs. 2 zeigt. Früher meinte man aber, dass generelle Mehrheitsklauseln wie § 12 zu weit gehen und nur Fragen der laufenden Verwaltung betreffen. So wollte man eine schrankenlose Unterwerfung unter die Kollektivmacht ausschließen. Nach dem sog. **Bestimmtheitsgrundsatz** müsse im Gesellschaftsvertrag deutlich geregelt sein, in welchen Fällen auch bei Gesellschaftsvertragsänderungen vom Prinzip der Einstimmigkeit abgewichen werden soll. Doch dieser Grundsatz war zu formal: Viele Gesellschaftsverträge wurden um ausufernde, kaum noch überblickbare Aufzählungen von Beschlussmaterien erweitert, die der Mehrheitsentscheidung unterliegen sollten. Daher hat der BGH den Bestimmtheitsgrundsatz aufgegeben (vgl. etwa BGHZ 203, 77). § 12 des Gesellschaftsvertrages ist also wirksam, der erste Beschluss kam wirksam zustande.

b) Auch der zweite Beschluss ist von § 12 des Gesellschaftsvertrages gedeckt, der als allgemeine Regelung der internen Organisationsstruktur uneingeschränkt wirksam ist. § 12 kann aber nichts daran ändern, dass bestimmte Beschlussinhalte der Zustimmung aller inhaltlich betroffenen Gesellschafter bedürfen: Die **Kernbereichslehre** schränkt die Mehrheitsbefugnis bei Vertragsänderungen ein, die in den Kernbereich der Mitgliedschaft der einzelnen Gesellschafter eingreifen. Der Kernbereich der Mitgliedschaft umfasst die Rechte und Pflichten, die einem Gesellschafter entweder gar nicht oder nur mit seiner Zustimmung entzogen bzw. auferlegt werden können.

Welche Rechte vom Kernbereich der Mitgliedschaft im Einzelnen erfasst werden, hängt auch vom Charakter der Gesellschaft im Einzelfall ab. Ein früheres Verständnis vom Kernbereich als unverrückbarer und in jeder Gesellschaft deckungsgleicher Bodensatz von Gesellschafterrechten ist dagegen überholt. Einigkeit besteht aber jedenfalls darüber, dass ein Gesellschafter auf sein Kündigungsrecht aus wichtigem Grund überhaupt nicht verzichten kann. Möglich sind demgegenüber Beitragserhöhungen, unmittelbare Eingriffe in das Stimmrecht, eine Änderung des Gewinnverteilungsschlüssels, Zweckänderungen, Vertragsverlängerungen und die Auflösung der Gesellschaft; sie bedürfen aber der Zustimmung jedes betroffenen

Gesellschafters. Für Beitragserhöhungen kommt dies auch in § 707 BGB zum Ausdruck.

Zu fragen ist also, inwieweit die frühere Zustimmung der Gesellschafter zu § 12 des Gesellschaftsvertrages bereits als Einwilligung in künftige Beitragserhöhungen ausgelegt werden kann. Nach dem maßgeblichen objektivierten Empfängerhorizont wollen (jedenfalls Minderheits-)Gesellschafter durch die Zustimmung zu einer Mehrheitsklausel die interne Willensbildung vereinfachen, nicht aber in jeglichen, noch nicht vorhersehbaren Fällen die Entscheidungsbefugnis über den Inhalt ihrer Gesellschafterstellung anderen Gesellschaftern überlassen. Daher bedeuten Mehrheitsklauseln nur eine vorweggenommene Zustimmung zu Kernbereichseingriffen, deren Art und Ausmaß bereits bei Abschluss des Gesellschaftsvertrages vorhersehbar waren.

Die Kernbereichslehre ersetzt nicht die allgemeine **materielle Beschlusskontrolle.** So kann sich ein Mehrheitsbeschluss insbesondere als treuwidrig gegenüber dem überstimmten Gesellschafter und damit als unwirksam erweisen (zur Treuepflicht vgl. Fall 13).

Vorliegend stimmte Carsten der Beitragserhöhung nicht ausdrücklich zu. Gegen eine antizipierte Zustimmung durch § 12 des Gesellschaftsvertrages spricht, dass Art und Ausmaß der Beitragserhöhung nicht vorhersehbar waren, weil der Gesellschaftsvertrag sehr allgemein gehalten ist und sich zudem auch der Umfang einer Beitragserhöhung aus dem Gesellschaftsvertrag nicht ergibt. Die ausgelegte Mehrheitsklausel enthält also keine Einwilligung in diese Beitragserhöhung. Carsten muss nicht zahlen.

66. Sanieren oder ausscheiden

Die GbR der drei Freunde ist zahlungsunfähig und überschuldet. Darlehenszinsen der Bank lassen die Verbindlichkeiten weiter steigen. Eine Liquiditätsspritze würde lukrative Großaufträge sichern. Gegen Carstens Stimme wird deshalb im November beschlossen, in den Gesellschaftsvertrag einen § 13a einzufügen: Gesellschafter, die bis zum 31.12. keine erhöhten Beiträge übernommen haben, scheiden automatisch aus. Ist § 13a auch dem zahlungsunwilligen Carsten gegenüber wirksam?

Grundsätzlich ist Einstimmigkeit erforderlich. Wer einem Beschluss jedoch treuwidrig widerspricht, muss sich behandeln lassen, als hätte er zugestimmt. Eine Treuepflicht ergibt sich aus §§ 705, 242 BGB. Sie gebietet die Zustimmung zu einem Beschluss, wenn sein Inhalt objektiv geboten und subjektiv zumutbar ist. Dafür spricht: (1.) Der Versuch, die Gesellschaft zu sanieren, ist wirtschaftlich sinnvoll (sanierungswürdige Gesellschaft). (2.) Den Freunden des zahlungsunwilligen Carsten war es nicht zumutbar, die Gesellschaft mit ihm fortzusetzen, da Carsten im Falle einer erfolgreichen Sanierung am Gewinn beteiligt und von den auf ihn entfallenen Schulden zumindest teilweise frei geworden wäre. (3.) Da die Schulden weiter steigen und die Abwicklung Geld kostet, müsste Carsten im Falle der späteren Liquidation (vgl. § 735 BGB) oder Insolvenz (§ 93 InsO, § 128 HGB analog) einen höheren Fehlbetrag ausgleichen. Scheidet er stattdessen aus (vgl. § 739 BGB), steht er also nicht schlechter. § 13a ist deshalb auch Carsten gegenüber wirksam.

Rechtsprechung: BGHZ 183, 1 – Sanieren oder ausscheiden.

67. Haftung in der Fahrgemeinschaft

Drei Kommilitonen beschließen, einen Ausflug mit dem Auto in eine nahe gelegene Kleinstadt zu unternehmen. Einer von ihnen, Roman, hat kürzlich den Führerschein erworben. Sie mieten gemeinsam einen mintgrünen Corsa und teilen sich die Fahrtkosten. Ihre vergnügliche und zügige Fahrt findet ein jähes Ende, als der unerfahrene Roman sich von einem entgegenkommenden Fahrzeug geblendet fühlt, die Gewalt über den Wagen verliert und gegen einen Baum prallt. Matthias und Johannes verlangen, dass er für ihre beim Unfall erlittenen Verletzungen aufkommt. Mit Recht?

Ersatzansprüche könnten aus §§ 280 Abs. 1, 705 BGB, § 18 StVG, §§ 823 Abs. 1, 823 Abs. 2 BGB i. V. m. § 229 StGB folgen. Der vertragliche Anspruch setzt zunächst einen Gesellschaftsvertrag und damit einen rechtlichen Verpflichtungswillen voraus. Dieser kann angenommen werden, wenn zum Zweck einer gemeinsamen Fahrt gemeinschaftlich ein Wagen gemietet wird und Abmachungen über die Aufteilung der Fahrtkosten vorliegen. Es liegt nahe, dass sich Roman – auch hinsichtlich der anderen Anspruchsgrundlagen – auf den milderen Haftungsmaßstab des § 708 BGB berufen möchte. Selbst wenn man seine Reaktion als ungeschickt ansieht, handelt es sich um ein Versagen leichterer Art, das ihm ebenso unterlaufen wäre, wenn er sich allein im Fahrzeug befunden hätte.

Jedenfalls im Straßenverkehr ist die rechtspolitisch zweifelhafte Haftungsmilderung des § 708 BGB ungeeignet: Roman würde an seinem gewohnt fahrlässigen Verhalten nichts ändern, wenn er weiß, dass er eigene Zahlungen an etwaige Verkehrsopfer nach §§ 713, 670 BGB von der GbR ersetzt verlangen könnte. Der Gesetzgeber kannte die heutigen Gefahren im Straßenverkehr nicht. Die jetzigen, auch präventiv wirkenden, strengen straßenverkehrsrechtlichen Vorschriften wie etwa die Haftung des Fahrzeugführers nach § 18 StVG dulden im Interesse aller Verkehrsteilnehmer keinerlei Motivationsminderung durch Haftungsmilderung. Das muss dann auch mitfahrenden Mitgesellschaftern zugutekommen (vgl. BGHZ 46, 313, 317 f.). Roman haftet. (Hätte Roman nach einem heimlichen Beruhigungsschnaps seine Geschäftsführungsbefugnis schon durch den Fahrtantritt überschritten, haftete er den Kommilitonen auch ohne weiteres Verschulden für Folgeschäden aus dieser Vertragsverletzung.)

3. Geschäftsführer und Gesellschaftergesamtheit

68. Wer kann klagen?

Karl und Konrad Lange betreiben in Regensburg ein kleines Sportartikelgeschäft. Sie führen das Geschäft gemeinsam. Karl will eine Forderung ein-

klagen, die gegenüber einem Kunden besteht; Konrad verweigert seine Zustimmung, weil er fürchtet, dass die Geschäftsbeziehung darunter leidet. Als Karl Lange Klage vor dem Landgericht erhebt, wendet der Beklagte einen Mangel der Vertretungsmacht ein. Mit Recht?

Ja. Wenn in einer BGB-Gesellschaft keine Einzelvertretung vereinbart ist, gelten die §§ 709 Abs. 1, 714 BGB. Danach korrespondiert im Zweifel die Vertretungsmacht mit der Geschäftsführungsbefugnis. Ansprüche der Gesellschaft gegenüber Dritten müssen daher von allen geschäftsführungsbefugten Gesellschaftern – meist schlicht als Geschäftsführer bezeichnet – geltend gemacht werden. Es genügt nicht, dass ein Geschäftsführer auf Leistung an die BGB-Gesellschaft klagt. Zwar kann der andere Geschäftsführer treuwidrig handeln und auf Zustimmung verklagt werden, wenn er seine Mitwirkung bei der Klageerhebung verweigert; hierüber kann aber nicht im Prozess zwischen Gesellschaft und außenstehendem Dritten entschieden werden. Natürlich kann ein Geschäftsführer den anderen zum Abschluss und zur Durchführung eines Geschäfts oder einer Art von Geschäften ermächtigen. Ausnahmsweise kann aber ein Gesellschafter im eigenen Namen Gesellschaftsansprüche geltend machen, wenn er Sozialansprüche gegen Mitgesellschafter durchsetzt (vgl. Fall 111), wenn er ein berechtigtes Interesse an der Geltendmachung des Anspruchs hat und der Gesellschaftsschuldner am treuwidrigen Verhalten des Mitgesellschafters beteiligt ist (BGHZ 39, 14, 19 f.) oder wenn er als Notgeschäftsführer agiert (vgl. Fall 70).

69. Klage auf Mitwirkung

Könnte Karl gegen Konrad mit Erfolg auf Zustimmung zur Geltendmachung der Forderung klagen?

Die Förderungspflicht aus § 705 BGB verdichtet sich zu einer Zustimmungspflicht, wenn jedes andere Verhalten treuwidrig wäre. Dann kann Karl durch eine eigene Klage gegen Konrad dessen Zustimmung erwirken. Ein umständlicher Weg, aber eine notwendige Folge der **Gesamtgeschäftsführung.** Nach dem gegebenen Sachverhalt wären die Erfolgsaussichten der Klage allerdings gering, da die Zweckmäßigkeit einer Klage gegen einen Kunden gewiss unterschiedlich beurteilt werden kann.

*70. Notgeschäftsführung

Karl und Konrad sprechen nur noch vor Gericht miteinander. Inzwischen hängt das Überleben des Sportgeschäfts von der Einziehung der Forderung ab. Als Karl glaubhaft davon erfährt, dass sich der Kunde bald nach Botswana absetzen will und bereits sein Vermögen dorthin verbringt, überlegt er, ob er im Wege des einstweiligen Rechtsschutzes gegen den Willen Konrads vor dem zuständigen Gericht gegen den Kunden vorgehen kann.

a) Wäre ein solcher Antrag zulässig?

b) Welche Gefahr besteht für Karl, wenn sein Antrag unbegründet ist?

Zu a) Ja. Gemäß § 916 Abs. 1 ZPO ist der Arrest statthafte Antragsart, da Karl die Sicherung der Zwangsvollstreckung wegen einer Geldforderung begehrt. Die fremde Forderung kann Karl – nach §§ 714, 709 BGB nur Gesamtvertreter – nicht im Namen der Gesellschaft (vgl. Fall 68), vielleicht aber im eigenen Namen geltend machen. Eine solche Prozessstandschaft kommt infolge des Vorrangs der innergesellschaftlichen Kompetenzverteilung nur in außergewöhnlichen Fällen in Betracht und ist dann Ausfluss der Notgeschäftsführung analog § 744 Abs. 2 BGB: In dringlichen Fällen vermag jeder Gesellschafter allein die notwendigen Maßnahmen zu treffen, um einen zum Gesellschaftsvermögen gehörenden Gegenstand (BGHZ 17, 181, 183 ff.) oder die Gesellschaft als solche zu erhalten.

„Maßnahme" ist eine Tathandlung (Reparatur), ein Rechtsgeschäft (Kündigung) oder eine Prozessführung. **„Notwendig"** ist eine Maßnahme, die ein wirtschaftlich Denkender damals ergriffen hätte, um die Nutzbarkeit, die Substanz oder den Wert eines Gegenstandes zu erhalten; erhoffte Wertsteigerungen genügen nicht. **„Dringlich"** ist die Maßnahme, wenn ohne sie ein Schadenseintritt unmittelbar bevorsteht.

Da hier das Überleben der Gesellschaft von der Einziehung der Forderung abhängt und ohne deren Sicherung durch Arrest ein Zugriff auf das Vermögen des Kunden im Wege der Zwangsvollstreckung nicht gewährleistet ist, dient die Maßnahme der Erhaltung der Gesellschaft und ist aus *Ex-ante*-Sicht eines vernünftigen Gesellschafters (sachlich) notwendig und (zeitlich) dringlich. Karl kann sich daher auf das Notgeschäftsführungsrecht analog § 744 Abs. 2 BGB berufen und das Recht der Gesellschaft im eigenen Namen gerichtlich geltend machen. Sein Antrag ist zulässig.

Zu b) Nicht die Gesellschaft, sondern Karl ist Prozesspartei. Falls er unterliegt, trägt er die Prozesskosten (§ 91 Abs. 1 ZPO).

*71. Wirkung des Widerspruchs

Arni und Bert betreiben nach Feierabend gemeinsam eine kleine Kraftfahrzeugreparaturwerkstatt. Jeder ist allein zur Geschäftsführung berechtigt. Arni schlägt vor, für die Werkstatt eine Hebebühne anzuschaffen. Bert widerspricht, weil er fürchtet, dass der Ertrag der Werkstatt die hohen Kosten einer solchen Hebebühne nicht wieder einbringen wird. Trotzdem setzt sich Arni mit einem Spezialisten in Verbindung und erwirbt eine Hebebühne.
Der Verkäufer fordert von Arni und Bert den Kaufpreis. Bert wendet ein, er habe dem Kauf der Hebebühne von Anfang an widersprochen, er wolle auch jetzt nichts damit zu tun haben. Rechtslage?

Zu entscheiden ist, ob Arni die Werkstatt alleine wirksam vertreten konnte. Einzelvertretungsmacht ergibt sich nicht aus § 125 Abs. 1 HGB, denn das betriebene Gewerbe ist kein Handelsgewerbe: Die Tätigkeit nach Feierabend ist von geringem Umfang und ihrer Art nach ein einfaches Handwerk; die Gesellschaft ist nicht im Handelsregister eingetragen (vgl. § 105 Abs. 1, § 1 Abs. 2, § 105 Abs. 2 HGB).

Arni und Bert betreiben daher eine GbR, in der sich gemäß § 714 BGB die Vertretungsmacht (Außenverhältnis) im Zweifel nach der Geschäftsführungsbefugnis (Innenverhältnis) richtet. Als Einzelgeschäftsführer hatte Arni also grundsätzlich auch Alleinvertretungsmacht. Die war freilich für den Kauf der Hebebühne aufgehoben, wenn ein Widerspruch nach § 711 Satz 2 BGB nicht nur Innen-, sondern auch Außenwirkungen entfaltet. Letzteres wird im Anschluss an BGHZ 16, 394, 398 von der heute ganz überwiegenden Ansicht verneint: Solange der Geschäftsgegner den Vollmachtsmissbrauch nicht kennt, soll er das Risiko möglicher Streitigkeiten bezüglich einzelner Geschäfte nicht (mit-)tragen müssen. Sein Schutz über die Anscheinsvollmacht würde schon bei einfacher Fahrlässigkeit entfallen. Zudem würde ein Widerspruch mit Außenwirkung den Gesellschaftern die Möglichkeit eröffnen, nachteiligen Geschäften die Wirksamkeit nachträglich zu nehmen, indem sie behaupten, ein Mitgeschäftsführer habe widersprochen. – Arni behielt also seine Einzelvertretungsmacht. Für die Kaufpreisforderung haftet analog § 128 HGB auch Bert.

Beachte: Bei OHG und KG ist ein Widerspruch (§ 115 Abs. 1 und 2 HGB) im Verhältnis zu Dritten schon deshalb unbeachtlich, weil dort die Vertretungsmacht gemäß § 126 Abs. 2 HGB unbeschränkbar ist.

*72. Stimmverbote

An der Forty Grundstücksverwaltungs GbR sind mit 40 % Fanny Forty und mit je 30 % Dirk Doppler und die Kumpel KG beteiligt. In ihr ist Karl Kumpel einziger Komplementär. Nach dem Gesellschaftsvertrag der GbR kommen die Gesellschafterbeschlüsse mit einfacher Mehrheit zustande; jedes Beteiligungsprozent vermittelt eine Stimme. Doppler und die Kumpel KG sind jeweils alleinvertretungsberechtigte Geschäftsführer der GbR.
Vertreten durch Kumpel schloss die GbR nachteilhafte Pachtverträge mit Doppler als Geschäftsführer der Doppler GmbH. Deren einzige Gesellschafterin ist seine Ehefrau.
In einer Gesellschafterversammlung der GbR warf Forty Kumpel und Doppler vor, sie hätten ihre Pflichten gegenüber der GbR verletzt. Fortys Antrag, ein Rechtsanwalt möge prüfen, ob der GbR gegen ihren Geschäftsführer Kumpel Schadensersatzansprüche zustehen, stimmte nur sie selbst zu, die übrigen Gesellschafter lehnten ab (Beschluss a). Kumpel beantragte im Gegenzug, den Pachtzins der Doppler GmbH um einen „Treuerabatt" zu senken. Forty stimmte dagegen, die anderen beiden Gesellschafter dafür (Beschluss b). Was wurde beschlossen?

Beschlüsse sind Rechtsgeschäfte und nach § 134 BGB nichtig, wenn sie rechtswidrig sind. (In AG, eG und GmbH kann eine Anfechtungsklage nötig sein; vgl. Fall 411.) Mängel bei der Stimmabgabe (vgl. Fall 39) schlagen aber auf den Beschluss in der Regel nicht durch. Vielmehr ergibt sich das Beschlussergebnis aus den verbliebenen, gültigen Stimmen. Anders als bei einem Vertrag kann auch eine Stimme genügen.

a) Fortys Antrag, Schadensersatzansprüche prüfen zu lassen, ist angenommen, wenn die Kumpel KG oder Doppler nicht stimmberechtigt waren. Denn dann hatte Forty die Stimmenmehrheit.

aa) Die Stimmabgabe der Kumpel KG könnte unwirksam sein, da es um Schadensersatzansprüche gegenüber ihrem Komplementär Kumpel ging. Die §§ 705 ff. BGB enthalten keine Regelungen zu Stimmverboten. Jedoch folgt aus einer Gesamtanalogie zu den §§ 712 Abs. 1, 34 BGB, § 47 Abs. 4 GmbHG, § 43 Abs. 6 GenG, § 136 Abs. 1 Satz 1 AktG ein allgemeiner Rechtsgedanke, wonach niemand Richter in eigener Sache sein darf. Ein solcher „Richter" ist die KG, weil sie abstimmt. Eine **eigene** Sache der KG sind Ansprüche gegen Kumpel, wenn er ihren Willen bildet, auf ihr Abstimmungsverhalten also maßgeblichen Einfluss hat. Den hatte Kumpel als einziger geschäftsführender Komplementär. Somit war die Stimmabgabe der KG unwirksam.

bb) Auch Doppler könnte als Richter in eigener Sache und damit unwirksam abgestimmt haben. Direkt war Doppler zwar nicht betroffen. Doch ist es auch „seine Sache", wenn es um Schadensersatzansprüche gegen einen Mitgeschäftsführer geht und die objektive Besorgnis besteht, dass beide die Pflichtverletzung gemeinschaftlich begangen haben: Beide Geschäftsführer konnten und mussten hier Schäden für die GbR verhindern.

cc) Im Ergebnis waren weder die Kumpel KG noch Doppler stimmberechtigt. Folglich wurde mit den Stimmen von Fanny Forty einstimmig beschlossen, Schadensersatzansprüche der GbR gegenüber Kumpel anwaltlich prüfen zu lassen.

b) Beschluss b sollte die Zahlungspflichten der Doppler GmbH zu reduzieren erlauben. Hier könnte die Stimmabgabe Dopplers unwirksam sein, weil er Geschäftsführer der begünstigten GmbH und Ehemann der Alleingesellschafterin ist. Im Interesse einer sicheren Abgrenzbarkeit ist eine Analogie zu § 34 BGB oder § 47 Abs. 4 Satz 2 GmbHG aber nur dann angebracht, wenn der Ausgeschlossene mit der GmbH wirtschaftlich so stark verbunden ist, dass eine unbefangene Stimmabgabe bei Entscheidungen über Rechtsgeschäfte mit der GmbH in der Regel ausgeschlossen ist. Dazu genügt das Interesse am Geschäftsführerentgelt nicht, sondern erst eine Gewinnbeteiligung. Ob die Ehe mit der Alleingesellschafterin genügt, hängt davon ab, ob ein Ehepartner den Interessen des anderen typischerweise den Vorzug vor den Interessen der Gesellschaft gibt. Der BGH (NZG 2012, 625, 628 Tz. 34) verneint das. Dopplers Stimme könnte auch wegen einer Treuepflichtverletzung unwirksam sein, doch fehlen dafür hinreichende Anhaltspunkte. Die Pachtzinsreduzierung ist also beschlossen.

*73. Gesellschaftervereinbarungen neben der Satzung

Alle Gesellschafter der Tunnelbau Baden GmbH sind Mitglieder der verzweigten Familie Groß.
Die GmbH-Gesellschafter sind alle zusätzlich in einem eigenen „Familienkonsortium Groß" organisiert, in dem vereinbart ist, dass in der GmbH außergewöhnliche Maßnahmen wie Änderungen des Statuts oder Bestellung und Abberufung von Geschäftsführern nur einstimmig beschlossen werden sollen. Als es in der Familie zu Zerwürfnissen kommt, wird in der GmbH mit Mehrheit beschlossen, den Geschäftsführer René Groß abzuberufen und ihm ein Hausverbot zu erteilen. Als einzelne überstimmte GmbH-Gesellschafter

diesem Beschluss widersprechen, weil im Familienkonsortium dieses Vorgehen überhaupt nicht besprochen worden sei, werden sie darauf verwiesen, dass die Abstimmung in der GmbH ausschließlich auf Grundlage der GmbH-Satzung erfolgen könne. René möchte sich gegen die Wirksamkeit des GmbH-Gesellschafterbeschlusses wenden. Mit Aussicht auf Erfolg?

Zunächst: Das „Familienkonsortium“ stellt eine BGB-Gesellschaft dar, wie sie als gesellschaftsrechtliche Nebenabrede zu Kapitalgesellschaften häufig begegnet. Der Gesellschaftszweck richtet sich darauf, das Abstimmungsverhalten in der Haupt- und gegebenenfalls in anderen Gesellschaften mit gleicher Gesellschafterstruktur zu koordinieren und die Erhaltung des unternehmerischen Vermögens in den Händen der Familie abzusichern. Derartige Konsortialabreden haben gegenüber der Satzung der GmbH den Vorteil der formlosen Abänderbarkeit und der Geheimhaltung (§§ 8 Abs. 1 Nr. 1, 53, 54 GmbHG, § 9 Abs. 1 HGB), da z. B. Sonderrechte – etwa auf Geschäftsführung – nur in der Nebenabrede verankert sind.

Die Rechtskreise der beiden Gesellschaften sind grundsätzlich streng zu trennen. Organe der Hauptgesellschaft sind an Beschlüsse der BGB-Innengesellschaft nicht gebunden und umgekehrt. Wenn allerdings wie hier der Mitgliederkreis deckungsgleich ist, kann man fragen, ob eine wirksame Konsortialabrede nicht auch in die Hauptgesellschaft hineinwirken kann. Das hätte zur Folge, dass der Beschluss in der GmbH anfechtbar (Fall 306) ist, weil die Mehrheitsgesellschafter ihre Pflichten aus der Konsortialabrede missachtet haben. Der BGH hat dies bei einer Absprache zwischen **allen** Gesellschaftern bzw. deren Gesamtrechtsnachfolgern für möglich erklärt, da eine schützenswerte Minderheit nicht vorhanden ist und so der umständliche Weg, zunächst die Mitgesellschafter auf Leistung verklagen zu müssen, erspart wird (*BGH* NJW 1983, 1910 – Kerbnägel; NJW 1987, 1890 – Tunnelbau). Die Rechtsprechung wurde in der Rechtslehre kritisiert, weil sie zu einer unzulässigen Vermengung von formgebundenem Satzungsrecht und schuldrechtlichen Nebenabreden führt und allein der Gesichtspunkt der Prozessökonomie das Vorgehen wohl nicht rechtfertigen kann. Zudem wird die GmbH Prozesspartei, ohne dass ihre Geschäftsführung notwendigerweise Kenntnis von der Vereinbarung haben muss.

Schrifttum: *Ulmer,* NJW 1987, 1849; *Winter,* ZHR 154 (1990), 259.

4. Vertretung und Haftung

74. Gesetzgebungsgeschichte

Woraus erklärt sich, dass die Vertretungs- und Haftungsordnung in der BGB-Gesellschaft 100 Jahre lang umstritten war?

Der Gesetzgeber kannte die Gesellschaft bürgerlichen Rechts aus Art. 266 ADHGB als punktuelle Vereinigung zur Durchführung einzelner Geschäfte (Gelegenheitsgesellschaft). Man konnte nicht ahnen, dass sie später einmal zunehmend als Dauergesellschaft und Unternehmensträgerin genutzt würde. In den Beratungen zum BGB betrachtete man die Gesellschaft zunächst als einen besonderen schuldrechtlichen Vertrag. Darin verpflichten sich die Partner zum gemeinsamen Handeln (zur

Kooperation), etwa, je einen Vertrag mit einem Dritten zu schließen. Wie bei einer Ehe oder einem Werkvertrag war die Gemeinschaft als solche nicht für den Rechtsverkehr vorgesehen.

Das von jedem Gesellschafter für die Gesellschaft bereitgelegte Vermögen war so nicht gesichert: Auch nicht geschäftsführungsberechtigte Gesellschafter und Privatgläubiger der Gesellschafter hätten unmittelbar darauf zugreifen können. Deshalb entschied man sich später für ein dinglich gebundenes Sondervermögen in Form der Gesamthandsgemeinschaft (§§ 718, 719 und 738 BGB). Damit war aber notwendig die Vorstellung verbunden, Grundstücke, Forderungen und Wertpapiere seien der Gesellschaft zuzuordnen, und daraus ergab sich im Laufe der Zeit nahezu zwangsläufig die Vorstellung von eigenständigen **Gesellschaftsschulden.** An deren Existenz war aber in § 714 BGB nicht gedacht, vielmehr hat man sich eine unmittelbare Verpflichtung der Mitglieder durch **rechtsgeschäftliche** Vertretung vorgestellt. Erst recht wird vom Gesetz die Haftung der Gesellschaft für gesetzliche Schuldverhältnisse (Delikt, Sozialversicherung, Steuern) nicht geregelt, eben weil die Gesellschaft als Rechtsträger im Vorstellungsbild seiner Verfasser nicht existierte.

75. Haftungsmodelle

a) Welche Haftungsmodelle für die rechtsgeschäftliche Verantwortlichkeit der Gesellschafter und der Gesellschaft bürgerlichen Rechts wurden früher vertreten?
b) Welches Haftungsmodell ist heute anerkannt?

Zu a) Die **Theorie der selbstständigen Einzelverpflichtung.** Sie kennt keine von den Gesellschafterschulden losgelöste Gesellschaftsschuld, hält sich also an den Gesetzesplan in § 714 BGB. Schuldner rechtsgeschäftlicher Verpflichtungen sind danach unmittelbar die Gesellschafter. Neben dem jeweiligen Privatvermögen stellt sich das Gesellschaftsvermögen nur als eine zweite Vermögensmasse dar, auf das die Gläubiger bei gemeinschaftlichen Schulden aller Gesellschafter zurückgreifen können. Die §§ 421–427 BGB sorgen für eine Verbindung zwischen den Gesellschaftern.

Die **Theorie der rechtsgeschäftlichen Doppelverpflichtung.** Hier wurde neben der Verpflichtung der Gesellschafter gleichzeitig und gleichstufig eine Verpflichtung der Gesellschaft konstruiert, und zwar durch Eigenverpflichtung (des handelnden Mitglieds), rechtsgeschäftliche Vertretung (der Mitgesellschafter) und Organverpflichtung (der Gesellschaft selbst).

Mit keiner der beiden Theorien ließ sich aber die Haftung nicht handelnder Gesellschafter für gesetzliche Schulden oder die Haftung neu eintretender Gesellschafter für Altverbindlichkeiten bruchlos erklären. Wegen der stark ansteigenden Beteiligung (unternehmenstragender) Zivilgesellschaften am Rechtsverkehr war dies aus Sicht des Gläubigerschutzes nicht hinnehmbar. Dieser Befund führte dazu, dass innerhalb der Theorien weitere unterschiedliche Modifikationen vertreten wurden. So wurde die Haftung der Gesellschaft und der Gesellschafter mehr und mehr zu einem unübersichtlichen dogmatischen Flickenteppich, was ein hohes Maß an Rechtsunsicherheit zur Folge hatte.

Zu b) Heute ist anerkannt, dass die BGB-(Außen-)Gesellschaft selbst Rechtsträgerin ist (vgl. Fall 59) und nur diese vertreten wird. Die Haftung der Gesellschafter folgt dem Modell der §§ 128–130 HGB **(Akzessorietätstheorie),** erfasst also auch deliktische (vgl. Fall 77 Var. b) und andere nicht rechtsgeschäftlich begründete Verbindlichkeiten der Gesellschaft.

Der geschäftsführungs- und vertretungsberechtigte Gesellschafter sagt dann nicht mehr: „Ich will mich und die Mitgesellschafter verpflichten", sondern erklärt: „Ich will die Gesellschaft verpflichten, und ihre Mitglieder stehen für solche Verpflichtungen kraft Gesetzes ein."

76. GbR mbH

Rechtsanwalt Dahs, Steuerberater Geet und Wirtschaftsprüfer Sonich schließen sich zur BGB-Gesellschaft „Dahs/Geet/Sonich Gesellschaft bürgerlichen Rechts mit beschränkter Haftung" zusammen.
a) Sind solche interprofessionellen Zusammenschlüsse erlaubt?
b) Wird damit eine Haftungsbeschränkung erreicht?
c) Ist die Namensgebung zulässig?

Zu a) §§ 705 ff. BGB beschränken den Mitgliederkreis nicht. Die Standesrechte (§ 59a Abs. 1 BRAO, § 56 Abs. 1 Satz 2 StBerG und § 44b Abs. 2 WPO) gestatten Zusammenschlüsse der hier vertretenen, schweigepflichtigen Berufsgruppen sogar ausdrücklich und könnten sie nach Art. 12 Abs. 1 GG ohnehin nicht verbieten (*BVerfG* NJW 2016, 700 für Anwälte, Ärzte und Apotheker).

Zu b) Eine generelle Haftungsbeschränkung durch den Gebrauch entsprechender Zusätze hat der BGH (BGHZ 142, 315; 146, 341, 358) für ausgeschlossen erklärt. Der Grundsatz der akzessorischen persönlichen Haftung der BGB-Gesellschafter für die Gesellschaftsschulden verbiete analog § 128 Satz 2 HGB einen **einseitigen** globalen Haftungsausschluss. Anders als bei Handelsgesellschaften lässt sich die Vertretungsmacht in der GbR nach § 714 BGB zwar einschränken. Danach wäre es denkbar, bereits die Vertretungsmacht der Gesellschafter für die Gesellschaft unter den Vorbehalt zu stellen, dass die Haftung der Mitglieder ausgeschlossen ist. Dies widerspricht jedoch dem Typenzwang im Gesellschaftsrecht: Mangels anderer gläubigerschützender Regelungen erfordert die BGB-Gesellschaft die gesamtschuldnerische Haftung ihrer Gesellschafter. Die Haftung aus § 179 BGB wird nicht für ausreichend gehalten – damit hat man sich einen Schritt weit an § 125 HGB angenähert. So lässt sich daher keine neue Gesellschaftsform – hier eine GmbH ohne Kapitalschutz – konstruieren. Eine Haftungsbeschränkung für die Gesellschafter ist nur einzelvertraglich mit dem Gläubiger möglich.

Für die oben genannten Berufsgruppen sind wegen des Pflichtversicherungsschutzes summenmäßige Haftungsbeschränkungen durch AGB zu erreichen (§ 51a BRAO, § 67a StBerG, § 54a WPO). Die Beschränkung der Haftung auf einen einzelnen

Gesellschafter ist möglich, indem ein Vertrag nur mit ihm geschlossen wird (Einzelmandat).

Zu c) Nein. Die überwiegende Ansicht greift auch bei Nichtkaufleuten wie der GbR auf das Irreführungsverbot des § 18 HGB zurück und wendet das Missbrauchsverfahren des § 37 Abs. 1 HGB an. Da der Zusatz in ausgeschriebener wie in abgekürzter Form eine Verwechslungsgefahr mit der GmbH begründet und geeignet ist, den Rechtsverkehr zu täuschen, ist er jedenfalls nach den §§ 3, 5 Abs. 1 Nr. 3 UWG zu beanstanden (*OLG München* ZIP 1999, 535).

Schrifttum: *Grunewald,* FS Peltzer, 2001, S. 129, 132 ff.; *K. Schmidt,* NJW 2005, 2805.

77. Haftung des Mitgesellschafters

Dr. Raser, Mitglied der Anwaltssozietät Dr. Raser & Pech GbR, vertritt den Mandanten Wiedeking. Nach gewonnenem Prozess übergibt der Gerichtsvollzieher den herausgeklagten Porsche im Wert von 150 000 EUR an Dr. Raser und der fährt ihn stolz zu Wiedeking. Wegen überhöhter Geschwindigkeit kommt Dr. Raser von der Straße ab und kann Wiedeking nur noch einen Haufen Schrott übergeben. Der verlangt 150 000 EUR von Pech. Zu Recht?

Als Gesellschafter haftet Pech analog § 128 HGB, wenn die GbR zum Ersatz verpflichtet ist, etwa aus § 280 (siehe unter a) oder § 823 BGB (siehe unter b).

a) Hier besteht ein Mandatsverhältnis nicht mit Dr. Raser, sondern mit der Sozietät. Dafür spricht, dass der Mandant bei Vertragsabschluss gerade das Vertrauen, die Erfahrung und die Vorteile arbeitsteiliger Organisation in Anspruch nehmen will. Auf das Auftreten als Einheit unter eigenem Namen gründet sich der gute Ruf einer Anwaltssozietät (BGHZ 56, 355, 359).

Eine Pflichtverletzung gemäß § 280 Abs. 1 und 3 i. V. m. § 283 BGB liegt vor, da der GbR die Herausgabe des Porsche (§§ 675 Abs. 1, 667 BGB) unmöglich geworden ist. Das schuldhafte Fehlverhalten des Gesellschafters Raser wird der Gesellschaft analog § 31 BGB zugerechnet (nach a. A. gemäß § 278 BGB).

b) Raser haftet nach § 823 Abs. 1 BGB, wofür die Gesellschaft analog § 31 BGB einzustehen hat (*BGH* NJW 2003, 1445, 1446), da die rechtsfähige Außengesellschaft durch ihre vertretungsberechtigten Gesellschafter repräsentiert wird und Raser den Unfall in Ausführung einer ihm in seiner Eigenschaft als Organ zustehenden Verrichtung verursachte.

Die Gesellschafterhaftung analog § 128 HGB (vgl. Fall 75) auch für gesetzliche Schulden rechtfertigt sich zum einen aus Gläubigerschutzerwägungen, zum anderen daraus, dass die jeweiligen Gesellschafter Einfluss auf Auswahl und Tätigkeit ihrer Mitgesellschafter haben und aus der Zusammenarbeit auch Gewinne erzielen können.

c) Eine Haftung der GbR gemäß § 831 BGB scheidet aus, da ein organschaftlicher Vertreter in der Regel nicht weisungsgebunden handelt und seine Verantwortung auch bei Bindung an Mehrheitsbeschlüsse eine Exkulpationsmöglichkeit verbietet.

*78. Partnerschaft

Pech, der weiterhin mit Dr. Raser zusammenarbeiten will, überlegt sich daraufhin, wie er sich in Zukunft vor solch bösen Überraschungen schützen kann.

Angehörige der Freien Berufe können der Mitverantwortung für die freiberufliche Tätigkeit eines anderen Sozietätsmitglieds entgehen, indem sie eine **Partnerschaftsgesellschaft** (Partnerschaft) gründen. In § 8 Abs. 2 PartGG ist die akzessorische Haftung wegen fehlerhafter Berufsausübung **gesetzlich** auf denjenigen Partner beschränkt, der mit der Bearbeitung eines Auftrags befasst ist. Dies gilt auch für in Zusammenhang mit der Anwaltsleistung stehende deliktische Ansprüche; man spricht von Haftungskonzentration.

§ 8 Abs. 3 PartGG weist darauf hin, dass durch andere Gesetze die Haftung wegen fehlerhafter Berufsausübung zusätzlich auf einen bestimmten Höchstbetrag beschränkt werden kann, wenn zugleich eine Pflicht zum Abschluss einer Berufshaftpflichtversicherung begründet wird. Das ist in den §§ 51–52 BRAO, §§ 45a, 45b PAO, §§ 67 f. StBerG, §§ 54 f. WPO geschehen, die eine Haftungsbeschränkung durch AGBs oder schriftliche Vereinbarung im Einzelfall ermöglichen – eine bemerkenswerte Privilegierung einzelner Berufe.

Soll die Haftung für berufliche Fehler nicht einmal den Handelnden treffen, so kann die Haftung durch Gründung einer PartG mbB (§ 8 Abs. 4 PartGG) auf das Gesellschaftsvermögen beschränkt werden. Die Gläubiger müssen dann durch eine höhere Mindestversicherungssumme der – z. B. für Architekten und beratende Ingenieure landesgesetzlich angeordneten – Berufshaftpflichtversicherung geschützt sein. Für andere Schulden der Partnerschaft haften gemäß § 8 Abs. 1 PartGG alle Partner.

Die laufenden Kosten und der Organisationsaufwand der LLP (*Limited Liability Partnership;* vgl. Fall 483) sind für eine Zweier-Sozietät meist zu hoch.

Um sein Privatvermögen stärker abzusichern, kann Pech auch eine **Rechtsanwalts-GmbH oder -UG** gründen. Das kann freilich den guten Ruf mindern, führt zur Buchführungspflicht (§§ 238, 264 HGB) und zu weitergehenden Publizitätsvorschriften (vgl. §§ 8, 10 GmbHG mit § 4 PartGG). Schließlich sind neben dem GmbHG die §§ 59c ff. BRAO zu beachten und damit restriktive Regeln zur Kanzlei- (§ 59i BRAO) und Versicherungspflicht (§ 59j BRAO).

Sicher wäre Pech gern Kommanditist in einer Rechtsanwalts-(GmbH & Co.) KG. Doch ist Rechtsberatung ein freier Beruf und kein Gewerbe. Selbst wenn die Gesellschaft auch gewerblich (z. B. als Treuhänder) tätig ist, genügt das nicht: Das Gewerbe i. S. d. § 161 HGB muss die **überwiegende** Tätigkeit einer KG sein – außer für Steuerberater und Wirtschaftsprüfer, denn sie werden nach § 49 Abs. 2

StBerG und § 27 Abs. 2 WPO privilegiert (*BGH* ZIP 2014, 2030; zum Mischgewerbe vgl. Fall 95).

*79. Haftung des eintretenden Partners

Pech, Dr. Raser und Rechtsanwalt Neuer haben eine Partnerschaftsgesellschaft gegründet. Da Dr. Raser immer mehr Mandate akquiriert als er bearbeiten kann, bittet er Neuer, das Mandat des Meinhard zu übernehmen. Leider vergaß Dr. Raser, einen wichtigen Anspruch des Meinhard geltend zu machen, der nunmehr verjährt ist. Der enttäuschte Meinhard verlangt Schadensersatz. Welche Ansprüche stehen ihm zu?

Meinhard stehen verschiedene Ansprüche zu:

a) Die Partnerschaftsgesellschaft selbst schuldet Schadensersatz aus § 280 Abs. 1 BGB: Sie hat den Anwaltsvertrag mit Meinhard geschlossen und musste ihn vor vermeidbaren Nachteilen bewahren. Diese Pflicht hat Dr. Raser schuldhaft verletzt, als er den Anspruch verjähren ließ. Der Partnerschaft wird das analog § 31 BGB zugerechnet.

b) Pech und seine Mitgesellschafter haften nach § 8 Abs. 1 PartGG grundsätzlich für alle Schulden der Gesellschaft gesamtschuldnerisch. Nach § 8 Abs. 2 PartGG kann er allerdings einwenden, dass er mit dem Fall nicht befasst war (Haftungskonzentration bei beruflichen Fehlern).

c) Anders als Pech war Dr. Raser i. S. d. § 8 Abs. 2 PartGG damit befasst, einen „Auftrag" zu bearbeiten, also ein auf eine bestimmte Dienstleistung bezogenes Anwaltsmandat. Sein Beitrag hatte auch nicht nur untergeordnete Bedeutung, sodass ihm keine Einwendung zusteht. Dr. Raser haftet also nach § 8 Abs. 1 PartGG i. V. m. § 280 Abs. 1 BGB.

d) Ebenso könnte auch Rechtsanwalt Neuer haften. Auch er war mit dem Auftrag i. S. d. § 8 Abs. 2 PartGG **befasst.** Dass der **berufliche Fehler** nicht ihm selbst unterlief, ist unerheblich. Sonst wäre das Merkmal „befasst" neben dem Merkmal „berufliche Fehler" weitgehend überflüssig. Das Gesetz spricht von mehreren mit der Sache befassten Anwälten, während doch der berufliche Fehler in der Regel nur von einem von ihnen begangen sein wird. Der Gesetzgeber wollte eine auch für den Geschädigten einfache Regelung schaffen. Für diesen ist es leicht erkennbar, wer befasst war, schwer hingegen, wer welchen Fehler gemacht hat. – Neuers Beitrag war schließlich auch nicht von untergeordneter Bedeutung (z. B. Urlaubsvertretung ohne inhaltliche Beiträge). An seiner Haftung würde sich auch dann nichts ändern, wenn er erst nach dem Fehler von Dr. Raser in die Partnerschaftsgesellschaft eingetreten wäre (*BGH* NJW 2010, 1362; § 8 Abs. 1 Satz 2 PartGG i. V. m. § 130 HGB).

80. Scheingesellschafter

Hans Hirse ist angestellter Anwalt der Kanzlei Dres. Weizen, Mais und Gerste. Auf dem Schild und den Briefbögen der Kanzlei ist er ohne einschränkenden Zusatz neben den anderen Sozien aufgeführt. Drescher liefert der Kanzlei eine Computeranlage und fordert unter Hinweis auf die bei der Bestellung verwendeten Kanzleibriefbögen Bezahlung auch von Hirse. Der wendet ein, er sei nicht Gesellschafter der Sozietät. Wer hat Recht?

Analog § 128 HGB i. V. m. § 433 Abs. 2 BGB haftet Hirse, wenn er Gesellschafter der Sozietät, einer BGB-Gesellschaft, ist (vgl. Fall 77). Das ist er nicht, aber vielleicht *gilt* er als Gesellschafter: Nach den allgemeinen Rechtscheinsgrundsätzen kann m. E. jedes Tatbestandsmerkmal durch den zurechenbar veranlassten Rechtsschein ersetzt werden. Tritt also ein Nichtgesellschafter zurechenbar nach außen wie ein Gesellschafter auf und begründet er dadurch schutzwürdiges Vertrauen eines Dritten in seine Stellung als Gesellschafter, muss er sich gegenüber dem Dritten als Gesellschafter behandeln lassen (BGHZ 70, 247, 249). Hier ließ sich Hirse ohne einschränkenden Zusatz auf Schild und Briefbögen der Kanzlei als Anwalt aufführen und hat so vermeidbar nach außen den Rechtsschein gesetzt, Gesellschafter zu sein. Es ist davon auszugehen, dass Drescher auf die Bonität kraft Briefkopfs, also auch auf Hirses Gesellschafterstellung vertraute und sein Vertrauen kausal für den Kaufvertrag war. Sein vermutetes Vertrauen ist schutzwürdig, weil nicht einmal fahrlässig. – Fahrlässig wäre z. B. Vertrauen auf einen lange zurückliegenden Sachverhalt, der anlässlich des neuen Vertrages nicht bestätigt wird. Wird ein vertrauender Mandant dagegen zeitnah zum Verkäufer, braucht er die Gesellschafterstruktur m. E. nicht erneut zu erkunden (im Ergebnis a. A. der Kaufrechtssenat des BGH, vgl. NJW 2008, 2330 Tz. 10).

81. Quotale Haftung

Die „Storkower Straße 10, GbR" ist ein geschlossener Immobilienfonds, dessen Zweck es ist, ein großes Grundstück zu bebauen und zu vermieten. Eine Bank gewährte dem Fonds ein Darlehen in Höhe von 6 Mio. EUR, für welches jeder der 100 gleichmäßig beteiligten Anlagegesellschafter – laut Anlage des Darlehensvertrages – nur *„entsprechend seiner Beteiligung an der Gesellschaft, also mit 60 000 EUR"*, einstehen soll.
a) Ist eine solche Haftungsbeschränkung wirksam?
b) Das Projekt „Storkower Straße 10" misslang. Eine Zwangsversteigerung des Grundstücks brachte einen Erlös von 2 Mio. EUR. Wird dieser Erlös auf die quotale Haftung der Anlagegesellschafter angerechnet?
c) Der beteiligte Anlagegesellschafter Max Mustermann hat unmittelbar nach Gewährung des Darlehens 60 000 EUR an die Bank gezahlt. Wird diese Zahlung auf die Haftung der anderen Anlagegesellschafter angerechnet?

Zu a) Ja. Der Gesellschafterhaftung analog § 128 HGB steht hier eine persönliche Einrede der Gesellschafter entgegen: Kraft vertraglicher Vereinbarung haften sie der

Bank nur anteilig und nur in Höhe von maximal je 60 000 EUR. Das gilt selbst dann, wenn die Klausel eine AGB der GbR sein sollte: Bei der „Storkower Straße 10, GbR" handelt es sich um eine Publikums-GbR (vgl. Fälle 228 ff.), bei der die Anlagegesellschafter lediglich kapitalmäßig beteiligt sind; d. h. sie haben weder Einfluss auf die Geschäftsführung noch wirksame Kontrollrechte. In solchen Fällen ist eine Übernahme der persönlichen Haftung für das gesamte Investitionsvolumen dem einzelnen Anleger weder zumutbar noch kann sie vernünftigerweise vom Rechtsverkehr erwartet werden (BGHZ 150, 1, 5). Ein großer Teil der Literatur geht noch einen Schritt weiter: Zum Schutz der Anleger sei die Haftung auch ohne AGB **gesetzlich** auf die jeweilige Beteiligungshöhe beschränkt. – Die Gesellschaft ist operativ tätig und unterliegt damit nicht dem KAGB (§§ 139, 1 Abs. 1 KAGB; vgl. Fall 228).

Zu b) Das ist eine Frage der Auslegung. Die Anrechnung würde hier dazu führen, dass die Quote der Gesellschafter von 60 000 EUR auf 40 000 EUR absinkt und auch dann nicht wieder steigt, wenn z. B. zehn Gesellschafter insolvent werden. Deren Insolvenzrisiko trüge also allein die Bank. Dafür spricht neben dem Akzessorietätsgedanken (vgl. Fall 75) auch ein allgemeiner Rechtsgedanke (vgl. § 507 HGB zur Partenreederei und § 10 Abs. 8 WEG zur Wohnungseigentümergemeinschaft). Die Auslegungsregel des BGH lautet demgegenüber, dass Tilgungsleistungen der Gesellschaft im Zweifel nicht auf die Haftungsquote der einzelnen Anleger anzurechnen sind; Ausnahmen von der unbeschränkten Haftung müssten eindeutig vereinbart werden (*BGH* ZIP 2011, 909, 913 Tz. 34).

Zu c) Nein. § 422 BGB ist nach Sinn und Zweck der Klausel abbedungen (vgl. BGHZ 134, 224, 227). Würde sich die 1%ige Haftungsquote auf eine laufend sinkende Schuld beziehen, bestände Anreiz, die Zahlung pflichtwidrig zu verweigern. Das ist nicht gewollt. – Nur Mustermann selbst ist durch seine Zahlung an die Bank von seiner Haftung freigeworden.

*82. Bauherrengemeinschaft

In der Steinstraße 1 wird gerade eine Wohnungseigentumsanlage mit zehn gleichen Wohneinheiten errichtet; Rob Baumeister baut die holzumrahmten Fenster ein. Seine Vertragspartnerin ist die durch einen Baubetreuer vertretene „Bauherrengemeinschaft Steinstraße 1".
Obwohl alle Fenster abgenommen werden, bleibt die Schlussrechnung offen. Baumeister fragt, ob und in welcher Höhe er seine Ansprüche außer gegen die Bauherrengemeinschaft auch gegen Wohnungseigentümerin Bräuninger verfolgen kann.

Baumeister könnte gegen Bräuninger als Gesellschafterin der Bauherrengemeinschaft einen Anspruch analog § 128 HGB i. V. m. der Werklohnforderung haben.

Bauherrengemeinschaften sind Gesellschaften, die die Befugnisse und Interessen einer Vielzahl privater Bauherren organisieren. Entgegen der Regel des § 128 HGB (früher h. M.: § 427 BGB) haften die Bauherren nach gebilligter Ansicht des BGH für – die typischerweise sehr hohen – Aufbauschulden nicht gesamt-, sondern teilschuldnerisch *(pro rata)* gemäß § 420 BGB (BGHZ 75, 26, 28; für das akzessorische Haftungsmodell (vgl. Fall 75) bestätigt durch *obiter dictum* in BGHZ 150, 1). Den Gesellschaftern wird damit eine institutionelle Haftungsbeschränkung gewährt. Dagegen wird teilweise vorgebracht, dass sich eine Ausnahme von dem Grundsatz der unbeschränkten Haftung dogmatisch nicht begründen lasse und eine solche Haftungsbeschränkung allenfalls durch die Verwendung einer Klausel in den AGB der Bauherrengemeinschaft erfolgen könne. Für den BGH spricht aber, dass das mit einer gesamtschuldnerischen Haftung verbundene Wagnis regelmäßig weit über das den einzelnen Bauherren wirtschaftlich zumutbare Maß hinausgehen würde. Diese Überlegung bestätigt sich für die entstandene Wohnungseigentümergemeinschaft in § 10 Abs. 8 WEG, wonach die Wohnungseigentümer für Verbindlichkeiten der Gemeinschaft ebenfalls nur teilschuldnerisch haften. Dem Bauhandwerker ist diese typische Interessenlage erkennbar, sodass konstruktiv auch von einer konkludent vereinbarten Haftungsbeschränkung zugunsten der Gesellschafter ausgegangen werden kann. Damit haftet Bräuninger dem Baumeister nur in Höhe von 10 % der Gesamtrechnung.

Schrifttum: *Reiff,* ZGR 2003, 550.

5. Gesellschaftsvermögen und Mitgliedschaftsrechte

83. Inhaber des Gesamthandvermögens

Wem gehört das Gesamthandsvermögen?

Nach traditioneller Auffassung sind die Gesellschafter auch Gesamthänder, also Inhaber des Gesamthandvermögens (vgl. §§ 718–720 BGB). Entsprechendes gilt auch weiterhin für Erben- und Gütergemeinschaften.

Nach moderner Auffassung ist die Vermögenszuordnung lediglich eine Folge des Gemeinschaftsverhältnisses (*Flume,* Personengesellschaft, S. 68 ff.). Rechtssubjekt und Träger des Gesamthandvermögens ist wie bei § 124 HGB die Gesellschaft. Dem folgen jüngere Gesetze und seit 2001 auch die Rechtsprechung (vgl. §§ 14, 899a BGB, § 191 Abs. 2 UmwG und Fälle 59 ff.)

Dennoch ist es nicht üblich, Personengesellschaften als juristische Personen einzuordnen. Auch moderne Gesetze – etwa § 14 BGB – halten sich sprachlich an diese Differenzierung; zu ihrer sachlichen Rechtfertigung Fall 61.

Schrifttum: *Ulmer,* AcP 198 (1998), 113.

84. Basisregeln der Gesamthand

Das BGB beschreibt die Gesamthand nicht als Gegensatz zur juristischen Person, sondern zur Bruchteilsgemeinschaft (zur Abgrenzung siehe Fall 57). Welches sind die Basisregeln dieser gesamthänderischen Rechtszuständigkeit und was sollen sie bewirken?

a) Wie die juristische Person bringt auch die Gesamthand Vermögensbindung. Die Gesellschafter erwerben private Befugnisse innerhalb der gemeinschaftlichen Organisation und verlieren sie am eingebrachten Vermögen. Insoweit können sie nicht mehr privat verfügen (§§ 719, 1419, 2033 Abs. 2 BGB) und ihre Privatgläubiger nicht mehr *vollstrecken* (§§ 736, 740, 747 ZPO). Das Vermögen der Gesamthand ist für *deren* Gläubiger reserviert, der Zugriff des *Privat*gläubigers deshalb langwierig: (1.) Mit einem Titel gegen einen Gesellschafter (2.) kann er dessen Gesellschaftsanteil mitsamt allen darin enthaltenen Rechten pfänden (§ 859 ZPO). (3.) Den Gewinnanspruch und – nach Kündigung der Gesellschaft – auch die Gesellschafteransprüche aus der Abwicklung (§§ 725, 733 Abs. 2, 734 BGB) (4.) kann er im Rahmen einer zweiten Klage geltend machen (5.) und insoweit in das Gesamthandsvermögen vollstrecken. Wie § 719 Abs. 2 BGB zeigt, kann der Privatgläubiger zudem nicht gegen Forderungen der Gesamthand aufrechnen – die Forderungen sind nicht gegenseitig.

b) Das Prinzip der **An- und Abwachsung** in § 738 BGB ermöglicht den Beitritt zur Gesellschaft ohne Vorgänger und das Ausscheiden ohne Nachfolger. So wird die gegenständliche Aufteilung des Gesamthandsvermögens anlässlich eines Ausscheidens verhindert. Der ausgeschiedene Gesellschafter erhält nur den Abfindungsanspruch des § 738 Abs. 1 Satz 2 BGB gegen die Gesellschaft in Geld.

c) Das **Surrogationsprinzip** der §§ 718 Abs. 2, 1473 Abs. 1, 2041 BGB sichert das Gesamthandsvermögen beim Austausch von Gegenständen.

85. Abtretung von Vermögensrechten

Kann der Personengesellschafter abtreten:
a) seine gegenwärtigen und zukünftigen Gewinnansprüche?
b) seinen Auseinandersetzungsanspruch?
c) seinen Anteil am Gesellschaftsvermögen?
d) seine Mitgliedschaft?

Zu a) Ja. Gesellschafterrechte wie etwa das Rederecht sind nach dem Abspaltungsverbot (Fall 86 Var. a) zwar grundsätzlich unübertragbar. § 717 Satz 2 BGB erklärt jedoch den – durch Beschlussfassung entstehenden – Gewinnanspruch für abtretbar (§§ 398 ff. BGB). Das stärkt die Kreditwürdigkeit der Gesellschafter. Auch zukünftige Gewinnansprüche sind von § 717 Satz 2 BGB erfasst.

Zu b) Ja (vgl. § 717 Satz 2 BGB). Der Auseinandersetzungsanspruch ist aber für den Zessionar wenig wert, solange die Gesellschaft nicht gekündigt ist.

Zu c) Nein. Nach § 719 Abs. 1 BGB kann der Gesellschafter weder über seinen Anteil an dem Gesellschaftsvermögen noch an den einzelnen dazu gehörenden Gegenständen verfügen. Gesamthandsregeln (vgl. Fall 84) sind zwingendes Sachenrecht.

Zu d) Ja. Der Gesellschaftsanteil ist ein subjektives Recht und kann grundsätzlich übertragen werden (§ 413 BGB). Die Übertragung an einen neuen Gesellschafter bedarf jedoch wegen der engen vertraglichen Bindung aller Gesellschafter deren Zustimmung.

Schrifttum: *Wiedemann* II, S. 422 f.

86. Abtretung von Kontroll- und Stimmrechten

Die Erbin eines Personengesellschafters tritt ihre Kontroll- und Stimmrechte einem befreundeten Wirtschaftsprüfer ab, weil sie als Sinologin nichts von Buchführung versteht.
a) Zulässig?
b) Kann die Abtretung in eine Überlassung der Kontroll- und Stimmrechte zur Ausübung umgedeutet werden?
c) Ist eine Zustimmung aller Mitgesellschafter nötig, bevor der Wirtschaftsprüfer in der Gesellschafterversammlung auftreten und seine Stimme abgeben darf?

Zu a) Nein. Die Abtretung ist nach § 134 BGB nichtig. Verbotsgesetz ist § 717 Satz 1 BGB. Der meint mit „Ansprüchen" entgegen § 194 Abs. 1 BGB die gesamte aus der Mitgliedschaft erwachsende Rechtsposition. Daraus ergibt sich das **Abspaltungsverbot:** Mitgliedschaftsrechte können – vorbehaltlich § 717 Satz 2 BGB – nicht von der Mitgliedschaft getrennt und selbstständig übertragen werden. Es sichert also den Verbleib von Kontroll- und Stimmrechten beim Mitglied und schützt auf diese Weise alle Gesellschafter – auch gegen ihren Willen – vor unumkehrbarer Fremdbestimmung. Auch in Interesse der Gläubiger sollen die Gesellschafter die Macht behalten, der Insolvenz entgegenzusteuern.

Zu b) Nach § 140 BGB ist die „Abtretung" in ein zulässiges Geschäft umzudeuten, das die Parteien gewollt hätten, wenn sie die Nichtigkeit der Abtretung gekannt hätten. In Betracht kommt die Ermächtigung des Wirtschaftsprüfers nach § 185 Abs. 1 BGB sowie seine Bevollmächtigung nach §§ 164 ff. BGB.

Die Ermächtigung, ein fremdes Kontroll- oder Stimmrecht im eigenen Namen auszuüben, kennt nur das Aktiengesetz (§ 129 Abs. 3 AktG). Es trägt dem Anonymitätsbedürfnis von Aktionären in einer anonymen Gesellschaft Rechnung. Das lässt sich auf eine personalistische Gesellschaftsform wie die GbR nicht übertragen: Hier erfordert die enge Bindung, dass sich die Mitgesellschafter ständig auch am Willen des jeweils anderen orientieren, und dazu muss erkennbar sein, für wen wie abgestimmt wird.

Näher liegt daher die Umdeutung der „Abtretung" in eine Vollmacht nach §§ 164 ff. BGB. Deren Zulässigkeit setzt auch § 47 Abs. 3 GmbHG voraus. Es gibt verschiedene Vollmachtsformen. Am nächsten verwandt ist die Abtretung mit einer **verdrängenden,** also einer unwiderruflichen **Vollmacht** bei gleichzeitigem Verzicht der Sinologin, die Kontrollrechte selbst auszuüben. Doch auch so würde die Sinologin unumkehrbar fremdbestimmt, das Abspaltungsverbot also verletzt. Zulässig dürfte dagegen eine unwiderrufliche, nicht verdrängende Vollmacht sein. Stimmt die Sinologin dann nämlich anders ab als ihr Vertreter, gilt ihre Stimme. – Nach h. M. erfassen §§ 134, 717 Satz 1 BGB nicht etwa auch eine unkündbare

Verpflichtung der Sinologin, ihre Rechte Dritten zu überlassen. Ihre Sorge vor Schadensersatzansprüchen mindert dann allerdings ihre Kontrollbereitschaft und mittelbar den Gläubigerschutz.

Zu c) Meines Erachtens ja, sei es im Gesellschaftsvertrag oder durch schlichte Duldung in jeder Gesellschafterversammlung. Nur bei schwerer Krankheit der Sinologin oder in einem ähnlichen Notfall geböte die Treuepflicht den Mitgesellschaftern, jedenfalls solche Personen zuzulassen, die die Vertraulichkeit und Unbefangenheit in der Personengesellschaft nicht stören; nach h. M. gilt allerdings eine Ausnahme: geeignete und zur Verschwiegenheit verpflichtete freiberufliche Sachverständige seien immer zuzulassen.

87. Rechtsübertragung in einer Grundstücks-GbR

a) Die Eheleute Kaiser haben gemeinsam als Gesellschafter bürgerlichen Rechts ein Grundstück erworben. Zwei Jahre später verkaufen sie „dieses Grundstück" in einem schriftlichen Vertrag an die Eheleute Hofer. Ist eine solche Vereinbarung wirksam?
***b) Müssen die Eheleute Hofer bei Abtretung Grunderwerbsteuer zahlen?**
***c) Empfiehlt es sich generell für Eheleute, ihr Grundstück in GbR zu erwerben?**
d) Jahre später besteht Jakob Hofer sein Examen im heimatlichen Hamburg mit „vollbefriedigend". Seine Eltern wollen nach Mallorca umziehen und so überträgt ihm seine Mutter wirksam ihren Anteil an der elterlichen Grundstücks-GbR. Als Jakob einen Referendarplatz in Bamberg bekommt und die Preise in Mallorca steigen, überlegen es sich seine Eltern anders. Im Namen der GbR verkaufen und übertragen sie das Grundstück formwirksam an Jakobs wohlhabende, ältere Schwester Sandra. Dass ihre Mutter nicht mehr Gesellschafterin war, fiel nicht auf, weil ihre Mutter nach § 47 Abs. 2 GBO noch neben der Gesellschaft als Gesellschafterin im Grundbuch stand. Kaum dort eingetragen erklärt Sandra, nach Neuseeland übersiedeln zu wollen. Kann die aus ihrem Vater und Bruder bestehende GbR das verkaufte Grundstück kondizieren?

Zu a) Der Verkauf könnte nach §§ 125 Satz 1, 311b Abs. 1 BGB formnichtig sein. Verkauft wurden allerdings kein Grundstück oder die gesamthänderische Mitberechtigung daran, sondern die Mitgliedschaften. Vielleicht ist auch dieser Verkauf von Gesellschaftsanteilen formpflichtig, wenn das Gesellschaftsvermögen aus Grundbesitz besteht. Wie Mitglieder einer juristischen Person stehen freilich auch Personengesellschafter in keiner unmittelbaren Rechtsbeziehung zu den einzelnen Vermögensgütern der Gesamthand (mehr). Diese **Mediatisierung** (Mittelbarmachung) der Vermögenszuständigkeit spricht dagegen, § 311b Abs. 1 BGB heranzuziehen. Vor allem aber ist es nicht möglich, feste, plausible und klare Maßstäbe zu finden, um zwischen formbedürftigen und formfreien Anteilsverkäufen abzugrenzen (BGHZ 86, 367, 371). Die Vereinbarung ist damit wirksam.

Zu b) Obwohl das Eigentum an dem Grundstück in der GbR verbleibt, schulden die Eheleute Grunderwerbsteuern gemäß § 1 Abs. 2a GrEStG, der einer wirtschaftlichen Betrachtungsweise folgt.

Zu c) Ja. Die Ehegatten-GbR beim Grunderwerb hat Vorteile:
- Die Ehegatten sind durch das Gesamthandsprinzip im Vergleich zu frei verfügbaren Miteigentumsanteilen stärker gebunden.
- Bei der Bruchteilsgemeinschaft folgt die Stimmquote der Anteilsquote, in der GbR lässt sie sich vertraglich regeln.
- Wertschwankungen des Grundstücks können vertraglich einem bestimmten Ehegatten zugewiesen werden (dynamische Quote).
- Beim Tod eines Ehegatten wächst dessen Gesellschaftsanteil infolge vertraglicher Regelung dem anderen Ehegatten an. Dadurch wird das Vermögen pflichtteilsfest.
- Vollstreckt der Gläubiger eines Gatten nicht in dessen Miteigentums-, sondern Gesellschaftsanteil, kann ihn der Gesellschaftsvertrag oft auf eine Abfindung verweisen (§§ 725, 738 BGB).

Nachteilig sind allein die anfänglich höheren Rechtsberatungs- und Notarkosten.

Zu d) Sandra hat das Eigentum am Grundstück von der – unzulässig vertretenen – GbR nach § 899a Satz 2 BGB i. V. m. § 892 Abs. 1 BGB erlangt. Sandra darf es behalten, wenn die GbR beim Kaufvertrag wirksam vertreten wurde, wenn § 899a BGB also auch für die schuldrechtliche Einigung gilt. Dagegen sprechen zwar dessen Wortlaut und Stellung im Sachenrecht, entscheidend **dafür** aber die vom Gesetzgeber bezweckte, unbeschränkte Verkehrsfähigkeit von Grundstücken der GbR. Der Kaufvertrag ist als rechtlicher Grund also wirksam und das Grundstück nicht nach § 812 Abs. 1 Satz 1 Alt. 2 BGB kondizierbar.

*88. Grundbuchnachweis der GbR

Die drei Pokerspezialisten Christoph, Philipp und Roman haben irgendwann im vorigen Jahr eine „GbR" gegründet, um ein Grundstück im schönen Greifswald zu erwerben und sich dort nach anstrengenden Vorlesungen zu erholen. Bei der diesjährigen Beurkundung des Kaufvertrages wird die Gesellschaft als GbR bestehend aus Christoph, Philipp und Roman beschrieben. Angegeben werden wegen § 15 Abs. 1 Buchst. c und a GBV auch die Familiennamen und Geburtsdaten. Das Grundbuchamt lehnt eine Eintragung der GbR ab. Zu Recht?

Nein. Zwar fordert das Grundbuch im Interesse der Rechtssicherheit eindeutige Eintragungen und dazu sichere Nachweise von Existenz, Identität und Vertretungsmacht. Da die drei Gesellschafter mehrere GbR halten könnten, entsprächen etwa zum Identitätsnachweis eindeutige, die Gesellschaft als unverwechselbares Rechtssubjekt identifizierende Angaben (Name, Sitz, Gründungsort und -datum) dem üblichen Standard. Doch nach einer formlosen Gründung ist ein solcher Nachweis in der Form des § 29 GBO, also durch öffentliche Urkunden, nicht mehr zu führen. Die Existenz der GbR so nachzuweisen, verlangt § 29 GBO aber auch gar nicht (*BGH* NJW 2011, 1958, 1960 Tz. 20 ff.) – weder grammatisch noch systematisch: Der 2009 eingefügte § 47 Abs. 2 GBO sollte grundbuchverfahrensrechtlich die Eintragung aller Gesellschafter zur bestimmten Bezeichnung des Berechtigten genügen lassen, da das dingliche Recht der Gesellschaft durch die Gesellschafter vermittelt (mediatisiert) wird (vgl. Fall 87).

*89. Veränderte Überschussverteilung

Depperl trifft sich jeden Dienstag um 20 Uhr mit acht alten Schulfreunden zum Kegeln im Ratskeller. Die Verlierer zahlen jeweils in eine Kegelkasse ein. Der Jahresüberschuss wurde früher beim Weihnachtskegeln an alle, seit nunmehr sieben Jahren aber beim Jahresausflug nur unter den daran teilnehmenden Schulfreunden verteilt. Depperl hatte sich trotzdem nie zur Teilnahme an der geselligen Veranstaltung motivieren können und bei der Auswertung der Urlaubsfilme meist schmollend in der Ecke gesessen. Beim Weihnachtskegeln verlangt er seinen diesjährigen Gewinnanteil in noch zu berechnender Höhe. Mit Recht?

Depperl verlangt, dass seine Kegelbrüder Bilanz, Bilanzgewinn und die vertragskonforme Gewinnverteilung feststellen. Erst dann entsteht sein Gewinnanspruch gegen die GbR. Durch Vertragsänderung könnte aber abweichend von den §§ 721, 722 BGB eine andere Art der Gewinnverwendung vereinbart sein. Eine besondere Nähe der Beteiligten (wöchentliches Treffen in kleiner Gruppe zu gemeinsamem Zweck) prägt den Empfängerhorizont und erlaubt m. E., den Rechtsbindungswillen aus einer Kette vertrauensstärkender Verhaltensweisen abzuleiten, die zwar nicht isoliert, aber doch in ihrer Summe als Willenserklärung verstanden werden können: Es genügt die erkennbare, vorbehalts- und widerspruchslose Hinnahme gelebter Regeln durch sämtliche Gesellschafter über einen längeren Zeitraum hinweg (vgl. *BGH* NJW 1966, 826, 827). Hier haben alle teilnehmenden Gesellschafter durch die Entgegennahme des erhöhten Anteils in den letzten Jahren den neuen Verteilungsschlüssel zulasten der abwesenden Mitgesellschafter mitgetragen. Depperl hat ohne zu widersprechen weiter regelmäßig mitgekegelt. So hat sich der Eindruck der anderen immer weiter verfestigt, dass auch er, wenn er verliert, bereit ist, nicht die Weihnachtsausschüttung, sondern die nächste Reise mitzufinanzieren. Nach spätestens drei Jahren durften sie das Weiterkegeln m. E. als Zustimmung zur Vertragsdurchbrechung für das jeweils laufende Jahr und für die vergangenen Jahre verstehen, nach circa weiteren drei Jahren als konkludente Zustimmung zur dauerhaften Anwendung des neuen Gewinnverteilungsschlüssels.

Bei dessen Auslegung ist sein Zweck zu beachten, zur Geselligkeit zu motivieren. Dieser Zweck steht der Benachteiligung Depperls nicht entgegen, da Depperl den Ausflügen weder krankheitsbedingt noch aus Termingründen, sondern aus freien Stücken fernblieb. – Wer sich mit dem vereinbarten Druckmittel nicht abfinden will, muss auf erneute Änderung des Gesellschaftsvertrages drängen oder ausscheiden.

6. Auflösung und Auseinandersetzung

90. Beendigung

Im Architekturbüro Merkan und Heuron kündigt Merkan die weitere Zusammenarbeit auf, weil er seinen wohlverdienten Ruhestand im Süden Frankreichs genießen möchte. Ist die Gesellschaft damit beendet?

Die Gesellschaft wird durch die Kündigung zunächst nur **aufgelöst.** Ihr Zweck ändert sich von dem einer werbenden zu dem einer „sterbenden" Gesellschaft: Ihr Vermögen ist zu verteilen (auseinanderzusetzen) und dazu in der Regel in Geld umzusetzen (zu liquidieren). Ist kein Insolvenzverfahren eröffnet, sind die Gesellschafter Herren des Abwicklungsverfahrens (§ 730 Abs. 1 BGB). Dabei ist der bisherige Gesellschaftszweck (z. B. Förderung des Gemeinwohls) m. E. weiterhin zu beachten (Tierschutzgesellschaft darf Kaninchen freilassen, statt es der Pharmaforschung zu verkaufen); anderes kann allenfalls in Insolvenznähe gelten. Die Gesellschafter werden die schwebenden Geschäfte beenden (§ 730 Abs. 2 BGB), die Gesellschaftsverbindlichkeiten begleichen (§ 733 Abs. 1 BGB) und sich die Einlagen wertmäßig erstatten (§ 733 Abs. 2 BGB). Reicht das Gesellschaftsvermögen hierfür nicht aus, werden sie Nachschüsse einfordern (§ 735 BGB), andernfalls den Überschuss unter sich verteilen (§ 734 BGB). Die Regelungen sind dispositiv. Erst nach Abschluss der Auseinandersetzung ist die Gesellschaft **beendet.**

*91. Lange Bindung

Der Gesellschaftsvertrag der „Anbaukreative Peter & Silie-GbR" ist durch Gesellschafterbeschluss in der Weise geändert worden, dass das Recht der ordentlichen Kündigung ausgeschlossen ist, der Gesellschaftsvertrag auf zehn Jahre fest abgeschlossen wird und sich, wenn die Gesellschaft zu diesem Zeitpunkt nicht aufgelöst wird, auf unbestimmte Zeit mit sechsmonatiger Kündigungsfrist zum Ende eines Geschäftsjahres verlängert. Hintergrund dieser Änderung ist zum einen, dass die Gesellschafter die Geschäfts- und Lagerräume auf die speziellen Bedürfnisse der GbR zuschneiden wollen und deshalb hohe Nachschüsse vereinbart haben, welche sich erst über einen längeren Zeitraum amortisieren. Zum anderen ist Peter bereits 55 Jahre alt und möchte seine berufliche Zukunft bis zum Rentenalter bei der schwierigen Lage am Arbeitsmarkt gesichert wissen. Ist eine solche Klausel wirksam?

Zur Orientierung: Nach § 723 Abs. 3 BGB kann das ordentliche Kündigungsrecht bei **unbefristet** eingegangenen Gesellschaftsverträgen weder ausgeschlossen noch – etwa durch zeitliche Beschränkungen – übermäßig erschwert werden. Zulässig ist jedoch nach § 723 Abs. 1 BGB der Abschluss eines befristeten oder bedingten Gesellschaftsvertrages. Dies verspricht den Beteiligten Sicherheit für ihre Berufstätigkeit und Gewinnchancen für ihre Investitionen. Auch Befristungsabreden finden aber ihre Grenze in §§ 723 Abs. 3, 134 BGB und § 138 BGB. Eine Befristung von über zehn Jahren ist unseres Erachtens grundsätzlich unzulässig, da dann bei

Vertragsschluss die Entwicklungen und damit die Auswirkungen auf die Gesellschafter unübersehbar sind.

§ 723 Abs. 3 BGB will verhindern, dass die persönliche und wirtschaftliche Betätigungsfreiheit durch eine ganz unüberschaubare Bindung unvertretbar eingeengt wird (vgl. BGH NZG 2007, 65 – Anwalts-GbR). Bis zur Kündigung können z. B. bereits zehn Jahre seit dem Vertragsschluss verstrichen sein. Wenn von der Kündigungserklärung an dann nochmals eine Kündigungsfrist von z. B. über drei Jahren abgewartet werden muss, ist die Bindung bei Vertragsschluss in der Regel unüberschaubar. Anders ist dies wohl, wenn eine längere Kündigungsfrist von z. B. fünf Jahren nur für Kündigungen in einem überschaubaren Zeitraum ab Vertragsschluss vereinbart wird. Soll z. B. die fünfjährige Kündigungsfrist nur für Kündigungserklärungen in den ersten fünf Jahren ab Vertragsschluss gelten und damit die erhöhte Bindung nach maximal zehn Jahren enden, dürfte das regelmäßig wirksam sein.

Zur Falllösung: Die Verlängerung des Gesellschaftsvertrages darf die danach zulässige Höchstdauer nicht überschreiten. Maßgebend sind hierbei die persönlichen und sachlichen Bedingungen des jeweiligen Zusammenschlusses, Art und Umfang des Geschäftsvolumens sowie andere Umstände des Einzelfalles. Gegen eine Befristung von zehn Jahren ist hier aufgrund der großen Investition und der entstehenden Sicherheit für die berufliche Zukunft des 55-jährigen Peter nichts einzuwenden.

Schrifttum: *Wiedemann* II, S. 268 ff.

*92. Tippgemeinschaft: Wem steht der Lottogewinn zu?

Die Arbeiter Alfons und Bert verkehren als Gäste in Gunnars Gastwirtschaft. Die drei kommen überein, gemeinsam im Lotto zu spielen. Jeder will sich mit 2,10 EUR wöchentlich beteiligen. Gunnar übernimmt es, bei der benachbarten Lottostelle wöchentlich im eigenen Namen für 6,30 EUR einen Tippschein auszufüllen. Bei ihren Besuchen erstatten Alfons und Bert vor der Ziehung, manchmal auch kurz danach, die für sie verauslagten Beträge.
Einige Monate spielen die drei ohne Erfolg. Dann erscheint Alfons nicht mehr in der Gastwirtschaft, weil er infolge von Arbeitslosigkeit in finanziellen Nöten ist. Sechs Wochen später – Gunnar hat weiterhin abredegemäß Tippscheine abgegeben – fällt ein Gewinn von 3 Mio. EUR an. Alfons hört davon, schickt Gunnar noch am selben Tag die restlichen 12,60 EUR und verlangt von ihm ein Drittel des Gewinns. Wird er hiermit Erfolg haben?

Der Anspruch auf ein Drittel des Gewinns könnte sich aus dem Gesellschaftsvertrag ergeben. Mit der Übereinkunft, gemeinsam im Lotto zu spielen, haben Alfons, Bert und Gunnar einen Gesellschaftsvertrag gemäß § 705 BGB abgeschlossen. Zwar wird es vielfach der Lebenserfahrung entsprechen, dass sich die Mitspieler einer Lottogemeinschaft jeweils nur *ad hoc* zu einem Einsatz verpflichten wollen. Im gegebenen Fall sprechen allerdings besondere Umstände dafür, dass die drei sich zur regelmäßigen Zahlung eines wöchentlichen Beitrages von 2,10 EUR gegenseitig verpflichteten: Nur Gunnar erwirbt je einen Lottoschein **im eigenen Namen** für alle gemeinsam; außerdem tritt er jeweils in Vorlage, indem er den vereinbarten Einsatz bei der Lottoannahmestelle einzahlt. Wäre eine wiederkehrende Verpflichtung der anderen nicht vereinbart gewesen, hätte Gunnar nicht erwarten können, seine Auslagen regelmäßig erstattet zu sehen, und er hätte sich auf diesen Verfahrensmodus nicht eingelassen.

Da Gunnar stets im eigenen Namen handeln sollte, sind eine Vertretung der Gesellschaft und die Entstehung von Gesamthandsvermögen nicht vorgesehen. Es handelt sich somit um eine vom Normaltypus der BGB-Gesellschaft abweichende **Innengesellschaft** (*BGH* NJW 1982, 99, 100; vgl. Fall 55 Var. c). Daher konnte Alfons den Gewinnverteilungsanspruch gemäß §§ 721, 722 BGB auch nicht gegen die Gesellschaft geltend machen, wohl aber gegen Gunnar: Da für jede Woche separat gezahlt wurde, gab es keinen Grund, Gewinne zu thesaurieren, vielmehr haben die drei wohl abweichend von § 721 BGB eine sofortige Gewinnausschüttung vereinbart. Alfons war auch zum Zeitpunkt des Lottogewinns noch Mitglied der Gesellschaft. Insbesondere kann in der bloßen Nichtzahlung nach der Lebenserfahrung keine Kündigung durch ihn gemäß §§ 723 Abs. 1, 736 BGB erblickt werden (vgl. für einen ähnlichen Fall *BGH* WM 1968, 376). Eine Kündigung ist auch nicht von Bert oder Gunnar erklärt worden. Da Gunnar in der gleichen Weise wie bisher einen Tippschein erwarb und ausfüllte, fehlt es schon an einer objektiven, äußerlich erkennbaren Konkretisierung des etwaigen Willens von Bert und Gunnar, die alte Gesellschaft zu beenden und eine neue zu gründen, die nur aus ihnen beiden als Mitgliedern bestände.

*93. Unterbeteiligung

Kommanditist Hafner hatte seinem Vetter mit Zustimmung der übrigen Gesellschafter eine 2/15 -Unterbeteiligung an seiner fortbestehenden Mitgliedschaft eingeräumt. Beide wollten sich über Hafners Verhalten in der KG jeweils absprechen; Hafner sollte im gemeinsamen Interesse handeln. Weiter heißt es: *„Die Kündigung des Unterbeteiligungsvertrages ist ausgeschlossen."* Auf Bitte seiner Frau kündigte Hafner die Unterbeteiligung dennoch und berief sich auf § 723 Abs. 3 BGB. Sein Vetter meint, es handele sich es um ein unkündbares treuhänderisches Auftragsverhältnis. Ist die Kündigung wirksam?

Die Kündigung ist wirksam, wenn ihr Ausschluss nach § 723 Abs. 3 BGB unwirksam ist, wenn also eine Gesellschaft vorliegt. In einem Treuhandverhältnis hingegen kann die Kündigungsmöglichkeit auf eine solche aus wichtigem Grund beschränkt werden (§ 671 BGB). Die Vereinbarung eines Treuhandverhältnisses bedarf wie eine Anteilsübertragung stets der Zustimmung der Mitgesellschafter. Sie liegt hier vor.

Dass der Vertrag von einer Unterbeteiligung spricht, also einer BGB-Innengesellschaft, ist nur ein Indiz. Konstitutiv für eine Gesellschaft ist nach § 705 BGB die Gemeinsamkeit des Zwecks. Der Zweck liegt hier darin, dass Hafner seinen Geschäftsanteil hält und pflegt, und daran haben **beide** ein Interesse. Nur wenn Hafner den Anteil ausschließlich im Interesse seines Vetters hielte, wäre in deren

Verhältnis der Zweck kein gemeinsamer und Hafner Treuhänder. Für die Gemeinsamkeit dieses Zwecks spricht, dass Hafner sein Verhalten in der KG mit seinem Vetter abstimmen muss und gerade nicht wie bei einem Treuhandverhältnis den Weisungen und Interessen des Vetters unterworfen ist. Also besteht eine Gesellschaft. Die ordentliche Kündigung konnte wegen § 723 Abs. 3 BGB nicht ausgeschlossen werden (vgl. *BGH* NJW 1994, 2886, 2887). Die Kündigung Hafners ist wirksam.

Schrifttum: *Tebben,* Unterbeteiligung und Treuhand an Gesellschaftsanteilen, 2000.

Kapitel 5. Offene Handelsgesellschaft

1. Gründung der Gesellschaft

94. Einzugsbereich

a) Wo liegt der wirtschaftliche Einzugsbereich der offenen Handelsgesellschaft?
b) Welche Bedeutung hat die gesetzliche Regelung der OHG?

Zu a) Die offene Handelsgesellschaft (OHG) war zusammen mit der Kommanditgesellschaft bis in die siebziger Jahre vorherrschende Rechtsform für das mittelständische Unternehmen. Ihr Schwerpunkt lag im Einzelhandel und im Dienstleistungsbereich sowie in der verarbeitenden Industrie. Dann wurde die OHG, weil unbeschränkte Gesellschafterhaftung abschreckt, mehr und mehr von der (GmbH & Co.) KG und von der GmbH zurückgedrängt. Immerhin gibt es auch heute noch Branchenführer (wie den Verlag C. H. Beck), die in Form der OHG durch mehrere Familienmitglieder betrieben werden.

Zu b) Unabhängig von der Verbreitung der OHG (2016 noch etwa 24 200) hat ihre Regelung in den §§ 105–160 HGB Bedeutung behalten, weil sie zum einen als Grundlage auch für die Organisation der KG (§ 161 Abs. 2 HGB) und für das Außenverhältnis der Partnerschaft (§ 7 PartGG), zum anderen als Vorbild für die Weiterentwicklung der BGB-Gesellschaft diente. Auf OHG-Recht verweist auch das deutsche Ausführungsgesetz zur EWIV-VO (vgl. Fall 485).

95. Abgrenzung zur GbR

Wie unterscheiden sich OHG und GbR in ihren Voraussetzungen?

Die OHG betreibt **objektiv** ein Handelsgewerbe i. S. d. § 1 HGB. Wenn sie eingetragen ist, genügen ein Kleingewerbe oder eine bloß vermögensverwaltende Tätigkeit (§ 105 HGB). Mischen sich gewerbliche und nichtgewerbliche (z. B. freiberufliche) Tätigkeiten, gibt der Tätigkeitsschwerpunkt den Ausschlag (vgl. auch Fall 78).

Der Zweck der OHG, heißt es in § 105 Abs. 1 HGB weiter, ist auf den Betrieb unter **gemeinschaftlicher** Firma gerichtet. Sollen also Gesellschafter nach interner Absprache nur im eigenen Namen handeln, liegt keine OHG vor, sondern eine Innen-GbR (Fälle 55 Var. c, 237).

96. Zusammenarbeit in der OHG

Auf welche Art der Zusammenarbeit ist die offene Handelsgesellschaft angelegt?

Die offene Handelsgesellschaft ist Mitunternehmer-, Arbeits- und Haftungsgemeinschaft: Die Gesellschafter setzen meist Kapital ein, führen ihr eigenes Unternehmen und tragen persönliche Verantwortung. Das motiviert sie, ihre Privatinteressen in wirtschaftlich schwierigen Zeiten zurückzustellen und auf Entnahmen zu verzichten. Die Identität von Kapitaleignern und Managern soll eine vertrauensvolle Zusammenarbeit begünstigen und eine Kontrolle der Geschäftsführung erübrigen (vgl. Fall 10).

Schrifttum: *Frey,* NZG 2004, 169, 170.

97. Erbengemeinschaft

Nach dem Tode des Kaufmanns Splitgerber führen seine beiden Söhne als alleinige Erben das Geschäft viele Jahre unter der bisherigen Firma fort. Ist eine offene Handelsgesellschaft entstanden?

Die Miterben könnten konkludent eine OHG gegründet und Erbschaftsgegenstände wie das Handelsgeschäft eingebracht haben. Der bloßen Fortführung des Handelsgeschäfts ist ein solcher Erklärungswert indes nicht zu entnehmen (BGHZ 92, 259, 262). Vielmehr können die Erben das Handelsgeschäft auch in Form der Erbengemeinschaft ohne zeitliche Grenze fortführen. §§ 2032 ff. BGB bleiben also anwendbar, auch wenn sie auf eine Unternehmensführung nicht zugeschnitten sind (z. B. gemeinschaftliche Verwaltung statt Einzelvertretung, Auseinandersetzung statt kündigungsbedingten Ausscheidens, nur vorkaufsbelastete statt zustimmungsbedürftiger Anteilsübertragung). Unternehmensführung ist Verwaltungsmaßnahme i. S. d. §§ 2038 Abs. 2, 745 BGB. Nach Ablauf der Drei-Monats-Frist des § 27 Abs. 2 HGB haften die Erben für Alt- und Neuschulden des Geschäfts persönlich und unbeschränkt.

Schrifttum: *Dauner-Lieb,* Unternehmen im Sondervermögen, 1998, S. 464 ff.

98. Entstehungszeitpunkt

Fugger und Welser vereinbaren, unter gemeinsamer Firma einen Lebensmittelgroßhandel zu betreiben. Zur Vorbereitung mieten sie Büro- und Lagerräume und stellen eine Sekretärin ein. Beide sind der Ansicht, es handele sich noch um eine GbR, da sich die Gesellschaft im Entwicklungsstadium befinde. Ins Handelsregister einzutragen sei sie deshalb noch nicht. Haben sie Recht?

Nein. Die OHG entsteht gemäß § 123 Abs. 2 HGB nach Abschluss des Gesellschaftsvertrages mit Geschäftsbeginn. Das Gewerbe muss den Umfang eines Handelsgewerbes noch nicht erreicht haben. Es genügt, wenn der Betrieb des gemeinsamen Unternehmens von vornherein auf den Umfang eines kaufmännischen Unternehmens angelegt ist, die alsbaldige Entwicklung zu einem Großbetrieb bevorsteht und die Vorbereitung desselben durch Rechtsgeschäfte oder geschäftsähnliche Handlungen nach außen begonnen wurde (vgl. BGHZ 10, 91, 96; 32, 307,

311). Fugger und Welser müssen ihre OHG deshalb gemäß §§ 106, 108 HGB umgehend zur Eintragung in das Handelsregister anmelden und so dem Informationsinteresse des Rechtsverkehrs Rechnung tragen.

*99. Wann benötigen Minderjährige das Familiengericht?

Der minderjährige Otto Fugger ist Gesellschafter einer OHG. Fritz Splitgerber soll als neuer Gesellschafter in das Geschäft eintreten und eine überseeische Niederlassung aufbauen und leiten. Der entsprechenden Änderung des Gesellschaftsvertrages will auch Fuggers Vormund zustimmen. Bedarf er dazu einer Genehmigung des Familiengerichts?

Minderjährige benötigen – selbst wenn sie nur Kommanditist werden wollen – eine familiengerichtliche Genehmigung zum Beteiligungserwerb (§ 1822 Nr. 3 Alt. 1 BGB) und zur eigenen Aufnahme in eine bestehende Erwerbsgesellschaft und zu deren Gründung (Alt. 2), also nur, wenn der Minderjährige die Gesellschaft „eingeht" und seine Beteiligung, wie § 1823 Alt. 1 BGB es sagt, „beginnt". Das Familiengericht prüft also lediglich einmal, ob der Vormund zur Verwaltung des Beteiligungsbesitzes persönlich geeignet und sachlich befähigt ist (BGHZ 38, 26). Wer über den Wortlaut hinaus jede oder jede wesentliche Änderung des (in anderer Form genehmigten) Gesellschaftsvertrages für genehmigungsbedürftig hält, läuft Gefahr, den – gefährlichen – Betrieb der Handelsgesellschaft insgesamt unter Vormundschaft zu stellen oder die Praxis zu verunsichern.

100. Eintragung im Handelsregister

Die Kaufleute Friedrich und Welser wollen in Augsburg eine offene Handelsgesellschaft gründen. Sie vereinbaren im schriftlichen Gesellschaftsvertrag unter anderem, Friedrich solle seine beiden Grundstücke und Welser 200 000 EUR einlegen. Sie beantragen dann beim Registergericht die Eintragung. Wird der Rechtspfleger eintragen?

Nein. Die Publizitätsfunktion des Handelsregisters (§§ 8, 9 HGB) erfordert vor Eintragung eine Prüfung: Der Gesellschaftsvertrag der OHG ist zwar als solcher formfrei gültig. Ist indes ein Gesellschafter vertraglich verpflichtet, Grundstückseigentum an die Gesellschaft zu übertragen, so bedarf der Gesellschaftsvertrag nach § 311b Abs. 1 BGB notarieller Beurkundung; ein schriftlicher Vertrag genügt also nicht. – Zur Formfreiheit der Übertragung von Mitgliedschaftsrechten an Grundstücksgesellschaften siehe Fall 87.

101. Zwei Gesamthandsgemeinschaften

Zu Splitgerbers Nachlass gehört ein Einzelhandelsgrundstück in der Fußgängerzone. Die Miterben lassen sich als Eigentümer in ungeteilter Erbengemeinschaft in das Grundbuch eintragen. Ein Jahr später verabreden sie, das

ererbte Handelsgeschäft nebst Grundstück dauerhaft als OHG fortzuführen. Jeder legte 10 000 EUR ein; Eigentümer seien sie ja schon. Die OHG wird im Handelsregister eingetragen. Die Miterben und jetzigen Gesellschafter beantragen später, das Grundbuch zu berichtigen und sie, die Eigentümer, jetzt als OHG zu bezeichnen. Wird der Rechtspfleger dem Antrag stattgeben?

Nein. Das Grundbuch ist i. S. d. § 22 GBO nicht unrichtig, da das Eigentum an dem Grundstück noch nicht auf die OHG übergegangen ist. Zwar sind Miterbengemeinschaft und neu entstandene OHG personengleich und das Grundstück stand auch schon bisher im Gesamthandseigentum der Gesellschafter. Bei den beiden Gruppen handelt es sich aber um **verschiedene** Gesamthandsgemeinschaften und Sondervermögensmassen. Deshalb muss das Grundstück durch Auflassung und Eintragung von der Miterbengemeinschaft auf die OHG erst noch übertragen werden. Grundlegend: RGZ 136, 402.

2. Fehlerhafte Gesellschaft

102. Wie lange kann man Gesellschaftsverträge anfechten?

Wilma und Fred schließen sich zusammen, um alte Navigationsgeräte zu recyceln. Noch bevor der Betrieb aufgenommen oder vorbereitet worden ist, muss Fred feststellen, dass Wilma entgegen ihren Zusicherungen vermögenslos ist und von der Staatsanwaltschaft wegen Diebstahls verfolgt wird. Fred ficht den Gesellschaftsvertrag an. Ist das möglich?

Die Anfechtung eines Gesellschaftsvertrages führt nach §§ 142, 119 ff. BGB zur anfänglichen Nichtigkeit. Dass die Organisation dann nie existiert hat, ist wegen des entstandenen Vertrauens für Gläubiger und Mitgesellschafter oft nicht hinnehmbar; das Bereicherungsrecht führt nicht selten zu ungerechten Ergebnissen (siehe näher Fall 103). Wollte man individuell entscheiden, für wen die Nichtigkeitsfolge inwieweit reduziert werden muss, entstehen Abgrenzungsprobleme und eine praktisch nicht handhabbare relative Unwirksamkeit der Gesellschaft. Deshalb wird die Nichtigkeitsfolge rechtsfortbildend immer schon dann ignoriert, wenn die Organisation in Vollzug gesetzt ist. **„Vollzug"** bedeutet, dass ein Drittgeschäft geschlossen oder die OHG in das Handelsregister eingetragen oder eine Einlage erbracht ist, manche lassen gar eine interne Beschlussfassung genügen. Nichts dergleichen ist hier geschehen, eine Anfechtung nach §§ 119 Abs. 2 und 123 BGB also noch möglich.

Schrifttum: *Kummer,* JURA 2006, 330.

103. Gründungsfehler – verlorene Jahre?

Fred bereitet nun seit Jahren zusammen mit Arnold die alten Navigationsgeräte auf. Jetzt stellt sich heraus, dass die beiden sich infolge eines Bezugnahmefehlers im Gesellschaftsvertrag in einem wichtigen Punkt tatsächlich nicht geeinigt hatten. Fred verweist auf § 155 BGB, spricht von „verlorenen

Jahren" und sucht sich „mangels Gesellschaft" eine neue Tätigkeit. Wie ist die Rechtslage und warum weicht man vom Gesetzesrecht ab?

Hier ist Vollzug eingetreten, die Gesellschaft ist deshalb weder von Anfang an nichtig noch rückabzuwickeln; sie ist weiterhin wirksam. Gründungsfehler dürfen grundsätzlich nicht oder nur in einem bestimmten Verfahren geltend gemacht werden. Das ergibt sich für Kapitalgesellschaften aus dem Gesetz (§§ 75–77 GmbHG, §§ 275–277 AktG; vgl. auch § 20 Abs. 2 UmwG), für Personengesellschaften aus dem Richterrecht.

Gesellschaftsverträge sind nämlich nicht nur schuld-, sondern auch **organisationsrechtliche Verträge,** sodass auf einfache Austauschverhältnisse ausgerichtete Normen nicht passen: Eine Vermögensgemeinschaft, die womöglich über Jahre bestanden hat, lässt sich nicht mehr handhabbar nach den §§ 812 ff., 179 BGB oder nach den Regeln über das Eigentümer-Besitzer-Verhältnis für die Vergangenheit abwickeln. Wer etwa Dienstleistungen erbracht hat, die nicht mehr nachweisbar, bewertbar oder nützlich sind, darf durch § 818 Abs. 3 BGB nicht schlechter gestellt werden als vereinbart. Die Verteilung von Gewinnen und Verlusten und die Auseinandersetzung muss sich nach dem Gesetz vollziehen, nach dem die Parteien angetreten sind, hier also nach den §§ 145 ff., 155 HGB. Vor allem aber haben die Gläubiger ein schutzwürdiges Interesse daran, dass das auch bei einer fehlerhaften Gesellschaft vorhandene Gesellschaftsvermögen als **Sondervermögen** behandelt wird und ihnen nach dem Gedanken des § 733 BGB als Vollstreckungsobjekt zur Verfügung steht. Anderenfalls stünden gerade Vertragspartner oft mit leeren Händen da: Sie könnten sich zwar analog § 179 BGB an den Vertreter der nicht existenten OHG halten; doch würden sie analog § 179 Abs. 3 BGB leer ausgehen, wenn sie den Fehler der OHG leicht fahrlässig verkannt haben.

Die Lehre von der fehlerhaften Gesellschaft gilt auch für fehlerhafte Strukturänderungen, etwa für fehlerhafte Kapitalerhöhungen, Unternehmensverträge, Vertragsänderungen, Eintritts- und Austrittserklärungen. Im Arbeitsrecht gilt entsprechend die Lehre vom fehlerhaften Arbeitsverhältnis.

104. Voraussetzungen der fehlerhaften Gesellschaft

Welche Voraussetzungen der fehlerhaften Gesellschaft sind in Fällen wie den beiden vorangegangenen zu prüfen?

Die allgemeinen **Voraussetzungen** der fehlerhaften Gesellschaft sind, dass

(1.) ein Gesellschaftsvertrag **geschlossen** wurde,

(2.) welcher an einem **Fehler** leidet, der nach allgemeinem Recht zur Unwirksamkeit des gesamten Vertrages führt. Neben der Anfechtbarkeit oder der Beteiligung von Minderjährigen können Formverstöße oder Dissens in Betracht kommen. Zumeist wird die Unwirksamkeit durch salvatorische Klauseln (§§ 139, 140 oder 311b Abs. 1 Satz 2 BGB) verhindert. Möglich ist auch eine Heilung nach § 311b Abs. 1 Satz 2 BGB oder durch Bestätigung gemäß § 144 BGB.

(3.) Die Gesellschaft wurde mit Zustimmung oder unter Duldung aller Beteiligten in **Vollzug** gesetzt und

(4.) es stehen keine höherrangigen Schutzinteressen entgegen. Dazu gehören der Minderjährigenschutz oder besondere öffentliche Interessen, nicht aber etwa der durch das Widerrufsrecht gemäß § 312 BGB angestrebte Verbraucherschutz.

Zu den **Rechtsfolgen** gehört, dass die Gesellschaft weder *ex tunc* noch *ex nunc* nichtig ist; auch eine Anfechtungserklärung zeitigt keine Rechtsfolgen. Die Gesellschaft muss nach den – für jede Gesellschaftsart eigenständigen – Regeln der Auflösung und Abwicklung behandelt werden. So bildet der Fehler meist einen wichtigen Grund, der es erlaubt, sich durch Auflösungsklage (§ 133 HGB), der die Liquidation folgt, langsam von den Fesseln der Mitgliedschaft zu befreien. Nichtigkeitsfolgen werden freilich nicht generell aufgehoben: Wer mündlich eine Grundstückseinlage verspricht, ist dazu nach §§ 311b Abs. 1, 125 BGB nicht verpflichtet, wohl aber Gesellschafter. Wenn weder die Auslegung noch der Gang zum Notar zu einer Einlagepflicht führt, wird der Gesellschafter mit einer Auflösungsklage rechnen müssen.

105. Alternativen zur Auflösungsklage?

Wilma und Fred (vgl. Fall 102) hatten den Betrieb schon aufgenommen, als Fred bemerkte, dass Wilma ihn arglistig getäuscht hatte. Fred sind die Auflösungsklage und Abwicklung zu langwierig, zumal er seiner OHG nach § 112 HGB solange keinen Wettbewerb machen darf, wie er Gesellschafter ist und die OHG ihr Geschäft – und sei es in Liquidation – weiterführt. Hat er Alternativen?

Statt der Auflösungsklage (§ 133 HGB) kann Fred erstens eine Ausschlussklage nach § 140 HGB erheben (vgl. Fall 154). Er kann das Unternehmen dann übernehmen und als Einzelkaufmann fortführen. Fred kann zweitens nach den §§ 132, 131 Abs. 3 Satz 1 Nr. 3 HGB eine ordentliche (Austritts-)Kündigung erklären – mit der Frist von sechs Monaten zum Geschäftsjahresende. Dies ist gegenüber der Auflösungs- oder Übernahmeklage allerdings nicht empfehlenswert, wenn die Abfindungsansprüche im Gesellschaftsvertrag gegenüber § 738 BGB eingeschränkt sind (vgl. Fall 157). Da Fred diese Kündigungsfrist hier unzumutbar ist, hat er drittens nach § 314 BGB das unverzichtbare Recht, außerordentlich und fristlos zu kündigen. Dann wird sich die Gesellschaft auf Abfindungsbeschränkungen nicht berufen dürfen (§ 242 BGB).

*106. Hackordnung der Betrogenen

Schubert ist persönlich haftender Gesellschafter einer Kommanditgesellschaft, die sich mit der Gewinnung synthetischer Diamanten befasst. Nachdem Schubert den Gesellschaftern wahrheitswidrig mitteilt, dass die Synthese geglückt und der erste künstliche Diamant hergestellt sei, vereinbart Konrad mit den Gesellschaftern seine Aufnahme als Kommanditist mit einer Einlage

von 10 000 EUR. Außer ihm werden fünf weitere Kommanditisten mit gleich hoher Einlage aufgenommen. Konrad wird daraufhin als Kommanditist in das Handelsregister eingetragen. Als er den Betrug entdeckt wird, haben zwei der anderen Kommanditisten ihre Einlage bereits erbracht, die KG aber hat kein Geld zur Rückzahlung.
Hätte eine Klage
a) eines Gesellschaftsgläubigers,
b) der Gesellschaft selbst (wegen der offenen Einlage)
gegen Konrad Aussicht auf Erfolg?

Spätestens mit der Eintragung im Handelsregister wurde der fehlerhafte Beitritt hier in Vollzug gesetzt. Nach den für die fehlerhafte Gesellschaft geltenden Rechtsgrundsätzen ist Konrad also Gesellschafter der KG geworden und eine Anfechtung nicht mehr möglich.

Zu a) Daher haftet Konrad den Gesellschaftsgläubigern nach den §§ 128, 171 HGB. Unter mehreren gleich Unschuldigen stehen die Gläubiger der Ursache ferner: Mit Täuschung und Irrtum haben sie nichts zu tun.

Zu b) Gegenüber der Gesellschaft ist durch den Beitritt die Pflicht zur Einlageerbringung entstanden. Löst Konrad sich durch Auflösungsklage oder gegebenenfalls durch außerordentliche (Austritts-)Kündigung von der Gesellschaft (vgl. auch Fall 232), kann er die Zahlung unter Berufung auf die Arglisteinrede **verweigern,** weil die Leistung im Wesentlichen dem Täuschenden selbst zugutekommen würde. Er muss aber dennoch zahlen, wenn die Einforderung wie hier dazu dient, im Rahmen der Liquidation der Gesellschaft die bereits eingetretenen Vermögensverluste auf alle Opfer des Betrügers wenigstens gleichmäßig zu verteilen (vgl. BGHZ 26, 330 – künstliche Diamanten).

107. Minderjährige in fehlerhafter Gesellschaft?

Die Marketingspezialisten Fred und Arnold gründen mit dem 16-jährigen Computerfreak Zackerburg, der durch seine bürokratiefeindlichen Eltern vertreten wird, die FAZ Software OHG. Die OHG wird in das Handelsregister eingetragen und die Eintragung bekannt gemacht. Nach Geschäftsbeginn kauft Zackerburg im Namen der OHG bei der Tele GmbH eine Telefonanlage. Da die OHG der Zahlungsaufforderung nicht nachkommt, verklagt die Tele GmbH die OHG und die drei Gesellschafter auf Kaufpreiszahlung.
a) Wird sie mit der Klage gegen Zackerburg durchdringen?
b) Wird sie mit der Klage gegen die OHG, Fred und Arnold durchdringen?

Zu a) Zackerburg ist gemäß § 128 HGB zur Zahlung nur verpflichtet, wenn er Gesellschafter der OHG geworden ist. Mangels familiengerichtlicher Genehmigung nach §§ 1643 Abs. 1, 1822 Nr. 3, 1829 BGB ist seine Beitrittserklärung unwirksam. Auf § 15 Abs. 3 HGB kann sich die Tele GmbH nicht berufen, da die Eintragung einem Minderjährigen nicht zurechenbar ist.

Die OHG könnte dennoch nach den Grundsätzen der fehlerhaften Gesellschaft als bestehend zu behandeln sein. Vorliegend wurde ein (nach § 139 BGB insgesamt) unwirksamer Gesellschaftsvertrag geschlossen und die Gesellschaft mit Zustimmung der Gesellschafter durch die Eintragung und den Kauf der Telefonanlage in Vollzug gesetzt. Jedoch hindern die höherrangigen Schutzanliegen der §§ 1643 Abs. 1, 1822 Nr. 3 BGB die Anerkennung als fehlerhafte Gesellschaft.

Manche meinen, der Minderjährige sei dennoch Gesellschafter mit allen Gewinnansprüchen, hafte aber nicht. Doch wollen die §§ 106 ff. BGB vor rechtlich nicht lediglich vorteilhaften Geschäften bewahren, nicht aber dem Minderjährigen innerhalb desselben Vertrages nur die Vorteile und dem Vertragspartner alle Nachteile zukommen lassen. Zackerburg ist somit nicht Gesellschafter geworden und haftet nach beiden Ansichten nicht nach § 128 HGB (BGHZ 17, 160, 168; *BGH* NJW 1983, 748; auch bei Zustimmung des Familiengerichts bliebe ihm die Haftungsbeschränkung aus § 1629a Abs. 1 BGB).

Zu b) Hinsichtlich der volljährigen Gesellschafter steht der Anerkennung des tatsächlich geschaffenen Zustandes kein vorrangiges Schutzbedürfnis entgegen, sodass insoweit eine fehlerhafte Gesellschaft entstanden ist. (Eine fehlerfreie Rumpfgesellschaft zwischen Fred und Arnold hätte die gleichen Haftungsfolgen, scheidet nach § 139 BGB aber aus, weil die Volljährigen auf Zackerburgs Computerkenntnisse angewiesen waren.)

Um die OHG wirksam zur Kaufpreiszahlung zu verpflichten, brauchte Zackerburg nach § 164 Abs. 1 BGB Vertretungsmacht. Zwar ist er kein Gesellschafter, doch darauf kann sich die OHG nach § 15 Abs. 3 HGB nicht berufen. Insofern hat der 16-Jährige also organschaftliche Vertretungsmacht nach § 125 HGB. Um diese auszuüben, benötigen Minderjährige die Zustimmung ihrer gesetzlichen Vertreter, wenn sie nach § 128 HGB für die Folgen haften könnten. Da Zackerburg nicht haftet (siehe oben a), war sein Vertreterhandeln ein nach § 165 BGB erlaubtes neutrales Geschäft. Die Klage wird also Erfolg haben.

3. Rechtsverhältnisse zwischen den Gesellschaftern

108. Im Sinne des Wortes: Eine Personengesellschaft

Hansemann und Splitgerber gründen eine OHG. Hansemann verführt die Ehefrau Splitgerbers. Der erhebt eine Gestaltungsklage auf Auflösung der Gesellschaft. Mit Recht?

Der Fall ist alt, das Thema zeitlos (vgl. ROHGE 24 (1879), 308). Nähe fordert Rücksicht. Verfehlungen bilden einen wichtigen Grund i. S. d. § 133 Abs. 1 HGB, wenn sie den geschäftlichen Bereich der Gesellschaft unmittelbar schädigen oder sich unmittelbar gegen den persönlichen Lebensbereich des Mitgesellschafters richten und so die ihm gebührende Achtung schwerwiegend verletzen (vgl. BGHZ 4, 108, 114). So liegt es auch hier: Durch seinen Ehebruch hat Hansemann bewusst den persönlichen Lebensbereich Splitgerbers und das gegenseitige Vertrauensverhältnis schwerwiegend gestört – in einer personalistischen Gesellschaft (vgl. Fall 5 Var. c) ein wichtiger Grund, der zur Auflösungsklage berechtigt.

109. Inhaltskontrolle bei Personengesellschaften

In welchem Umfang hat sich eine richterliche Inhaltskontrolle von Gesellschaftsverträgen im Personengesellschaftsrecht durchgesetzt?

a) Nach § 310 Abs. 4 BGB können die auf Austauschverträge gerichteten §§ 305 ff. BGB für eine Inhaltskontrolle nicht herangezogen werden. Zum Schutz der Anlagegesellschafter wird aber seit BGHZ 64, 238, 241 ff. eine richterliche Inhaltskontrolle gemäß § 242 BGB für die Statuten von **Publikums-Kommanditgesellschaften** durchgeführt. Die Initiatoren bieten einem unbestimmten und in keiner persönlichen Verbindung stehenden Personenkreis Gesellschaftsverträge an, deren Inhalt wie bei Allgemeinen Geschäftsbedingungen vorformuliert ist: Einseitig gestaltete Vertragsbedingungen führen erfahrungsgemäß zu keinem angemessenen Interessenausgleich. Die Entwicklung folgt hier dem Aktienrecht, wo seit dem 19. Jahrhundert der Schutz des nicht informierten Kapitalanlegers – dort in Form zwingenden Gesetzesrechts – Anerkennung gefunden hat (vgl. auch Fall 229 a. E.).

b) Bei **anderen Personengesellschaften** beschränkt sich die Rechtsprechung darauf, einzelne Klauseln gegebenenfalls für nichtig zu erklären, z. B.
- vertragliche Wettbewerbsbeschränkungen nach § 138 BGB oder § 1 GWB i. V. m. § 134 BGB;
- einseitige Hinauswurfklauseln und Abfindungsabreden nach § 138 BGB; wurden sie wirksam vereinbart, kann es später treuwidrig sein, sie auszunutzen (Ausübungskontrolle nach § 242 BGB).

Schrifttum: *Hey,* Freie Gestaltung in Gesellschaftsverträgen und ihre Schranken, 2004, § 17; *Wiedemann* II, S. 130 ff.

110. Hinauskündigungsklauseln

Der noch unerfahrene Hans Splitgerber erbt ein Unternehmen mit sieben Angestellten. Bis er sich eingearbeitet hat, so vereinbart er mit dem bisherigen Prokuristen Reinhard Mohn, sollen beide das Geschäft gemeinsam betreiben. Man hebt Mohns Arbeitsvertrag schriftlich auf und schließt einen Gesellschaftsvertrag, in welchem sich Hans Splitgerber vorbehält, das Unternehmen jederzeit, spätestens aber nach drei Jahren, allein weiterführen zu können. Reinhard Mohn soll neben seiner Gesellschafterstellung ein erhöhtes Gehalt von monatlich 10 000 EUR erhalten.
Nach zwei Jahren möchte Hans Splitgerber das Geschäft allein weiterführen. Er kündigt deshalb das Gesellschaftsverhältnis zum Jahresende. Mohn, dem trotz vorbildlicher Zusammenarbeit noch nicht einmal eine Weiterbeschäftigung als Prokurist angeboten wird, hält die Kündigung gesellschafts- und arbeitsrechtlich für unwirksam. Ist ihm zu einer Klage zu raten?

Nein. Weder ein ordentliches noch ein Arbeitsgericht würde Mohn helfen.

a) Personengesellschafter dürfen ihr Verhältnis zueinander frei ausgestalten; vgl. hier § 109 HGB. Sie dürfen etwa einen Mitarbeiter formal als Mitgesellschafter aufnehmen, ihn im Innenverhältnis aber weiterhin nur mit den Rechten eines **angestellten Geschäftsführers** ausstatten: mit festem Gehaltsanspruch, ohne Stimmrecht in der Gesellschafterversammlung und ohne Kapitalanteil. Einen Mitgesellschafter ohne sachlichen Grund auszuschließen, kann aber jedenfalls nicht auf Dauer erlaubt werden; solche Klauseln verstoßen gegen § 138 BGB. Denn der betroffene Gesellschafter soll seine Mitgliedsrechte frei ausüben (vgl. BGHZ 105, 213, 216 f.). Ihn einem ständigem Disziplinierungsmittel („Damoklesschwert") auszusetzen, kann nur vorübergehend gerechtfertigt sein: So liegt es etwa, wenn kraft Testaments einer von zwei Gesellschaftererben den anderen hinauskündigen darf (*BGH* NJW-RR 2007, 913), wenn ein Mitgesellschafter für wenige Jahre auf Probe aufgenommen wird (vgl. *BGH* NJW 2004, 2013 zum Ausschluss aus einer Ärztesozietät) oder einem Manager für die Zeit seiner Geschäftsführerstellung eine Minderheitsbeteiligung eingeräumt wird (*BGH* NZG 2005, 968 – Managermodell).

Die im Gesellschaftsvertrag vorausgesetzte Einarbeitung des Erben stellt also einen ausreichenden Grund zur Vereinbarung eines Kündigungsrechts dar. Davon hat Hans Splitgerber auch nicht treuwidrig Gebrauch gemacht.

b) Auf die arbeitsrechtlichen Regelungen zum Kündigungsschutz kann sich Mohn als organschaftlicher Vertreter der OHG gemäß § 14 Abs. 1 Nr. 2 KSchG nicht berufen. Ohne eine organschaftliche Vertretungsmacht käme es darauf an, ob Mohn Arbeitnehmer ist, also aufgrund eines privatrechtlichen Vertrages unselbstständige, fremdbestimmte Dienstleistungen zu erbringen hat. Aus der Gesellschafterstellung an sich resultiert jedenfalls keine Fremdbestimmtheit. Arbeitnehmerschutz für Gesellschafter ist deshalb eine seltene Ausnahme. Oben wird die Luft dünner!

111. Klage durch nicht vertretungsberechtigte Gesellschafter

In der Kühnle, Kopp & Kausch OHG ist Kühnle einziger Geschäftsführer und Vertreter. Bei der Überprüfung des Jahresabschlusses stellt der Mitgesellschafter Kausch fest, dass Kühnle 50 000 EUR für private Zwecke abgezweigt hat. Von Kausch zur Rede gestellt, entgegnet Kühnle, er betrachte dies als eine überfällige Gehaltserhöhung für seine Geschäftsführungsarbeit; er werde im kommenden Rechnungsjahr dieselbe Summe verlangen und eine Rückzahlung komme nicht in Frage. Darauf erhebt Kausch Klage auf Rückzahlung an die OHG. Kühnle ist der Ansicht, dass es hier schon an der Klagebefugnis fehle, weil nur er – Kühnle – die Gesellschaft vor Gericht vertreten könne. Hat er Recht?

Gegen Kühnle hat die OHG Ansprüche aus §§ 280 Abs. 1, 812 Abs. 1 Satz 1 Alt. 2, 826 und 823 Abs. 2 BGB i. V. m. § 266 StGB. Diese Ansprüche kann Kausch mangels Vertretungsmacht nicht namens der OHG geltend machen. Er kann nur im eigenen Namen auf Leistung an die OHG klagen. Diese Hilfszuständigkeit (gesetzliche Prozessstandschaft; str.) ist seit den Tagen des Reichsoberhandelsgerichts (ROHGE 5, 386, 390) gewohnheitsrechtlich anerkannt: Nicht vertretungsberechtigte Gesellschafter können im Wege der sog. ***actio pro socio*** (Klage als Gesellschafter) Ansprüche der Sozietät gegen einen Mitgesellschafter auf Erfüllung seiner Mitgliedspflichten durchsetzen. Zu diesen **Sozialansprüchen** gehören etwa auch Beitragsforderungen und Ersatzansprüche wegen der Verletzung des Wettbewerbsverbots. Kausch ist also prozessführungsbefugt; Kühnle hat Unrecht.

Beachte: Die *actio pro socio* erlaubt es nicht, Ansprüche der Gesellschaft **gegen Dritte** zu verfolgen. Das ist Sache der Geschäftsführung; will sie ihre Kompetenzen überschreiten, sollte man eine vorbeugende Unterlassungsklage zulassen.

Schrifttum: *Ulrich/Jäckel,* NZG 2009, 1132.

112. Abwehr der *actio pro socio* durch Anspruchsverzicht

Nachdem Kausch seine Klage erhoben hat, wird in der Gesellschafterversammlung mit den Stimmen von Kühnle und Kopp gegen den Widerspruch von Kausch beschlossen, dass die OHG auf etwa bestehende Ersatzansprüche gegenüber Kühnle verzichte. Wie sind Gesellschafterbeschluss und Klage zu beurteilen?

Die Beschlussverkündung enthält ein Angebot der OHG. Kühnle nahm es an. Wenn dieser Verzichtsvertrag (§ 397 BGB) wirksam ist, erlischt der Sozialanspruch gegen Kühnle; dem zulässig klagenden Kausch verbleibt dann etwa eine einseitige Erledigungserklärung. Da der Verzicht auf Erstattungsansprüche kein Akt der Geschäftsführung ist, bedurfte es, soweit der Gesellschaftsvertrag nicht Abweichendes regelt, gemäß § 119 Abs. 1 HGB der Einstimmigkeit. Daran fehlt es. Darüber hinaus durfte sich Kühnle als Richter in eigener Sache nicht an der Abstimmung beteiligen. Dieser Rechtsgedanke kommt auch in § 47 Abs. 4 GmbHG, § 136 Abs. 1 AktG zum Ausdruck. Der Beschluss wurde also nicht wirksam gefasst und die Klage wird erfolgreich sein.

113. Gehaltserhöhung für den Geschäftsführer

Wie hätte der Geschäftsführer Kühnle korrekt eine ihm angebracht erscheinende Gehaltserhöhung erreichen können?

Die Geschäftsführertätigkeit wird in Personengesellschaften in aller Regel nicht kraft Dienst-, sondern kraft Gesellschaftsvertrages geschuldet, selbst wenn dort nichts geregelt ist; §§ 706 Abs. 3, 709 BGB. Deshalb scheiden Ansprüche auf Vergütung nach § 612 Abs. 1 BGB ebenso aus wie unter dem Gesichtspunkt des Aufwendungsersatzes (§§ 713, 670 BGB). Geschäftsführer finden den Lohn für ihre Tätigkeit in der vereinbarten Gewinnbeteiligung; § 120 HGB. Vereinbarte Vergütungen sind im Zweifel ein Gewinnvoraus. Eine vom Gewinn unabhängige Vergütung verschiebt die Verluste in der GmbH auf die Gläubiger, in der OHG hingegen auf die Mitgesellschafter (§ 735 BGB). Letzteres ist meist nicht gewollt.

Wenn Kühnle mehr will, benötigt er einen anderen Gesellschaftsvertrag und dazu einen Beschluss der Gesellschafterversammlung. Zur Zustimmung sind die übrigen Gesellschafter kraft ihrer Treuepflicht nur ausnahmsweise verpflichtet (vgl. *BGH* WM 1977, 1140), wenn Kühnle nämlich nachweisen kann, dass sein gegenwärtiges Gehalt außer Verhältnis zu Umfang und Erfolg seiner Geschäftsführertätigkeit steht.

114. Wann haften Mitgesellschafter für Sozialverpflichtungen?

Hansemann, Splitgerber und Wollank sind Gesellschafter einer OHG. Hansemann ist nach dem Gesellschaftsvertrag allein geschäftsführungs- und vertretungsberechtigt. Er macht nun gegen seine Mitgesellschafter ein rückständiges Monatsgehalt sowie ihm entstandene Reisekosten geltend. Die Betroffenen wenden ein, als Mitgesellschafter würden sie lediglich den Gesellschaftsgläubigern haften. Mit Recht?

Hansemann hat zwar einen Anspruch auf Ersatz von Aufwendungen gemäß § 110 Abs. 1 HGB. Er kann außerdem entsprechend dem Gesellschaftsvertrag ein Geschäftsführergehalt fordern (Sozialverpflichtung). Allerdings haftet für derartige Ansprüche eines Gesellschafters nach ganz h. A. nur die Gesellschaft selbst, nicht etwa haften nach § 128 HGB auch die Mitgesellschafter. Denn § 110 Abs. 1 HGB würde sonst entgegen § 707 BGB, § 105 Abs. 3 HGB vor Auflösung der OHG zu einer Nachschusspflicht führen (BGHZ 37, 299, 301). Die Verzögerung des Ausgleichs bis zur Schlussabrechnung (vgl. Fall 176) mahnt den Geschäftsführenden, der die Krise zuerst bemerken sollte, zur Vorsicht und zur umgehenden Frage an die Mitgesellschafter, ob sie bei leerer Gesellschaftskasse zu seinen Gunsten Nachschüsse leisten wollen. Schließlich ist der Titelüberschrift vor §§ 123 ff. HGB zu entnehmen, dass der folgende Abschnitt nur das Rechtsverhältnis der OHG zu Dritten regelt; krit. *Grunewald,* S. 113; *Wiedemann* II, S. 237 f.

115. Regress nach Begleichung von Drittgläubigerforderungen

Wie wäre es, wenn Splitgerber auf Verlangen der Stadt rückständige Gewerbesteuer der Gesellschaft gezahlt hat und Ersatz verlangt von
a) der OHG
b) Mitgesellschafter Wollank?

Zu a) Ein Anspruch auf vollen Regress kommt nur gegen die Gesellschaft in Betracht und dann aus § 110 HGB (bei einer GbR wären §§ 713, 670 BGB Anspruchsgrundlage). Zu ersetzen sind jeweils Aufwendungen, also freiwillige Vermögensopfer. Freiwillig heißt ohne Verpflichtung. Hier geht es, wie auch die Titelüberschrift vor § 109 HGB zeigt, um Verpflichtungen im **Innenverhältnis.** Die Entscheidungsfrage lautet also nicht etwa: Konnte die Stadt aus § 128 HGB, sondern: Konnte die OHG kraft Gesellschaftsvertrages verlangen, dass Splitgerber an die Stadt zahlt? Dafür gibt es keinen Anhaltspunkt: Schulden zu erfüllen ist Sache des Schuldners, der mehr weiß und die Liquidität vorhalten muss, während der Gesellschafter seiner Gesellschaft zu Einlagen, nicht aber zu Nachschüssen verpflichtet ist (§ 707 BGB, § 105 Abs. 3 HGB). Die Zahlung war also Aufwendung. Wenn Splitgerber sie für erforderlich halten durfte, wovon auszugehen ist, kann er von der OHG Ersatz verlangen.

Zu b) Gegen Mitgesellschafter kommt ein anteiliger Regress *(pro rata)* aus § 426 BGB in Betracht (vgl. Fall 142). Denn Mitgesellschafter sind nach § 128 HGB untereinander Gesamtschuldner. Der sofortige Ausgleich ist hier gerecht, weil die Inanspruchnahme jeden Teilhaber hätte treffen können. Auch der Grundsatz des § 707 BGB steht nicht entgegen, da die Erstattungspflicht im Verhältnis unter den Gesellschaftern die **mittelbare** Folge der unbeschränkten persönlichen Haftung gegenüber den Gesellschaftsgläubigern darstellt (vgl. BGHZ 37, 299, 302). Die Mitgesamtschuldner haften freilich nur **subsidiär:** Wegen der Treuepflicht darf den Regress nur fordern, wer von der Gesellschaft keine Befriedigung erlangen kann. Dazu genügt es, wenn die Gesellschaft trotz Aufforderung nicht zahlt.

116. Zweck des Wettbewerbsverbotes

a) Was ist die *ratio legis* der für alle Geschäftsführer von Handelsgesellschaften geltenden Wettbewerbsverbote?
b) Welchen Umfang hat das Wettbewerbsverbot nach § 112 HGB?
c) Was versteht man unter der „Geschäftschancenlehre"?

Zu a) Das für die Geschäftsführer aller Handelsgesellschaften geltende Wettbewerbsverbot (vgl. § 88 Abs. 1 AktG) zählt in der Ökonomie zu den Regeln der *Principal-Agent*-Doktrin: Vorhersehbare Interessenkollisionen des oft besser informierten und eigennützigen Agenten sollen nach Möglichkeit im Keim erstickt werden. Das Wettbewerbsverbot ist damit typischer Bestandteil der **Loyalitätspflichten** eines treuhänderischen Vermögensverwalters.

Zu b) § 112 Abs. 1 HGB untersagt das Geschäftemachen im Handelszweig der Gesellschaft sowie die Beteiligung an einer anderen gleichartigen Personenhandelsgesellschaft. Formal geht es um die Doppelstellung als persönlich haftender Gesellschafter, dem Zweck der §§ 112, 165 HGB nach hingegen um doppelten Einfluss. Deshalb unterliegt auch der einflussreiche Kommanditist mit Geschäftsführungsbefugnis dem Verbot, nicht aber ein persönlich haftender Gesellschafter, dessen Geschäftsführungsbefugnis und dessen Kontrollrecht aus § 118 HGB ausgeschlossen sind. Das Wettbewerbsverbot gilt zeitlich nur für die Dauer der Mitgliedschaft und ist auf den sachlich und räumlich relevanten Markt begrenzt. Engagement auf anderen Märkten ist also erlaubt.

Zu c) Nach der im US-amerikanischen Gesellschaftsrecht entwickelten *Corporate-Opportunity*-Doktrin darf ein Geschäftsführer aufgrund seiner Treuepflicht überdies Geschäftschancen, die dem Unternehmen zur Verfügung stehen, nicht privat ausnutzen, sie also nicht „auf seine eigene Mühle" umleiten; vgl. den Deutschen Corporate Governance Kodex 4.3.3; *BGH* WM 1985, 1443 f. (GmbH) und 1444 f. (OHG); *BGH* NZG 2013, 216 (GbR).

*117. Wettbewerbsverbot und Kartellrecht

Steht das Wettbewerbsverbot des persönlich haftenden Gesellschafters einer handelsrechtlichen Personengesellschaft nach § 112 HGB nicht in Widerspruch zu der zwingenden Vorschrift des § 1 GWB?

Nach dem Kartellverbot des § 1 GWB i. V. m. § 134 BGB (bzw. Art. 101 AEUV) sind wettbewerbsbeschränkende Vereinbarungen zwischen aktuellen oder potentiellen Wettbewerbern unwirksam. Andererseits statuiert § 112 HGB ein Wettbewerbsverbot, welches jedenfalls gegenüber dem geschäftsführenden Gesellschafter zum Erhalt der Funktionsfähigkeit der OHG notwendig ist. Dieser vom Gesetzgeber nicht gelöste Konflikt kann nicht generell zugunsten des Gesellschaftsrechts oder des Kartellverbots, sondern nur durch Abwägung im Einzelfall gelöst werden. Nach ständiger Rechtsprechung (BGHZ 38, 306, 308; 70, 331, 336) tritt die Anwendung des § 1 GWB zurück, wenn die Wettbewerbsbeschränkungen zur Durchführung eines an sich zulässigen kartellrechtsneutralen Vertrages erforderlich sind und nicht über das unbedingt notwendige Maß hinausgehen (sog. **Immanenztheorie**).

*118. Einfluss auf konkurrierende Gesellschaften

Splitgerber betreibt mit Eden in Berlin das Brigitte-Busoni-Kino (OHG; vorwiegend *Sex and Crime*). Später übernimmt eine KG, an der Splitgerber als Komplementär beteiligt ist, das in Berlin gelegene Topless-Theater, das Filme gleicher Art und Güte uraufführt. Die OHG ist der Ansicht, dass ihr ein Eintrittsrecht in die von Splitgerber mit seiner Beteiligung an der KG erzielten Geschäfte zusteht. Hat sie Recht?

Das Eintrittsrecht der OHG kann sich aus § 113 HGB ergeben. Die Beteiligung Splitbergers auch an der KG verstößt gegen § 112 Abs. 1 Alt. 2 HGB. Dass der OHG nach § 113 HGB statt des Ersatzes eines (u. U. schwer nachzuweisenden) Schadens auch ein Eintrittsrecht zusteht, wurde nach § 113 Abs. 1 Hs. 2 HGB in Zweifel gezogen: Er gewährt das Eintrittsrecht bei „für eigene Rechnung gemachten“ Geschäften des Gesellschafters, während § 112 Abs. 1 HGB zwischen „Geschäfte machen“ und der hier vorliegenden Beteiligung an gleichartigen Handelsgesellschaften als persönlich haftender Gesellschafter unterscheidet. Die hinter dem Wettbewerbsverbot stehende Treuepflicht ist aber in gleicher Schwere verletzt, wenn der Gesellschafter im Wege der Einflussnahme auf eine andere Gesellschaft verbotswidrige Geschäfte betreibt; auch sie sollen unattraktiv sein, selbst wenn ihr Vorteil die mutmaßliche Schadensersatzpflicht übersteigt. Das rechtfertigt eine weite Auslegung des § 113 HGB. Seit dem Bonbonniere-Urteil (BGHZ 38, 306) ist deshalb anerkannt, dass es sich bei der Beteiligung an einer anderen Gesellschaft nur um einen speziellen Fall des „Geschäfte machen“ handelt.

119. Eintrittsrecht

Welche Rechtsfolgen hat es, wenn die OHG nach § 113 Abs. 1 HGB in Geschäfte eines Gesellschafters eintritt, die er auf eigene Rechnung geschlossen hat?

Die Ausübung des Eintrittsrechts führt nicht dazu, dass die Gesellschaft Vertragspartner oder selbst Mitglied der Konkurrenzgesellschaft wird. Es sind lediglich die

Vorteile, insbesondere der Gewinn herauszugeben, aber wohl nur, soweit der aus jenem Markt stammt, in dem er mit seiner Gesellschaft konkurriert.

Beachte: Wird Schadensersatz gewählt, gibt es nach § 113 HGB keine Gewinnherausgabe und dann auch keinen Anspruch aus § 687 Abs. 2 BGB. Andere Rechtsfolgen – etwa Unterlassungspflichten – können aber kumulativ geltend gemacht werden.

120. Geschäftsführung und Vertretung

Hat jeder Gesellschafter einer offenen Handelsgesellschaft, sofern im Gesellschaftsvertrag nichts Gegenteiliges vereinbart ist,
a) Geschäftsführungsbefugnis und Vertretungsmacht?
b) Wie unterscheiden sich beide?

Zu a) Gemäß den §§ 114 Abs. 1, 115 Abs. 1, 125 Abs. 1 HGB ist zur Geschäftsführung und Vertretung jeder Gesellschafter allein berechtigt; nach § 161 Abs. 2 HGB gilt dies auch für Komplementäre einer KG (vgl. auch Fall 15).

Zu b) Geschäftsführung und Vertretung betreffen beide die **Unternehmensführung** und oft dieselbe Handlung. Sie regeln sie aber unter verschiedenen Blickwinkeln: Die Geschäftsführungsbefugnis bestimmt den Umfang, in dem der Geschäftsführende im Innenverhältnis zuständig sein soll und damit auf den Rechtskreis der Gesellschaft einwirken **darf.** Die Vertretungsbefugnis bestimmt dagegen im Außenverhältnis den Umfang, in dem er Rechte und Pflichten der Gesellschaft begründen **kann.** Die Vertretungsmacht geht über die Geschäftsführungsbefugnis hinaus, wenn der Geschäftsführende im Innenverhältnis weniger darf, als seine nach § 126 Abs. 2 HGB unbeschränkbare Vertretungsmacht zulässt. Umgekehrt erfasst die Geschäftsführung auch Handlungen, die keine Willenserklärung gegenüber Dritten erfordern, z. B. die gesellschaftsinterne Organisation, die Buchführung, die Produktionsleitung und Werbegespräche mit Dritten.

121. Keine Sache der Geschäftsführung

Welche Handlungen gehören nicht zur – befugten und unbefugten – Geschäftsführung?

Nicht zur Geschäftsführung i. S. d. §§ 114 ff. HGB gehören
- Änderungen des Gesellschaftsvertrages (etwa die Erhöhung oder Herabsetzung der Beiträge oder eine Änderung der Firma),
- Entscheidungen, die der Gesellschaftsvertrag vorsieht, aber nicht der Geschäftsführung zuweist und
- Entscheidungen, die den Gesellschaftsvertrag nicht ändern, aber doch die **Grundlagen der Gesellschaft** betreffen, also Entscheidungen, die
  - die Struktur der Gesellschaft dauerhaft ändern (etwa der Abschluss eines Unternehmensvertrages (vgl. Fall 434), oder die Veräußerung des gesamten Gesellschaftsvermögens) oder

– das rechtliche Verhältnis der Gesellschafter untereinander und zur Gesellschaft gestalten (z. B. wiederkehrende Maßnahmen wie die Entlastung der Geschäftsführung oder die Feststellung der Bilanz; vgl. Fall 129).

Schrifttum: *Schulze-Osterloh,* FS Hadding, 2004, S. 637 ff.

122. Reichweite der Geschäftsführungsbefugnis

Zu welchen Geschäften berechtigt die Geschäftsführungsbefugnis?

Jeder einzelgeschäftsführungsbefugte Gesellschafter ist nach § 116 Abs. 1 HGB gegenständlich zu allen Handlungen befugt, die der **gewöhnliche** Betrieb des Handelsgewerbes der Gesellschaft mit sich bringt. Zur Vornahme von Handlungen, die darüber hinausgehen, ist gemäß § 116 Abs. 2 HGB ein Beschluss sämtlicher Gesellschafter erforderlich. Die Vorschrift enthält dispositives Recht. Die Gesellschafter können deshalb vorsehen, dass auch der gewöhnliche Geschäftsbetrieb in dem einen oder anderen Punkt der Zustimmung der Gesellschafterversammlung bedarf oder dass umgekehrt eine Zustimmung für außergewöhnliche Geschäfte entbehrlich ist. Die Vertretungsmacht wird durch die Überschreitung der Geschäftsführungsbefugnis grundsätzlich nicht berührt. Der Geschäftsführer kann auch zu Grundlagenentscheidungen ermächtigt werden (Aufnahme neuer Mitgesellschafter), wenn sie nicht den Kernbereich der Mitgliedschaft betreffen (Beitragserhöhung ohne objektivierbare Kriterien; vgl. Fall 65).

123. Innenwirkung des Widerspruchs

Schnell und Sicher sind Gesellschafter einer OHG, die ein Fuhrunternehmen betreibt. Gegen den Widerspruch Sichers kauft Schnell zwei ausrangierte Transport-Helikopter bei der Bundeswehr, um eine Lufttransportabteilung aufzubauen.
a) Sicher meint, er hafte nicht, weil er dem Kauf widersprochen habe. Hat er Recht?
b) Das Helikoptergeschäft erweist sich als ein Fehlschlag. Welche Folgen hat das Geschäft für den Gesellschafter Schnell?
c) Um den Verlust zu decken, entschließt sich Schnell, einen Pkw des Geschäfts zu verkaufen. Sicher widerspricht abermals, weil er gerade dieses Fahrzeug regelmäßig zu privaten Zwecken brauche. Darf Schnell die geplante Maßnahme durchführen?

Zu a) Nein. Sicher haftet nach § 128 HGB neben der OHG, die Schnell nach §§ 125 Abs. 1, 126 Abs. 2 HGB wirksam vertreten hat. Im Interesse des Verkehrsschutzes ist es unbeachtlich, dass Schnell gemäß § 115 Abs. 1 Hs. 2 HGB die Helikopter nicht hätte kaufen dürfen (vgl. Fall 71).

Zu b) Wer einem zulässigen Widerspruch zuwider handelt, überschreitet er seine Geschäftsführungsbefugnis und verletzt seine Pflichten aus dem Gesellschaftsvertrag. Er haftet nach § 280 Abs. 1 BGB, soweit der Gesellschaft ein nachweisbarer

Schaden entstanden ist. Schnells Verhalten kann außerdem einen wichtigen Grund i. S. d. §§ 117, 127, 133 oder 140 HGB darstellen.

Zu c) Ja. Als Ausfluss der Geschäftsführungsbefugnis dient auch das Widerspruchsrecht den Gesellschaftsinteressen. Ein ermessensfehlerhaft erhobener Widerspruch ist wirkungslos und unbeachtlich.

Schrifttum: *Wiedemann* II, S. 337 f.

124. Abberufung eines Geschäftsführers

a) Gesellschafter der offenen Handelsgesellschaft „Lanz & Co." sind Lanz, Fahr und Stülcken. Stülcken ist zu einer ordentlichen Geschäftsführung nicht mehr imstande. Können ihm die anderen Teilhaber die Befugnis dazu durch Mehrheitsbeschluss entziehen?
b) Was ist der Grund der Regelung im HGB?
c) Ist die Entziehung der Geschäftsführungsbefugnis in HGB und BGB gleich geregelt?

Zu a) Nein. Die übrigen Gesellschafter müssten nach § 117 HGB gemeinsam gegen den pflichtvergessenen oder unfähigen Gesellschafter vor dem Landgericht – Kammer für Handelssachen (§ 95 Abs. 1 Nr. 4 Buchst. a GVG) – Klage erheben mit dem Antrag, ihm die Befugnis zur Geschäftsführung zu entziehen. Entsprechendes gilt nach § 127 HGB für die Entziehung der Vertretungsmacht. Im Prozess sind Lanz und Fahr notwendige Streitgenossen (§ 62 ZPO).

Zu b) Der geschäftsführende Gesellschafter der OHG soll geschützt werden; die Geschäftsführung ist sein Beruf. Außerdem erhöht die Aufrechterhaltung der Rechtslage bis zum Gestaltungsurteil die Rechtssicherheit.

Zu c) Nein. Für die BGB-Gesellschaft lässt § 712 BGB einen Beschluss der übrigen Gesellschafter genügen.

125. Informationsrechte

Stülcken ist inzwischen von der Geschäftsführung ausgeschlossen. Kann er weiterhin Einsicht in die Handelsbücher und Papiere verlangen?

Ja. Stülckens Informationsrecht ergibt sich aus § 118 HGB. Der Anspruch auf Einsicht richtet sich in erster Linie gegen die Gesellschaft. Er kann aber auch direkt gegen den geschäftsführenden Mitgesellschafter geltend gemacht werden, der ihn ohnehin zu erfüllen hat.

126. Dritteinfluss auf interne Entscheidungen

Nicht selten führt die Krise eines Unternehmens in wirtschaftliche Abhängigkeit von Kredit- oder Auftraggebern. So ging es der Kühnle, Kopp & Kausch

OHG: Sie kämpft ums Überleben, weil ihre Druckstoffe vorübergehend aus der Mode gekommen waren. Kostensteigerungen bei Farbstoffen, Personal und Finanzierung konnten durch Rationalisierungen nicht voll ausgeglichen werden.
Die Stadtsparkasse ist bereit, die weitere Existenz der OHG zu sichern, verlangt dazu aber Einfluss durch Änderungen im Gesellschaftsvertrag: Ein Vertreter der Stadtsparkasse soll bei allen Gesellschafterversammlungen anwesend und mitspracheberechtigt sein; Geschäftsführer- und Prokuristenposten sollen nur mit Zustimmung der Sparkasse besetzt werden dürfen, die außerdem berechtigt sein soll, das Rechnungswesen der Gesellschaft zu überprüfen und notwendige Auskünfte einzuholen. Schließlich wird ein Katalog grundlegender Geschäfte aufgestellt, die nur im Benehmen mit der Stadtsparkasse durchgeführt werden sollen. Bestehen Bedenken gegen die geschilderten Kreditbedingungen?

Es ist zwischen gesellschaftsrechtlich (organschaftlich) und schuldrechtlich begründeten Befugnissen außenstehender Dritter zu unterscheiden:

a) Die Änderung des Statuts kann bei keiner Gesellschaftsform von der Zustimmung Dritter abhängig gemacht werden. Im Interesse der Verbandsautonomie ist bei der Personengesellschaft aber auch die Begründung sonstiger echter **gesellschaftlicher** Rechte für Dritte ohne Organstellung abzulehnen. Die Gesellschafter können sich in dem ihre eigene Organisation gestaltenden Vertrag nicht auf Rechte und Pflichten von Dritten außerhalb dieser Organisation festlegen und wollen dies im Zweifel auch nicht. Zu dem Fall, dass die Stadtsparkasse ihren Einfluss durch ihr abzutretende Stimm- und Kontrollrechte der Gesellschafter sichern möchte (vgl. Fall 86).

b) Hingegen sind **schuldrechtliche** Absprachen nicht zu beanstanden, in welchen sich die Gesellschaft als solche z. B. verpflichtet, wichtige Sach- oder Personalentscheidungen nur unter Abstimmung mit einem Kreditinstitut durchzuführen und diesem weitreichende Einsichts- und Auskunftsrechte zu gewähren. Innerhalb der Gesellschaftsorganisation selbst wirken die Abreden hingegen nur mittelbar: Die Gesellschafter können anders entscheiden, die schuldhafte Verletzung derartiger vertraglicher Pflichten kann aber zu Schadensersatzansprüchen führen. Nach § 138 BGB unwirksam sind die Klauseln erst, wenn sie in ihrer Gesamtheit zur existentiellen Abhängigkeit des Unternehmens führen oder – wie andere sagen – sachlich nicht gerechtfertigt sind. Der Einfluss der Sparkasse ist angesichts ihres Ausfallrisikos hier gerechtfertigt.

*127. Dritteinfluss durch Beirat oder Stimmbindung

Kann die Stadtsparkasse ihre Ziele erreichen, wenn
a) in der Personengesellschaft ein Beirat errichtet wird, in dem sie mehrheitlich beteiligt ist?
b) mit der Stadtsparkasse ein Stimmbindungsvertrag zustande kommt, der ihr in dem gewünschten Umfang ein Weisungsrecht an einzelne oder alle Gesellschafter einräumt?

Zu a) Durch Gesellschaftsvertrag können die Gesellschafter ihre OHG mit einem Beirat ausstatten (und jederzeit wieder abschaffen) und ihn kraft **Verbandssouveränität** auch mit außenstehenden Dritten besetzen. Mangels Interessenparallelität dieser Dritten muss die Zuständigkeit des Beirats freilich begrenzt sein, insbesondere darf er nicht in den Kernbereich der Gesellschafterrechte eingreifen (vgl. Fall 65); Zentralorgan bleibt stets die Gesellschafterversammlung, die auf ihre Verantwortung für die Gesellschaft nicht verzichten kann. Der Beirat ist **Gesellschaftsorgan** und seine Mitglieder sind deshalb **alle** verpflichtet, das Gesellschaftsinteresse zu fördern und sich bei Interessenkonflikten notfalls der Stimme zu enthalten. Diese Alternative ist damit für die Sparkasse nur begrenzt attraktiv.

Zu b) Im allseitigen Einverständnis der Personengesellschafter können sie Stimmbindungsverträge mit Dritten eingehen. Sie haben aber keine verdrängende Wirkung; der Gesellschafter bleibt mit anderen Worten selbst zur Abstimmung berechtigt und verpflichtet und hat dabei die Interessen der OHG und der Mitgesellschafter zu berücksichtigen. Auch dies führt also zu keiner für das Kreditinstitut befriedigenden Lösung: Wer nicht Gesellschafter wird, soll nur begrenzten Einfluss haben.

Zur Möglichkeit, einen Betriebsführungsvertrag abzuschließen, vgl. *BGH* NJW 1982, 1817 – Holiday Inn (KG).

*128. Beiratseinführung durch Mehrheitsbeschluss

Gegen die Stimme Kopps beschließt die Gesellschafterversammlung, den Gesellschaftsvertrag zu ändern und einen Beirat einzuführen. Er besteht aus je einem Bankdirektor, Wirtschaftsprüfer und Rechtsanwalt; wichtige Geschäftsführungsmaßnahmen bedürfen seiner Zustimmung. Laut Gesellschaftsvertrag ist die Mehrheit der abgegebenen Stimmen maßgebend. Ist der Beirat eingeführt?

Im Personengesellschaftsrecht gilt der Grundsatz der Einstimmigkeit. § 709 Abs. 1 BGB, § 119 Abs. 1 HGB sind zwar dispositiv. Doch ändert das nichts daran, dass Eingriffe in den Kernbereich einer Mitgliedschaft der Zustimmung jedes Betroffenen bedürfen (Kernbereichslehre; vgl. Fall 65). Hier soll der Beirat die Geschäftsführung kontrollieren und beschränken. Der Beschluss greift mithin in das mit der Mitgliedschaft in einer OHG verbundene (Kern-)Recht Kopps auf Teilnahme an der Geschäftsführung (§ 114 Abs. 1 HGB) ein. Dem stimmte Kopp jedenfalls nicht ausdrücklich zu. Fraglich ist aber, ob seine Zustimmung zur allgemeinen Mehrheitsklausel im Gesellschaftsvertrag als vorweggenommene Zustimmung zu bestimmten Mehrheitsentscheidungen auszulegen ist. So liegt es, wenn der konkrete Eingriff schon bei Vereinbarung der Mehrheitsklausel vorhersehbar war. Dafür spricht hier nichts. Kopp hat nicht zugestimmt und der Beirat ist nicht eingeführt.

***129. Zuständigkeit für die Bilanz**

Wer muss in der Personenhandelsgesellschaft die Bilanz
a) aufstellen,
b) feststellen und
c) unterzeichnen?

Die Frage der Bilanzierungszuständigkeit hat der Gesetzgeber für die OHG und KG ausgespart (vgl. § 120 HGB).

Zu a) Die **Aufstellung** der Bilanz (§ 242 HGB) hat rechtlich nur die Bedeutung eines Bilanzentwurfs, der von den geschäftsführenden Gesellschaftern vorzubereiten ist. Eine Abschlussprüfung ist nicht vorgesehen (§ 316 HGB).

Zu b) Mit der **Feststellung** wird die Bilanz für die Gesellschaft und ihre Mitglieder **verbindlich.** Die Gesellschafter erkennen hierdurch untereinander an, dass die Bilanz für die Ermittlung und Verteilung des Gewinnes oder Verlustes und alle übrigen sich anschließenden Rechtsfolgen maßgebend sein soll. Die Feststellung ist ein Grundlagengeschäft (vgl. Fall 121), an dem im Hinblick auf ihren Gewinnanspruch und ihre Außenhaftung in einer KG auch die Kommanditisten beteiligt werden müssen (vgl. BGHZ 132, 263, 266). In die Zuständigkeit der Gesellschafterversammlung fallen danach alle Bilanzierungsentscheidungen, die der Sache nach Ergebnisverwendungen sind. Eine Einschränkung dieses Mitwirkungsrechtes im Gesellschaftsvertrag ist in den Grenzen der Kernbereichslehre (vgl. Fall 65) möglich.

Zu c) Unterzeichnen müssen bei der OHG und KG alle persönlich haftenden Gesellschafter (§ 245 Satz 2 HGB).

Schrifttum: *Hopt,* FS Odersky, 1996, S. 799.

130. Kapitalanteil

Im März 2015 beschlossen die Gesellschafter der Oehler & Sohn OHG, dass der Kapitalanteil Oehlers zum Schluss des Geschäftsjahres 2014 nach Zuschreibung der Gewinnanteile für 2014 genau 100 000 EUR und der seines Sohnes 50 000 EUR beträgt. Ihr Entnahmerecht haben die Gesellschafter seitdem nicht ausgeübt. Der im April 2016 festgestellte Jahresabschluss für das Jahr 2015 weist aufgrund der schwierigen Marktlage einen Gewinn der OHG von nur 3 000 EUR aus.
a) In welchen Fällen knüpft das Gesetz an den „Kapitalanteil" an und welche Folgen hat dies für Oehler und seinen Sohn?
b) Was versteht man unter dem „Kapitalanteil" des Gesellschafters in der OHG/KG?
c) Sind die Gesellschafter bei der Bewertung der Einlagen frei?

Zu a) (1.) Soweit der Jahresgewinn ausreicht, erhöhen sich die Kapitalanteile um eine Vordividende von je 4 %. Der übrige Gewinn wird – ebenso wie ein Verlust – nach Köpfen auf die Kapitalanteile der Gesellschafter verteilt (§ 121 HGB).

Die 3 000 EUR Gewinn genügen hier nur für die Hälfte der vorgesehenen Vordividende (4 000 EUR + 2 000 EUR). Die Kapitalanteile von Vater und Sohn erhöhen sich für das Geschäftsjahr 2015 also um 2 000 EUR und 1 000 EUR auf 102 000 EUR und 51 000 EUR.

(2.) Unabhängig von der Lage der OHG, insbesondere von Existenz und Höhe eines Jahresgewinns, kann jeder Gesellschafter einen unterhaltssichernden Betrag von bis zu 4 % des zuletzt festgestellten Kapitalanteils jederzeit aus der Gesellschaftskasse entnehmen; § 122 HGB. Das sind für Oehler 4 080 EUR und für seinen Sohn 2 040 EUR. Wären die für das Vorjahr festgestellten Gewinnanteile höher, könnte ein Gesellschafter auch den Mehrbetrag jederzeit entnehmen, soweit das der OHG nicht ersichtlich schadet. Macht einer von ihnen sein Entnahmerecht nicht geltend, erlischt es mit Feststellung des nächsten Jahresabschlusses. Weitergehende Entnahmen erfordern die Einwilligung des jeweils anderen Gesellschafters. Jede Entnahme mindert den entsprechenden Kapitalanteil (§ 120 Abs. 2 HGB).

(3.) Nach dem Verhältnis der endgültigen Kapitalanteile ist der Liquidationserlös zu verteilen (§ 155 HGB). Oft werden bei der Abwicklung der OHG stille Reserven aufgedeckt. So entsteht ein Buchgewinn, der die Kapitalanteile in der Schlussbilanz und damit die Auskehrung an die Gesellschafter erhöht (§ 120 Abs. 2 HGB).

Zu b) Der „Kapitalanteil" ist im HGB nicht definiert, aber vorausgesetzt. Die Kapitalanteile der Personenhandelsgesellschafter sind **Rechnungsziffern,** welche buchungstechnisch für jeden Gesellschafter einzeln in sog. Kapitalkonten geführt werden. Deren Höhe wird zunächst auf der Basis der jeweiligen Vermögenseinlagen berechnet. Bilanzrechtlich bilden alle Kapitalanteile zusammen das Eigenkapital. Das Gesetz sieht **veränderliche** Kapitalanteile vor. Diese sollen sich durch Gewinnanteile und neue Einlagen vergrößern, durch Teilnahme an Verlusten und Entnahmen vermindern (§ 120 Abs. 2 HGB). Die Kapitalanteile verändern sich daher ständig ohne Änderung des Gesellschaftsvertrages.

In Abgrenzung zum **Gesellschaftsanteil** (Summe aller mitgliedschaftlichen Rechte), stellt der Kapitalanteil kein subjektives Recht dar, über welches verfügt oder welches verpfändet werden könnte, und gewährt als solcher keine Ansprüche auf Gewinn- oder Verlustbeteiligung einzelner Teilhaber.

Zu c) Im Gesellschaftsvertrag können die Gesellschafter ihre Kapitalanteile als Rechnungsgröße ihrer internen Beziehungen frei bestimmen. In der Handelsbilanz hingegen sind sie an Bewertungsvorschriften gebunden, insbesondere an §§ 252 ff. HGB. Verbuchbar sind danach ins Gesellschaftsvermögen übertragene Geld- und Sacheinlagen, nicht jedoch Gebrauchsüberlassungen und Dienstleistungen. Einlagen dürfen nicht überbewertet und nicht willkürlich unterbewertet werden (§ 253 Abs. 4 HGB). Die strafbewehrte Bilanzierungspflicht dient ausschließlich der Selbstkontrolle, Dritte haben grundsätzlich keinen Anspruch auf Einsicht.

Schrifttum: *Huber,* Vermögensanteil, Kapitalanteil und Gesellschaftsanteil an Personengesellschaften des Handelsrechts, 1970.

131. Kapitalkonten

Die Gebrüder Grimm wollen eine OHG gründen. Ihr Anwalt schlägt unter anderem folgende gesellschaftsvertragliche Klausel vor:
„§ 4 Einlagen. Der Gesellschafter Heinrich Grimm bringt in die Gesellschaft eine Druckmaschine ein. Der Wert dieser Einlage wird auf 200 000 EUR festgesetzt. Der Gesellschafter Friedrich Grimm leistet eine Einlage von 200 000 EUR in Geld. Die Einlagen bilden feste Kapitalanteile der Gesellschafter."
Die Brüder fragen, welchen Vorteil die vom Gesetz abweichende Vereinbarung fester Kapitalanteile bietet.

Das Gesetz sieht veränderliche Kapitalanteile vor. Mit dieser Richtgröße ändert sich ständig der Umfang anknüpfender Rechte, etwa der Gewinnbeteiligung. Das ist unerwünscht. Die Vertragspraxis arbeitet daher zur Vereinfachung mit festen Kapitalanteilen, um daran anknüpfend einen festen Verteilungsschlüssel für die Vermögensrechte, wie die Gewinn- und Verlustverteilung und Entnahme- und Abfindungsrechte zu haben. Auch für das Stimmrecht wird häufig – abweichend von der gesetzlichen Regelung des § 119 Abs. 2 HGB, die eine Abstimmung nach Köpfen vorsieht – ein an den jeweiligen festen Kapitalanteil anknüpfendes, festes Stimmenverhältnis vereinbart. Der feste Kapitalanteil wird üblicherweise im sog. **Kapitalkonto I** verbucht. Seine Änderung ändert den Gesellschaftsvertrag, muss also einstimmig und bei einer Mehrheitsklausel mit Zustimmung der benachteiligten Gesellschafter erfolgen (vgl. Fall 65). Die Gesellschafter können ihre Kapitalanteile durch Geldbeträge (oft Einlagenbewertungen) oder auch durch feste Quoten bestimmen.

Über ein daneben geführtes variables „Kapitalkonto II" werden nicht entnahmefähige Gewinne, Verluste und weitere Einlagen verbucht, sodass sie auf das für das Stimmrecht und andere Rechtsbeziehungen relevante Kapitalkonto I keinen Einfluss haben. Entnahmefähige Gewinne, Entnahmen sowie Forderungen und Verpflichtungen aus Drittgeschäften des Gesellschafters mit der Gesellschaft werden über ein Privat-(Forderungs)konto verbucht (Dreikontenmodell). So werden entnahmefähige Gewinne separiert und können später ohne gesonderte Prüfung entnommen werden.

Die Vordividende von 4 % und die Schlussverteilung nach § 155 HGB werden in der Regel anhand der Summe der **Beteiligungskonten I und II** bestimmt. Das motiviert, im Gewinnverwendungsbeschluss bestimmte Geldbeträge einiger oder aller Gesellschafter auf deren stimmrechtsloses Kapitalkonto II zu buchen, also für nicht entnahmefähig zu erklären.

Schrifttum: *U. Huber,* ZGR 1988, 1; *Wiedemann,* FS Odersky, 1996, S. 925, 932 ff.

132. Negativer Kapitalanteil

a) Was versteht man unter einem negativen Kapitalanteil?
b) Welche Folgen hat ein solcher negativer Kapitalanteil?

Zu a) Ein Kapitalanteil wird negativ (passiv), wenn Verluste oder Entnahmen, die vom Kapitalkonto abgeschrieben werden, den dort gebuchten Einlagewert übersteigen.

Zu b) Auch in schlechten Jahren darf ein Gesellschafter 4 % entnehmen (§ 122 Abs. 1 HGB). Die 4 % beziehen sich auf den für das letzte Geschäftsjahr festgestellten Kapitalanteil. Ist er null oder negativ, entfällt die Vordividende. An den Verwaltungsrechten ändert sich dagegen nichts. Und zunächst entsteht auch noch keine Nachschusspflicht des Gesellschafters. Erst im Falle einer mit Verlust durchgeführten Liquidation zeigt der dann endgültig negative Kapitalanteil an, wie viel der Gesellschafter im Innenverhältnis von den Schulden zu tragen hat (§ 105 Abs. 3 HGB, § 735 BGB). Zur Tilgung kann er an die Mitgesellschafter mit aktiven Kapitalanteilen oder an die Gläubiger zahlen.

4. Rechtsverhältnisse der Gesellschafter zu Dritten

133. Wann wird eine OHG wirksam?

Am 1.3. schließen Faber und Schleicher einen Gesellschaftsvertrag zum Betrieb einer Früchtegroßhandlung. Mit den Geschäften soll am 17.3. begonnen werden, weil der erfahrene Schleicher vom 2.–16.3. einen Urlaub auf Hawaii gebucht hat. Schon am 10.3. nimmt Faber bei Trinkhaus ein Darlehen im Namen der OHG auf, welches an diesem Tag auf das Konto des Faber ausgezahlt wird und das er am 17.3. für den Ankauf einer Lagerhalle verwendet. Von alledem hat Schleicher keine Kenntnis. Die OHG wird am 2.4. ins Handelsregister eingetragen. Als Trinkhaus Rückzahlung von Schleicher verlangt, weigert sich dieser unter Hinweis darauf, dass die OHG erst am 2.4., auf keinen Fall jedoch vor dem 17.3. entstanden sei.
a) Haftet Schleicher?
b) Haftet Faber?

Zu a) Es kommt eine Haftung nach § 128 HGB, § 488 Abs. 1 Satz 2 BGB für die Darlehensschuld der OHG in Betracht. Dafür muss die OHG am 10.3. wirksam errichtet worden sein oder sie muss den Darlehensvertrag später genehmigt haben.

Gemäß § 123 Abs. 1 HGB tritt die äußere Wirksamkeit der OHG spätestens mit der Eintragung ins Handelsregister (2.4.) ein. Nimmt die Gesellschaft vor diesem Zeitpunkt ihre Geschäfte auf und ist sie auf den Betrieb eines Handelsgewerbes (§ 1 HGB) gerichtet, tritt die äußere Wirksamkeit gemäß § 123 Abs. 2 HGB bereits mit dem Zeitpunkt des Geschäftsbeginns ein. Dafür ist jedoch die Zustimmung aller Gesellschafter Voraussetzung. Dies ergibt sich aus einem Vergleich zu §§ 108, 123 Abs. 1 HGB, wonach die Anmeldung durch alle Gesellschafter zu bewirken ist. § 176 HGB ordnet vor der Eintragung der KG eine unbeschränkte Haftung des Kommanditisten nur an, wenn er dem Geschäftsbeginn zugestimmt hat. In der GbR schützt die Gesamtvertretungsmacht (§§ 709, 714 BGB) vor voreiligen Verträgen der Mitgesellschafter. Nach diesen Regelungen soll ein Gesellschafter auf den Beginn seiner unbeschränkten Haftung Einfluss nehmen können. Schleicher hatte der Geschäftsaufnahme erst zum 17.3. zugestimmt. Durch den Ankauf der Lagerhalle wurde die OHG erst an diesem Tag wirksam errichtet.

Als Vertreter der OHG könnte Faber den Darlehensvertrag später konkludent genehmigt haben, indem er das Darlehen zum Kauf verwendete. Die mangelnde Zustimmung Schleichers zur vorherigen Geschäftsaufnahme beschränkt die Befugnis zur unabgesprochenen Genehmigung vorzeitiger Rechtsgeschäfte lediglich im Innenverhältnis. Genehmigt hat die OHG analog §§ 177, 184 BGB nicht gegenüber Trinkhaus. Eine konkludente Genehmigung gegenüber dem Vertreter Faber scheitert an dem Verbot des Insichgeschäfts (§ 181 BGB). Also fehlt eine Schuld der OHG, für die Schleicher haften könnte.

Zu b) Faber handelte als Vertreter ohne Vertretenen. Er haftet Trinkhaus analog § 179 Abs. 1 BGB, wenn die OHG die Genehmigung verweigert. Daneben haftet er als Schein(außen)gesellschafter sowie nach der Gutschrift auf seinem Privatkonto gemäß § 812 Abs. 1 Satz 1 Alt. 2 BGB.

134. Kleingewerbe wird OHG

Mit seiner kleinen Bautischlerei ist Thormälen nicht im Handelsregister eingetragen. Ottensen soll 20 000 EUR einbringen und deshalb schließen beide zum 1.3. einen Gesellschaftsvertrag zur Gründung einer OHG. Die wird am 12.3. im Handelsregister eingetragen. Schon am 10.3. kaufte Thormälen im Namen der Gesellschaft einen Posten Holz bei Waldmann. Später will die OHG nicht zahlen, weil sie erst nach Abschluss des Kaufvertrages entstanden sei. Rechtslage?

Das kleine Gewerbe war kein Handelsgewerbe und der Zusammenschluss mangels Handelsregistereintragung noch keine OHG nach § 105 HGB. Am 10.3. wurde deshalb eine BGB-Gesellschaft vertreten. Sie bestand auch im Außenverhältnis, weil die Gesellschafter einen späteren Geschäftsbeginn nicht vorgesehen haben. Nach §§ 714, 709 BGB sind die Gesellschafter zwar im Zweifel gesamtvertretungsberechtigt. Doch ergibt sich hier im Wege ergänzender Vertragsauslegung, dass sie ihre Beziehungen zueinander dem OHG-Recht unterstellen wollten. Nach dem Vorbild des § 125 Abs. 1 HGB war also Einzelvertretungsmacht vereinbart, sodass Thormälen die BGB-Gesellschaft wirksam vertreten konnte. Sie ist jetzt OHG und schuldet den Kaufpreis.

135. Gesellschafter als Zeuge?

Können nicht vertretungsberechtigte Gesellschafter als Partei oder Zeuge vernommen werden?

Die OHG ist zwar partei-, nicht aber prozessfähig i. S. d. §§ 51, 52 ZPO. Soll im Prozess gegen die OHG Beweis durch Parteivernehmung erhoben werden, ist nach § 455 Abs. 1 ZPO ihr gesetzlicher Vertreter zu vernehmen. Dies ist sinnvoll, denn die Parteivernehmung ist nicht nur Beweismittel, sondern auch Akt der Prozessführung; sie zu verweigern kann nachteilig sein (§ 446 ZPO). Nur wer Vertretungsmacht hat, die Geschäfte zu führen, soll auch den Prozess führen (BGHZ 42, 230,

231). Nicht vertretungsberechtigte Gesellschafter sind somit nur dann nach §§ 445 ff. ZPO zu vernehmen, wenn sie selbst Partei des Prozesses sind, etwa als Gesellschafter (mit-)verklagt werden. Anderenfalls sind sie Zeugen (§§ 373 ff. ZPO).

136. Selbstorganschaft

Alt und Becker wollen eine OHG gründen. Während der Vertragsverhandlungen entbrennt ein Disput über die Ausgestaltung der Vertretungsmacht.
a) Alt, der selbst kein Interesse an der Vertretung hat, Becker jedoch nicht über den Weg traut, möchte, dass nur der zukünftige Prokurist Peters die OHG vertreten kann. Zulässig?
b) Der engagierte Becker möchte sich aktiv an der Unternehmensführung beteiligen. Da er Alts Bedenken jedoch nicht zu zerstreuen vermag, schlägt er vor, dass Alt von der Vertretung ausgeschlossen wird und er, Becker, nur gemeinsam mit Peters vertretungsberechtigt sein soll. Zulässig?

Zu a) Das Recht der Personengesellschaften geht davon aus, dass die gesetzliche Vertretungsbefugnis nur einem Gesellschafter, und nicht einem Dritten zustehen kann: Grundsatz der Selbstorganschaft (vgl. BGHZ 33, 105, 108). Über die Geschicke der Gesellschaft soll entscheiden können, wer unmittelbar und unbeschränkt haftet (§ 128 HGB) und deshalb im Interesse der Gesellschafter und Gläubiger vorsichtig agiert (vgl. § 125 Abs. 1 mit § 170 HGB). Die von Alt erwogene Regelung ist daher unzulässig.

Zu b) Gleiches gilt auch für die zweite Bestimmung. Zwar lässt § 125 Abs. 3 Satz 1 HGB die von Becker vorgeschlagene **unechte Gesamtvertretung** zu, also eine organschaftliche Vertretungsmacht, die durch die Mitwirkung eines Prokuristen beschränkt ist. Stets muss aber auch eine Vertretung der Gesellschaft **allein** durch die Gesellschafter möglich sein (BGHZ 26, 330, 333; vgl. auch Fall 137).

Zulässig wäre hingegen eine Regelung, nach der Becker die OHG entweder mit Peters oder mit Alt gemeinschaftlich vertreten kann (zur Geschäftsführung Fall 194).

137. Der letzte Gesamtvertreter

Soll und Haben sind die einzigen Gesellschafter einer OHG. Der Gesellschaftsvertrag sieht Gesamtvertretung vor und enthält eine Umwandlungsklausel: Etwaige Gesellschaftererben sollen Kommanditisten sein. Soll stirbt und wird von seinen beiden Söhnen beerbt. Die sind der Ansicht, sie seien zur Vertretung der Gesellschaft gemeinsam mit Haben berechtigt, da eine Einzelvertretung des Haben nach dem Gesellschaftsvertrag nicht beabsichtigt war. Haben sie Recht?

Nein. Grundsätzlich erweitert zwar das Ausscheiden eines Gesellschafters nicht die Vertretungsmacht der anderen, sodass hier Gesamtvertretungsmacht aller Gesellschafter anzunehmen wäre. Doch sind Kommanditisten gemäß § 170 HGB zur organschaftlichen Vertretung nicht befugt. Der Grundsatz der Selbstorganschaft (vgl. Fall 136) verlangt vielmehr, dass die werbende Gesellschaft durch die persönlich haftenden Gesellschafter allein vertreten werden kann (BGHZ 41, 367, 369). Da nur Haben verblieben ist, hat er Alleinvertretungsmacht.

138. Umfang der Vertretungsmacht

Holzinger und Bichlmayr sind Inhaber einer Holzgroßhandlung im Bayerischen Wald. Nach einer Unterhaltung mit seinem an der Universität Passau studierenden Sohn erklärt Holzinger notariell, dass die OHG dem juristischen Seminar der Universität 10 000 EUR schenke. Bichlmayr will von dieser Schenkung nichts wissen und verweigert die Auszahlung mit der Bemerkung, dass Holzinger für derartige, nicht zum Betrieb einer Holzhandlung gehörende Geschäfte keine Vertretungsmacht habe. Hat er Recht?

Anders als nach § 116 Abs. 2 HGB die Geschäftsführungsbefugnis ist die organschaftliche Vertretungsmacht Holzingers ist unbeschränkt und unbeschränkbar. Zum Schutz Dritter erstreckt sie sich nach § 126 HGB „auf alle gerichtlichen und außergerichtlichen Geschäfte“. Die Vertretungsmacht wird nicht durch den Unternehmensgegenstand beschränkt und umfasst auch ungewöhnliche Geschäfte wie beispielsweise Schenkungen (so schon RGZ 125, 380). Etwas anderes gilt nach den Grundsätzen über den Missbrauch der Vertretungsmacht (vgl. *BGH* NJW 1988, 3012 f.; 1984, 1461) erst bei Evidenz oder Kollusion. Dafür fehlen hier Anhaltspunkte, sodass die Schenkung wirksam ist.

139. Vertretungsmacht für Verträge mit Gesellschaftern

Vinzent, Hanna und Christoph sind Gesellschafter einer OHG, die mehrere Gaststätten betreibt. Vinzent ist allein geschäftsführungs- und vertretungsberechtigt, sollte bei der Miete von Räumen allerdings die Einwilligung aller Gesellschafter einholen. Christoph und Vinzent übersehen das und vereinbaren, dass Christoph das Erdgeschoss seines Hauses zum Betrieb einer Gaststätte an die Gesellschaft vermietet. Als sich Hanna gegen diesen Vertrag wendet, verweist Christoph auf Vinzents unbeschränkbare Vertretungsmacht. Mit Recht?

Verträge zwischen Gesellschaft und Gesellschaftern sind üblich und unbedenklich. Die Vertretungsmacht ist aber nur gegenüber Dritten unbeschränkbar. „Dritte“ i. S. d. § 126 Abs. 2 HGB sind nicht die Gesellschafter. Denn sie verdienen keinen Vertrauensschutz: Beschränkungen der Geschäftsführungsbefugnis haben sie entweder selbst aufgestellt oder sie sind dafür wegen ihrer Änderungsbefugnis mit verantwortlich; bestehende Regelungen können sie leichter erkennen. Gesellschaftern gegenüber richtet sich die Vertretungsmacht deshalb analog § 714 BGB nach der Geschäftsführungsbefugnis (BGHZ 38, 26, 33 f.). Diese hat Vinzent überschritten. Er handelte ohne Vertretungsmacht.

140. Haftungsgrundsätze

Beschreiben Sie die Haftung des OHG-Gesellschafters!

Aus § 128 HGB ergibt sich:

a) Der Gesellschafter haftet **unmittelbar,** d. h. er kann von jedem Gesellschaftsgläubiger für Gesellschaftsschulden in Anspruch genommen werden. Den Gegensatz hierzu bildet der interne Nachschussanspruch der Gesellschaft, auf welchen die Gläubiger nur mittelbar im Wege der Zwangsvollstreckung durch Pfändung und Überweisung zugreifen können, wie z. B. in der Vor-GmbH (vgl. Fall 261).

b) Der Gesellschafter haftet **primär,** d. h. der Gesellschaftsgläubiger braucht sich nicht zuerst an das Gesellschaftsvermögen zu halten (Gegensatz: Bürgschaft [§ 771 BGB]; subsidiäre Haftung, die für die schweizerische Kollektivgesellschaft vorgeschrieben ist).

c) Der Gesellschafter haftet **solidarisch,** d. h. als Gesamtschuldner zusammen mit allen anderen Gesellschaftern (Gegensatz: *Pro-rata*-Haftung).

d) Jeder Gesellschafter haftet **unbeschränkt** und **unbeschränkbar** für sämtliche Gesellschaftsschulden (Gegensätze: z. B. Kommanditisten- und Erbenhaftung).

e) Die Haftung der Gesellschafter ist grundsätzlich **akzessorisch,** d. h. sie folgt eng den Bewegungen der Gesellschaftsschuld. Wenn diese erlischt, erlischt auch die Gesellschafterhaftung (vgl. aber § 159 HGB). Wird die OHG in Verzug gesetzt oder zu ihren Lasten die Verjährung gehemmt, wirkt das auch zulasten der Gesellschafter (diese Kopplung entfiele unter Gesamtschuldnern; vgl. § 425 BGB).

Umgekehrt gilt all das nicht: Persönliche Einwendungen zu Gunsten der Gesellschafter nützen nur ihnen (§ 129 HGB). Erschwerungen treffen nur sie: Wird die Verjährung nur der Gesellschafterhaftung gehemmt, belastet das nicht auch die OHG. Ein Gesellschafter kann wohl auch separat in Verzug gesetzt werden, sodass seine Haftung die Schuld der OHG übersteigen kann.

141. Verzugszinsansprüche gegen Gesellschafter

Die Brakeout OHG, Stuttgart, ist Automobilzulieferer. Gesellschafter sind Bober und Rehahn. Die OHG bestellt bei der Vrankenvorde GmbH hochwertige Bremskraftverstärker, bezahlt nach Lieferung aber nicht. In welcher Höhe ist die Kaufpreisschuld zu verzinsen, wenn
a) ein Zahlungstermin nicht bestimmt war und die Vrankenvorde GmbH von einer Mahnung zunächst absieht?
b) die Vrankenvorde GmbH am 1.3. nur die Brakeout OHG mahnt?
c) die Vrankenvorde GmbH am 1.3. nur den Gesellschafter Rehahn mahnt?
d) der Gesellschafter Bober einen Schuldbeitritt erklärt und die Vrankenvorde GmbH ihn in seiner Eigenschaft als Mitübernehmer mahnt?

Zu a) Die Forderung gegen die Brakeout OHG ist gemäß §§ 352 Abs. 2, 353 i. V. m. §§ 343, 6 Abs. 1 HGB ab Fälligkeit (§ 271 Abs. 1 BGB) mit 5 % zu verzinsen. Ihre Gesellschafter haften akzessorisch.

Zu b) Die Forderung gegen die OHG ist gemäß § 288 Abs. 2 i. V. m. § 187 Abs. 1 BGB vom Tag nach Eintritt des durch die Mahnung begründeten Verzuges an mit 9 Prozentpunkten über dem Basiszinssatz zu verzinsen, da ein Verbraucher i. S. d. § 13 BGB nicht beteiligt ist. Bis zum 1.3. sind 5 % Fälligkeitszinsen zu zahlen, vom 2.3. an besteht zwischen den Ansprüchen auf Fälligkeits- und Verzugszinsen alternative Anspruchskonkurrenz. Die Gesellschafter haften gemäß § 128 Satz 1 HGB in gleicher Höhe.

Zu c) Der Gesellschafter Rehahn hat die Zinsen des § 288 Abs. 2 BGB zu zahlen, wenn er selbst mit Blick auf die Kaufpreisschuld in Verzug gesetzt werden kann. Rehahn ist nicht Partei des (ohne Verbraucherbeteiligung geschlossenen) Kaufvertrages, haftet als OHG-Gesellschafter jedoch gemäß § 128 Satz 1 HGB primär für die Entgeltforderung, sodass die Gesellschaftsgläubigerin sogleich gegen Rehahn vorgehen und ihm gegenüber einen Neubeginn oder eine Hemmung der Verjährung herbeiführen kann. Auch eine Mahnung kann daher unmittelbar an den Gesellschafter adressiert werden, wirkt dann aber nicht auch gegen die OHG. Ab dem 2.3. haftet Rehahn also nicht nur akzessorisch auf 5 %, sondern in alternativer Anspruchskonkurrenz auch nach § 288 Abs. 2 BGB.

Zu d) Bober schuldet hier nicht als Gesellschafter, sondern kraft Schuldbeitritts als Gesamtschuldner. Seine Verzugszinsen richten sich nach § 288 Abs. 2 BGB, wenn er (§ 425 BGB) kein Verbraucher ist. Im Unterschied zum Gesellschafter und zum Geschäftsführer einer GmbH, die weder Kaufmann noch Unternehmer sind, sind unbeschränkt haftende Gesellschafter als Kaufleute zu behandeln, weil sie in ihrer Verbundenheit ein Handelsgewerbe betreiben (sehr str.). Folgt man dem, können sie bei gewerbebezogenen Rechtsgeschäften auch nicht als Verbraucher i. S. d. § 13 BGB eingeordnet werden. Bober hat in seiner Eigenschaft als Mitübernehmer deshalb die höheren Zinsen des § 288 Abs. 2 BGB zu zahlen.

Schrifttum: *Dauner-Lieb/Dötsch,* DB 2003, 1666, 1667 ff.

142. Gesellschafterregress

Die Schneider und Münzing OHG schuldet der Baugesellschaft Gustav Epple KG 50 000 EUR für Reparaturarbeiten. Zur Sicherung dieser Forderung stellt sich der Geschäftsfreund Würg im Rahmen seiner kaufmännischen Tätigkeit als Bürge zur Verfügung. Nach einiger Zeit verlangt die Epple KG vom Gesellschafter Münzing die Zahlung der 50 000 EUR. Dieser begleicht die Verbindlichkeit aus seinem Privatvermögen.
Münzing fragt, ob er einen entsprechenden Betrag zurückverlangen kann
a) von der Gesellschaft
***b) von Würg**
c) vom Mitgesellschafter Schneider.

Zu a) Münzing hat eine Verbindlichkeit der OHG erfüllt und somit gemäß § 110 HGB einen Ersatzanspruch gegen die Gesellschaft.

Daneben könnte er einen gesetzlich auf ihn übergegangenen Anspruch auf Werklohn nach §§ 426 Abs. 2, 631 Abs. 1 BGB haben *(cessio legis)*. Jedoch mangelt es an der dafür notwendigen Gesamtschuldnerschaft zwischen der OHG und den Gesellschaftern, denn deren Verbindung ist enger als bei einer Gesamtschuld (vgl. BGHZ 36, 224, 226; 47, 376, 378). Für eine analoge Anwendung von § 426 Abs. 2 BGB fehlt es an der erforderlichen Regelungslücke, der Rückgriff im Innenverhältnis wird durch § 110 HGB adäquat sichergestellt. Erst bei Zahlung eines ausgeschiedenen Gesellschafters ist diese Analogie gerechtfertigt, da ihm dann der Anspruch aus § 110 HGB nicht mehr zusteht (vgl. BGHZ 39, 319, 323 ff.).

Zu b) Gegen Würg kommt ein Anspruch aus §§ 765, 631 BGB in Betracht, den schon die Gustav Epple KG hätte durchsetzen können (§ 349 HGB). Nach einer in der Literatur vertretenen Ansicht gehen akzessorische Sicherheiten als Nebenrechte nach §§ 412, 401 BGB auf den in Anspruch genommenen OHG-Gesellschafter über. Der hierfür erforderliche Übergang der Hauptforderung (hier auf Werklohn) erfolge analog § 774 BGB. Der BGH (NZG 2011, 1023, 1028 Tz. 60) lehnt diese Analogie ab, da der Erstattungsanspruch des Gesellschafters in § 110 HGB abschließend geregelt sei. Zu Recht, denn der Gesellschafter steht dem Hauptschuldner, also der OHG, näher als ein Bürge. Bürge und Gläubiger haben deshalb im Zweifel nur die Sicherung der Hauptforderung und nicht die Sicherung von Rückgriffsansprüchen der persönlich haftenden Gesellschafter bezweckt. Die Gesellschafterhaftung nach § 128 HGB sichert hingegen nicht nur die Werklohnforderung, sondern alle Verbindlichkeiten der OHG ab, insbesondere Ansprüche eines in Anspruch genommenen Bürgen gegen die OHG auf Aufwendungsersatz nach § 670 BGB und auf Regress nach §§ 774, 631 BGB. Dafür partizipieren die Gesellschafter ohne gläubigerschützende Ausschüttungsbeschränkungen am Vermögen der OHG und herrschen über ihre Existenz. Zahlt der persönlich haftende Gesellschafter an den Gläubiger, wird somit der Sicherungszweck der Bürgschaft hinfällig und sie erlischt. Wollte man dies anders sehen, könnte der Gesellschafter, der gezahlt hat und den Bürgen in Regress genommen hat, von diesem sofort seinerseits in Regress genommen werden. Dem Gesellschafter stände somit die Einrede des rechtsmissbräuchlichen Verhaltens nach § 242 BGB entgegen, wenn er gegen den Bürgen vorgeht. Es besteht daher kein Bedürfnis für den Übergang der Bürgschaft auf den Gesellschafter analog § 774 BGB. Ein Anspruch gegen Würg besteht folglich nicht.

Zu c) Gegen Schneider kommen Ansprüche aus § 426 BGB in Betracht. Zwischen den Gesellschaftern besteht gemäß § 128 HGB eine Gesamtschuldnerschaft. Münzing hat demnach gegen Schneider einen Anspruch aus § 426 Abs. 1 Satz 1 BGB auf Befriedigung *pro rata,* welcher aufgrund der gesellschafterlichen Treupflicht gegenüber dem Anspruch gegen die OHG subsidiär ist (vgl. Fall 115).

Der Anspruch des Gläubigers gegen Mitgesellschafter Schneider aus § 128 HGB, § 631 BGB ging nicht gemäß § 426 Abs. 2 BGB auf Münzing über: Als Münzing an den Gläubiger zahlte, erlosch der Werklohnanspruch gegen die OHG und damit auch der akzessorische Anspruch gegen Schneider.

Schrifttum: *Habersack,* AcP 198 (1998), 152.

143. Bürgschaft eines unbeschränkt haftenden Gesellschafters

Welchen Sinn hat die gelegentlich anzutreffende Bürgschaft eines unbeschränkt persönlich haftenden Gesellschafters?

Der Gläubiger kann vereinbaren, dass der Bürge schärfer haftet als ein Gesellschafter: Bei einer Bürgschaft auf erstes Anfordern etwa hat der Bürge vorläufig zu zahlen, ohne die dem § 129 HGB entsprechenden Einreden der §§ 768, 770 BGB erheben zu können. Einen Bürgschaftsanspruch kann man auch im Insolvenzverfahren weiter durchsetzen, denn er wird von § 93 InsO nach h. M. nicht erfasst (vgl. auch § 227 Abs. 2 InsO).

144. Haftung nur auf Geld?

Obermayer hat der Rhode & Schwarz OHG, die ein Bauunternehmen betreibt, den Auftrag zur Errichtung eines individuell geplanten Vollmassivhauses erteilt. Nach der Bauausführung zeigen sich erhebliche Mängel, sodass Obermayer von der Gesellschaft und den Gesellschaftern Nachbesserung verlangt. Schwarz, der sich ausschließlich um den kaufmännischen Bereich kümmert, meint, ihm sei nicht zumutbar, persönlich für die Nachbesserung zu sorgen. Trifft dies zu?

Die Frage zielt auf den **Inhalt** der Haftung des Gesellschafters nach § 128 HGB. Nach der **Haftungstheorie** haften die Gesellschafter allein auf Geld. Die herrschende **Erfüllungstheorie** geht davon aus, dass Gesellschaft und Gesellschafter grundsätzlich inhaltlich dasselbe schulden (Akzessorietät). Der Gesellschafter schuldet genau wie die Gesellschaft die Erfüllung, soweit sich nicht aus einer Abwägung zwischen den schutzwürdigen Interessen des Gläubigers und des Gesellschafters etwas anderes ergibt. Das Erfüllungsinteresse des Gläubigers hat nach Ansicht des BGH Vorrang, „wenn der Eingriff den Gesellschafter in seiner gesellschaftsfreien Privatsphäre nicht wesentlich mehr als eine Geldleistung beeinträchtigt" (BGHZ 73, 217, 221). So liegt es insbesondere, wenn er etwa eine Pflicht, Rechnung zu legen oder Wettbewerbsverbote einzuhalten, intern gegenüber der OHG ohnehin erfüllen muss. Hier kann Schwarz den Nachbesserungsanspruch, da es auf seine Person nicht entscheidend ankommt (vertretbare Handlung), erfüllen, indem er ein anderes Unternehmen beauftragt. Er kann daher zur Nachbesserung verurteilt werden.

145. Grundstück des Mitgesellschafters verkauft

Die Bauer & Lehmann Immobilien OHG verkauft durch ihren geschäftsführenden Gesellschafter Lehmann das Grundstück Eibestraße 20 an den Bankier Hansemann. Später stellt sich heraus, dass das Grundstück nicht der OHG, sondern dem Gesellschafter Bauer gehört.
a) Was kann Hansemann von Bauer verlangen?

b) Wie liegt es, wenn Bauer versprochen hatte, das Grundstück in die OHG einzubringen?

Zu a) Nach § 128 HGB haftet Bauer für die Schulden der OHG. Diese hat Hansemann ein fremdes Grundstück verkauft und kann ihre Pflicht nur erfüllen, wenn Bauer als Eigentümer mitwirkt. Ist er dazu der OHG gegenüber nicht verpflichtet und verweigert er sich, ist es der OHG subjektiv unmöglich, Hansemann Eigentum zu verschaffen. Sie schuldet ihm nach §§ 280 Abs. 1 und 3, 283 BGB dann Schadensersatz statt der Leistung. Entsprechend haftet auch Bauer.

Zu b) Wenn Bauer das Grundstück hingegen in die OHG einbringen muss, kann die OHG es weiter an Hansemann übertragen. Hansemann kann folglich Übereignung von der OHG und nach § 128 HGB auch von Bauer verlangen. Hansemann könnte dasselbe ja auch erreichen, wenn er sich den Übereignungsanspruch der OHG gegen Bauer abtreten ließe; aber das wäre ein überflüssiger Umweg.

146. Wurzel der Haftung

Ärmlich hat im Jahr 1990 dem Bankhaus Reich & Co. in Köln Aktien zur Verwahrung gegeben. In der das Bankhaus betreibenden OHG war auch Brinkmann Gesellschafter. Er ist im Jahre 2015 aus der Gesellschaft ausgeschieden. Dies wurde im Handelsregister eingetragen. Die OHG veräußert die Aktien im Jahre 2016 im Auftrage eines Nichtberechtigten und händigt diesem auch den Erlös aus. Ärmlich verlangt Schadensersatz, und zwar auch von Brinkmann. Dieser wendet ein,
a) der Schadensersatzanspruch sei erst nach seinem Ausscheiden aus der Gesellschaft entstanden.
b) die Herausgabe der Aktien sei nicht durch sein Verschulden, sondern durch Verschulden der Gesellschaft unmöglich geworden, welches ihm nach § 425 BGB nicht zugerechnet werden könne.
Wie ist die Rechtslage?

Zu a) Die persönliche Haftung des Gesellschafters einer Personenhandelsgesellschaft erlischt nicht mit seinem Ausscheiden aus der Gesellschaft, soweit es sich um Verbindlichkeiten der Gesellschaft handelt, die während seiner Zugehörigkeit zur OHG **begründet** wurden (arg. § 160 HGB). Ähnlich wie im Rahmen der Auslegung des § 404 BGB muss die Forderung oder Einwendung also nicht **entstanden** sein. Es genügt für eine Nachhaftung, wenn während der Laufzeit der Mitgliedschaft zunächst als Tatbestandsmerkmal des Schadensersatzanspruchs nur jene Verpflichtung begründet wurde, die später verletzt wurde (sog. Wurzel-Theorie). Die Verpflichtung zu sorgfältiger Verwahrung der Aktien entstand bereits mit Abschluss des Depotvertrages.

Zu b) Auch (vgl. Fall 142 Var. a) zwischen der Gesellschaft und dem **ausgeschiedenen** Gesellschafter besteht hinsichtlich seiner Haftung kein Gesamtschuldverhältnis. Der BGH prüft jeweils im Einzelfall unter Berücksichtigung der jeweiligen Interessen, ob die Regelungen zur Gesamtschuld entsprechend herangezogen werden können. Hiernach hat der ausgeschiedene Gesellschafter im Interesse des Gläubigerschutzes in demselben Maße wie die Gesellschaft einzustehen, wenn diese Schadensersatz statt der Leistung schuldet. Insoweit kann er sich nicht auf § 425 BGB berufen (BGHZ 36, 224, 226 ff.). Im Verhältnis zur Gesellschaft hat er einen Anspruch auf Befreiung von dieser Verbindlichkeit nach § 105 Abs. 3 HGB, § 738 Abs. 1 Satz 2 BGB. Zahlt er dennoch, setzt sich der Befreiungs- als Erstattungsanspruch fort. Außerdem geht entsprechend § 426 Abs. 2 BGB der Anspruch des befriedigten Gläubigers auf den ausgeschiedenen, zahlenden Gesellschafter über (BGHZ 39, 319, 324).

147. Doppelte Verjährungshemmung

Die Bauunternehmung Bosch & Co. errichtete für die Eheleute Max und Rita Werner eine gelbe Villa mit Wintergarten. Sie wurde im Juli 2011 fertiggestellt und abgenommen. Drei Jahre später zeigten sich Feuchtigkeitsschäden. Im Frühjahr 2015 klagten die Eheleute Werner deshalb auf Mängelbeseitigung. Als die beklagte Gesellschaft Anfang 2016 in Zahlungsschwierigkeiten geriet, erweiterten die Eheleute Werner die Klage auf den Gesellschafter Edwin Erichsen, der zum Ende des Jahres 2015 aus der OHG ausgeschieden war. Erichsen beruft sich darauf, dass ein eventuell gegen ihn bestehender Anspruch nach § 13 Nr. 4 der vereinbarten VOB/Teil B verjährt sei. Zu Recht? Nach dieser Bestimmung gilt für Mängelbeseitigungsansprüche eine vierjährige Verjährungsfrist ab Abnahme.

Seiner Haftung aus § 128 HGB kann Erichsen gemäß § 129 HGB eigene Einwendungen und solche der OHG entgegensetzen; inbegriffen sind Einreden. Der OHG steht die Verjährungseinrede aus § 214 Abs. 1 BGB nicht zu, da der Lauf der Verjährungsfrist nach § 204 Abs. 1 Nr. 1 BGB durch die Klageerhebung gehemmt wurde. Fraglich ist, ob diese Einredefreiheit der Mängelbeseitigungspflicht im Wege der Akzessorietät auch Erichsen belastet oder ob ihm eine eigene Verjährungseinrede zusteht (vgl. Fall 140 Var. e). Eine eigene Gesellschaftereinrede würde dem Zweck der Gesellschafterhaftung zuwiderlaufen. Denn dem Gläubiger soll eine zusätzliche Haftungsmasse zur Verfügung stehen (BGHZ 73, 217, 224). Um dies zu erreichen und persönliche Verjährungseinreden abzuwehren, müsste der Gläubiger Klage immer auch gegen alle Gesellschafter erheben. So würden sie persönlich gemahnt, Beweismittel aufzubewahren und zu sichern. Doch sind die Gesellschafter insofern nicht schutzbedürftig. Denn als voll haftende Gesellschafter haben sie alle Informationsmöglichkeiten und hinreichenden Einfluss darauf, dass die Gesellschaft ihre Schulden tilgt oder ihre Beweise sichert (§§ 118 f. HGB). Beides hatte auch ein Gesellschafter wie Erichsen, der erst ausschied, nachdem die Klage gegen die Gesellschaft bereits erhoben worden war. Erichsen hat also Unrecht. Eine persönliche Einwendung steht ihm zu, wenn er nach seinem Ausscheiden fünf Jahre lang unverklagt bleibt (§ 160 Abs. 1 Sätze 1–3 HGB, § 204 Abs. 1 Nr. 1 BGB).

148. Einreden des haftenden Gesellschafters

Ein Gläubiger einer OHG nimmt einen aus der OHG bereits ausgeschiedenen Gesellschafter in Anspruch. Der wendet ein: Hiermit erkläre er die Aufrechnung mit einer Forderung der Gesellschaft gegen den Gläubiger. Wird ihm diese Erklärung nützen?

Im Ergebnis wird diese Verteidigungsmöglichkeit Erfolg haben. Der Gesellschafter kann zwar mit einer Forderung der OHG nicht aufrechnen, weil er nicht oder nicht mehr vertretungsbefugt ist. Seine Haftungssituation gleicht jedoch derjenigen des selbstschuldnerischen Bürgen. Die **Einrede** der Aufrechenbarkeit steht deshalb nicht nur dem Bürgen (§ 770 Abs. 2 BGB), sondern nach § 129 Abs. 3 HGB auch dem Gesellschafter zu: Er kann die Befriedigung des Gläubigers verweigern, solange sich – so heißt es – der Gläubiger durch Aufrechnung gegen eine fällige Forderung der OHG befriedigen kann. Passt man den Wortlaut an den Normzweck an, muss es heißen: solange die **OHG** aufrechnen kann. Denn die Gesellschafterrechte leiten sich von denen der OHG ab. Wenn also die OHG zum Schutz des Gläubigers zuweilen nicht aufrechnen kann (vgl. §§ 393 f. BGB, §§ 850 ff. ZPO: Schutz für Arbeitseinkommen), hat der Gesellschafter keine Einrede. Hier aber kann er sich verteidigen.

Beachte: Die h. M. wendet § 129 Abs. 2 und 3 HGB analog auch auf Gestaltungsrechte an, die wie ein Rücktritt oder Widerruf *ex nunc* wirken.

149. Haften neue Gesellschafter für alte Schulden?

a) Artur tritt in eine offene Handelsgesellschaft ein. Er vereinbart mit den Gesellschaftern, lediglich für die Verbindlichkeiten zu haften, die in Zukunft begründet werden. Als ein Gesellschaftsgläubiger Artur für eine vor seinem Eintritt entstandene Schuld in Anspruch nehmen will, verweist Artur ihn auf die Haftungsklausel. Mit Recht?
b) Wäre die Haftungsbeschränkung erreichbar, wenn Artur in das Geschäft eines Einzelkaufmanns eingetreten wäre?

Zu a) Nein. Gemäß § 130 Abs. 2 HGB ist ein Ausschluss der Haftung Dritten gegenüber in jedem Fall unwirksam – selbst wenn dies fälschlicherweise im Handelsregister eingetragen wurde. Rechtsgrund der Bestimmung: Verstärkung der Kreditwürdigkeit der OHG. Im Innenverhältnis zwischen den Teilhabern hat Artur jedoch einen Freistellungsanspruch. Er kann also von seinen Mitgesellschaftern verlangen, dass die Schuld getilgt wird, und zwar noch vor Beginn eines Prozesses, wenn sonst keine Einwendungen vorhanden sind.

Zu b) Ja. § 28 Abs. 2 HGB verleiht einer – im Handelsregister eingetragenen – abweichenden Vereinbarung Außenwirkung.

5. Auflösung der Gesellschaft und Ausscheiden von Gesellschaftern

150. Unterschiede zwischen OHG und GbR

Worin unterscheidet sich die OHG von der GbR bei Kündigung, Insolvenz oder Tod eines Gesellschafters?

Eine GbR wird nach §§ 723 ff. BGB aufgelöst. Alle ihre Gesellschafter (oder deren Erben) wickeln die GbR ab und erhalten am Ende ihr Auseinandersetzungsguthaben (vgl. Fall 90 und § 734 BGB). Bis 1998 galt das auch für die OHG. Seitdem wird die werbende OHG gemäß § 131 Abs. 3 HGB ohne den kündigenden, insolventen oder verstorbenen Gesellschafter fortgeführt. Er scheidet bei Kündigung zum Bilanzstichtag (§ 132 HGB), sonst sofort aus und die OHG zahlt eine Abfindung (§ 105 Abs. 3 HGB, § 738 BGB). Diese Regelung ist konsequent: Die Anerkennung der Mitgliedschaft als übertragbares subjektives Recht stärkte die Unabhängigkeit der Personengesellschaft von der Person ihrer Gesellschafter und damit die Stabilität der Gesellschaft. Das ist wichtig. Denn ihre Auflösung ist meist nachteilig für Gesellschafter und Volkswirtschaft, insbesondere wenn sie ein Unternehmen betreibt. – Alle genannten Regeln sind dispositiv. Vielfach sichert man in Gesellschaftsverträgen von BGB-Gesellschaften auch deren Kontinuität.

151. Auflösung

Die beiden Gesellschafter der offenen Handelsgesellschaft Sabel & Co. veräußern deren Handelsunternehmen an die General Telephone & Electronics International. Ist Sabel & Co. damit aufgelöst?

Die offene Handelsgesellschaft Sabel & Co. ist dann aufgelöst, wenn in dem Gesellschafterbeschluss, das Unternehmen zu veräußern, ein Auflösungsbeschluss liegt; § 131 Abs. 1 Nr. 2 HGB. Da die Auflösung auch konkludent vereinbart werden kann, spricht die Übertragung des Geschäfts mit Aktiven und Passiven für einen solchen Willen. Einer Auflösung folgt die Auseinandersetzung (Liquidation; § 145 HGB). Dagegen liegt keine Auflösung vor, wenn das Gesellschaftsverhältnis nicht beendet werden sollte, sei es, weil ein anderer Gewerbebetrieb aufgenommen werden soll (Fortbestehen als Handelsgesellschaft), sei es, weil bloß eine Vermögensumschichtung unter Aufgabe des Handelsgewerbes gewollt ist (Umwandlung in eine BGB-Gesellschaft). – Zur Übertragung sämtlichen OHG-Vermögens auf eine GmbH siehe Fall 472.

152. Trennung vom Trinker

Nach dem Gesellschaftsvertrag kann die Sabel & Co. Electro OHG nur unter Einhaltung einer dreijährigen Kündigungsfrist gekündigt werden. Nach einer Ehekrise wird Dr. Korn, einer der geschäftsführenden Gesellschafter, fast über Nacht zum haltlosen Trinker. Können die übrigen Gesellschafter das

gesellschaftliche Dauerschuldverhältnis aus wichtigem Grund kündigen und auflösen?

Nein! Die Auflösung der OHG ist für alle Beteiligten eine einschneidende Maßnahme. Außerdem herrscht über die Frage des wichtigen Grundes häufig Streit. Deshalb verlangt das Gesetz – allerdings dispositiv – im Interesse der Rechtssicherheit eine gerichtliche Entscheidung durch **Gestaltungsurteil.** Erst mit dessen Rechtskraft ist die Gesellschaft aufgelöst (§ 133 HGB). Dr. Korns Alkoholkonsum ist ein wichtiger Grund i. S. d. § 133 HGB, wenn er seine wesentlichen Aufgaben in der Gesellschaft nicht mehr wahrnehmen kann.

Beachte: Die gerichtliche Auflösung der Gesellschaft und der Gesellschafterausschluss nach § 140 HGB sind **äußerste Mittel** und nur zulässig, wenn andere Lösungen ausscheiden: Um die Interessen der anderen Gesellschafter zu schützen, genügt es ja vielleicht auch, Dr. Korn die Geschäftsführungsbefugnis (§ 117 HGB) und Vertretungsmacht (§ 127 HGB) zu entziehen.

153. Austrittskündigung

Kann ein Gesellschafter der Sabel & Co. Electro-OHG die Gesellschaft vorzeitig auflösen oder jedenfalls vorzeitig verlassen? Wenn ja, in welchem Verfahren?

a) Ja. § 314 BGB erlaubt es, jedes Dauerschuldverhältnis aus wichtigem Grunde außerordentlich zu kündigen.

b) Nach § 131 Abs. 3 Satz 1 Nr. 3 HGB führt eine Kündigung nicht zur Auflösung, sondern zum Ausscheiden des Gesellschafters. Dazu genügt die bloße Erklärung (str.). Klage und Gestaltungsurteil sind nach § 133 HGB nur zum Zwecke der Auflösung der Gesellschaft nötig, die die Mitgesellschafter stärker betrifft.

154. Ausschlussklage

Martin und Stefan Sabel möchten ihren in Erfurt wohnenden Schwager und Mitgesellschafter Schreckenberg aus der Sabel & Co Elektro-OHG, Halle, ausschließen. Schreckenberg gibt zu, seinen Mitgesellschaftern im Leipziger Betrieb verschiedentlich Vorwürfe in Anwesenheit des Personals gemacht zu haben. Ein Schaden sei dadurch aber nicht entstanden, das Unternehmen habe gerade in der letzten Zeit Millionengewinne erzielt.
a) Besteht ein Ausschlussrecht?
b) Vor welchem Gericht könnten die Brüder Sabel klagen?

Zu a) Für den wichtigen Grund i. S. d. §§ 140, 133 HGB kommt es nicht auf einen Schaden, sondern darauf an, ob den Klägern die Fortsetzung des Gemeinschaftsverhältnisses unzumutbar geworden ist. Dafür spricht Schreckenbergs Auftreten im Betrieb.

Zu b) Sachlich zuständig ist das Landgericht (§§ 71, 23 Nr. 1 GVG, §§ 2, 3 ZPO), funktionell auf Antrag einer Partei die Kammer für Handelssachen (§§ 95 Abs. 1 Nr. 4 Buchst. a, 96, 98 GVG). Örtlich zuständig sind (§ 35 ZPO) die Landgerichte in Erfurt, dem allgemeinen Gerichtsstand des Beklagten (§ 13 ZPO), Halle, dem Gerichtsstand der Mitgliedschaft (§§ 22, 17 ZPO), und Leipzig, dem Gerichtsstand des Erfüllungsortes (§ 29 ZPO). Hier schuldete Schreckenberg Loyalität.

155. Möglichkeiten der Privatgläubiger

OHG-Gesellschafter Schreckenberg hatte von Ihnen ein privates Darlehen erhalten. Sie haben ein rechtskräftiges Urteil erwirkt. Wie können Sie sich im Wege der Zwangsvollstreckung befriedigen?

Auf das OHG-Vermögen können Sie nicht zugreifen (§ 124 Abs. 2 HGB). Wenn Sie nach §§ 829, 857 ZPO Schreckenbergs Ansprüche aus § 717 Satz 2 BGB pfänden, können Sie nicht kündigen (str.) und kommen deshalb nicht an die Abfindung; außerdem sind künftige – und von Ihnen unbeeinflussbare – Gewinnansprüche nicht verstrickt, wenn sie in der Hand eines zwischenzeitlichen Anteilserwerbers entstehen. Deshalb sollten Sie den Gesellschaftsanteil pfänden, den § 725 BGB mit „Anteil […] am Gesellschaftsvermögen" besser umschreibt als § 135 HGB („aus […] Auseinandersetzung"). Mit dem Anteil automatisch mit verstrickt und Ihnen überwiesen werden zwar auch dann nicht die Verwaltungsrechte des Gesellschafters, wohl aber seine Vermögensansprüche, etwa auf den Gewinnanteil (§ 725 Abs. 2 BGB), auf Aufwendungsersatz (§ 110 HGB) und nach Ihrer Kündigung (§ 135 HGB) auf die Abfindung (§ 131 Abs. 3 Satz 1 Nr. 4 HGB, § 738 BGB).

156. Gesetzliche Abfindung

Was kann ein Gesellschafter kraft Gesetzes von einer Personengesellschaft verlangen, aus der er ausscheidet?

Nach § 738 Abs. 1 BGB kann der Ausscheidende gegenständlich nur zurückfordern, was er dem Unternehmen gesellschaftsvertraglich zur bloßen Benutzung *(quoad usum)* überlassen hat. Im Übrigen erhält er Geld, und zwar aufgrund einer hypothetischen Auseinandersetzung: Für den Zeitpunkt des Ausscheidens ist eine Abschichtungsbilanz aufzustellen, wie wenn die Gesellschaft aufgelöst und ihr Vermögen verteilt würde. Bewertungsgrundlage für den Vermögenswert, der dann nach Kapitalanteilen auf die einzelnen Gesellschafter umgelegt wird, ist nicht der Liquidationswert (Verkaufswert der Zahlräder einer Uhr), sondern der Wert des tatsächlich fortgeführten Unternehmens (*Going Concern;* Verkaufswert der laufenden Uhr). Siehe näher zur Bewertung Fall 439.

157. Buchwertklauseln

Was versteht man unter „Buchwertklauseln" und welchen Zweck verfolgen sie?

a) Buchwertklauseln in Gesellschaftsverträgen leiten Abfindungen aus dem Eigenkapital laut Handelsbilanz ab; praktisch erhält der ausscheidende Gesellschafter damit keinen Anteil am Ertrags- (vgl. Fall 439), sondern nur am Bilanzwert. Hier wirkt sich das Vorsichtsprinzip des deutschen Bilanzrechts aus: Namentlich bei Immobilien übersteigt ihr Gegenwartswert in der Regel ihren bilanzierten, früheren Anschaffungswert; umgekehrt mindern Rückstellungen für ungewisse Verbindlichkeiten den Buchwert in deren voller Höhe, auch wenn sich entsprechende Klagen vielleicht abwehren lassen (§§ 249 Abs. 1 Satz 1, 252 Abs. 1 Nr. 4, 253 Abs. 1 Sätze 1 und 2 HGB).

b) Die Beschränkung des Abfindungsanspruchs kann – unbedenklich – Verfahrensmaßstäbe für die schwierigen Bewertungsfragen enthalten, die mit der Aufstellung einer Abfindungsbilanz entstehen. Regelmäßig will die Buchwertklausel aber darüber hinaus einer Schmälerung des Eigenkapitals zugunsten des weiter geführten Unternehmens und d. h. zugunsten der verbleibenden Gesellschafter vorbeugen **(Kapitalerhaltung).** Sie soll überdies schon im Vorfeld des Ausscheidens die Gesellschafter davon abhalten, ihre Mitgliedschaft zu kündigen **(Kündigungserschwerung).** Schließlich kann beabsichtigt sein, den Abfindungsanspruch zulasten der Privatgläubiger des Ausscheidenden zu schmälern **(Gläubigerbenachteiligung).**

158. Abfindungsausschluss

a) Der Gesellschaftsvertrag der Rosenkranz & Güldenstern OHG enthält die Bestimmung: „Im Falle der Gesellschafterinsolvenz sowie einer Anteilspfändung durch Privatgläubiger ist ein Abfindungsanspruch ausgeschlossen." Ein Privatgläubiger Güldensterns fragt an, ob es Zweck habe, nach § 135 HGB vorzugehen.
b) Ist ein Abfindungsausschluss generell unzulässig?

Zu a) Durchaus, denn die Vertragsklausel ist sittenwidrig: Sie dient ausschließlich der Gläubigerbenachteiligung. Kredit wird jeweils auf der Grundlage des vorhandenen Vermögens gewährt und der Schuldner darf deshalb einzelne Vermögensgegenstände nicht in einem Vertrag zulasten der Kreditgeber von der Einzel- oder Gesamtvollstreckung ausnehmen. Diese Regel gilt für alle Gesellschaftsarten (BGHZ 65, 22, 29).

Zu b) Wird die Kündigung dadurch materiell erschwert, dass gerade für diesen Fall jede Abfindung ausgeschlossen wird, verstößt das gegen § 723 Abs. 3 BGB. Ein genereller Abfindungsausschluss verstößt bei Erwerbsgesellschaften gegen § 138 BGB (str.). Akzeptiert wird dagegen ein Abfindungsausschluss bei Gesellschaften mit ideeller Zwecksetzung und im Todesfall. Gilt dieser Abfindungsausschluss im Todesfall für **alle** Gesellschafter, erhält jeder als Entgelt die eigene Profitchance; gilt der Ausschluss nur für den Tod eines bestimmten Gesellschafters, begünstigt dieser seine Mitgesellschafter schenkweise, sodass seine Erben durch § 2325 BGB geschützt sind.

159. Rechtskontrolle von Abfindungsbeschränkungen

In welchem Umfang müssen sich ausscheidende Gesellschafter abfindungsbeschränkende Klauseln entgegenhalten lassen?

a) **Wirksamkeitskontrolle:** Die Klausel kann bereits bei Vertragsschluss nach §§ 723 Abs. 3, 134 BGB und auch nach § 138 BGB unwirksam sein. § 138 BGB will dem Handelnden keinen Teilerfolg belassen und führt damit zur gesetzlichen, also vollen Abfindung. Jedoch sind Fälle anfänglicher Sittenwidrigkeit wegen Übervorteilung eines Mitgesellschafters selten.

b) **Ausübungskontrolle:** Insbesondere durch Buchwertklauseln (vgl. Fall 157) entwickelt sich bis zum Zeitpunkt des Ausscheidens oft ein Missverhältnis zwischen dem verabredeten Wert und dem Verkehrswert der Beteiligung. In solchen Fällen kommt eine ergänzende Vertragsauslegung in Betracht: Wären sich die Gesellschafter des Problems bewusst gewesen, hätten sie z. B. vereinbart, dass die Abfindung mindestens die Hälfte des Verkehrswertes betragen solle (vgl. Fall 439). Der BGH stellt dabei nicht nur auf den hypothetischen Parteiwillen ab, sondern wägt die beiderseitigen Interessen objektiv gegeneinander ab (BGHZ 123, 281; 126, 226). Stets ist nach dem Anlass des Ausscheidens zu differenzieren: Setzt der Ausgeschiedene selbst den wichtigen Ausschlussgrund, so kann ihm eine ungünstige vertragliche Regelung in weiterem Maße zugemutet werden, als wenn er wegen eines in einem anderen Gesellschafter liegenden wichtigen Grundes kündigt. – Formal müsste man zweistufig vorgehen: Ist der Vertrag so klar, dass (1.) eine ergänzende Auslegung ausscheidet, kann man eine Anpassung auf (2.) § 242 BGB stützen: Auf eine Klausel, die im Einzelfall z. B. mehr als die Hälfte des Verkehrswertes vorenthält, dürfen sich die Mitgesellschafter insoweit nicht berufen. Diese können ihre eigenen Interessen auch nicht mit der Fortführung des Unternehmens verbrämen, da auch eine geringe Abfindungssumme sie nicht daran hindert, das Unternehmen in naher Zukunft zu veräußern oder zu verlagern und den Erlös unter sich zu verteilen. Das gleiche Ergebnis kann sich aus § 313 BGB ergeben.

6. Übertragung, Vererbung und Belastung von Mitgliedschaftsrechten

160. Wechsel aller Gesellschafter

In einer offenen Handelsgesellschaft verkaufen alle drei Gesellschafter ihre Gesellschaftsanteile an je einen neuen Gesellschafter. Können die drei neuen Gesellschafter die Gesellschaft fortführen?

Durch Verträge mit den übrigen Gesellschaftern kann ein Gesellschafter ausscheiden und ein anderer (mit neuem Anteil) eintreten. Alternativ kann der Mitgliederwechsel auch – wie hier – durch einen derivativen Erwerb **bestehen bleibender**

Gesellschaftsanteile im Wege einer Vertragsübernahme (§§ 398, 413, 414 f. BGB) vollzogen werden (BGHZ 13, 179, 185; 44, 229, 231). Dann können im allseitigen Einverständnis auch sämtliche Gesellschafter gleichzeitig aus der Gesellschaft ausscheiden und diese von den neuen Teilhabern fortgesetzt werden. Dies erhellt, bis zu welchem Grad auch die Personengesellschaft als vom Mitgliederwechsel unabhängig gedacht werden kann.

161. Vererbung der Mitgliedschaft

Warum ergeben sich bei der Vererbung der Mitgliedschaft Probleme?

Dass die Mitgliedschaft ein **selbstständiges Vermögensrecht** darstellt, ist vom HGB wenig und vom BGB nicht bedacht worden. Zwar führt das Ausscheiden eines Gesellschafters nach § 131 Abs. 3 HGB nicht zur Auflösung der OHG. Konflikte können aber unter anderem auftreten, wenn die Gesellschafter im Gesellschaftsvertrag keine ausreichende Vorsorge für ihre Nachfolge getroffen haben. Das Einrücken einer Gemeinschaft aus desinteressierten, streitenden, fachfremden oder haftungsscheuen Erben (oder eines bürokratischen Testamentsvollstreckers) würde sich nicht mit dem Bild der **persönlichen** Arbeits- und Haftungsgemeinschaft vertragen. Deshalb erhält jeder Erbe eine gesonderte Gesellschafterstellung (vgl. Fall 164) und der Gesellschaftsvertrag kann regeln, dass nur **einzelne** Erben nachfolgeberechtigt sind. Das verträgt sich umgekehrt schlecht mit der erbrechtlichen Gesamtrechtsnachfolge.

Zum Stand der Vererbungslehre in Personengesellschaften vgl. *Wiedemann,* FS Großfeld, 1999, S. 1309.

162. Ein Gesellschaftererbe wartet auf Auszahlung.

Zwischen den Gesellschaftern der Max Dilthey OHG ist vereinbart: *„Stirbt ein Gesellschafter, treten seine Erben in die Gesellschaft ein."* Nach dem Tod von Max Dilthey verlangt dessen einziger Sohn und Erbe Paul, der Geschäftsanteil seines Vaters solle ihm mit Ablauf des Geschäftsjahres ausgezahlt werden. Die übrigen Gesellschafter entgegnen, auch Paul sei an die im Gesellschaftsvertrag unstreitig vereinbarte fünfjährige Kündigungsfrist gebunden. Kann Paul diese wegen der Haftung für die Gesellschaftsschulden gefährliche Rechtslage vermeiden?

Ja. Zwar haben die übrigen Gesellschafter Recht. Der als Erbe in die Gesellschaft eintretende Nachfolger ist an die im Vertrag vereinbarten Kündigungsfristen gebunden. Paul kann als Erbe sein Verbleiben in der Gesellschaft aber davon abhängig machen, dass ihm die Stellung eines Kommanditisten eingeräumt und als Kommanditeinlage die „Einlage" (gemeint: der Kapitalanteil) seines Vaters anerkannt wird; etwa ausstehende Einlagen und unzulässige Entnahmen muss Paul aber einzahlen. § 139 HGB will den Interessenkonflikt lösen, dass der Erbe sonst entweder mit der Übernahme der Gesellschafterstellung für sämtliche Geschäftsschulden haften oder die Erbschaft insgesamt ausschlagen müsste. Die übrigen Gesellschafter sind nicht verpflichtet, Paul als Kommanditisten aufzunehmen. Lehnen sie seinen Antrag ab, so kann der Erbe nach § 139 Abs. 2 HGB innerhalb der Frist des Abs. 3 sofort aus der Gesellschaft austreten und sofortige Abfindung verlangen (§ 738 Abs. 1 Satz 2 BGB, § 105 Abs. 3 HGB). Er gilt dann in keinem Zeitpunkt als Gesellschafter, sondern nur als Erbe. Als solcher hat er auch für die zwischenzeitlich begründeten Schulden der OHG persönlich einzustehen, kann aber seine Haftung erbrechtlich beschränken (§ 139 Abs. 4 HGB).

163. Erbe und Handelsregister

Ein Gläubiger der Max Dilthey OHG will gegen Paul gemäß § 128 HGB vorgehen. Der Hinweis, dass Paul gemäß § 139 Abs. 2 HGB sein Ausscheiden aus der Gesellschaft erklärt hat, beunruhigt ihn nicht weiter. Denn dass Paul seine Haftung für Forderungen beschränken kann, die in der dreimonatigen Übergangszeit entstanden sind, war nicht im Handelsregister eingetragen. Ist seine Ruhe gerechtfertigt?

Mitnichten. Nach § 15 Abs. 1 HGB (negative Publizität) darf man nur darauf vertrauen, dass kraft Gesetzes **einzutragende** Tatsachen fehlen. Der Vorbehalt der Haftungsbeschränkung nach § 139 Abs. 4 HGB ist aber weder eintragungspflichtig noch eintragungsfähig. Aus gutem Grund: Dem Handelsregister wäre u. a. ein Erbschein vorzulegen. Der ist aber nicht sofort und selbst innerhalb der Drei-Monats-Frist des § 139 Abs. 3 HGB kaum zu erlangen, sodass der Schutz des Erben nach § 139 Abs. 4 HGB illusorisch würde (BGHZ 55, 267, 273).

Beachte: Das Ausscheiden nach § 139 Abs. 2 HGB kann einseitig erklärt oder mit den übrigen Gesellschaftern vereinbart werden (BGHZ 55, 267, 271).

164. Wie haftet der Miterbe eines Gesellschaftsanteils?

Arnold, Neuberg und Reusch bilden eine offene Handelsgesellschaft. Im Gesellschaftsvertrag ist u. a. vereinbart: *„Im Falle des Todes eines Gesellschafters wird die Gesellschaft mit dessen Erben fortgesetzt.“* Arnold stirbt, ohne ein Testament errichtet zu haben, und hinterlässt seiner Frau Frida, seinem Sohn Sigfried und seiner Tochter Thea den Gesellschaftsanteil und erhebliche andere Vermögenswerte.

Eine Woche nach seinem Tod verstärkt sich die Trauer von Frida noch dadurch, dass sich die Kreissparkasse K an sie wendet und ein der Gesellschaft gewährtes Darlehen in Höhe von 50 000 EUR geltend macht. Frida findet dieses Vorgehen pietätlos und möchte die Zahlung trotz Annahme der Erbschaft verweigern. Zu Recht?

Nach dem Gesellschaftsvertrag treten an die Stelle des Gesellschafters Arnold dessen Erben. Man nennt dies **„erbrechtliche Nachfolgeklausel“.** So können die Gesellschafter ihre Anteile vererblich stellen, den Vollzug der Rechtsnachfolge im Todesfall aber dem Erbrecht überlassen (vgl. BGHZ 22, 186, 191; 68, 225, 229).

Einer Haftung Fridas nach § 128 HGB steht möglicherweise entgegen, dass sie Mitglied der aus Siegfried, Thea und Frida bestehenden Erbengemeinschaft ist (§ 2059 BGB). Doch wird nicht die Erbengemeinschaft als solche Mitglied einer Personengesellschaft, auch dann nicht, wenn der Gesellschaftsanteil wie hier generell vererblich gestellt wird (sog. einfache oder unbeschränkte Nachfolgeklausel). Mit dem Wesen der Personengesellschaft als zumeist persönlichkeitsbezogener Arbeits- und Haftungsgemeinschaft verträgt sich weder die gesamthänderische Bindung der Erbengemeinschaft (§ 2032 BGB) noch die Möglichkeit der Haftungsbeschränkung der Erben (§ 2059 BGB). Im Interesse der Vererblichkeit musste daher der Grundsatz der Gesamtnachfolge im Wege der Rechtsfortbildung zugunsten einer **Sonderrechtsnachfolge** der einzelnen Miterben zurücktreten. Alle Miterben – hier auch Frida – erwerben den Gesellschaftsanteil entsprechend ihrer Beteiligung am Nachlass **unmittelbar** und im Wege einer sich kraft Gesetzes vollziehenden Teilerbauseinandersetzung **geteilt** und werden nach dieser Maßgabe automatisch Gesellschafter (*BGH* NJW 1983, 2376, 2377). Die übrigen Nachlassgegenstände erwerben sie als Erbengemeinschaft.

Als persönlich haftende Gesellschafterin haftet Frida der K gleichwohl nicht unbeschränkt gemäß § 128 HGB. Denn die Schutzvorschrift des § 139 Abs. 2–4 HGB würde ins Leere gehen, wenn Frida während der Schwebezeit des § 139 Abs. 3 HGB voll haften müsste. Vielmehr hat der Erbe in analoger Anwendung des § 139 Abs. 4 HGB innerhalb der Drei-Monats-Frist die Möglichkeit, die Haftung auf den Nachlass zu beschränken, kann sich also insbesondere auf § 2059 Abs. 1 Satz 1 BGB berufen. Geteilt wurde der Nachlass mit der gesetzlichen Sonderrechtsnachfolge nämlich noch nicht: Der Gesellschaftsanteil macht hier nicht das wesentliche Vermögen Arnolds aus. Eine Woche nach seinem Tod ist sicherlich auch noch keine rechtsgeschäftliche Nachlassteilung vorgenommen worden. Frieda haftet daher zurzeit nur mit ihrem Anteil am Nachlass.

165. Bindung der OHG an eine Familie

**Im Gesellschaftsvertrag der Bober & Wagner OHG heißt es u. a.: *„Beim Tode eines Gesellschafters wird die Gesellschaft mit seinen Erben fortgesetzt, soweit sie nachfolgeberechtigt sind. Nachfolgeberechtigt sind nur leibliche Abkömmlinge, Mitgesellschafter und deren leibliche Abkömmlinge."*
Wie nennt man solche Klauseln und mit welcher Unternehmenspolitik sind diese oft verbunden?**

Es handelt sich um ein Beispiel für eine **qualifizierte** erbrechtliche Nachfolgeklausel, durch welche nicht alle, sondern nur einer oder einzelne Miterben in die Gesellschafterstellung nachrücken sollen. Die Gesellschafter wollen das Unternehmen und die Herrschaft der Familie im Unternehmen über Generationen erhalten. Sie haben es in der Hand, durch entsprechende Vertragsklauseln das Gesellschaftsvermögen einzelnen oder allen Familienmitgliedern der Gründerfamilie(n) zu reservieren. Zu diesem Zweck werden auch Kapital- und sogar Gewinnausschüttungen nach Möglichkeit gedrosselt. Dies führt zu einer Stärkung des Eigenkapitals; das wird dem Kapitalmarkt insoweit entzogen, als die anderweitige Neuanlage von Gewinnen unterbleibt. Geeignete Führungskräfte werden meist nur aus dem Kreis der Familienmitglieder ausgewählt.

166. Weichende Erben

Im Gesellschaftsvertrag ist vorgesehen, dass die Gesellschaft im Todesfall eines Gesellschafters nur mit einem Erben fortgesetzt werden soll, dessen Bestimmung einer letztwilligen Anordnung des einzelnen Gesellschafters überlassen bleiben soll. Bei seinem Tode hinterlässt Arnold ein Testament, in dem er Frida, Sigfried und Thea zu Erben einsetzt, Sigfried jedoch als alleinigen Nachfolger in die Gesellschaft benennt.
a) Wer wird mit Arnolds Tod Gesellschafter?
b) Haben Frida und Thea als Miterben oder aus einem anderen Rechtsgrund einen Ausgleichsanspruch?
c) Kann der Erblasser den Ausgleich unter den Erben vermeiden?

Zu a) Der qualifizierten Nachfolgeklausel entsprechend erwirbt nur der bevorrechtigte Erbe die Mitgliedschaft, und zwar nicht nur in Höhe seines Erbanteils, sondern im Wege der Vollnachfolge unmittelbar und ungeteilt (BGHZ 68, 225, 237). Sigfried ist damit alleiniger Nachfolger in den Gesellschaftsanteil des Arnold geworden. Die Erbschaft im Übrigen fällt den Erben als Gesamthandsgemeinschaft zu.

Zu b) Abfindungsansprüche der weichenden Erben gegen die Gesellschaft entstehen nicht, weil der Gesellschaftsanteil vom eintretenden Erben vollständig übernommen wird. Erbrechtliche Ausgleichsansprüche hat Arnold in seinem Testament dagegen nicht ausgeschlossen. Die Nachfolgeregelung betrifft hier die gegenständliche, nicht die wertmäßige Aufteilung des Gesamtnachlasses unter den Miterben. Sigfried ist daher gegenüber Frida und Thea zum Ausgleich verpflichtet, soweit der Wert des Gesellschaftsanteils den Wert seiner Erbquote übersteigt. Die Sonderrechtsnachfolge ist also nicht mehr als eine automatisch vollzogene Teilungsanordnung. Wegen dieser dinglichen Wirkung ist es dem nachfolgenden Erben, hier Siegfried, anders als bei der schuldrechtlichen Teilungsanordnung (§ 2048 BGB), nicht möglich, die Ausgleichszahlung und damit die Teilungsanordnung abzulehnen.

Ein Teil der Literatur zieht § 1978 BGB oder §§ 2050 ff. BGB analog heran. Der BGH stützt den Ausgleichsanspruch auf § 242 BGB (BGHZ 22, 186, 197).

Zu c) Eine Ausgleichspflicht kann der Erblasser ausschließen, indem er den Nachfolger z. B. mit einem Vorausvermächtnis oder einer erhöhten Erbquote begünstigt, die dem Wertverhältnis zwischen Gesellschaftsanteil und Gesamtnachlass entspricht; vgl. aber §§ 2305 f. BGB.

167. Der vorgesehene Nachfolger wird nicht Erbe

a) Arnold, Reusch und Neuberg einigten sich im Gesellschaftsvertrag, dass die Gesellschaft beim Tode eines Gesellschafters mit dessen Abkömmlingen als Erben fortgesetzt wird. Im Testament setzt Arnold aber nicht seine Kinder Sigfried und Thea, sondern seine Frau Frida als seine Alleinerbin ein. Wer ist mit Arnolds Tod an dessen Stelle Gesellschafter geworden?
b) Wie sich aus einem Vorwort zu der Klausel ergibt, wird mit ihr bezweckt, die Gesellschaft langfristig als Familienunternehmen zu erhalten. Der Gesellschafter Reusch ist aber dagegen, dass Sigfried und Thea als neue Gesellschafter aufgenommen werden. Ist dies dennoch möglich?
c) Wie kann gesellschaftsrechtlich verhindert werden, dass mit dem Ausscheiden eines Gesellschafters infolge seines Todes Geld aus der Gesellschaft fließt?

Zu a) Niemand. Die Alleinerbin Frida erfüllt nicht die Voraussetzungen der Nachfolgeklausel, weil sie kein Abkömmling ist. Sigfried und Thea sind nicht Erben geworden.

Zu b) Für die Aufnahme von Sigfried und Thea als neue Gesellschafter fehlt es an der erforderlichen Einstimmigkeit der verbliebenen Gesellschafter. In dieser Situation kann nur eine ergänzende Auslegung des Gesellschaftsvertrages dahingehend helfen, dass Sigfried und Thea im Falle des Scheiterns der vorgesehenen Nachfolgeregelung ein Eintrittsrecht in die Gesellschaft im Wege eines Vertrages zugunsten Dritter zustehen sollte **(Eintrittsklausel).** Für einen hypothetischen Willen, die Lücke so zu füllen, spricht entscheidend der mit der Nachfolgeklausel verfolgte Zweck, die Gesellschaft unabhängig von den Willen einzelner Gesellschafter langfristig als Familienunternehmen zu erhalten. Die Eintrittsklausel wird so zum **Auffangtatbestand** im Falle des Scheiterns von erbrechtlichen und rechtsgeschäftlichen Nachfolgeklauseln (vgl. BGHZ 68, 225, 233; *BGH* NJW 1978, 264, 265).

Sigfried und Thea haben danach mit Arnolds Tod einen schuldrechtlichen Anspruch gegen Neuberg und Reusch auf Aufnahme in die Gesellschaft erworben. Um ihn zu erfüllen, müssen alle vier die Aufnahme vereinbaren und damit den Gesellschaftsvertrag ändern. Allerdings werden Sigfried und Thea ihr Eintrittsrecht aus finanziellen Gründen nur dann ausüben, wenn sie – etwa kraft eines Vermächtnisses – auch den Frida zustehenden Abfindungsanspruch (buchungstechnisch: Arnolds Kapitalanteil) erhalten, sodass dieser auf ihre Einlagepflichten angerechnet werden kann.

Zu c) Dass anlässlich eines Erbfalls Kapital aus der Gesellschaft abfließt, lässt sich zum einen vermeiden, indem man eine einfache Nachfolgeklausel vereinbart. Zum anderen lässt sich der Kapitalabfluss begrenzen oder vermeiden, indem die Gesellschafter für den Todesfall gegenseitig auf ihre Abfindungsansprüche verzichten oder diese beschränken (vgl. Fall 157). Dabei entstehen keine erbrechtlichen Ausgleichsansprüche wegen Schenkung (§§ 2325, 2329 BGB): Das Rechtsgeschäft ist entgeltlich, weil in dem Verlustrisiko eines jeden Gesellschafters zugleich die Chance liegt, den Anteil im Todesfalle eines anderen Gesellschafters zu vergrößern.

*168. Testamentsvollstreckung

a) In der Schmölder & Co. KG enthält der Gesellschaftsvertrag eine weitergehende Klausel dahin, der Erblasser dürfe für einen minderjährigen Nachfolger den Prokuristen der Wirtschaftsprüfungs-GmbH Guido Treu als Testamentsvollstrecker bestellen. Dieser solle den Nachlass und die Beteiligungsrechte bis zur Volljährigkeit verwalten. Im Zeitpunkt des Todes seines Vaters ist Karl Schmölder noch minderjährig. Der Prokurist Treu möchte in der nächsten Gesellschafterversammlung für den Erben auftreten. Die restlichen Gesellschafter sind damit einverstanden. Karl Schmölder widerspricht. Zu Recht?
b) Wie ist die Rechtslage, wenn Vater Schmölder Kommanditist war?

Zu a) Die Problematik einer Testamentsvollstreckung in der OHG und KG ist nicht ganz geklärt. Die Sondererbfolge ändert nichts daran, dass der geerbte Gesellschaftsanteil zum Nachlass gehört; sie steht der Testamtensvollstreckung also nicht entgegen. Problematisch ist aber, dass der Testamentsvollstrecker den Erben gemäß § 2206 BGB ohne dessen Einverständnis nicht über „den Nachlass" hinaus verpflichten könnte: In der KG entstehende Verbindlichkeiten wären durch den Testamentsvollstrecker auch mit veranlasst, wenn er nur an der Gesellschafterversammlung teilnehmen darf und sich lediglich an der inneren Willensbildung beteiligt. Für daraus entstehende Nachlassverbindlichkeiten ist die Haftung beschränkbar. Ein persönlich haftender Gesellschafter haftet aber notwendigerweise nach § 128 HGB unbeschränkt und damit über den Nachlass hinaus (BGHZ 24, 106, 112 f.). Die normale Verwaltungsvollstreckung an der Mitgliedschaft eines Komplementärs ist daher unzulässig.

Die angeordnete Testamentsvollstreckung geht aber nicht vollends ins Leere. Sie verhindert, dass der Erbe über den geerbten Gesellschaftsanteil verfügen kann (§ 2211 BGB) und seine Eigengläubiger in den Anteil und daraus erwachsene Vermögensrechte vollstrecken können (§ 2214 BGB). Denn mit seiner **„Außenseite"** unterliegt der Gesellschaftsanteil dem Machtbereich des Testamentsvollstreckers (BGHZ 98, 48, 56 f.). Der in der Anordnung der Testamentsvollstreckung zum Ausdruck gekommene Wille des Erblassers, auch die „Innenseite" abzudecken, kann nur dadurch verwirklicht werden, dass der Testamentsvollstrecker den Anteil als Treuhänder übernimmt, also nach außen im eigenen Namen, unter eigener Verantwortung und für Rechnung der Erben. Nur selten findet sich ein Treuhänder bereit, auf ein derart riskantes Unterfangen einzugehen. Man kann erwägen, die Mitgliedschaft für die Zeit der Verwaltungsvollstreckung in eine Kommanditbeteiligung umzuwandeln.

Zu b) Die dauernde Testamentsvollstreckung an einem **Kommanditanteil** wird seit BGHZ 108, 187, 195 akzeptiert. Sie ist selbst dann zumutbar und deshalb zulässig, wenn die Kommanditeinlage noch nicht voll eingezahlt war, die Haftung dafür also auf den Erben übergeht, ohne dass er sich insoweit auf die beschränkte Erbenhaftung berufen könnte. Denn die Haftung ist begrenzt, er kennt diese Grenze und kann die Erbschaft notfalls ausschlagen. Maßnahmen des Testamentsvollstreckers, die zu einer persönlichen Haftung des Erben führen – wie etwa die Rückzahlung der Einlage nach § 172 Abs. 4 HGB – gelten nicht mehr als ordnungsgemäße Verwaltung des Nachlasses (§§ 2216 Abs. 1, 2219 BGB). – Jede Testamentsvollstreckung an der „Innenseite" des Gesellschaftsanteils setzt die Zustimmung der Mitgesellschafter voraus.

*169. Nießbrauch

Was versteht man unter einem Nießbrauch
a) am Unternehmen,
b) an Geschäftsanteilen?

Der Nießbrauch ist das dingliche, unveräußerliche und unvererbliche Recht, die Nutzungen einer Sache oder eines Rechts zu ziehen, ohne vollständiger Rechtsinhaber zu werden (§§ 1030 ff. BGB).

Zu a) Ist ein **Unternehmen** Gegenstand des Nießbrauchs, so richten sich Bestellung und Abwicklung grundsätzlich nach den Vorschriften des BGB über den Nießbrauch an Sachen und Rechten (§§ 1030–1084 BGB). Wegen des sachenrechtlichen Spezialitätsprinzips muss der Nießbrauch an sämtlichen Sachen und Rechten bestellt werden. Es ist klarzustellen, dass die Einzelgegenstände als Bestandteil eines Unternehmens mit einem Nießbrauch belastet werden. Ihre wirtschaftliche Zweckbestimmung nach § 1036 Abs. 2 BGB fasst diese einzelnen Nießbrauchsgegenstände wie auch immaterielle Werte so zu einem einheitlich dinglich wirkenden Recht am Unternehmen im Ganzen zusammen (vgl. auch § 22 Abs. 2 HGB, § 102 Abs. 2 VVG). Das Nutzungsrecht umfasst dann nicht nur die einzelnen Sachen und Rechte, sondern auch die Immaterialgüter (wie z. B. den Ruf des Unternehmens, die Kundschaft, Organisation, Geschäftserfahrungen und die Beziehungen zu Lieferanten). Werden Vermögensgegenstände des Anlagevermögens ausgetauscht, besteht der Nießbrauch an den neu erworbenen Gegenständen fort und das Umlaufvermögen wird analog § 1067 BGB Eigentum des Nießbrauchers.

Zu b) Der Nießbrauch an **Geschäftsanteilen** (Aktien, GmbH-Anteilen, Anteilen an Personenhandelsgesellschaften usw.) folgt den Vorschriften des Nießbrauchs an Rechten (§§ 1068 ff. BGB). In Personengesellschaften bedarf es der Zustimmung der übrigen Gesellschafter (§ 1069 Abs. 2 BGB). Natürlich wird der Nießbraucher nicht Gesellschafter mit allen Rechten und Pflichten – das wäre eine Treuhandabtretung. Gesellschafter und Nießbraucher stehen vielmehr in einer Rechtsgemeinschaft, in welcher die Substanz der Mitgliedschaft beim Besteller verbleibt, der Periodengewinn dagegen dem Nießbraucher zugeordnet ist. Umstritten ist, ob und in welchem Umfang dem Nießbraucher Mitverwaltungsrechte zustehen.

Schrifttum: *Schön,* ZHR 158 (1994), S. 229; *K. Schmidt,* ZGR 1999, 601.

*170. Sinn des Nießbrauchs

Welchen wirtschaftlichen Sinn hat die Bestellung eines Nießbrauchs am Unternehmen oder an Geschäftsanteilen?

a) Beim **„Vorsorge-Nießbrauch"** behält der Unternehmer bzw. Gesellschafter das Stammrecht. Das Nutzungsrecht – meist nur auf Erträge – bestellt er seiner Ehefrau oder einer anderen Person, deren Versorgung er auch über seine Lebzeiten hinaus sichern will.

b) Im Falle des **„Nießbrauch-Vorbehalts"** überträgt der Unternehmer oder Gesellschafter das Stammrecht (meist als vorweggenommene Erbfolge), behält sich aber selbst den Nießbrauch vor. Im Falle des Unternehmensnießbrauchs erhält er sich hierdurch Einfluss durch die Geschäftsführung und auf die Früchte des Unternehmens und kann diese behalten (§§ 1036, 1039 BGB).

Der Nießbrauch kann sich auch auf eine bestimmte Quote am Ertrag des Geschäftsanteils oder des Unternehmens beschränken. Der Anlass für beide Gestaltungsformen ist steuerlicher Art. Durch die Abspaltung des Nutzungsrechts (also der entnahmefähigen Gewinne) vom Stammrecht vermindern sich die Auswirkungen der Steuerprogression; Freibeträge lassen sich mehrfach ausnutzen.

7. Liquidation der Gesellschaft

171. Auflösung und Handelsgewerbe

Die nicht eingetragene Gebrüder Alt OHG wird durch einstimmigen Beschluss ihrer Gesellschafter aufgelöst. Ist sie nunmehr BGB-Gesellschaft?

Nein. Zwar entfallen einige Merkmale des Handelsgewerbes nach §§ 1, 105 Abs. 1 HGB im Zuge fortschreitender Abwicklung (vgl. Fall 90), wie z. B. der kaufmännische Umfang und die unbestimmte Vielzahl geplanter Geschäfte. Nach § 156 HGB sind die Regeln des OHG-Rechts aber grundsätzlich weiterhin anzuwenden.

172. Liquidatoren

Wer ist geborener, wer gekorener Liquidator einer offenen Handelsgesellschaft?

Gemäß § 146 Abs. 1 HGB sind grundsätzlich **alle Gesellschafter** (geborene) Liquidatoren, in der KG auch die Kommanditisten. Darauf, wie Geschäftsführung und Vertretungsmacht bisher verteilt waren, kommt es nicht an. Scheiden aufgrund einer Auflösungsklausel Miterben nicht nach § 131 Abs. 3 Nr. 1 HGB aus und hat der Erblasser keinen Testamentsvollstrecker vorgesehen, müssen die Erben einen gemeinsamen Vertreter bestellen (§ 146 Abs. 1 Satz 2 HGB).

Der Gesellschaftsvertrag oder ein Beschluss der Liquidationsbeteiligten kann statt der geborenen Liquidatoren einzelne von ihnen oder andere Personen zu (gekorenen) Liquidatoren bestellen. Der Grundsatz der Selbstorganschaft (vgl. Fall 136) ist mithin in der Liquidationsgesellschaft aufgegeben worden.

*173. Kapitalkontenausgleich

Die zwischen Arends, Beck und Cotta bestehende Handelsgesellschaft ist aufgelöst und die Liquidation angemeldet worden. Nach Bezahlung der Gesellschaftsschulden und Versilberung des Gesellschaftsvermögens bleibt ein Bankguthaben von 18 000 EUR. Arends hat einen positiven Kapitalanteil von 18 000 EUR, Beck einen solchen von 6 000 EUR, während der Kapitalanteil des Cotta mit 6 000 EUR negativ ist.
a) Welchen Anteil des verbliebenen Kontoguthabens kann Arends von der OHG verlangen?
b) Hat Arends gegen Cotta einen Ausgleichsanspruch? Wenn ja, in welcher Höhe?

Zu a) Gemäß § 155 HGB ist das verbleibende Vermögen auf die Gesellschafter (mit positivem Kapitalanteil) entsprechend ihren Kapitalanteilen zu verteilen (vgl. Fall 132). Arends erhält mithin 13 500 EUR.

Zu b) Ja. Cotta muss seinen negativen Kapitalanteil ausgleichen. Der Kapitalanteil stellt während des Bestehens der Gesellschaft keine Schuld dar. Ist ein Kapitalanteil in der Schlussbilanz der Liquidatoren negativ, so genügt das Vermögen der OHG nicht, um die Inhaber der positiven Kapitalanteile zu befriedigen. Es entstehen dann hinsichtlich der noch offenen Beträge Ausgleichsansprüche unter den Gesellschaftern nach § 105 Abs. 3 HGB, § 735 BGB. Dabei gehen die in § 735 BGB genannten Einlagen wertmäßig in die Schlussabrechnung der GbR (§ 733 Abs. 2 BGB) ebenso ein wie in die Kapitalkonten der OHG-Gesellschafter (§ 155 Abs. 1 HGB).

Der Ausgleich vollzieht sich nach h. M. außerhalb der Liquidation. Die Liquidatoren sind zum Kontenausgleich nur befugt, wenn sie über die gesetzliche Regelung hinaus von den Gesellschaftern hierzu beauftragt wurden. Der von Cotta zu zahlende Betrag wird entsprechend den positiven Kapitalanteilen der beiden anderen Gesellschafter verteilt; Arends hat also einen Ausgleichsanspruch in Höhe von 4 500 EUR.

174. Unternehmensveräußerung

Können die Liquidatoren, anstatt die einzelnen Vermögensbestandteile zu versilbern, das Unternehmen als Ganzes an einen Dritten veräußern? Können sie zu diesem Zweck den Betrieb bis zum Verkauf mit allen dafür notwendigen Geschäftsführungsmaßnahmen fortführen?

Ja. Es steht im pflichtgemäßen Ermessen der Liquidatoren, *wie* sie das Gesellschaftsvermögen verwerten wollen. Anders als in der werbenden Gesellschaft ist ein zustimmender Gesellschafterbeschluss angesichts des Abwicklungszwecks nicht erforderlich. Unter den weit auszulegenden § 149 Satz 1 Hs. 2 HGB fallen insbesondere Rechtsgeschäfte, die den Liquidationserlös sichern, indem sie einen Produktionsbetrieb fortsetzen, bis er verkauft werden kann.

175. Firmenveräußerung

Können die Liquidatoren das Geschäft mit Firma veräußern? Auch dann, wenn einer der Gesellschafter dem widerspricht? Spielt es eine Rolle, ob die Gesellschafter, deren Namen in der Firma enthalten sind, zustimmen?

Die Firma hat eine Doppelfunktion als Vermögenswert und Persönlichkeitsrecht aller Gesellschafter. Sie müssen deshalb zustimmen, wenn mit dem Unternehmen auch die Firma veräußert wird, bei einer Personalfirma also auch diejenigen Gesellschafter, deren Namen nicht enthalten sind. Nach h. M. gilt das auch bei einer Sachfirma – mit der man die Gesellschafter nicht im gleichen Maße identifizieren wird wie mit einer Personalfirma. Ohne Zustimmung aller Gesellschafter könne der Liquidator in das Persönlichkeitsrecht nicht eingreifen (RGZ 158, 226, 230 f.). Anders als im Insolvenzverfahren besteht hier kein überwiegendes schützenswertes Gläubigerinteresse an der Verwertung des Vermögensrechts. Außerdem benötigt die OHG im Liquidationsstadium eine Ersatzfirma, deren Auswahl ohnehin der Gesellschaftergesamtheit zusteht. Im Einzelfall können die Gesellschafter aus der mitgliedschaftlichen Treuepflicht angehalten sein, der Veräußerung zuzustimmen, z. B. wenn die Verweigerung nur geschieht, um die Mitgesellschafter zu schädigen.

Beachte: In der **Insolvenz** überwiegt bei einer ab Mitte 1998 gewählten Personalfirma das in die Insolvenzmasse fallende Vermögensrecht gegenüber dem Persönlichkeitsrecht. Denn damals entfiel der Zwang in § 18 HGB, den Gesellschafternamen in die Firma der Personengesellschaft aufzunehmen. Wer seinen privaten Namen später gleichwohl vorbehaltlos zur Verfügung gestellt hat, hat ihn freiwillig kommerzialisiert. Der Insolvenzverwalter darf das Unternehmen samt Personalfirma verwerten und eine neue Ersatzfirma bestimmen (BGHZ 109, 364, 366 ff. zur GmbH & Co. KG).

176. Rechnungsposten

Arends hat auf Verlangen der Gemeindeverwaltung Untergründemich, wo die OHG ihren Sitz hat, rückständige Gewerbesteuern der Gesellschaft in Höhe von 7 000 EUR gezahlt. Während der Liquidation verlangt Arends den vorgeschossenen Betrag von seinen Mitgesellschaftern und von der Gesellschaft selbst zurück. Wird eine Klage Erfolg bieten?

Nein. Man muss unterscheiden:

a) Nach h. A. können Ansprüche eines Gesellschafters wegen Aufwendungsersatz gemäß § 110 HGB primär nur gegen die Gesellschaft und höchstens subsidiär gegen die Mitgesellschafter geltend gemacht werden. Diese Rangfolge gilt auch im Liquidationsstadium. Nur wenn eine Befriedigung aus der Gesellschaftskasse unmöglich ist, kann der einzelne Gesellschafter sich wegen seines Erstattungsanspruchs *pro rata* an die anderen Teilhaber halten.

b) Der Anspruch gegen die Gesellschaft ändert mit der Auflösung der Gesellschaft seine Rechtsnatur. Die auf dem Gesellschaftsverhältnis beruhenden Ansprüche können dann nicht mehr selbstständig geltend gemacht werden (sog. Durchsetzungssperre), sondern verwandeln sich in **unselbstständige Rechnungsposten** der

Auseinandersetzungsrechnung. Praktisch wird also die Geltendmachung von Gesellschafterforderungen an den Schluss der Auseinandersetzung gedrängt.

Schrifttum: *Freund,* MDR 2011, 577.

8. Nachhaftung

177. Austritt und Auflösung

Die Spät-Bank hatte der Konrad Kurz OHG ein Darlehen auf zehn Jahre gewährt und verlangt es wie vereinbart am 30.4. zurück. Ihr Aufforderungsschreiben kommt als unzustellbar zurück. Aus dem Handelsregister entnimmt sie, dass Kurz schon vor sechs Jahren aus der OHG ausgeschieden war. Die verbliebenen Gesellschafter Böller und Crown hatten die OHG wenige Monate später aufgelöst und ihr Vermögen untereinander aufgeteilt. Die Spät-Bank ist besorgt und bittet Sie um anwaltliche Auskunft.

a) Nach dem Wortlaut des § 128 HGB haften für Schulden der OHG nur Gesellschafter. Deren Haftung dient dem Gläubigerschutz, kann also durch bloße Beendigung der Gesellschafterstellung nicht erlöschen, wie §§ 159, 160 HGB bestätigen. § 128 HGB ist deshalb dahin auszulegen, dass die Eigenschaft als Gesellschafter nur bei Begründung der Schuld vorliegen muss. Mit dem Ausscheiden des Kurz und dessen Eintragung im Handelsregister begann aber die Fünf-Jahres-Frist nach § 160 HGB. Da die Darlehensforderung insbesondere nicht binnen fünf Jahren fällig wurde, ist die Haftung des Kurz inzwischen nicht nur verjährt, sondern erloschen.

b) Auch zugunsten von Böller und Crown läuft eine Fünf-Jahres-Frist (§ 159 HGB). Der Fristablauf gewährt hier nur eine Einrede (§ 214 BGB). Vor allem aber beginnt die Frist erst mit Fälligkeit, wenn die Forderung wie hier erst nach Eintragung der Auflösung in das Handelsregister fällig wird (§ 159 Abs. 3 HGB). Böller und Crown steht die Einrede der Verjährung deshalb nicht zu.

178. Haftungsdauer bei Fortführung als Einzelkaufmann

Die Spät-Bank erstritt im Jahre 2009 ein rechtskräftiges Zahlungsurteil gegen die Arends & Beck OHG. 2010 trat Arends aus der OHG aus und ließ dies ins Handelsregister eintragen. Seitdem führt der einzig verbliebene Gesellschafter Beck das Geschäft mit Nachfolgezusatz unter der bisherigen Firma fort. Wegen der schwierigen Lage des Unternehmens verlangt die Bank erst 2016 Zahlung von Arends und Beck als Gesamtschuldnern. Beide erheben die Einrede der Verjährung. Mit Recht?

a) Beck haftet als **Gesamtrechtsnachfolger** der OHG, hat also nicht die Vorteile eines (ehemaligen) Gesellschafters nach §§ 159, 160 HGB. Die titulierte Forderung gegen die OHG – jetzt gegen Beck – verjährt nach § 197 Nr. 3 BGB erst nach 30 Jahren. Die Rechtsprechung zieht in derartigen Fällen überflüssig zusätzlich § 25 HGB heran.

b) Die Forderung gegen Arends ist gemäß § 160 Abs. 1 HGB fünf Jahre nach seinem Ausscheiden nicht (nur) verjährt, sondern erloschen. Die im Vergleich zu § 159 HGB weitergehende Enthaftung beruht darauf, dass die OHG oder zumindest deren letzter Gesellschafter den Gläubigern als Haftungssubjekt erhalten bleibt.

*179. Endloshaftung

Die Arends & Beck OHG mietet im Jahre 2010 Büroräume an. Ende 2012 scheidet der Gesellschafter Arends aus. Später wird die Miete für Dezember 2015 nicht bezahlt. Kann der Vermieter sie von Arends verlangen?

Nach dem Ausscheiden des Arends hätte der Vermieter den Mietvertrag nach § 580a Abs. 2 BGB ordentlich kündigen können. Eine derartige Kündigungsmöglichkeit befreit, hieß es in BGHZ 70, 132, 136, den ausgeschiedenen Gesellschafter von seiner Haftung für neue Raten aus Dauerschuldverhältnissen. Wenn der Gläubiger eine Auflösungsmöglichkeit nicht ausnutze, verzichte er auf die Weiterhaftung des ausgeschiedenen Gesellschafters. Hintergrund dieser Kündigungstheorie war die bis 1994 geltende Fassung des § 159 HGB. Hiernach bestand eine „Endloshaftung", da die Fünf-Jahres-Frist nicht mit dem Ausscheiden des Gesellschafters, sondern jeweils erst mit Fälligkeit neuer Teilleistungen begann. Diese Endloshaftung wurde durch die Rechtsprechung eingeschränkt und dann durch die Neuordnung der Nachhaftung in § 160 HGB gänzlich beseitigt. Zur Enthaftung kommt es jetzt einheitlich fünf Jahre nach dem Ausscheiden für alle vorher begründeten Ansprüche, gleichgültig, wann sie fällig werden. Entgegen einer in der Rechtslehre anfangs vertretenen Ansicht ist die Kündigungstheorie daher nicht mehr anwendbar (BGHZ 142, 324, 330 f.). Arends haftet bis zum Ablauf der Fünf-Jahres-Frist Ende 2017.

Beachte: Wird das Ausscheiden nicht im Handelsregister eingetragen, beginnt die Enthaftungsfrist gegenüber dem einzelnen Gläubiger, sobald dieser vom Ausscheiden erfährt. Andernfalls würde es zu einer ungerechtfertigten Besserstellung von OHG- gegenüber GbR-Gläubigern kommen, da § 160 HGB nach § 736 Abs. 2 BGB auf die GbR entsprechend anzuwenden ist und es dabei nicht auf Registerpublizität ankommen kann (BGHZ 174, 7).

Kapitel 6. Kommanditgesellschaft

1. Allgemeines

180. Einzugsbereich

Wo liegt der Einzugsbereich der einfachen (= gesetzestypischen) Kommanditgesellschaft und der GmbH & Co. KG?

Die Frage ist schwer zu beantworten, weil die Variationsbreite der Kommanditgesellschaften groß ist. Nach der Vorstellung des Gesetzgebers ist die KG – nach französischem Vorbild – die Vermählung von Arbeit und Kapital im Familienbetrieb. Die Wirklichkeit sieht häufig anders aus. Von der einfachen Bäckerei bis zur Großhandelskette bedient man sich dieser Gesellschaftsform. Sie findet sich auch als Holdinggesellschaft oder als Konzernspitze. Das etwas idyllische Bild der §§ 161 ff. HGB ist von der Kautelarpraxis bis zur Unkenntlichkeit abgewandelt worden.

181. Verbreitung

In welchem Größenverhältnis stehen die Zahl der offenen Handelsgesellschaften, der Kommanditgesellschaften und der Gesellschaften mbH in der Bundesrepublik?

1983 existierten 32 211 offene Handelsgesellschaften, 107 960 Kommanditgesellschaften und 279 793 Gesellschaften mbH. In der Zwischenzeit hat sich das Bild stark verändert: Während die Zahl der zum 1.1.2016 im Handelsregister eingetragenen offenen Handelsgesellschaften auf 24 215 sank, hat sich die Anzahl der Kommanditgesellschaften mit 257 681 mehr als verdoppelt, die der GmbHs inklusive der Unternehmergesellschaft (vgl. Fall 330) mit 1 186 598 mehr als vervierfacht. 80 % der Kommanditgesellschaften sind GmbH & Co. KGs und nur 20 % gesetzestypisch, haben also wenigstens eine natürliche Person als unbeschränkt haftenden Komplementär.

Die Gesellschafterzahl ist regelmäßig klein; die einfache KG weist üblicherweise einen persönlich haftenden Gesellschafter und etwa zwei Kommanditisten auf. Die Haftsummen überschreiten häufig nicht das Mindeststammkapital der GmbH von 25 000 EUR. Siehe die Berichte zu den Rechtstatsachen von *Kornblum* in der GmbHR, zuletzt in GmbHR 2016, 691.

182. Unterschiede zur OHG

a) Inwieweit stimmt die gesetzestypische Kommanditgesellschaft mit der offenen Handelsgesellschaft überein?
b) Worin unterscheiden sie sich?

Zu a) Beide, OHG und KG, erfordern einen Gesellschaftsvertrag zum Betrieb eines Handelsgewerbes unter gemeinschaftlicher Firma (§ 161 Abs. 1 HGB). Beide sind Personengesellschaften und nach §§ 161 Abs. 2, 124 HGB verselbstständigte Gesamthandsgemeinschaften.

Zu b) Anders als die OHG ist die KG eine Zwei-Klassen-Gesellschaft aus mindestens je einem Unternehmer- und Anlagegesellschafter: Zumindest ein Gesellschafter (der **Komplementär**) haftet unbeschränkt, während mindestens ein anderer (der **Kommanditist**) beschränkt und nur auf Geld haftet. Der Kommanditist soll sich nicht an der Unternehmensleitung beteiligen und hat deshalb von Gesetzes wegen schwächere Rechte und Pflichten, insbesondere in Bezug auf Vertretung und Geschäftsführung und deren Kontrolle.

183. Arten der KG

Welche Arten von Kommanditgesellschaften haben sich herausgebildet?

Nach der Struktur der Kommanditgesellschaften lassen sich heute drei Formen unterscheiden, für die zum Teil unterschiedliche Rechtsregeln gelten:

- Die gesetzestypische **einfache Kommanditgesellschaft.** Sie wird von einem oder mehreren Geschäftsführern als persönlich haftenden Gesellschaftern geleitet. Die Anteile gehören einer Familie oder mehreren Familienstämmen. Die Beteiligungen eines Stammes sind meist durch Stimmbindungsverträge (vgl. Fall 399) oder Treuhandverhältnisse (vgl. Fall 93) organisatorisch zusammengefasst. Der Gesellschaftsvertrag ist auf die Besonderheiten des geschlossenen Mitgliederkreises zugeschnitten.
- Die **GmbH & Co. KG,** an der eine GmbH als – meist einzige – Komplementärin beteiligt ist. Weitere Aufgaben hat die GmbH in der Regel nicht; beide Handelsgesellschaften betreiben zusammen nur das Unternehmen der KG. Die beschränkte Haftung aller beteiligten natürlichen Personen legt es nahe, ihre Vermögensordnung an das Recht der Kapitalgesellschaften anzulehnen.
- Die **Publikumskommanditgesellschaft** (PublKG; vgl. Fälle 228 ff.). Sie dient als modernes Kapitalsammelbecken mit einer unbestimmten Zahl lediglich kapitalistisch beteiligter Kommanditisten auf der Grundlage eines vorformulierten Gesellschaftsvertrages. Die Anlagegesellschafter werden durch Prospekte in der Öffentlichkeit geworben. Nach der Mitgliederstruktur kann man von einer körperschaftlichen Kommanditgesellschaft sprechen.

*184. KGaA

Was ist eine KGaA?

Die knapp 300 Kommanditgesellschaften auf Aktien in Deutschland sind weder KG noch AG, sondern eine Mischform: Mindestens ein Gesellschafter (meist eine GmbH) haftet als Komplementärin den Gesellschaftsgläubigern unbeschränkt, ihre Mitgesellschafter sind Kommanditaktionäre, haften für die Verbindlichkeiten der

Gesellschaft also nicht persönlich (§ 278 AktG). Nach § 278 Abs. 2 und 3 AktG findet auf die Komplementärin weitgehend das Recht der KG Anwendung, auf die Kommanditaktionäre das Recht der AG. Anders als Kommanditisten können sie den Gesellschaftsgläubigern nicht haften und wesentliche Rechte nur kollektiv in der Hauptversammlung ausüben. Dort hat die Komplementärin als solche kein Stimmrecht, die Beschlüsse bedürfen aber weitgehend ihrer Zustimmung (vgl. § 285 Abs. 2 AktG). Die Komplementärin hat infolge ihrer unbeschränkten Haftung eine stärkere Stellung als der Vorstand einer AG; insbesondere kann ein mitbestimmter Aufsichtsrat die Komplementärin weder bestellen noch abberufen. Aus § 278 Abs. 2 AktG ergibt sich auch eine entgegen § 23 Abs. 5 AktG erweiterte Satzungsfreiheit. – Die KGaA ist Kapitalgesellschaft und Formkaufmann.

2. Gründung der (einfachen) KG

185. OHG wird KG

Antwerpes und Brügge betreiben ein großes Reisebüro unter der eingetragenen Firma „Reisebüro Antwerpes und Brügge OHG, Köln". Lüttig, der bisher ebenfalls ein Reisebüro unter der eingetragenen Firma „Lüttig Reisebüro Seewind, Leverkusen" unterhalten hat, will sich nach einem Verkehrsunfall aus dem Geschäftsleben zurückziehen. Vereinbarungsgemäß überträgt er seinen Gewerbebetrieb an die Gesellschaft, die nun als „Reisebüro Antwerpes, Brügge und Co. KG, Köln" firmiert; Lüttig ist dort nun Kommanditist.
a) Wie sind die Vorgänge gesellschaftsrechtlich zu qualifizieren?
b) Lüttigs Haftung wurde gegenüber den Gläubigern der Gesellschaft auf 20 000 EUR beschränkt; seinem Reisebüro sprachen Sachverständige einen Wert von 70 000 EUR zu. Später meldet sich die Gummi Goed NV, Amsterdam, die aus der Lieferung von Kunststoffpalmen für die Geschäftsräume des Reisebüros Seewind Kaufpreisansprüche in Höhe von 35 000 EUR geltend macht. Von wem kann die Gläubigerin die noch ausstehende Forderung verlangen?

Zu a) Die offene Handelsgesellschaft wurde aus Anlass des Beitritts von Lüttig in eine KG umgewandelt. An der **Identität** der Gesellschaft ändert sich dadurch nichts. Die Firma war anzupassen und die Umwandlung in das Handelsregister einzutragen (vgl. §§ 19 Abs. 1, 162 HGB). Indem der Kommanditist sein altes Reisebüro Seewind in die Gesellschaft einbrachte, leistete er eine Sacheinlage und erfüllte damit seine im Gesellschaftsvertrag vereinbarte Beitragsverpflichtung.

Zu b) Für Altschulden des Reisebüros Seewind haftet Lüttig persönlich als ehemaliger Inhaber. Alle Normen, die eine danebentretende Schuld der KG anordnen könnten (vgl. §§ 25, 28 HGB), führen nicht zum Erlöschen der Verbindlichkeiten des bisherigen Inhabers, sondern sorgen nur für weitere haftende Personen.

Ansprüche des Gläubigers unmittelbar gegen die KG lassen sich mangels Firmenfortführung nicht auf § 25 HGB stützen. Auch § 28 HGB greift unmittelbar nicht ein, da Lüttig nicht in ein einzelkaufmännisches Unternehmen eintritt und dementsprechend keine neue Gesellschaft gegründet wird.

Streitig ist, ob § 28 HGB analog anzuwenden ist, wenn der Eintretende sein Handelsgeschäft in eine bereits bestehende Personenhandelsgesellschaft einbringt. Soweit sein Handelsgeschäft trotz des Vermischungseffekts aus Sicht des Verkehrs dasselbe bleibt, mag der Verkehr erwarten, dass die übernehmende Gesellschaft für die Verbindlichkeiten des Einzelkaufmanns haftet. Das dürfte auch angesichts der Abgrenzungsschwierigkeiten für eine Analogie nicht genügen. Bejaht man sie dennoch, so haften Antwerpes und Brügge gemäß § 128 HGB auch für die Schulden des früheren Einzelkaufmanns.

Lüttigs Haftung als Kommanditist für die Gesellschaftsschulden ist ausgeschlossen, weil er seine Haftsumme durch die Einlage wertmäßig voll gedeckt hat (vgl. §§ 173, 171 Abs. 1 Hs. 2 HGB). Für seine fortbestehenden Verbindlichkeiten als Einzelkaufmann gilt, wenn die Gesellschaft haftet, die Ausschlussfrist analog § 28 Abs. 3 HGB.

186. Wechsel zwischen Kommanditisten- und Komplementärstellung

Der Gesellschaftsvertrag der Bischoff und Hildebrand KG sieht vor: Der bisher persönlich haftende Gesellschafter Paul Bischoff kann im Alter von 65 Jahren und muss mit seinem 70. Geburtstag Kommanditist werden. Der Gesellschaftsvertrag räumt überdies seinem Sohn Hans Bischoff das Recht ein, im Alter von 30 Jahren seine Kommanditistenstellung in eine Komplementärstellung mit allen sich daraus gesetzlich ergebenden Rechten und Pflichten umzuwandeln. Sind derartige Vereinbarungen zulässig?

Ja. Die beiden Arten der Gesellschafterstellung sind austauschbar. Wer Komplementär ist, kann Kommanditist werden und umgekehrt. Wenn der Gesellschaftsvertrag derartige Veränderungen vorsieht, bedarf es dazu nicht mehr der Einzelzustimmung der übrigen Teilhaber. Man kann sich dazu als Gesellschafter im Voraus wirksam selbst verpflichten. Probleme entstehen lediglich dann, wenn der letzte Komplementär ausscheidet (vgl. Fall 218). Wechselt ein Komplementär in die Kommanditistenstellung und wird dies eingetragen oder dem Gläubiger bekannt, so bleibt es für bis dahin begründete (Alt-)Schulden noch fünf Jahre lang bei der unbeschränkten Haftung (§ 160 Abs. 3 HGB). Anschließend (§§ 160 Abs. 3 Satz 3, 173 Abs. 1 HGB) und für Neuverbindlichkeiten haftet der jetzige Kommanditist dagegen beschränkt (§ 171 Abs. 1 HGB).

187. Betriebsaufspaltung

Die Gesellschafter der eingetragenen Emil Markgraf Tuchfabrik KG, Freiburg, beschließen: Die KG soll ihren Betrieb an die Fritz Markgraf GmbH verpachten, selbst aber Eigentümer des Betriebsvermögens bleiben, insbesondere der dazu gehörenden Grundstücke. In Zukunft also sollen die KG Besitz- und die GmbH Betriebsgesellschaft sein, der das operative Geschäft obliegt. Die GmbH-Anteile gehören verhältnisgleich den Gesellschaftern der KG.

a) Bleibt die KG bestehen?
b) Welche Rechtsfolgen muss die Besitzgesellschaft befürchten, wenn die Betriebsgesellschaft in die Krise gerät?

Zu a) Derartige Betriebsaufspaltungen (eigentlich Unternehmensaufspaltungen) sind in den letzten Jahren aus arbeits-, haftungs- und steuerrechtlichen Gründen vielfach vorgenommen worden. Nach Verpachtung ihres Gewerbebetriebs verwaltet die Gesellschaft zwar nur noch eigenes Vermögen, bleibt kraft Eintragung aber KG; § 105 Abs. 2 HGB (a.A.: § 5 HGB). Betriebsaufspaltungen kommen in unterschiedlichen Gestaltungsvarianten vor. Als Besitz- oder Betriebsgesellschaft können dabei sowohl Personen- als auch Kapitalgesellschaften fungieren.

Zu b) Rückständige Pachtzinsforderungen der KG gegen die GmbH werden als einem Darlehen wirtschaftlich entsprechende Forderungen in der Insolvenz der GmbH als nachrangig eingestuft (vgl. § 39 Abs. 1 Nr. 5 InsO und Fälle 322 ff.). Im Sinne dieser Norm ist die KG kraft Betriebsaufspaltung einem Gesellschafter der GmbH wirtschaftlich gleichzustellen. Auf nachrangige Pachtzinsen erhaltenes Geld muss die KG der GmbH zurückgewähren (§§ 143, 135 Abs. 1 Nr. 2 InsO), und zwar auch außerhalb des Insolvenzverfahrens (§§ 11, 6 AnfG). Schließlich kann die KG ihren Aussonderungsanspruch (§ 47 InsO i. V. m. § 985 BGB) innerhalb eines Jahres nach Eröffnung des Insolvenzverfahrens nicht geltend machen, wenn das Grundstück für die Fortführung der Betriebs-GmbH von erheblicher Bedeutung ist (vgl. § 135 Abs. 3 InsO und Fall 328).

3. Rechtsverhältnisse zwischen den Gesellschaftern

188. Mitgliedschaftsrechte

a) Welche Mitgliedschaftsrechte stehen dem Kommanditisten ebenso wie dem persönlich haftenden Gesellschafter in einer dem gesetzlichen Leitbild entsprechenden Kommanditgesellschaft zu?
b) In welche Richtung verändert die Vertragspraxis die Rechtsstellung des Kommanditisten zu seinen Gunsten oder zu seinen Lasten?

Zu a) Der Kommanditist hat, soweit die §§ 164–170 HGB nichts Abweichendes bestimmen, gleiche Teilnahme-, Vermögens- und Kündigungsrechte wie der persönlich haftende Gesellschafter (vgl. § 161 Abs. 2 HGB). Wenn der Gesetzgeber bei der Kommanditgesellschaft von „den Gesellschaftern" spricht, sind beide Gesellschaftergruppen gleichmäßig betroffen. Das ist wichtig vor allem für das Stimmrecht des Kommanditisten in der Gesellschafterversammlung nach § 119 HGB, für seine Gewinnbeteiligung nach den §§ 167, 168 HGB und für sein Kündigungsrecht nach § 723 BGB, §§ 105 Abs. 3, 132, 133 HGB. Von der Geschäftsführung und der organschaftlichen Vertretung der KG ist der Kommanditist ausgeschlossen (vgl. §§ 164 Satz 1, 170 HGB). Rechtsgeschäftliche Vertretungsmacht kann ihm aber jederzeit erteilt werden und durch Gesellschaftsvertrag auch eine Geschäftsführungsbefugnis (vgl. § 163 HGB). Wird davon kein Gebrauch gemacht, räumt § 164 Satz 1 HGB dem Kommanditisten ein Widerspruchsrecht bei außergewöhnlichen Geschäften ein, welches nach allgemeiner Ansicht als Zustimmungsvorbehalt entsprechend § 116 Abs. 2 HGB verstanden wird.

Zu b) Durch Gesellschaftsvertrag kann die Stellung des Kommanditisten aufgewertet oder abgeschwächt werden. Sind die Kommanditisten mehrheitlich am Kapital beteiligt, so behalten sie sich – häufig durch ein eigenes Steuerungsorgan, das als Beirat, Aufsichts- oder Verwaltungsrat bezeichnet wird – einen maßgebenden Einfluss auf die Unternehmensleitung vor. Mit steigendem Einfluss der Kommanditisten wird die Stellung des persönlich haftenden Gesellschafters derjenigen eines leitenden Angestellten angenähert. Unter Umständen setzt umgekehrt der Komplementär durch, dass die Mitgliedschaftsrechte des Kommanditisten auf ihren zwingenden Kernbereich reduziert oder durch eine Treuhand- oder Vertreterklausel mediatisiert werden.

*189. Selbstentmündigung

Safir und Rüdiger sind geschäftsführende Komplementäre einer größeren Familiengesellschaft. Zwischen ihnen kommt es wiederholt zu Meinungsverschiedenheiten. Irgendwann wird Rüdiger handgreiflich; Safir und die übrigen Gesellschafter klagen gemäß § 140 HGB auf Ausschluss Rüdigers aus der KG. Im Prozess kommt es zu einem Vergleich, wonach sich Rüdiger in Zukunft verpflichtet, „die Ausübung der ihm nach den Gesetzen und dem Gesellschaftsvertrag zustehenden Rechte einem von der Gesellschaftermehrheit bestellten Treuhänder zu übertragen“. Der Treuhänder soll auf unbestimmte Zeit alle Gesellschafterrechte wahrnehmen, an Weisungen nicht gebunden sein und von Rüdiger nicht abberufen werden können. Ist eine solche Vereinbarung wirksam?

Nein. Rüdiger soll sich durch die Vereinbarung in einem weiten Bereich seiner wirtschaftlichen Betätigung der freien Selbstbestimmung entäußern. Er soll als haftender Komplementär auf unbestimmte Zeit jeglichen Einfluss verlieren, etwa seine Informations-, Stimm-, Kontroll- und Widerspruchsrecht nicht ausüben können, sondern sie einem Dritten überlassen, der nicht einmal eine Person seines Vertrauens zu sein braucht. Eine derartige **Selbstentmündigung** verstößt gegen die guten Sitten und ist nach § 138 Abs. 1 BGB nichtig (vgl. BGHZ 44, 158). Ein Ausweg wäre es gewesen, Rüdiger die Geschäftsführungsbefugnis zu entziehen oder ihn einverständlich zum Kommanditisten herabzustufen. Einzelne Mitgliedschaftsrechte können auch von einem außenstehenden Dritten wahrgenommen werden (vgl. Fall 86).

*190. Vertreterklausel

In der Imhoff und Hildebrandt Schokoladenfabrik KG sind die beiden Namensgeber persönlich haftende Gesellschafter, die anderen Mitglieder beider Familien Kommanditisten. Um einer zu starken Aufblähung der Gesellschafterversammlung zu begegnen, sieht der Gesellschaftsvertrag fol-

gende Klausel vor: „*Stirbt ein Gesellschafter und sind mehrere Nachfolger vorhanden, welche Kommanditisten werden, so ist ihnen und ihren Nachfolgern die Ausübung der Gesellschafterrechte nur einheitlich durch einen gemeinsamen Bevollmächtigten gestattet.*“
Ein Kommanditist stirbt. Seine drei erbenden Söhne wollen persönlich an der Gesellschafterversammlung teilnehmen. Sich vertreten lassen zu müssen sei unvereinbar mit ihrer Stellung als Personengesellschafter. Außerdem seien sie volljährig und an Erklärungen ihres Vaters nicht gebunden. Haben sie Recht?

Nein. Die Söhne erben als Sonderrechtsnachfolger (vgl. Fall 164) je einen Teil des Kommanditanteils ihres Vaters und rücken in dessen Stellung mit allen Rechten und Pflichten ein (§ 1922 BGB). Deshalb sind sie auch an die Vertreterklausel gebunden. Einen gemeinsamen Erbenvertreter sehen § 18 GmbHG, § 69 AktG übrigens ganz generell vor.

Durch die Vertreterklausel ist den Kommanditisten die persönliche Ausübung ihrer Rechte in der Gesellschafterversammlung entzogen. Die Vereinbarung ist rechtlich zulässig und verstößt nicht gegen das Verbot der Stimmrechtsabtretung, solange der Repräsentant im Innenverhältnis weisungsgebunden ist und von den Kommanditisten abgewählt werden kann. Im Verhältnis zur KG ermächtigt die Klausel den Vertreter zu jedweder Stimmabgabe, sofern sie nicht in den mitgliedschaftlichen Kernbereich eingreift (vgl. Fall 192).

Den Kommanditisten wird das Recht auf Anwesenheit in der Gesellschafterversammlung im Zweifel nicht verwehrt. Anwesenheit sichert Information und damit eine sachgerechte Ausübung des Weisungsrechts.

In der Vertragspraxis sind Vertreterklauseln verbreitet und sinnvoll, um bei wachsender Gesellschafterzahl Entscheidungen zu beschleunigen und unnötige Auseinandersetzungen zu vermeiden.

Schrifttum: *A. Hueck,* ZHR 125 (1962), 1; *K. Schmidt,* ZHR 146 (1982), 525.

*191. Mehrheitserfordernisse bei Gruppenvertretung

a) Ein Jahr später soll in der Imhoff und Hildebrandt KG über die Aufnahme eines neuen Gesellschafters, nämlich über eine Beteiligung des Schweizer Nahrungsmittelkonzerns Bestle S. A., Zürich, entschieden werden. Je eine Stimme haben nach dem KG-Vertrag die beiden Namensgeber und ein Vertreter, welcher aufgrund einer neuen Klausel für sämtliche Kommanditisten handelt. Deren Stimmrechte sollen so zusammengefasst und zur Vereinfachung der Beschlussfassung auch nur einheitlich ausgeübt werden. Bei der vorbereitenden Abstimmung können sich die Kommanditisten über die für eine Weisung an den Vertreter notwendige Stimmenmehrheit nicht einigen. Manche meinen, es würden hier dieselben Abstimmungsregeln gelten wie für eine Änderung des Gesellschaftsvertrages in der Hauptgesellschaft. Dort ist

vorgesehen, dass eine Änderung des Gesellschaftsvertrages nur mit Dreiviertelmehrheit möglich ist. Andere verweisen auf den Konsortialcharakter der Gruppenvertretung und das damit aus § 709 BGB folgende Einstimmigkeitsprinzip. Eine dritte Gruppe widerspricht dem, weil ein solcher Gesellschaftsvertrag offensichtlich nicht abgeschlossen worden sei und deshalb nach § 745 Abs. 1 BGB eine einfache Mehrheit genüge. Wie würden Sie die Kommanditisten beraten?
b) Wie wäre zu entscheiden, wenn die Gruppenvertretung intern festgelegt hätte, dass für alle die KG betreffenden Beschlussfassungen die einfache Mehrheit genüge?

Zu a) Für die Abstimmung in der Kommanditistenversammlung ist zunächst maßgebend, was der Gesellschaftsvertrag der KG selbst zur Repräsentativverfassung bestimmt. Eine dort getroffene Regelung bindet die Kommanditisten auch im Verhältnis zueinander. Da hier der Vertreter nur einheitlich abstimmen darf, geht die Stimmenmacht dissentierender Kommanditisten verloren. Mit welcher Mehrheit der Vertreter angewiesen werden kann, ist im KG-Vertrag nicht geregelt. Enthält demnach der KG-Vertrag eine Lücke, so ist der mutmaßliche gemeinsame Wille der Gesellschafter bei Einführung der Vertreterklausel zu erforschen und im Wege der ergänzenden Vertragsauslegung zu berücksichtigen. Das Einstimmigkeitsprinzip des § 709 Abs. 1 BGB dürfte diesem Willen nicht entsprechen, da dann jeder einzelne Kommanditist die effektive Rechtsausübung der Mehrheit blockieren könnte. Fraglich bleibt, ob eine Übertragung qualifizierter Mehrheitserfordernisse in der KG auf die Kommanditistengruppe gewollt gewesen wäre. Die Vertreterklausel sollte (wie ihre Vorgängerin in Fall 190) möglichst keine Macht verschieben, sondern nur die Abstimmung vereinfachen, sodass auf die konkreten Stimmgewichte abzustellen ist. Unterstellt, neben zwei Komplementären mit je $^1/_3$ Stimmrecht gibt es zwölf Kommanditisten mit je $^1/_{36}$ Stimmrecht: Ohne die Klausel könnten dann zehn Kommanditisten mit $^{10}/_{36}$ Stimmrecht gemeinsam eine Dreiviertelmehrheit in der KG verhindern. Diese Vetomacht haben sechs Kommanditisten, wenn gruppenintern eine einfache Mehrheit genügt, hingegen vier Kommanditisten, wenn für eine Zustimmung auch unter den zwölf Kommanditisten eine Dreiviertelmehrheit nötig ist. Eine solch starke Machtverlagerung auf Minderheiten innerhalb der Kommanditisten ist im Zweifel weder von der Kommanditistenmehrheit noch von den Komplementären gewollt, sodass man sich in der KG bei Kenntnis der Lücke – vielleicht gegen die Stimmen einiger Kommanditisten – auf eine einfache Mehrheit für gruppeninterne Abstimmungen festgelegt hätte. Diese einfache Mehrheit genügt also für die Weisung an den Vertreter, für die Aufnahme der Bestle S. A. zu stimmen.

Zu b) Es steht den Kommanditisten frei, sich eine Binnenverfassung zu geben und sich dadurch gegebenenfalls zu einem Stimmrechtskonsortium in Form einer Innen-GbR zusammenzuschließen. Dabei können sie Quoren vereinbaren, die sowohl von § 709 BGB als auch von den Vorgaben im KG-Vertrag für deren Gesellschafterversammlung abweichen. Zu beachten ist bei jeder einzelnen Abstimmung zudem die – auf der zweiten Stufe zu prüfende – Treuepflicht der Kommanditistenmehrheit gegenüber der Minderheit (*BGH* WM 2009, 231, 232).

*192. Kommanditist ohne Stimme

Da es zwischen den Kommanditisten in zunehmendem Maß zu Streitigkeiten gekommen ist, schlägt Imhoff in einer Gesellschafterversammlung, an der alle persönlich haftenden Gesellschafter und der augenblickliche Vertreter der Kommanditisten teilnehmen, vor, das Stimmrecht der Kommanditisten ganz abzuschaffen. Alle Beteiligten sind damit einverstanden.
a) Ist der Gesellschaftsvertrag mit diesem Beschluss geändert worden?
b) Wie liegt es, wenn die Kommanditisten einverstanden waren?

Man muss drei konzentrische Kreise unterscheiden: die Summe aller Gesellschafterrechte, darin der unentziehbare und darin der unverzichtbare Kernbereich. Das Stimmrecht gehört zum unentziehbaren Kernbereich, ist aber nicht so elementar, dass es unverzichtbar wäre.

Zu a) Zum Schutz der Gesellschafter vor Entrechtung umfasst die Vertretungsmacht des Gruppenvertreters keine Eingriffe in den Kernbereich der Gesellschafterrechte, also auch keinen Stimmrechtsverzicht. Der Gesellschaftsvertrag wurde folglich nicht wirksam geändert.

Zu b) Die Kommanditisten können die Vertretungsmacht des Gruppenvertreters erweitern und einen Stimmrechtsausschluss zulassen. Dies ist bereits durch Gesellschaftsvertrag möglich, wenn dieser getreu der Kernbereichslehre (vgl. Fall 65) objektiv vorhersehbar bestimmt, dass die Vertreterklausel auch die künftige Stimmrechtsentziehung erfasst. BGHZ 14, 264, 269 (GmbH) und 20, 363, 367 (KG) haben dem Gesellschafter allerdings ein fortbestehendes Stimm- oder Zustimmungsrecht für die Fälle verbürgt, in denen seine Rechtsstellung verkürzt, ihm eine erhöhte Pflicht auferlegt oder er gegenüber anderen Gesellschaftern ungleich behandelt werden soll. Das Stimmrecht ist also insoweit unverzichtbar, als es seinerseits Kernbereichsfragen betrifft.

*193. Einschränkung der Komplementärrechte

Der Gesellschaftsvertrag der Imhoff und Hildebrandt KG wird umgestaltet: Als Kommanditistin beteiligt sich die Nestlé SA. Ihr Angestellter Paul Schlüeli wird zweiter persönlich haftender Gesellschafter. Außer seiner Arbeitskraft hat er keine Einlage zu leisten. Er erhält ein festes Gehalt von Nestlé und von der KG eine Tantiemeberechtigung am Reingewinn. Von seiner persönlichen Haftung wird er im Innenverhältnis freigestellt. Nach dem Gesellschaftsvertrag muss er den Anweisungen der neuen Kommanditistin Folge leisten, steht unter deren ständiger Überwachung und hat – zusammen mit Paul Imhoff – in größerem Umfang zu Einzelmaßnahmen der Geschäftsführung ihre Zustimmung einzuholen. Ist eine derartige Gestaltung der KG zulässig?

Die h. M. wird diese Frage bejahen. In einer kapitalistisch strukturierten KG beherrschen die Kommanditisten oder einzelne von ihnen die Gesellschaft und deren

Unternehmen. Dann liegt es nahe, den Einfluss auf die laufende Geschäftsführung dadurch zu sichern, dass die Stellung des Komplementärs derjenigen eines angestellten Geschäftsführers in einer Kapitalgesellschaft angeglichen wird. Die Vertragsfreiheit gestattet eine solche Machtverschiebung sicher, wenn die Komplementärstelle von einer GmbH besetzt wird.

Eine natürliche Person, die im Geschäftsverkehr die unternehmerische Verantwortung übernimmt und (zunächst) das volle Risiko der Geschäftsführung trägt, sollte allerdings zum Schutz vor sittenwidriger Entmündigung auch im Innenverhältnis der KG einen angemessenen **Einfluss** – beispielsweise in Form eines Widerspruchsrechts – ausüben können. Es ist nichts dagegen einzuwenden, wenn die Kommanditisten sich einen langen Katalog von zustimmungsbedürftigen Maßnahmen im Rahmen der Geschäftsführung vorbehalten (z. B. die Größe des Firmenwagens). Der persönlich haftende Gesellschafter darf indes auch als „angestellter Komplementär" nicht zur Marionette der Kommanditisten werden.

194. Ein Kommanditist übernimmt die Macht

Die Hoch- und Tiefbau KG sieht in ihrem Gesellschaftsvertrag vor, dass der Kommanditist Kleinert zum geschäftsführungs- und vertretungsberechtigten Gesellschafter bestellt wird. Im Gegenzug wird Komplementär Groß von der Geschäftsleitung und Vertretung ausgeschlossen. Die KG wird beauftragt, auf einer Großbaustelle eine Baugrube für ein Geschäftshaus auszuheben. Obwohl Groß widerspricht, schließt Kleinert den Vertrag ab. Der Auftrag übersteigt unvorhergesehen die Kapazitäten der Gesellschaft, sodass sich der Bau verzögert. Der Auftraggeber verlangt von der KG die im Vertrag vereinbarte Vertragsstrafe.
a) Zu Recht?
***b) Kann die KG von Kleinert Schadensersatz verlangen?**
c) Was spricht aus Sicht der Praxis für eine solche Vertragsgestaltung?

Zu a) Dazu müsste die KG durch Kleinert verpflichtet worden sein. Gemäß § 170 HGB haben Kommanditisten keine Vertretungsmacht. Wie der Gegenschluss aus § 163 HGB ergibt, ist dieser Ausschluss von der organschaftlichen Vertretung zwingend. Die abweichende gesellschaftsrechtliche Regelung ist damit zwar nichtig, kann aber hier nach § 140 BGB in eine Generalvollmacht umgedeutet werden. Im Gesellschaftsvertrag kann dem Kommanditisten ja auch von vornherein Prokura, Handlungs- oder Generalvollmacht erteilt werden. Kleinert hatte also Vertretungsmacht und konnte die KG wirksam verpflichten.

Zu b) Ein Schadensersatzanspruch gegen Kleinert aus § 280 BGB i. V. m. dem Gesellschaftsvertrag kann sich daraus ergeben, dass er im Innenverhältnis die Kompetenz zur Geschäftsführung überschritten hat. Zunächst sind die Kommanditisten nach § 164 HGB von der Geschäftsführung ausgeschlossen. Hier wurde davon abgewichen, was gemäß § 163 HGB zulässig ist. Der Abschluss des Werkvertrages hätte jedoch nach § 115 Abs. 1 Hs. 2 HGB unterbleiben müssen, wenn ein geschäftsführender Gesellschafter widersprach. Das war Groß, wenn sein Ausschluss von der Geschäftsführung unwirksam war. Das Prinzip der Selbstorganschaft (vgl.

Fall 136) verbietet jedenfalls den Ausschluss von der organschaftlichen **Vertretung.** Sie ist von einem persönlich haftender Gesellschafter auszuüben: Dem letztverbleibenden Komplementär kann das Recht zur Vertretung nicht entzogen werden (BGHZ 51, 198, 200). Gleiches könnte für die Befugnis zur Geschäftsführung gelten.

Der BGH hat nur entschieden, dass der Ausschluss aller Gesellschafter von der Geschäftsführungs*pflicht* zulässig ist. Unverzichtbar sei nur ein Gesamtgeschäftsführungs- und -kontrollrecht aller Gesellschafter gegenüber – allenfalls schuldrechtlich – mit der Geschäftsführung betrauten Nichtgesellschaftern (BGHZ 51, 198, 200).

Für eine zwingende Geschäftsführungs*befugnis* spricht zwar, dass sie Grundlage für die Vertretungsmacht ist: Der Komplementär soll sie ohne die Sorge nutzen können, seine internen Kompetenzen zu überschreiten und der KG auf Schadensersatz zu haften, falls sich seine Entscheidung später als nachteilig erweist. Denn wer ein solches Prognoserisiko trägt, handelt nur halbherzig. Zum anderen soll er sich auch vor persönlicher Außenhaftung schützen und durch seinen Widerspruch riskante Geschäfte des Kommanditisten verhindern können. Dies nützt mittelbar auch den Gläubigern.

Andererseits kann der Komplementär mithilfe der organschaftlichen Vertretungsmacht die Vollmacht des Kommanditisten wie auch die etwaiger Angestellter jederzeit widerrufen, auch wenn er dies ohne Geschäftsführungsbefugnis intern nicht darf. § 118 HGB bietet ihm zu diesem Zwecke ein ausreichendes Informationsrecht. Das genügt. Die Gefahr der internen Schadensersatzhaftung ist der Komplementär selbst eingegangen und nicht effektiv zu verhindern.

Vermittelnd ließe sich ein unantastbarer Kernbereich der Geschäftsführungsbefugnis annehmen. Bei gefährlichen Geschäften soll der Komplementär ohne Gefahr der Schadensersatzhaftung eingreifen können. Der Begriff der gefährlichen Geschäfte ist aber konturenlos. Dies lähmt die Gesellschaft, da Kommanditist und Komplementär zu haften drohen, wenn sie bei unsicherer Geschäftsführungsbefugnis Geschäfte vornehmen oder verhindern.

Daher blieb Groß nur das nicht abbedungene Zustimmungsrecht aus § 116 Abs. 2 HGB. Da der Vertrag aber kein außergewöhnliches Geschäft darstellt, war seine Zustimmung nicht erforderlich. Kleinert hat seine Kompetenzen also nicht überschritten und schuldet keinen Schadensersatz.

Zu c) Die – auch schuldrechtlich nachahmbare – Abweichung vom gesetzlichen Leitbild (vgl. Fall 188) motiviert den Kommanditisten, seine beruflichen Kompetenzen einzubringen. Ein formaler Rollentausch würde die Bonität der KG gefährden, wenn nur der bisherige Komplementär Vermögen hat.

195. Informationsrechte des Kommanditisten

a) Welche Informationsrechte stehen einem Kommanditisten nach dem Gesetz zu?
***b)** Hat der Kommanditist darüber hinausgehende Informationsrechte?
***c)** Wie muss der Klageantrag formuliert werden?

Zu a) Das Gesetz berechtigt den Kommanditisten – wortlautgleich wie einen stillen Gesellschafter – zunächst nur, eine Abschrift des Jahresabschlusses zu verlangen und deren Richtigkeit unter Einsicht der Bücher und Papiere zu prüfen (vgl. §§ 166 Abs. 1, 233 Abs. 1 HGB; Rechtsweg: ordentliche Gerichtsbarkeit). Ein außerordentliches Informationsrecht, gerichtet auf sofortige Auskunft und Einsicht, soll ihm zwingend nur aufgrund gerichtlicher Gestaltungsverfügung zustehen, wenn wichtige Gründe vorliegen (vgl. § 166 Abs. 3 HGB; Rechtsweg: unternehmensrechtliches Verfahren nach § 375 FamFG). Ein wichtiger Grund liegt dann vor, wenn die laufende Überwachung durch den Kommanditisten geboten erscheint, zum Beispiel bei Verdacht nicht ordnungsgemäßer Geschäfts- oder Buchführung. Weitergehende Rechte, wie sie § 118 HGB gewährt, schließt § 166 Abs. 2 HGB scheinbar aus.

Zu b) Mit diesem ärmlichen Inhalt wird das Informationsinteresse des Kommanditisten nicht ausreichend geschützt. Um seine Mitgliedschaftsrechte sinnvoll ausüben zu können, muss ihm ein von der Bilanzprüfung unabhängiges und darüber hinausgehendes, **allgemeines Informationsrecht** gegenüber der Gesellschaft zustehen. Dieses Recht ist funktionsgebunden ausgestaltet: Es bezieht sich entsprechend § 116 Abs. 1 HGB, § 716 Abs. 1 BGB, § 131 Abs. 1 AktG, § 51a GmbHG auf alle Angelegenheiten der Gesellschaft, aber nur soweit der Kommanditist die Informationen benötigt, um seine Rechte sachgerecht auszuüben. Anderenfalls hätte ein GmbH-Gesellschafter nach § 51a GmbHG in der typischen GmbH & Co. KG weitergehende Informationsrechte über die Beteiligungsgesellschaft als sie ihm als Kommanditist hinsichtlich seiner eigenen Gesellschaft zustünden.

Zu c) Da der Kommanditist bei Klageerhebung noch nicht weiß, welche Informationen er benötigt, kann der Klageantrag auf umfassende Auskunft und Einsicht in Bücher, Papiere und (auch elektronische) Daten gerichtet werden. Das stattgebende Urteil hat in den Entscheidungsgründen klarzustellen, dass die Gesellschaft im Vollstreckungsverfahren bestimmte Handlungen verweigern kann, indem sie darlegt, dass die Berufung auf das Prüfungsrecht im Einzelfall rechtsmissbräuchlich ist (BGHZ 25, 115, 122).

Schrifttum: *K. Schmidt,* S. 1540; *Wiedemann* II, S. 260.

*196. Mediatisierung des Informationsrechts

Die Textilmaschinenfabrik Forster & Lange KG, Krefeld, gliedert ihre für den Vertrieb im In- und Ausland zuständige Betriebsabteilung als selbstständige GmbH unter der Firma „Krefelder Maschinenhandelsgesellschaft mbH“ aus. Die GmbH-Anteile gehören alle der KG. Als der Kommanditist Lange im folgenden Jahr Einsicht in die Bücher der KG und der GmbH verlangt, wird er darauf hingewiesen, er könne zwar die Unterlagen der KG prüfen, nicht aber diejenigen der GmbH; diese sei ein selbstständiges Unternehmen und ihre Buchungsunterlagen seien deshalb nicht Bestandteil des Rechnungswesens der KG. Lange hält dies für juristische Spiegelfechterei. Die GmbH sei bekanntlich aus arbeits- und steuerrechtlichen Gründen ausgegliedert worden; die Personengesellschafter dürften nicht auf diese Weise

um ihre angestammten Rechte gebracht werden. Verspricht eine Klage Aussicht auf Erfolg?

Der Sachverhalt offenbart den Mediatisierungseffekt einer Ausgliederung: Kompetenzen, die bisher zur Zuständigkeit der Gesellschafter selbst gehörten, zählen nun im Rahmen der Beteiligungsverwaltung zur Geschäftsführung. Sie nimmt die Mitgliedschaftsrechte in abhängigen Gesellschaften wahr.

Beim Informationsrecht im Konzernverbund sind zwei Ebenen deutlich zu trennen: Die Rechts- und Geschäftsbeziehungen des herrschenden Unternehmens (KG) **zur** Tochtergesellschaft (GmbH) gehören zu den Angelegenheiten der Obergesellschaft und deshalb unzweifelhaft zu deren Informationsbereich (so auch § 131 Abs. 1 Satz 2 AktG). Deshalb umfasst auch das Informationsrecht des Kommanditisten diese Verflechtung. § 166 Abs. 1 HGB erstreckt sich aber nicht ohne weiteres auf die internen Vorgänge **in** der abhängigen GmbH sowie auf deren eigene Geschäftsvorfälle: Man respektiert insbesondere die Geheimhaltungsinteressen von nur an der GmbH beteiligten Gesellschaftern. Insofern können die Gesellschafter der Muttergesellschaft grundsätzlich keine eigenen Informationsrechte geltend machen, da sie auch nicht selbst an der Tochter beteiligt sind. Vielmehr müssen sie sich von ihrem (Muttergesellschafts-)Geschäftsführer unterrichten lassen (vgl. *BGH* WM 1983, 910, 911 zur KG).

BGHZ 25, 115, 117 macht davon eine Ausnahme für Tochtergesellschaften im Alleinbesitz der Obergesellschaft: Die rechtliche Ausgliederung von Unternehmensteilen dürfe nicht zu einer Verkürzung der Kontrollrechte des Kommanditisten führen. Sich auf die rechtliche Verschiedenheit beider Gesellschaften zu berufen, verstoße gegen Treu und Glauben. Lange kann somit auf Einsicht in die Bücher und Papiere der GmbH klagen. Er kann die Ansprüche gegen die KG und die GmbH richten.

197. Gewinnzuschreibung für den Kommanditisten

a) Lange hat als Kommanditist eine Kommanditeinlage von 50 000 EUR geleistet. Nachdem sein Kapitalanteil im letzten Jahr 46 000 EUR betrug, erhält er aus dem Gewinn dieses Jahres einen Betrag von 10 000 EUR. Kann der Gewinn Langes Kapitalanteil zugeschrieben werden?
b) Was geschieht, soweit dies nicht möglich ist?
c) Worin liegt der legislative Sinn des § 167 Abs. 2 HGB?

Zu a) Nach der Gesetzeslage nein. § 167 Abs. 2 HGB sieht vor, dass der Gewinn dem Kapitalanteil nur insoweit zugeschrieben werden kann, als er die (Pflicht-) Einlage nicht übersteigt, in unserem Fall also in Höhe von 4 000 EUR.

Zu b) In Höhe der restlichen 6 000 EUR entsteht eine fällige Auszahlungsforderung. Sie wird entweder sofort beglichen oder dem Privatkonto des Kommanditisten zugeschrieben und dann meist in ein Darlehen umgewandelt. Die Forderung kann der Kommanditist (theoretisch) in der Insolvenz der Gesellschaft als Insolvenzgläubiger geltend machen. Abweichend kann der Gesellschaftsvertrag beispielsweise vorsehen, dass der Gewinnanteil auf ein Kapitalkonto II gebucht wird (vgl. Fall 131).

Zu c) Das Gesetz sieht für die Kommanditisten **variable Kapitalanteile** vor, erlaubt jedoch – abweichend von § 120 Abs. 2 HGB – die Zuschreibung von Gewinnen nur bis zur Höhe der vertraglich vorgesehenen Pflichteinlage. Dies bezweckt:

(1.) **Schutz des Kommanditisten:** Dieser hat keinen Einfluss (§ 164 HGB) und soll deshalb nur ein begrenztes Risiko tragen. Die einmal über den Kapitalanteil hinausgehenden Beträge sind und bleiben nicht haftende Mittel und werden deshalb auf das Privatkonto gebucht. Sie unterliegen dort nicht mehr den Beschränkungen von § 169 Abs. 1 Satz 2 Hs. 2 HGB.

(2.) **Schutz der persönlich haftenden Gesellschafter:** Der Gewinnanteil der Komplementäre (§§ 121, 168 HGB) soll nicht gegen ihren Willen zugunsten der Anlagegesellschafter verschoben werden. Dies gilt umso mehr, wenn weitere Rechte an den Kapitalanteil anknüpfen (vgl. Fall 137). – In der Praxis will man umgekehrt auch die Gewinnanteile der Kommanditisten nicht verwässern und vereinbart feste Kapitalkonten. In der Bilanz werden die Kommanditanteile gesondert von den Anteilen der Komplementäre geführt.

198. Negativer Kapitalanteil

Durch Verlustzuweisungen ist der Kapitalanteil von Kommanditist Lange auf minus 10 000 EUR gesunken. Die KG wird liquidiert. Muss er diesen Betrag an die Gesellschaft oder an die Gläubiger der Gesellschaft zahlen?

Weder – noch! Nach § 167 Abs. 3 HGB kann der Kommanditist, wenn er im Handelsregister eingetragen ist, nie mehr verlieren als den Betrag seiner bedungenen Einlage einschließlich der Gewinnzuweisungen, soweit sie zum Ausgleich früherer Verluste notwendig waren. Eine Nachschusspflicht aus § 735 BGB besteht also nicht. Der Kapitalanteil des Kommanditisten kann zwar negativ werden, sodass er durch spätere Gewinnanteile zunächst wieder aufzufüllen ist. Im Übrigen bedeutet ein negativer Kapitalanteil jedoch keine Haftungserweiterung. Darin kommt der Anlagecharakter einer Kommanditbeteiligung deutlich zum Ausdruck: Er übernimmt nur ein beschränktes Vermögensrisiko. Etwaige Verluste bleiben bei den persönlich haftenden Gesellschaftern hängen (vgl. Fall 132).

199. Vertragliche Verlustübernahme

Der Gesellschaftsvertrag der Lübecker Wohnungsbau KG enthält folgende Klausel: *„Der persönlich haftende Gesellschafter nimmt am Verlust nicht teil. Im Übrigen ist ein eventueller Verlust im Verhältnis der Kapitalanteile auf die Gesellschafter umzulegen.“*
Die Kommanditgesellschaft fordert aufgrund dieser Bestimmung von dem Kommanditisten Klamm in Höhe des danach auf ihn entfallenden Verlustes einen Nachschuss. Mit Recht?

Nein. Dem Wortlaut der Klausel kann keine Verlustausgleichspflicht entnommen werden. Satz 2 stellt lediglich eine Verlustzuweisung auf: Die Verluste werden vollständig den Konten der Kommanditisten zugeschrieben. Spätere Gewinne sind dann solange nicht auszuzahlen, wie das Kapitalkonto durch die Verluste unter den Betrag der bedungenen Pflichteinlage gemindert ist. Über § 167 Abs. 3 HGB hinaus muss der Kommanditist nicht für die Verluste aufkommen, auch nicht in der Liquidation (vgl. Fall 198).

Die Auslegung des Gesellschaftsvertrages ergibt auch, dass er keine Verpflichtung der Kommanditisten enthält, den Komplementär im Innenverhältnis von seiner Haftung freizustellen (Freistellungsklausel; vgl. dazu *BGH* DStR 1995, 576). Solch unbeschränkte Innenhaftung wäre ganz ungewöhnlich. Wer sie tragen soll, darf eine deutlichere Regelung erwarten.

4. Haftung des Kommanditisten

200. Grundlagen der Kommanditistenhaftung

Welche Voraussetzungen stellen die §§ 171, 172 HGB an
a) eine Haftungsbeschränkung?
b) einen Haftungsausschluss?

Der Kommanditist haftet nach §§ 161 Abs. 2, 128 f. HGB wie ein Komplementär, also primär, unmittelbar, solidarisch und akzessorisch (vgl. Fall 140). Aber er haftet nach §§ 171 f. HGB grundsätzlich summenmäßig beschränkt und dann auch nur auf Geld (vgl. Fall 144). Er haftet weitergehend, nämlich unbeschränkt, solange seine Mitgliedschaft als Kommanditist nicht ins Handelsregister eingetragen oder sonst bekannt wurde (vgl. § 176 HGB). Er haftet weniger und letztlich gar nicht mehr, wenn er seinen Vermögensbeitrag geleistet hat (§ 171 Abs. 1 Hs. 2 HGB).

Zu a) Die Haftung des Kommanditisten ist **summenmäßig beschränkt,** sobald ein dahingehender Betrag in das Handelsregister eingetragen ist (§ 172 Abs. 1 HGB); man bezeichnet ihn heute allgemein als **Haftsumme.** Ihr Umfang wird im Gesellschaftsvertrag festgelegt; ihre Höhe steht im Ermessen der Gesellschafter und kann mit der mitgliedschaftlich geschuldeten Einlage übereinstimmen. Nach dem Registereintrag der Haftsumme kann der Kommanditist darauf vertrauen, dass er von einem Gesellschaftsgläubiger darüber hinaus persönlich nicht mehr belangt werden kann. Anderes gilt erst, wenn er sich selbst durch Schuldmitübernahme oder Bürgschaft verpflichtet hat.

Zu b) Ausgeschlossen ist die Haftung, soweit der Kommanditist seine mitgliedschaftliche Einlageschuld erfüllt (§ 171 Abs. 1 Hs. 2 HGB) oder unmittelbar einen Gesellschaftsgläubiger befriedigt. Maßgebend ist der Umfang der objektiven Wertzufuhr vom Mitglieds- in das Gesellschaftsvermögen oder an einen Gesellschaftsgläubiger.

201. Beitrag, Einlage und Haftsumme

In welchem Verhältnis stehen Beitragspflicht und Haftsumme des Kommanditisten?

Das Gesetz trennt sprachlich nur unzureichend zwischen dem Innenverhältnis (Beitragspflicht) und dem Außenverhältnis (Haftsumme).

a) Den Personengesellschaftern steht es frei, ihre **Beitragspflicht** gegenüber der Gesellschaft nach Art, Höhe und Fälligkeit auszugestalten (vgl. §§ 706, 707 BGB). Verpflichtet sich der Gesellschafter dazu, einen Vermögensgegenstand einzubringen, spricht man von Einlagepflicht. Es kann sich dabei um eine Geld- oder eine Sacheinlage handeln; über den Wert der letzteren können sich die Gesellschafter intern verständigen.

b) Daneben haben die Gesellschafter den Betrag der einzutragenden **Haftsumme** festzulegen. Sie ist für die Haftung gegenüber Dritten maßgeblich. Im Zweifel setzen die Parteien den Wert der Einlagepflicht und die Höhe der Haftsumme gleich. Soweit dann die Pflichteinlage geleistet wird, ist auch die Haftsumme gedeckt (§ 171 Abs. 1 Hs. 2 HGB), allerdings nur in Höhe des objektiven Werts dieses Vermögensopfers. Ist eine Sacheinlage vereinbart, geleistet und überbewertet, ist die mitgliedschaftliche Pflicht erfüllt; in Höhe der Überwertung bleibt die Haftsumme aber ungedeckt und die Haftung besteht weiter.

c) Um das Haftungsrisiko zu minimieren und die KG dennoch mit angemessenem Kapital auszustatten, kann eine angemessene Einlagepflicht bestimmt werden, die Haftsumme aber niedrig angesetzt werden. Eine Mindesthaftsumme existiert nicht. Umgekehrt verbessert eine hohe Haftsumme, auch wenn sie die Einlagepflicht übersteigt, die Kreditwürdigkeit.

d) Wird die Einlagepflicht nachträglich intern herabgesetzt, wirkt sich das auf die Höhe der Haftsumme nicht aus (vgl. § 172 Abs. 3 HGB). Auch die Haftsumme kann herabgesetzt werden. Dies wirkt aber nur zulasten von Neugläubigern (§ 174 HGB). Altgläubiger können sich analog § 160 HGB noch fünf Jahre lang auf die höhere Haftsumme berufen.

202. Teilerfüllung

Für die Kommanditistin Ines Imhoff ist im Handelsregister eine Haftsumme von 20 000 EUR eingetragen. Auf ihre Einlageschuld überweist sie 18 000 EUR an die Imhoff & Co. KG. Deren Hausbank – die KG schuldet ihr noch 3 000 EUR – wendet sich an die Kommanditistin. Zu Recht?

Ines Imhoff ist persönlich zur Zahlung von 2 000 EUR verpflichtet. Sie haftet nach den §§ 128, 161 Abs. 2, 171 Abs. 1, 172 Abs. 1 HGB den Gläubigern der Höhe nach beschränkt – eben nur so weit, als sie ihre eingetragene Haftsumme nicht gedeckt hat.

203. Bewertung ist gut, Kontrolle ist besser

Der Gesellschaftsvertrag der Kommanditgesellschaft Imhoff & Co. sieht folgende Klausel vor: *„Der Kommanditist Thürling ist an dem durch Einlagen zu erbringenden Gesellschaftskapital mit einem Kapitalanteil von 100 000 EUR beteiligt. Die Einlage wird durch Übereignung eines Lkw erbracht; diese Sacheinlage wird von den Gesellschaftern verbindlich mit 100 000 EUR bewertet."*
Im Handelsregister wird die Einlage des Kommanditisten ebenfalls mit 100 000 EUR beziffert.
a) Nachträglich stellt sich heraus, dass der Lkw etwa 40 000 EUR wert ist. Als die anderen Gesellschafter davon hören, verlangen sie empört von Thürling, 60 000 EUR Nachschuss an die KG zu überweisen. Zu Recht?
b) Als ein Gläubiger der Kommanditgesellschaft die näheren Umstände erfährt, verlangt er von Thürling die Begleichung einer Gesellschaftsschuld über 60 000 EUR, die in dieser Höhe unstreitig besteht.

Wie bei allen Gesellschaftsformen, in denen die Haftung der Teilhaber auf einen bestimmten und bekannt gegebenen Einlagebetrag beschränkt ist, ergibt sich auch in der KG eine Schwierigkeit: Die Bewertung der Sacheinlagen kann bewusst oder unbewusst von deren objektiven Wert abweichen, der allein für die Gläubiger maßgebend ist. Dabei ist zu unterscheiden:

Zu a) Im Innenverhältnis können die Gesellschafter der KG die Einlagepflichten frei ausgestalten. Vereinbaren sie eine Sacheinlage, so führt die Übereignung des Gegenstands grundsätzlich dazu, dass die **Pflichteinlage** damit erbracht wird. Messen die Gesellschafter der Sache einen bestimmten Wert bei, kann die Auslegung ergeben, dass nicht die Sache im Vordergrund steht, sondern der aufgebrachte Wert maßgebend ist. Dann folgt aus dem Gesellschaftsvertrag, dass die Differenz nachzuschießen ist. Hier war die angegebene Bewertung „verbindlich", sodass es auf den tatsächlichen Wert des Lkw nicht ankommen sollte. Eine Nachschusspflicht besteht nicht.

Zu b) Auf die im Handelsregister eingetragene **Haftsumme,** also im Verhältnis zu den Gesellschaftsgläubigern, wird die Sacheinlage nur in Höhe ihres objektiven Werts angerechnet. Nur insoweit wird der Kommanditist von seiner Haftung befreit. Erforderlich ist nämlich eine tatsächliche Wertzufuhr in Höhe des bekannt gegebenen Betrages.

Der Kommanditist haftet also in Höhe der Differenz gemäß § 171 Abs. 1 HGB. Von der Haftung kann er sich auch durch Leistung an die KG befreien, auch wenn er seine Einlagepflicht erfüllt hat und der KG nichts mehr schuldet.

204. Aufrechnung und Haftsumme

Der Kommanditist Kuhle der Förster und Lange KG haftet laut Handelsregister mit einer Einlage von 100 000 EUR. Die KG hat – die Einlageforderung mitgerechnet – insgesamt 250 000 EUR Vermögen und

1 Mio. EUR ungesicherte und gleichrangige Schulden; die Komplementäre sind arm; bisher wurde noch kein Antrag auf Eröffnung des Insolvenzverfahrens gestellt, welches ca. 50 000 EUR des Vermögens aufbrauchen würde. Als ein Gläubiger der KG Kuhle in Anspruch nehmen will, wendet Kuhle ein, er habe kurz zuvor mit einem Kaufpreisanspruch in derselben Höhe, den er aus dem Verkauf eines Grundstücks gegen die KG habe, gegen die Einlageforderung aufgerechnet. Der Gläubiger fragt, ob er die Aufrechnung gegen sich gelten lassen müsse; das Grundstück ist tatsächlich 100 000 EUR wert.

Kuhle hat seine Einlagepflicht getilgt, indem er mit seiner Kaufpreisforderung aufrechnete (§ 389 BGB). Deren Vollwertigkeit ist im Innenverhältnis unerheblich. Im Außenverhältnis hingegen endet die Haftung (§ 171 Abs. 1 HGB) erst mit objektiver Vermögensdeckung; dazu muss der Kommanditist einen seiner Haftsumme entsprechenden objektiven Wert aus seinem Vermögen der Gesellschaft und damit ihren Gläubigern vorbehaltlos übertragen. Hier geht es um den Wert der aufgerechneten Kaufpreisforderung des Kuhle: Die Gesellschaft war nicht in der Lage, alle Schulden zu tilgen. Deshalb könnte Kuhle seine Forderung in der Insolvenz der KG nur in Höhe der Insolvenzquote realisieren. Der Wert seiner Forderung war also bei Gleichrang aller Gläubiger geringer als ihr Nominalwert; sie war nicht vollwertig. Die Aufrechnung zum Nennwert würde zu einer bevorzugten Befriedigung Kuhles führen. Er konnte seine Forderung im Außenverhältnis deshalb nur zum objektiven Wert der Forderung aufrechnen. Das Grundstück ist nicht zu berücksichtigen, da sein Wert dem Kaufpreis entsprach (vgl. Fall 205).

Den Insolvenzrechtler wird dieses Ergebnis überraschen: Hätte Kuhle nämlich irgendwann seine Einlage gezahlt, später der KG das Grundstück verkauft, schließlich den Kaufpreis erhalten und einige Monate danach die Eröffnung des Insolvenzverfahrens beantragt, könnte er die Zahlung im Zweifel behalten. Außerhalb der §§ 130–134 InsO wird von §§ 135, 39 Abs. 4 InsO, § 6 AnfG nämlich eine „bevorzugte" Befriedigung von Gesellschaftern in der einfachen KG akzeptiert.

Der Gesellschaftsrechtler ist strenger, weil sich eine bevorzugte Befriedigung des Kommanditisten nicht mit dem Sinn seiner Haftung verträgt: Die Kommanditistenhaftung soll allen Gläubigern dienen. Aufrechnen kann aber nur der Kommanditist und so versuchen zu erzwingen, dass gerade seine eigene, minderwertige Forderung zum Nennwert getilgt wird. (Gleich zu bewerten wäre eine verabredete Hin- und Herzahlung.) Im Gläubigerinteresse kommt dann nur eine Befreiung zum wahren Forderungswert in Betracht. Kuhles Forderung hatte einen Wert von 20 000 EUR; in dieser Höhe ist er frei geworden. In Höhe von 80 000 EUR haftet er weiterhin den Gesellschaftsgläubigern.

Schrifttum: *K. Schmidt,* ZGR 1986, 153; *Wiedemann,* FS Bärmann, 1975, S. 1037, 1040.

205. Unausgewogenes Verkehrsgeschäft nebst Aufrechnung

a) Der Kommanditist Kurz der – genesenen – Förster und Lange KG haftet laut Handelsregister mit einer Einlage von 50 000 EUR. Als ihn ein Gläubiger der KG in Anspruch nehmen will, wendet Kurz ein, er habe mit einem

Kaufpreisanspruch in derselben Höhe, der ihm aus dem Verkauf eines Grundstücks an die KG zustehe, gegen die Einlageforderung aufgerechnet. Der Gläubiger ist erbost, weil das Grundstück in Wirklichkeit allenfalls 10 000 EUR wert war. Rechtslage?
b) Wäre es anders, wenn Kurz, der seine Haftsumme von 100 EUR gedeckt hatte, zuerst das Grundstück an die KG verkauft und den Kaufpreis erhält und drei Monate später seine Haftsumme um 50 000 EUR erhöht und diesen Betrag einzahlt?

Zu a) Hat Kurz wirksam gegen die Einlagepflicht aufgerechnet (§ 389 BGB), kann er vom Gesellschaftsgläubiger nicht mehr belangt werden, soweit dies zur Deckung der Haftsumme führt. Der Grundsatz objektiver Vermögensdeckung verlangt allerdings, dass bei einer Aufrechnung nicht einfach auf den Nennwert der Forderung abgestellt wird, sondern der objektive Vermögenstransfer zu berücksichtigen ist. Anders als im vorigen Fall ist hier die Forderung des Kommanditisten vollwertig, minderwertig hingegen die versprochene Gegenleistung, also das Grundstück. Sobald und soweit ein Mehrwert aus dem Vermögen der KG fließt, sie das Grundstück also bezahlt, lebt die Haftung des Kommanditisten wieder auf bzw. wird seine Haftsumme erst gar nicht gedeckt (vgl. *OLG Oldenburg* ZInsO 2005, 826). Die Aufrechnung ersetzt das Hin- und Herzahlen von Kaufpreis und Einlage. Die Haftsumme wird also zugleich gedeckt und lebt wieder auf. Gedeckt bleibt sie damit im Ergebnis nur zum objektiven Wert der Gegenleistung, hier des Grundstücks. Hätte Kurz das Grundstück unmittelbar als Sacheinlage eingebracht, so wäre die Haftsumme ja ebenfalls nur in Höhe von 10 000 EUR gedeckt worden.

Zu b) Wenn die Gesellschafter den Kaufvertrag und die spätere Rückzahlung des Kaufpreises an die KG in Form der Einlage als Einheit gesehen hatten (Kopplungsabrede), sind wertungsmäßig netto nur 10 000 EUR Grundstückswert geleistet worden. Die Abrede wird indiziert durch einen zeitlichen Zusammenhang von weniger als sechs Monaten zwischen Kaufvertrag und Haftsummenerhöhung. Indiz ist zweitens ein sachlicher Zusammenhang, etwa der Ausgleich leicht erkennbarer Nachteile der KG aus dem unausgewogenen Kaufvertrag durch die Einlage. Beides ist hier gegeben.

Lässt sich keine Abrede feststellen, gibt es auch keine Gesamtschau: Von den 40 000 EUR, um die der Kaufpreis überhöht war, die also netto an Kurz geflossen sind, sind nur 100 EUR i. S. d. § 172 Abs. 4 Satz 1 HGB „zurück"gezahlt; Kurz' Haftung lebt dann nur in Höhe von 100 EUR wieder auf. Den Erhöhungsbetrag hat Kurz ja später vollständig gedeckt. Das Risiko des unausgewogenen Kaufvertrages trägt dann der Komplementär, hilfsweise tragen es die Gläubiger. Deshalb sollten geringe Indizien für eine Kopplungsabrede ausreichen.

Schrifttum: *Wiedemann,* FS Bärmann, 1975, S. 1037, 1040; *K. Schmidt,* S. 1565 f.

206. Die Chancen ungesicherter Gläubiger

Diplom-Kaufmann Armin beschließt, in das gewinnträchtige Informatikgeschäft einzusteigen. Gemeinsam mit einem Bekannten, der Geschäftsführer

wird, gründet er zunächst die Data-Fix Software GmbH. Zugleich wird die Bildung einer Data-Fix GmbH & Co. KG vereinbart, in der die GmbH-Gründer Kommanditisten seien sollen. Armin übernimmt eine Kommanditeinlage von 150 000 EUR, wovon er 50 000 EUR sofort einzahlt. Die GmbH wird im März, die KG erst im Juni in das Handelsregister Hannover eingetragen.
Im April hatte GmbH & Co. KG auf Anregung von Armin bei der Mikado AG technische Geräte gekauft. Zur Unterstützung des Start-Ups erklärte sich die Mikado AG bereit, den Kaufpreis von 90 000 EUR erst im Dezember zu verlangen.
Als die Geschäfte entgegen den Erwartungen schlecht laufen, lässt sich die KG im Juli von der Stadtsparkasse Hannover ein Darlehen von 100 000 EUR gewähren. Auch dies hilft der Gesellschaft nicht über die Runden; wegen des Darlehens ist die KG Anfang September zwar noch zahlungsfähig, aber überschuldet. Um einem Insolvenzantrag vorzubeugen, tilgt Armin die Schuld gegenüber der Stadtsparkasse aus eigener Tasche und lässt das als Einlageleistung verbuchen. Im Dezember verlangt die Mikado AG von Armin Vertragserfüllung. Dieser entgegnet, er habe seine Einlagepflicht erfüllt. Muss er zahlen?

Wendet man § 176 Abs. 1 Satz 1 HGB strikt an, so haftet Armin für die vor der Eintragung entstandene Kaufpreisschuld der GmbH & Co. KG wie ein persönlich haftender Gesellschafter, da er dem Geschäftsbeginn zugestimmt hat und der Mikado die Kommanditistenstellung nicht bekannt war, als die Schuld begründet wurde. Spätestens seit § 19 Abs. 2 HGB erfordert, dass eine bestehende Haftungsbeschränkung offenzulegen ist, darf derjenige, der mit einer korrekt firmierenden GmbH & Co. KG kontrahiert, aber nicht erwarten, dass neben der GmbH auch natürliche Personen unbeschränkt haften (anders noch *BGH* NJW 1980, 54; offen in *K. Schmidt,* NJW 1983, 2258). § 176 Abs. 1 Satz 1 HGB ist in diesem Fall zu reduzieren: Ausreichend ist, dass dem Gläubiger Umstände „bekannt" sind, aufgrund derer er nicht erwarten kann, dass die Mitgesellschafter unbeschränkt haften. Die Sanktion der unbeschränkten Haftung stünde außer Verhältnis zu dem Ziel, für eine rasche Eintragung zu sorgen.

Gemäß § 171 Abs. 1 Hs. 2 HGB haftet Armin nicht, soweit er seine Einlage erbracht hat. Seine Zahlung tilgt die Darlehensschuld der KG. Das genügt, um den Kommanditisten auch von der **Außenhaftung** nach § 171 Abs. 1 Hs. 1 HGB gegenüber anderen Gläubigern zu befreien, und zwar in Höhe des Nennwertes; das gilt auch dann, wenn die Gläubigerforderung weniger werthaltig war. Denn der Kommanditist hat bis zur Insolvenz (§ 171 Abs. 2 HGB) ein Wahlrecht, an wen er haftungsbefreiend leistet. Und in der Krise einzustehen, ist ja gerade seine Funktion.

Allerdings könnte die Mikado AG den **Einlageanspruch** der KG nach den §§ 829, 835 ZPO pfänden und sich überweisen lassen, wenn dieser noch besteht. Wer einen Gläubiger der KG befriedigt, leistet nicht auf seine Einlagepflicht und erfüllt sie deshalb auch nicht. Sie könnte aber nach § 389 BGB erloschen sein. Armins Verbuchungsbitte war Aufrechnungserklärung, Armins Gegenforderung war sein

Regressanspruch gegen die KG aus §§ 161 Abs. 2, 110 HGB oder eventuell auch aus §§ 670, 662 BGB. Der Regressanspruch war zwar nicht vollwertig. Darauf kommt es im Innenverhältnis aber nicht an, sodass die Einlageschuld zum Nennwert getilgt wurde. Armin muss nicht zahlen.

207. Der Kommanditist kann gehen, aber sein Geld bleibt

a) Nach verschiedenen Enttäuschungen scheidet Kuhle aus der Förster & Lange KG aus. Nach längeren Verhandlungen wird ihm eine Abfindung in Höhe von 120 000 EUR zugestanden und anschließend ausgezahlt. Wenig später wendet sich ein Gesellschaftsgläubiger an Kuhle und nimmt ihn wegen einer unstreitig bestehenden und fälligen Gesellschaftsschuld in Höhe der eingetragenen Haftsumme von 50 000 EUR in Anspruch. Muss Kuhle zahlen?
b) Wie wäre es, wenn einer der persönlich haftenden Gesellschafter das Auseinandersetzungsguthaben aus seinem Privatvermögen ausbezahlt hätte?

Zu a) Ja. Das **Wiederaufleben der Haftung** ist – nicht nur für den ausgeschiedenen Kommanditisten – überraschend. Nach § 172 Abs. 4 HGB führt aber jede Rückführung von Mitteln aus dem Gesellschaftsvermögen in das Vermögen des Kommanditisten zum Wiederaufleben der Haftung aus §§ 128, 171 Abs. 1 Hs. 1 HGB, und zwar unabhängig davon, ob der Vermögensrückfluss von der Gesellschaft oder von dem Gesellschafter (Entnahme) veranlasst wird (st. Rspr. seit ROHGE 25, 275, 278). Dies gilt aber nur bis zur Höhe der Haftsumme. Der Kommanditist kann sich vor einer erneuten Haftung dadurch schützen, dass er einen der Haftsumme entsprechenden Wert bis zum Ablauf der Ausschlussfrist des § 160 Abs. 1 HGB in der Gesellschaft als Abfindungsanspruch oder üblicherweise als Darlehen oder als stille Gesellschaftseinlage stehen lässt. Eine darüber hinausgehende Auszahlung des Auseinandersetzungsguthabens ist haftungsunschädlich.

Zu b) Eine „Rückzahlung“ i. S. d. Gesetzes verlangt einen Vermögenstransfer aus dem Gesellschafts- und nicht aus dem Privatvermögen eines Gesellschafters (BGHZ 93, 246, 249). Kuhle würde also nicht haften.

208. Das Agio des Kommanditisten

Um sein Kapital mehren, beteiligt sich Jürgen Bober an der Asian Capital Invest XII Dubai offene InvKG. Gemäß dem Gesellschaftsvertrag erbringt er die eingetragene Einlage in Höhe von 5 000 EUR zzgl. eines Aufgeldes (Agio) in Höhe von 2 500 EUR in die Gesellschaft. Die KG erwirtschaftet allerdings Verluste, sodass die Kapitalanteile der Kommanditisten durchweg negativ sind. Dennoch nimmt die KG am Anfang des Geschäftsjahres eine „Gewinnausschüttung“ in Höhe von 6 % der jeweiligen Einlage vor. Da sich die Lage der KG weiter verschlechtert und diese auf eine Forderung einer Bank nicht leistet, wird Bober in Anspruch genommen. Er verweist auf seine bereits geleistete Einlage. Muss er dennoch zahlen?

Nach §§ 171 Abs. 1, 172 Abs. 4, 161 Abs. 2, 128 HGB lebt die Haftung des Kommanditisten wieder auf, soweit ihm die Einlage zurückgewährt wurde (vgl. auch § 127 Abs. 2 KAGB, Fall 231). Natürlich kommt es nicht darauf an, wie die Rückzahlung – hier von 6 % „Gewinn" – bezeichnet wird. Deshalb meint der BGH (NZG 2008, 506), die Rückzahlung des Agios sei immer haftungsbegründend, wenn und soweit dadurch der Kapitalanteil des Kommanditisten unter den Betrag der Haftsumme sinkt oder schon zuvor diesen Wert nicht mehr erreicht hat. Das kann man auch anders sehen: Da es um Werte geht, kommt es darauf an, ob der Kommanditist – abgesehen von der Deckung seiner Haftsumme – mehr an die KG geleistet als zurückerhalten hat. Ein zusätzlich geleistetes Agio ist also zu seinen Gunsten zu berücksichtigen und erhöht den rückzahlbaren Betrag. Dass das Agio durch Verluste der KG verbraucht ist, spielt anders als in der GmbH keine Rolle. Denn § 30 GmbHG sorgt sich um das jeweilige Eigenkapital der Gesellschaft, § 172 Abs. 4 HGB hingegen nur um den persönlichen Beitrag des Kommanditisten. Bei der KG wird zusätzlicher Gläubigerschutz durch die unbeschränkte Haftung des Komplementärs gewährleistet: Auch er selbst darf ja bis zur Grenze der Sittenwidrigkeit unbeschränkt entnehmen. Würde man das Agio des Kommanditisten an seiner Haftung teilnehmen lassen, hieße dies den Gläubigern einen höheren Haftbetrag zur Verfügung zu stellen, als den, auf den sie vertrauen durften. Deshalb sollte man die Rückzahlung des Agios als haftungsunschädlich ansehen und einen Anspruch gegen Bober verneinen.

209. Kommanditistenwechsel

Friedrich Schmölder ist Mitglied der Max Dilthey & Co. KG; er hat seine Kommanditeinlage voll eingebracht. Im laufenden Jahr übertrug er (vgl. Fall 214) mit Billigung aller Beteiligten seinen Kommanditanteil an seinen Bruder Franz, der bisher nicht Gesellschafter war. Im Handelsregister wird das eingetragen. In den Büchern der KG wird Friedrichs Einlage auf ein für Franz neu eingerichtetes Kapitalkonto umgebucht. Franz zahlt an Friedrich einen dem Wert seiner Beteiligung entsprechenden Kaufpreis. Ein Gesellschaftsgläubiger verlangt von dem ausgeschiedenen Friedrich die Rückzahlung eines der Gesellschaft gewährten Kredits. Mit Recht?

Friedrich Schmölder hatte seine Einlage erbracht, haftete nach §§ 128, 171 Abs. 1 HGB also nicht mehr. In der Umbuchung seiner Einlage könnte freilich eine Rückzahlung i. S. d. § 172 Abs. 4 HGB liegen. Hier erfolgte aber keine Umbuchung dergestalt, dass die Einlage einem anderen Kommanditanteil zugeordnet wurde und somit die Kapitalbindung und damit die Haftungsbeschränkung aufgelöst wurde. Vielmehr existiert hier nur ein Kommanditanteil und somit im Verhältnis zu den Gläubigern nur eine Haftsumme. Die Einlage Friedrichs ist diesem Anteil zugeordnet und diese Zuordnung wurde auch nicht angetastet, sodass sie weiterhin haftungsbeschränkend wirkt. Die Buchung darf nicht irritieren: Es gibt nur einen Kommanditanteil, dessen Inhaber gewechselt hat. Die Volleinzahlung wirkt *auch* zugunsten des *neuen* Inhabers des identischen Kommanditanteils.

Damit jedoch nicht der Eindruck entsteht, es sei ein weiterer Kommanditist eingetreten, bedarf es eines Nachfolgevermerks, also einer i. S. d. § 15 Abs. 1 HGB einzutragenden Tatsache; grundlegend dafür war *RG* DNotZ 1944, 195, 199 (wieder abgedruckt in WM 1964, 1130). Durch die Eintragung der Rechtsnachfolge wird vermieden, dass in der Öffentlichkeit der Eindruck einer doppelten Haftsumme entsteht.

Erfolgt der Kommanditistenwechsel im Wege eines kombinierten Ein- und Austritts, so resultieren daraus zwei nebeneinander stehende Kommanditanteile. Die Einlageleistung des Altkommanditisten wirkt für diesen weiterhin haftungsbefreiend, solange er sie in Form seines Abfindungsanspruchs stehenlässt. Dieser Anspruch gegen die KG kann an den Neukommanditisten abgetreten werden: Er wird mit der neu begründeten Einlagepflicht verrechnet und verhilft damit dem Neukommanditisten zur Haftungsbefreiung. Für den Altkommanditisten stellt dies jedoch eine Rückzahlung gemäß § 172 Abs. 4 HGB dar. Die daraus entstehende Haftungsfolge kann durch die **Übertragung** des Anteils vermieden werden. Was gewollt ist, muss durch Auslegung ermittelt werden.

210. Kommanditistenwechsel und Register

Wie ist der Fall zu entscheiden, wenn
a) der Eintritt und das Ausscheiden, nicht aber der Rechtsnachfolgevermerk eingetragen wurden?
b) lediglich Friedrichs Austritt nicht eingetragen wurde?

Objektiv betrachtet handelt es sich auch hierbei um einen Kommanditistenwechsel (vgl. Fall 209). Allerdings wirken sich die fehlenden Eintragungen auf die Haftung aus.

Zu a) Die Rechtsnachfolge ist analog § 162 Abs. 3 HGB eine einzutragende Tatsache i. S. d. § 15 Abs. 1 HGB. Durch die unvollständige Eintragung entsteht für die Öffentlichkeit der Rechtschein, es bestünden zwei selbstständige Beteiligungen nebeneinander und somit zwei Haftsummen. Nachfolger Franz würde gemäß §§ 173, 171 HGB haften; dasselbe gilt für den ausgeschiedenen Friedrich gemäß § 171 Abs. 1 HGB, allerdings beschränkt auf *Alt*ansprüche, die zur Zeit seiner Beteiligung begründet wurden. Sie unterliegen der Ausschlussfrist des § 160 Abs. 1 HGB. Gemäß § 15 Abs. 1 HGB können sich die Altgläubiger sowohl an Franz als auch an Friedrich halten. Über die Frage, ob eine der Haftsummen gedeckt wurde, entscheidet nur die wahre Rechtslage (vgl. BGHZ 81, 82, 87). In Wahrheit hatte der ausgeschiedene Friedrich auf den einzig bestehenden Kommanditanteil die Einlage erbracht. Dies kommt dem jeweiligen Inhaber, nunmehr Franz, zugute. Da aber der Rechtschein einer weiteren Haftsumme besteht, nämlich für den ausgeschiedenen Friedrich, haftet dieser zunächst weiter. Der BGH nimmt an, dass die Umbuchung entsprechend § 172 Abs. 4 HGB dazu führt, dass die Einlage für Friedrich „als den Gläubigern gegenüber nicht geleistet gilt."

Zu b) Das Handelsregister erweckt den Rechtschein, Friedrich sei weiterhin aktiver Kommanditist und hafte daher auch den Neugläubigern. Nach allgemeinen Rechtscheinsgrundsätzen schadet dem Vertrauenden jede Fahrlässigkeit, nach § 15 Abs. 1 HGB nur Kenntnis. § 162 Abs. 2 Hs. 2 HGB soll nur besagen, dass das Vertrauen nicht erst durch eine Bekanntmachung zerstört wird, da diese nicht erfolgt (str.); im Übrigen bleibt § 15 HGB anwendbar; der Rechtsverkehr soll auf die Richtigkeit des Handelsregisters vertrauen können. Friedrich kann sich auf seinen Austritt also nicht berufen und haftet demgemäß auch den *Neu*gläubigern gemäß § 15 Abs. 1 HGB (so BGHZ 81, 82, 87 vor Änderung des § 162 HGB; unentschieden danach *BGH* NJW-RR 2006, 107, 108).

Schrifttum: *v. Olshausen,* FS Knobbe-Keuk, 1997, S. 247.

211. Unbeschränkte Kommanditistenhaftung

a) Die Werner Schmidt KG, die Grundiermittel herstellt, wurde erst kürzlich gegründet und noch nicht ins Handelsregister eingetragen. Das über den Handel vertriebene Mittel ist leicht entflammbar, jedoch fehlt auf den Kanistern ein Hinweis auf die Feuergefährlichkeit. Das wird Hobbyhandwerker Hausmann bei Ausbesserungsarbeiten an seinem Haus zum Verhängnis, als er eine Zigarettenpause einlegt. Sein Haus brennt ab. Die KG ist wegen ähnlicher Schäden längst vermögenslos. Hausmann möchte deshalb den Kommanditisten Schlüter auf Schadensersatz in Anspruch nehmen. Der räumt zwar ein, dem Geschäftsbeginn zugestimmt zu haben, weist jedoch nach, dass er seine Einlage voll erbracht hat. Ist er dennoch zur Zahlung verpflichtet?
b) Die KG ist seit langem eingetragen. Werner Schmidt, einer der beiden Komplementäre, möchte sich zur Ruhe setzen. Deshalb vereinbart man, seinen Komplementär- in einen Kommanditanteil umzuwandeln. Die Haftsumme ist gedeckt. Haftet Schmidt noch für Schulden der KG, die zwischen der – wirksamen – Anteilsumwandlung und deren Eintragung in das Handelsregister begründet wurden?

Zu a) Die Gesellschaft, die ein Handelsgewerbe betreibt, ist nach § 123 Abs. 2 HGB im Außenverhältnis wirksam entstanden und haftet für den eingetretenen Schaden nach §§ 1–4 ProdHaftG und § 823 Abs. 1 BGB (Produzentenhaftung aufgrund mangelhafter Instruktion). Ob der Kommanditist Schlüter für diese Gesellschaftsschuld einstehen muss, richtet sich nach §§ 176 Abs. 1 Satz 1, 161 Abs. 2, 128 Satz 1 HGB. Nach deren Wortlaut haftet Schlüter. Dabei bleibt es, wenn man den Zweck des § 176 HGB darin sieht, einen bestimmten Zeitpunkt für die Haftungsbeschränkung zu fixieren, um Rechtsunsicherheit über deren Beginn und über die Höhe einer nur intern festgelegten Haftsumme zu vermeiden. Reflexartig soll der Kommanditist angehalten werden, sich um seine Eintragung zu bemühen. Der BGH fordert über das Fehlen der Eintragung hinaus **potentielles Vertrauen:** Die Haftungsverschärfung des § 176 HGB verlange, dass der Verkehr sich bei Anspruchsbegründung (falsche) Vorstellungen über die Haftungsmodalitäten hätte machen können. Da dies im Unrechtsverkehr – ebenso wie bei Kenntnis i. S. d. § 176 Abs. 1 Satz 1 HGB – ausgeschlossen sei, hafte der Kommanditist für Verbindlichkeiten der Gesellschaft aus unerlaubter Handlung stets beschränkt

(BGHZ 82, 209, 215). Diese Rechtsprechung mag zu Unsicherheiten führen, etwa wenn ein Deliktsgläubiger seinen Anspruch im Vertrauen auf eine unbeschränkte Gesellschafterhaftung zu spät durchsetzt. Und es mag systematisch unbefriedigend sein, dass sich etwa bei der Produkthaftung ein Vertrauen nur bei jemandem bilden kann, der das Produkt ausgewählt hat, kaum aber bei unbeteiligten Dritten. Solch minimale Nachteile durch eine unbeschränkte Kommanditistenhaftung zu bekämpfen, stände aber außer Verhältnis.

Hier ist wohl nicht abstrakt auszuschließen, dass eine Entscheidung wie die Hausmanns zur Verwendung des Grundiermittels auch maßgeblich von Vorstellungen über die Herstellerbonität beeinflusst wurde. Deshalb haftet Schlüter nach beiden Ansichten unbeschränkt.

Zu b) Schmidt könnte gemäß §§ 176 Abs. 2, 161 Abs. 2, 128 Satz 1 HGB haften. Der BGH verneint einen **Eintritt,** wenn der Gesellschafter der KG ununterbrochen angehörte; lediglich die Mitgliedschaftsrechte- und pflichten änderten sich (BGHZ 66, 98, 101). Als ehemaliger Komplementär haftet Schmidt allerdings über § 15 Abs. 1 HGB. Auch hier ist – wie zu § 176 HGB – potentielles Vertrauen (ungeschriebenes) Tatbestandsmerkmal.

212. Beitritt oder ergänzte Gründung?

Kalinke möchte sein Geld sicher anlegen. Er beteiligt sich deshalb als Kommanditist an einer KG, die bereits im Handelsregister eingetragen ist. Dennoch wird er von einem Geschäftspartner der KG in Anspruch genommen für eine Verbindlichkeit, die nach seinem Eintritt, jedoch vor seiner Eintragung ins Handelsregister begründet wurde. Muss Kalinke zahlen? Er wurde nie gefragt, ob die Geschäfte weitergeführt werden sollen.

Gemäß § 176 Abs. 2 HGB haftet der neu und unbedingt eintretende Kommanditist für Verbindlichkeiten der Gesellschaft, die in der Zeit zwischen Eintritt und Eintragung ins Handelsregister begründet werden, unbeschränkt. Die Haftung hängt nicht etwa entsprechend Absatz 1 davon ab, ob er der Fortsetzung der Geschäfte zustimmt (BGHZ 82, 209, 211; vgl. auch Fall 133). Denn die Fälle liegen wesentlich anders: Bei späterer Geschäftsaufnahme entgehen nur erste Geschäftschancen, bei einer Unterbrechung von in Gang befindlichen geschäftlichen Aktivitäten müssen Löhne, Mieten etc. weitergezahlt werden, während sich die Stammkunden abwenden. Das kann zur Insolvenz der KG und ihres Komplementärs führen. Bereits geschlossene Verträge könnten ohnehin nicht haftungsmindernd gestoppt werden.

213. Eintritt durch Anteilserwerb

Wie ist zu entscheiden, wenn Kalinke keinen neuen Kommanditanteil, sondern den Kommanditanteil eines bisherigen Kommanditisten im Wege der Anteilsübertragung erworben hat?

Der BGH (NJW 1983, 2258, 2259) meint, dass auch der derivative Erwerb des Anteils einen Eintritt i. S. d. § 176 Abs. 2 HGB darstellt. Die Vorschrift wolle die beschränkte Haftung generell von einer Eintragung im Handelsregister abhängig machen, um dadurch den Rechtsverkehr vor nicht eingetragenen und nicht öffentlich bekannt gemachten Haftungsbeschränkungen zu schützen (Transparenzgebot). Dieser Zweck werde nur erreicht, wenn die Haftung unabhängig davon eingreift, ob der neue Gesellschafter durch Änderung des Gesellschaftsvertrages oder durch Verfügungsgeschäft beitritt.

Das ist konsequent. Denn solange kein Rechtsnachfolgevermerk eingetragen ist, ist für Dritte unklar, welchen Haftungsstatus der neue Gesellschafter hat. Vielen erscheint das zu hart. Sie meinen, die Haftungsbeschränkung für diesen Anteil sei ja bereits eingetragen und unstreitig müsse jedenfalls ein Erbe nicht nach § 176 Abs. 2 HGB haften. Die Praxis überträgt Kommanditanteile daher unter der aufschiebenden Bedingung der Eintragung.

5. Mitgliederwechsel und Ausscheiden

214. Übertragbarkeit des Kommanditanteils

Kann ein Kommanditist seinen Kommanditanteil an einen außenstehenden Dritten übertragen?

Wie ein persönlich haftender Gesellschafter (vgl. Fall 160) kann auch der Kommanditist seinen Anteil übertragen und dies gemäß §§ 413, 398 BGB sogar formlos. Zum Schutz der Mitgesellschafter müssen diese aber entweder im Gesellschaftsvertrag oder *ad hoc,* auch außerhalb einer Gesellschafterversammlung, zugestimmt haben.

215. Haftung bei ererbtem Kommanditanteil

Xaver Hütwohl war Kommanditist der Gebrüder Oberniedermeyer Landesprodukte KG. Als Haftsumme war ein Betrag von 10 000 EUR in das Handelsregister eingetragen; seine Einlage hatte er aber erst in Höhe von 4 000 EUR entrichtet. Nach seinem Tod wird sein Erbe Franz Hütwohl als Rechtsnachfolger eingetragen. Wenig später wird die KG zahlungsunfähig. Ein Gesellschaftsgläubiger, dessen Forderung in Höhe von 21 000 EUR noch zu Lebzeiten des Xaver Hütwohl entstanden war, nimmt Franz in Höhe der ausstehenden Kommanditeinlage in Anspruch. Dieser meint, er könne doch höchstens mit dem Nachlass haften, welcher sich indes nur auf 2 000 EUR beläuft.
Was kann der Gläubiger von Franz verlangen?

Es ist zwischen der Erbenhaftung und der Eigenhaftung als Gesellschafter zu trennen: **Als Erbe** haftet Franz persönlich gemäß § 1967 BGB: Die Altverbindlichkeiten aus dem Gesellschaftsverhältnis des Erblassers – er haftete in Höhe von 6 000 EUR offener Haftsumme – stellen Nachlassverbindlichkeiten dar. Seine

Haftung dafür kann der Erbe gemäß §§ 1975 ff., 1990 BGB auf den Nachlass beschränken (hier: 2 000 EUR).

Diese Einrede kann er der Haftung **als Gesellschafter** nicht entgegenhalten: Während Komplementäre mit ihrem Tod im Zweifel ausscheiden (§§ 161 Abs. 2, 131 Abs. 3 Nr. 1 HGB), sind Kommanditanteile im Zweifel vererblich (§ 177 HGB). Der Erbe tritt damit i. S. d. § 173 HGB in die KG ein und haftet auch für Altverbindlichkeiten der KG persönlich, nicht nur mit dem Nachlass. Die Haftung aus §§ 128, 171 Abs. 1 HGB bleibt aber auf die noch offene Haftsumme in Höhe von 6 000 EUR begrenzt. Hätte Franz die Erbschaft ausgeschlagen, wäre er weder Erbe noch Gesellschafter geworden und haftete gar nicht.

216. Doppelte Mitgliedschaft in der KG?

Frau Hütwohl ist persönlich haftende Gesellschafterin der KG, ihr Gatte einer der Kommanditisten. Als er verstirbt, wird sie seine Alleinerbin. Ist sie nun zusätzlich auch Kommanditistin?

Nach h. M. kann eine Person nicht Inhaber mehrerer „Anteile" an einer Personengesellschaft sein (Einheitlichkeit der Mitgliedschaft). Wird eine zusätzliche Beteiligung erworben, vereinigt sie sich mit dem bisherigen Gesellschaftsanteil. Der bisherige Kapitalanteil (vgl. Fall 130) erhöht sich; nach ihm richten sich ab sofort die Vermögens- und Mitverwaltungsrechte, wenn nichts Abweichendes vereinbart ist. Treffen wie hier ein Komplementär- und ein Kommanditanteil zusammen, entsteht ein einheitlicher Komplementäranteil.

Schrifttum: *Priester,* DB 1998, 55.

*217. Verschmelzung hinzuerworbener Anteile trotz Testamentsvollstreckung?

Kommanditist Hütwohl hat seine Frau, die Komplementärin ist, als Alleinerbin eingesetzt und in Übereinstimmung mit dem Gesellschaftsvertrag Testamentsvollstreckung angeordnet. Testamentsvollstrecker ist der langjährige Steuerberater des Unternehmens Guido Treu. Witwe Hütwohl ist der Ansicht, Beteiligungen an einer Personengesellschaft würden nicht der Testamentsvollstreckung unterliegen. Treu bestreitet dies für Kommanditanteile; er verlangt zumindest, dass die Witwe ihm eine nur aus wichtigem Grund entziehbare Vollmacht zur Ausübung aller Beteiligungsrechte einräumt, damit der Wille des Verstorbenen erfüllt werde. Die übrigen Gesellschafter versuchen sich aus dem Streit herauszuhalten, haben jedenfalls keine Einwendungen gegen das Auftreten Treus in der Gesellschafterversammlung. Wie würden Sie Frau Hütwohl beraten?

Vorfrage ist, ob der Kommanditanteil durch Erbgang in dem Komplementäranteil von Frau Hütwohl aufgeht. Bejaht man dies trotz der Testamentsvollstreckung am vererbten Anteil (so einst der Gesellschaftsrechtssenat in BGHZ 24, 106, 113; offen gelassen in BGHZ 108, 187, 199), so verbleibt eine Komplementärstellung, an der Testamentsvollstreckung unzulässig ist (vgl. Fall 168). Demgegenüber erkennt das Schrifttum im Wesentlichen an, dass unterschiedlich ausgestaltete Anteile ausnahmsweise getrennt in einer Hand gehalten werden können: in Fällen der Vorerbschaft, Treuhand, Nachlassinsolvenz und Testamentsvollstreckung. Auch der Erbrechtssenat des BGH meint, dass eine angeordnete Testamentsvollstreckung die uneingeschränkte Vereinigung des bisherigen mit dem hinzuerworbenen Anteil verhindere (NJW 1996, 1285 zur GbR); selbst die Vereinigung sämtlicher Geschäftsanteile in einer Hand führe dann nicht zum Erlöschen der Gesellschaft (BGHZ 98, 48, 57 zur OHG). Neben dem praktischen Bedürfnis, die beiden Anteile bei unterschiedlicher Ausgestaltung (z. B. bei unterschiedlichen Kündigungsfristen) getrennt zu halten, spricht im Fall der Testamentsvollstreckung dafür, dass der vererbte Anteil in den Nachlass fällt und damit dem Zugriff der Nachlassgläubiger vorbehalten bleibt.

Schrifttum: *Wiedemann* II, S. 493 ff.

218. Tod des einzigen Komplementärs

Nach dem Tod von Adolf Schönberg wird seine Bauschlosserei als Kommanditgesellschaft fortgeführt: Sein Sohn Bastian Schönberg ist Komplementär und dessen Schwestern Linda und Sophie sind Kommanditistinnen. Beide Schwestern sind nicht im Geschäft tätig, sondern üben andere Berufe aus.
a) Bastian kommt bei einem Autounfall ums Leben. Alleinerbe ist sein Sohn Bert. Der Gesellschaftsvertrag sieht für die Nachfolge beim Ausscheiden eines Gesellschafters nichts vor. Was wird aus der Gesellschaft?
b) Angenommen Bastian hatte nur eine Schwester. Wie wirkt sich dann sein Ausscheiden aus der Kommanditgesellschaft aus?

Derartige Fallgestaltungen sind nicht so selten, wie man vermuten möchte (vgl. etwa BGHZ 113, 132), weil zwei- und dreigliedrige Personengesellschaften weit verbreitet sind.

Zu a) Wenn der einzige persönlich haftende Gesellschafter ausscheidet (und Bert abgefunden wird), ändert dies nach § 131 Abs. 3 Satz 1 Nr. 1 HGB grundsätzlich nichts am Bestehen der KG. Doch müssen der werbenden Kommanditgesellschaft mindestens ein Komplementär und ein Kommanditist verbleiben. Sonst ist die KG aufgelöst und kann nur als Liquidationsgesellschaft fortleben. Die beiden Kommanditistinnen sollten also einen neuen Komplementär suchen (z. B. Bert, der seine Abfindung einlegt, oder eine GmbH) oder ihre KG abwickeln. Geschieht dies nicht binnen einer angemessenen Frist von etwa drei bis sechs Monaten oder betreiben sie die Schlosserei weiter, so wandelt sich die Gesellschaft zwingend in eine OHG um.

Zu b) Wenn nur **ein** Gesellschafter übrig bleibt, ist die Personengesellschaft sofort beendet, ihr Gesamthandsvermögen geht im Wege der Gesamtrechtsnachfolge (vgl. Fall 178) auf Bastians Schwester über; zu ihrem Schutz ist ihre Haftung im Außenverhältnis rechtsfortbildend auf das Gesellschaftsvermögen begrenzt. Erst wenn sie den Betrieb allein fortführt, haftet sie auch mit ihrem Eigenvermögen: als Einzelkauffrau für Neuschulden und unter den Voraussetzungen des § 25 HGB unbegrenzt auch für die Altschulden der Gesellschaft (*BGH* NZG 2004, 611).

Schrifttum: *Bork/Jacoby,* ZGR 2005, 611; *Frey/v. Bredow,* ZIP 1998, 1621.

6. GmbH & Co. KG

219. Begriff

Was versteht man unter einer „GmbH & Co. KG"?

Die GmbH & und Co. KG ist eine Kommanditgesellschaft, an der als – in der Regel einziger – persönlich haftender Gesellschafter eine GmbH beteiligt ist. Sind die Kommanditisten zugleich – und dann meist im selben Verhältnis – an der Komplementär-GmbH beteiligt, so sprechen manche von einer beteiligungsidentischen GmbH & Co KG. Die Typenverbindung beruht auf einer Verflechtung zwischen Personen- und Kapitalgesellschaft. Die GmbH & Co. KG ist sachlich eine Personengesellschaft mit beschränkter Haftung. Ihr entspricht in den Rechtsordnungen anderer Länder (z. B. England, USA, Japan, Singapur; vgl. Fall 483) die *Limited Liability Partnership (LLP).*

Die Zulässigkeit der GmbH & Co. KG beruhte zunächst auf Richterrecht (*BayObLG* OLGE 27 (1912), 331; RGZ 105, 101). Diese Rechtsfortbildung wurde später vom Gesetzgeber anerkannt (vgl. §§ 19 Abs. 2, 130a Abs. 1, 172 Abs. 6, 264a Abs. 1 HGB, §§ 15 Abs. 3, 39 Abs. 4 InsO, § 18 Abs. 1 KAGB).

Schrifttum: *Hesselmann/Tillmann/Mueller-Thuns,* Handbuch der GmbH & Co., 21. Aufl. 2016; *Reichert,* GmbH & Co., 7. Aufl. 2015; *Binz/Sorg,* Die GmbH & Co., 11. Aufl. 2010.

220. Vorteile der GmbH & Co. KG

Von den 257 681 im Handelsregister eingetragenen KGs weisen heute ungefähr 210 000 die Mischform der Kapitalgesellschaft & Co. KG auf, d. h. nur noch jede fünfte KG ist eine gesetzestypische KG. Warum wählt die Wirtschaftspraxis in großem Umfang die Gesellschaftsform der GmbH & Co. KG?

Maßgebend für die Wahl einer solchen Rechtsform sind steuer- und gesellschaftsrechtliche Überlegungen. Durch Verlagerung von Gewinn und Vermögen zwischen GmbH, KG und Kommanditisten können Unterschiede in der Besteuerung von Personen- und Kapitalgesellschaft ausgenutzt werden. So mindern die Gehälter und Pensionsrückstellungen der Gesellschaftergeschäftsführer den (körperschaft-)steuerpflichtigen Gewinn der GmbH, während Verluste der KG mit privatem Einkommen verrechnet werden können. Ferner wird gegenüber der einfachen GmbH eine Doppelbelastung durch Körperschaft- und Einkommensteuer (auf die ausgeschütteten Gewinne) vermieden: Für das Steuerrecht ist die KG als Personengesellschaft „transparent"; die Gewinne werden nur bei den Gesellschaftern versteuert. Wegen der Doppelbesteuerung der GmbH weist die Vertragspraxis regelmäßig alle Gewinne den Kommanditisten zu.

Beachtlich sind auch gesellschaftsrechtliche Vorteile der Doppelgesellschaft. Im Vergleich zur GmbH ist die KG in ihrer Verbandsorganisation beweglicher; der Gesellschaftsvertrag der Hauptgesellschaft kann z. B. formlos geändert werden. Im Verhältnis zur gesetzestypischen KG lassen sich hingegen mit der GmbH & Co. KG zwingende Organisationsbestimmungen des Rechts der Personengesellschaften durch Einschalten der GmbH umgehen. Man kann wirtschaftlich eine Einpersonengesellschaft bilden, die unbeschränkte Haftung natürlicher Personen vermeiden und bei deren Tod die Gesellschaft problemlos fortführen. Zudem kann in Abweichung vom Grundsatz der Selbstorganschaft bei Personengesellschaften außenstehendes Fachpersonal (Geschäftsführung der Komplementär-GmbH) mit der Geschäftsleitung der KG betraut werden.

Auf Betreiben der EU sind die für Kapitalgesellschaften geltenden Vorschriften zur Rechnungslegung und deren Publizität auch auf die deutsche Kapitalgesellschaft und Co. KG erstreckt worden (vgl. § 264a HGB). Trotz höherer Gründungs- und Rechtsberatungskosten stieg der Verbreitungsgrad der GmbH & Co. KG bisher stetig an.

221. Wer führt eine GmbH & Co. KG?

Die Kommanditgesellschaft „Läufer Verlag GmbH & Co. KG" betreibt ein großes Verlagshaus. Einzige persönlich haftende Gesellschafterin ist die Läufer GmbH, deren alleiniger Gesellschafter und derzeitiger Geschäftsführer der Verleger Alex Läufer ist.
a) Wer führt die Geschäfte der Kommanditgesellschaft?
b) Wer ist als vertretungsberechtigter Gesellschafter im Handelsregister eingetragen?

Zu a) Geborener organschaftlicher Geschäftsführer der Kommanditgesellschaft ist die persönlich haftende Läufer GmbH (§§ 114, 161 Abs. 2, 164 HGB). Deren Geschäfte und damit mittelbar auch diejenigen der Kommanditgesellschaft werden von den gekorenen Geschäftsführern der GmbH wahrgenommen. Letztlich leitet also der Verleger Alex Läufer sowohl die GmbH als auch die GmbH & Co. KG.

Zu b) Als einzige vertretungsberechtigte Gesellschafterin der KG wird die Läufer GmbH ins Handelsregister eingetragen (§§ 106 Abs. 2 Nr. 4, 125, 161 Abs. 2, 162 Abs. 1 Satz 1, 170 HGB, § 40 Nr. 3 Satz 1 Buchst. b HRV). Wer für die Kapitalgesellschaft die Vertretung ausübt, ergibt sich dann aus den für die GmbH maßgebenden Handelsregistereintragungen (§ 10 GmbHG, § 43 Nr. 4 Satz 1 Buchst. b HRV).

222. Haftet der GmbH-Geschäftsführer der KG?

Axel Läufer ist einziger Gesellschafter und Geschäftsführer der Komplementär-GmbH. Im Gesellschaftsvertrag der KG wurde die der GmbH zu zahlende Tätigkeitsvergütung auf jährlich 60 000 EUR festgesetzt. Axel Läufer überweist für die Geschäftsführung 174 000 EUR vom Konto der KG auf das der GmbH. Die Mehrheit der Gesellschafter der KG ist damit nicht ein-

verstanden; in einer Gesellschafterversammlung wird – gegen die Stimme Läufers und der durch ihn vertretenen GmbH – beschlossen, die Tätigkeitsvergütung für die GmbH nicht zu erhöhen; die zu Unrecht entnommenen Beträge sollten an die KG zurückgeführt werden. Hat die KG gegen den Geschäftsführer Läufer einen Anspruch auf Rückzahlung der zu viel entnommenen 114 000 EUR?

Eine Haftung des GmbH-Geschäftsführers unmittelbar gegenüber der Hauptgesellschaft KG wurde früher abgelehnt, weil zwischen dem GmbH-Geschäftsführer und der KG kein Rechtsverhältnis bestehe, sodass ein Schadensersatzanspruch nur im Fall einer unerlaubten Handlung in Betracht kam. Damit die KG unmittelbar gegen den GmbH-Geschäftsführer vorgehen kann, wurde später versucht, zwischen ihnen ein Rechtsverhältnis zu begründen:

a) Seit BGHZ 75, 321, 323 und 76, 327 konstruierte die Rechtsprechung einen Vertrag mit Schutzwirkung zugunsten Dritter: Der Anstellungsvertrag zwischen Geschäftsführer und der Komplementär-GmbH beinhalte auch eine Pflicht zur Interessenwahrnehmung für die das Handelsgeschäft betreibende KG. Das gelte jedenfalls für die typische GmbH & Co. KG, in der sich die Aufgabe der Komplementär-GmbH in der Geschäftsführung für die KG erschöpft. Hiernach hat Läufer seine aus dem Anstellungsvertrag mit der GmbH erwachsende Pflicht zur Wahrung der KG-Interessen verletzt. Er haftet demnach der KG auf Schadensersatz in Höhe des zu viel entnommenen 114 000 EUR gemäß §§ 280 Abs. 1, 241 Abs. 2 BGB i. V. m. dem Vertrag mit Schutzwirkung zugunsten Dritter.

Diese Rechtsfortbildung trägt konstruktiv dann nicht, wenn ein Anstellungsvertrag mit dem Geschäftsführer unwirksam oder früher abgeschlossen wurde als der Beitritt der GmbH zur KG oder wenn der GmbH-Geschäftsführer im Verhältnis zur GmbH von der Haftung freigestellt wird.

b) Den Ausgangspunkt seiner Rechtsfortbildung sieht der BGH deshalb heute in § 43 Abs. 2 GmbHG: Die Geschäftsführungsaufgaben in der KG nimmt die Komplementär-GmbH notwendig durch ihren Geschäftsführer wahr. Dier **Schutzbereich seines Organverhältnisses** zur GmbH ersrteckt sich deshalb auch auf die KG (*BGH* NZG 2015, 225).

Schrifttum: *Wiedemann* II, S. 850 f.

223. Insichgeschäfte

Axel Läufer (A) hat mit seinen Kindern Boris, Clara und Dirk eine GmbH gegründet und mit dieser als Komplementärin eine Kommanditgesellschaft, in der A und seine Kinder Kommanditisten wurden. Die KG betreibt ein großes Baugeschäft. Alleiniger Geschäftsführer der GmbH ist A. A verkauft einen in sein Privatvermögen gelangten gelben ATLAS Bagger an die KG. Clara hält das für unzulässig.
a) Hat sie Recht?
b) Wie kann die KG den Kauf und Erwerb des Baggers genehmigen?

Zu a) Ja, weil der Kauf gegen das **Verbot des Selbstkontrahierens** verstößt und nach § 181 BGB unwirksam ist. § 181 BGB gilt auch für organschaftliche Vertreter. A war auf beiden Seiten beteiligt, nämlich als Vertragspartei und als Vertreter der KG.

Zu b) Den Insichgeschäften ihres Vertreters A kann die KG in ihrem Gesellschaftsvertrag allgemein zustimmen oder *ad hoc* durch Erklärung der KG gegenüber A. Da die KG nur durch A vertreten wird, A nach § 181 BGB aber nicht sich selbst gegenüber genehmigen kann, muss ihn die Gesellschafterversammlung der KG auch für das Erteilen der Genehmigung von § 181 BGB befreien; die Kommanditisten als solche sind dazu nicht im Stande (§ 170 HGB). Die Gesellschafterversammlung der KG muss also den Baggerkauf genehmigen und es A gestatten, diese Genehmigung der KG sich selbst gegenüber zu erklären. Dieser Beschluss der KG erfordert gemäß §§ 161 Abs. 2, 119 Abs. 1 HGB allseitiges Einvernehmen ihrer Gesellschafter, also auch das der GmbH. Eine Mitwirkung des A an einem solchen Genehmigungsbeschluss der KG ist unter zwei Gesichtspunkten bedenklich:

(1.) A müsste zwei Willenserklärungen abgeben, nämlich als Kommanditist im eigenen Namen und zugleich als Vertretungsorgan der Komplementärin, also der GmbH. Für eine solche – nur einstimmig mögliche – Beschlussfassung gilt jedoch wieder § 181 BGB, sodass es nun auf die Frage ankommt, ob die Gesellschafter der GmbH dem A wirksam gestattet haben, im Namen der GmbH bei einem Gesellschafterbeschluss der KG mitzuwirken. Insoweit bedarf es auch in der GmbH entweder einer schon vorhandenen Satzungsklausel oder eines Gesellschafterbeschlusses, der nach § 47 Abs. 1 und 4 GmbHG mit einfacher Mehrheit und ohne die Stimme des A zu fassen ist. Solange ein solcher Beschluss der übrigen GmbH-Gesellschafter fehlt, scheitert das Baggergeschäft gemäß § 181 BGB am nicht realisierbaren Befreiungsbeschluss der KG und dem dadurch bedingten Mangel der Vertretungsmacht des A (vgl. BGHZ 58, 115, 118).

(2.) Ferner wird über ein Rechtsgeschäft des Kommanditisten A beschlossen. Deshalb kann man erwägen, den Rechtsgedanken des § 47 Abs. 4 GmbHG analog auf die KG anzuwenden: Wer entgegengesetzte Privatinteressen hat, wird die Gesellschaftsinteressen hintanstellen. Danach hätte A als Kommanditist kein Stimmrecht und wäre i. S. d. § 119 Abs. 1 HGB nicht zur Mitwirkung bei der Beschlussfassung berufen. Es genügte dann Einstimmigkeit der übrigen Gesellschafter der KG.

Schrifttum: *Bacher/v. Blumenthal,* GmbHR 2015, 457.

224. Direktüberweisung der Stammeinlage an die KG

Reinhard Hüter ist Gesellschafter der Komplementär-GmbH „Besser Wohnen und Leben GmbH & Co. KG". Das Stammkapital der GmbH beträgt 100 000 EUR. Hüter hatte eine Stammeinlage in Höhe von 50 000 EUR gezeichnet und 10 000 EUR bar gezahlt. Die restlichen 40 000 EUR überweist er unmittelbar an die Kommanditgesellschaft, um der GmbH eine eigene Buchhaltung und die Einrichtung eines Bankkontos zu ersparen. Der GmbH-Geschäftsführer stimmt zu; der Betrag soll nämlich zugleich eine entsprechende Beitragsschuld (vgl. Fall 201) der Komplementär-GmbH ge-

genüber der KG tilgen. Er wird dort entsprechend verbucht. Hat Hüter damit seine Stammeinlage gemäß den §§ 5 und 19 GmbHG erbracht sowie die Beitragsschuld der GmbH gegenüber der KG ordnungsgemäß getilgt?

In der Praxis ist die Komplementär-GmbH vielfach zu einem „Merkposten für Handelsregisteranmeldungen, Steuererklärungen und Jahresabschlüsse“ (*Günther,* EWiR 1985, 67) verkümmert. Gleichwohl müssen die zwingenden Vorschriften zur Vermögensorganisation einer Kapitalgesellschaft eingehalten werden. So können Ersparnisüberlegungen nicht etwa dazu führen, die Pflicht zur Kapitalaufbringung (§§ 5, 7 Abs. 2, 19 GmbHG), Kapitalerhaltung (§§ 30, 31 GmbHG) und Vermögenstrennung gegenüber gesellschaftsfremden Vermögenssphären (*arg. e contrario* aus § 13 Abs. 2 GmbHG) zu umgehen. Durch Haftungs- oder Steuerschulden können jederzeit eigene Verbindlichkeiten der GmbH entstehen. Die Eigengläubiger der GmbH sind dann wie bei einer typischen GmbH allein auf deren Vermögen angewiesen.

Die Einlageleistung des GmbH-Gesellschafters kann als Geldeinlage für die Mindesteinzahlungen nicht an einen Dritten erbracht werden (vgl. §§ 7 Abs. 2 und 8 Abs. 2 GmbHG). Aber auch der über die Mindesteinzahlung hinausgehende Restbetrag erfüllt die Einlageforderung nach §§ 362 Abs. 2, 185 BGB nur, wenn die Einlageleistung an einen Dritten vom Berechtigten, also von der GmbH, vertreten durch ihren Geschäftsführer, akzeptiert wurde. Zusätzlich verlangt die h. M., dass die getilgte Drittforderung – hier die Beitragsforderung der KG gegen die GmbH – vollwertig, fällig und liquide (unbestritten) war. Vollwertig bedeutet bei einer Komplementär-GmbH, dass ihr verbleibendes Vermögen ausreicht, um ihre Eigengläubiger vollständig zu befriedigen und auch die KG-Gläubiger insoweit, als das KG-Vermögen für sie nicht ausreicht.

Folglich konnte Hüter mit der an die KG gerichteten Zahlung seine Einlagenschuld gegenüber der GmbH nur in Höhe von 37 500 EUR tilgen (Mindesteinlage = 12 500 EUR, §§ 5, 7 Abs. 2 Satz 1 GmbHG). Die GmbH hat ihre Beitragsschuld hingegen vollständig an die KG erbracht. Aus Sicht der KG handelt es sich dabei um die Leistung eines Dritten (Hüter) gemäß § 267 Abs. 1 BGB, der die Komplementär-GmbH von einer Verbindlichkeit befreit (Beitragspflicht der GmbH gegenüber der KG gemäß § 705 BGB). Zugleich wollte Hüter damit seine eigene Einlagepflicht gegenüber der GmbH tilgen. Soweit dies fehlgeschlagen ist, also in Höhe von 2 500 EUR, kann Hüter die GmbH aus G. o. A. gemäß §§ 683, 670 BGB in Anspruch nehmen.

Beachte: Ist Hüter nicht nur GmbH-Gesellschafter, sondern auch Kommanditist, kann sich zusätzlich das Gebot der Kapitalerhaltung aus § 30 Abs. 1 GmbHG auswirken. In der Zahlung für die GmbH an die KG kann nämlich eine Einlagenrückgewähr an Hüter liegen (vgl. den folgenden Fall): Erhält die Komplementär-GmbH für ihre Einlage keine adäquate Kapitalbeteiligung an der KG, profitiert von der eigenen Zahlung an die KG auch der Kommanditist.

*225. Kapitalerhaltung

Klever betreibt ein Handelsgeschäft für Isoliermaterial. Er gründet zunächst mit seiner Ehefrau eine GmbH (Stammkapital 25 000 EUR), dann mit der

GmbH als Komplementärin eine KG. In diese bringt er sein Handelsgeschäft mit einem Nettowert von 100 000 EUR als Einlage ein. Seine Haftsumme beträgt ebenfalls 100 000 EUR. Im Gesellschaftsvertrag der KG wird festgelegt, dass sie 180 000 EUR persönliche Erbschaftsteuerschulden des Klever aus der Zeit vor Gesellschaftsbeginn übernimmt. Als die GmbH & Co. KG, die diese Rückstände inzwischen bezahlt hat, zwei Monate später insolvent wird, fordert der durch das Amtsgericht bestellte Insolvenzverwalter Caba von Klever Ersatz für die an das Finanzamt abgeführten Beträge. Zu Recht?

Die Zahlungen der KG an das Finanzamt stellen eine Zuwendung zugunsten Klevers dar; er ist dadurch gemäß § 267 Abs. 1 BGB von seinen Steuerverbindlichkeiten befreit worden. Klever haftet also gegenüber dem Insolvenzverwalter zunächst bis zur Höhe seiner Haftsumme von 100 000 EUR gemäß §§ 171 Abs. 2, 172 Abs. 4 HGB.

Darüber hinaus könnte Caba auch ein Erstattungsanspruch gegen Klever analog §§ 30, 31 GmbHG zustehen. Wären die Steuerzahlungen unmittelbar von der GmbH an ihren Gesellschafter geleistet worden und dadurch das Eigenkapital der GmbH unter die Stammkapitalziffer gesunken, so wäre Klever direkt nach den §§ 30, 31 GmbHG zur Erstattung verpflichtet. Die Rechtsprechung wendet diese Vorschriften auch an, wenn es die KG ist, die Zahlungen an einen ihrer Gesellschafter (Kommanditisten) oder einen Gesellschafter der Komplementär-GmbH leistet. Denn auch eine Zahlung der KG kann mittelbar dazu führen, dass sich der Wert des Anteils der GmbH an der KG verringert und damit das Vermögen der GmbH unter ihre Stammkapitalziffer herabsinkt. Darüber hinaus muss die GmbH ungeachtet ihres Kapitalanteils befürchten, persönlich zu haften (§§ 161 Abs. 2, 128 HGB) und nach Zahlung mit ihrem Ausgleichsanspruch (§ 110 HGB) auszufallen. Hat sich also das Vermögen der KG, weil sie Klevers Steuerschulden beglich, so verringert, dass das Eigenkapital der GmbH unter deren Stammkapitalziffer abgesunken ist, so haftet Klever analog §§ 30, 31 GmbHG. Er muss das Empfangene soweit erstatten, wie es zur Deckung des Stammkapitals (der GmbH) erforderlich ist, höchstens jedoch 180 000 EUR. Ist also die GmbH in Höhe ihres Stammkapitals an der KG beteiligt und diese durch die Tilgung der Steuerschulden Klevers beispielsweise nunmehr in Höhe von 55 000 EUR überschuldet, so muss Klever 80 000 EUR zurückzahlen, nämlich 55 000 EUR Überschuldung, für die die GmbH haftet, plus 25 000 EUR, weil ihr Stammkapital durch einen Wert ihrer KG-Beteiligung nicht mehr gedeckt ist.

Dieser Erstattungsanspruch analog § 31 GmbHG steht in der GmbH & Co. KG der KG zu, soweit sie die verbotswidrige Zahlung vornimmt. Ist eine Kapitalgesellschaft Komplementärin einer KG, erfordert dies auch einen Gläubigerschutz auf dem Niveau des Kapitalgesellschaftsrechts (GmbHG). Zudem werden weder die Belange der GmbH selbst noch die ihrer anderen Gläubiger durch die Verschiebung der Aktivlegitimation beeinträchtigt. Schließlich könnte auch die GmbH die Wiederherstellung des Stammkapitals nur in der Weise verlangen, wie es dem früheren Zustand entsprach; nämlich Rückzahlung an die KG.

Beachte: Neben dem Rückerstattungsanspruch analog § 31 GmbHG kommt auch in der GmbH & Co. KG die Haftung des Kommanditisten oder des Gesellschafters der Komplementär-GmbH aus

§ 826 BGB wegen eines existenzvernichtenden Eingriffs in Betracht (vgl. Fall 292). Darüber hinaus kann Caba die Zahlung der KG auf Klevers persönliche Steuerschulden in den Grenzen der §§ 129, 130, 133 InsO anfechten und gemäß § 143 Abs. 1 InsO zurückfordern.

Rechtsprechung: BGHZ 60, 324, 328; 110, 342, 355.

*226. Einheitsgesellschaft

Klever und seine Ehefrau sind in der inzwischen sanierten Isoliermaterial GmbH & Co. KG Kommanditisten zu 2/3 bzw. 1/3. Im gleichen Verhältnis sind sie GmbH-Gesellschafter. Auch für den Fall, dass später die heranwachsenden Kinder ebenfalls als Kommanditisten aufgenommen werden, beschließen sie nach anwaltlicher Beratung, die Geschäftsanteile der GmbH in das Gesamthandsvermögen der KG einzubringen. Damit wird die KG Alleingesellschafterin ihrer eigenen Komplementär-GmbH.
a) Ist eine solche Vertragsgestaltung zulässig und wenn ja, wo liegen ihre Vorteile?
b) Worauf müsste in der Umsetzung einer solchen Gesellschaftskonstruktion besondere Aufmerksamkeit gelegt werden?

Zu a) Die Organisation der GmbH & Co. KG als Einheitsgesellschaft stellt einen Höhepunkt gesellschaftsrechtlicher Kautelarpraxis dar. Sie wurde von der Rechtsprechung nicht beanstandet und ist gesetzlich seit langem (vgl. § 172 Abs. 6 Satz 1 HGB) anerkannt. Auch dem übrigen Gesellschaftsrecht sind wechselseitige Beteiligungsverhältnisse nicht fremd (vgl. § 19 AktG). Der Vorteil der Einheitsgesellschaft liegt in der Kontinuität der Beteiligungsverhältnisse, da es innerhalb des einheitlichen, aus KG und Komplementär-GmbH gebildeten Unternehmens im Ergebnis nur noch Kommanditisten gibt. Sind hingegen – wie zunächst hier – die Kommanditisten selbst die Gesellschafter der GmbH, so folgen die Beteiligungen, auch ihr Erwerb und Verlust, unterschiedlichen Regeln (HGB und GmbHG), die erst durch eine rechtlich aufwendige und kostspielige Vertragsgestaltung synchronisiert werden müssten. Dies gilt vor allem für den im vorliegenden Fall angestrebten Mitgliederzuwachs durch die Kinder.

Zu b) Ohne vertragliche Vorsorge lässt sich in der Einheitsgesellschaft keine Willensbildung durchführen: So entscheidet die Gesellschafterversammlung der GmbH beispielsweise über die Entlastung des GmbH-Geschäftsführers (§ 46 Nr. 5 GmbHG). Im Fall der Einheitsgesellschaft ist das die KG als Alleingesellschafterin der GmbH. Die KG als solche wird wiederum durch ihre Komplementärin, also die GmbH, vertreten, diese durch ihren zu entlastenden Geschäftsführer. Gerade ihm dürfte jedoch die Ausübung des Stimmrechtes verwehrt sein, vgl. den Rechtsgedanken des § 47 Abs. 4 GmbHG. Durch ihren eigenen Geschäftsführer sollte die GmbH bei sich selbst keine Gesellschafterrechte ausüben können; der Geschäftsführer soll fremden Herren dienen. Die entsprechende Willensbildung obliegt deshalb den Kommanditisten; andernfalls würden sie ihren Einfluss in Angelegenheiten der GmbH vollständig verlieren. Mit ihrer Mehrheit in der Gesellschafterversammlung der KG (§ 119 Abs. 2 HGB) verpflichten sie daher ihre Komplementär-GmbH nebst Geschäftsführer, namens der KG entweder in der Gesellschafterversammlung der GmbH wunschgemäß abzustimmen oder die Kommanditisten entsprechend zu bevollmächtigen.

Schrifttum: *K. Schmidt,* FS H. P. Westermann, 2008, S. 1425.

227. Ähnliche Typenverbindungen

a) Existieren neben der GmbH & Co. KG noch weitere Verbindungen von Personen- und Kapitalgesellschaften?
b) Was ist eine GmbH & Co. OHG?

Zu a) Ja. Komplementärin kann statt der GmbH auch eine andere Kapitalgesellschaft sein, sogar eine ausländische (zur englischen Ltd. *BayObLG* NJW 1986, 3029). Gelegentlich anzutreffen sind die UG & Co. KG (Fall 334) und die AG & Co. KG.

Zu b) Kapitalgesellschaften können sich nicht nur an einer KG, sondern auch an anderen Personengesellschaften beteiligen. Die in der Praxis sporadisch auftretende GmbH & Co. OHG bezeichnet eine OHG, die aus einer GmbH und weiteren Gesellschaftern besteht, die meist ebenfalls GmbHs sind. Wenn für die Schulden der OHG dann keine natürliche Person persönlich haftet, muss der Rechtsverkehr durch eine entsprechende Kennzeichnung gewarnt werden (§ 19 Abs. 2 HGB).

7. Publikums- und Investment-KG

228. Begriff

Was versteht man unter Publikums- und Investmentkommanditgesellschaften?

Publikumskommanditgesellschaften (PublKG) sind Gesellschaften, die ihre Kommanditisten auf dem freien Kapitalmarkt durch Prospekte öffentlich werben. Sie nehmen eine Anzahl von Kommanditisten auf, die sich als reine Anlagegesellschafter typischerweise nicht kennen und keinen Einfluss auf die Geschäftsführung der Unternehmung und die Zusammensetzung des Mitgliederkreises haben. Sie zeichnen einen vorformulierten Beitrittsvertrag zu einer von den Initiatoren bereits gegründeten KG und nutzen die KG allein als Kapitalsammelbecken. Die KG ist dann meist Investmentkommanditgesellschaft (InvKG). Diese stärker regulierte Form ist nicht nötig, wenn die KG außerhalb des Finanzsektors **operativ** tätig wird (§§ 139, 1 Abs. 1 KAGB). Beispielsweise unterliegt eine PublikumsKG dem KAGB, wenn sie Hotelgrundstücke kauft und an Dritte verpachtet, nicht aber, wenn sie Hotels baut oder betreibt.

229. Rechtsentwicklung

Wie ist die (gesellschaftsrechtliche) Entwicklung der Publikums- und InvKG verlaufen?

In das öffentliche Bewusstsein trat die PublKG zunächst als **Abschreibungsgesellschaft.** Personengesellschafter konnten ihre steuerpflichtigen Einkünfte, namentlich solche aus selbstständiger Tätigkeit, mit dem Verlust aus dem Gewerbebetrieb der KG verrechnen. Die jeweiligen Unternehmungen waren deshalb verlustträchtig ausgewählt – Bananenzucht in Alaska. Heute verbietet § 15a EStG den Kommanditisten die Verrechnung entstandener Verluste mit anderen Einkunftsarten über den Betrag des Kapitalkontos hinaus. Bei **Steuerstundungsmodellen** ist sogar nur eine Verrechnung mit Gewinnen aus derselben Einkunftsquelle erlaubt (§ 15b EStG).

Die Rechtsform der Publikums-Personengesellschaft (GbR, KG, stille Gesellschaft) gewann dennoch als Beteiligungsmöglichkeit für Kapitalanlagegeschäfte wesentliche Bedeutung. Meist wird das angesammelte Kapital in junge aufstrebende Unternehmen investiert *(private equity)* oder zum Erwerb von Aktien, Renten oder Immobilien eingesetzt. Früh entwickelte der BGH zum Anlegerschutz zwingendes Gesellschaftsrecht (vgl. Fall 109). Seit 2013 unterliegt Investmentvermögen dem KAGB, das die stark regulierten Rechtsformen der InvKG oder InvAG anbietet (§§ 108 ff. KAGB).

*230. Regelungsgegenstand des KAGB

a) Welche Arten von Investmentvermögen kennt das Kapitalanlagengesetzbuch?
b) Wem gehört das Vermögen, wer verwaltet und verwahrt es?
c) Was sind Hedge- und Beteiligungsfonds und Immobilien-Sondervermögen?

Zu a) § 1 KAGB unterscheidet zwischen Organismen für gemeinsame Anlage in Wertpapieren (OGAW) und Alternativen Investmentfonds (AIFs). OGAW dürfen ausschließlich in Wertpapiere und bestimmte Geldmarktinstrumente investieren. Alle anderen Anlagen sind AIFs, die es in vier Formen gibt: die offenen oder geschlossenen Publikums- oder Spezial-AIFs. **„Offen“** bedeutet, die Anleger haben – wie bei OGAW – mindestens einmal im Jahr das Recht zur Anteilsrückgabe gegen Auszahlung. Der Vorstand einer Investment-AG mit veränderlichem (Grund-)Kapital darf dazu neue Aktien ausgeben oder zurücknehmen (§§ 115 f. KAGB). **„Spezial“** bedeutet, dass nur professionelle oder semiprofessionelle Anleger (§ 1 Abs. 19 Nrn. 32, 33 KAGB) Anteile erwerben können. Dann ist der Anlegerschutz geringer, insbesondere bei geschlossenen Spezial-AIFs, die z. B. riskantere Instrumente einsetzen dürfen und nicht zur Risikomischung verpflichtet sind. Offene Publikums-AIFs und OGAW hingegen bieten mehr Anlegerschutz, sind also strenger reguliert.

Zu b) Die Ein- und Anlagegenstände gehören Anlegern zu Bruchteilen oder einer **Investmentgesellschaft** (AG oder KG; §§ 1 Abs. 11, 92 KAGB). Verwaltet sie dieses Sondervermögen selbst („intern“), ist sie zugleich interne **Kapitalverwaltungsgesellschaft** (KVG; § 17 Abs. 2 Nr. 2 KAGB). Anderenfalls bestellt sie eine externe KVG (AG, GmbH oder GmbH & Co. KG) als Managerin.

Die Insolvenz eine KVG soll das Sondervermögen nicht berühren: Es ist deshalb zu isolieren und einer Verwahrstelle zu überlassen, die auch die technische Abwicklung übernimmt (§§ 68, 80 KAGB). Verwahrstelle und KVG kontrollieren sich gegenseitig auf Rechtmäßigkeit und werden von der Bundesanstalt für Finanzdienstleistungsaufsicht (BaFin) überwacht.

Zu c) Eine bekannte Form der offenen Spezial-AIFs ist der sog. Hedgefonds, der zwecks hoher Renditen besondere Risiken in Kauf nimmt. Typische Merkmale sind Leerverkäufe (Ziel: billigerer Einkauf erst nach dem Verkauf), ein hoher *Leverage*-Effekt („Hebeleffekt": Die – positive oder negative – Eigenkapitalrendite verstärkt sich durch eine hohe Fremdkapitalquote) sowie Freiheit in der Wahl der Investitionen (§ 283 KAGB). Private Anleger dürfen nur in sog. Dach-Hedge-Fonds investieren, die ihrerseits an mehreren Hedge-Fonds beteiligt sind (§ 225 KAGB).

Lediglich als geschlossene Fonds zulässig sind sog. **Beteiligungsfonds** *(private equity/venture capital fonds).* Sie erwerben (auch nicht börsennotierte) Beteiligungen jeder Art und versuchen, durch strategischen Verkauf Gewinne zu erzielen.

Immobilien-Sondervermögen sind Publikums-AIF und von Sachverständigenausschüssen besonders häufig zu bewerten (§ 251 KAGB). Weil Grundstücksverkäufe Zeit brauchen, müssen Anleger hier eine Mindesthaltefrist von 24 Monaten und eine Kündigungsfrist von zwölf Monaten beachten (§ 255 Abs. 3 und 4 KAGB).

Schrifttum: *Burgard/Heimann,* Das neue Kapitalanlagengesetzbuch, WM 2014, 821 ff.

*231. Besonderheiten der InvKG

Gelten die §§ 161 ff. HGB auch für die Investment-KG?

Ja. Das KAGB enthält in den §§ 124–138, 149–161 aber umfangreiche und meist anlegerschützende Sonderregeln. So bedarf der Gesellschaftsvertrag der Schriftform und es dürfen nur (semi-)professionelle Anleger aufgenommen werden (§§ 125, 127, 150 KAGB). Treuhandkommanditisten sind meist ausgeschlossen. Ausgeschlossen sind auch Nachschlusspflichten und Haftungsrisiken aus § 176 Abs. 2 HGB; auf solche aus § 172 Abs. 4 HGB ist hinzuweisen (§§ 127, 152 KAGB). Die Anlagebedingungen finden sich nicht im Gesellschafts- (§§ 126, 151 KAGB), sondern in einem bilateralen Investmentvertrag zwischen Anleger und Gesellschaft, weil der leichter geändert werden kann.

*232. Kündigung in der InvKG

Karl ist professioneller Anleger und Kommanditist einer offenen InvKG. Satzungsgemäß kündigt er und erhält seinen Anteilswert als Abfindung. Wenig später meldet sich Grau, ein Altgläubiger der KG, bei Karl. Karl hafte ihm in Höhe der erhaltenen Abfindung. Wie ist die Rechtslage?

Bis zur Höhe seiner Haftsumme könnte Karls Haftung durch die Rückzahlung wieder aufgelebt sein (vgl. §§ 128, 171 Abs. 1, 172 Abs. 4 HGB und Fall 208).

Doch § 133 Abs. 2 KAGB schützt den Anleger: Die Erfüllung des Abfindungsanspruchs gilt hier nicht als Rückzahlung der Einlage; und selbst wenn Karl seine Haftsumme nie gedeckt hatte: Auch die Nachhaftung nach § 160 HGB ist ausgeschlossen.

*233. Schlechtem Geld gutes hinterher werfen

Die Erste Bad Salzach GmbH & Co. KG hat mit ihrem Projekt, eine Altenwohnanlage mit Geriatriestation zu errichten, bislang keinen Erfolg. Daraufhin wird folgendes Maßnahmenpaket beschlossen: Die Kommanditisten verpflichten sich, verzinsliche Darlehen in Höhe von je 1 000 EUR (1. Tranche) und 500 EUR (2. Tranche) zu gewähren. Diese Gesellschafterdarlehen sollen ab sofort jährlich mit 6 % verzinst werden und nur zusammen mit dem Kommanditanteil kündbar sein. Die 1. Tranche wird sofort an die KG geleistet, der Rest soll erst nach Abruf durch den Geschäftsführer gezahlt werden.
Als weitere Verluste eintreten, beschließt die Gesellschafterversammlung im Januar mit satzungsgemäß qualifizierter Mehrheit, dass die rückständigen Zinsen der Vorjahre zwecks Sanierung nicht geltend gemacht werden dürfen, allerdings auch davon abzusehen, die 2. Tranche der Darlehen auszuzahlen.
a) Der stets überstimmte Zahnarzt Hans Huhn möchte Kommanditist bleiben, kündigt sein Darlehen wegen der Insolvenzgefahr außerordentlich und verlangt Rückzahlung seiner 1. Tranche.
b) Kann Huhn trotz des zweiten Beschlusses die rückständigen Zinsen verlangen?
c) Im Dezember wird das Insolvenzverfahren eröffnet. Erhält Huhn nun wenigstens die Quote?
d) Kann der Insolvenzverwalter von Huhn verlangen, die 2. Tranche des Darlehens zu leisten?

Oft verpflichten sich die Gesellschafter, das Eigenkapital ihres Unternehmens durch Darlehen oder stille Gesellschaftsbeteiligungen zu ergänzen. In der KG – insbesondere der Publikums-KG – findet man eine solche Gestaltung unter dem Stichwort „gesplittete Einlage“, wenn die Kommanditisten eine aus Kommanditanteil und Darlehen zusammengesetzte Pflichteinlage übernehmen (vgl. BGHZ 70, 61). Sind sie Teil eines Finanzplans, spricht man auch von Finanzplankrediten. Man trifft sie auch in der GmbH und gelegentlich in der einfachen KG an. Die KG ist operativ tätig und unterliegt damit nicht dem KAGB (§§ 139, 1 Abs. 1).

Zu a) Huhns Anspruch kann sich aus § 488 Abs. 1 Satz 2 BGB ergeben. Die Kündbarkeit ist vertraglich aber an die des Kommanditanteils gebunden. Ob das auch für die außerordentliche Kündbarkeit nach § 490 Abs. 1 BGB gilt, ist Auslegungsfrage. Gegen eine solche Kündbarkeit ohne Austritt und Insolvenz spricht neben dem Wortlaut auch der Sanierungszweck. Die Darlehen können also nur nach Maßgabe der Vereinbarung wieder entsperrt werden *(actus contrarius)*, hier also durch erneute Änderung des Gesellschaftsvertrages. Daran fehlt es.

Zu b) Die kollektive Abrede, die schon fälligen Zinsforderungen nicht geltend zu machen, verleiht den Zinsansprüchen ihrerseits den Charakter von Gesellschafterdarlehen (§ 39 Abs. 1 Nr. 5 InsO). Huhn muss das gegen sich gelten lassen, da er aufgrund der gesellschaftlichen Treuepflicht wohl zur Zustimmung verpflichtet war (vgl. Fall 66). Selbst wenn er seine 1 000 EUR nebst Zinsen erhalten sollte, muss er beides zurückgewähren, wenn binnen Jahresfrist Insolvenz eintritt (§§ 143, 135 Abs. 1 Nr. 2 InsO).

Zu c) Mit Insolvenzeröffnung ist Huhns Anspruch auf Rückzahlung seiner 1. Darlehenstranche fällig (§ 41 InsO) und könnte als Insolvenzforderung geltend gemacht und quotal bedient werden. Als Gesellschafter einer haftungsbeschränkten Gesellschaft dient sein Darlehen in der Insolvenz aber vorrangig zur Befriedigung der anderen Gläubiger (§ 39 Abs. 1 Nr. 5, Abs. 4 Satz 1 InsO). Huhn kann es somit nur als nachrangiger Insolvenzgläubiger zurückfordern. Das gilt nach BGHZ 193, 378 auch, wenn an die Stelle eines Gesellschafterdarlehens die Einlage eines atypisch stillen Gesellschafters tritt (vgl. Fall 244 Var. c). Dasselbe gilt für die gestundeten Zinsansprüche (vgl. zu b). Nur seine erst nach dem Stundungsbeschluss fällig gewordenen Zinsansprüche kann Huhn als (nicht nachrangiger) **Insolvenzgläubiger** geltend machen.

Zu d) Der Anspruch auf Auszahlung der 2. Tranche kann sich aus dem 1. Gesellschafterbeschluss ergeben, dass nämlich die Kommanditisten ihrer Gesellschaft Kredit zu gewähren haben. Der Beschluss verpflichtete den überstimmten Huhn zwar nur, wenn der Gesellschaftsvertrag schon bei seinem Abschluss eine Mehrheitsklausel enthielt und der konkrete Beschluss vorhersehbar war (vgl. Fall 65). Jedenfalls aber hat Huhn dem gesamten Beschluss konkludent zugestimmt, als er die 1. Darlehenstranche vorbehaltlos gewährte.

Zwar haben die Gesellschafter ihre Pflicht, die 2. Tranche zu leisten, wieder aufgehoben. Doch könnte die Aufhebung anfechtbar sein. Denn bei dem Eröffnungsantrag war die Jahresfrist aus § 135 Abs. 1 Nr. 2 InsO noch nicht abgelaufen. Zu fragen ist, ob die bloße Pflicht, jederzeit auf Abruf 500 EUR zu zahlen (Kreditlinie; Finanzplankredit; vgl. Fall 327), wirtschaftlich einem bereits ausgezahlten Darlehen an die KG entspricht (§ 39 Abs. 1 Nr. 5 InsO). Auf ein Vertrauen eines einzelnen Gläubigers kann es in der Insolvenz nicht ankommen, vielmehr auf die Perspektive der Gesellschafter. Sie müssen sich an ihren für den Krisenfall gemachten Zusagen festhalten lassen. (Unanfechtbar) kündigen können sie im letzten Jahr vor der Insolvenz nicht mehr. Huhn muss also zahlen.

234. Tausend Kommanditisten in der Gesellschafterversammlung?

Welche Organisationsformen hat die Praxis unabhängig vom KAGB ausgebildet, um einer großen Zahl von Kommanditisten gerecht zu werden?

Oft werden Anleger nur mittelbar über einen **Treuhandkommanditisten** an der KG beteiligt. Die die Anleger werden dann nicht in das Handelsregister eingetragen, können aber ihre Interessen nur schwer wahrnehmen und riskieren, dass der Treuhänder, häufig eine GmbH, fremden Interessen folgt. Er ist Geschäftsbesorger der Anleger und kann von ihnen anteilig Haftungsfreistellung (§§ 257, 670, 675 BGB) und bei Erfüllungsverweigerung Zahlung verlangen (§§ 280 Abs. 1 und 3, 281 Abs. 1 und 2, 250 BGB; *BGH* NJW 2013, 452, 454 Tz. 30). Die Anleger sind regelmäßig in einer eigenen BGB-Gesellschaft zusammengefasst, um ihre Rechte gegenüber dem Treuhandkommanditisten geltend zu machen (z. B. *BGH* NJW 2011, 921). Die Rechtsprechung gewährt den Anlegern in einzelnen Bereichen Schutz (ähnlich § 152 Abs. 1 KAGB). Beispielsweise müssen Prospektherausgeber wesentliche kapitalmäßige und personelle Verflechtungen offenlegen und der Treuhänder muss über regelwidrige Umstände aufklären; verletzt er seine Pflichten grob, können sich die Anleger von ihrer Beteiligung lösen.

*235. Prospekthaftung

Wo und wie ist die Prospekthaftung geregelt?

a) Der BGH hatte rechtsfortbildend eine allgemeine zivilrechtliche Prospekthaftung für den öffentlichen Vertrieb von Kommanditanteilen auf dem grauen Kapitalmarkt entwickelt. Sie hat heute kaum noch einen Anwendungsbereich. Prospektverantwortliche hafteten kausalitätsunabhängig für typisiertes Vertrauen der Anleger (BGHZ 79, 337, 341) in die Wahrheit und Vollständigkeit des Werbeprospekts.

b) Eine **spezialgesetzliche Prospekthaftung** besteht nach § 306 KAGB, §§ 21, 22, 24 Wertpapierprospektgesetz und §§ 20–22 VermAnlG, wenn ein Vermögensanlageninformationsblatt oder Prospekt fehlerhaft ist oder ein Prospekt fehlt.

Beziehen sich Prospekte unmittelbar auf Aktien von Gesellschaften, welche nicht nur Vermögen verwalten, sondern operativ tätig sein wollen, gilt das Wertpapierprospektgesetz, sofern die Wertpapiere (nach § 2 WpPG z. B. Aktien, Optionsscheine, Anleihen) an einem Markt handelbar sein sollen. Ist diese Handelbarkeit der Vermögensanlagen nicht vorgesehen, soll also nur ein sog. grauer Kapitalmarkt zur Verfügung stehen, gilt bei öffentlichen Angeboten im Inland das Vermögensanlagengesetz. Es erfasst z. B. Beteiligungen an operativ tätigen geschlossenen Immobilienfonds. § 3 Abs. 2 WpPG verlangt kein Prospekt, wenn sich das Angebot z. B. ausschließlich an qualifizierte Anleger richtet oder jeder Anleger mindestens 100 000 EUR investieren muss.

*236. Ungenauigkeiten im Prospekt

Zahnarzt Hans Huhn will sein Glück versuchen und zeichnet für 250 000 EUR einen Kommanditanteil an dem von Bernd initiierten Immobilienfonds „Reuterstraße 20 B GmbH & Co.“. Gesellschaftszweck ist die Errichtung eines aus Gewerbeflächen, einer Wohnung sowie 55 Pkw-Stellplätzen bestehenden „Shopping-Ecks“ auf dem gesellschaftseigenen Grundstück Reuterstraße 20 und die anschließende Bewirtschaftung des Objekts. Initiator Bernd ist Gründungsgesellschafter, Kommanditist und Geschäftsführer der GmbH.

In dem von der Fondsgesellschaft ausgegebenen Prospekt finden sich zahlreiche Informationen zu dem Vorhaben; unter der Überschrift Investitions- und Finanzierungsplan wird insbesondere der Anteil der Werbungskosten am Gesamtaufwand mit 18 % angegeben. Der tatsächliche Anteil macht indes 26 % aus, was aber nur durch Abgleich verschiedener Prospektangaben und anschließender Berechnung zu ermitteln ist.
Ferner bedarf es für die Errichtung der geplanten Stellplätze und damit die Realisierung des Gesamtprojekts noch des Erwerbs eines dem Grundstück Reuterstraße 20 benachbarten Flurstücks. Ein entsprechender Hinweis ist im Prospekt aber nirgends zu finden.
Als Huhn hiervon erfährt, will er sich von seiner Beteiligung lösen. Von Bernd verlangt Huhn deshalb Rückzahlung des von ihm gezahlten Erwerbspreises Zug um Zug gegen Abtretung des von ihm gehaltenen Kommanditanteils. Zu Recht?

Huhn macht die Rechtsfolgen aus § 20 VermAnlG geltend.

a) Anspruchsinhaber ist der „Erwerber" (hier also Huhn), da das Erwerbsgeschäft binnen zwei Jahren nach dem ersten öffentlichen Angebot im Inland abgeschlossen wurde. Dieses an den „Erwerb" anknüpfende Konzept bezieht auch Zweit- und Dritterwerber in den Kreis der Anspruchsberechtigten ein.

b) Prospektmangel: Es müssen (für die Investitionsentscheidung) wesentliche Prospektangaben unrichtig oder unvollständig sein. Unrichtig sind sie auch, wenn die ihr zugrunde liegende Prognose nicht ausreichend durch Tatsachen gestützt wird oder kaufmännisch unvertretbar ist. Hier waren die Werbungskosten unrichtig angegeben – wesentlich, weil nur der übrige Wert in das Anlageobjekt fließt. Darüber hinaus waren die Angaben unvollständig, weil der Hinweis fehlte, dass für die Gesamtrealisierung noch der Erwerb einer weiteren Grundfläche erforderlich sei. Dieser kann mit zusätzlichen Kosten und mit Zeitaufwand verbunden sein und war deshalb für die Investitionsentscheidung ebenfalls wesentlich.

c) Kausalität gerade des Prospektmangels für die Anlageentscheidung verlangt das Gesetz in § 20 Abs. 4 VermAnlG grundsätzlich nicht mehr.

d) Prospektverantwortlich ist Bernd als Initiator der Fondsgesellschaft und als Geschäftsführer der Komplementärin der KG.

e) Verschulden: Der Haftende muss vorsätzlich oder grob fahrlässig gehandelt haben, wobei er seine fehlende Verantwortlichkeit nachweisen muss (§ 20 Abs. 3 VermAnlG). Bernd hat sich hier nicht entlastet; er haftet also.

*Kapitel 7. Stille Gesellschaft

237. Gesellschaft des Handelsrechts

Ist die stille Gesellschaft
a) eine Gesellschaft im Rechtssinne?
b) eine Handelsgesellschaft?

Zu a) Ja, denn die Beteiligten verpflichten sich i. S. d. § 705 BGB zur gemeinsamen Förderung der Gesellschaftsangelegenheiten. Die stille Gesellschaft ist (Innen-)Gesellschaft bürgerlichen Rechts. Sie hat kein eigenes Vermögen.

Zu b) Nein, denn nicht sie selbst betreibt ein Handelsgewerbe, sondern nur einer der Gesellschafter in seinem eigenen Namen. Das HGB unterscheidet deshalb in der Überschrift des Zweiten Buchs zwischen den Handelsgesellschaften und der stillen Gesellschaft. – Die stille Gesellschaft ist aber eine Gesellschaft des Handelsrechts, denn sie setzt die Kapitalbeteiligung an einem Handelsgewerbe voraus, das also entweder von einem Einzelkaufmann oder einer Handelsgesellschaft betrieben wird. Die stille Beteiligung an den Erträgen eines Nichtkaufmanns ist demgegenüber eine (Innen-)Gesellschaft des bürgerlichen Rechts.

Schrifttum: *Blaurock,* Handbuch Stille Gesellschaft, 8. Aufl. 2016.

238. Definition und wirtschaftliche Bedeutung

Welche Merkmale kennzeichnen die stille Gesellschaft und welche Bedeutung hat sie im Wirtschaftsleben?

a) Das HGB regelt die stille Gesellschaft in den §§ 230 ff. HGB eher fragmentarisch. Folgende Merkmale weist jede stille Gesellschaft auf:
- Gesellschaft zwischen dem Rechtsträger eines Handelsgeschäfts (auch Komplementär genannt) und dem stillen Gesellschafter. Durch den Gesellschaftsvertrag
- übernimmt der Stille eine Einlage: Meist soll er einen Vermögenswert in das Vermögen (nicht der Gesellschaft, sondern) des Mitgesellschafters und Geschäftsinhabers übertragen (vgl. § 230 Abs. 1 HGB a. E.). Der Kaufmann kann aber auch beispielsweise seine Familie schenkweise beteiligen. In diesem Fall wird die Einlage lediglich eingebucht.
- beteiligt sich der Stille am Gewinn – und regelmäßig am Verlust – des Handelsgeschäfts.

b) Die stille Beteiligung dient der Kapitalanlage. Ihre rechtstatsächliche Bedeutung im Wirtschaftsleben ist schwer abzuschätzen. Da stille Beteiligungen als Innengesellschaft in der Öffentlichkeit in der Regel nicht hervortreten, vielmehr nur der Geschäftsinhaber nach außen tätig wird, fehlen statistische Angaben. Indes zeigt die Judikatur insbesondere der Finanzgerichte, dass die stille Gesellschaft anhaltend beliebt ist. Das Wirtschaftsleben entfernt sich dabei vielfach vom gesetzlichen Leitbild dieser Rechtsfigur, sei es in Richtung eines partiarischen Darlehens (vgl. Fall 241) oder umgekehrt in Richtung einer Kommanditbeteiligung.

239. Stille Gesellschaft, Unterbeteiligung und Nießbrauch

Worin unterscheidet sich die stille Gesellschaft von einer Unterbeteiligung und einem Nießbrauch?

Vertragspartner des stillen Gesellschafters ist der Rechtsträger des Unternehmens, also entweder ein Einzelkaufmann oder eine Handelsgesellschaft. Der stille Gesellschafter beteiligt sich an Gewinn und regelmäßig auch am Verlust des Handelsgeschäfts (vgl. § 231 HGB).

Vertragspartner des Unterbeteiligten ist ein (Haupt-)Gesellschafter, an dessen Beteiligung – also der Mitgliedschaft – er partizipieren soll. Beide bilden eine (Innen-) Gesellschaft bürgerlichen Rechts. Ein Rechtsverhältnis zwischen Obergesellschaft und Unterbeteiligtem besteht nicht.

Daneben kann der Unternehmensträger sein Unternehmen (Unternehmensnießbrauch) oder ein Gesellschafter seinen Anteil (Anteilsnießbrauch, § 1068 BGB) dinglich mit einem Nießbrauch belasten (siehe näher Fall 169). Von Verfügungen über den Gegenstand bleiben nur Nießbraucher als dinglich Berechtigte weitestgehend unberührt; Verluste brauchen sie nicht zu tragen. Der Anteilsnießbraucher erhält unmittelbare Gewinnansprüche gegen die Gesellschaft, nicht nur wie der Unterbeteiligte einen Anspruch auf Weiterleitung der Gewinne.

Ein Geldgeber kann also als stiller Gesellschafter oder Nießbraucher am Unternehmen am (gesamten) Gewinn z. B. einer OHG partizipieren, als Unterbeteiligter oder Anteilsnießbraucher hingegen nur an dem auf einen Gesellschaftsanteil entfallenden Gewinn.

240. Stiller Gesellschafter und Kommanditist

Wie würden Sie Gemeinsamkeiten und Unterschiede zwischen der Stellung des stillen Gesellschafters und derjenigen eines Kommanditisten beschreiben?

a) Beide sind im Kern Anlagegesellschafter und von der gewöhnlichen organschaftlichen Geschäftsführung und Vertretungsbefugnis ausgeschlossen. Beide haben nur geringfügige gesetzliche Informationsrechte (§§ 166, 233 HGB), die jedenfalls in einem Kernbereich unverzichtbar sind.

b) Der Geschäftsinhaber bei der stillen Gesellschaft ist alleiniger Rechtsträger; er handelt im eigenen Namen und wird allein berechtigt und verpflichtet (§ 230 Abs. 2 HGB). Demgegenüber konstituiert der Komplementär mit dem Kommanditisten unter dem Dach der gemeinsamen Firma die selbstständige KG. Entsprechend hat der Kommanditist immerhin bei außergewöhnlichen Geschäften Mitspracherechte (§ 164 HGB), der Stille selbst dann nicht. Im Handelsregister wird nur die Person des Kommanditisten transparent, der Stille bleibt – auch optisch – verborgen.

c) Nach außen ist die Haftung des Kommanditisten beschränkt, der Stille haftet gar nicht. In der Insolvenz ist das vom Kommanditisten als Einlage zur Verfügung gestellte (Eigen-)Kapital für ihn verloren, während der Stille sein dem insolventen Kaufmann einst vermitteltes (Fremd-)Kapital zur Insolvenzquote zurückerhält, soweit es durch Verluste nicht vollständig aufgezehrt ist (§ 236 Abs. 1 HGB) oder wenn seine Verlustbeteiligung ausgeschlossen wurde (vgl. § 231 Abs. 2 HGB). Entsprechend muss der Kommanditist rückständige Einlagen in voller Höhe erbringen, der Stille nur, wenn und soweit sein Kapitalkonto durch Verlustanteile ins Minus geraten ist (§ 236 Abs. 2 HGB).

d) Die Unterschiede lassen sich durch entsprechende Abreden im Gesellschaftsvertrag von beiden Seiten einebnen. Das kann so weit gehen, dass einem stillen Gesellschafter eine Beteiligung an Wertsteigerungen des Geschäftsvermögens und/oder eine Mitwirkung bei der Geschäftsführung eingeräumt wird: Fall der **atypischen** stillen Gesellschaft. Allerdings kann dies zu keiner dinglich wirkenden Mitberechtigung des Stillen am Geschäftsvermögen führen und keine unmittelbare Außenwirkung entfalten.

241. Stille Gesellschaft und partiarisches Darlehen

Zu den klassischen Problemen im Gesellschaftsrecht gehört die Abgrenzung zwischen Idealverein und BGB-Gesellschaft (vgl. Fall 63) und diejenige zwischen stiller Gesellschaft und partiarischem Darlehen. Wie grenzen Sie ab?

Partiarische Darlehen berechnen die Gegenleistung nicht oder nicht nur nach festen Zinsbeträgen, sondern nach variablen Gewinnanteilen. In dieser Gewinnbeteiligung liegt die Gemeinsamkeit von stillem Gesellschafter und partiarischem Kreditgeber. Unterscheidungsmerkmal ist nach tradiertem Verständnis die beim partiarischen Darlehen fehlende **Zweckgemeinschaft,** weil die Parteien dort lediglich eigene Zwecke verfolgen (BGHZ 127, 176, 177). Diese Faustformel ist mehr Wegweiser als Maßstab, denn die Vereinbarung einer gewinnabhängigen Gegenleistung schafft notwendig ein gemeinsames Interesse am Gelingen der Unternehmung. Die zutreffende Einordnung des jeweiligen Rechtsverhältnisses erfordert deshalb die Heranziehung weiterer Umstände des Einzelfalles. Die von den Parteien gewählten Bezeichnungen haben nur begrenzte Aussagekraft. Wird nur eine Verzinsung oder nur eine Umsatzbeteiligung vereinbart, kann keine stille Gesellschaft vorliegen. Soll der Geldgeber durch schuldrechtliche Abreden auch an Wertsteigerungen des Geschäftsvermögens partizipieren, kann kein Darlehen beabsichtigt sein.

Innerhalb dieser Markierungen bleiben Abgrenzungsschwierigkeiten. Man greift auf tatbestandliche Indizien zurück – notfalls „schielt“ man auf die besser passenden Rechtsfolgen. Für ein Darlehen sprechen gewährte Sicherheiten, eine kurze Bindungsdauer und die Übertragbarkeit der Gläubigerstellung ohne Zustimmung des Kaufmanns. Für eine stille Gesellschaft spricht es, wenn zwischen den Beteiligten bereits verwandtschaftliche, geschäftliche oder gar gesellschaftsrechtliche Beziehungen bestehen oder verstärkt werden sollen, etwa der Erbe eines Gesellschafters sein Kapital durch eine neue Vereinbarung in der Gesellschaft belässt oder er berechtigt ist, Kommanditist zu werden. Für eine stille Gesellschaft spricht es weiter, wenn dem Geldgeber über das Informationsrecht des § 233 HGB hinausgehende Kontrollrechte eingeräumt sind oder gar Stimmrechte in einer Gesellschafterversammlung. Bereits am Ergebnis orientiert sind Überlegungen zur Kündigungsmöglichkeit (vgl. § 234 HGB) sowie zur Stellung des stillen Gesellschafters in der Insolvenz des Geschäftsinhabers (vgl. § 236 Abs. 1 HGB).

Beispiele: *BGH* LM Nr. 1 *(R. Fischer)* und Nr. 8 zu § 335 HGB a. F.

242. Ansprüche bei Insolvenz

In das Geschäft des Kaufmanns Busse schießt Arnold 100 000 EUR ein, wofür er ein Drittel des jährlichen Gewinns erhalten soll. Schon vor Ablauf des ersten Geschäftsjahres wird Busse insolvent. Arnold meldet 100 000 EUR als Insolvenzforderung an. Welche Ansprüche kann er jeweils geltend machen:
a) Eine Verlustbeteiligung ist ausgeschlossen, ein Kontrollrecht nicht vorgesehen. Arnold darf seine Rechte jederzeit abtreten und zum Halbjahresende kündigen.
b) Eine Verlustbeteiligung ist nicht geregelt. Busse hat zu bestimmten Geschäftshandlungen Arnolds Zustimmung einzuholen; dieser darf Bücher und Papiere einsehen, sich über den Geschäftsverlauf aufklären oder als Kommanditist in das Geschäft aufnehmen lassen. Abtreten darf er seine Rechte nicht. Der Vertrag ist auf fünf Jahre eingegangen und verlängert sich mangels Kündigung um jeweils weitere drei Jahre.

Zu a) Die vereinbarte Fungibilität und Kurzfristigkeit passen etwas besser zum Rechtsbild des **Beteiligungsdarlehens** (partiarischen Darlehens; § 488 BGB) als zu dem der stillen Gesellschaft (dann Anspruch aus § 235 Abs. 1 HGB). Einer endgültigen Zuordnung bedarf es hier aber nicht, da die in der Insolvenz entscheidende Verlustbeteiligung des Geldgebers ausgeschlossen ist; das ist beim Darlehen immer der Fall, bei der stillen Gesellschaft gemäß § 231 Abs. 2 HGB durch vertragliche Abrede möglich. Arnold kann daher in jedem Falle eine Forderung auf Rückzahlung in Höhe der geleisteten 100 000 EUR zur Insolvenztabelle anmelden (§ 174 Abs. 1 InsO).

Zu b) Die Vereinbarung weist typische Merkmale der stillen Gesellschaft auf. Arnolds Informationsrechte gehen über das in § 233 Abs. 1 HGB enthaltene Maß hinaus, ohne dass er dazu die in Abs. 3 vorgesehenen wichtigen Gründe vortragen müsste. Das *pactum de non cedendo* entspricht der Interessenlage bei der stillen Gesellschaft, mag es ausnahmsweise auch im Darlehensverhältnis denkbar sein (§ 399 BGB). Deutlich für die Rechtsform der stillen Gesellschaft spricht die mögliche Aufnahme Arnolds als Kommanditisten. Als stiller Gesellschafter ist Arnold mangels entgegenstehender Abrede auch am Verlust beteiligt. Die Höhe der Verlustbeteiligung richtet sich hier nicht nach § 231 Abs. 1 HGB, sondern gemäß § 722 Abs. 2 BGB nach dem Gewinnanteil: Arnold braucht deshalb intern nicht mehr als ein Drittel von Busses Verlust zu tragen. Vermutlich wird Arnolds Einlage dadurch vollständig aufgezehrt. Nachzahlen muss er nicht (§ 232 Abs. 2 HGB).

243. Außenhaftung

Busse hat von Karlo Kaiser Nahrungsmittel für sein Personal gekauft, aber noch nicht bezahlt. Er gerät vorübergehend in Zahlungsschwierigkeiten. Kaiser weiß, dass der stille Gesellschafter Arnold seine Einlage erst zur Hälfte getilgt hat. Er will Arnold auf Zahlung verklagen.
a) Mit Aussicht auf Erfolg?
b) Was raten Sie Kaiser?

Zu a) Nein. Als stiller Gesellschafter ist Arnold nur dem Geschäftsinhaber Busse gegenüber zur Leistung der übernommenen Einlage verpflichtet. Dass Kaiser von der stillen Beteiligung wusste, ändert daran nichts.

Zu b) Kaiser muss zunächst gegen Busse einen Titel hinsichtlich des ausstehenden Kaufpreises erwirken. Dann kann er Busses Anspruch gegen Arnold auf Zahlung der restlichen Einlage gemäß den §§ 829, 835 ZPO pfänden und sich zur Einziehung überweisen lassen.

244. Atypische stille Gesellschaft

Bei seinem Tod hinterlässt Hartmann drei Söhne und eine Eisen- und Stahlwarengroßhandlung. Arnulf und Berthold führen sie als OHG weiter. Als es der Gesellschaft schlecht geht und die beiden überfordert scheinen, soll sich der schlauere dritte Bruder – Conrad – im Rahmen eines Sanierungsversuchs am Geschäft als stiller Gesellschafter sofort mit einer Einlage von 420 000 EUR beteiligen, auf die er einen Betrag von 250 000 EUR zahlt. Im stillen Gesellschaftsvertrag heißt es, Conrad sei an Gewinn und Verlust der OHG sowie im Innenverhältnis am Geschäftsvermögen zur Hälfte beteiligt; ihm stehe ein Entnahmerecht entsprechend § 122 HGB zu. Ihm obliege die interne Organisation (insbesondere Personalaufgaben). Über Geschäfte ab 100 000 EUR und über die Ergebnisverwendung dürfe er gleichberechtigt mit seinen Brüdern entscheiden.
a) Worin liegt die Besonderheit der hier vereinbarten stillen Gesellschaft?
b) Vier Jahre später scheitert der Sanierungsversuch und das Insolvenzverfahren droht. Kann Gläubiger Schnell Conrad in Höhe von 170 000 EUR in Anspruch nehmen?
c) Wenige Monate später wird das Insolvenzverfahren eröffnet und eine Schlussabrechnung für die stille Gesellschaft erstellt: In deren Zeit erlitt die OHG einen Verlust in Höhe von 400 000 EUR. Der Insolvenzverwalter verlangt von Conrad noch 170 000 EUR Einlage. Conrad möchte demgegenüber seine eingezahlte Einlage zurück. Wer hat Recht?

Zu a) Die Vertragsfreiheit erlaubt es, die stille Gesellschaft in großer Typenvielfalt auszugestalten. Es ist möglich, eine **atypische stille Gesellschaft** zu bilden: Der Stille – hier Conrad – kann im Innenverhältnis hinsichtlich Mitwirkung und Risiko einem Gesamthänder, etwa einem Kommanditisten, angenähert werden. Im Sinne des Steuerrechts wird er Mitunternehmer (vgl. Fall 248). Man kann ihn zwar nicht dinglich am Gesellschaftsvermögen beteiligen, ihm aber das Recht einräumen, bei der Auseinandersetzung am Wertzuwachs des Unternehmens zu partizipieren. Ebenso ist es möglich, dem Stillen Mitspracherechte und Geschäftsführungsaufgaben einzuräumen: Die Möglichkeiten reichen von Widerspruchsrechten, Zustimmungsvorbehalten und Weisungsrechten bis sogar zum Anspruch des Stillen, die OHG rechtsgeschäftlich vertreten zu dürfen. Solche Organisationsformen sind zulässig und verbreitet; zugespitzt ist die typische stille Gesellschaft in Deutschland eine sog. atypische stille Gesellschaft (Wert- und Vermögensbeteiligung).

Zu b) Nein. §§ 171 Abs. 1, 128 HGB greifen auch nicht analog. Eine atypische Ausgestaltung nimmt der stillen Gesellschaft nicht die Form einer Innengesellschaft. Außerhalb von Fallgestaltungen, in denen der Stille den Rechtsschein hervorruft selbst Inhaber des Handelsgewerbes oder persönlich haftender Gesellschafter zu sein, haftet er im Außenverhältnis selbst dann nicht, wenn er der eigentliche Herr des Geschäfts ist und einen vermögenslosen Strohmann vorschiebt (*BGH* WM 1966, 1219, 1221). Im Innenverhältnis schuldet Conrad der OHG nach § 230 Abs. 1 HGB seine Resteinlage. Diesen Anspruch könnte Schnell pfänden und sich überweisen lassen. Infolge des Verjährungseintritts gemäß §§ 195, 199 BGB ist dieser aber wertlos.

Zu c) Conrad kann aus § 236 Abs. 1 HGB 250 000 EUR Einlage abzüglich (400 000 : 2 =) 200 000 EUR Verlustanteil zurückfordern, also 50 000 EUR. Doch nur ein typischer stiller Gesellschafter könne diesen Anspruch gleichberechtigt mit den übrigen Gläubigern geltend machen, sagte der 2. Senat, der atypisch Stille sei wie ein Kommanditist zu behandeln und müsse sogar seine Resteinlage über § 236 Abs. 2 HGB hinaus noch leisten, wenn dies zur Gläubigerbefriedigung nötig sei (*BGH* NJW 1985, 1079, 1080 zur Publikums-KG). Demgegenüber will der 9. Senat die zurückgeforderte Einlage des atypisch Stillen nicht der Einlage, sondern dem Darlehen eines Kommanditisten gleichstellen (*BGH* NJW 2012, 3443 zur GmbH & Co KG). Zu Recht: Die Ansprüche auf Rückzahlung einer atypischen stillen Einlage und eines Kommanditistendarlehens entsprechen sich wirtschaftlich. Das führte nach § 39 Abs. 1 Nr. 5, Abs. 4 Satz 1 InsO zum Rangrücktritt, weil die insolvente Gesellschaft ohne natürlichen Vollhafter war. Hier aber gibt es ihn und damit Gläubigerschutz. Conrad kann also m. E. die 50 000 EUR zurückfordern und muss nichts nachzahlen. Die h. M. würde wohl anders entscheiden.

245. Grundstückseinlage

Adam beteiligt sich am Kraftfahrzeughandel des Boris, den dieser unter der Firma „Autohaus Boris e. K." betreibt, für zehn Jahre als stiller Gesellschafter. Der notariell nicht beurkundete Gesellschaftsvertrag sieht u. a. vor, dass Adam als Einlage ein näher bezeichnetes Betriebsgrundstück einbringt und am Reingewinn und Verlust zu einem Viertel beteiligt ist. Im Übrigen hat Adam mit dem Autohaus wenig zu tun. Das Grundstück wird bereits genutzt, wurde aber noch nicht übereignet. Nach drei Jahren überwerfen sich beide Gesellschafter. Adam kündigt vorzeitig die Gesellschaft auf und verlangt Auseinandersetzung. Kann er das?

a) Sollte das Grundstück *quoad usum* (vgl. Fall 156) eingebracht werden, war die stille Gesellschaft fehlerfrei zustande gekommen: § 230 Abs. 1 HGB verlangt, dass die Einlage in das Vermögen, nicht aber auch in das Eigentum des Geschäftsinhabers übergeht; anders noch Art. 252 ADHGB. Die Überlassung des Gebrauchs an einem Grundstück unterfällt nicht § 311b Abs. 1 Satz 1 BGB, der Vertrag war daher formfehlerfrei. Adam durfte die Gesellschaft dann nur aus wichtigem Grund kündigen (§ 234 Abs. 1 Satz 2 HGB, § 723 Abs. 1 BGB). Dafür genügt ein Zerwürfnis zwischen Gesellschaftern, die selten zusammenarbeiten müssen, allein noch nicht (vgl. Fall 287).

b) Dem gesetzlichen Leitbild allerdings entspricht, dass das Grundstück *quoad dominium* eingebracht, also übereignet werden sollte. War dies beabsichtigt und nicht nach §§ 140 oder 313 BGB in eine Einbringung *quoad usum* oder *sortem* (dem Werte nach) umdeut- oder anpassbar, so war der Vertrag formfehlerhaft und blieb es mangels Eintragung auch in der Folgezeit (vgl. §§ 311b, 125 Satz 1 BGB). Die Lehre über die fehlerhafte Gesellschaft (vgl. Fälle 102 ff.) sichert stets nur die Existenz der Gesellschaft, ändert an der Formnichtigkeit von Einlageversprechen hingegen nichts (vgl. *BGH* NJW 1977, 1820, 1821 – KG).

Adam ist also stiller Gesellschafter ohne Einlage. Auch ihm steht ein sofortiges Kündigungsrecht zu und er kann anschließend nach § 235 Abs. 1 HGB Auseinandersetzung verlangen. Erhalten wird er seinen Gewinnanteil, darüber hinaus nach § 733 Abs. 2 Satz 3 BGB (Fall 237 Var. a) aber nichts für die tatsächliche Überlassung seines Grundstücks. Unabhängig von dieser Auseinandersetzung kann er den Grundstücksbesitz nach § 985 und § 812 BGB zurückverlangen.

246. Stille Gesellschaft auf Lebenszeit

Was halten Sie von folgender Klausel: „*Die stille Gesellschaft beginnt am 1.1.2016 und endet mit dem Tod einer Partei. Eine Kündigung ist nur aus wichtigem Grund möglich.*“?

Eine stille Gesellschaft auf Lebenszeit ist nach §§ 234, 134 HGB zulässig, gilt kündigungsrechtlich aber als auf unbestimmte Zeit eingegangen. Damit ist die Gesellschaft nach §§ 234, 132 HGB zum Geschäftsjahresende ohne wichtigen Grund kündbar. Satz 2 der Klausel will das ändern und könnte damit gegen § 723 Abs. 3 BGB verstoßen: Er versagt allen Vereinbarungen die Wirksamkeit, die einen Personengesellschafter auf unbestimmter Dauer und mit unbestimmten Belastungen verpflichten wollen. Unklar ist nur, ob § 723 Abs. 3 BGB hier anwendbar ist: § 234 HGB sagt das nur für Kündigungen aus wichtigem Grund; solche will ja auch die Klausel zulassen. § 234 HGB will damit klarstellen, dass die Verlängerung der Kündigungsfrist in § 132 HGB nur ordentliche Kündigungen betrifft. Ob deren Ausschluss zulässig ist, sagt § 234 HGB nicht. Das ergibt sich aus der Weiterverweisung in § 105 Abs. 3 HGB auf § 723 Abs. 3 BGB. Aber auch ohne diesen Umweg gilt: Das Recht der GbR gilt stets subsidiär, weil die stille Gesellschaft eine Sonderform der Gesellschaft bürgerlichen Rechts ist (vgl. BGHZ 23, 10; 50, 316, 321).

247. Auseinandersetzung

Textilkaufmann Ambrosius hat sein eigenes Geschäft aufgegeben und beteiligt sich nun als stiller Gesellschafter am Bekleidungsgeschäft seiner Schwiegertochter Barbara. Seine Einlage besteht in der Übereignung eines Teils seiner früheren Geschäftseinrichtung, ferner darin, dass er unter Einsatz seiner langjährigen Geschäftsbeziehungen und seiner Branchenerfahrung den Einkauf für die Abteilung Herrenmode übernimmt. Dafür wird er am Gewinn beteiligt. Nach fünf Jahren lässt sich Barbara von ihrem Ehemann scheiden. Ambrosius kündigt die Gesellschaft vertragsgemäß auf und verlangt Wertersatz hinsichtlich der eingebrachten Einrichtung sowie hinsichtlich seiner auf die Einlage erbrachten Dienste; ferner beansprucht er Ersatz hinsichtlich der Vorteile, die sich aus den von ihm geschafften Geschäftsverbindungen künftig ergeben werden. Barbara ist allenfalls bereit, ihm die Einrichtung zurückzugeben, da sie ohnehin modernisieren will. Was kann Ambrosius beanspruchen?

Gemäß § 235 Abs. 1 HGB hat der Stille bei der Auflösung der Gesellschaft einen schuldrechtlichen Anspruch auf Schlussabrechnung und Berichtigung seines Guthabens. Dieses besteht regelmäßig im gegenwärtigen Buchwert der Vermögenseinlage, wie ihn der augenblickliche Stand des **Einlagenkontos** ausweist, zuzüglich noch nicht ausgezahlter Gewinne und abzüglich noch nicht verrechneter Verluste. Sacheinlagen werden selbstverständlich nicht rückübereignet; ihr damaliger Wert wurde bei der Festsetzung der Einlage berücksichtigt. Ambrosius erhält also Geld statt einer veralteten Einrichtung. Dienstleistungen sind mangels abweichender Vereinbarung nicht eigens zu entlohnen. Insoweit gilt der Rechtsgedanke des § 733 Abs. 2 Satz 3 BGB; die Gegenleistung besteht in der Gewinnbeteiligung. Auch hinsichtlich der durch seine Geschäftsbeziehungen geschaffenen künftigen Geschäftsvorteile kann Ambrosius keinen Wertersatz verlangen. Soweit durch die stille Gesellschaft Ertragsaussichten geschaffen wurden, die zwar vielleicht messbar, nicht jedoch vergegenständlicht sind, geht der Stille mangels abweichender Vereinbarung leer aus. Eine entsprechende Anwendung des § 89b HGB kommt ohne Anhalt im Gesellschaftsvertrag nicht in Betracht.

248. Steuerrecht

Wie wirkt sich die Unterscheidung zwischen typischer und atypischer stiller Gesellschaft im Steuerrecht aus?

„Atypisch" beschreibt im Gesellschaftsrecht nur, dass vom §§ 230 ff. HGB abgewichen wurde, im Steuerrecht hingegen, dass ein Fall des § 15 Abs. 1 Nr. 2 EStG vorliegt: Die typische stille Gesellschaft ist keine Gesellschaft i. S. d. § 15 Abs. 1 Nr. 2 EStG, weil der stille Gesellschafter nur kapitalmäßig beteiligt ist; dieser bezieht daher mit seinem Gewinnanteil Einkünfte aus Kapitalvermögen gemäß §§ 20 Abs. 1 Nr. 4, 32d EStG, die regelmäßig nur mit 25 % zu versteuern sind. Bei atypischen stillen Gesellschaften hingegen wird der Gewerbebetrieb auf gemeinsame Rechnung und Gefahr des Geschäftsinhabers und des stillen Gesellschafters geführt; das Steuerrecht behandelt ihn deshalb als **Mitunternehmer** einer Gesellschaft i. S. d. § 15 Abs. 1 Nr. 2 EStG, der je nach dem persönlichen Einkommen einem Durchschnittssteuersatz von 0–45 % unterliegt (§ 32a EStG). Mitunternehmerschaft ist zu bejahen, wenn sich aus der Gesamtwürdigung aller Umstände ergibt, dass der still Beteiligte Mitunternehmerrisiko und Mitunternehmerinitiative trägt (vgl. BFHE 163, 346). Ein Mitunternehmerrisiko trägt der stille Gesellschafter, wenn er am Erfolg oder Misserfolg des Unternehmens teilnimmt, also beispielsweise am Gewinn und Verlust und schuldrechtlich an den stillen Reserven und am Geschäftswert teilhaben soll, insbesondere wenn er bei Auflösung der Gesellschaft nicht nur seine Einlage zurückerhalten, sondern auch einen Anteil an den Wertsteigerungen des Betriebsvermögens einschließlich Geschäftswert erhalten soll. Ein Weniger an Mitunternehmerrisiko kann durch ein Mehr an Mitunternehmerinitiative kompensiert werden, wenn dem stillen Gesellschafter zum Beispiel die Kompetenzen eines Kommanditisten eingeräumt werden.

Kapitel 8. Die Gesellschaft mit beschränkter Haftung

*In Rheinland-Pfalz gehören nur die Fälle 295–301 zum Pflichtfach.

1. Allgemeines

249. Geschichte und Sinn

a) Seit wann gibt es die GmbH?
b) Warum gibt es die GmbH?
c) Worin liegt der volkswirtschaftliche Nutzten einer Gesellschaftsform wie der GmbH?

Zu a) Die GmbH ist eine Erfindung des deutschen Gesetzgebers von 1892. Sie geht zurück auf den Reichsjustizrat *Eduard Hoffmann,* der sie eigenständig und abweichend von allen existierenden Vorschlägen entworfen hat. Sie ist weltweit rezipiert worden. Das Recht der Aktiengesellschaft war 1884 nach den Krisen der Gründerzeit zum Schutze der Aktienanleger verschärft worden, sodass es für kleinere Unternehmen zu aufwendig und unflexibel geworden war.

Zu b) Die GmbH sollte als kleine und einfache Kapitalgesellschaft im Unterschied zur AG kein Publikumskapital anziehen. Mangels Umlauffähigkeit der Anteile (vgl. Fall 279) konnte man mit einem geringer ausgeprägten Publikumsschutz auskommen.

Zu c) Die GmbH hilft, die Wirtschaftskraft des Landes zu stärken. Denn die Haftungsbeschränkung motiviert den Einzelnen, das Risiko unternehmerischen Handelns zu übernehmen, und führt damit per Saldo zu Wettbewerb, Innovation, Arbeitsplätzen und Wohlstand. Durch Recht und Moral gilt es, die Gefahren mangelnder Gesellschafterhaftung (z. B. sorglose Geschäftsführung, Vermögensverschiebungen) in Grenzen zu halten.

Schrifttum: *Schubert,* FS 100 Jahre GmbH-Gesetz, S. 1; *Luther,* GmbHR 2005, 1.

250. Statistik und Vielfalt

a) Welche Verwendung findet die Rechtsform der GmbH?
b) Wie hat sich die Zahl der Gesellschaften mbH entwickelt?

Zu a) Eine GmbH kann **zu jedem** gesetzlich zulässigen **Zweck** gegründet werden (§ 1 GmbHG). Nur wenige Tätigkeiten sind der GmbH in Sondervorschriften untersagt, so z. B. in § 7 Abs. 1 VAG oder § 8 ApoG. Teilweise haben sich auch karitative, wissenschaftliche oder künstlerische Einrichtungen, wie z. B. das Hamburger Bucerius Kunst Forum, für die GmbH als Rechtsform entschieden und dürfen nach § 4 Satz 2 GmbHG als gGmbH firmieren. Ganz überwiegend jedoch werden erwerbswirtschaftliche Interessen verfolgt.

Viele Gesellschaften sind nur mit dem Mindestkapital ausgestattetet, betreiben kleine Einzelhandelsgeschäfte oder fungieren nur als Komplementärin einer GmbH & Co. KG (Verwaltungsgesellschaften). Zunehmend findet man auch Projektgesellschaften mbH, die nur ein einziges (z. B. Bau-)Vorhaben durchführen sollen.

Aber auch größere Unternehmungen werden als GmbH geführt. Die größte ist derzeit die Robert Bosch GmbH, die 2015 bei einem Stammkapital von 1,2 Mrd. EUR mit ihren Tochtergesellschaften einen Umsatz von mehr als 70,5 Mrd. EUR erzielte. Viele andere Großunternehmen können nur deshalb als GmbH firmieren, weil sie als Tochtergesellschaften börsennotierter Muttergesellschaften einen mittelbaren Zugang zum Kapitalmarkt haben. Dazu gehören etwa die IBM Deutschland GmbH, die Philips GmbH und Coca-Cola GmbH.

Zu b) Im ersten Jahr des GmbH-Gesetzes (1892) wurden nur 63 Gesellschaften gegründet. In der Bundesrepublik hat sich die Anzahl stetig erhöht. Waren es 1950 erst ca. 22 000 Gesellschaften, so gab es 1975 bereits 133 382 und 2016 schließlich über 1 070 000 GmbHs und zusätzlich über 115 000 UGs.

251. Rechtsformvorteile

Woraus erklärt sich die Beliebtheit der GmbH?

a) Im Vergleich zur Aktiengesellschaft kann sich die Gesellschafterversammlung in der GmbH leichter durchsetzen. Sie kann den Geschäftsführer bestellen und abberufen (§ 46 Nr. 5 GmbHG) und ihm Weisungen erteilen (§ 37 Abs. 1 GmbHG). Der einzelne Gesellschafter hat weit reichende Auskunfts- und Einsichtsrechte (§ 51a GmbHG). Die GmbH ist **kostengünstiger,** denn sie benötigt weniger gezeichnetes Kapital und bei bis zu 500 Arbeitnehmern keinen Aufsichtsrat (vgl. Fall 378, §§ 52, 5, 5 a GmbHG). Die geringere Vermögensbindung ermöglicht es ihren Gesellschaftern, Beträge oberhalb des Stammkapitals jederzeit auszuschütten und hierzu auch Kapitalrücklagen (Agios) und andere (als die nach § 272 Abs. 4 HGB für eigene Anteile gebildeten) Gewinnrücklagen jederzeit aufzulösen. Die GmbH ist **flexibler,** da eine § 23 Abs. 5 AktG entsprechende Norm fehlt und sich die Satzung deshalb individuell auf die Bedürfnisse und Pläne der Gesellschafter zuschneiden lässt.

b) Im Vergleich zu den Personenhandelsgesellschaften und zum Einzelkaufmann ermöglicht die GmbH Fremdorganschaft und vor allem **Haftungsbeschränkung.** Sie erlaubt den Gesellschaftern, Risiken in dem vom Gesetz vorgegebenen Rahmen auf die Gläubiger abzuwälzen. Leider spielen bei der Rechtsformwahl aber auch Missbrauchsmöglichkeiten eine Rolle. So kann die GmbH ihren Gesellschaftergeschäftsführern zulasten der Gläubiger überhöhte Preise und Gehälter zahlen oder mit ihnen nutzlose, aber hoch dotierte Beraterverträge abschließen. Wird die GmbH insolvent, lassen sich die Rückerstattungsansprüche aufgrund von Beweisschwierigkeiten oft nicht durchsetzen.

252. Insolvenzwahrscheinlichkeiten

Sind die gelegentlich anzutreffenden Vorurteile gegenüber der GmbH (z. B. „Gehste mit, biste hin.") berechtigt?

In der Tat liegen die GmbH und die UG in der Insolvenzstatistik meist an der Spitze, was auch darauf beruht, dass riskantere Geschäftstätigkeiten gerade in diesen Rechtsformen gewagt werden. Die beantragten Insolvenzen im Verhältnis zur Gesamtzahl der GmbH betrugen 1954: 1,1 %, 1964: 1,8 %, 1986: 2 %, 1997: 2,82 %, hingegen 2015: 0,88 % (UG: 2,1 %). Die Statistik zeigt, dass sich die 1981 erfolgte Erhöhung des Mindeststammkapitals von 20 000 auf 50 000 DM (heute: 25 000 EUR) auf die Insolvenzanfälligkeit der GmbH nicht ausgewirkt hat. Von den in Deutschland beantragten Insolvenzverfahren wurden 2015 für GmbHs etwa 2/5 mangels Masse abgelehnt, bei der UG und der englischen *private company limited by shares* (Ltd.) mit hiesigem Tätigkeitsschwerpunkt hingegen jeweils mehr als die Hälfte.

Die Insolvenzwahrscheinlichkeit betrug 2015 in der Bundesrepublik im Durchschnitt aller Unternehmen 1,52 % im Jahr, dabei handelte es sich zu 40 % um Gesellschaften mbH und zu 9,5 % um Unternehmergesellschaften.

253. Wer haftet beschränkt?

Warum ist der Ausdruck „Gesellschaft mit beschränkter Haftung" etwas irreführend?

Weil die GmbH wie jede Rechtsträgerin mit ihrem Vermögen unbeschränkt haftet (§ 13 Abs. 1 und 2 GmbHG). Beschränkt haften die Gesellschafter der GmbH, nämlich der GmbH auf Erfüllung ihrer Einlage- und Nebenverpflichtungen. Deshalb eigentlich: „Gesellschaft ohne Außenhaftung der Gesellschafter". Im Ausland wurde die deutsche Bezeichnung übernommen (z. B. Frankreich: *Société à responsabilité limitée* [S. A. R. L.]; Italien: *società a responsabilità limitata* [s. r. l.]; U. S. A.: *Limited Liability Company* [LLC]).

2. Gründung der GmbH

254. Eintragungsvoraussetzungen

§ 11 Abs. 1 GmbHG knüpft die Entstehung der GmbH als juristische Person an die Eintragung in das Handelsregister. Nennen Sie die Eintragungsvoraussetzungen!

Gemäß § 9c GmbHG muss die Gesellschaft ordnungsgemäß errichtet und angemeldet sein. Errichtet wird sie von einem oder mehreren Gründern (§ 1 GmbHG) in notarieller Form (§ 2 Abs. 1 GmbHG). In diesem Gesellschaftsvertrag sind mindestens Firma, Sitz, Unternehmensgegenstand, der Betrag des Stammkapitals und Zahl und Nennbeträge der Geschäftsanteile festzusetzen (§ 3 GmbHG). Bei

Gründungen mit maximal drei Gesellschaftern und einem Geschäftsführer kann im vereinfachten Verfahren des § 2 Abs. 1a GmbHG auf das Musterprotokoll zurückgegriffen werden. Der Anmeldung sind neben einer inländischen Geschäftsanschrift Unterlagen über die Geschäftsführer, Gesellschafter und deren Einlagen (§ 8 GmbHG) beizufügen. Die Einlagen müssen zumindest teilweise schon geleistet sein (§ 7 Abs. 2 und 3 GmbHG). Bedarf der Unternehmensgegenstand einer staatlichen Genehmigung, ist diese keine Eintragungs-, sondern nur Tätigkeitsvoraussetzung. Zuständig für die Eintragung ist das sich nach dem Satzungssitz bestimmende Amtsgericht (§§ 4a, 7 Abs. 1 GmbHG, § 23a Abs. 1, Abs. 2 Nr. 3 GVG, §§ 374, 376 FamFG).

255. Stammkapital und andere Grundbegriffe

Was ist der Unterschied zwischen
a) Eigenkapital und Stammkapital?
b) Geschäftsanteil, Nennbetrag und Einlagepflicht?
c) Selbstfinanzierung und Außenfinanzierung?

Zu a) Eigenkapital bezeichnet den Wert, der der Gesellschaft **tatsächlich** zur Verfügung steht. Es ergibt sich rechnerisch, wenn man die Verbindlichkeiten und Rückstellungen **(Fremdkapital)** von dem Vermögen abzieht. Die Höhe des Eigenkapitals hängt mithin vom Erfolg der Unternehmung ab. Man kann auch vom **bilanziellen Unternehmenswert** sprechen. Sein Betrag entspricht dem Netto- oder Reinvermögen.

Stammkapital ist dagegen ein in der Satzung (§ 3 Abs. 1 Nr. 3 GmbHG) angegebener Betrag. Er setzt sich, wenn man Kapitalherabsetzungen ausblendet, aus den Werten zusammen, die die Gesellschafter zu Gunsten der GmbH und ihrer Gläubiger aufzubringen **garantiert** haben (vgl. den etwas ungenauen § 272 Abs. 1 Satz 1 HGB). Bei der Gründung muss das Stammkapital vollständig durch Eigenkapital (einschließlich Einlageforderungen) gedeckt sein. Kapitalerhöhungen sind dagegen selbst bei Überschuldung (negativem Eigenkapital) möglich (und § 254 Abs. 4 InsO erlaubt sogar eine gerichtlich bestätigte, sanierende Einlage überbewerteter Altforderungen). Erhöhtes Stammkapital wird also unter Umständen niemals vollständig durch Eigenkapital aufgefüllt. Dem Stammkapital entspricht in der AG das **Grundkapital.**

In der Bilanz wird das Stammkapital unter dem Titel **„Gezeichnetes Kapital"** formal als Bestandteil des Eigenkapitals ausgewiesen (§ 266 Abs. 3 A I HGB, § 42 Abs. 1 GmbHG, § 152 Abs. 1 Satz 1 AktG), auch wenn es durch einen über die Rücklagen hinausgehenden Bilanzverlust angegriffen ist. Wertverschiebungen von der GmbH an ihre Gesellschafter sind nur zulässig, soweit das Eigenkapital das Stammkapital (und etwaige Rücklagen für eigene Anteile) übersteigt.

Zu b) Der **Geschäftsanteil** bezeichnet aus vermögensrechtlicher Sicht die Mitgliedschaft, also die Summe der Rechte und Pflichten eines Gesellschafters aus dem Gesellschaftsverhältnis. Jeder Geschäftsanteil wird durch einen **Nennbetrag** gekennzeichnet. Die Höhe der Nennbeträge wird im Gesellschaftsvertrag (§ 3 Abs. 1 Nr. 4

GmbHG) und bei Kapitalerhöhung auch in der Übernahmeerklärung (vgl. Fall 314) festgesetzt. Ihre Summe muss dem Betrag des Stammkapitals entsprechen (§ 5 Abs. 3 Satz 2 GmbHG).

Einlagepflicht ist die gesellschaftsvertragliche Pflicht, eine Einlage (§ 3 Abs. 1 Nr. 4 GmbHG sagt Stammeinlage) auf einen Geschäftsanteil zu leisten (§ 14 GmbHG). Einlagen sind gegenständlich bestimmt, während ein Nennbetrag den Wert angibt, der durch die Einlage mindestens gedeckt werden soll. Hat ein Gesellschafter eine den Nennbetrag übersteigende Pflicht übernommen, wird der Mehrwert als „Agio" oder „Aufgeld" bezeichnet (siehe § 272 Abs. 2 Nr. 1 HGB und Fälle 208, 251 Var. a, 342).

Zu c) Die Begriffe bezeichnen die **Herkunft** der für die Finanzierung der Unternehmung verwendeten Mittel. Von außen kann ein Unternehmen durch Einlagen von Gesellschaftern **(Beteiligungsfinanzierung)** oder durch Aufnahme von Krediten oder anderer Verbindlichkeiten finanziert werden. Dagegen spricht man von Selbstfinanzierung, wenn ausschüttungsfähige Überschüsse, die in der Gesellschaft erwirtschaftet wurden, in Gewinnrücklagen eingestellt werden und auf diese Weise der Gesellschaft als weitere Finanzierungsgrundlage erhalten bleiben. In der AG müssen nach § 150 AktG die Gewinne in begrenztem Umfang zur Selbstfinanzierung verwendet werden (vgl. hierzu *Drukarczyk/Lobe,* Finanzierung, 11. Aufl. 2014, Einführung S. 27–40).

256. Sinn des Stammkapitals

a) Welches ist die Mindesthöhe von Stammkapital und Einlageverpflichtung?
b) Welche doppelte Funktion hat das Stammkapital?
c) Garantiert das Mindeststammkapital einen hinreichenden Gläubigerschutz?

Zu a) Das Stammkapital der „klassischen" GmbH muss 25 000 EUR betragen (§ 5 Abs. 1 GmbHG), bei einer UG (haftungsbeschränkt) ist kein Mindeststammkapital vorgeschrieben (vgl. Fall 330). Die Mindesthöhe der Einlageverpflichtung beläuft sich auf 1 EUR (§ 5 Abs. 2 GmbHG). Ist die Einlage in Geld zu leisten, so muss bis zur Anmeldung bei der UG alles eingezahlt werden; bei der „klassischen" GmbH genügt ein Viertel, sofern der Wert aller geleisteten Einlagen mindestens 12 500 EUR beträgt (§§ 7 Abs. 2, 5a Abs. 2 GmbHG).

Zu b) Die Stammkapitalziffer **dient** dem **Gläubigerschutz:** Sie zeigt, welches Eigenkapital von den Gesellschaftern insgesamt aufzubringen war. Diese Kapitalaufbringung sorgt erstens für eine gewisse Seriosität, weil sich die Gründer am Risiko ihres Unternehmens beteiligen müssen („Eintrittskarte"). Kapitalaufbringung bietet zweitens eine gewisse Gewähr dafür, dass die GmbH nicht sogleich an den typischen Anlaufverlusten scheitert („Verlust-Puffer") und dass ihre Gesellschafter am Schicksal einer anfangs erfolglosen GmbH interessiert bleiben. Diese Funktion ist bei der UG bis zur Unkenntlichkeit verkürzt. Aber selbst ein Stammkapital von Null ergäbe Sinn, weil es verdeutlicht, dass Ausschüttungen das bilanzielle Eigenkapital nicht unter Null senken dürfen (vgl. Fall 283).

Zu c) Um einen angemessenen Gläubigerschutz zu erreichen, muss das Stammkapital den Risiken der jeweiligen Geschäftstätigkeit entsprechen (und umgekehrt). Zur Berechnung gibt es aber keine praktikablen Methoden und deshalb nur einen pauschalen Mindestwert für alle GmbHs. In vielen Einzelfällen ist er unzureichend. Für Unternehmensbeteiligungsgesellschaften und das Kreditgewerbe ist ein höheres Mindeststammkapital vorgeschrieben (§ 2 Abs. 4 UBGG, § 68 Abs. 5 KAGB).

Unabhängig von der Höhe des Stammkapitals können geschäftliche Verluste das aufgebrachte Eigenkapital auch bei allseits korrektem Verhalten schnell unter die Stammkapitalziffer drücken oder gar zur Überschuldung führen. Das Stammkapital ist also kein „Garantiefonds". Ergänzenden Gläubigerschutz können gewähren: Ratings zur Information Außenstehender über die wirtschaftliche Lage der Gesellschaft, Solvenztests für die Ausschüttungsbemessung und staatliche Eingriffsrechte im Missbrauchsfall.

257. Wirtschaftliche Neugründung

B möchte ein großes Reinigungsunternehmen betreiben, scheut aber die persönliche Haftung. Er möchte sowohl Alleininhaber der Gesellschaft sein als auch die Geschäfte selbst führen. In einem Inserat (Var. 1) bietet Anwaltsnotar A seine GmbH für 26 500 EUR an, das Stammkapital in Höhe von 25 000 EUR ist vollständig eingezahlt.
In einer anderen Annonce (Var. 2) offeriert C seine GmbH zu einem Kaufpreis von 5 000 EUR. Das satzungsmäßige Stammkapital beträgt 120 000 EUR und das vorhandene Eigenkapital entspricht dem Kaufpreis. C führte in der Rechtsform der GmbH einen Versandhandel, den Geschäftsbetrieb stellte er im vorigen Jahr ein. Die GmbH ist noch im Handelsregister eingetragen. Auf welches Inserat sollte B reagieren, wenn er möglichst schnell eine GmbH zur Verfügung haben möchte und zweitens möglichst wenig bezahlen will?

Es handelt sich bei den angebotenen Gesellschaften um eine Vorrats- und eine Mantelgesellschaft mbH. Der Unterschied bei der Verwendung einer zulässig auf Vorrat gegründeten GmbH (einem „neuen Mantel") und einer Mantelgesellschaft im eigentlichen Sinne („gebrauchter Mantel") besteht darin, dass die Vorratsgesellschaft **erstmals** und die Mantelgesellschaft **wieder** mit einem Unternehmen ausgestattet werden. Beide Vorgänge stellen in der Terminologie des BGH eine sog. **wirtschaftliche Neugründung** dar (BGHZ 153, 158 und 155, 318). Die Rechtsfolgen des vom BGH geschaffenen Tatbestandes der „wirtschaftlichen Neugründung" zielen auf einen Umgehungsschutz: Die „der Gewährleistung der Kapitalausstattung dienenden Gründungsvorschriften des GmbHG einschließlich der registerrechtlichen Kontrolle" sind entsprechend anzuwenden.

B hat als Geschäftsführer im Fall des Erwerbs der Vorratsgesellschaft (Var. 1) entsprechend § 8 Abs. 2 GmbHG zu versichern, welche Beträge (hier: 25 000 EUR) noch vorhanden und frei verfügbar sind. Ab diesem Zeitpunkt trifft B kein weiteres Haftungsrisiko. Die Alternative A verursacht also Kosten für den Kauf in Höhe von 26 500 EUR.

Bei Mantelverwendung (Var. 2) muss B die Tatsache der Wiederverwendung eines zwischenzeitlich leer gewordenen Gesellschaftsmantels gegenüber dem Registergericht offen legen. Mit der Offenlegung der wirtschaftlichen Neugründung hat B ebenfalls eine Versicherung analog § 8 Abs. 2 GmbHG abzugeben, diese orientiert sich hinsichtlich des Umfanges am **satzungsmäßigen** Stammkapital. Ist die Versicherung falsch, scheitert seine Strafbarkeit nach § 82 Abs. 1 Nr. 1 GmbHG zwar am Analogieverbot (Art. 103 Abs. 2 GG), analog § 9a Abs. 1 GmbHG sind aber die fehlenden Einzahlungen zu leisten, hier also 115 000 EUR. Die Kapitalaufbringung wird durch das Haftungsmodell der Vorbelastungshaftung abgesichert (vgl. Fall 260). Der BGH berechnet sie auf den Zeitpunkt, zu dem die wirtschaftliche Neugründung erstmals in Erscheinung tritt durch die Anmeldung der Satzungsänderung oder die erkennbare Aufnahme der wirtschaftlichen Tätigkeit. Prozessual sollte B für diesen Zeitpunkt darlegen und beweisen, dass keine oder nur eine begrenzte Unterbilanz vorlag, sonst kann seine Haftung ins Unbegrenzte steigen; zum Zeitpunkt der Offenlegung und zur Beweislastumkehr BGHZ 192, 341, 349 Tz. 20 und 358 Tz. 42.

B muss also bei Verwendung der Mantel-GmbH zunächst 25 000 EUR auf das Eigenkapitalkonto der GmbH einzahlen (vgl. § 7 Abs. 2 Sätze 1 und 2 GmbHG analog [¼ von 120 000 EUR abzüglich der vorhandenen 5 000 EUR]). Für die Differenz zwischen satzungsmäßigem Stammkapital (hier: 120 000 EUR) und dem Wert des Gesellschaftsvermögens zum Zeitpunkt der Offenlegung (nach Einzahlung hier: 30 000 EUR) haftet B – und jeder spätere auch gutgläubige Erwerber seines Anteils – der Gesellschaft gegenüber nach den Regeln der Vorbelastungshaftung auf Ausgleich entsprechend § 16 Abs. 2 GmbHG (vgl. BGHZ 192, 341, 354–357 Tz. 29–36 [str.]). Neben einer Vorbelastungshaftung trifft den Geschäftsführer bis zum Zeitpunkt der Offenlegung eine Handelndenhaftung analog § 11 Abs. 2 GmbHG, wenn die Geschäfte vor Offenlegung der wirtschaftlichen Neugründung aufgenommen worden sind und – anders als hier – dem nicht alle Gesellschafter zugestimmt haben (vgl. *BGH* GmbHR 2011, 1032). Daher muss B in Var. 2 30 000 EUR zahlen (25 000 EUR Einlage, 5 000 EUR Kaufpreis) und sieht sich zudem einem Haftungsrisiko von weiteren 90 000 EUR ausgesetzt. Er sollte besser die Var. 1 wählen.

Die Rechtsprechung sieht in der Mantelverwendung nur dann eine „wirtschaftliche Neugründung", wenn die Gesellschaft eine leere Hülse ist, d. h. kein aktives Unternehmen mehr betreibt, an das die Fortführung in irgendeiner wirtschaftlich noch gewichtbaren Weise anknüpfen kann (vgl. *BGH* NJW 2010, 1459; krit. etwa *K. Schmidt,* ZIP 2010, 857).

Da heute Notare die elektronische Eintragung vorbereiten, dauert das Eintragungsverfahren regelmäßig nur noch Tage; die Nachfrage nach Vorratsgesellschaften ist deshalb gesunken.

258. Gründungsphasen

Welche Gründungsphasen werden unterschieden?

a) Erwägen mehrere, demnächst eine GmbH oder eine andere Gesellschaft zu gründen, und verpflichten sie sich, die Gründung gemeinschaftlich vorzubereiten, nennt man diesen Zusammenschluss eine **Vorgründungsgesellschaft.** Diese ist GbR oder, falls schon ein Handelsgewerbe betrieben wird (vgl. Fall 98), OHG. Die Form des § 2 GmbHG ist hier nur zu beachten, wenn man sich nicht nur zu Vorbereitungshandlungen, sondern bereits zur notariellen Gründung einer GmbH verpflichtet. Deren höhere Komplexität und die für den Laien überraschenden Haftungsrisiken bedingen einen erhöhten Aufklärungsbedarf, dem das zusätzliche Beurkundungserfordernis Rechnung trägt.

In der Regel hat die Vorgründungsgesellschaft mit der Errichtung der GmbH ihren Zweck erreicht, sodass sie aufgelöst und liquidiert wird. Dabei wird ihr Vermögen regelmäßig durch Rechtsgeschäft auf die nun entstandene **Vor-GmbH** übertragen. Zwingend ist die Auflösung aber nicht. Werden mit der Gesellschaft weitere Zwecke verfolgt, z. B. die Gründung weiterer Gesellschaften, besteht die Vorgründungsgesellschaft fort.

b) Mit Abschluss des notariellen Gesellschaftsvertrages zur Gründung der GmbH (§§ 2, 3 GmbHG) ist diese **errichtet.** Bis zur Eintragung nennt man sie **Vor-GmbH, Gründungsgesellschaft** oder **GmbH in Gründung (i. G.).** Sie ist zwar noch keine juristische Person, sondern – zwischen GbR/OHG und GmbH – eine Vermögensorganisation *sui generis.* Auf sie wendet man aber bereits das GmbH-Recht an, soweit nicht gerade die fehlende Rechtsfähigkeit entgegensteht (vgl. Fall 259).

c) Die GmbH selbst entsteht erst mit der Eintragung in das Handelsregister (§ 11 GmbHG). Zur wirtschaftlichen Neugründung vgl. Fall 257.

259. Vor-GmbH und GmbH

Inwieweit unterscheidet sich die rechtliche Stellung der Vor-GmbH von der der GmbH?

Grundsätzlich werden auch auf die **Vor-GmbH** die Vorschriften des GmbHG angewandt, soweit diese nicht die Rechtsfähigkeit voraussetzen oder mit dem Gründungsstadium unvereinbar sind. Es bleiben jedoch nachfolgende Unterschiede:

a) Zunächst ist die Vor-GmbH nicht nach § 13 Abs. 3 GmbHG *per se* Handelsgesellschaft und Formkaufmann (§ 6 HGB). Die Kaufmannseigenschaft richtet sich vielmehr nach den §§ 1–3 HGB.

b) Der Name der Vor-GmbH muss zur Vermeidung der Täuschung des Rechtsverkehrs einen Zusatz enthalten, der das Gründungsstadium ersichtlich macht (GmbH i. G.).

c) Die Vor-GmbH kann als solche nicht in das Handelsregister eingetragen werden, wohl aber als Gesellschafterin einer KG.

d) Die Umwandlung in eine Vor-AG, der Wechsel von Gesellschaftern und andere Änderungen der Satzung bedürfen des Einverständnisses aller Gründungsgesellschafter (Einstimmigkeitsprinzip), sofern für die Zeit vor Eintragung nicht anders vereinbart. Nach Eintragung genügen hingegen regelmäßig Mehrheitsbeschlüsse (§ 53 Abs. 2 GmbHG).

e) Strittig ist der Umfang der Vertretungsmacht des Geschäftsführers. Die h. M. will die gesetzliche Vertretungsmacht auf die zur Gründung der GmbH notwendigen Geschäfte beschränkt wissen (vgl. Fall 260).

f) Die Buchführungspflicht beginnt nach überwiegender Ansicht unabhängig von Eintragung und Kaufmannseigenschaft mit dem ersten Geschäftsvorfall.

260. Ungenehmigte Geschäfte der Vor-GmbH

Arndt und Bernd errichten die „AB-Textil-GmbH" und übernehmen und begleichen je eine Geldeinlagepflicht, Arndt in Höhe von 200 000 EUR und Bernd in Höhe von 100 000 EUR. Geschäftsführer Gustav beginnt daraufhin ohne eine entsprechende Bevollmächtigung in der Satzung und ohne Wissen der Gesellschafter mit Geschäftstätigkeiten. Allerdings hat er dabei keine glückliche Hand. Als die GmbH am 5.5. eingetragen wird, stehen den Forderungen des Lieferanten Ludwig in Höhe von 100 000 EUR nur noch liquide Mittel in Höhe von 30 000 EUR und Waren im Wert von 190 000 EUR gegenüber.
a) Kann Ludwig die 100 000 EUR von der GmbH verlangen?
b) Hat die GmbH Ansprüche gegen ihre Gesellschafter?

Zu a) Fraglich ist zunächst, ob Gustav die Vor-GmbH wirksam vertreten hat, sodass ein Vertrag zwischen dieser und Ludwig zustande gekommen ist. Nach der Rechtsprechung ist die organschaftliche **Vertretungsmacht** der Geschäftsführer einer **Vor-GmbH** durch den Gründungszweck auf gründungsnotwendige Geschäfte beschränkt. Für andere Geschäfte bedürfen sie der Zustimmung der Gesellschafter, die allerdings auch konkludent, z. B. durch das Einbringen eines weiterzuführenden Handelsgeschäfts erteilt werden kann. Nach der Gegenauffassung haben die Geschäftsführer schon im Gründungsstadium eine umfassende Vertretungsmacht nach § 37 Abs. 2 GmbHG. Dies ist auch sachgerecht, da das Risiko, dass ein Geschäftsführer, wie hier, weisungswidrige Geschäfte abschließt, von den Gesellschaftern beherrscht werden muss. Gustav war somit als Geschäftsführer vertretungsberechtigt, sodass Ludwig durch den Vertragsschluss einen Anspruch gegen die Vor-GmbH erworben hatte. Mit der Eintragung wurde aus der Vor-GmbH die GmbH. Ludwig hat somit gegen die AB-Textil-GmbH einen Anspruch auf Zahlung von 100 000 EUR.

Zu b) Als Rechtsgrundlage kommt hier die im Wege richterlicher Rechtsfortbildung entwickelte **Vorbelastungshaftung** in der eingetragenen GmbH in Betracht (BGHZ 80, 129; in späteren Urteilen meist „Unterbilanzhaftung"). Um die Unversehrtheit, also die volle Deckung des Stammkapitals im Eintragungszeitpunkt sicherzustellen, haften die Gesellschafter der GmbH für jede durch die Geschäftstätigkeit der Vor-GmbH verursachte Unterbilanz. Das Vermögen ist also aufzufüllen, bis es die Schulden der Stichtagsbilanz um die Stammkapitalziffer übersteigt. Lediglich den nach § 248 Abs. 1 Nr. 1 HGB sonst nicht bilanzierbaren maßvollen Gründungsaufwand (insbesondere für Beurkundung und Eintragung) trägt in Anlehnung an § 9a GmbHG die Gesellschaft, wenn ihre Satzung das vorsieht. Die Vorbelastungshaftung ist nach Auffassung des BGH eine anteilige Innenhaftung, d. h. die Gesellschafter haften nur gegenüber der GmbH und nur als Teilschuldner (§ 420 BGB) entsprechend dem Verhältnis ihrer Geschäftsanteile. Erst wenn ein Gesellschafter ausfällt, müssen die anderen den fehlenden Betrag analog § 24 Satz 2 GmbHG wiederum anteilig aufbringen. Vorliegend steht der GmbH daher ein Anspruch aus Vorbelastungshaftung gegen A in Höhe von 120 000 EUR und gegen B in Höhe von 60 000 EUR zu.

Stichtagsbilanz (§ 266 HGB) zum 5.5.:

Aktiva		Passiva	
A. Anlagevermögen	0	A. Eigenkapital	
B. Umlaufvermögen		I. Gezeichnetes Kapital	300 000
I. Vorräte		…	
… 3. Waren	190 000	V. Jahresfehlbetrag	–180 000
…		B. Rückstellungen	0
IV. Kasse	30 000	C. Verbindlichkeiten	
		… 4. Verbindlichkeiten aus Lieferungen und Leistungen	100 000
	220 000		220 000

Schrifttum: Eindringlich *Zöllner,* FS Wiedemann, 2002, S. 1383.

261. Ende einer Eintragungsabsicht

Albert, Boris und Christian sind Gesellschafter einer Vor-GmbH. Albert hält einen Geschäftsanteil in Höhe von 15 000 EUR, Boris und Christian jeweils einen in Höhe von 5 000 EUR. Der entsprechend bevollmächtigte Geschäftsführer Gerd nimmt für die Gesellschaft bei der D-Bank am 1.8. ein Darlehen über 50 000 EUR auf, die er zusammen mit den bereits vollständig eingezahlten Einlagen in Wertpapiere investiert. Die Kursentwicklung ist jedoch wechselhaft. So ist sein Depot am 1.9. nur noch 30 000 EUR, und am 1.11. schließlich 45 000 EUR wert. Zu diesem Zeitpunkt beschließen die Gründer aufgrund interner Zwistigkeiten die Liquidation der Gesellschaft.
a) Die D-Bank möchte wissen, an wen sie sich wegen der Rückzahlung des am 2.11. fällig werdenden Darlehens halten kann.
b) Wie ist die Rechtslage am 1.9., wenn das Darlehen schon zu diesem Zeitpunkt fällig wird?

Zu a) Zunächst haften der Bank die Vor-GmbH i. L. aus dem Vertrag und der Geschäftsführer Gerd nach § 11 Abs. 2 GmbHG (Handelndenhaftung; vgl. dazu Fall 263). Die Gesellschafter einer noch nicht eingetragenen Vorgesellschaft konnten vor der Leitentscheidung des BGH (BGHZ 134, 333) nur bis zur Höhe ihrer jeweiligen Einlageverpflichtung in Anspruch genommen werden. Es bestand damit ein Anreiz, eine überschuldete Vor-GmbH nicht eintragen zu lassen, um die unbeschränkte Vorbelastungshaftung so zu vermeiden. Der BGH hat deshalb eine unbeschränkte und anteilige Innenhaftung der Gesellschafter auch schon **vor** Eintragung angenommen **(Verlustdeckungshaftung).** Damit ist ein bruchloser Übergang zu der im Eintragungszeitpunkt entstehenden Vorbelastungshaftung gewährleistet (siehe dazu Fall 260 Var. b).

Eine unbeschränkte Außenhaftung vor Eintragung würde die Gesellschafter, deren Suche nach Haftungsbeschränkung der Gläubiger kennt, sehr belasten: Da die Gesellschafter nicht anteilig beansprucht würden, müsste u. U. auch ein Gesellschafter, der nur einen Kleinstanteil hält, zunächst die gesamten Verbindlichkeiten der Gesellschaft begleichen. Da bei einer selbstschuldnerischen Außenhaftung ein Gläubiger zudem nicht gezwungen wäre, zunächst den Bestand seiner Forderung in einem Prozess gegen die Gesellschaft zu beweisen, würde auch die Klärung dieser Streitfragen dem Gesellschafter aufgebürdet, obwohl er u. U. von den betreffenden Vorgängen innerhalb der Gesellschaft nur wenig Kenntnis hat.

Der Anspruch steht deshalb der Gesellschaft zu und die Gesellschafter haften ihr als Teilschuldner im Verhältnis ihrer Geschäftsanteile. Der Anspruch entsteht nach Ansicht des BGH im Zeitpunkt des Scheiterns der Eintragung (siehe dazu unten b). Er richtet sich auf den Ausgleich der Überschuldung, von den Schulden der Gesellschaft ist also ihr Vermögen abzuziehen.

Danach müssen vorliegend 5 000 EUR von den Gesellschaftern aufgebracht werden. Das Stammkapital selbst muss nicht wieder aufgefüllt werden, da die Gesellschaft abgewickelt wird und für die Zukunft keinen Verlustpuffer benötigt. Die Vor-GmbH hat demnach gegen Albert einen Anspruch auf Zahlung von 3 000 EUR und gegen Boris und Christian von je 1 000 EUR. Erst subsidiär müssten die Gesellschafter analog § 24 Satz 2 GmbHG füreinander einstehen. Die D-Bank muss daher, soweit sie nicht gegen Gerd vorgehen will, zunächst einen Titel gegen die Vor-GmbH erstreiten. Auf dessen Grundlage kann sie die Wertpapiere der Gesellschaft und deren Ansprüche gegen die Gesellschafter aus der Verlustdeckungshaftung pfänden. Während sie die Wertpapiere gleich verwerten kann, muss sie die Ansprüche gegen die Gesellschafter u. U. wiederum auf dem Rechtswege einfordern. Der Anspruch besteht hier auch ohne den an sich nach § 46 Nr. 8 GmbHG materiell erforderlichen Gesellschafterbeschluss.

Zu b) Der Verlustdeckungsanspruch entsteht erst mit dem endgültigen Scheitern der Eintragung. Das ist praktikabel: Die Höhe der Haftung kann nur durch eine Bilanz zu einem bestimmten Stichtag ermittelt werden. Solange die GmbH noch werbend tätig ist, unterliegt die Unterbilanz ständigen Schwankungen, sodass ihre laufende Feststellung praktisch kaum möglich ist. Außerdem dient die Verlustdeckungshaftung nicht dazu, die Vor-GmbH am Leben zu erhalten, sondern die Gläubiger für den Fall des Scheiterns der Eintragung abzusichern. Notfalls muss die D-Bank also einen Antrag auf Eröffnung des Insolvenzverfahrens stellen, um die

Ansprüche, die sie pfänden will, durch Eröffnungsbeschluss oder Ablehnung mangels Masse (§ 60 Abs. 1 Nrn. 4 und 5 GmbHG) entstehen zu lassen.

Beachte: Ausnahmsweise lässt der BGH eine unmittelbare Inanspruchnahme der Gesellschafter einer Vor-GmbH zu, weil die Pfändung des Verlustdeckungsanspruches unnötige Förmelei wäre. So z. B. bei der Einpersonen-Vorgesellschaft (vgl. Fall 276), wenn nur ein Gläubiger vorhanden oder die Gesellschaft vermögenslos ist.

Geben die Gesellschafter ihre – für die Vor-GmbH konstitutive – Eintragungsabsicht auf oder wird die Verwirklichung unmöglich, wird die fortgeführte Gesellschaft kraft Rechtsformzwangs eine GbR oder OHG **(unechte Vorgesellschaft).** Einer Verlustdeckungshaftung bedarf es dann nicht mehr. Wird eine wirtschaftliche Neugründung nicht offengelegt, kommt statt einer Verlustdeckungshaftung nur eine Vorbelastungshaftung in Betracht (vgl. dazu Fall 257 und BGHZ 192, 341).

Schrifttum: *Altmeppen,* NJW 1997, 3272; *Kleindiek,* ZGR 1997, 427; *Ulmer,* ZIP 1996, 733.

262. Haftung des einzigen Gesellschafters vor Eintragung

a) Kurt ist alleiniger Gesellschafter einer Vor-GmbH, deren Geschäftsführer mit Kurts Zustimmung bereits umfangreiche Lieferverträge mit Lars abgeschlossen hat. Als die Gesellschaft mit der Zahlung in Verzug gerät, fragt Lars, ob er sich mit seiner Forderung gegen die Gesellschaft auch an Kurt persönlich halten kann.
b) Ändert sich die Rechtslage mit Eintragung?

Zu a) Die Vorgesellschaft ist hier durch den Geschäftsführer wirksam verpflichtet worden. Ob neben der Gesellschaft auch der Gesellschafter in Anspruch genommen werden kann, ist in der Einpersonen-GmbH allerdings umstritten. Einige Autoren befürworten vor Eintragung entgegen dem BGH (vgl. Fall 261) auch bei der Mehrpersonen-Vor-GmbH eine Außenhaftung nach dem Modell des § 128 HGB. Sie ziehen dann natürlich auch den einzigen Vorgesellschafter persönlich heran. Bei einer **Einpersonen-Vor-GmbH** lässt auch der BGH den Gesellschafter akzessorisch neben der Gesellschaft haften und begründet dies zutreffend damit, dass es diesem Gesellschafter jederzeit möglich sei, durch eine Weisung an den Geschäftsführer die Zahlung aus dem Gesellschaftsvermögen zu veranlassen. Das ist ihm eher zumutbar als es Lars zumutbar ist, zuerst die GmbH zu verklagen, ihren Verlustdeckungsanspruch gegen Kurt zu pfänden und dann gegen Kurt zu klagen. Kurt haftet Lars daher persönlich unmittelbar und als einziger Gesellschafter nicht nur anteilig.

Zu b) Nach der Eintragung unterliegt auch der Gesellschafter einer Einpersonen-GmbH nur noch der als Innenhaftung ausgestalteten Vorbelastungshaftung (vgl. Fall 260 Var. b).

263. Handelndenhaftung

a) Krösus ist Geschäftsführer einer Vor-GmbH, die bereits einen regen Geschäftsbetrieb aufgenommen hat. Der von ihm bestellte Prokurist Prächtig kauft im Namen der „GmbH“ ein Auto für 20 000 EUR vom Autohändler Schnell. Als die Kaufpreiszahlung ausbleibt, ist Schnell zunächst ratlos: Man-

gels Eintragung kennt er weder die Gesellschafter noch weiß er, ob die Gesellschaft liquide ist. Er kennt nur die wohlhabenden Krösus und Prächtig. Er fragt daher, ob er diese beiden in Anspruch nehmen kann.
b) Ändert sich die Beurteilung des Falles, wenn die Gesellschaft eingetragen wird?

Zu a) Wenn wie hier für eine echte Vorgesellschaft gehandelt wird, haften nach § 11 Abs. 2 GmbHG die Handelnden akzessorisch neben der Gesellschaft. Unerheblich ist, ob sie im Namen der künftigen GmbH (unstr.) oder der Vorgesellschaft auftreten (ganz h. M.). Als Handelnde im Sinne dieser Vorschrift kommen nach dem heutigen „engen Handelndenbegriff" nur die bestellten oder faktischen Geschäftsführer in Betracht (Organaußenhaftung), nicht hingegen Prokuristen, Gesellschafter oder Arbeitnehmer.

Schnell kann also nur die Vor-GmbH und deren Geschäftsführer Krösus in Anspruch nehmen. Krösus hat i. S. d. § 11 Abs. 2 GmbH gehandelt, indem er Prokura erteilte und so den Autokauf ermöglichte. Wenn Krösus zahlt, kann er diese Aufwendung von seiner Vor-GmbH aus §§ 670, 675 BGB oder §§ 670, 677 (679, 680), 683 BGB ersetzt verlangen. Damit er gar nicht erst zahlen muss, hat er gegen die Vor-GmbH einen Freistellungsanspruch aus § 257 BGB.

Die Handelndenhaftung ist ein Ausgleich für die mangelnde Publizität (vgl. Art. 8 der Publizitätsrichtlinie [2009/101/EG]). Eine Straffunktion wird der Handelndenhaftung nicht mehr zugemessen, seit man erkannt hat, dass die vorzeitige Aufnahme der Geschäfte wirtschaftlich meist notwendig ist. Sie soll die Geschäftsführung aber drängen, die Eintragung voranzutreiben. Neben dieser Druckfunktion hat die Haftung eine Sicherungsfunktion: Das Registergericht hat der Vor-GmbH noch nicht attestiert, dass alle Normativbestimmungen beachtet wurden, an die das Haftungsprivileg der Gesellschafter geknüpft ist.

Zu b) Mit der Eintragung der GmbH wird die Handelndenhaftung funktionslos. Die Ansprüche aus § 11 Abs. 2 GmbHG erlöschen daher zu diesem Zeitpunkt. Auch ein Durchgriff auf die Gesellschafter (vgl. Fall 261 a. E.) kommt nach der Eintragung hier nicht mehr in Betracht. Schnell kann jetzt also nur noch gegen die Gesellschaft vorgehen, die ihrerseits gegebenenfalls Ansprüche gegen die Gesellschafter aus Vorbelastungshaftung hat. Zur Handelndenhaftung bei einer wirtschaftlichen Neugründung siehe Fall 257.

*264. Aufrechnung

Häselbarth ist Gesellschafter der Bau-Stahlgewebe GmbH. Er schuldet der GmbH noch 30 000 EUR auf seine Stammeinlage. Sein Onkel, der Bankier Häselbarth, hat der GmbH ein Darlehen von 30 000 EUR eingeräumt. Als er stirbt, wird er von dem GmbH-Gesellschafter beerbt. Kann
a) Häselbarth selbst,
a) die GmbH
aufrechnen, wenn die GmbH überschuldet ist?

Nein.

Zu a) Für den Gesellschafter folgt dies aus § 19 Abs. 2 Satz 2 GmbHG. Der Grundgedanke ist, dass die Aufbringung des Stammkapitals im Interesse der Gesellschaft und ihrer Gläubiger strikt gewährleistet sein soll und dass bei Zulassung der Aufrechnung seitens eines Gesellschafters diese Sicherung in Frage gestellt wird, weil der wirtschaftliche Wert der zur Aufrechnung benutzten Forderung nicht mehr ihrem Nominalwert entspricht.

Zu b) Dieser Gedanke führte die Rechtsprechung und h. M. dazu, auch die Aufrechnung seitens der Gesellschaft zu verbieten, es sei denn, die Forderung gegen die Gesellschaft ist unzweifelhaft fällig, liquide (unbestritten) und vollwertig (Gesellschaft nicht überschuldet). Denn nur dann erspart die GmbH eine Zahlung in voller Höhe. Das Gleiche gilt für einen Aufrechnungsvertrag oder für Hin- und Herzahlung.

Zu bedenken ist aber: Auch eine überschuldete Gesellschaft kann Vermögen haben. Soll es nicht zur Tilgung von Gesellschafterforderungen verwendet werden, so genügt es nicht, allein die Aufrechnung als eine Tilgungsmodalität zu verbieten. Denn sonst leistet zuerst die Gesellschaft und der Gesellschafter gar nicht oder erst, wenn zwischen Her- und Hinzahlung kein Zusammenhang mehr erkennbar ist. Zielorientierter ist § 135 Abs. 1 InsO: In der Insolvenz können Leistungen auf Gesellschafterforderungen angefochten werden (vgl. Fälle 322 f.).

265. Wer erhielt welche Einlage?

Fleißig und Tüchtig erkennen die Chance, lukrative Geschäfte zu tätigen. Zu diesem Zweck eröffnen sie am 1.4. ein Geschäftskonto lautend auf den Namen K-GmbH i. G. und zahlen auf dieses je 25 000 EUR ein. Mit diesem Geld beginnen sie die ersten Geschäfte zu tätigen, insbesondere eine Werbekampagne zu starten. Erst am 1.6. wird der GmbH-Vertrag mit einem Stammkapital von 50 000 EUR beurkundet. Am 15.6. wird die – schuldenfreie – Gesellschaft zur Eintragung angemeldet. Ob bilanzierbare Vermögenswerte vorhanden waren, ist nicht aufklärbar. Am 1.8. erfolgt die Eintragung. Nach acht erfolgreichen Jahren muss die K-GmbH Insolvenz anmelden. Der Insolvenzverwalter verlangt von Fleißig und Tüchtig Zahlung von je 25 000 EUR. Zu Recht?

Ja. Die Einlagepflichten aus § 14 GmbHG sind weder durch Erfüllung noch durch Anrechnung erloschen. **Vor Abschluss des Gesellschaftsvertrages** konnten Fleißig und Tüchtig nur in der Form der Personengesellschaft **tätig** werden. Die von Fleißig und Tüchtig erworbenen Vermögensgegenstände und die insoweit begründeten Rechte und Pflichten gehen ohne gesonderte Rechtsgeschäfte nicht auf die mit Abschluss des Gesellschaftsvertrages entstehende Vor-GmbH über. Daran ändert auch die Bezeichnung des Geschäftskontos nichts.

Konkludent haben Fleißig und Tüchtig jedoch das bis zum Abschluss des Gesellschaftsvertrages bestehende Unternehmen in die Vor-GmbH eingebracht. Damit haben die beiden aber entgegen der gesellschaftsvertraglichen Verpflichtung keine

Geldeinlage, sondern eine Sacheinlage (das Unternehmen mit sämtlichen Aktiva und Passiva) geleistet. Deren Wert ist nach der Eintragung zwar anrechenbar, doch können die Gesellschafter hier keinen Wert nachweisen (§ 19 Abs. 4 Sätze 3–5, Abs. 6 GmbHG).

Beachte: Während Rechte und Pflichten der **Vorgründungsgesellschaft** nur kraft Rechtsgeschäfts auf die Vor-GmbH übergehen, erfolgt ein solcher Übergang von der Vor-GmbH auf die GmbH *ipso iure* (vgl. auch Fall 258 Var. a).

266. Was ist einlagefähig?

Alfred, Brian, Carl, Dirk und Elke treffen sich nach zehn Jahren auf einem Klassentreffen wieder. In vorgerückter Stunde beschließen sie, eine GmbH zu gründen. Einlegen sollen

- **Softwareproduzent Alfred sein leicht überschuldetes Unternehmen, das der Markt wegen des *Know-how* positiv bewertet,**
- **Informatiker Brian seine Arbeitskraft**
- **Bankkaufmann Carl eine eigene Bürgschaft zugunsten der GmbH,**
- **Spediteur Dirk einen als Übertragungswagen nutzbaren Kleintransporter sowie 10 000 EUR; beides will er der GmbH bis zum 20-jährigen Klassentreffen unentgeltlich überlassen,**
- **die Physikerin Elke ein noch nicht patentiertes Verfahren für IP-basiertes Internetfernsehen.**

Sind die vereinbarten Einlagen einlagefähig?

Als Sacheinlage einlagefähig sind nur werthaltige (Vermögens-)Gegenstände, ihr wirtschaftlicher Wert muss feststellbar sein (vgl. § 27 Abs. 2 AktG). Daran fehlt es etwa, wenn ein Gesellschafter oder ein Dritter sie der Gesellschaft entziehen kann, ohne dass insoweit äquivalente (z. B. deliktische) Ersatzansprüche entstehen. Einen gegenwärtigen Vermögenswert besitzen alle hier vereinbarten Einlagen. Insbesondere pflegen sich Banken die Übernahme von Bürgschaften vergüten zu lassen, Transporter werden vermietet, Darlehen verzinst und Erfindungen unabhängig von der Patentierung gehandelt. Als Teil eingebrachter Unternehmen ist auch *Know-how* bewertbar. Auf die Aktivierbarkeit der Sacheinlage in der Bilanz kommt es nicht an.

Pfändbar braucht die Sacheinlage für die Gläubiger nicht zu sein, wohl aber nutzbar für die Gesellschaft. Daran fehlt es, wenn etwa ein Nutzungsrecht (hier an Dirks Transporter) kraft einer Nebenabrede jederzeit durch den Einleger ohne Grund entschädigungslos wieder entzogen werden kann oder in der Insolvenz der GmbH erlischt. Das sollte man bei dem Transporter und dem Darlehen vorsichtshalber überprüfen. Dienstleistungspflichten wie die von Brian können analog § 27 Abs. 2 AktG nicht eingelegt werden; anders aber bei Personengesellschaften (vgl. Fall 64).

Als Sacheinlagen zulässig sind zwar Forderungen gegen die Vor-GmbH oder Dritte, nicht aber ungesicherte Forderungen gegen die Gesellschafter selbst. Deren gesetzliche Pflicht zum Bonitätsnachweis durch Einlage **vor** Anmeldung zeigt, dass sich das Gesetz auf Bonitätsnachweise anderer Art nicht verlassen will, wenn es um die

Gesellschafter selbst geht. Nicht einlagefähig sind also Brians Dienstleistung und Carls Bürgschaft.

267. Überbewertete Sacheinlage

Fleißig hat ein expandierendes Transportunternehmen aufgebaut. Gemeinsam mit Reich gründet er die F&R-GmbH mit einem Stammkapital von 1 Mio. EUR. Reich und Fleißig erhalten Geschäftsanteile im Nennbetrag von je 500 000 EUR. Diesen deckt Reich in Geld, Fleißig satzungsgemäß durch Einbringung seines Unternehmens, das freilich nur 400 000 EUR wert ist. Die F&R-GmbH wird angemeldet, eingetragen und wenig später insolvent. Ihr Insolvenzverwalter verlangt 100 000 EUR von Fleißig und Reich. Zu Recht?

In vielen Fällen werden in eine neu gegründete GmbH Unternehmen eingebracht. Um dem Registerrichter, welcher bei nicht unwesentlicher Überbewertung der Sacheinlage die Eintragung abzulehnen hat (§ 9c Abs. 1 Satz 2 GmbHG), eine zumindest überschlägige Kontrolle der Werthaltigkeit eines eingebrachten Unternehmens zu ermöglichen, bestimmt § 5 Abs. 4 Satz 2 Alt. 2 GmbHG, dass Angaben über die letzten beiden Jahresergebnisse beigebracht werden müssen. Dennoch ist die Bewertung schwierig.

Soweit der Wert der Sacheinlage bei Anmeldung hinter dem Nennbetrag des dafür übernommen Geschäftsanteils zurückbleibt, hat der Sacheinleger nachzuzahlen. Diese **Differenzhaftung** aus § 9 GmbHG ist verschuldensunabhängig und greift auch dann, wenn das (gesamte) Stammkapital bei Anmeldung und Eintragung anderweitig gedeckt war. § 9 GmbHG soll dazu motivieren, Sacheinlagen sorgfältig zu bewerten. Da § 9 GmbHG die Nachzahlung als Einlage in Geld bezeichnet, gelten neben den speziellen Sacheinlageregeln (z. B. § 7 Abs. 3 statt Abs. 2 Satz 1 GmbHG) auch § 19 Abs. 2–§ 25 GmbHG. Bringt Fleißig also die 100 000 EUR nicht auf, die er der GmbH schuldet, haftet nach den Voraussetzungen des § 24 GmbHG auch Reich.

268. Innenausgleich der Gründer

Sascha und Gerd gründen eine GmbH mit einem Stammkapital von 200 000 EUR. Gerd leistet 100 000 EUR in Geld. Sascha bringt satzungsgemäß sein Speditionsunternehmen im Wert von 100 000 EUR ein, das nach dem Willen beider Gesellschafter schon für die Vorgesellschaft weitergeführt werden soll. Dabei werden zwei Lkw der Spedition schwer beschädigt. Zum Zeitpunkt der Anmeldung ist das Unternehmen daher nur noch 30 000 EUR wert. Eine später auf den Eintragungszeitpunkt erstellte Bilanz weist ein bilanzielles Eigenkapital in Höhe von 170 000 EUR aus, ohne möglicherweise gegen Sascha oder Gerd bestehende Ansprüche der Gesellschaft zu berücksichtigen.
a) Muss Sascha nachzahlen?

b) Hat die GmbH Ansprüche gegen Gerd? Kommt es dabei darauf an, ob Sascha vermögenslos ist?
c) Kann Sascha von Gerd einen Ausgleich verlangen?

Zu a) Nach § 9 Abs. 1 GmbHG muss Sascha an die GmbH 70 000 EUR zahlen, weil das von ihm eingebrachte Unternehmen den Betrag der dafür übernommenen Stammeinlage im Zeitpunkt der Anmeldung um 70 000 EUR verfehlte. Der zwischenzeitliche Anstieg des Eigenkapitals auf 170 000 EUR entlastet Sascha nicht. Da sich Wertverluste nach Anmeldung der Gesellschaft auf alle Gesellschafter auswirken, kann es mit Wertsteigerungen nicht anders sein.

Zu b) Gegen Gerd könnte die GmbH einen Anspruch aus Vorbelastungshaftung haben. Der oben berechnete **Anspruch aus § 9 Abs. 1 GmbHG** ist in der hierfür entscheidenden Eintragungsbilanz zu **aktivieren,** entgegen der h. L. auch dann, wenn die Wertminderung durch die einverständliche Geschäftsaufnahme herbeigeführt wurde. Der Wert des Anspruchs aus § 9 Abs. 1 GmbHG beträgt Null, wenn Sascha vermögenslos ist. Dann fehlten bei Eintragung 30 000 EUR, von denen Gerd zunächst seine Hälfte, analog § 24 GmbHG (so BGHZ 80, 129, 141) letztlich aber auch die Hälfte des Sascha tragen müsste.

Ist der Anspruch gegen Sascha hingegen werthaltig und mit den vollen 70 000 EUR anzusetzen, beträgt das Eigenkapital bei Eintragung 240 000 EUR, führt bei dem Stammkapital von 200 000 EUR also nicht zu einer Vorbelastungshaftung.

Zu c) Gerd könnte sich im Innenverhältnis gegenüber Sascha zu einem Ausgleich verpflichtet haben. § 9 GmbHG bestimmt nämlich nur das Verhältnis zur GmbH. Die Zustimmung zur Weiterführung des eingebrachten Unternehmens mag als Ausgleichsabrede auszulegen sein; hinreichende Anhaltspunkte fehlen hier jedoch. In anderen Fällen kann als Bewertungsstichtag der Tag der Einbringung vereinbart sein. Aus solchen Klauseln entstehen Freistellungs- und Ausgleichsansprüche des Sacheinlegers. Ohne eine solche Vereinbarung lassen sich die dem Gläubigerschutz dienenden Belastungen allenfalls nach §§ 733, 735 BGB durch gegenseitige Ausgleichsansprüche auf Sascha und Gerd verteilen, weil ihr Verhältnis, soweit es ausschließlich dem Gründungszweck dient, demjenigen zwischen GbR-Gesellschaftern entspricht.

Beachte die Unterschiede: Bei der Vorbelastungshaftung geht es um den Minderwert des gesamten Eigenkapitals (erst) bei Eintragung, für den alle Gesellschafter anteilig haften. Die Differenzhaftung nach § 9 betrifft den Minderwert (nur) der Sacheinlage bei Anmeldung; für ihn haftet (nur) der Sacheinleger.

Schrifttum: *Schumann,* Der Ausgleich zwischen GmbH-Gründern, 2004, S. 297 ff.

*269. Einkaufen beim Einleger

Physiker Planck und Finanzier Flick beschlossen, eine GmbH zu gründen, welche mit einem von Planck entwickelten Duftanalysegerät, dem Patent daran und einem Franchisekonzept Parfumberatungen durchführen sollte. Aufgrund der tatsächlichen Schwierigkeit, die Werthaltigkeit des Geräts und der Immaterialgüter (Patente, Marken, Urheberrechte) zu bestimmen, ver-

einbarten sie statt einer Sacheinlage des Planck, dass dieser eine Geldeinlage in Höhe von 70 000 EUR übernimmt. Unmittelbar nach Gründung erwarb die GmbH zum Preis von 70 000 EUR den Prototyp des Gerätes von Planck nebst der begleitenden Immaterialgüter.
a) Wie ist die Rechtslage, wenn das Gerät 70 000 EUR wert ist?
b) Ändert sich die Rechtslage, wenn das Gerät tatsächlich 50 000 EUR oder 80 000 EUR wert ist?

Zu a) Planck zahlte die vereinbarten 70 000 EUR auf die Einlageverpflichtung ein. Durch den verabredeten Ankauf wird die Gesellschaft so gestellt, als wenn sie von vornherein eine Sache erlangen sollte, allerdings werden die Vorschriften über die Einbringung von Sacheinlagen unterlaufen **(verdeckte Sacheinlage).** Dies hat gemäß § 19 Abs. 4 Satz 1 GmbHG zur Folge, dass die Einlageverpflichtung Plancks zunächst nicht getilgt wurde. Gemäß den Sätzen 3 und 4 wird allerdings – die Eintragung der Gesellschaft vorausgesetzt – der objektive Wert des eingebrachten Sachgegenstands auf die Einlagepflicht Plancks angerechnet, sodass diese insoweit erlischt. Eine solche Anrechnung setzt allerdings voraus, dass der GmbH die Güter wirksam übertragen wurden. Dem steht gemäß Satz 2 die Abrede nicht mehr entgegen. Da auch die zugrunde liegenden Verpflichtungen wirksam sind, kann Planck das Duftanalysegerät nicht zurückfordern.

Gemäß § 812 Abs. 1 BGB kann er jedoch die Rückzahlung der ersten Einlage verlangen. Denn seiner Leistung auf die Geldeinlage kommt nach § 19 Abs. 4 Satz 1 GmbHG ja keine Tilgungswirkung zu. Bliebe es dabei, hätte die GmbH keinen Wertzuwachs erreicht. Dies widerspräche dem Grundsatz der Kapitalaufbringung. Teilweise wird vorgebracht, dass die Gesellschaft durch den Kaufpreis und die Anrechnung doppelt bezahle. Sie sei dementsprechend in Höhe des angerechneten Werts des Vermögensgegenstands entreichert. Andere meinen, dass die Anrechnung als Fall des Vorteilsausgleichs keinen Raum für weitere Ansprüche des Gesellschafters lasse. Eine dritte Ansicht will das Umsatzgeschäft über den Sachgegenstand ausblenden, sodass die „Kaufpreiszahlung" der GmbH den Bereicherungsanspruch des Gesellschafters tilge. Besser begründet man so: Das Gesetz schreibt der Übertragung der verkauften Sache zugunsten des Einlegers Doppelwirkung zu, nämlich Anrechnung auf seine Einlageschuld und Erfüllung seiner Sachleistungspflicht aus dem Kaufvertrag. Um dessen Synallagma zu erhalten und die Kapitalaufbringung zu gewährleisten, muss der Kaufpreiszahlung durch die GmbH ebenfalls Doppelwirkung zukommen: Sie wirkt zugleich als Rückgewähr der ersten Einlage.

Da hier der Wert des Einlagegegenstands der Höhe der Einlageschuld entspricht, ist diese durch die Anrechnung erloschen.

Zu b) Die Höhe der Anrechnung hängt von dem eingebrachten Sachwert ab, mithin erlischt die Einlagepflicht Plancks bei einem Wert von 50 000 EUR nur in dieser Höhe. Die GmbH kann dann weitere 20 000 EUR verlangen. Übersteigt der Wert des Sachgegenstands die Einlageverpflichtung, erlischt diese durch Anrechnung. Der überschießende Wert steht wirtschaftlich allen Gesellschaftern zu. Bilanziell ist zu differenzieren: Bei unbewusster Unterbewertung verbleibt der Wert in der Gesellschaft als stille Reserve, anderenfalls als (offene) Kapitalrücklage. Maßgeblich ist der Wert zum Zeitpunkt der Anmeldung oder, falls diese später erfolgt, zum Zeitpunkt der Überlassung des Gegenstands (§ 19 Abs. 4 Satz 3 GmbHG). Für die Werthaltigkeit trägt Planck die Beweislast (vgl. § 19 Abs. 4 Satz 5 GmbHG).

Schrifttum: *Maier-Reimer/Wenzel,* ZIP 2008, 1449; *Pentz,* GmbHR 2009, 126; *Ulmer,* ZIP 2009, 293.

*270. Hin- und Herzahlen

Die Brandenburger Halbleiter- und Solar AG (BHS AG) will auf einem zukunftsträchtigen Geschäftsfeld Fuß fassen und gründet dazu zusammen mit der Potsdamer Solvency und Risikomanagement GmbH & Co. KG eine Tochter-GmbH. Im Gesellschaftsvertrag verpflichtet sich die AG zu einer Geldeinlage in Höhe von 100 000 EUR, die sie auch leistet. Aufgrund einer Abrede zahlt der Geschäftsführer der GmbH nach der Eintragung ein Darlehen an die AG in Höhe ihrer Geldeinlage aus. Zu diesem Zeitpunkt ist bereits zweifelhaft, ob die AG die Schuld tilgen kann. Bei der Anmeldung wird ein Gutachten eines befreundeten Sachverständigen vorgelegt, aus dem die Probleme der AG jedoch nicht deutlich werden. Wenig später wird die GmbH insolvent. Der Insolvenzverwalter fordert die AG zur Zahlung der Einlage unter Androhung des Ausschlusses aus der GmbH auf. Er begründet seine Ansicht damit, dass die erste Einlageleistung aufgrund des Darlehens keine Erfüllungswirkung hatte. Die AG, deren eigene Probleme sich verschärft haben, weigert sich zu zahlen. Der Insolvenzverwalter erwägt, den Geschäftsanteil zu kaduzieren, um diesen zu versteigern oder den Mitgesellschafter in Anspruch zu nehmen. Hat dies Aussicht auf Erfolg?

Der Insolvenzverwalter ist gemäß § 80 InsO befugt, offene Einlageforderungen einzuziehen und alle Rechte geltend zu machen, die der Aufbringung der Einlage dienen. Die Kaduzierung nach § 21 GmbHG setzt u. a. voraus, dass die AG wegen der Rückzahlung der Einlage als Darlehen ihre Einlagepflicht nicht erfüllt hat. Zu unterscheiden ist zwischen Fällen der verdeckten Sacheinlage (§ 19 Abs. 4 GmbHG) und des Hin- und Herzahlens (§ 19 Abs. 5 GmbHG).

Bei verdeckten Sacheinlagen wird ihr wahrer Wert angerechnet, bei Hin- und Herzahlung gilt je nach Bonität des Einlegers das „Alles-oder-nichts"-Prinzip. Tatbestandlich sind Leistungen an den Gesellschafter, die vor der Einlage vereinbart wurden und wirtschaftlich ihrer Rückzahlung entsprechen, nur dann verdeckte Sacheinlagen, wenn die Gesellschaft einen von der Bonität des Gesellschafters unabhängigen Wert erhält, der auf die Einlageforderung angerechnet werden kann.

In unserem Falle entsteht, indem die GmbH die eingelegten 100 000 EUR an die AG zurückzahlt, nur ein schuldrechtlicher Anspruch der GmbH auf Rückgewähr dieses Darlehens. Die GmbH erhält somit keinen auf die Einlageverpflichtung anrechenbaren Gegenstand, sondern einen Anspruch, der demselben Bonitätsrisiko unterliegt wie der Einlageanspruch oder ein Anspruch aus § 9 GmbHG. Es geht hier also nicht um eine verdeckte Sacheinlage.

Wird die Rückzahlung erst nach Leistung der Einlage vereinbart, greifen die milderen Kapitalerhaltungsregeln ein. Die strengeren Rechtsfolgen des § 19 Abs. 5 GmbHG knüpfen sich an einen – wie hier – schon vorher vereinbarten Mittelrückfluss.

Aber auch dies steht der Erfüllung der Einlageverpflichtung des Übernehmers nicht entgegen, wenn die Leistung durch einen vollwertigen Rückgewähranspruch gedeckt wird, der jederzeit fällig ist oder gestellt werden kann. Zur Prüfung dieser Fragen durch das Registergericht ist die Leistung oder die Vereinbarung darüber bei der Anmeldung zum Register anzugeben. Zur Prüfung der Vollwertigkeit sind Nachweise, wie hier geschehen, vorzulegen (vgl. §§ 19 Abs. 5, 8 Abs. 2 GmbHG). Mangelt es an der Vollwertigkeit des Anspruchs, so kommt ausweislich des Wortlauts („wenn") die Erfüllung der Einlageverpflichtung nicht in Betracht. Ebenso wenig erfolgt die Anrechnung der minderwertigen Forderung auf den Einlageanspruch („Alles-oder-nichts"-Prinzip). Der Anspruch ist vollwertig, wenn er bei Ausreichung zumindest den Wert der Leistung an den Gesellschafter erreicht, also kein Ausfallrisiko besteht. Diese Voraussetzung ist hier nicht gegeben, da die Solvenz der AG zum Zeitpunkt der Ausreichung zweifelhaft war. Erfüllung ist daher nicht eingetreten, der Einlageanspruch besteht in voller Höhe fort, hinzukommen jetzt 4 % Fälligkeitszinsen nach § 20 GmbHG, § 246 BGB. Da sich die AG zu zahlen weigert, ist der Insolvenzverwalter zur Kaduzierung (§ 21 GmbHG) berechtigt. Im Anschluss kann er die Rechte aus §§ 22–24 GmbHG geltend machen, d. h. letztlich die Potsdamer Solvency und Risikomanagement GmbH & Co. KG in Anspruch zu nehmen.

Unklar ist das Schicksal des Darlehensvertrages. Nach bisheriger Rechtsprechung ist er unwirksam, da die Leistung nicht endgültig zur freien Verfügung der Geschäftsführer stand. Die Gesellschaft kann den Darlehensbetrag gemäß § 812 Abs. 1 Satz 1 Alt. 1 BGB zurückfordern. Teilweise wird vertreten, dass dies auch heute noch gilt, wenn es an der in § 19 Abs. 5 GmbHG verlangten Bonität fehlt. Andererseits könnte man im Gleichlauf mit § 19 Abs. 4 GmbHG die Wirksamkeit der Darlehensabrede annehmen, sodass die Gesellschaft bei Fälligkeit Rückzahlung des Darlehens und der Darlehenszinsen verlangen kann. In jedem Fall kann der Gesellschafter gegen den Anspruch mit seinem Rückforderungsanspruch gemäß § 812 Abs. 1 Satz 2 Alt. 2 BGB wegen der mangelnden Tilgungswirkung seiner ersten Einlageleistung aufrechnen.

Schrifttum: *Kupjetz/Peter,* GmbHR 2012, 498.

*271. Einlagebuchung in den Cash-Pool

Wie wäre der vorige Fall zu beurteilen, wenn die neu gegründete und bereits sehr aktive GmbH mit der BHS AG eine *Cash-Pool*-Verbindung unterhält und die AG als Einlageleistung den Kontostand der GmbH absprachegemäß von minus 150 000 EUR auf minus 50 000 EUR zurückführt?

Anders als im vorigen Fall liegt hier eine verdeckte Sacheinlage gemäß § 19 Abs. 4 GmbHG vor. Der GmbH fließt im wirtschaftlichen Ergebnis nämlich nicht der vereinbarte Geldbetrag, sondern die teilweise Befreiung von der Verbindlichkeit gegenüber der BHS AG aus der *Cash-Pool*-Verbindung zu. Anzurechnen ist also der Wert der ehemaligen Forderung der BHS AG; der hängt davon ab, ob die *GmbH* ihre Schuld hätte begleichen können. – Wäre das Konto bei Einbuchung der Geldeinlage ausgeglichen oder zugunsten der GmbH positiv gewesen, gälte die Einlage wie im vorigen Fall wegen der schlechten Bonität der *AG* nach § 19 Abs. 5 GmbHG als nicht geleistet (*BGH* NJW 2009, 3091 – Cash-Pool II).

*272. Kapitalverschiebungen eines Vorruheständlers

Im Fang und Handel hochwertiger Varanger Königskrabben ist die Hamburger Krabbinsky-GmbH Marktführer. Nach dem Entschluss, sich künftig ausschließlich den eigenen Latifundien im schottischen Hochland zu widmen, veräußerte Alleingesellschafter und Geschäftsführer Mc. M. Thürling seinen Geschäftsanteil an den noch jungen, aber vermögenden Juristen und Hobbyfischer Caba. Vereinbarungsgemäß führte Mc. M. Thürling zuvor noch eine Reihe von Restrukturierungsmaßnahmen durch. Er erhöhte zunächst das Stammkapital um 900 000 EUR auf 1 Mio. EUR und zahlte weitere 2 Mio. EUR in die Kapitalrücklage der Krabbinsky-GmbH (§ 272 Abs. 2 Nr. 4 HGB). Anschließend verkaufte Thürling Lizenzen an die Krabbinsky-GmbH zu einem Kaufpreis von 2,9 Mio. EUR.
Später prüft Caba die Bücher der GmbH, lässt ein Wertgutachten über die erworbenen Lizenzen erstellen und verlangt als Geschäftsführer der Krabbinsky-GmbH von Thürling die nochmalige Leistung der Einlage und der in die Kapitalrücklage geleisteten Zahlung. Zu Recht, wenn die Lizenzen einen Wert hatten von
a) 2,9 Mio. EUR?
b) 2,5 Mio. EUR?
c) 1,5 Mio. EUR?

Thürling bringt mit dem Verkauf der Lizenzen eine **verdeckte gemischte Sacheinlage** in die Krabbinsky-GmbH ein. Dabei wird ein wirtschaftlich einheitlicher Vorgang – Sacheinlage des Gesellschafters gegen Beteiligung nebst netto 2 Mio. EUR – in rechtlich getrennte Prozesse zerlegt, um so die an eine Sacheinlage geknüpften strengen gesetzlichen Anforderungen (§§ 7 Abs. 2 und 3, 8 Abs. 1 Nr. 5, 9, 56a GmbHG) zu umgehen (vgl. Fall 269). Die **gemischte** Sacheinlage liegt hier darin, dass der Einleger (Thürling) bei der Gründung oder wie hier bei der Kapitalerhöhung (vgl. Fall 314) einen Vermögensgegenstand einbringt und neben den dafür gewährten Gesellschaftsanteilen noch eine weitere Leistung von der Gesellschaft (netto 2 Mio. EUR) erhält. Es stellt sich also die Frage, ob Thürling mit den in die GmbH eingebrachten Lizenzen einerseits seine Einlagepflicht gemäß §§ 55, 14 GmbHG tilgen konnte und andererseits ein zusätzliches Entgelt dafür empfangen durfte. Das Begehren Cabas ist daher sowohl gemäß §§ 14, 19 Abs. 4, 56 Abs. 2 GmbHG in kapitalaufbringungsrechtlicher Hinsicht als auch gemäß §§ 30 Abs. 1, 31 Abs. 1 GmbHG mit Blick auf das Kapitalerhaltungsrecht zu prüfen.

Zu a) Hier hat die von Caba vertretene GmbH keinen Zahlungsanspruch, da die eingebrachten Lizenzen tatsächlich in Höhe von 2,9 Mio. EUR werthaltig sind. Zwar bringt Thürling anstatt einer Geldeinlage gemäß §§ 56a, 7 Abs. 2 Satz 1 GmbHG einen Sachwert in die Gesellschaft ein, doch kann dieser auf seine Einlagepflicht (900 000 EUR) gemäß § 19 Abs. 4 Satz 3 GmbHG voll angerechnet werden und diese somit zu 100 % tilgen. Auch die zusätzliche Vergütung der Lizenzen in Höhe von 2 Mio. EUR (2,9 Mio. EUR Kaufpreis – 0,9 Mio. EUR Einlage) gegenüber Thürling kann rechtlich nicht beanstandet werden. Es handelt sich insoweit um ein Umsatzgeschäft, das einem objektiven Drittvergleich standhält und daher auch nicht gegen das Kapitalerhaltungsrecht gemäß §§ 30, 31 GmbHG verstoßen kann. Dem Vermögensabfluss der GmbH (2,9 Mio. EUR) steht letztlich ein gleichwertiges Vermögensäquivalent (Lizenzen) gegenüber.

Zu b) Thürling ist der GmbH zur Zahlung der offen gebliebenen Einlageschuld in Höhe von 400 000 EUR gemäß §§ 14, 19 Abs. 4 GmbHG verpflichtet. Dabei ist zunächst von dem Wert des verdeckt eingebrachten Vermögensgegenstands, die von der Gesellschaft zusätzlich zu den Anteilen erbrachte Vergütung abzuziehen. Für den Fall bedeutet das: Wert der Lizenzen (2,5 Mio. EUR) – Wert der von der GmbH zusätzlich erbrachten Leistung (2,9 – 0,9 = 2 Mio. EUR). Die Differenz (500 000 EUR) ist auf die ursprüngliche Einlageschuld Thürlings in Höhe von 900 000 EUR gemäß §§ 14, 19 Abs. 4 GmbHG anzurechnen. Würde man hier bei der Anrechnung in umgekehrter Reihenfolge vorgehen und zuerst den eingebrachten Sachwert (2,5 Mio. EUR) auf die Einlagepflicht anrechnen, würde die GmbH die Erfüllung ihres eigenen Einlageanspruchs mitfinanzieren und den Kapitalerhöhungswert nicht zusätzlich zur Gläubigerbefriedung einsetzen können (sog. Grundsatz der realen Kapitalaufbringung, besser: der kontrollierten Wertdeckung).

Zu c) Die um (1,5 – 2 Mio. EUR = –) 500 000 EUR überhöhte Vergütung war eine unzulässige Auskehrung gebundenen Vermögens i. S. d. § 30 Abs. 1 GmbHG (vgl. Fall 283). Thürling muss sie nach § 31 Abs. 1 GmbHG erstatten. Es verbleibt also kein gläubigerschützender Mehrbetrag, der auf die Einlageschuld angerechnet werden könnte. Thürling schuldet der GmbH deshalb noch seine volle Einlage in Höhe von 900 000 EUR (§§ 14, 19 Abs. 4 GmbHG). Insgesamt muss er 1,4 Mio. EUR an die GmbH zahlen (*BGH* NJW 2010, 1948 – ADCOCOM).

*273. Pfändung der Einlageforderung

Lea, die gegen die GmbH einen vollstreckbaren Titel auf Zahlung erwirkt hat, lässt die Forderung der GmbH gegen den Gesellschafter Yoel auf Zahlung der rückständigen Einlage pfänden und sich zur Einziehung überweisen. Yoel wendet ein, die Pfändung sei unzulässig. Zu Recht?

Pfändung, Verpfändung und Abtretung des Anspruchs der GmbH auf Zahlung der Stammeinlage sind grundsätzlich zulässig. Jedoch machen die h. M. im Schrifttum und die Rechtsprechung, da die Einlageforderung voll gedeckt werden muss, eine Einschränkung: Der GmbH müsse eine vollwertige (vgl. Fall 264) Gegenleistung zufließen. Das heißt bei der Pfändung: Der Anspruch des Gläubigers gegen die GmbH muss aus der Sicht eines Dritten tatsächlich den wirtschaftlichen Wert haben, der seinem Nominalwert entspricht. Eine Ausnahme sei zu machen, wenn die Gesellschaft ihren Geschäftsbetrieb vollständig und endgültig eingestellt habe, ihr Vermögen sich in Einlageforderungen erschöpfe und mit anderen Gläubigern nicht mehr zu rechnen sei oder diese von der Geltendmachung ihrer Ansprüche abgesehen haben. Nach der hier bevorzugten Mindermeinung ist ein Vollwertigkeitsvorbehalt jedoch abzulehnen. Denn die Vorschriften über Kapitalaufbringung und -erhaltung sollen Dritte schützen statt belasten. Zudem ist der Vollwertigkeitsvorbehalt nicht geeignet, Missbrauch einzuschränken.

Nach der h. M. hat der Einwand Yoels somit Erfolg, wenn es an einer Vollwertigkeit fehlt, was offen ist. Insoweit hätte Yoel auch mit der fristfreien Vollstreckungserinnerung nach § 766 ZPO gegen die Pfändung und Überweisung vorgehen können, da mit dieser die Unpfändbarkeit einer Forderung gerügt werden kann.

Beachte: Mit der wirksamen Pfändung wird die Resteinlage nach h. M. ohne Gesellschafterbeschluss fällig.

Schrifttum: *Frey,* Einlagen in Kapitalgesellschaften, 1990, S. 35 ff.

3. Einpersonengesellschaft

274. Gründe

Warum werden Einpersonen-GmbHs gegründet?

Die Einpersonen-GmbH wird vorwiegend in zwei Fällen gebildet: zur **Haftungsbeschränkung des bisherigen Einzelkaufmanns** und zur **Ausgliederung** von bisher unselbstständigen Betrieben oder Vermögensanlagen in eine Tochtergesellschaft. Seit der zwölften gesellschaftsrechtlichen Richtlinie muss die Einpersonengründung europaweit zugelassen werden (vgl. Fall 339 und für Deutschland §§ 1, 35 Abs. 3, 48 Abs. 3 GmbHG). Bei nur einem Gründer ist der vom GmbHG sog. Gesellschaftsvertrag ein einseitiges Rechtsgeschäft zur Errichtung der GmbH.

275. Vom Einzelkaufmann zur GmbH

Jörg Heumann möchte sein einzelkaufmännisch betriebenes Lebensmittelgeschäft in eine GmbH „umwandeln". Welche Verfahren kommen in Betracht?

a) Jörg Heumann kann eine GmbH gründen, ihr im Gesellschaftsvertrag als **Sacheinlage** sein Unternehmen versprechen (§ 5 Abs. 4 GmbHG) und es ihr dann übertragen. Führt die GmbH Heumanns Firma fort, ist § 25 HGB zu beachten.

*__b)__ Soweit sein Geschäft im Handelsregister eingetragen und bilanziell nicht überschuldet ist, kommt auch eine **Umwandlung** nach §§ 123 Abs. 3, 152 ff. UmwG in Betracht:

Er kann sein Unternehmen ausgliedern, sodass dieser Teil seines Vermögens als Gesamtheit auf eine GmbH übergeht, sei es „zur Aufnahme" auf eine bestehende oder „zur Neugründung" auf eine dafür gegründete neue GmbH (vgl. Fall 475).

Heumanns Verbindlichkeiten gehen – anders als bei der einfachen Sacheinlage – ohne Zustimmung der Gläubiger auf die GmbH über (§ 131 UmwG). Neben der GmbH haftet Jörg Heumann für die im Ausgliederungs- und Übernahmevertrag aufgeführten Verbindlichkeiten nur noch fünf Jahre, es sei denn, die bis dahin fälligen Ansprüche wurden zuvor gegen ihn gerichtlich geltend gemacht (§ 157 Abs. 1 UmwG).

276. Vollstreckungsschutz durch Einlage

Gloria Gaul hatte den Lebensmittelhändler Jörg Heumann e. K. beliefert, aber keine Zahlung erhalten. Aufgrund eines vollstreckbaren Titels gegen Heumann lässt sie nun einen Teil seiner Geschäftseinrichtung pfänden. Allerdings hatte Heumann seinen Lebensmittelhandel aus Sorge vor der nächsten Wirtschaftskrise inzwischen in die noch nicht eingetragene „Frankfurtfrucht GmbH" eingebracht. Als Geschäftsführer der Vor-GmbH will Heumann dieser Pfändung nun im Wege der Drittwiderspruchsklage nach § 771 ZPO entgegentreten. Wer wird Erfolg haben?

Die Frankfurtfrucht GmbH kann gegen die Pfändung im Wege der Drittwiderspruchsklage erfolgreich vorgehen, wenn ihr ein die Veräußerung hinderndes Recht zusteht, sie also Eigentümerin der Geschäftseinrichtung geworden ist. Diese hat Heumann als Sacheinlage eingebracht, also übereignet. Eine Vor-GmbH ist eine selbstständige Rechtsträgerin. Daran ändert sich nichts, wenn sie von Anfang an oder später nur einen einzigen Gesellschafter hat. Ebenso wenig kommt es darauf an, ob ein Fremd- oder Gesellschaftergeschäftsführer bestellt ist. Zum Schutz ihrer Gläubiger darf sie nicht mit ihrem Alleingesellschafter gleichgesetzt werden.

Gegen die Missbrauchsgefahr schützt § 3 AnfG: Gloria kann die Übereignung anfechten, wenn Heumann seine Privatgläubiger benachteiligen wollte und die Vor-GmbH dies wusste – Geschäftsführerwissen wäre ihr zuzurechnen. Für einen Benachteiligungsvorsatz Heumanns fehlen hier freilich hinreichende Anhaltspunkte. Gloria kann aber z. B. Heumanns Geschäftsanteil pfänden und verkaufen lassen (vgl. §§ 857, 844 ZPO).

277. Zurechnung von Kenntnissen des Gesellschafters

a) Im Namen der OWB Baumaschinen AG übereignet deren Vorstand einen Baukran an deren Tochtergesellschaft, die Metallwerke Oberweser GmbH. Deren Anteile gehören ausschließlich der AG. Die GmbH wurde von ihrem Geschäftsführer vertreten. In Wirklichkeit gehört der Baukran aber noch Bringmann, der im Zeitpunkt der Veräußerung an die AG geisteskrank war. Davon konnte damals und bei der Weiterübertragung an die GmbH niemand wissen. Die GmbH beruft sich deshalb auf gutgläubigen Erwerb. Bringmann aber verlangt den Baukran heraus.
b) Die Geschäftsführer der GmbH, Ehrlich und Listig, haben Einzelvertretungsmacht. Namens der GmbH erwirbt der redliche Ehrlich – diesmal von

Paul Schleich – einen zweiten Baukran. Den hatte sich Schleich von Aigner aber nur geliehen. Listig, der bereits zuvor über den teuren Baukran verhandelt hatte, wusste von Aigners Eigentum, informierte Ehrlich aber nicht. Wurde die GmbH Eigentümerin?
c) Erst auf die nachdrückliche Empfehlung von AG-Vorstand Müller hatte Ehrlich das Geschäft mit Schleich abgeschlossen. Einzig Müller erfuhr noch vor Übergabe von Aigners Eigentum, unternahm aber nichts. Haben sich die Eigentumsverhältnisse geändert?

Zu a) Bringmanns Herausgabeanspruch nach § 985 BGB scheitert, wenn die GmbH das Eigentum am Baukran gemäß § 932 Abs. 1 BGB gutgläubig erworben hat. Einigung und Übergabe i. S. d. § 929 Satz 1 BGB liegen ebenso vor wie statt der Berechtigung der AG der gute Glaube daran auf Seiten des GmbH-Geschäftsführers. Auf ihn kommt es nach § 166 Abs. 1 BGB, nach a. A. analog § 31 BGB an. Ungeschriebene, weitere Voraussetzung ist ein echtes Verkehrsgeschäft. Daran fehlt es insbesondere bei wirtschaftlicher Identität, wenn also an der erwerbenden Gesellschaft neben dem Veräußerer – hier der AG – kein weiterer Gesellschafter beteiligt war **(Zurechnungsdurchgriff).** Die GmbH hat den Baukran also nicht gutgläubig erworben. Bringmann gegenüber hat sie auch kein Recht zum Besitz nach § 986 BGB. Bringmann verlangt den Kran also zu Recht heraus.

Zu b) Nein. Im Zuge der Arbeitsteilung besteht die Obliegenheit zur ordnungsgemäßen Organisation der gesellschaftsinternen Kommunikation. Zugerechnet werden kann deshalb das Wissen eines nicht am Rechtsgeschäft beteiligten Geschäftsführers, das bei sachgerechter Organisation aktenmäßig festgehalten und zugänglich gemacht wird (vgl. BGHZ 140, 54, 62). Über seine Kenntnisse aus gescheiterten, wichtigen Verhandlungen im betrieblichen Bereich sollte und konnte Listig seinen Kollegen Ehrlich per Aktenvermerk oder mündlich ohne weiteres informieren. – Nach anderer Ansicht führt die Kenntnis von Organen analog § 31 BGB automatisch zur **Wissenszurechnung** bei der GmbH.

Zu c) Nein. Müllers Kenntnis wird analog § 31 BGB der AG und deren Kenntnis analog § 166 Abs. 2 BGB der GmbH zurechnet. Denn ein GmbH-Geschäftsführer kann wie ein Bevollmächtigter weisungsabhängig sein (§ 37 Abs. 1 GmbHG) und wird nachdrückliche Empfehlungen wie Weisungen befolgen, wenn sie vom maßgeblichen Gesellschafter stammen. Jedenfalls dessen Kenntnis schließt einen gutgläubigen Erwerb der GmbH gemäß § 932 Abs. 1 BGB aus.

Schrifttum: *Buck,* Wissen und juristische Person, 2001.

278. Geschäfte des Geschäftsführers mit der GmbH

Der Insolvenzverwalter der Wacker GmbH verlangt gemäß § 985 BGB, § 80 Abs. 1 InsO namens der GmbH von Jan Wacker, dem einzigem Gesellschafter, einen Mercedes CLS heraus. Wacker wendet ein, als Geschäftsführer habe er den Wagen schon vor elf Jahren an sich selbst verkauft und übereignet. Rechtslage?

Es kommt darauf an, ob ihn die Satzung vom Selbstkontrahierungsverbot des § 181 BGB befreit. Das ist gerade in der Einpersonengesellschaft üblich und gemäß § 10 Abs. 1 Satz 2 GmbHG in das Handelsregister einzutragen und bekannt zu machen. Schweigt die Satzung, genügt auch kein Befreiungsbeschluss (BGHZ 87, 59, 60; a. A. *Altmeppen,* NZG 2013, 401). Befreit die Satzung, hatte der Gesellschafter-Geschäftsführer das Geschäft unverzüglich zu dokumentieren (§ 35 Abs. 3 Satz 2 GmbHG). Im Prozess hat das Indizcharakter.

Schrifttum: *Bachmann,* ZIP 1999, 85, 86 ff.

*4. Rechtsverhältnisse in der GmbH, Gläubigerschutz, Ausschluss von Gesellschaftern

*Die Fälle dieses Titels gehören in Hamburg und Nordrhein-Westfalen, Fälle 283–285 sowie 289–294 auch in Niedersachsen und Sachsen-Anhalt zum Pflichtfach.

279. Formfragen bei Anteilsübertragung

A, B und C sind Gesellschafter der Gebrüder Roeder GmbH. Bedürfen folgende Verträge der notariellen Beurkundung?
a) A tritt seinen Anteil an B ab.
b) A verpflichtet sich, seinen Anteil an B zu veräußern.
c) B verpflichtet sich A gegenüber, dessen Geschäftsanteil zu erwerben, falls dieser ihm von A angeboten wird.
d) Gibt es in Var. a) zusätzliche Anforderungen, wenn die Satzung der Gebrüder Roeder GmbH eine einfache Vinkulierungsklausel enthält?

§ 15 GmbHG will den spekulativen und überhaupt den Handel mit Geschäftsanteilen erschweren.

Zu a) Jede **Abtretung** von Geschäftsanteilen bedarf der notariellen Beurkundung (§ 15 Abs. 3 GmbHG).

Zu b) Ebenso. Ein formnichtiger **Verpflichtungs**vertrag wird aber durch einen formgerechten Abtretungsvertrag geheilt (§ 15 Abs. 4 GmbHG).

Zu c) Ebenso, weil die **Erwerbspflicht,** wenn sie geltend gemacht wird, eine Verpflichtung zur Abtretung bewirke (RGZ 57, 60, 61).

Zu d) § 15 Abs. 5 GmbHG erlaubt die Vinkulierung der Geschäftsanteile; deswegen kann die Wirksamkeit der Anteilsabtretung in der Satzung an die Zustimmung der Gesellschaft gebunden werden (*vinculum* = Fessel). Für die GmbH erklärt im Außenverhältnis deren Geschäftsführung ihre Zustimmung gegenüber A oder B (§ 182 Abs. 1 BGB). Wer im Innenverhältnis entscheidet, bestimmt die Satzung. Wenn sie schweigt, ist die Entscheidung im Zweifel der Gesellschafterversammlung vorbehalten (§§ 37, 46 GmbHG).

280. Wirkungen der Gesellschafterliste

Arnold, Alleingesellschafter der Fitness-Fan-GmbH, tritt seinen Geschäftsanteil an Sylvester ab. Das wird am 1.6. notariell beurkundet. Anschließend unterschreibt der Notar die neue Gesellschafterliste und reicht sie zum Handelsregister ein, in das sie am 5.6. aufgenommen wird. Später stellt sich heraus, dass der Kaufvertrag und die Abtretung nichtig waren. Arnold fragt sich nunmehr, ob er den von der GmbH an Sylvester am 1.12. ausgezahlten Gewinn verlangen kann. Als Sylvester die Zahlung verweigert, verlangt Arnold den Gewinn von der GmbH.

Der Anspruch auf Auszahlung des Gewinns steht als Teil der Mitgliedschaft nur einem Gesellschafter zu. Da Arnold seinen Geschäftsanteil nicht wirksam abgetreten hat, ist er weiterhin Gesellschafter der GmbH. Allerdings begründet § 16 Abs. 1 Satz 1 GmbH im Verhältnis zwischen Gesellschaft und Listengesellschafter zum Schutz der Gesellschaft eine (unwiderlegliche) Vermutung, dass die Liste richtig ist, wenn sich die Person des Gesellschafters (z. B. bei Anteilsabtretung) oder der Umfang seiner Beteiligung (z. B. bei Zusammenlegung zweier Geschäftsanteile) verändert hat. Hierbei kann es nur auf die Aussage der Liste und nicht, wie es der Wortlaut nahe legt, auf die materielle Wirksamkeit der Veränderung ankommen. Andernfalls müsste diese immer geprüft werden und das gesetzgeberische Ziel, die Gesellschafterliste zu einem Rechtsscheinträger aufzuwerten, würde verfehlt.

Hier war Sylvester im Zeitpunkt der Gewinnauszahlung als Gesellschafter in der im Registerordner (§ 9 Abs. 1 HRV) des Registerblattes (§ 13 HRV) der GmbH aufgenommenen Gesellschafterliste eingetragen und die in der Liste verlautbarte Person des Gesellschafters hat sich verändert. Durch Leistung an Sylvester konnte die GmbH also den Gewinnanspruch erfüllen. Das Ergebnis harmoniert mit §§ 362 Abs. 1, 409 Abs. 1 BGB: Die Gesellschaft könnte eine erneute Gewinnauszahlung auch dann ablehnen, wenn Arnold ihr die (unwirksame) Abtretung seines Gewinnanspruchs angezeigt hätte.

Arnold muss sich daher gemäß § 816 Abs. 2 BGB an Sylvester halten und befürchten, dass sich dieser auf § 818 Abs. 3 BGB beruft oder mit seinem Anspruch auf Rückgewähr des Kaufpreises aufrechnet.

281. Gesellschafterliste und Handelsregister

Karin erwirbt notariell beurkundet am 1.6. sämtliche Geschäftsanteile der Buy & Beauty GmbH von Alleingesellschafterin Vera. Noch im Notartermin beruft Karin die bisherige Geschäftsführerin ab und bestellt Gesine als deren Nachfolgerin. Bereits am Folgetag kauft Gesine namens der GmbH von der Sale & Stock KG ein Paket Aktien, deren Börsenkurs am 3.6. dramatisch einbricht. Am 4.6. wird die aktualisierte Gesellschafterliste in das Handelsregister aufgenommen. Als nun die Sale & Stock KG den Kaufpreis für das Aktienpaket von der Buy & Beauty GmbH verlangt, erhält sie statt Geld ein anwaltliches Schreiben: Gesine habe am 2.6. noch nicht wirksam für die

GmbH handeln können; jede Genehmigung werde verweigert. Kann die Sale & Stock KG trotzdem den Kaufpreis verlangen?

Gesine konnte die GmbH nur dann wirksam vertreten, wenn sie vor dem Aktienkauf am 2.6. ordnungsgemäß als Geschäftsführerin bestellt war. Die Kompetenz zur Bestellung liegt gemäß § 46 Nr. 5 GmbHG bei den Gesellschaftern. Das war materiell zwar schon Karin, doch galt bei Gesines Bestellung nach § 16 Abs. 1 Satz 1 GmbHG gegenüber der GmbH noch Vera als alleinige Gesellschafterin. Vor dem 4.6. konnte daher Karin eigentlich gegenüber der Gesellschaft noch keine Mitgliedsrechte ausüben. Dies hat grundsätzlich zur Folge, dass Gesine als Vertreterin ohne Vertretungsmacht handelte und die Verweigerung der Genehmigung zur endgültigen Unwirksamkeit des Vertrages führt (§ 177 BGB).

Damit der Anteilserwerber seine formelle Berechtigung nicht abwarten muss, sondern zeitnah handeln kann, gelten gemäß § 16 Abs. 1 Satz 2 GmbHG Rechtshandlungen, die er in Bezug auf das Gesellschaftsverhältnis vornimmt, als von Anfang an wirksam, wenn die aktualisierte Gesellschafterliste unverzüglich nach der Rechtshandlung in das Handelsregister aufgenommen wird. Hier erfolgte die Aufnahme Karins ohne ihr schuldhaftes Zögern. Daher gilt die zunächst schwebend unwirksame Bestellung Gesines mit Aufnahme der aktualisierten Gesellschafterliste rückwirkend als wirksam.

Die Heilungswirkung des § 16 Abs. 1 Satz 2 GmbHG, der nur Rechtshandlungen des Erwerbers nennt, erfasst auch solche eines Geschäftsführers, dessen Bestellung rückwirkend als wirksam gilt. Würde man dies anders sehen, könnte ein neuer Gesellschafter zwar einen Geschäftsführer bestellen, dieser wäre aber zunächst handlungsunfähig. Ein solches Ergebnis ließe sich nicht mit dem Ziel des Gesetzgebers vereinbaren, dem neu eintretenden Gesellschafter bereits vor Aufnahme der aktualisierten Liste Einwirkungsmöglichkeiten zu eröffnen. Die Rückwirkungsfiktion des § 16 Abs. 1 Satz 2 GmbHG führt daher ähnlich wie eine Genehmigung dazu, dass der Kaufvertrag von Anfang an wirksam ist und die KG Bezahlung verlangen kann.

282. Gesellschafterliste und Vertrauensschutz

Gründungsgesellschafter der Säbener GmbH ist unter anderem Mario. Er überträgt am 1.2. Geschäftsanteil Nr. 51 in notarieller Form an Bastian. Bastian wird nicht in die Gesellschafterliste aufgenommen, da er seine Beteiligung geheim halten will; er betreibt nämlich die Konkurrenzunternehmen Grünwald AG und Club KG. Am 1.8. überträgt Mario formgerecht denselben Geschäftsanteil an Franz, dem der Vorerwerb Bastians unbekannt ist. Franz wird am 3.8. in die Gesellschafterliste aufgenommen. Anfang November erwirkt Bastian einen Widerspruch gegen Franz' Eintragung als Gesellschafter. Anfang Dezember verpfändet Franz notariell beurkundet den Geschäftsanteil an die Bayernmeisterbank. Franz fragt sich nun, ob er Inhaber des Geschäftsanteils ist und er ihn wirksam verpfändet hat.

Die dingliche Übertragung eines Geschäftsanteils, also der Mitgliedschaft, erfolgt gemäß § 15 Abs. 3 GmbHG, §§ 413, 398 BGB. Dies erfordert einen in notarieller Form geschlossenen Abtretungsvertrag, die Übertragbarkeit des Geschäftsanteils (§ 15 Abs. 5 GmbHG) und die Berechtigung Marios.

Vom Berechtigten konnte Franz den Geschäftsanteil am 1.8. nicht erwerben, da Mario die Verfügungsberechtigung fehlte: Statt Mario war seit dem 1.2. Bastian Anteilsinhaber. Bastians Eintragung in die Gesellschafterliste war keine Erwerbsvoraussetzung.

Vom nicht mehr berechtigten Mario könnte Franz den Anteil gemäß § 16 Abs. 3 GmbHG erworben haben. Denn als Mario am 1.8. über den Geschäftsanteil verfügte, war er in der Gesellschafterliste noch als Inhaber ausgewiesen (§ 16 Abs. 3 Satz 1 GmbHG). Zu diesem Zeitpunkt war weder der Liste ein Widerspruch zugeordnet noch ist Franz eine Kenntnis oder grob fahrlässige Unkenntnis von Marios mangelnder Berechtigung anzulasten (§ 16 Abs. 3 Satz 3 GmbHG). § 16 Abs. 3 Satz 2 GmbHG könnte den Erwerb aber ausschließen. Denn die Gesellschafterliste ist bezüglich des Geschäftsanteils Nr. 51 am 1.8. noch nicht seit drei Jahren, sondern erst seit sechs Monaten unrichtig. Doch ist diese Unrichtigkeit Bastian als wahrem Berechtigten zuzurechnen, da er bewusst auf seine Eintragung als Gesellschafter verzichtet hat. Franz hat den Geschäftsanteil deshalb gutgläubig erworben.

GmbH-Geschäftsanteile können als übertragbare Rechte in notarieller Form verpfändet werden (§ 1274 BGB, § 15 Abs. 1 und 3 GmbHG) – ein in der Praxis wichtiges Finanzierungsinstrument. Franz hat hier Anfang Dezember als Berechtigter verfügt. Es kommt also nicht darauf an, ob die Bank ein Pfandrecht am Geschäftsanteil gutgläubig erwerben konnte. Auch die Eintragung des Widerspruchs ist unerheblich: So kann gutgläubiger Erwerb verhindert werden, nicht aber eine Verfügung des wahren Inhabers.

283. Kapitalerhaltung

In der Ulmer Unionsbrauerei GmbH gewährt der Geschäftsführer dem Gesellschafter Gustav 100 000 EUR als Entnahme. In der Bilanz stehen im Zeitpunkt der Auszahlung einem Vermögen von 9 Mio. EUR, das Stammkapital mit 3 Mio. EUR und Verbindlichkeiten von 7 Mio. EUR auf der Passivseite gegenüber. Unter welchen Voraussetzungen verbieten die Kapitalerhaltungsvorschriften Leistungen an die Gesellschafter?

§ 30 Abs. 1 GmbHG schützt das zur Kapitalerhaltung **erforderliche Vermögen** gegen Auszahlungen an die Gesellschafter. Vereinfacht gesagt ist es erforderlich, die derzeitigen und künftigen Gläubiger zu befriedigen; wie viel Vermögen für künftige Gläubiger reserviert sein soll, sagt die Stammkapitalziffer. Erst wenn also (1.) derzeitige und (2.) künftige Gläubiger befriedigt werden können, darf darüber hinaus gehendes Vermögen an (3.) die Gesellschafter ausgeschüttet werden.

Weil auch die derzeitigen Schulden gedeckt werden müssen, reicht es nicht aus, wenn der GmbH Vermögen in Höhe der Stammkapitalziffer (3 Mio. EUR) verbleibt. Unterschreitet das auch Reinvermögen genannte Eigenkapital (Vermögen – Verbindlichkeiten) die Stammkapitalziffer, fehlt also der vorgesehene Verlustpuffer; es liegt eine Unterbilanz vor. Das Eigenkapital der Ulmer Unionsbrauerei GmbH betrug lediglich (9 – 7 =) 2 Mio. EUR. Damit war die Stammkapitalziffer von 3 Mio. EUR nicht mehr gedeckt, der Verlustpuffer zu gering und es lag eine die Auszahlung hindernde Unterbilanz in Höhe von 1 Mio. EUR vor. Daher durften die 100 000 EUR an Gustav nicht ausgezahlt werden.

Die Ausschüttungssperre nach § 30 Abs. 1 GmbHG greift erst recht bei negativem Eigenkapital, also bei Überschuldung (Verbindlichkeiten > Vermögen; zum abweichenden insolvenzrechtlichen Überschuldungsbegriff siehe Fall 319). Entgegen seinem Wortlaut geht es also nicht um die Erhaltung des **Stammkapitals.** Es ist nicht gefährdet. Denn Stammkapital ist eine in der Satzung festgelegte Rechnungsgröße (§ 3 Abs. 1 Nr. 3 GmbHG), die aussagt, welcher Vermögensüberschuss über die Schulden erforderlich ist, bevor Vermögen an die Gesellschafter fließen darf.

284. Kapitalerhaltung und Rückzahlungspflichten

a) Haftet im vorigen Fall Gesellschafter Gustav auf Rückzahlung?
b) In welcher Höhe haften seine Mitgesellschafter?

Zu a) Gemäß § 31 Abs. 1 GmbHG muss Gustav die 100 000 EUR zurückerstatten, da deren Auszahlung gegen § 30 Abs. 1 GmbHG verstieß. Auf diesen Anspruch kann die GmbH auch nicht verzichten (§ 31 Abs. 4 GmbHG). Allerdings besteht nach § 31 Abs. 2 GmbHG der Rückzahlungsanspruch bei gutgläubigem Empfang der Auszahlung nur, soweit die Erstattung zur Befriedigung von Gesellschaftsgläubigern notwendig ist. Der (abtretbare) Erstattungsanspruch entfällt auch nicht, wenn das Eigenkapital später – z. B. durch Gewinne – wieder aufgefüllt wird und das Stammkapital deckt (*BGH* NJW 2000, 2577 – Balsam/Procedo II). Die regelmäßige Verjährung des Anspruchs beträgt zehn Jahre (§ 31 Abs. 5 GmbHG). Die speziellen Rechtsfolgen zeigen, dass (allein) ein Verstoß gegen § 30 GmbHG nicht etwa über § 134 BGB zu Kondiktionsansprüchen führt; die verbotene Verfügung ist wirksam, eine Verpflichtung dazu bis zur Behebung der Unterbilanz einredebehaftet.

Zu b) Wenn die Erstattung der 100 000 EUR von Gustav nicht zu erlangen ist, haften die (zahlungsfähigen) übrigen Gesellschafter gemäß § 31 Abs. 3 GmbHG im Verhältnis ihrer Geschäftsanteile. Der BGH beschränkt diese Ausfallhaftung auf die Höhe der Stammkapitalziffer (BGHZ 150, 61). Die Mitgesellschafter haften anteilig und u. U. mehrmals, ihre eigene Einlage ist nicht anzurechnen. Eine unbeschränkte Haftung auch für den Fehlbetrag, der die Stammkapitalziffer übersteigt, würde letztlich die gesetzlich vorgeschriebene Beschränkung der Haftung auf das Gesellschaftsvermögen (§ 13 Abs. 2 GmbHG) wieder aufheben. Das ist redlichen Gesellschaftern auch unter angemessener Berücksichtigung der Gläubigerinteressen nicht zumutbar.

285. Haftet der Hintermann?

Ehrlich hat als Gründer einen Geschäftsanteil an der Bamberger Luftverkehr GmbH für den Bürgermeister Rhode übernommen. Zwischen Rhode und Ehrlich war ein notarieller Treuhandvertrag abgeschlossen worden, der Rhode zur Zahlung aller erforderlichen Beiträge, Ehrlich zur Beachtung der Weisungen verpflichtete. Rhode überweist Ehrlich den für die Zahlung der Stammeinlage notwendigen Betrag. Ehrlich brennt mit diesem Geld nach Südamerika durch. Die Gesellschaft verlangt die Stammeinlage nun von Bürgermeister Rhode. Zu Recht?

Ja. Wer als **Treugeber** einen anderen formal zum Gesellschafter macht, in der Treuhandabrede aber die wirtschaftlichen Vorteile und durch Weisungsrechte auch die entstehenden Gesellschafterrechte für sich reserviert, ist weitgehend für die Finanzierung der GmbH (mit-)verantwortlich. Das gilt nach dem BGH sowohl für die Kapitalaufbringung entsprechend §§ 19, 24 GmbHG (BGHZ 118, 107, 112 ff.) als auch für die Kapitalerhaltung i. S. d. §§ 30, 31 GmbHG; in der Insolvenz ist § 39 Abs. 1 Nr. 5 InsO entsprechend auszulegen (vgl. BGHZ 31, 258 – Lufttaxi; ebenso auch für den Pfandgläubiger BGHZ 119, 191). Danach trägt der mittelbare Gesellschafter gesamtschuldnerisch die durch die Aufspaltung der Gesellschafterstellung zusätzlich entstehenden Risiken, wie z. B. bei Unterschlagung durch den eingesetzten Strohmann (vgl. auch § 9a Abs. 4 GmbHG).

286. Ausschlussklage

Namens der Brown und Blue Jagdwaffen GmbH hat Mitgesellschafter Gustavson seine Kompagnons in Reden und Zeitungsartikeln als „gewissenlose und geldgierige Schrotthändler" bezeichnet. Diese beschließen deshalb, Gustavson aus der GmbH auszuschließen. Sie möchten eine Klage mit entsprechendem Antrag erheben.
a) Wird die Klage Erfolg haben?
b) Wer muss die Klage erheben?
c) Wie erfolgt die Ausschließung?
d) Formulieren Sie ein Beispiel für den entsprechenden Antrag/Tenor!

Zu a) Ja. Zwar sieht das GmbHG, abgesehen von den gläubigerschützenden Spezialfällen §§ 21, 27, 28 GmbHG, keinen **Ausschluss** aus der GmbH vor. Es muss aber in jedem Verband die Möglichkeit bestehen, ein untragbar gewordenes Mitglied aus wichtigem Grund als *ultima ratio* auszuschließen. Dieses allgemeine Rechtsprinzip kommt zum Ausdruck in § 737 BGB, § 68 GenG und § 140 HGB (vgl. dazu Fälle 152, 154). Der Ausschluss in einer GmbH setzt analog § 60 Abs. 1 Nr. 2 GmbHG einen Gesellschafterbeschluss mit satzungsändernder ¾ Mehrheit voraus; grundlegend BGHZ 9, 157. Der Auszuschließende hat dabei kein Stimmrecht (§ 47 Abs. 4 GmbHG). Gleichwohl muss ihm Gelegenheit zur Äußerung gegeben werden, anderenfalls ist der Beschluss anfechtbar (*OLG München* NZG 1998, 383).

Zu b) Klägerin ist die **GmbH** selbst; sie muss eine Gestaltungsklage auf Ausschluss erheben. Das ergibt sich in Rechtsanalogie zu § 61 GmbHG, §§ 117, 127, 133 und 140 HGB.

Zu c) Das **Verfahren** ist gesetzlich nicht geregelt. Der Anteil muss entweder eingezogen oder der Gesellschaft, den Mitgesellschaftern oder einem Dritten übertragen werden. Durch Einziehung erlischt der Geschäftsanteil, ohne dass sich das Stammkapital mindert oder die Nennwerte der übrigen Geschäftsanteile erhöhen. Diese Divergenz macht den Einziehungsbeschluss auch mit Blick auf § 5 Abs. 3 Satz 2 GmbHG nicht nichtig (*BGH* NJW 2015, 1385). Gustavson wird nach h. M. unter der aufschiebenden Bedingung der Abfindungszahlung ausgeschlossen. Bis dahin kann er seine Mitgliedschaftsrechte noch ausüben, soweit seine Vermögensinteressen beeinträchtigt werden können (vgl. BGHZ 88, 320, 323 ff.). Nach anderer Ansicht enden diese Rechte bereits mit Rechtskraft des Urteils. Anschließend hat Gustavson seinen Geschäftsanteil Zug um Zug gegen Zahlung einer angemessenen Abfindung zur Verfügung zu stellen.

Zu d) Der Beklagte wird aus der im Handelsregister des Amtsgerichts Charlottenburg unter HRB 0815 eingetragenen Brown und Blue Jagdwaffen GmbH unter der Bedingung ausgeschlossen, dass die Klägerin innerhalb eines Zeitraumes von höchstens sechs Monaten ab Rechtskraft dieser Entscheidung an den Beklagten eine Abfindung von 100 000 EUR bezahlt. Die Klägerin ist befugt, Zug um Zug gegen Zahlung dieser Abfindung über den Geschäftsanteil zu verfügen, insbesondere diesen entweder einzuziehen oder an sich oder einen Dritten zu übertragen; zu diesem Zweck kann sie den Anteil des Beklagten auch teilen und mit den Teilgeschäftsanteilen nach ihrer Wahl verfahren.

287. Ausschluss und Austritt

In der Brown und Blue Jagdwaffen GmbH ist es nun auch zwischen den beiden verbliebenen Gesellschaftern zu einem tief greifenden Zerwürfnis gekommen, weil die Tochter Browns gegen den Willen von Blue dessen Sohn heiratete. Brown und Blue blicken von nun an intensiv in die andere Richtung, wenn der Kompagnon das Zimmer betritt. Die Angestellten finden das lustig, das Geschäft leidet aber darunter; im Betrieb beginnen sich zwei Parteien zu bilden. Was ist Brown zu raten?

a) Brown könnte namens der GmbH eine Ausschlussklage gegen Blue erheben. **Bei nur zwei Gesellschaftern** kann Brown unmittelbar klagen; beim Beschluss über die Klageerhebung wäre Blue ja ohnehin nicht stimmberechtigt (§ 47 Abs. 4 Satz 2 GmbHG).

Begründet ist die Ausschlussklage, wenn in der Person des Blue, also in seinem Verhalten oder seiner Persönlichkeit, ein wichtiger Grund vorliegt, der es für Brown unzumutbar macht, die Gesellschaft mit Blue fortzusetzen. Bei der Abwägung ist zu berücksichtigen, in welchem Maße Brown und Blue zu dem geschäftsschädigenden Zerwürfnis beigetragen haben. In unserem Fall trifft keinen der beiden eine überwiegende Verantwortung, schuld sind die „eigensinnigen" Kinder. Daher kann kein Gesellschafter den anderen aus der Gesellschaft ausschließen.

b) Ist Brown eine fortdauernde Mitgliedschaft unzumutbar, kann er nach allgemeiner Meinung aus wichtigem Grund seinen Austritt erklären. Ein wichtiger Grund liegt vor, mangels Verantwortung des Blue scheidet ein Austrittsrecht aber aus.

c) Es bleibt nur die Auflösungsklage nach § 61 GmbHG. Das Recht auf Auflösung besteht unabhängig von einer Mitschuld, wenn keine Aussicht mehr auf ein ersprießliches Zusammenarbeiten besteht. Das wird man bei erzwungenen Familienbanden erfahrungsgemäß annehmen müssen.

Schrifttum: *Schindler,* Das Austrittsrecht in Kapitalgesellschaften, 1999, S. 17–217.

288. Ausschlussklausel

Die Rohrbau-GmbH ist ein Tiefbauunternehmen, in dem alle vier Gesellschafter mitarbeiten. In ihrem Gesellschaftsvertrag heißt es u. a.:
„§ 8. Ist ein Gesellschafter, aus welchen Gründen auch immer, nicht mehr in dem von der Gesellschaft betriebenen Unternehmen tätig, dann ist die Gesellschaft berechtigt, seinen Geschäftsanteil einzuziehen. Statt der Einziehung kann die Gesellschafterversammlung auch beschließen, dass der Geschäftsanteil des ausscheidenden Gesellschafters auf eine andere Person, die auch Gesellschafter sein kann, übertragen wird."
Adrian Keller, einer der Gesellschafter, hatte sich besonders intensiv für das Unternehmen eingesetzt. Am 12.8. teilt Keller seinen Mitgesellschaftern mit, dass er in Kürze eine voraussichtlich zwei Jahre dauernde Weltreise antreten werde, da er endlich einmal die Früchte seiner Arbeit ernten wolle. Daraufhin beschließt die Gesellschafterversammlung einige Tage später in seiner Abwesenheit, seinen Geschäftsanteil mit Wirkung vom 1.9. einzuziehen, Adrian Keller abzufinden und – was nach h. M. zulässig ist – ersatzweise einen neuen Geschäftsanteil zu bilden, der von der GmbH dann auf Gesellschafter Reich übertragen wird. Ein Notar beurkundet alles und lässt die veränderte Gesellschafterliste in das Handelsregister aufnehmen (vgl. Fall 281). Keller meint, er sei noch Gesellschafter. Zu Recht?

Keller ist noch Gesellschafter, wenn die Einziehung unwirksam ist. Voraussetzung und Verfahren dieses Ausschlusses können – wie im Personengesellschaftsrecht (vgl. Fälle 66, 110) – durch die Satzung geregelt werden. Nur dann ersetzt der Gesellschafterbeschluss die sonst erforderliche Ausschlussklage analog § 140 HGB (§ 34 GmbHG).

Einer solchen **Satzungsklausel** sind nach § 138 BGB allerdings Grenzen gesetzt: Ihre Anwendung darf im Einzelfall nicht dazu führen, dass ein Gesellschafter ohne sachlichen Grund aus der Gesellschaft ausgeschlossen wird. Andernfalls hinge über jedem Gesellschafter das Damoklesschwert des drohenden Ausschlusses durch die Gesellschaftermehrheit (vgl. Fall 110). Diese Zulässigkeitsgrenze überschreitet § 8 der Satzung nicht. In einer personalistisch ausgerichteten, auf die Mitarbeit aller Gesellschafter angelegten GmbH hat die Gesellschaft ein berechtigtes Interesse daran, dass alle Gesellschafter mitarbeiten. Das Ende der Mitarbeit ist daher ein sachlicher Grund, einen Gesellschafter am künftigen Erfolg des Unternehmens nicht mehr zu beteiligen. Keller ist nicht mehr Gesellschafter der Rohrbau-GmbH.

Der Beschluss wird mit der Mitteilung an den Gesellschafter wirksam; anders bei Ausschlussklage (vgl. Fall 286).

Steht bei Beschluss anhand der Bücher schon objektiv fest, dass eine angemessene Abfindung (vgl. Fall 156) aus ungebundenem GmbH-Kapital nicht geleistet werden kann, ist er entsprechend § 241 Nr. 3 AktG von vornherein unwirksam (BGHZ 192, 236). Stellt sich das erst später heraus, haften dem ausgeschiedenen Gesellschafter subsidiär alle anderen anteilig, soweit ihnen nämlich der Wert seiner Mitgliedschaft zuwächst, wenn sie treuwidrig die Gesellschaft fortsetzen, ohne ungebundenes Kapital zur Befriedigung des Abfindungsanspruchs aufzubauen oder vorzuhalten (*BGH* WM 2016, 1084).

Beachte: Satzungsklauseln, die die Abfindung ausschließen, sind grundsätzlich sittenwidrig; Ausnahmen: ideeller Gesellschaftszweck, Abfindung auf den Todesfall (je Fall 158 Var. b), Managermodell (vgl. Fall 110). Rechtsfolge dieser Nichtigkeit ist eine Abfindung zum Verkehrswert (BGHZ 116, 359; 201, 65; zur Wertermittlung siehe Fall 439); das Einziehungsrecht bleibt also unberührt. Diese Regeln gelten auch für Satzungsklauseln, die die Abfindung unangemessen niedrig festsetzen, und für wirkungsgleiche schuldrechtliche Abreden neben der Satzung: etwa für beim Beitritt eingeforderte, notarielle, bedingte Angebote, den Geschäftsanteil wieder zu verkaufen und zu übertragen.

289. Cash-Pool

Die Schröpf GmbH ist Obergesellschaft des Schröpf-Konzerns. Sie hält unter anderem 60 % der Anteile an der Pump GmbH. Ein Beherrschungs- oder Gewinnabführungsvertrag besteht nicht. Die Gesellschaften vereinbarten ein sog. *Cash-Pool*-System. Nach diesem ist die Pump GmbH wie alle Mitglieder des Konzerns verpflichtet, nicht benötigte liquide Mittel an die Schröpf GmbH abzuführen, die diese dann zur Verringerung der Kreditaufnahme bei Banken an Konzernmitglieder mit interessanten Investitionsvorhaben verteilt. In diesem Rahmen überlässt die Pump GmbH der Konzernmutter täglich ihren jeweiligen Kassenbestand als unbefristetes Darlehen, obwohl ihr Eigenkapital die Stammkapitalziffer nicht erreicht und nach Auszahlung kaum Liquidität für das operative Geschäft verbleibt. Die vereinbarten Habenzinsen liegen geringfügig über den marktüblichen Konditionen.
Die Zinsleistungen werden von der Muttergesellschaft erbracht, eine Tilgung des Darlehens erfolgt jedoch nie. Als eine überraschende Nachforderung des Finanzamts und einige unvorhergesehene Gewährleistungsforderungen auf die Pump GmbH zukommen, verlangt Klaus Alt als Geschäftsführer der Pump GmbH die umgehende Rückzahlung der gewährten Darlehen. Die Schröpf GmbH möchte jedoch zunächst andere Konzerngesellschaften bedienen. Hat die Pump GmbH einen Anspruch auf Rückzahlung?

Ein Rückzahlungsanspruch der Pump GmbH aus § 488 BGB scheitert am fehlenden Kündigungsgrund; im Übrigen wäre eine Kündigungsfrist einzuhalten.

Sieht man in der Weiterleitung von Liquidität an die Muttergesellschaft *(upstream)* eine unzulässige Ausschüttung an einen Gesellschafter, begründet dies einen sofort fälligen gesellschaftsrechtlichen Rückgewähranspruch aus § 31 GmbHG. Einem Gesellschafter darf nach § 30 Abs. 1 GmbHG grundsätzlich Vermögen nur ausgezahlt werden, soweit es Verbindlichkeiten und Stammkapitalziffer übersteigt. Hier hat die Pump GmbH aus dem gebundenen Vermögen ein Darlehen gewährt. Der BGH stellte in BGHZ 157, 72, 75 f. strenge Anforderungen für Kreditgewährungen an Gesellschafter auf: Erfolgen sie zulasten des gebundenen Vermögens einer GmbH, sollten sie selbst dann grundsätzlich unzulässig sein, wenn ein (zunächst) vollwertiger Rückzahlungsanspruch entsteht.

Der Gesetzgeber hält *Cash-Pool*-Systeme für volkswirtschaftlich meist sinnvoll, sie dienten letztlich auch dem Interesse der Konzerntöchter. Im neu eingefügten § 30 Abs. 1 Satz 2 GmbHG (und in § 57 Abs. 1 Satz 3 AktG) wird deshalb das *Cash-Pooling* akzeptiert: Die Ausschüttungssperre nach Satz 1 ist nicht auf Leistungen anzuwenden, welche bei Bestehen eines Beherrschungs- oder Gewinnabführungsvertrages erfolgen oder durch einen vollwertigen Gegenleistungs- oder Rückgewähranspruch gegen den Gesellschafter gedeckt sind. Vorliegend kommt die zweite Alternative in Betracht. Es kommt nach der Regierungsbegründung nicht auf das Interesse der Gesellschaft, sondern auf eine rein bilanzielle Betrachtung an. Gegenleistungs- und Rückgewähranspruch aus dem Darlehen sind vollwertig, wenn der Zinssatz angemessen ist und die Durchsetzbarkeit der Forderung nicht absehbar in Frage gestellt ist. Fehlende Sicherheiten schaden nicht unmittelbar, führen aber zu einem höheren marktüblichen Zins. Hier ist der Zinssatz angemessen. War auch die Kreditwürdigkeit der Schröpf GmbH gegeben, so handelt es sich bilanziell um ein neutrales Geschäft und es besteht derzeit kein Rückzahlungsanspruch.

Schrifttum: Zur Upstream-Finanzierung siehe *Winter,* DStR 2007, 1484.

290. Management-Buy-Out

Rüdiger Rochus ist Alleingesellschafter der Rochus-GmbH, eines traditionsreichen Familienunternehmens zur Herstellung von Backzutaten. Nach vielen Jahren erfolgreicher Arbeit möchte er sich zur Ruhe setzen, befürchtet aber, dass das Unternehmen bei einer Übernahme durch seine acht Kinder zerschlagen wird. Deshalb beschließt er, 90 % der Anteile an die langjährigen Geschäftsführer Coschignano und Bauli zu veräußern, die das Unternehmen schon seit einiger Zeit erfolgreich in seinem Sinne leiten.

Die Geschäftsführer haben zwar viele Ideen zur Weiterentwicklung des Unternehmens, jedoch nahezu kein Eigenkapital zur Finanzierung der Übernahme. Sie nehmen deshalb persönlich ein Bankdarlehen auf, das sie aus den künftigen Gewinnausschüttungen der GmbH tilgen wollen. Da die Hausbank auf Sicherheiten besteht, werden sämtliche Grundstücke der GmbH mit Grundschulden belastet, wofür die GmbH von Coschignano und Bauli eine angemessene Vergütung erhält. Vom Verbot des Insichgeschäfts sind sie befreit.

Kurz nach Durchführung der Transaktion stirbt Rochus unerwartet. Die Erben sind der Ansicht, die GmbH habe Anspruch auf Befreiung von den

Grundschulden, da das Eigenkapital der GmbH nach Abzug der belasteten Vermögenswerte stets unterhalb der Stammkapitalziffer lag und die Hausbank über die näheren Umstände der Kreditaufnahme informiert war. Die Geschäftsführer wenden ein, profitiert hätten von der Sicherheitengewährung allein die Erben des Rochus in Form des Kaufpreises. Ausschließlich sie selbst seien deshalb zur Befreiung der Gesellschaft von den Belastungen verpflichtet. Wer hat Recht?

a) Die hier im Rahmen eines sog. Management-Buy-Outs (MBO) eingeräumten Sicherheiten könnten gemäß § 43a Satz 2 GmbHG zurückzugewähren sein. Sie sind trotz des Missbrauchs der Vertretungsmacht wirksam bestellt. Denn die Kapitalerhaltungsregeln und -rechtsfolgen nach § 43a (auch §§ 30, 31) GmbHG gehen vor. Nach § 43a Satz 1 GmbHG darf zugunsten der Geschäftsführer kein Kredit aus dem zur Erhaltung des Stammkapitals erforderlichen Vermögen gewährt werden. Der Begriff des Kredits ist weit auszulegen und umfasst auch Sicherheiten für Forderungen gegen Geschäftsführer. Für ihre Sicherheiten erlangt die GmbH zwar Ansprüche gegen die Geschäftsführer auf die vereinbarte Vergütung und – sofern die Sicherheiten durch die Hausbank verwertet werden – gegen diese einen Anspruch auf Abtretung des Darlehensrückzahlungsanspruchs (§ 488 Abs. 1 Satz 2 BGB) aus dem Sicherungsvertrag. Doch bleiben diese Ansprüche für die Vermögensberechnung im Rahmen des § 43a GmbHG außer Ansatz. Eine bilanzielle Betrachtungsweise wie zu §§ 30, 31 GmbHG würde die Geschäftsführer verführen, ihre Bonität überzubewerten und den Kredit für bilanzneutral zu erklären. § 43a GmbHG verbietet es deshalb unabhängig von der konkreten Gefährdung, zugunsten der Geschäftsführer Vermögen zu belasten, solange es zur Deckung des Stammkapitals erforderlich ist. Die Geschäftsführer sind somit verpflichtet, die Sicherung zurückzugewähren – was ohne Zustimmung der Bank nicht möglich sein wird – oder der Gesellschaft den Wert der Sicherheiten zu vergüten.

Neben der Haftung der Geschäftsführer kommt auch eine Haftung der Begünstigten, hier der Bank als Sicherungsnehmerin sowie der Erben des Rochus als Rechtsnachfolger des Kaufpreisempfängers gemäß § 1922 Abs. 1 BGB in Betracht. Dazu müsste sich der Rückgewähranspruch aus § 43a Satz 2 GmbHG auch gegen Dritte richten. § 43a GmbHG verbietet lediglich die Kreditvergabe an Geschäftsführer, die gleichzeitig Schuldner des Rückgewähranspruchs sind. Eine Haftung Dritter kommt nur in Ausnahmefällen in Betracht, etwa wenn ein besonderes Näheverhältnis oder ein kollusives Zusammenwirken zwischen Geschäftsführern und Empfänger vorlag. Teils wird bei der Bestellung von Sicherheiten, soweit Schädigungsabsicht oder Kollusion vorliegt, auch § 826 BGB herangezogen. Nach einem Urteil des LG Frankfurt am Main (ZIP 1997, 1464) sollte entgegen der h. M. aber auch der hier vorhandene Vorsatz bei der Vergabe von Sicherheiten hinsichtlich eines Verstoßes gegen § 43a GmbHG genügen.

Für die Ansicht des LG Frankfurt am Main spricht, dass die Vergabe von Sicherheiten für Geschäftsführerdarlehen auch ohne explizite Absprache im Sinne einer Kollusion die Gefahr birgt, dass begünstigte Dritte unter Inkaufnahme eines Verstoßes gegen § 43a GmbHG dauerhaft Vorteile auf Kosten redlicher Gläubiger erlangen. Vermögenslose Geschäftsführer können so das Verbot des § 43a GmbHG umgehen und das gebundene Vermögen der GmbH zu eigenen Zwecken verwenden. Die h. M. versucht andererseits zu Recht, den Empfänger der Leistung zu schützen, der nur begrenzt für die Herkunft des empfangenen Geldes oder der Sicherheiten verantwortlich gemacht werden kann. Wo hier die Grenze im Einzelnen zu ziehen ist, ist umstritten und noch nicht endgültig entschieden. Folgt man der Ansicht des LG Frankfurt am Main, droht der Hausbank und den Erben des Rochus eine Ausgleichspflicht analog § 43a Satz 2 GmbHG.

b) Neben der Haftung aus § 43a GmbHG kommt auch eine solche aus §§ 30, 31 GmbHG in Betracht: Selbst wenn man hierzu ebenfalls auf den frühen Zeitpunkt der Sicherheitenvergabe abstellt, kommt nicht nur eine Haftung der Erben über § 1922 Abs. 1 BGB in Betracht, da Rochus seinerzeit Gesellschafter war, sondern auch die der Geschäftsführer, weil sie bereits als künftige Gesellschafter feststanden. Hier ist allerdings eine Berechnung der Eigenkapitalminderung nach bilanziellen Grundsätzen maßgebend. Eine solche Eigenkapitalminderung liegt bei der Bestellung von Sicherheiten nicht vor. Zur Information der Gläubiger sind die gewährten Sicherheiten lediglich unter der Bilanz der Rochus-GmbH anzugeben (§ 251 HGB). Erst wenn eine Inanspruchnahme der Gesellschaft aus der Sicherheit droht und die zu bildende Rückstellung nicht durch Rückgriffsansprüche gegen die gesicherten Darlehensnehmer ausgeglichen werden kann, ist das Eigenkapital geschmälert.

Um auch die Fälle von Vermögensverlusten nach Sicherheitenbestellung zu erfassen, stellt eine in Rechtsprechung und Literatur verbreitete Ansicht für die Bestimmung der Unterbilanz auf den Zeitpunkt der eigenkapitalmindernden Inanspruchnahme ab. Danach kommt es auch zu einer Haftung, wenn die Gefahr der Inanspruchnahme bei Sicherheitengewährung noch nicht erkennbar war (*KG* NZG 2000, 479; *BGH* ZIP 2007, 1705). Die Erben des Rochus sowie Coschignano und Bauli haften also derzeit nicht aus §§ 30, 31 GmbHG.

291. MBO und NewCo

Kann in Fall 290 eine Rückübertragungspflicht durch vertragliche Gestaltungen vermieden werden?

In der Praxis werden die oben genannten Folgen dadurch vermieden, dass von den zukünftigen Gesellschaftern eine neue GmbH als Akquisitionsvehikel (NewCo) gegründet wird. Die NewCo nimmt ein Bankdarlehen auf und Rochus lässt dafür aus dem Vermögen seiner GmbH Sicherheiten gewähren. Schließlich veräußert er seine Anteile an die NewCo, sodass die NewCo Muttergesellschaft der Rochus-GmbH wird.

Obwohl es nahe liegt, den Geschäftsführern aufgrund ihrer Beteiligung an der Rochus-GmbH den Darlehenseingang bei der NewCo zuzurechnen (vgl. etwa § 89 Abs. 3 Satz 2 AktG), lehnt die h. M. die Anwendung des § 43a GmbHG ab – die Ausdehnung eines abstrakt-präventiven Auszahlungsschutzes auf Auszahlungen auch an geschäftsführernahe Gesellschaften geht ihr offenbar zu weit.

Die NewCo könnte aber als durch das Darlehen begünstigte Gesellschafterin der Rochus-GmbH als Sicherungsgeberin aus §§ 30, 31 GmbHG haften. (§ 30 GmbHG wird durch § 292 KAGB ergänzt.) Dem steht nicht entgegen, dass die NewCo bei Gewährung der Sicherheit noch nicht Gesellschafterin war – es genügt die Leistung an einen künftigen Gesellschafter. Entsprechend den Ausführungen in Fall 290 Var. b fehlt es allerdings auch hier an einer Eigenkapitalminderung. Als Berater werden Sie sich darauf freilich nicht verlassen, zumal ja eine verbreitete Ansicht auch die erst später drohende Inanspruchnahme ausreichen lässt. Durch Freigabeklauseln im Sicherungsvertrag kann man dem vorbeugen.

292. Existenzvernichtungshaftung

Dietrich Bahlen ist der einzige Gesellschafter, Tom Andersen der einzige Geschäftsführer der Modern Speaking Musikverlag GmbH, Münster, (MS-GmbH). Sie organisiert Konzerttourneen international bekannter Musikgruppen durch Deutschland. Langfristig gebundene Vertragspartner der MS-GmbH sind neben den bekannten Gruppen „Backstreet Girls" und „Spice Boys" auch weniger erfolgreiche Künstler wie Roland König. Während Tourneen der bekannten Gruppen der MS-GmbH hohe Gewinne bescheren, ist die Zusammenarbeit mit den weniger erfolgreichen Musikern hochgradig verlustträchtig. Für das Jahr 2015 weist die Bilanz der MS-GmbH daher nur einen kleinen Gewinn aus.

Anfang 2016 beschließt Bahlen, gemeinsam mit seiner neuen Lebensgefährtin Stefania „die Geschäfte etwas aufzumöbeln". Stefania und Bahlen gründen die SteBa-Musik-GmbH. Daraufhin überredet Bahlen die erfolgreichen Künstler, den Vertrag mit der MS-GmbH aufzulösen und stattdessen die SteBa-Musik-GmbH zu gleichen Bedingungen mit der Organisation ihrer Tourneen zu beauftragen. Gleichzeitig weist er Andersen an, den Vertragsauflösungen im Namen der GmbH zuzustimmen.

Nach zwei defizitären Tourneen erfolgloser Musiker ist die MS-GmbH im April 2016 überschuldet, Andersen ist unauffindbar. Der Antrag auf Eröffnung des Insolvenzverfahrens über das Vermögen der MS-GmbH wird gemäß § 26 InsO mangels Masse abgelehnt. Der Sänger König ärgert sich, dass er auf einer Rechnung gegenüber der MS-GmbH in Höhe von 1 000 EUR sitzen bleibt und die im Sommer geplante Konzerttournee abgesagt werden muss, wodurch ihm ein Gewinn von weiteren 14 000 EUR entgeht. Was raten Sie König?

Ein Direktanspruch Königs gegen Bahlen scheidet aus. Allerdings könnte er etwaige Ansprüche der MS-GmbH gemäß §§ 829, 835 ZPO pfänden und sich überweisen lassen. Die Kapitalerhaltungsregeln nach §§ 31, 30 GmbHG greifen mangels bilanzieller Erfassbarkeit der Vertragsbeziehungen zu den erfolgreichen Künstlern nicht. Indes könnte Bahlen seiner Gesellschaft wegen eines sog. **existenzvernichtenden Eingriffs** aus § 826 BGB haften (zur Rechtsprechungsentwicklung Fall 447 Var. b).

(1.) Es müsste zunächst eine **Schädigung** i. S. d. § 826 BGB vorliegen, also ein von Bahlen verursachter Schaden. Die von Bahlen verursachte kompensationslose Auflösung der Verträge mit den „Spice Boys" und den „Backstreet Girls" bedeutete eine Vermögenseinbuße bei der MS-GmbH. Diese war auch unfreiwillig. Dabei ist unerheblich, dass Bahlen die Vermögensverschiebung initiierte, denn die GmbH hat ein vom Willen Bahlens unabhängiges verselbstständigtes Vermögensinteresse.

(2.) Zudem müsste die Schädigung **sittenwidrig** sein. Im Allgemeinen genügt, dass das gewählte Mittel sittenwidrig ist. Das würde allerdings auch erfolglose Risikoinvestitionen oder akzeptierte Gewinnausschüttungen betreffen. Daher ist eine Schädigung hier erst sittenwidrig, wenn sie die Insolvenz hervorruft oder vertieft, anders formuliert, wenn die Zweckbindung des Gesellschaftsvermögens zur vorrangigen Befriedigung der Gläubiger (§ 73 Abs. 1 GmbHG, § 199 Satz 2 InsO) verfehlt wird. Nur so ist gewährleistet, dass die Haftung der Gesellschafter die Ausnahme bleibt und sich auf besonders krasse Fälle beschränkt, in denen das System der §§ 30 ff. GmbHG leer läuft. Andernfalls liefe jene Haftungsbeschränkung aus § 13 Abs. 2 GmbHG leer, die zu volkswirtschaftlich erwünschtem Unternehmertum motivieren soll.

Schädigungsmittel ist die Überlassung der Gewinnaussichten aus den Verträgen mit den erfolgreichen Künstlern an die SteBa-GmbH. Das stellt kein erlaubtes unternehmerisches Risiko dar, dem Chancen gegenüberstehen, sondern einen gezielten Eingriff in das Gesellschaftsvermögen. Er ist betriebsfremder Natur und steht daher im Widerspruch zu den guten Sitten. Dies gilt umso mehr, als Bahlen aufgrund seiner Beteiligung an der SteBa-GmbH ein Vorteil entsteht.

Die Schädigung führte zur Insolvenz: Die MS-GmbH hatte in Folge der Übertragung der Gewinnchancen an die SteBa-GmbH nur noch Verluste zu erwarten. Das führte zwangsläufig zur Aufzehrung des Eigenkapitals, Überschuldung und Insolvenz.

(3.) Darüber hinaus setzt die Gesellschafterhaftung gemäß § 826 BGB **Vorsatz** voraus. Bahlen muss danach im Zeitpunkt des Eingriffs die unter (2.) genannten Umstände gekannt haben, die zur normativen Bewertung seines Handelns als sittenwidrig führten. Außerdem muss er die veranlassten, das Gesellschaftsvermögen schmälernden Maßnahmen und die damit verursachte Insolvenz zumindest billigend in Kauf genommen haben. Dies ist hier der Fall; schließlich wusste er, dass schon die bestehenden Verträge mit den erfolglosen Künstlern weder aus dem verbleibenden Vermögen noch aus den laufenden Einnahmen erfüllt werden können.

(4) Bahlen haftet folglich der MS-GmbH aus § 826 BGB und ist insoweit gemäß §§ 249 ff. BGB verpflichtet, der Gesellschaft den ihr aus dem Eingriff entstandenen quantifizierbaren Schaden (entgangener Gewinn aus den Verträgen mit den bekannten Gruppen, Einbußen aus der Abwicklung zu niedrigen Liquidationswerten; vgl. Fall 439) zu ersetzen, höchstens den zur Tilgung der Gesellschaftsschulden erforderlichen Betrag. König kann daher nach Titulierung seiner Forderungen die Ansprüche der MS-GmbH gegen Bahlen gemäß §§ 829, 835 ZPO pfänden und sich überweisen lassen und daraus begrenzt auf die Höhe seiner titulierten Forderungen (1 000 EUR offene Rechnung, 14 000 EUR entgangener Gewinn) befriedigen.

Schrifttum: *Kölbl,* BB 2009, 1194.

293. Haftungstrennung bei Vermögensvermischung?

Der alleinige Gesellschafter und Geschäftsführer Caba der insolvenznahen F & C GmbH wird unmittelbar von Thürling wegen einer Gesellschaftsschuld in Anspruch genommen. Im Laufe des Prozesses bewahrheitet sich der Sachvortrag Thürlings, wonach Caba in zahlreichen Fällen Gesellschaftsmittel zweckfremd verwendet hat: Der von ihm bewohnte Bungalow ist mit Geldern und Arbeitskräften der Gesellschaft errichtet worden. Teilweise sind Vermögensgegenstände eines anderen Unternehmens in dem Jahresabschluss bilanziert worden, während die von der GmbH angeschafften Kraftfahrzeuge einer weiteren Gesellschaft des Caba dienen. Im Einzelnen lassen sich die zahlreichen Vermögensverschiebungen zwischen den Caba gehörenden Unternehmen nicht mehr aufdecken. Wie wird das Gericht entscheiden?

Als Geschäftsführer haftet Caba nur der Gesellschaft, als Gesellschafter könnte er analog § 128 HGB auch Dritten haften. Das wäre eine Durchgriffshaftung, hier unter dem Gesichtspunkt der **Vermögensvermischung.** Gesellschafter einer juristischen Person, die die Trennung des Privatvermögens vom Gesellschaftsvermögen selbst aufgeben, verlieren das Privileg der Haftungsbeschränkung gemäß § 13 Abs. 2 GmbHG. Denn die Beachtung der Kapitalerhaltungsvorschriften, derentwegen die Haftungsbeschränkung auf das Gesellschaftsvermögen allein vertretbar ist, wird dann unkontrollierbar (BGHZ 165, 85; BGHZ 125, 366). Voraussetzung ist somit eine ununterscheidbare **Vermögensvermischung** zwischen den Vermögenssphären, die objektiv auf einen Missbrauch der Gesellschafterstellung zurückzuführen ist. Hier können dem Gesellschaftsvermögen einzelne Vermögenswerte nicht mehr eindeutig zugeordnet werden und einzelne Verstöße gegen die Kapitalerhaltungsvorschriften (§§ 30, 31 GmbHG) nicht mehr im Einzelnen aufgeklärt werden. Für all das war Caba als Alleingesellschafter verantwortlich. Thürling wird mit seiner Klage also Erfolg haben.

Durch die Entwicklung der Existenzvernichtungs(innen)haftung aus § 826 BGB (Fall 292) ist diese Durchgriffs(außen)haftung wegen Vermögensvermischung nicht überholt; beide bestehen nebeneinander. Der BGH hätte sich nunmehr auch generell für Innenhaftung entscheiden können: Die Vermögensvermischung könnte eine Beweislastumkehr zulasten des Gesellschafters auslösen, der seiner GmbH dann umfänglich aus § 31 I GmbHG haftet.

Schrifttum: *Ehricke*, AcP 199 (1999), 257.

294. Vorprogrammierte Insolvenz

Hans Hammer ist mit einer Beteiligung von 90 % Hauptgesellschafter der „Bauwut-GmbH". Der Minderheitsgesellschafter Karl Klein ist mit 10 % beteiligt. Das Stammkapital beträgt 25 000 EUR. Über weiteres Eigenkapital verfügt die Gesellschaft nicht. In einem Vertrag zwischen den Gesellschaftern und der GmbH verpflichtet sich die Gesellschaft, als Generalunternehmerin 20 Fertighäuser auf Grundstücken der Gesellschafter zum Festpreis von je

250 000 EUR zu errichten. Die bebauten Grundstücke werden dann von den Gesellschaftern auf eigene Rechnung verkauft. Die ersten acht Häuser werden in dieser Weise errichtet und von den Gesellschaftern bezahlt. Die jeweils gezahlten 250 000 EUR reichen der GmbH gerade, um die von ihr eingeschalteten Subunternehmer zu bezahlen, nicht jedoch, um die mit den allgemein bekannten Unwägbarkeiten bei der Ausführung von großen Bauprojekten verbundenen Risiken abzudecken. Die Gesellschafter verkaufen die Grundstücke ihrerseits mit erheblichem Gewinn. Das neunte Haus kann nicht termingerecht fertig gestellt werden, sodass die Gesellschaft, als die ersten Rechnungen der Subunternehmer fällig werden, von den Gesellschaftern noch keinen Kaufpreis erhalten hat. Da Kredite nicht zu erlangen sind, wird die GmbH zahlungsunfähig. Die Eröffnung des Insolvenzverfahrens wird mangels Masse abgelehnt. Die für den Bau des neunten Hauses sowie für den ebenfalls schon begonnenen Bau der nächsten zwei Häuser verpflichteten Subunternehmer haben bereits in erheblichem Umfang Leistungen erbracht. Mit „Wut im Bauch" und entschlossen, gegen die beiden Gesellschafter vorzugehen, bitten die Subunternehmer Sie um Rechtsrat.

Zu denken ist an eine Gesellschafterhaftung wegen materieller Unterkapitalisierung. Dabei verfügt die Gesellschaft nicht über die notwendigen Betriebsmittel, d. h. es ist weder Eigenkapital noch Liquidität aus Gesellschafterdarlehen vorhanden, um den nach Art und Umfang der tatsächlich angestrebten Geschäftstätigkeit bestehenden mittel- oder langfristigen Finanzbedarf zu befriedigen.

Im vorliegenden Fall wurden alle potenziellen Gewinne in Folge der Vertragsgestaltung von den Gesellschaftern Hammer und Klein abgeschöpft. Die „Bauwut-GmbH" konnte also auch in Zeiten günstiger Geschäftsentwicklung keine Kapitaldecke bilden, mit dem sie zu erwartende Rückschläge hätte auffangen können. Das zur Verfügung gestellte Eigenkapital von 25 000 EUR war völlig unzureichend, um bei einem Bauvolumen von insgesamt 5 Mio. EUR auch nur die Zwischenfinanzierung der bei Bauvorhaben vorhersehbaren Verzögerungen zu gewährleisten. Zum Ausgleich von Preissteigerungen oder gar unvorhergesehenen Schwierigkeiten bei der Bauausführung fehlte erst recht Kapital. Ein Fall der materiellen Unterkapitalisierung liegt mithin vor.

Fraglich bleibt, ob und inwieweit sich daran eine Haftung der Gesellschafter anschließt. Die Rechtsprechung, die aus § 826 BGB eine Existenzvernichtungshaftung ableitet (vgl. Fall 292), lehnt jedenfalls ein entsprechendes, **eigenständiges** und als Innenhaftung ausgestaltetes Rechtsinstitut für Fälle der unterkapitalisierten GmbH als systemwidrig ab. Schließlich steht die für den Geschäftsbetrieb unzureichende finanzielle Ausstattung der Gesellschaft schon begrifflich keinem Eingriff gleich. Während eine Haftung aus letzterem die Verlängerung der gesetzlich normierten Pflicht zur Kapitalerhaltung darstellt, würde eine Gesellschafterhaftung wegen Unterkapitalisierung eine dem Gesetz widersprechende Pflicht zur Kapitalaufbringung in unbestimmter Höhe statuieren. Im Übrigen enthält das GmbH-Recht im Vergleich zu § 58 AktG und § 5a Abs. 3 GmbHG im Fall der Unternehmergesellschaft (UG) keine Pflicht zur Bildung von Gewinnrücklagen. Auch eine anders gelagerte Innenhaftung scheidet insoweit aus.

Ferner kann eine Pflicht zur Gesellschaftsfinanzierung ausschließlich gegenüber der GmbH bestehen, sodass eine Außenhaftung diesbezüglich ausscheidet. Gleichwohl findet das Gesellschafterhandeln bzw. -unterlassen seine haftungsrechtlichen Grenzen im Deliktsrecht, namentlich in § 826 BGB. Insofern liegt die vorwerfbare vorsätzliche sittenwidrige Schädigung jedoch nicht in der zu geringen Kapitalzufuhr durch die Gesellschafter an die GmbH, sondern darin, dass die Gesellschafter ihre Rechtsbeziehungen zur Gesellschaft vorsätzlich und einseitig zum Nachteil der Gesellschaft ausgestaltet haben und diese selbst so, dass die Nachteile notwendig die Gesellschaftsgläubiger treffen mussten. Es handelt sich also um eine vom Gesellschaftsrecht losgelöste Haftung der Gesellschafter gegenüber Gesellschaftsgläubigern (vgl. *BGH* NJW 2008, 2437 – Gamma).

So ist der Fall auch hier gelagert. Die Gesellschafter verfolgen ihre Interessen gegenüber der Gesellschaft bewusst in einer Weise, dass dies nach aller Lebenserfahrung einseitig zulasten der Gläubiger ausschlagen muss. Beide haften daher den Subunternehmen auf Ersatz des jeweiligen Kontrahierungsschadens (negatives Interesse) gemäß §§ 826, 830, 840 BGB.

Schrifttum: *Röhricht,* 50 Jahre Bundesgerichtshof, 2000, S. 83 ff.

5. Organe der GmbH: Geschäftsführer

295. Organe

a) Welche notwendigen Organe kennt die GmbH?
b) Gibt es auch nicht notwendige Organe?

Zu a) Notwendige Organe sind:
- die Gesellschafterversammlung (Organ der Willensbildung), genauer gesagt: die Gesamtheit der Gesellschafter (vgl. § 48 Abs. 2 GmbHG, Fall 302);
- die Geschäftsführung (Organ der Willensausführung; vgl. § 35 GmbHG);
- der Aufsichtsrat (Kontrollorgan), wenn mehr als 500 Arbeitnehmer beschäftigt sind (vgl. § 1 Abs. 1 Nr. 3 DrittelbG, § 1 Abs. 1 MitbestG; Fall 378), und für externe Kapitalverwaltungsgesellschaften (vgl. § 18 Abs. 2 KAGB; Fall 230).

Zu b) Die Satzungsautonomie im GmbH-Recht lässt die Bildung beliebiger Organe zu, deren Aufgaben und Namen frei definierbar sind. Eine (dispositive) gesetzliche Ausgestaltung findet sich nur für den fakultativen Aufsichtsrat (§ 52 GmbHG). Andere Organe – häufige Bezeichnungen sind „Beirat", „Gesellschafterausschuss", „Familienrat" – können je nach Ausgestaltung der Satzung Organe der Willensbildung oder -ausführung oder auch Kontrollorgan sein. Die Satzungsautonomie erlaubt es dabei weitgehend, Kompetenzen der Gesellschafterversammlung und der Geschäftsführer auf fakultative Organe zu übertragen. Eine Grenze bilden lediglich die den notwendigen Organen zwingend zugewiesenen Aufgaben (vgl. Fall 302).

Beachte: Organ ist stets die Gesamtheit des Gremiums, nicht das einzelne Mitglied.

296. Folgepflicht

Isolde Remagen und Martina Schmieder sind Gesellschafterinnen der Ibiza Solarium GmbH. Geschäftsführer Hubertus Karch will wissen, ob er sich folgenden „Wünschen“ der Gesellschafterinnen beugen muss und ob ein Haftungsrisiko besteht:
a) Um das Image des Unternehmens zu verbessern, wollen die beiden Gesellschafterinnen einen gelben Mercedes SLS AMG mit allen Extras anschaffen, obwohl die Gesellschaft unmittelbar vor der Überschuldung steht.
b) Unmittelbar danach beschließen die Gesellschafter, den SLS an Isolde zu $^1/_3$ des Wertes zu verkaufen, obwohl damit das Eigenkapital unter das Stammkapital sinken würde.
c) Um ein Liquiditätsproblem zu lösen, soll Karch die Beiträge zur Sozialversicherung vorerst nicht weiter abführen.

Zulässig sind neben satzungsmäßigen Zustimmungsvorbehalten auch Weisungen der Gesellschafterversammlung durch Beschluss. Ihnen muss sich Karch grundsätzlich beugen, da die Gesellschafterinnen mit verbindlicher Wirkung für ihn über Einzelfragen der Geschäftsführung entscheiden können (übergeordnete Geschäftsführungskompetenz im Innenverhältnis; § 37 Abs. 1 GmbHG). Insoweit ist der Geschäftsführer Marionette der Gesellschafter. Im Einzelfall kann es an einer Folgepflicht fehlen.

Zu a) Eine Weisung zum Kauf des SLS erscheint zwar betriebswirtschaftlich unvernünftig, ist rechtlich aber wirksam. Karch muss sich beugen. Soweit er die Gesellschafterversammlung auf seine Bedenken hinweist, haftet er nicht aus § 43 Abs. 1 GmbHG.

Zu b) Der Verkauf des SLS an Isolde stellt hingegen eine das Eigenkapital in unzulässiger Weise schmälernde Handlung dar (vgl. §§ 30 Abs. 1, 31 Abs. 1 GmbHG; Fall 283). Zwar ist der Beschluss wirksam, Karch muss jedoch aufgrund überwiegender Drittinteressen (Gläubigerschutzwirkung) die Ausführung verweigern, bis die Gesellschaft über genügend Eigenkapital verfügt. Ansonsten haftet er selbst nach § 43 Abs. 3 GmbHG.

Zu c) Keine **Folgepflicht des Geschäftsführers** besteht, soweit der Beschluss etwa wegen Gesetzes- oder Sittenwidrigkeit nichtig ist oder wenn sich der Geschäftsführer bei Ausführung der Weisung selbst einer Haftung aussetzen oder strafbar machen würde. Beachtlich ist neben dem Drittinteresse (§ 43 Abs. 1 und 3 GmbHG) insofern auch das Eigeninteresse des Geschäftsführers. Gemäß § 43 Abs. 2 GmbHG und § 823 Abs. 2 BGB i. V. m. einem Schutzgesetz haftet der Geschäftsführer persönlich für Pflichtverletzungen, insbesondere bei Verstößen gegen öffentlich-rechtliche Pflichten. Bei Nichtabführung der Arbeitnehmeranteile der Sozialversicherungsbeiträge droht Karch die Haftung nach § 823 Abs. 2 BGB i. V. m. § 28e SGB IV oder §§ 14 Abs. 1 Satz 1, 266a StGB, sodass er sich der Weisung nicht beugen muss.

297. Be- und Anstellung

Welcher Unterschied besteht zwischen Anstellung und Bestellung des Geschäftsführers?

a) **Bestellt** wird eine Person zum Mitglied eines Organs, hier der Geschäftsführung einer GmbH. Die Kompetenz hierzu steht der Gesellschafterversammlung (§ 46 Nr. 5 GmbHG), gegebenenfalls einem Aufsichtsrat zu, die mit Mehrheit entscheiden. Entsprechendes gilt für den **Widerruf** der Bestellung (Abberufung; § 38 GmbHG). Er ist grundsätzlich jederzeit frei möglich. Die Gesellschafter können jedoch diese Leichtigkeit des Widerrufs, die ihrem Schutz dient, statutarisch einschränken und die Position der Geschäftsführer stärken, indem sie für die Abberufung beispielsweise qualifizierte Mehrheitserfordernisse oder wichtige Gründe verlangen (§ 38 Abs. 2 GmbHG).

b) Der **Anstellungsvertrag** hingegen ist ein Geschäftsbesorgungsvertrag mit Dienstvertragscharakter. Erst hierdurch wird der Geschäftsführer vergütet und bereit sein, die Bestellung anzunehmen. Beim Abschluss des Vertrages und seiner **Kündigung** wird die GmbH im Zweifel durch die Gesellschafterversammlung vertreten. Sie ist kraft einer Annexkompetenz über den Wortlaut des § 46 Nr. 5 GmbHG hinaus zuständig. Selbst wenn der Geschäftsführer ein Arbeitnehmer ist (Fall 110 Var. b), gehört seine Entgeltklage vor die ordentlichen Gerichte und nicht etwa nach § 2 Abs. 1 Nr. 3 Buchst. a ArbGG vor die Arbeitsgerichte. Denn er gilt nicht als Arbeitnehmer, solange er Geschäftsführer ist (§ 5 Abs. 1 Satz 3 ArbGG). Diese Fiktion endet mit seiner Organstellung (durch Widerruf, Amtsniederlegung oder Tod).

298. Abberufung

Dr. Jacob und Dr. Klamm sind zu je 50 % Gesellschafter der Carbosulf Chemische Werke GmbH. Dr. Jacob ist Alleingeschäftsführer der GmbH; ein Sonderrecht auf die Geschäftsführung ist ihm nicht eingeräumt worden. Die Satzung sieht eine Abberufung der Geschäftsführer nur aus wichtigem Grund vor. Dr. Klamm behauptet auf der nächsten Gesellschafterversammlung grobe Pflichtverletzungen des Geschäftsführers. Er möchte Dr. Jacobs Bestellung widerrufen.
a) Darf Dr. Jacob bei der Beschlussfassung mitwirken?
b) Wie wirkt es sich aus, wenn Dr. Jacob trotz eines Mitwirkungsverbots gegen den Beschluss stimmt?
c) Es ist unklar, ob die Pflichtverletzungen tatsächlich vorlagen. Ist die Abberufung dennoch wirksam? Wäre die Rechtslage anders, wenn Dr. Jacob kein Gesellschafter oder nicht mit 50 % beteiligt wäre oder wenn er ein Sonderrecht zur Geschäftsführung hätte?

Zu a) Liegt ein wichtiger Grund vor, darf Dr. Jacob bei dem Beschluss über seine Abberufung nicht mitstimmen. Dies ergibt sich nicht schon aus § 47 Abs. 4 GmbHG, der dem Schutz des Gesellschaftsvermögens dient, wohl aber aus einem allgemeinen Prinzip: Niemand darf durch seine Stimme Maßnahmen verhindern, die sich aus wichtigem Grund gegen ihn richten. Nach leicht überwiegender Meinung gilt dies schon dann, wenn ein wichtiger Grund (nachvollziehbar) behauptet wird.

Zu b) Dr. Jacobs Stimme darf nicht berücksichtigt werden. – Vielleicht wurde sie dennoch mitgezählt und es entsteht ein falsches Ergebnis, weil Klamm es für richtig hielt und hinnahm oder ein dazu ermächtigter Versammlungsleiter es so feststellte; dann fehlt eine zustimmende Mehrheit und der Antrag wurde abgelehnt. Dr. Klamm müsste nun Anfechtungsklage erheben, verbunden mit dem Antrag festzustellen, dass Dr. Jacob durch den Beschluss abberufen wurde (positive Beschlussfeststellungsklage, vgl. Fall 417).

Zu c) Wenn es nach h. M. (siehe unter a) für einen Abberufungsbeschluss in der Sache genügt, einen wichtigen Grund nur zu behaupten, ist es im Streit allzu einfach, den jeweils anderen Gesellschafter als Geschäftsführer abzuberufen. Zu fragen ist deshalb auch, ob der gefasste Beschluss schon wirkt, solange über den wichtigen Grund vor Gericht noch gestritten wird oder werden kann. Gesetzliche Regelungen finden sich für die OHG (§§ 117, 127 HGB) und für die AG (§ 84 Abs. 3 Satz 4 AktG), nicht aber für die GmbH. Hier kann man danach differenzieren, in welchem Maße das Interesse des Geschäftsführers an seiner Stellung in der Unsicherheitsphase geschützt ist, ob also die Stabilität des Amtes Vorrang hat vor der Effektivität des Rechtsschutzes:

(1.) Ein **Fremdgeschäftsführer** verliert durch die Abberufungserklärung seine Stellung unmittelbar. Als Nichtgesellschafter ist er weniger schutzwürdig. Fehlte ein wichtiger Grund, kann er nicht anfechten, sondern allenfalls Rechte aus seinem Anstellungsvertrag herleiten.

(2.) Hat ein Gesellschafter ein **Sonderrecht** (§ 35 BGB) auf Geschäftsführung, soll er im Streit geschützt sein. Hier wirkt der Widerruf analog §§ 117, 127 HGB erst mit Rechtskraft eines stattgebenden Urteils.

(3.) In dem vorliegenden Fall eines **Gesellschaftergeschäftsführers mit hälftiger Beteiligung** kommt es nach BGHZ 86, 177, 180 f. darauf an, ob ein wichtiger Grund objektiv vorlag. Bis zur Klärung wird die GmbH (vertreten nach § 46 Nr. 8 GmbHG) beim Prozessgericht eine einstweilige Verfügung beantragen, um Dr. Jacob die Geschäftsführertätigkeit zu untersagen. Denn das Registergericht wird den umstrittenen Widerruf nicht eintragen und der abberufene Dr. Jacob kann die GmbH wegen § 15 Abs. 1 HGB weiter vertreten.

(4.) Für den Gesellschaftergeschäftsführer mit Minder- oder Mehrheitsbeteiligung ist ebenso zu entscheiden. In der Streitphase kann der Mehrheitsgesellschafter einen neuen Geschäftsführer bestellen, der seinen Weisungen unterliegt.

Schrifttum: *Wolf,* ZGR 1998, 92.

299. Zwanzigfache Geschäftsführerhaftung

Welchen Haftungsrisiken ist ein Geschäftsführer ausgesetzt?

a) Haftung gegenüber der GmbH. (1.) Gemäß § 43 Abs. 2 und 3 GmbHG haften Geschäftsführer der Gesellschaft für Schäden, die durch eine Pflichtverletzung bei Ausführung einer Tätigkeit als Mitglied des Organs entstehen (vgl. Fall 300). Diese Haftung nimmt nach der bestrittenen Ansicht der Rechtsprechung (*BGH* ZIP 1997, 199, 200) die Haftung aus § 280 BGB wegen Verletzung des Anstellungsvertrages in sich auf.

(2.) Im Vorfeld der Insolvenz haften die Geschäftsführer gemäß § 64 Satz 3 GmbHG für Zahlungen an Gesellschafter, soweit diese zur Zahlungsunfähigkeit führen mussten. Das Verschulden wird vermutet.

(3.) Im Zeitraum zwischen Eintritt der Insolvenz (§§ 17–19 InsO) und dem Verlust der Verfügungsbefugnis (§§ 21, 80 InsO) oder der Überwindung der Insolvenzreife haften die Geschäftsführer ihrer Gesellschaft für Zahlungen, die mit der Sorgfalt eines ordentlichen Geschäftsmanns nicht vereinbar waren (§ 64 Satz 1 GmbHG, vgl. auch Fall 320). Ihr Verschulden wird wieder vermutet.

(4.) Geschäftsführer haften der GmbH weiter für Schäden, die durch schuldhaft falsche Angaben bei der Gründung oder Kapitalerhöhung entstehen (§§ 9a Abs. 1, 57 Abs. 4 GmbHG). Auch hier wird das Verschulden gemäß § 9a Abs. 3 GmbHG vermutet. Bei einer wirtschaftlichen Neugründung sind diese Vorschriften entsprechend anzuwenden (vgl. Fall 254).

(5.) Nach allgemeinen Regeln kommt etwa auch eine Haftung aus § 823 Abs. 1 und 2 und § 826 BGB in Betracht.

Beachte: Für Klage, Mahnung, Aufrechnung und dergleichen ist nach dem § 46 Nr. 8 GmbHG ein Gesellschafterbeschluss materielle Voraussetzung. Das gilt nicht in der Insolvenz oder zulasten von Gläubigern, die solche Ansprüche gepfändet haben.

b) Haftung gegenüber den Gesellschaftern. Kann eine nach § 30 GmbHG verbotene Zahlung vom Empfänger nicht zurückerlangt werden, haften gemäß § 31 Abs. 3 GmbHG die Mitgesellschafter. Diese können nach § 31 Abs. 6 GmbHG ihrerseits diejenigen Geschäftsführer in Regress nehmen, denen hinsichtlich der Zahlung ein Verschulden zur Last fällt. – Reichen Geschäftsführer bei Bedarf nicht unverzüglich eine veränderte Gesellschafterliste zum Handelsregister ein, haften sie den betroffenen Gesellschaftern nach § 40 Abs. 3 GmbHG.

c) Haftung gegenüber Dritten. (1.) Dritten gegenüber haftet vor Eintragung der GmbH ein **handelnder** Geschäftsführer persönlich; § 11 Abs. 2 GmbHG. Dazu Fall 263.

(2.) Aus § 40 Abs. 3 GmbHG haften Geschäftsführer auch den Gesellschaftsgläubigern.

(3.) Nach § 823 Abs. 2 BGB i. V. m. § 15a InsO haften die Geschäftsführer den Gläubigern für den durch eine verspätete Insolvenzantragstellung entstandenen Schaden. Dazu Fall 321. Schutzgesetze i. S. d. § 823 Abs. 2 BGB finden sich auch im SGB und StGB, z. B. in § 266a StGB. Für die Verletzung steuerlicher Pflichten der GmbH gibt es mit §§ 69, 34 Abs. 1 AO besondere Haftungsvorschriften.

(4.) Neben den besonderen Haftungstatbeständen des GmbHG sind auch die allgemeinen zivilrechtlichen Haftungsgrundlagen zu prüfen: Garantievertrag, Schuldbeitritt, §§ 280 Abs. 1, 311 Abs. 2, 3 BGB (vgl. Fall 301), § 179 BGB analog, § 823 Abs. 1 und 2 sowie § 826 BGB.

(5.) Kein Schutzgesetz ist § 43 Abs. 1 GmbHG: Die Pflicht zur ordnungsgemäßen Geschäftsführung besteht nur gegenüber der GmbH. Auch haftet der Geschäftsführer nicht nach § 831 BGB für Verrichtungsgehilfen der GmbH. Im Anschluss an die sog. Baustoffentscheidung (BGHZ 109, 298, 301 ff.) wird jedoch diskutiert, ob die Verletzung von Schutzpflichten, die der GmbH gegenüber Dritten obliegen, auch zu einer Haftung des Geschäftsführers aus § 823 Abs. 1 BGB führen kann. Das vom BGH in dieser Entscheidung entwickelte Konzept führt zu einer Verdopplung der Sorgfaltspflichten der GmbH in der Person des Geschäftsführers. Damit, dass § 43 Abs. 1 GmbHG – unbestritten – kein Schutzgesetz zugunsten Dritter ist, ist die Entscheidung nicht zu vereinbaren. Sie ist daher abzulehnen.

300. Abwesender Geschäftsführer

Propel und Düsing sind die beiden Gesellschafter der Hamburger Ventilatoren-Bau GmbH. Düsing wohnt in München und möchte sich nicht um das tägliche Geschäft kümmern. Die Geschäftsführung mag er aber auch nicht seinem Mitgesellschafter allein überlassen. Daher einigt man sich darauf, dass jeder Geschäftsführer die Gesellschaft nur zusammen mit dem anderen oder mit dem Prokuristen Sieg, einem Vertrauensmann Düsings, vertreten kann. Propel und Sieg führten die GmbH durch wiederholte, offensichtliche Geschäftsführungsfehler, insbesondere die Vergabe ungesicherter Darlehen, in die Insolvenz. Der Insolvenzverwalter verlangt von Düsing wegen Verletzung der Obliegenheiten als Geschäftsführer Schadensersatz. Zu Recht?

Ersatz könnte der Insolvenzverwalter gemäß § 80 Abs. 1 InsO, § 43 Abs. 2 GmbHG fordern. Zur Sorgfalt eines ordentlichen Geschäftsleiters i. S. d. § 43 Abs. 1 GmbHG gehört auch die **Überwachung seiner Mitgeschäftsführer.** Wird die Überwachung einem anderen übertragen, ist dessen Tätigkeit zu überwachen. Die Geschäftsführungsbefugnis lässt sich also nicht abtreten. Düsing konnte sich dieser Verantwortung im Vertrauen auf die Tätigkeit des Prokuristen nicht vollständig entziehen. Da der Schaden durch offensichtliche Geschäftsführungsfehler verursacht wurde, hätte Düsing die Fehlentwicklung bemerkt, wenn er wenigstens eine Mindestüberwachung der Tätigkeiten von Sieg und Propel durchgeführt hätte. Düsing haftet der Gesellschaft daher nach § 43 Abs. 1 und 2 GmbHG für den durch seine Nachlässigkeit entstandenen Schaden.

Beachte: Bei klarer und schriftlich fixierter Ressortverteilung ist die Überwachungspflicht gemindert, aber nicht aufgehoben (vgl. BGHZ 136, 370, 377). – Körperliche Anwesenheit ist unnötig. Nicht-EU-Ausländer können auch ohne jederzeitige Einreisemöglichkeit Geschäftsführer einer deutschen GmbH sein (*OLG München* NZG 2010, 157).

301. Äußerungen eines Geschäftsführers

Die Alwin Busch GmbH betreibt ein Bauunternehmen. Als der namensgebende Alleingesellschafter-Geschäftsführer stirbt, kommt es zu Störungen im Arbeitsablauf, die die Fertigstellung einiger Bauaufträge verzögern, sodass hohe Vertragsstrafen fällig werden. Die Gesellschaft verliert Kunden, Ansehen und Liquidität. Angesichts der immer bedrohlicheren Situation bestellen die Erben den langjährigen Prokuristen Traumir zum Geschäftsführer und wollen sich in Zukunft aus der Unternehmensführung heraushalten. Traumir gelingt es, einen Großauftrag von der Gigant AG zu akquirieren, der die GmbH aus der Krise führen würde. In dieser Situation verlangt Lieferant Scheu für alle weiteren Lieferungen Vorkasse. Da der GmbH die nötigen Mittel fehlen, sagt ihm Traumir: „Sie kennen mich doch, Herr Scheu. Ich werde die Gesellschaft wieder auf den alten Kurs zurückbringen. Vertrauen Sie mir!" Scheu ist überzeugt und liefert auf Rechnung. Kurz darauf wird die Gigant AG überraschend zahlungsunfähig, sodass die Abschlagszahlungen für das Großprojekt ausbleiben und Traumir wegen Zahlungsunfähigkeit den Insolvenzantrag stellen muss. Scheu sieht sich getäuscht und verlangt Ersatz von Traumir persönlich. Mit Erfolg?

Eine persönliche Haftung Traumirs kann sich sowohl aus unerlaubter Handlung als auch aus Verschulden bei Vertragsschluss ergeben.

a) In Betracht kommt ein Anspruch aus § 823 Abs. 2 BGB i. V. m. § 263 StGB. Voraussetzung wäre aber, dass Traumir Scheu vorsätzlich getäuscht hat. Da Scheu die wirtschaftliche Lage der GmbH kannte und Traumir zum Zeitpunkt des Vertragsabschlusses selbst noch an die Fortführung der GmbH glaubte, fehlt jedenfalls der Täuschungsvorsatz. Ebenso wenig haftet Traumir aus § 823 Abs. 2 BGB i. V. m. § 15a InsO, da nicht ersichtlich ist, dass Traumir den Insolvenzantrag verspätet gestellt hat.

b) Fraglich ist, ob eine Haftung aus **Verschulden bei Vertragsverhandlungen** gemäß §§ 280 Abs. 1, 311 Abs. 3, 241 Abs. 2 BGB vorliegt, etwa weil Traumir die Risiken hätte ansprechen müssen. Ein Schuldverhältnis mit Pflichten nach § 241 Abs. 2 BGB kann auch zu Personen entstehen, die nicht selbst Vertragspartei werden sollen (§ 311 Abs. 3 Satz 1 BGB). Da Traumir hier für die GmbH handelte, haftet er nur unter den Voraussetzungen des § 311 Abs. 3 Satz 2 BGB persönlich, also wenn er in besonderem Maße Vertrauen für sich in Anspruch genommen und die Vertragsverhandlungen oder den Abschluss dadurch erheblich beeinflusst hat. Das heißt nicht, dass besonders integer wirkende Geschäftsführer einem höheren Haftungsrisiko ausgesetzt sind. Erforderlich ist vielmehr, dass gegenüber einem Vertragspartner, dem erkennbar das Vertrauen in die Gesellschaft fehlt, der Geschäftsführer ein von der Gesellschaft unabhängiges persönliches Vertrauen hinsichtlich der ordnungsgemäßen Vertragsabwicklung in Anspruch nimmt, das sich nicht aus seinen Pflichten als Geschäftsführer ergibt (z. B.: „Ich versichere Ihnen, dass die Gesellschafter Nachschüsse beschließen, wenn ich dies empfehle." oder etwa „Wir zahlen auch im nächsten Monat pünktlich, dafür stehe ich mit meinem Namen."). Der BGH formuliert, es müsse sich um „Erklärungen im

Vorfeld einer Garantiezusage" handeln (BGHZ 126, 181, 189). Eine solche Erklärung hat Traumir nicht abgegeben. Er hat für Vertrauen in die GmbH geworben, nicht aber ein von ihrem Schicksal unabhängiges Vertrauen in Anspruch genommen. Traumir hat daher keine ihm persönlich obliegende vorvertragliche Pflicht gegenüber Scheu verletzt. Ein Anspruch wegen Pflichtverletzung besteht nicht.

Beachte: Je nach Erklärungswortlaut kommt eine Geschäftsführerhaftung auch aus einem selbstständigen Garantievertrag, Schuldbeitritt oder aus einer Bürgschaft in Betracht.

6. Organe der GmbH: Gesellschafterversammlung

302. Zuständigkeiten der Gesellschafterversammlung

Für welche Angelegenheiten ist die Gesamtheit der Gesellschafter als Organ in der GmbH
***a) zwingend zuständig,**
b) üblicherweise zuständig?

Zu a) Ausdrücklich genannt ist die zwingende Zuständigkeit für Beschlüsse über: (1.) die Einforderung von Nachschüssen (§ 26 Abs. 1 GmbHG), (2.) Satzungsänderungen (§ 53 Abs. 1 GmbHG), (3.) Kapitalmaßnahmen (§§ 55 ff. GmbHG), (4.) umwandlungsrechtliche Maßnahmen (§§ 13 Abs. 1, 50 Abs. 1 Satz 1, 193 Abs. 1 UmwG), (5.) die Auflösung der Gesellschaft (§ 60 Abs. 1 Nr. 2 GmbHG) sowie (6.) die Ernennung und Abberufung der Liquidatoren (§ 66 Abs. 1, 3 GmbHG). Darüber hinaus bestehen ungeschriebene zwingende Kompetenzen für alle Entscheidungen, die die Grundlagen und Struktur der Gesellschaft betreffen, insbesondere (7.) die Ausschließung von Gesellschaftern (vgl. Fall 287) und (8.) die Zustimmung zum Abschluss von Unternehmensverträgen i. S. d. §§ 291 ff. AktG (BGHZ 105, 324 – Supermarkt; vgl. Fall 443).

Alle anderen Zuständigkeiten sind nach § 45 Abs. 2 GmbHG durch Gesellschaftsvertrag auf ein anderes Organ (Aufsichtsrat, Geschäftsführung) oder Organmitglied und sogar auf Dritte (Beirat, Verwaltungsausschuss), die dadurch zum Organ werden, übertragbar. Kraft ihrer zwingenden Kompetenz zur Satzungsänderung verbleibt der Gesellschafterversammlung dann aber das Recht, sich ausgeliehene Kompetenzen zurückzuholen.

Zu b) Die Satzungsautonomie bürgt für Vielfalt bei der Kompetenzverteilung. Üblicherweise ist der Gesellschafterversammlung der Katalog des § 46 GmbHG vorbehalten.

Beachte: Die Gesamtheit der Gesellschafter ist Organ der GmbH und wird zumeist als Gesellschafterversammlung bezeichnet, obwohl nach § 48 Abs. 2 GmbHG eine körperliche Zusammenkunft nicht in jedem Fall erforderlich ist.

Schrifttum: *Wiedemann,* FS Lutter, 2000, S. 801, 808 ff.

303. Die GmbH setzt Ansprüche aus dem Innenverhältnis durch.

a) Der Geschäftsführer der Teerag Straßenbau GmbH Wolter legt eines Tages grundlos sein Amt nieder und stellt seine Tätigkeit ein. Dadurch wird die GmbH geschädigt. Der andere, einzelvertretungsberechtigte Geschäftsführer Steiner erhebt daraufhin, ohne die Gesellschafter zu verständigen, Schadensersatzklage namens der GmbH. Ist die Klage zulässig und begründet?
b) Da die Gesellschaft dringend Geld benötigt, erhebt Steiner auch Klage gegen den Gesellschafter de Mol, welcher unstreitig nach § 9 GmbHG 30 000 EUR schuldet, diese jedoch trotz mehrfacher Mahnung durch die Geschäftsführung bisher nicht gezahlt hat. Muss vor Klageerhebung ein Gesellschafterbeschluss gefasst werden?

Zu a) Zur **Geltendmachung eines Ersatzanspruchs** gegen aktive und bereits ausgeschiedene Geschäftsführer bedarf es nach § 46 Nr. 8 GmbHG üblicherweise zweier Gesellschafterbeschlüsse. Der Beschluss über den Entschluss zur Durchsetzung des Ersatzanspruchs (Alt. 1) ist notwendigerweise zu treffen, während derjenige über die Vertretung der Gesellschafter im Prozess (Alt. 2) nicht zwingend ist.

Die Klage ist zulässig, wenn Steiner zur Klageerhebung vertretungsberechtigt war. Das war er, weil Einzelvertretungsmacht bestand und es ohne einen abweichenden Beschluss der Gesellschafterversammlung zur Prozessvertretung nach § 46 Nr. 8 GmbHG bei der wirksamen Vertretung durch den Geschäftsführer bleibt.

Materiellrechtlich besteht ein Anspruch der Gesellschaft aus § 43 Abs. 2 GmbHG. Der Anspruch ist aber nicht durchsetzbar, da die Geltendmachung von Ersatzansprüchen gegen Geschäftsführer gemäß § 46 Nr. 8 Alt. 1 GmbHG der Gesellschafterversammlung vorbehalten ist. Das ist auch sinnvoll, denn mit einem solchen Prozess ist eine Offenlegung innerer Gesellschaftskonflikte verbunden und Ansehen und Kredit der Gesellschaft könnten geschädigt oder die persönlichen Beziehungen zwischen den auf Zusammenarbeit angewiesenen Beteiligten belastet werden. Der Beschluss ist unabhängig von der Rechtsgrundlage materielle Voraussetzung für den geltend gemachten Anspruch. Das erkennende Gericht wird folglich die zulässige Klage als unbegründet abweisen (BGHZ 28, 355, 359), soweit nicht der Beschluss während des Prozesses nachgeholt wird (*BGH* ZIP 1999, 1001, 1002).

Zu b) Die Zuständigkeit der Gesellschafterversammlung könnte sich aus § 46 Nr. 2 oder Nr. 8 GmbHG ergeben. Ersatzansprüche, welche der Gesellschaft **aus der Gründung** zustehen (Nr. 8), sind jedoch nur solche **aus Pflichtverstößen** bei der Gründung und nicht Erfüllungsansprüche aus Einlageversprechen. Nr. 2 betrifft nur nicht fällige Geldeinlageforderungen (vgl. § 7 Abs. 2 GmbHG). Beides trifft hier nicht zu, weil der aus einer Überbewertung von Sacheinlagen resultierende Anspruch nach § 9 Abs. 1 GmbHG wie eine Sacheinlageforderung auch ohne Gesellschafterbeschluss sofort fällig ist. Diesen Anspruch kann der Geschäftsführer deshalb auch ohne Gesellschafterbeschluss gerichtlich geltend machen.

304. Einberufung und Stimmrecht

Am Anfang des neuen Geschäftsjahres soll über die Feststellung des Jahresabschlusses und die Verwendung des Bilanzgewinns der Teerag Straßenbau GmbH beschlossen und dazu eine Gesellschafterversammlung einberufen werden.
a) In welcher Form und Frist hat die Einberufung zu geschehen?
b) In der Versammlung sind die Gesellschafter Alf, Bert, Cora und Dora anwesend. Der Geschäftsanteil des Alf beträgt 25 000 EUR, der des Bert 15 000 EUR und diejenigen von Cora und Dora je 5 000 EUR. Dora schlägt vor, auf jeden Geschäftsanteil 10 % seines Betrags als Gewinn zu verteilen. Alf stimmt als einziger gegen den Vorschlag. Ist der Antrag angenommen?

Zu a) Soweit die Satzung gemäß § 45 Abs. 2 GmbHG nichts anderes vorsieht, müssen die Geschäftsführer die Gesellschafter nach §§ 49 Abs. 1, 51 GmbHG mittels eingeschriebener Briefe so rechtzeitig laden, dass diese unter normalen Umständen mindestens eine Woche vorher zugehen (vgl. BGHZ 100, 264, 267 ff.). Der Versammlungszweck ist anzukündigen. Ein Verstoß führt regelmäßig zur Anfechtbarkeit der Gesellschafterbeschlüsse, bei schweren Mängeln (z. B. falsche Ortsangabe) zur Nichtigkeit.

Zu b) Der Antrag ist angenommen, wenn gemäß § 47 Abs. 1 GmbHG mehr Ja- als Nein-Stimmen abgegeben werden (vgl. Fall 40). Das **Stimmrecht** in der Gesellschafterversammlung der GmbH ist kapitalistisch geregelt. Die Mehrheit der Stimmen ist nicht wie bei der OHG gemäß § 119 Abs. 2 HGB nach der Zahl der Gesellschafter zu berechnen, sondern nach dem Betrag der Geschäftsanteile (§ 47 Abs. 2 GmbHG). Es haben also 25 000 Stimmen für und ebenso viele gegen den Antrag gestimmt. **Bei Stimmengleichheit ist der Antrag abgelehnt.** Allerdings könnte eine GmbH-Satzung die Abstimmung nach Köpfen vorschreiben, wie umgekehrt der Gesellschaftsvertrag der Personengesellschaft eine solche nach Kapitalanteilen (vgl. Fall 130) einführen kann.

Beachte: Nach der Rechtsprechung (BGHZ 104, 66, 74) können die Stimmen aus einem Geschäftsanteil nur einheitlich ausgeübt werden (streitig).

305. Fehlerhafte Einberufung

Die Gesellschafterversammlung der Hamburger Recyclinggesellschaft mbH wird vom Gesellschafter Klein einberufen, dessen Geschäftsanteil 8 % des Stammkapitals beträgt. In der Gesellschafterversammlung waren Geschäftsanteile in Höhe von 90 % des Stammkapitals vertreten. Die Versammlung beschloss einstimmig eine Änderung des Gesellschaftsvertrages und bestellte neue Aufsichtsratsmitglieder. Der Aufsichtsrat seinerseits berief unmittelbar danach aufgrund der ihm zugleich erteilten Ermächtigung den bisherigen Geschäftsführer ab und bestellte einen neuen. Die Änderungen wurden ins Handelsregister eingetragen.
a) Wie viele Beschlüsse wurden gefasst?

b) Sind diese wirksam?
c) Ist Klein zur Erhebung einer Nichtigkeitsklage legitimiert?
d) Ist die Erhebung der Nichtigkeitsklage an eine Frist gebunden?

Zu a) Insgesamt wurden fünf **Beschlüsse** gefasst; drei durch die Gesellschafterversammlung (Satzungsänderung, Bestellung der Aufsichtsratsmitglieder und Ermächtigung) und zwei durch den Aufsichtsrat (Bestellung und Abberufung des Geschäftsführers). Die Satzungsänderung und die Geschäftsführerbestellung wurden in das Handelsregister eingetragen, während die Bestellung der Aufsichtsratsmitglieder lediglich der Bekanntmachung gemäß § 52 Abs. 2 Satz 2 GmbHG bedurfte.

Zu b) Die Gesellschafterversammlung ist unter Verletzung der §§ 49, 50 GmbHG einberufen worden. Gemäß § 49 Abs. 1 GmbHG ist die Einberufung grundsätzlich Aufgabe der Geschäftsführer. Nach § 50 Abs. 1 und 3 GmbHG ist eine Minderheit der Gesellschafter mit mindestens 10 % des Stammkapitals berechtigt, eine Einberufung zu verlangen und selbst einzuberufen, soweit ihrem Begehren nicht durch die Geschäftsführer entsprochen wird oder Geschäftsführer nicht vorhanden sind. Hier liegen demnach zwei Mängel vor. Zum einen war das nötige Minderheitenquorum nicht erreicht und zum anderen wurde nicht versucht, über die Geschäftsführer einzuberufen.

Nach § 51 Abs. 3 GmbHG wäre eine Heilung des Einberufungsmangels bei Teilnahme sämtlicher Gesellschafter möglich, wenn diese mit der Abhaltung der Versammlung zum Zwecke der Beschlussfassung einverstanden gewesen wären oder nachträglich auf eine Rüge verzichtet hätten (Einvernehmen; vgl. BGHZ 100, 264, 269). Zu den Rechtsfolgen fehlerhafter Beschlüsse schweigt das GmbHG, sodass die Regelungen des AktG (vgl. Fälle 411 ff.) analog angewandt werden. Da hier keine einvernehmliche Vollversammlung abgehalten wurde, gilt § 241 Nr. 1 AktG entsprechend: Die in einer fehlerhaft einberufenen Versammlung gefassten Beschlüsse sind nichtig (vgl. BGHZ 11, 231, 232). Für die Nichtigkeit der Beschlüsse ist es ohne Bedeutung, ob auch eine ordnungsgemäß einberufene Versammlung die gleichen Beschlüsse gefasst hätte.

Die Beschlussfassung des Aufsichtsrates betreffend den Geschäftsführerwechsel erfolgte somit ohne Ermächtigung und ist schon daher unwirksam. Darüber hinaus sind die Stimmen der neuen Aufsichtsratsmitglieder ungültig, weil sie nicht wirksam bestellt wurden. Falls diese Stimmen ausschlaggebend waren, sind die Beschlüsse auch aus diesem Grunde nicht wirksam.

Zu c) Die Nichtigkeit von Gesellschafterbeschlüssen kann von jedem Gesellschafter geltend gemacht werden, auch wenn er die Gesellschafterversammlung zu Unrecht einberufen oder dem Beschluss selbst zugestimmt hat. Auch Dritte können sich auf die Nichtigkeit berufen.

Zu d) Die Geltendmachung der Nichtigkeit ist grundsätzlich nicht fristgebunden. Allerdings wird die Nichtigkeit analog § 242 Abs. 2 AktG nach drei Jahren geheilt; eine später erhobene Klage ist unbegründet (BGHZ 80, 212, 216). Verwirken kann ein Gesellschafter sein Klagerecht schon früher. Die Klage ist dann unzulässig.

306. Stimmverbot und Klagearten

In der Gesellschafterversammlung der Häberle Treuhand GmbH, Stuttgart, soll der Geschäftsführer, der zum Erwerb von Beteiligungen der Zustimmung bedarf, angewiesen bzw. ermächtigt werden, von dem Mitgesellschafter Aaron dessen Mehrheitsbeteiligung an der Sam Sleepy AG zu erwerben.
a) Darf Aaron in der Gesellschafterversammlung mitstimmen?
b) Angenommen, Aaron stimmt mit ab und der Erwerb der Anteile wird gegen die Stimmen des anderen Gesellschafters Casimir beschlossen. Was kann Casimir unternehmen, wenn der Versammlungsleiter feststellte, dass der Antrag angenommen wurde?

Zu a) Wird der Geschäftsführer nicht nur ermächtigt, sondern zugleich angewiesen, ein Rechtsgeschäft mit Aaron zu schließen, liegt der typische Fall des § 47 Abs. 4 Satz 2 GmbHG vor. Gerade wegen des (potenziellen) Interessenkonflikts soll ein Gesellschafter nicht abstimmen können, der auf der Gegenseite am Vertrag beteiligt ist.

Wird der Geschäftsführer bloß ermächtigt, gilt nichts anderes, wenn in dem Beschluss die Entscheidung über das Ob des Vertragsschlusses mit dem Gesellschafter vorweggenommen wird. Sollen etwa auf Aaron zugeschnittene Konditionen festgeschrieben werden, wird es für den Geschäftsführer wenig Sinn machen, neben dem Gesellschafter andere mögliche Vertragspartner zu suchen. Soll die Ermächtigung einen Vertrag mit einem bestimmten Gesellschafter vorgeben, wird dieser die Konditionen im Rahmen der für die GmbH akzeptablen Preisspanne diktieren können.

Hier kann die Mehrheitsbeteiligung nur vom Gesellschafter Aaron erworben werden. Deshalb kann er auch über die bloße Ermächtigung nicht mitentscheiden (vgl. BGHZ 68, 107, 112). Umgehungen, wie z. B. der Kauf von einem Strohmann, führen zu keiner anderen Beurteilung.

Zu b) Die Wahl des richtigen prozessualen Angriffs hängt davon ab, ob ein zustimmender oder ablehnender Beschluss vorliegt. Da die in verbotener Weise abgegebenen Stimmen Aarons nichtig sind, wurde zunächst ein ablehnender Beschluss gefasst. Dieser Beschluss wird durch die Feststellung des Versammlungsleiters (Verkündung des Beschlussergebnisses; vgl. *OLG Stuttgart* GmbHR 1995, 228, 229) in seiner festgestellten Form als zustimmender Beschluss vorläufig verbindlich. In diesem Fall kann Casimir nach §§ 243 Abs. 1, 246 AktG analog eine begründete Anfechtungsklage erheben.

Beachte: Stellt der Versammlungsleiter hingegen einen ablehnenden Beschluss fest, kann dieser durch eine mit einer Anfechtungsklage verbundene positive Beschlussfeststellungsklage angegriffen werden (vgl. Fall 417). Findet gar keine Feststellung des Beschlussergebnisses durch den Versammlungsleiter statt, ist eine Feststellungsklage nach § 256 ZPO das richtige prozessuale Mittel.

307. Monatsfrist

Casimir möchte nunmehr wissen, ob er im Falle der Anfechtungsklage auch die in § 246 Abs. 1 AktG genannte Monatsfrist einhalten muss.

Nach einhelliger Ansicht ist die scharfe **Ausschlussfrist** des § 246 Abs. 1 AktG wegen der personalistischen Struktur der GmbH zwar nicht „analog" auf Anfechtungsklagen von GmbH-Gesellschaftern anzuwenden: Man darf zuerst versuchen, sich zu einigen. Der **Monatsfrist** des AktG kommt jedoch **Leitbildfunktion** zu. Die Klage muss daher durch den anfechtungsberechtigten Gesellschafter mit aller zumutbaren Beschleunigung erhoben werden, da nur besondere Umstände des Einzelfalls eine Abweichung von der Regelfrist rechtfertigen können (BGHZ 111, 224, 226). Soweit sie fehlen, kann auch eine Fristüberschreitung von nur einem Tag schädlich sein (*OLG Celle* GmbHR 1999, 1099). Die Anfechtungsfrist ist jedoch satzungsdispositiv, soweit die bezweckte Rechtssicherheit nicht beeinträchtigt wird. Oft wird der Fristbeginn konkretisiert, die Frist aber allenfalls um wenige Wochen verlängert.

***Beachte:** Wird der Beschluss über eine Verschmelzung, Spaltung oder einen Formwechsel angefochten, gilt die strenge umwandlungsrechtliche Monatsfrist (§§ 14 Abs. 1, 125, 195 Abs. 1 UmwG).

308. Schiedsgericht

In der Satzung der Häberle-Treuhand-GmbH ist vorgesehen, dass für alle Streitigkeiten der Gesellschafter untereinander sowie der Gesellschaft mit den Gesellschaftern – sofern sie aus dem Gesellschaftsverhältnis herrühren – ein Schiedsgericht (§§ 1025 ff. ZPO) zuständig sein soll.
a) Sind Schiedsgerichte sinnvoll?
b) Ist Casimirs beim Landgericht Stuttgart eingereichte Anfechtungsklage zulässig?

Zu a) Ein Schiedsgericht eröffnet den Parteien die Möglichkeit, die Schiedsrichter selbst zu bestimmen, sodass Praktiker mit Branchenkenntnissen eingesetzt werden können. Es verhandelt und urteilt vertraulich, da der Öffentlichkeitsgrundsatz aus §§ 169 ff. GVG nicht zu beachten ist, und es kann gewöhnlich ohne Überlastung der Richter zügig entscheiden. Für gesellschaftsrechtliche Streitigkeiten werden Schiedsgerichte deshalb gern genutzt. Nachteile ergeben sich allerdings aus der fehlenden Transparenz der Schiedssprüche, die zur Vereinheitlichung und Fortentwicklung des Rechts nicht herangezogen werden können.

Zu b) Der Gesellschaftsvertrag der Häberle-Treuhand-GmbH enthält eine Schiedsgerichtsklausel, die im Falle ihrer rechtzeitigen Geltendmachung gemäß § 1032 ZPO vor einem staatlichen Gericht zur Abweisung der Klage als unzulässig führt. Anfechtungsklagen sind vermögensrechtliche Streitigkeiten, weil das Gesellschaftsverhältnis auf Vermögensverwendung gerichtet ist, sie sind also grundsätzlich schiedsfähig; § 1030 Abs. 1 Satz 1 ZPO (in der Begründung ungesichert; BGHZ 180, 221 Tz. 13 spricht von richterlicher Rechtsfortbildung). Wichtig ist, dass Schiedsklauseln im Falle der Anfechtung die Rechtskraft auch auf Organmitglieder, die nicht Parteien des Rechtsstreits sind, erstrecken. Sonst kann es zu unterschiedlichen Entscheidungen verschiedener Schiedsgerichte kommen. Rechtsfortbildend hat der BGH (BGHZ 180, 221 ff.) deshalb eine Rechtskraftwirkung wie in § 248 Abs. 1 Satz 1 AktG auch kraft Satzungsklausel zugelassen. Schiedsklauseln sind demnach am Maßstab des § 138 BGB nach folgenden vier Prüfungspunkten zu messen: (1.) Die Schiedsabrede muss einstimmig beschlossen sein und (2.) alle müssen über die Einleitung und den Verlauf des Schiedsverfahrens informiert und dadurch in die Lage versetzt werden, dem Verfahren zumindest als Nebenintervenient beizutreten. Zudem müssen (3.) sämtliche Gesellschafter an der Auswahl und Bestellung der Schiedsrichter mitwirken können, sofern nicht die Auswahl durch eine neutrale Stelle erfolgt. Schließlich müssen (4.) alle Beschlussmängelstreitigkeiten, die denselben Streitgegenstand betreffen, in nur einem Schiedsverfahren konzentriert werden (vgl. § 246 Abs. 3 AktG).

Da hier Anhaltspunkte für eine solche besondere Gestaltung fehlen, ist die Schiedsklausel unwirksam und steht der Erhebung der Anfechtungsklage beim LG Stuttgart nicht im Wege (§ 1032 Abs. 1 ZPO a. E.).

309. Minderheitsrechte

Welche Minderheits- und Individualrechte kennt das GmbH-Recht?

Minderheiten werden durch qualifizierte Mehrheitserfordernisse geschützt, insbesondere durch die für Satzungsänderungen zwingend erforderliche Dreiviertelmehrheit; § 53 Abs. 2 GmbHG. Wer immerhin 10 % des Stammkapitals hält, hat Einberufungs- (§ 50 GmbHG; vgl. Fall 305) und gewisse Auflösungsrechte (§§ 61 Abs. 2, 66 Abs. 2, vgl. aber auch § 60 Abs. 1 Nr. 2 GmbHG).

Unabhängig von der Beteiligungshöhe werden **Individualrechte** gewährt, etwa ein zwingendes, einklagbares Auskunftsrecht (§§ 51a, 51b GmbHG) und die Möglichkeit einer *actio pro socio* (Gesellschafterklage wie in Fall 111). Auf der anderen Seite obliegt es dem Gesellschafter in Anlehnung an das Aktienrecht, Nichtigkeits- und Anfechtungsklagen gegen rechtswidrige Gesellschafterbeschlüsse zu erheben (BGHZ 11, 231, 232). Individualschutz wird auch durch die Treubindungen der Mehrheit und das Gebot der Gleichbehandlung erreicht (BGHZ 65, 15, 18 – ITT).

310. Auskunftsrecht

Anton Neugierig ist mit 5 % an der Pro Medico-Arztbedarf GmbH beteiligt. Jahrelang hat er sich um die Angelegenheiten der Gesellschaft nicht gekümmert. Da sich aber in den vergangenen zwei Jahren die Ertragslage erheblich verschlechtert hat, bittet er den Geschäftsführer um Auskunft über die Struktur des Umsatzes und dessen Veränderung. Der Geschäftsführer meint, solange Neugierig ihm nicht mitteile, warum er an dieser Frage interessiert sei, brauche er nicht zu antworten.
a) Hat er Recht?
b) Was kann Neugierig unternehmen?

Zu a) Nein. Das Auskunftsrecht aus § 51a GmbHG soll dem Gesellschafter Zugang zu den für seine Willensbildung im Verband notwendigen Informationen verschaffen. Nach Absatz 2 ist es nun Sache des Geschäftsführers, erstens Tatsachen nachzuweisen, die die Befürchtung rechtfertigen, dass der Gesellschafter missbräuchlich handelt, insbesondere die Information zu gesellschaftsfremden und -schädlichen Zwecken verwendet. Um die Auskunft rechtmäßig zu verweigern, muss er zweitens einen Gesellschafterbeschluss herbeiführen. Andernfalls muss er die Auskunft erteilen.

Zu b) Neugierig kann, wenn der Geschäftsführer seinem Auskunftsverlangen nicht nachkommt oder dieses durch Gesellschafterbeschluss zurückgewiesen wird, im FamFG-Verfahren eine gerichtliche Entscheidung über das Auskunftsrecht herbeiführen (§ 51b GmbHG). Hierbei gibt es keinen einstweiligen Rechtsschutz.

Beachte: Dem ausgeschiedenen Gesellschafter steht der Anspruch aus § 51a GmbHG nicht zu, sondern nur das Einsichtsrecht aus § 810 BGB.

*7. Änderung des Gesellschaftsvertrages

311. Formelle Voraussetzungen

An der H&M GmbH sind Hans mit 90 % und Moritz mit 10 % beteiligt. Moritz interessiert sich nicht sonderlich für die Geschäfte der GmbH. Daher erklärt er sich – wie auch Hans – auf ein Rundschreiben des Geschäftsführers Klaus schriftlich damit einverstanden, dass eine Klausel in den Gesellschaftsvertrag aufgenommen wird, wonach nur noch Gesellschafter mit Geschäftsanteilen von zusammen mindestens 30 % des Stammkapitals die Einberufung einer Gesellschafterversammlung verlangen können.
a) Ist diese Änderung wirksam?
b) Wie ist die Rechtslage, wenn die Änderung des Gesellschaftsvertrages ins Handelsregister eingetragen würde?

Zu a) Nein. Die Änderung eines GmbH-Gesellschaftsvertrages ist erst wirksam, wenn der dahingehende Beschluss der Gesellschafter nach § 53 Abs. 2 GmbHG **notariell beurkundet** sowie die Satzungsänderung nach § 54 Abs. 3 GmbHG ins Handelsregister **eingetragen** wird.

Das Beurkundungserfordernis schließt dabei schriftliche Abstimmungen nach § 48 Abs. 2 GmbHG nicht aus, denn die Beurkundung dient nur dem Beweis über den gefassten Beschluss. Es genügt daher, wenn der Notar seine Wahrnehmungen über den Abstimmungsvorgang und gegebenenfalls über die Feststellung des Beschlussergebnisses nach §§ 36 f. BeurkG beurkundet. Die Beurkundung der Einzelvoten als Willenserklärungen nach §§ 8 ff. BeurkG ist nicht nötig.

Zu b) Die eingetragene Satzungsänderung ist unwirksam, weil der zugrunde liegende Beschluss nichtig ist. Die fehlende notarielle Beurkundung wird zwar analog § 242 Abs. 1 AktG geheilt, wenn der Registerrichter die Satzungsänderung in das Handelsregister einträgt (*BGH* NJW 1996, 257). Der Beschluss ist aber auch inhaltlich wegen des Eingriffs in das Minderheitenrecht aus § 50 Abs. 1 GmbHG rechtwidrig und analog § 241 Nr. 3 AktG („öffentliches Interesse“) sogar nichtig (vgl. Fall 411). Um eine Heilung analog § 242 Abs. 2 Satz 1 AktG zu verhindern, muss Moritz Nichtigkeitsklage erheben.

312. Leistungsvermehrung

a) Der Gesellschaftsvertrag der Fivina GmbH wird dahin geändert, dass ab sofort ein Viertel des jeweiligen Jahresüberschusses als satzungsmäßige Rücklage eingestellt wird. Der überstimmte Gesellschafter Alt (Stimmanteil: 25 %) macht geltend, es liege darin eine Vermehrung seiner Verpflichtungen, der GmbH Kapital zur Verfügung zu halten. Mit Recht?
b) Gleichzeitig wird mit der erforderlichen Mehrheit beschlossen und notariell beurkundet, die im Gesellschaftsvertrag festgesetzten Verzugszinsen für Einlageschulden von 10 auf 12 % zu erhöhen. Alt verweigert seine Zustimmung. Die Satzungsänderung wird ins Handelsregister eingetragen. Schulden Alt und Brehm, die jeweils noch 10 000 EUR Einlage leisten müssen, der Gesellschaft den erhöhten Zinssatz?

Zu a) Der Beschluss bedarf wegen § 53 Abs. 3 GmbHG der Zustimmung des Alt, wenn durch die Rücklagenbildung die von Alt nach dem Gesellschaftsvertrag zu erbringenden Leistungen vermehrt werden. Dann müsste § 29 Abs. 1 GmbHG ein Vollausschüttungsgebot begründen und deshalb die Rücklagenbildung als teilweise Wiedereinzahlung zu werten sein. Jedoch kann gemäß § 29 Abs. 2 GmbHG ein Teil des Jahresüberschusses durch den Verwendungsbeschluss nach §§ 46 Nr. 1, 47 Abs. 1 GmbHG mit einfacher Mehrheit thesauriert werden. Thesaurierungsgrenzen bestehen kraft Treuepflicht allenfalls dort, wo die Mehrheit zulasten eines Minderheitsgesellschafters ohne betriebswirtschaftlichen Grund Gewinnausschüttungen verhindert. Dafür besteht hier kein Anhaltspunkt. Alts Zustimmung ist gemäß § 53 Abs. 3 GmbHG nicht erforderlich.

Zu b) Alt muss die höheren Zinsen nicht zahlen. Seine Zustimmung ist diesmal nach § 53 Abs. 3 GmbHG erforderlich. Fehlt sie, sind der Beschluss und damit auch die Satzungsänderung schwebend unwirksam. Verweigert Alt die Genehmigung, tritt endgültige Unwirksamkeit ein. Wird die Satzungsänderung dennoch in das Handelsregister eingetragen, sollte Alt Nichtigkeitsklage erheben (vgl. Fall 311 Var. b).

Brehm schuldet den erhöhten Zinssatz ebenfalls nicht aus der Satzung. Die Zustimmung aller belasteten Gesellschafter ist eine Wirksamkeitsvoraussetzung für den satzungsändernden Beschluss. Sollte sich Brehm unabhängig von Alt zu einem höheren Zinssatz verpflichten wollen, so kann er dies durch eine schuldrechtliche Nebenabrede (vgl. Fall 314 Var. b) oder eine Satzungsänderung, die nur seinen Geschäftsanteil erfasst, erreichen. Letzteres kann sich ausnahmsweise auch im Wege der Beschlussauslegung ergeben: Der ausgelegte Beschluss ist dann wohl nicht teilwirksam, sondern mit eingeschränktem Inhalt uneingeschränkt wirksam. Eine teilweise oder relative Wirksamkeit eines alle Gesellschafter verpflichtenden Beschlusses birgt unseres Erachtens im Kapitalgesellschaftsrecht zu viel Rechtsunsicherheit: Der ablehnende Gesellschafter könnte dann keine Nichtigkeitsklage erheben und eine auf die Feststellung der relativen Unwirksamkeit gerichtete Feststellungsklage würde nicht publik. Diese Rechtsunsicherheit würde auch künftige Gesellschafter belasten, denen das Organisationsrecht Klarheit bieten sollte.

Beachte: § 53 Abs. 3 GmbHG ist Ausdruck einer gesellschaftsrechtlichen **Grundregel,** wonach zusätzliche Beitrags- oder Sonderpflichten nicht ohne Einverständnis der hiervon betroffenen Gesellschafter eingeführt werden können (vgl. Fälle 28, 65). Vgl. für die Änderung des Gesellschaftszwecks § 33 Abs. 1 Satz 2 BGB und für Sonderrechte § 35 BGB, die als allgemeine Rechtsgrundsätze gelten.

313. Satzung, Nebenabreden und Durchbrechungen

a) Groß ist Mehrheitsgesellschafter der Rostocker Autohaus West GmbH. Diese betreibt ihr Autohandels- und Reparaturgeschäft auf einem Groß gehörenden Grundstück, welches Groß der GmbH gemäß einer Bestimmung im Gesellschaftsvertrag unentgeltlich überlassen hat. Da sich das Geschäft gut entwickelt hat und in den vergangenen Jahren stabile Gewinne zu verzeichnen waren, will Groß die Gesellschaft zur Zahlung eines Pachtzinses verpflichten. Bedarf es hierzu einer Satzungsänderung nach §§ 53 f. GmbHG?
b) Welche Wirkung entfaltet eine mündliche Abrede zwischen allen Gesellschaftern der Rostocker Autohaus West GmbH, dass der Minderheitsgesellschafter Müller auf unabsehbare Zeit der Geschäftsführer sein soll?
c) Können die Gesellschafter im Einzelfall formlos von der Satzung abweichen und Müller für zehn statt für höchstens fünf Jahre bestellen?

Zu a) Es bedarf der Änderung des Gesellschaftsvertrages nach §§ 53 f. GmbHG, wenn es sich bei der Grundstücksüberlassung um eine mitgliedschaftliche Pflicht **(echte Satzungsbestimmung)** und nicht um eine bloße schuldrechtliche Abrede handelt, die in den Gesellschaftsvertrag aufgenommen wurde **(unechte Satzungsbestimmung).** Welche Art vorliegt, ist bei nicht zwingend korporativen Satzungsbestandteilen (zu zwingenden vgl. etwa § 3 GmbHG) in Wege der (objektiven; vgl. Fall 26) Auslegung zu ermitteln.

Gegen eine rein schuldrechtliche Verpflichtung des Groß spricht indiziell, dass die Regelung in den Satzungstext aufgenommen wurde, ferner, dass Groß sein Grundstück ohne Gegenleistung überlassen hat und die Geschäftstätigkeit der GmbH die Nutzung des Grundstücks voraussetzt. Daher handelt es sich hier um eine echte Satzungsbestimmung. Sie enthält eine Nebenleistungspflicht i. S. d. § 3 Abs. 2 GmbHG und kann nur nach den §§ 53 f. GmbHG geändert werden.

Beachte: Die korporative Pflicht wirkt im Verhältnis zum jeweiligen und nicht nur zum gegenwärtigen Anteilsinhaber.

Zu b) Eine solche **Nebenabrede** ist zulässig, bindet aber die beteiligten Gesellschafter nach ganz überwiegender Meinung (anders einst *BGH* NJW 1987, 1890, 1892) nur schuldrechtlich und nicht satzungsgleich. Sollen auch spätere Gesellschafter gebunden werden, so ist eine formelle Satzungsänderung durchzuführen.

Zu c) Nein. Auch ein Beschluss, der die Satzung nicht ändern, sondern nur für einen Einzelfall von ihr abweichen will **(Satzungsdurchbrechung),** muss sämtliche Bestimmungen für eine Satzungsänderung einhalten. Lediglich deren Eintragung im Register ist entbehrlich, wenn die Durchbrechung nicht zustandsbegründend, sondern nur punktuell ist und den Rechtsverkehr deshalb nicht interessiert, z. B. die einmalige Befreiung von einem Wettbewerbsverbot. Aber davon kann bei einer langjährigen Geschäftsführerbestellung nicht die Rede sein.

Schrifttum: *Wicke,* DNotZ 2006, 419.

314. Kapitalerhöhung

a) Was versteht man unter einer Kapitalerhöhung gegen Einlagen und einer nominellen Kapitalerhöhung?
b) In welchen Schritten vollzieht sich eine Kapitalerhöhung gegen Einlagen bei der GmbH?

Zu a) "Erhöht" wird das Stammkapital der GmbH. Bei der Kapitalerhöhung gegen Einlagen **(effektive Kapitalerhöhung,** §§ 55–57a GmbHG) werden der GmbH als neue Eigenmittel Geld- oder Sacheinlagen zugeführt. Es erhöht sich demzufolge auch das Eigenkapital (vgl. Fall 255 Var. a).

Gegenstück ist die Kapitalerhöhung aus Gesellschaftsmitteln **(nominelle Kapitalerhöhung),** bei der Rücklagen in Stammkapital umgewandelt werden (§§ 57c ff. GmbHG). Sie lässt zwar das Eigenkapital unverändert, jedoch wird die Ausschüttungssperre nach § 30 Abs. 1 GmbHG heraufgesetzt (vgl. auch die Fälle 402, 406).

Zu b) Ein Kapitalerhöhungsbeschluss legt die Höhe der gewünschten Kapitalveränderung sowie den neuen Betrag des Stammkapitals fest und korrigiert die bisherige Satzungsbestimmung (§ 3 Abs. 1 Nr. 3 GmbHG). Als Satzungsänderung muss der Beschluss den Anforderungen der §§ 53 f. GmbHG entsprechen.

Üblicherweise werden bestimmte Gesellschafter oder Dritte durch einen Zulassungsbeschluss zur Übernahme einer neuen Stammeinlage zugelassen (§ 55 Abs. 2 GmbHG; vgl. Fall 316). Während das nachfolgende Übernahmeangebot nach § 55 Abs. 1 GmbHG notariell zu beglaubigen ist, kann die GmbH vertreten durch ihre Gesellschafterversammlung formfrei annehmen. Erst dieser Übernahmevertrag verpflichtet den Übernehmer, seine Einlage zu leisten.

Daraufhin muss zur endgültig freien Verfügung (d. h. ohne Rückvergütungsabrede und auf ein ungesperrtes Konto) mindestens ein Viertel jeder neuen Geldeinlage eingezahlt und müssen die neuen Sacheinlagen an die GmbH bewirkt werden; §§ 56a, 57 GmbHG. Das gilt auch, wenn ein Gesellschafter seinen Geschäftsanteil gemäß § 57h Abs. 1 Satz 1 GmbHG aufstockt. Leistungen auf seine frühere Einlageschuld können nicht umgewidmet werden (*BGH* NJW 2013, 2428, 2429). Die beschlossene und durchgeführte Kapitalerhöhung ist zum Handelsregister anzumelden und wird mit ihrer Eintragung wirksam (§§ 57, 54 Abs. 3 GmbHG).

315. Kapitalerhöhung ohne Gesellschafter?

Unger, Voigt und Wunderlich wollen zum Betrieb eines Spezialitätenrestaurants eine GmbH gründen. Die Leitung soll durch einen Fremdgeschäftsführer erfolgen. Zunächst statten sie die GmbH nur mit dem Mindeststammkapital aus. Sie sind sich aber bewusst, dass die GmbH später einen größeren

Kapitalbedarf haben wird, welchen sie durch die Erhöhung des Stammkapitals und der Aufnahme neuer Gesellschafter zu befriedigen gedenken. Eine solche Maßnahme soll flexibel durch den Geschäftsführer vorgenommen werden. Insbesondere sehen sie Schwierigkeiten darin, eine gemeinsame Gesellschafterversammlung einzuberufen. Ist eine Regelung denkbar, die diesen Interessen gerecht wird?

In Anlehnung an §§ 202 ff. AktG lässt auch § 55a GmbHG **genehmigtes Kapital** zu: In ihrer Satzung können die Gesellschafter ihre Geschäftsführer ermächtigen, das Stammkapital zu erhöhen, und zwar durch Ausgabe neuer Gesellschaftsanteile gegen Einlagen. Eines nochmaligen Gesellschafterbeschlusses bedarf es nicht. Genehmigtes Kapital kann bereits bei Gründung vorgesehen werden, aber auch durch Satzungsänderung gemäß §§ 55a Abs. 2, 53 GmbHG. Die Ermächtigung ist analog § 39 Abs. 2 AktG in das Handelsregister einzutragen. In der Satzung muss eine Frist von höchstens fünf Jahren ab Eintragung festgesetzt sein, in welcher die Geschäftsführer das genehmigte Kapital ausnutzen können. Das bei Ermächtigung vorhandene Stammkapital darf höchstens um die Hälfte erhöht werden. Vorgesehen werden kann etwa auch eine Kapitalerhöhung mit Sacheinlagen (§§ 55a Abs. 3, 56 GmbHG) oder der Ausschluss von Bezugsrechten (vgl. Fall 316). Die Geschäftsführer können im Rahmen der Ermächtigung flexibel frisches Kapital beschaffen. Unerheblich ist, ob die vorherigen Einlagen vollständig aufgebracht wurden (anders § 203 Abs. 3 AktG).

316. Ausfallhaftung und Bezugsrecht

Alfred, Bert, Carl und Dennis sind die Gesellschafter der Teldex Luftfahrtausrüstung GmbH und haben ihre Stammeinlage von jeweils 300 000 EUR voll erbracht. Alfred, Bert und Carl beschließen gegen Dennis' Stimme eine Kapitalerhöhung auf 1 500 000 EUR. Der von den gleichen Gesellschaftern gefasste Zulassungsbeschluss bestimmt, dass ihr als finanziell unsolide geltender Freund Nils die neue Stammeinlage übernehmen soll.
a) Dennis macht geltend, die Beschlüsse seien rechtswidrig, weil seine Zustimmung fehle. Diese sei nötig, da ihm die Ausfallhaftung nach § 24 GmbHG drohe, wenn von Nils die Einlage nicht zu erlangen ist. Hat er Recht?
b) Zudem wendet Dennis ein, dass sein Bezugsrecht missachtet wurde. Wie ist die Rechtslage?

Zu a) Der Kapitalerhöhungsbeschluss bedarf der Zustimmung aller Beteiligten nach § 53 Abs. 3 GmbHG, wenn in der unabdingbaren Ausfallhaftung nach § 24 GmbHG eine Mehrleistung zu sehen ist. Tatsächlich könnte Dennis hier nach RGZ 93, 251 *pro rata* haften, wenn die Stammeinlage von dem Neugesellschafter Nils nicht erlangt werden kann und das Kaduzierungsverfahren nach §§ 21–23 GmbHG durchgeführt wird.

Eine mittelbare Mehrleistung i. S. d. § 53 Abs. 3 GmbHG sollte man darin aber nicht sehen. Andernfalls wäre eine Kapitalerhöhung praktisch nur bei Einstimmigkeit möglich, da **alle** Gesellschafter zustimmen müssten. Dringend benötigte Kapitalerhöhungen könnten durch ängstliche Minderheitsgesellschafter allzu häufig blockiert werden. Schutz vor der Ausfallhaftung bietet ihnen nur das Austrittsrecht aus wichtigem Grund (vgl. Fall 287 Var. b), welches jedoch unmittelbar nach der Kapitalerhöhung und nicht erst beim Haftungsfall geltend gemacht werden muss. Dennis hat daher Unrecht.

Zu b) Der Zulassungsbeschluss könnte anfechtbar sein, wenn Dennis ein Bezugs(stamm)recht (vgl. Fall 403) hat und dieses verletzt wurde. Dabei entscheidet nach § 55 Abs. 2 Satz 1 GmbHG grundsätzlich die einfache Mehrheit über das konkrete Bezugsrecht, da diese Zulassung zur Übernahme des neuen Geschäftsanteils nicht Bestandteil der Satzungsänderung ist.

Die Rechtsprechung erkennt an, dass der Beschluss, bestimmte Gesellschafter oder Dritte zuzulassen, wegen Missachtung des Grundsatzes der Gleichbehandlung bzw. der Treuepflicht anfechtbar ist.

Weitergehend befürwortet die wohl überwiegende Literatur zu Recht ein Bezugsrecht analog § 186 Abs. 1 AktG. Die Rechtsstellung des GmbH-Gesellschafters wird wie beim Aktionär von der Höhe seiner Kapitalbeteiligung bestimmt. Zusätzlich verlangt die stärker personalistisch geprägte Struktur der GmbH erst recht nach einem Bestandsschutz der Beteiligungsquote. Ein Bezugsrecht muss dann bereits im Erhöhungsbeschluss ausgeschlossen werden. Dies ist hier weder geschehen, noch gäbe es dafür eine Rechtfertigung (vgl. Fall 404). Nils' Zulassung ist mangels Bezugsrechtsausschlusses im Kapitalerhöhungsbeschluss anfechtbar (vgl. Fälle 414, 307). Mit der Anfechtung kann Dennis direkt auf Abschluss eines Übernahmevertrages gegen die Gesellschaft klagen.

*8. Krise und Auflösung der GmbH

317. Auflösungsbeschluss und Folgen

Die Gesellschafter der Harzreisengesellschaft mbH aus Wernigerode beschließen am 31.12. die Auflösung der Gesellschaft. Dies wird am 1.2. ins Handelsregister eingetragen. Wann hörte die GmbH auf, als juristische Person zu bestehen?

Die GmbH besteht nach wie vor. Mit dem Beschluss nach § 60 Abs. 1 Nr. 2 GmbHG, der einer satzungsdispositiven Mehrheit von drei Vierteln der abgegebenen Stimmen bedarf, ist die GmbH nur aufgelöst. Dies ist nach § 65 Abs. 1 GmbHG einzutragen.

Wie bei den Personenvereinigungen schließt sich an die Auflösung regelmäßig die **Liquidationsphase** an. In ihr besteht die Harzreisengesellschaft mbH weiter. Der Unternehmensgegenstand bleibt erhalten, nur das Ziel richtet sich ab dem 31.12. auf die Abwicklung der juristischen Person (vgl. zur GbR Fall 90). In der Abwicklungsphase verwalten die Liquidatoren; das sind regelmäßig die bisherigen Geschäftsführer (§ 66 GmbHG). Sie beenden die schwebenden Geschäfte, „versilbern" das Vermögen und tilgen die Schulden der Gesellschaft. §§ 72, 73 GmbHG gebieten eine Sperrfrist von einem Jahr, bevor die Liquidation damit endet, dass das verbleibende Vermögen unter den Gesellschaftern verteilt wird. Nach der Schlussrechnung wird die Gesellschaft im Handelsregister gelöscht. Ihre Schriften und Bücher sind zehn Jahre lang zu verwahren und können von Gesellschaftern und Gläubigern – z. B. um Haftungsansprüche zu ergründen – eingesehen werden (§ 74 GmbHG).

318. Anspruch gegen eine gelöschte GmbH

Die Thüringer Reisegesellschaft mbH veräußert im Februar 2015 ihr Grundstück in Oberhof an den Baulöwen Theobald Tiger. Im Grundbuch war damals zu Gunsten von Ignaz Wrobel eine Vormerkung eingetragen, um seinen Anspruch gegen die GmbH auf Bestellung einer Buchhypothek von 30 000 EUR zu sichern. Die Erklärung der GmbH nach §§ 873 Abs. 1, 1113 Abs. 1 BGB steht noch aus. Am 31.12.2015 verfügt die auf Nordafrikareisen spezialisierte Gesellschaft nach Unruhen in Reiseländern über kein Vermögen mehr. Nachdem der Antrag auf Eröffnung des Insolvenzverfahrens am 1.3.2016 nach § 26 Abs. 1 Satz 1 InsO mangels Masse abgewiesen worden ist, wird die GmbH am 31.5.2016 im Handelsregister gelöscht. Kann Wrobel im Sommer 2016 noch die Eintragung der Hypothek ins Grundbuch erwirken?

Wrobel kann seinen durch die Vormerkung gesicherten Anspruch auf Einräumung der Hypothek nicht mehr durchsetzen, wenn die Thüringer Reisegesellschaft mbH beendet und damit als Anspruchsgegner nicht mehr existiert.

Nach § 60 Abs. 1 Nr. 5 GmbHG wurde die GmbH zunächst mit der Rechtskraft des Beschlusses vom 1.3.2016 aufgelöst, also mit Ablauf des 15.3.2016 (vgl. §§ 34 Abs. 1 InsO, § 569 ZPO). Da ein nach §§ 66 ff. GmbHG zu verteilendes Vermögen nicht vorhanden war, schloss sich an die Auflösung das Löschungsverfahren nach § 394 Abs. 1 Satz 1 FamFG an.

Ob die GmbH als Rechtsträgerin endgültig vernichtet ist, hängt jedoch nicht nur vom formalen Akt der Löschung, sondern auch davon ab, ob der Gesellschaft noch verwertbare Rechtspositionen zugeordnet werden können. Daher erfolgt eine **Nachtragsliquidation,** wenn sich nach der Löschung herausstellt, dass noch Gesellschaftsvermögen verteilt werden muss oder andere Abwicklungsmaßnahmen erforderlich sind. Hierzu zählt die Erfüllung solcher Verbindlichkeiten, für die kein Vermögen aufgewendet werden muss.

Durch die Veräußerung des Grundstücks von der GmbH an Tiger konnte Wrobels Anspruch wegen § 883 Abs. 2 BGB nicht beeinträchtigt werden. Da im Verhältnis zu ihm und zum Schutze seines vorgemerkten Anspruchs weiterhin der Veräußerer als Eigentümer gilt, kann die GmbH Wrobels Anspruch noch erfüllen. Wrobel kann analog § 273 Abs. 4 Satz 1 AktG die Bestellung eines Nachtragsliquidators beantragen, der dann für die GmbH die zur Hypothekenbestellung notwendige Erklärung abgibt. Die nach § 19 GBO erforderliche Eintragungsbewilligung muss Tiger nach § 888 Abs. 1 BGB erteilen.

Die Gesellschaft lebt also so lange, wie sie eine ihrer Verbindlichkeiten erfüllen kann.

319. Überschuldung

Der Informatikstudent Mark ist Geschäftsführer einer GmbH, die Dienstleistungen mittels Internet erbringt. Für diese Dienstleistungen besteht ein großes Marktpotenzial. Dennoch muss Mark nach zwei Jahren feststellen, dass aufgrund der Anfangsinvestitionen in technische Ausrüstung und Personal sowie der stark steigenden, jedoch nicht kostendeckenden Auftragslage den Verbindlichkeiten der Gesellschaft in Höhe von 450 000 EUR in der Jahresbilanz nur noch ein Vermögen, bestehend aus Geräten und liquiden Mitteln, von 400 000 EUR gegenübersteht. Mark möchte wissen, ob er gemäß § 15a Abs. 1 Satz 1 InsO zur Stellung eines Insolvenzantrages verpflichtet ist.

Gemäß § 15a Abs. 1 Satz 1 InsO muss Mark als Geschäftsführer die Eröffnung des Insolvenzverfahrens ohne schuldhaftes Zögern binnen einer Höchstfrist von drei Wochen beantragen, wenn die Gesellschaft überschuldet ist. Nach § 19 Abs. 2 InsO gilt ein zweistufiger Überschuldungsbegriff, bestehend aus rechnerischer Überschuldung und negativer Fortführungsprognose. Werden die Verbindlichkeiten durch die Liquidationswerte (vgl. Fall 439) einschließlich stiller Reserven nicht gedeckt, spricht man von rechnerischer Überschuldung. Stünde dieses Merkmal allein, führten vorübergehende Finanzkrisen sogleich ins Insolvenzverfahren. Bei **positiver Fortführungsprognose** genügt eine rechnerische Überschuldung deshalb nicht. Sie ist positiv, wenn es nach einer *Cashflow*-Rechnung überwiegend wahrscheinlich ist, dass die Gesellschaft über einen Zeitraum von etwa ein bis zwei Jahren ordnungsgemäß, d. h. unter Begleichung der in diesem Zeitraum fällig werdenden Verbindlichkeiten, fortgeführt werden kann.

Ob Mark einen Insolvenzantrag stellen muss, hängt somit von den Ergebnissen der Überschuldungsbilanz und der Fortführungsprognose ab. Für die Überschuldung kommt es darauf an, wie hoch der Verkehrswert der Vermögensgegenstände des Unternehmens ist, ob sich also z. B. bei abgeschriebenen Geräten stille Reserven aufdecken lassen. Jedenfalls aber dürfte die Fortführungsprognose positiv sein: Dafür sprechen das Marktpotenzial und die steigende Auftragslage, wenn durch sorgfältige Planung alles getan ist, um die Kosten künftiger Aufträge mindestens zu decken.

320. Verspäteter Insolvenzantrag

Die Altbacken Bäckerei GmbH kann dem Wettbewerbsdruck der Großbäckereien nicht mehr standhalten. Gesellschafter-Geschäftsführer Lothar verschließt sich dem zunächst und stellt erst im Juli einen Insolvenzantrag, obwohl die GmbH bereits im Dezember überschuldet war. Der Insolvenzverwalter verlangt von ihm 100 000 EUR, mit denen die GmbH die seit

Dezember bezogenen Backzutaten bezahlte, obwohl klar war, dass aufgrund des Preiskampfes die Erlöse die Kosten nicht decken würden. Zu Recht?

Altbacken haftet der GmbH gegenüber persönlich für **Zahlungen,** die **nach Eintritt der Überschuldung** geleistet wurden (vgl. § 64 Satz 1 Alt. 2 GmbHG), soweit diese nicht mit der Sorgfalt eines ordentlich handelnden Geschäftsmannes vereinbar waren. Der Wortlaut des Gesetzes spricht zwar von „Feststellung" der Überschuldung, hierbei handelt es sich aber um ein Redaktionsversehen, da er an ein Bilanzerfordernis anknüpft, welches im Jahre 1986 gestrichen wurde. Lothar hätte erkennen müssen, dass die wirtschaftliche Situation der GmbH keine weiteren Einkäufe erlaubte, da mit ihnen kein Mehrwert mehr zu erwirtschaften war. Er muss die dadurch verursachte Schmälerung der Insolvenzmasse ausgleichen. Der Insolvenzverwalter wird jedoch mit seinem Begehren nur zu einem Teil Erfolg haben, denn nach dem Sinn und Zweck der Vorschrift, Masseschmälerungen zu verhindern oder auszugleichen, ist von den Ausgaben in Höhe von 100 000 EUR und den variablen Kosten (Mehrverbrauch an Energie etc.) der erzielte Verkaufserlös abzuziehen. Denn die Insolvenzmasse wurde nur um den Differenzbetrag geschmälert.

321. Schadenshöhe bei verspätetem Insolvenzantrag

Nachdem Lothar es pflichtwidrig versäumt hatte, am 1.12. den Insolvenzantrag zu stellen, will die Backfrisch AG, die erstmals im folgenden Februar einen Liefervertrag mit der Altbacken GmbH abgeschlossen hat, von Lothar persönlich Ersatz für ihre Ausfälle. Als dies bekannt wird, verlangen nun auch langjährige Lieferanten von Lothar persönlich Ersatz aller Schäden, die ihnen durch die Insolvenz der Altbacken GmbH entstanden sind. Lothar will hingegen allenfalls den Betrag ersetzen, um den die Insolvenzquote seit Dezember gesunken ist. Hat Lothar Recht?

Die Gläubiger sind danach einzuteilen, wann ihre Forderungen begründet wurden: bereits vor dem Zeitpunkt der vorgeschriebenen Insolvenzantragstellung (Altgläubiger) oder erst danach (Neugläubiger). Altgläubiger können nur Ersatz verlangen, soweit sich ihre Quote aufgrund der masseschmälernden Insolvenzverschleppung verringert hat (sog. **Quotenschaden**), Neugläubiger dagegen vollen Schadensersatz (Kontrahierungsschaden; BGHZ 126, 181, 190 ff.). Zugunsten des Neugläubigers wird vermutet, dass er mit der insolventen Gesellschaft keinen Vertrag geschlossen hätte. Die Backfrisch AG kann Lothar daher auf Ersatz ihres **individuellen Schadens** nach § 823 Abs. 2 BGB i. V. m. § 15a Abs. 1 InsO persönlich in voller Höhe in Anspruch nehmen. Im Gegenzug muss sie ihm aber ihre Insolvenzforderung abtreten (§§ 255, 273 Abs. 1 BGB; BGHZ 171, 46). Lothar hat also Unrecht.

Beachte: Auf Ersatz ihres Quotenschadens sind Gläubiger beschränkt, soweit ihre Verbindlichkeiten bereits vor Dezember begründet waren. Auch solche Altgläubigeransprüche richten sich nicht gegen die GmbH als Gemeinschuldnerin, sondern gegen Geschäftsführer Lothar. Dennoch kann den Ersatz ihres Quotenschadens – als *Gesamtschaden* – im Insolvenzverfahren nur der Insolvenzverwalter geltend machen (§ 92 Satz 1 InsO).

322. Gesellschafterdarlehen statt Eigenkapital

Sophie und Heinrich gründen zum Bau eines neuen Alpentunnels die Maulwurf GmbH mit einem Stammkapital von 50 000 EUR sowie einem Agio von je 250 000 EUR. Da ein Eigenkapital von 550 000 EUR nicht für die geplante Geschäftstätigkeit ausreicht, gewähren beide noch Darlehen in Höhe von je 4 Mio. EUR, welche die Gesellschaft in die Lage versetzen, ihrer Geschäftstätigkeit nachzukommen.
a) Ist es unbedenklich, dass der GmbH zur Verfolgung ihrer Geschäftstätigkeit erst durch Fremdkapitalzufuhr genügend Mittel zur Verfügung stehen?
b) Sind Gesellschafterdarlehen wie Eigenkapital zu behandeln?

Zu a) Oft wird der GmbH anstelle des erforderlichen Eigenkapitals ein Darlehen oder anderes Fremdkapital zur Ausstattung gewährt, sei es von Dritten oder von Gesellschaftern. Das ist legitim und führt nicht zur persönlichen Gesellschafterhaftung. Die Ausstattung mit Fremdkapital durch Dritte erscheint unproblematisch (vgl. auch § 135 Abs. 2 InsO), anders die durch Gesellschafter: Kraft ihrer Information und ihres Einflusses besteht naturgemäß die Gefahr, dass sie sich bevorzugt befriedigen.

Zu b) Gesellschafterdarlehen bleiben stets Fremdkapital, da sie außerhalb einer Vermögensverteilung (§ 72 GmbHG) zurückgefordert werden können. Allerdings werden sie zum Schutz der übrigen Insolvenzgläubiger im Insolvenzverfahren dem Eigenkapital angenähert. Gemäß § 39 Abs. 1 Nr. 5 InsO werden Forderungen aus Gesellschafterdarlehen nachrangig nach den übrigen Gläubigerforderungen befriedigt. Dies bedeutet, dass Gesellschafterdarlehen in der Insolvenz regelmäßig für den Gesellschafter wirtschaftlich verloren sind.

Die Gesellschafter können einen Rangrücktritt auf Stufe 5 (§ 39 Abs. 1 Nr. 5 InsO) oder – so im Zweifel – auf eine neue Stufe 6 auch vereinbaren (vgl. § 39 Abs. 2 InsO). Eine solche Vereinbarung sollte man als Verzicht verstehen – auflösend bedingt durch die Befriedigung der anderen Gläubiger. Darlehen mit Nachrang hinter den anderen Gläubigern des Absatzes 1 sind nach § 19 Abs. 2 Satz 2 InsO bei Feststellung der Überschuldung nicht zu berücksichtigen; derartige Rangrücktrittsvereinbarungen vermeiden daher eine vorzeitige Insolvenzantragspflicht.

323. Gesellschafterdarlehen: Anspruchsgrundlagen

Die wirtschaftliche Situation der Sonnenschein GmbH (Stammkapital 1 Mio. EUR) wird Ende 2014 zusehends schwieriger. Ab Januar 2015 ist die GmbH nicht mehr kreditwürdig. Im September 2016 muss schließlich Insolvenzantrag gestellt werden. Insolvenzverwalter Peer fragt, ob er Ansprüche gegen die beiden, hälftig beteiligten Gesellschafter geltend machen kann:
a) Im Februar 2015 hatte Gesellschafterin Brigitte der GmbH ein Darlehen über 200 000 EUR gewährt und es sich im Juni 2015 wieder zurückzahlen

lassen. Zu diesem Zeitpunkt bestand bereits eine Unterbilanz (vgl. Fall 283) von 140 000 EUR.
b) Gesellschafterin Herta hatte der GmbH bereits 1987 ein stets kündbares Darlehen gewährt. Sie ließ es sich im Februar 2016 zurückzahlen.

Zu a) Peer könnte als Insolvenzverwalter (§ 80 Abs. 1 InsO) einen Anspruch aus § 143 Abs. 1 InsO auf Rückgewähr zur Insolvenzmasse geltend machen. Hierfür müsste die Rückzahlung des Darlehens eine anfechtbare Rechtshandlung darstellen. Dies beurteilt sich nach § 135 Abs. 1 Nr. 2 InsO: Zwar fällt die Rückzahlungsforderung unter § 39 Abs. 1 Nr. 5 InsO und sie wurde befriedigt. Doch geschah dies länger als ein Jahr vor dem Insolvenzantrag.

Auch analog §§ 30 Abs. 1, 31 GmbHG hat die Gesellschaft keinen Anspruch. Denn § 30 Abs. 1 Satz 3 GmbHG hat die sog. Rechtsprechungsregeln zu den eigenkapitalersetzenden Gesellschafterdarlehen (BGHZ 31, 258, 272 – Lufttaxi) abgeschafft.

Zu b) Früher kam es darauf an, ob ein Darlehen gerade in der Krise gewährt oder stehengelassen wurde. Seit 2008 ist **jedes** Gesellschafterdarlehen in der Insolvenz nachrangig; Zahlungen auf ein solches Darlehen, die später als ein Jahr vor dem Insolvenzantrag erfolgen, sind somit anfechtbar (§ 135 Abs. 1 Nr. 2 InsO). Peer kann also aus § 143 Abs. 1 InsO gegen Herta vorgehen.

324. Gesellschafterdarlehen: Sinn und Funktionsweise

Gesellschafter Maier hat ein Darlehen an seine GmbH gewährt, die jetzt insolvent ist.
a) Erklären Sie ihm die Sonderbehandlung von Gesellschafterdarlehen in der Insolvenz.
b) Kann Maier seinen Rückzahlungsanspruch beim Insolvenzverwalter anmelden?
c) Maiers bester Freund Paule hatte der Gesellschaft ebenfalls ein Darlehen gewährt, für welches Maier gebürgt hat. Paule meldet in der Insolvenz das Darlehen in voller Höhe zur Tabelle an. Der Insolvenzverwalter verweist ihn auf Maier. Zu Recht?
d) Nachdem Bürge Maier die Darlehensschuld der GmbH beglichen hat, verlangt er Befriedigung aus der Insolvenzmasse neben den anderen Insolvenzgläubigern.

Zu a) Den Gesellschaftern steht es grundsätzlich frei, über den Einsatz und die Art und Weise einer Finanzierung der Geschäftstätigkeit ihrer GmbH zu entscheiden (sog. **Finanzierungsfreiheit**). Somit können sie die Gesellschaft auch durch Darlehen finanzieren. Dies ist rechtspolitisch erwünscht, führt zu steuerlichen Vorteilen und kann sich auch positiv auf die Forderungen außenstehender Gläubiger auswirken. Darin liegt kein Missbrauch (vgl. Fall 322). Allerdings profitieren die Gesellschafter von einer positiven Entwicklung der Investition stärker, da sie am Unternehmenserfolg teilhaben, während der einfache Gläubiger nie mehr als seine

Forderung zurückerhält. Zusätzlich reduziert der Gesellschafter sein Risiko im Fall des Misserfolgs, da die Forderung nur entwertet ist, während Eigenkapital verloren ist. Somit besteht zwischen einfachen Gläubigern und Gesellschaftergläubigern keine Gleichheit. Das dem Insolvenzrecht zugrunde liegende Prinzip der Gleichbehandlung der Gläubiger *(par conditio creditorum)* passt hier nicht. Vielmehr sind die Gesellschafter für die Finanzierung der Gesellschaft zuständig und müssen das Risiko ihrer gewählten Investition vorrangig tragen.

Insoweit wäre es unbillig, wenn der Gesellschafter sein eingesetztes Fremdkapital in Konkurrenz zu den übrigen Gläubigern geltend machen könnte. Allein der mit einem Geschäftsanteil von 10 % oder weniger beteiligte und nicht geschäftsführende Gesellschafter wird durch den Gesetzgeber nach § 39 Abs. 5 InsO privilegiert, weil er in der Regel keine unternehmerische Verantwortung trägt (vgl. Fall 325 Var. b).

Zu b) Nur nach besonderer Aufforderung des Insolvenzgerichts (§ 174 Abs. 3 InsO). Auf den Nachrang gemäß § 39 Abs. 1 Nr. 5 InsO ist dann hinzuweisen.

Zu c) Der Insolvenzverwalter kann Paule den § 44a InsO entgegenhalten: Danach kann der Drittkapitalgeber Befriedigung aus der Insolvenzmasse nur insoweit verlangen, wie er mit der Sicherheit ausgefallen ist. Nach h. L. kann er zwar seine Forderung in voller Höhe anmelden und seine Quote wird entsprechend berechnet; allerdings wird sie nur bis zur Höhe des nachgewiesenen Ausfalls ausgezahlt. Die Norm soll den Drittgläubiger (hier Paule) nicht schlechter stellen, allerdings dafür sorgen, dass er die Gesellschaftersicherheit verwertet. Damit das möglich ist, steht dem Gesellschafterbürgen (hier Maier) die Einrede der Vorausklage (§ 771 BGB) nicht zu.

Zu d) Maier hat einen Anspruch aus § 670 und §§ 488, 774 BGB. Eine Gesellschaftersicherheit für eine Drittverbindlichkeit stellt eine mittelbare Gesellschafterfinanzierung dar und ist somit eine einem Darlehen wirtschaftlich entsprechende Rechtshandlung i. S. d. § 39 Abs. 1 Nr. 5 InsO. Mithin soll der Gesellschafter das Risiko der Finanzierung tragen. Die Regressforderung aus der Inanspruchnahme der Sicherheit ist somit genauso nachrangig, als wenn Maier selbst das Darlehen gewährt hätte.

Schrifttum: *K. Schmidt,* GmbHR 2009, 1009; *Huber/Habersack,* in: Lutter, Das Kapital der Aktiengesellschaft in Europa, 2006, S. 370; *Bauer,* ZInsO 2011, 1379.

325. Gesellschafterdarlehen: Rückzahlung vor Insolvenzeröffnung

An der Virtuell-Medien GmbH sind Lang mit 15 % und Herz mit 7 % beteiligt. Sie gewähren ihrer GmbH Darlehen über je 50 000 EUR. Ein halbes Jahr nach deren Rückzahlung wird über das Vermögen der Gesellschaft das Insolvenzverfahren eröffnet.
a) Lang und
b) Herz möchten von Ihnen wissen, ob sie mit Ansprüchen der Gesellschaft rechnen müssen.
c) Lang erreichte, dass die GmbH unmittelbar vor Eröffnung des Insolvenzverfahrens ein von seiner Hausbank gewährtes Darlehen zurückführte, für das er gebürgt hatte. Kann die Gesellschaft Lang in Anspruch nehmen?

Die Rückführung von Gesellschafterdarlehen unmittelbar vor Insolvenzeröffnung benachteiligt die anderen Gläubiger. Deshalb gewähren § 135 InsO dem Insolvenzverwalter sowie § 6 AnfG den Gläubigern Anfechtungsrechte. Sie auszuüben führt nicht zur Nichtigkeit, sondern zu einer Rückgewährverpflichtung (§ 143 InsO, § 11 AnfG). Die Länge der Anfechtungsfristen (nach § 135 InsO, § 6 AnfG: ein bis zehn Jahre) berücksichtigt, dass Gesellschafter aufgrund ihrer Informationen und Einflussmöglichkeiten ihre Schäfchen lange vor der Insolvenz ins Trockene holen können. Sie bleiben übrigens verantwortliche „Gesellschafter", auch wenn sie in der Anfechtungsfrist schnell noch aus der GmbH ausscheiden (*BGH* GmbHR 2015, 704).

Zu a) Lang unterliegt dem insolvenzrechtlichen Rückgewähranspruch aus §§ 143, 135 Abs. 1 Nr. 2 InsO, weil zwischen Rückzahlung an den Gesellschafter und Stellung des Insolvenzantrages nicht mehr als ein Jahr verstrichen ist. Lang muss daher die vollen 50 000 EUR zur Insolvenzmasse zurückgewähren. Mit seinem auflebenden (§ 144 Abs. 1 InsO) Darlehensrückforderungsanspruch ist Lang nachrangiger Gläubiger (§ 39 Abs. 1 Nr. 5 InsO), der als Letzter aus der verbleibenden Masse befriedigt wird.

Zu b) Ein Anspruch der Gesellschaft gegen Herz besteht nicht, da Herz zu den gemäß § 39 Abs. 5 InsO privilegierten Gesellschaftern mit Kleinbeteiligung (≤ 10 %) zählt und eine Stellung des Herz gleich einem geschäftsführenden Gesellschafter nicht ersichtlich ist.

Zu c) Anfechtbar ist auch das an die Hausbank zurückgezahlte Darlehen (§ 135 Abs. 2 InsO). Allerdings muss nicht die Hausbank, sondern nach § 143 Abs. 3 InsO Gesellschafter Lang an die Gesellschaft zahlen, und zwar so viel, wie er an die Gesellschaft hätte leisten müssen, wenn sie ihn aus seiner Bürgschaft in Anspruch genommen hätte.

Schrifttum: *Bauer,* ZInsO 2011, 1379; *Gehrlein,* BB 2008, 846; *K. Schmidt,* BB 2008, 1966.

326. Sanierung

Nach 101 Jahren erfolgreicher Tätigkeit kommt das Familienunternehmen Gebrüder Paulus Baustoffhandel GmbH in starke wirtschaftliche Schwierigkeiten. Nur ein größerer Kredit kann helfen. Das Bankhaus Leuchte, welches bereits vor einigen Jahren einen Kredit über 1 Mio. EUR gewährt hatte, erwägt, bei gleichzeitiger Übernahme eines Gesellschaftsanteiles in Höhe von 49,5 % einen weiteren Kredit zu gewähren, welcher das Unternehmen retten könnte. Es bittet um Beratung darüber, welche Risiken bestehen, falls der Sanierungsversuch scheitert.

Nach § 39 Abs. 1 Nr. 5 InsO würde das Bankhaus Leuchte das gesamte Darlehen verlieren. Denn sowohl das neue als auch das alte Darlehen wären als Gesellschafterdarlehen nachrangig. Hier hilft das **Sanierungsprivileg** in § 39 Abs. 4 Satz 2 InsO: Sanierungsgesellschafter sind nicht-nachrangige Insolvenzgläubiger. Voraussetzung ist, dass sich das Bankhaus nach Eintritt der (drohenden) Zahlungsunfähigkeit oder Überschuldung als Neugesellschafter beteiligt oder eine bereits bestehende nichtunternehmerische Kleinbeteiligung i. S. d. § 39 Abs. 5 InsO auf über 10 % aufstockt. Die Beteiligung muss allerdings **zum Zwecke der Sanierung** erfolgen, die Sanierung muss also beabsichtigt und das Unternehmen auch objektiv sanierungsfähig sein. Scheitert die Sanierung, so kann das Bankhaus seine Darlehen als Insolvenzgläubiger geltend machen. Dies gilt unabhängig davon, ob das Bankhaus seine Gläubigerstellung vor dem Eintritt der (drohenden) Zahlungsunfähigkeit oder Überschuldung oder danach begründet hat. Sinn der Privilegierung ist es, den Anreiz einer Sanierung zu stärken und dem Sanierungsgesellschafter für sein Engagement zu belohnen, zum Teil in der Hoffnung, sein Verhalten zeige Signalwirkung auch auf andere potenzielle Investoren. Das Sanierungsprivileg endet, wenn der Sanierer sein Kapital trotz nachhaltiger Sanierung in der Gesellschaft belässt und erst später eine Insolvenz eröffnet wird.

Schrifttum: *Hirte/Knof,* WM 2009, 1961.

327. Noch nicht valutierte Darlehen

In guten Zeiten hatte sich der Gesellschafter Hans Paulus jun. zur Gewährung eines Darlehens in Höhe von 1 Mio. EUR verpflichtet. 400 000 EUR wies er damals sofort zugunsten der GmbH an. Über deren Vermögen ist nun das Insolvenzverfahren eröffnet. Der Insolvenzverwalter begehrt die Zahlung der restlichen 600 000 EUR und stuft die Forderung des Hans Paulus jun. als nachrangige Darlehensforderung ein. Der widerruft sein Restdarlehen und hält seine Forderung für die eines Insolvenzgläubigers gemäß § 38 InsO.
a) Wie ist die Rechtslage?
b) Ändert sich etwas, wenn sich Hans Paulus jun. satzungsmäßig verpflichtet hat, das Darlehen auf Anforderung durch die Gesellschaft in jedem Fall zur Verfügung zu stellen?

Zu a) Hinsichtlich der bereits eingezahlten 400 000 EUR ist die Rückzahlungsforderung nachrangig gemäß § 39 Abs. 1 Nr. 5 InsO. Zweifelhaft erscheint aber, ob der Insolvenzverwalter darüber hinaus Zahlung des noch ausstehenden Darlehensbetrages verlangen kann. Denn Hans Paulus jun. hat sein Darlehensversprechen bezüglich des noch nicht gewährten Teils gemäß § 490 BGB widerrufen. Das Darlehen ist hier weder ausdrücklich noch konkludent als unwiderruflich ausgestaltet worden. Hans Paulus jun. ist daher nicht zur Zahlung verpflichtet.

Zu b) Ja. Wie bei den gesplitteten Einlagen (vgl. Fall 233) können sich die Gesellschafter in der GmbH verpflichten, das Eigenkapital der Gesellschaft durch Fremdkapital zu ergänzen. Die hier erfolgte Verpflichtung in der Satzung ist objektiv dahingehend auszulegen, ob die Gesellschafter dieses Fremdkapital dem Eigenkapital gleichstellen wollten und das gesamte Darlehen im Rahmen der Finanzplanung zur Befriedigung der Gläubiger zur Verfügung stehen soll **(Finanzplankredit).** Ist dies der Fall, kann die Auszahlung des Darlehens auch noch in der Insolvenz verlangt werden (BGHZ 142, 116, 120 f.). Siehe allgemein zur Finanzplanbindung Fall 233.

Schrifttum: *Buschmann,* NZG 2009, 91.

328. Der vermietende Gesellschafter in der Insolvenz der GmbH

Die Entertainment GmbH betreibt mehrere Fernsehstudios in Potsdam-Babelsberg. Hierzu hat sie von ihrem Gesellschafter Ulrich im März 2014 dessen Grundstück mit geeigneten Gebäuden auf unbestimmte Zeit mit gesetzlichen Kündigungsfristen gemietet. Die Miete betrug 10 000 EUR im Monat. Ende Februar 2015 wird das Insolvenzverfahren über das Gesellschaftsvermögen eröffnet, die bereits angefangenen Filme sollen binnen Jahresfrist, also bis Februar 2016 vollendet werden. Ulrich nahm seit Dezember 2014 hin, dass keine Miete mehr bezahlt wurde, nachdem sich die GmbH vergeblich um die Aufnahme von Krediten zur Finanzierung der Grundstücksmiete bemüht hatte.
a) Ulrich kündigt den Mietvertrag im Juli 2015. Muss der Insolvenzverwalter das Grundstück herausgeben?
b) Wie viel Miete kann Ulrich für die Zeit von Dezember 2014 bis Februar 2016 verlangen?

Zu a) Gemäß § 47 InsO ist Ulrich als Eigentümer und Vermieter grundsätzlich aussonderungsberechtigt, kann also nach den allgemeinen Regeln Räumung verlangen. Den Mietvertrag konnte Ulrich gemäß § 580a Abs. 2 BGB noch am Freitag, dem 3.7.2015, zum 31.12.2015 kündigen. Ein Gesellschafter kann seinen Aussonderungsanspruch wegen der Überlassung eines Gegenstandes im Insolvenzverfahren allerdings für die Dauer eines Jahres nach Eröffnung des Verfahrens nicht geltend machen. § 135 Abs. 3 InsO mildert diese Rechtsfolge aber doppelt: Sie gilt nur bei Gegenständen, die – wie hier zur Vollendung der Filme – für die Fortführung des Unternehmens von erheblicher Bedeutung sind. Außerdem gebührt dem Gesellschafter die bisher gezahlte durchschnittliche Vergütung kraft Gesetzes weiter. Ulrich muss also noch warten. Er wird besser behandelt, als wenn er anstelle des Grundstücks ein Darlehen gegeben hätte. Zu Recht: Sein Eigentum am Grundstück gab er nie in das Vermögen und die Insolvenzmasse der GmbH. Er blieb Eigentümer und damit bevorrechtigt.

Zu b) Seine Mietansprüche für Dezember 2014 bis Februar 2015 kann Ulrich nur als nachrangige Forderung nach § 39 Abs. 1 Nr. 5 InsO geltend machen: Da Ulrich sich damals entschied, seine Mietzinsen nicht einzufordern, entspricht sein Verhalten wirtschaftlich der Rückgabe dieser Mieteinnahmen als Darlehen. Anhaltspunkte für Privilegierungsgründe aus § 39 Abs. 4 oder 5 InsO fehlen.

Ab Insolvenzeröffnung, also ab März 2015 besteht das Mietverhältnis nach § 108 Abs. 1 Satz 1 InsO mit Wirkung für die Masse fort und Ulrich kann die vereinbarten Mietzinsen grundsätzlich als Masseforderungen (§ 53 InsO) vollständig und bevorrechtigt geltend machen. Dieses Privileg kann allerdings enden, bevor es angefangen hat, nämlich sobald § 135 Abs. 3 InsO eingreift: Nach Satz 2 ist dann nur die durchschnittliche tatsächliche Vergütung des Jahres vor Insolvenzeröffnung zu vergüten. Hier hatte Ulrich drei von zwölf Monatsmieten nicht erhalten, kann also heute nur $^3/_4$ der für damals vereinbarten Miete aus der Masse verlangen. Zwar setzt Satz 1 voraus, dass ein Aussonderungsanspruch geltend gemacht werden könnte. Möglich ist das hier erst Ende 2015, also mit dem Wirksamwerden der Kündigung. Satz 2 setzt einen fälligen Aussonderungsanspruch hingegen nicht voraus: Sonst würde man den Insolvenzverwalter generell drängen, zwecks Mietminderung wichtige Verträge zu kündigen. Vielmehr sollen Gesellschafter ein Jahr lang ihrer erhöhten Verantwortung gerecht werden. Deshalb greift die Vergütungsminderung nach Satz 2 generell sogleich mit Insolvenzeröffnung. Erst ein Jahr später kann Ulrich die vereinbarte Vergütung nach § 108 InsO verlangen, wenn das Nutzungsverhältnis von keiner Seite gekündigt wurde. Ulrich erhält also von März 2015 bis Februar 2016 monatlich $^3/_4$ der vor Insolvenz vereinbarten Monatsmiete, insgesamt 90 000 EUR.

329. Bestattungsfälle

Was sind „Bestattungsfälle" und wie wird ihnen entgegengewirkt?

Bestattungsfälle sind Fälle, in denen Geschäftsführer und Gesellschafter versuchen, sich ihrer Verantwortung und die GmbH einem ordentlichen Liquidations- oder Insolvenzverfahren zu entziehen, meist zum Schaden der Gläubiger. Beispielsweise wird kurz vor der Insolvenz die Firma der Gesellschaft leicht geändert und ihr Sitz (missbräuchlich – *KG* ZIP 2011, 1566) an einen entlegenen Ort verlegt, der bisherige Geschäftsführer tritt mit „weißer Weste" zurück, später wird ein neuer Geschäftsführer bestellt, der ebenso unauffindbar ist wie die neue Postanschrift der Gesellschaft.

Vor der Reform von 2008 scheiterten Gläubiger, die einen Titel brauchten, um gegen die GmbH vorzugehen und gegebenenfalls deren Ansprüche gegen Geschäftsführer und Gesellschafter zu pfänden, **praktisch** an Anspruchsverfolgungs- und Zustellungshindernissen. Nunmehr ist im Handelsregister für alle Kaufleute eine zustellungsfähige inländische Geschäftsanschrift einzutragen (§§ 8 Abs. 4, 10 Abs. 1 GmbHG, § 39 Abs. 1 Satz 1 AktG, §§ 13 Abs. 1 Satz 1, 29, 106 Abs. 2 HGB). Zudem kann bei der GmbH auch eine empfangsberechtigte Person mit ihrer Anschrift eingetragen werden (§§ 10 Abs. 2 Satz 2, 35 Abs. 2 Satz 4 GmbHG). Ist der Zugang von Willenserklärungen faktisch nicht unter einer dieser Anschriften oder einer anderen bekannten Anschrift möglich, kann nach § 15a HGB öffentlich zugestellt werden. Gleiches gilt für Zustellungen im Zivilprozess nach § 185 Nr. 2 ZPO.

Hat die Gesellschaft keinen Geschäftsführer (Führungslosigkeit), gelten auch die Gesellschafter als Empfangsvertreter (§ 35 Abs. 1 Satz 2 GmbHG). Ein unbekannter Aufenthalt genügt hierfür nicht (*AG Hamburg* NZG 2009, 157). Zudem ist dann bei Zahlungsunfähigkeit oder Überschuldung jeder Gesellschafter strafbewehrt verpflichtet, einen Insolvenzantrag zu stellen, es sei denn, er hat von der Insolvenzreife oder der Führungslosigkeit keine Kenntnis (§ 15a Abs. 3–5 InsO). Verletzt er diese Pflicht, haftet er den Gesellschaftsgläubigern gegenüber nach § 15a Abs. 1 und 3 InsO i. V. m. § 823 Abs. 2 BGB. Hierdurch werden die Gesellschafter angehalten, die Gesellschaft nicht führungslos werden zu lassen.

9. Unternehmergesellschaft

330. GmbH und UG im Vergleich

Roman Bober und Philipp Caba verbindet neben einer Männerfreundschaft ihr unbeugsamer Unternehmergeist. Sie erwägen, sich zusammen selbstständig zu machen, wollen aber weder persönlich haften noch 25 000 EUR investieren. In den Medien haben sie von der Unternehmergesellschaft gehört und wenden sich nun an Sie als PdW-Leser: Was sind Gemeinsamkeiten und Unterschiede zwischen UG und GmbH?

Die Unternehmergesellschaft ist keine eigene Gesellschaftsform, sondern eine Variante der GmbH. § 5a GmbHG beschreibt ihre Besonderheiten. Im Übrigen gelten alle Vorschriften des GmbHG auch für die Unternehmergesellschaft.

Ihre Gründung setzt nach § 5a Abs. 1 GmbHG ein Stammkapital voraus, welches unter 25 000 EUR liegt. Zur Kennzeichnung dieser Unterschreitung im Rechtsverkehr muss die Gesellschaft als „Unternehmergesellschaft“ oder „UG“ mit dem Zusatz „(haftungsbeschränkt)“ firmieren. Da der Nennbetrag jedes Geschäftsanteils nach § 5 Abs. 2 GmbHG generell lediglich auf volle Euro lauten muss, ist bei zwei Gesellschaftern nur ein Stammkapital von 2 EUR erforderlich.

Vor der Anmeldung zur Eintragung in das Handelsregister muss nach § 5a Abs. 2 GmbHG abweichend von § 7 Abs. 2 GmbHG das Stammkapital in voller Höhe eingezahlt werden, Sacheinlagen sind nicht möglich. Auch die Unternehmergesellschaft kann gemäß § 2 Abs. 1a GmbHG im vereinfachten Verfahren, also unter Verwendung des Musterprotokolls gegründet werden. Bei ihr können hierdurch die Kosten für die Beurkundung des Gesellschaftsvertrages und für die Anmeldung zum Handelsregister verringert werden, denn dann wird nicht von einem Mindestgeschäftswert von 25 000 EUR ausgegangen (§§ 41d, 39 Abs. 4, 41a Abs. 1 Nr. 1 KostO).

§ 5a Abs. 3 GmbHG wirkt darauf hin, dass die UG *en passant* Eigenkapital aufbaut und zu einer „normalen“ GmbH heranwachsen kann: Die UG muss eine Rücklage bilden, in welche ein Viertel des jeweiligen Jahresüberschusses einzustellen ist, welcher vorher um einen etwaigen Verlustvortrag aus dem Vorjahr gemindert wird. Die Rücklage darf nur zur Kapitalerhöhung aus Gesellschaftsmitteln gemäß § 57c GmbHG sowie zum Ausgleich eines Jahresfehlbetrags oder Verlustvortrags verwendet werden (vgl. § 150 AktG). Hierdurch besteht eine das Stammkapital übersteigende Ausschüttungssperre, welche aber einer sonstigen Vermögensverwendung, insbesondere zur Investition, nicht entgegensteht. Für diese Rücklage ist keine Obergrenze vorgesehen. Die Rücklagepflicht entfällt erst, wenn das Stammkapital wirksam auf mindestens 25 000 EUR erhöht wird (§ 5a Abs. 5 GmbHG). Denn dann findet § 5a Abs. 1–4 GmbHG keine Anwendung mehr; Sacheinlageverbot und Volleinzahlungsgebot gelten für diese Kapitalerhöhung dann nicht mehr (*BGH* NJW 2011, 181). Die Firma darf aber beibehalten werden.

Die Unternehmergesellschaft kann als Erfolgsgeschichte bezeichnet werden: Seit Einführung waren bis Januar 2016 bereits 115 644 UGs in den deutschen Handelsregistern eingetragen, davon fast 8 900 Komplementärgesellschaften. Die Anzahl der

Ltd. (vgl. Fall 484) mit Sitz in Deutschland ist demgegenüber leicht rückläufig (vgl. *Kornblum,* GmbHR 2016, 691, 692).

331. Eine UG spielt GmbH

Die FassadenFit UG (haftungsbeschränkt) hat nur 500 EUR Stammkapital. Seit der neue Geschäftsführer Cors alle schriftlichen Angebote im Namen der „FassadenFit GmbH, u. G." abgibt, steigen die Auftragszahlen. Auch Wutkes Haus wird saniert, aber schlecht und Cors verweigert die Nacherfüllung.
a) Wutke verlangt 100 000 EUR Schadensersatz. Wer ist sein Vertragspartner?
b) Als er erfährt, dass die FassadenFit eine UG ist und gerade Liquiditätsprobleme hat, verlangt er den Schaden von Cors ersetzt. Zu Recht?

Zu a) Beim Vertragsabschluss wurde die FassadenFit UG von Cors falsch bezeichnet. Jedoch ist bei solchen unternehmensbezogenen Geschäften das gemeinsame Verständnis der Vertragsparteien maßgeblich, dass im Namen (§ 164 Abs. 1 BGB) des wahren Unternehmensinhabers gehandelt wird, der in der Lage ist, den Vertrag zu erfüllen. Wahrer Unternehmensinhaber ist die FassadenFit UG; gegen sie besteht also der Anspruch.

Zu b) Cors könnte analog § 179 Abs. 1 BGB gesamtschuldnerisch haften (a. A. *Altmeppen,* NJW 2012, 2833: § 311 Abs. 3 Satz 2 BGB). Danach haftet ein Vertreter nicht nur ohne Vertretungsmacht, sondern auch ohne Vertretenen, beim Weglassen des Rechtsformzusatzes (Schein persönlicher Haftung) und – hier – beim Andeuten einer seriöseren Rechtsform (Schein eines höheren Stammkapitals; *BGH* NJW 2012, 2871). Wertungsgleich ist dieses Vorspiegeln einer höheren Bonität, soweit die Warnfunktion des korrekten Rechtsformzusatzes reicht. § 5a Abs. 1 GmbHG, also die Warnfunktion von „UG (haftungsbeschränkt)", bezieht sich nicht auf das konkrete Eigenkapital – das kann auch eine GmbH verloren haben –, sondern auf das rechtsformspezifisch fehlende Mindeststammkapital in Höhe von 25 000 EUR. Dieser Funktion entsprechend beschränkt sich der Schadensersatz auf die Differenz zwischen Stammkapital der UG und dem Mindeststammkapital einer GmbH, hier also auf 24 500 EUR. Offen ist die Frage, ob der Vertreter je Gläubiger in dieser Höhe haftet oder ob er schutzzweckkonform so behandelt wird, als wäre dies seine Haftsumme. Hier nutzte Cors die Bezeichnung „GmbH". Der Zusatz „u. G." zerstörte diesen Rechtsschein nicht vollständig, da er unverständlich und nach § 5a Abs. 1 GmbHG unzulässig ist. Unbeachtlich ist der Rechtsschein, wenn er für das Verhalten nicht kausal war. Doch diese ungeschriebene Ausnahme müsste Cors beweisen.

332. Verlockende Sacheinlage

Caba ist bereits Inhaber der Bar „Hemingway's" in Frankfurt (Oder). Da zunehmend Studenten in die Stadt umziehen und der Bedarf an gastronomischen Angeboten wächst, möchte Caba sein Geschäft ausbauen und fragt

Bober, ob er mit ihm zusammen das Unternehmen betreiben möchte. Zur Risikobegrenzung und wegen der freien Wahl des Stammkapitals entscheiden sich beide, eine Unternehmergesellschaft zu gründen. Das Stammkapital soll auf 1 000 EUR festgesetzt werden.
a) Können sie im Gesellschaftsvertrag der UG festlegen, dass Caba seine Bar einlegen soll?
***b) Können sie verabreden, dass beide Geldeinlagen leisten und die UG Caba die Bar dann abkauft?**
c) Kann Caba die Bar im Zuge einer Kapitalerhöhung in die Gesellschaft einbringen?

Zu a) Eine solche offene Sacheinlage ist in der klassischen GmbH unproblematisch, in der Unternehmergesellschaft dagegen ausgeschlossen (vgl. § 5 Abs. 4 mit § 5a Abs. 2 Satz 2 GmbHG). Der Notar wird einen so gestalteten Gesellschaftsvertrag nicht beurkunden, das Registergericht die Eintragung der Gesellschaft ablehnen. Caba muss also eine Geldeinlage übernehmen. Das hindert ihn freilich nicht, zusätzlich seine Bar einzubringen, sei es als Agio (vgl. Fälle 255 Var. b, 342) oder als Geschenk. Beides ist zulässig, selbst wenn die UG für Altschulden mithaftet, z. B. aus § 25 HGB. Denn nach korrekter Einlage wird die Kapitalaufbringung durch die Vorbelastungshaftung (*OLG Karlsruhe* NZG 2014, 622) und die Kapitalerhaltung durch §§ 31, 30 GmbHG sichergestellt.

Zu b) Der Kauf der Bar führt dazu, dass die Gesellschaft einen Sachgegenstand erhält und die Geldeinlage wieder an Caba zurückfließt. Die Beteiligten erwägen hier eine unzulässige verdeckte Sacheinlage. Ein Teil der Literatur will § 19 Abs. 4 GmbHG auch bei der UG direkt oder analog anwenden, also den Wert des Gegenstands auf die Einlagepflicht anrechnen. Dies sei wirtschaftlich begrüßenswert; der Umgehung des Sacheinlageverbots könne durch die strafrechtliche Sanktion von § 82 GmbHG wirksam begegnet werden. Nur eine offene Sacheinlage verhindert danach regelmäßig die Errichtung einer Gesellschaft, einer verdeckten Sacheinlage soll sogar partielle Erfüllungswirkung zukommen. Deshalb befürworten andere, dass der Gesellschafter weiterhin die Einlage leisten muss. Das Verpflichtungsgeschäft sei gemäß § 134 BGB nichtig. Dies entspricht teilweise der Behandlung verdeckter Sacheinlagen bis zur Gesetzesänderung von 2008.

Zu c) Nach § 5a Abs. 5 GmbHG ja, wenn durch die Sachkapitalerhöhung die Mindeststammkapitalziffer in Höhe von 25 000 EUR erreicht wird (*BGH* NJW 2011, 1881).

Schrifttum: *Römermann,* NJW 2010, 905; *Klose,* GmbHR 2009, 294; *Müller,* ZGR 2012, 81.

333. Gewinnvermeidung in der UG

Caba und Bober gründen Ende 2014 die Bar Hemingway's-UG (haftungsbeschränkt) mit einem Stammkapital von 1 000 EUR. Die UG mietet einen Raum und Inventar und nimmt den Geschäftsbetrieb auf. Nach guten Erträgen verkauft Caba Ende Oktober 2015 mit Bobers Einverständnis eine Kühltruhe (Marktwert: 2 000 EUR) aus seinem Privatbestand zu einem Kaufpreis

von 6 000 EUR an die UG. Deren Geschäftsführer Hörig war angewiesen, den hohen Kaufpreis zu akzeptieren. Der Jahresabschluss der Gesellschaft weist deshalb für das Jahr 2015 weder einen Überschuss noch einen Verlust aus. Als Bober Ende Februar 2016 den Wochenumsatz in Höhe von mehr als 10 000 EUR bei der Bank einzahlen will, wird er von einem Unbekannten ausgeraubt. Nun ist kein Geld mehr vorhanden, um die Miete für das Inventar und den Raum in Höhe von 1 500 EUR zu bezahlen. Daher stellt Hörig noch Ende Februar 2016 den Insolvenzantrag und das Insolvenzverfahren wird eröffnet.
a) Der Insolvenzverwalter fordert von Caba die Rückzahlung von 4 000 EUR. Zu Recht?
b) Da auch Caba mittlerweile insolvent ist, fordert der Insolvenzverwalter die 4 000 EUR von Bober.
c) Auch bei Bober ist nichts mehr zu holen, sodass der Insolvenzverwalter von Hörig Zahlung von 4 000 EUR verlangt. Zu Recht?

Nach § 80 Abs. 1 InsO kann der Insolvenzverwalter alle der UG zustehenden Ansprüche geltend machen.

Zu a) § 143 Abs. 1 InsO kommt als Anspruchsgrundlage für die Rückforderung nicht in Betracht, denn die Kaufverträge unterliegen nicht der Insolvenzanfechtung. §§ 131, 132 InsO sind nicht einschlägig, weil die Kaufverträge mehr als drei Monate vor Eröffnung des Insolvenzverfahrens geschlossen und abgewickelt wurden, für eine Anfechtbarkeit nach § 133 InsO fehlt es am erforderlichen Gläubigerbenachteiligungsvorsatz der Gesellschaft.

Dagegen könnte sich ein Anspruch der Gesellschaft gegen Caba aus einer Analogie zu § 31 Abs. 1 GmbHG ergeben. Die Kaufverträge der Gesellschaft mit Caba greifen zwar nicht das Stammkapital der Gesellschaft an (§ 30 Abs. 1 GmbHG), könnten jedoch gegen § 5a Abs. 3 GmbHG verstoßen. Danach ist im Jahresabschluss eine gesetzliche Rücklage von einem Viertel des Jahresüberschusses zu bilden, welche nicht an die Gesellschafter ausgeschüttet werden darf.

Hier wurde versucht, die Ausschüttungssperre durch eine vorherige verdeckte Gewinnausschüttung in Höhe von 4 000 EUR zu umgehen. Die Kaufverträge sind nicht nach § 134 BGB nichtig. Soweit gegen § 5a Abs. 3 GmbHG verstoßen wird, könnte der Kaufpreis jedoch analog § 31 Abs. 1 GmbHG zurückgefordert werden (vgl. zur AG Fall 343). Da § 31 Abs. 1 GmbHG nur das für die Gläubiger reservierte Stammkapital schützt, bezieht sich der Schutz bei analoger Anwendung nur auf die für die Gläubiger reservierte Rücklage nach § 5a Abs. 3 GmbHG. Die Gesellschaft ist so zu stellen, als wäre die Rücklage von 25 % des Jahresüberschusses (hier: 1 000 EUR) gebildet worden. Nur diesen Betrag hat Caba analog § 31 Abs. 1 GmbHG zurückzuerstatten. Diesem Anspruch kann er bereicherungsrechtliche Einwendungen und Einreden (§§ 814, 818 Abs. 3 BGB) nicht entgegenhalten.

Zu b) Wenn die Erstattung von Caba nicht zu erlangen ist, haftet Bober analog § 31 Abs. 3 GmbHG (vgl. Fall 284 Var. b), soweit die 1 000 EUR erforderlich sind, um die Verpflichtung aus dem Mietvertrag zu erfüllen.

Zu c) Hörig haftet nach § 43 Abs. 2 GmbHG, wenn seine Auszahlung des überhöhten Kaufpreises pflichtwidrig war. Das ist dann der Fall, wenn er die entsprechende Weisung wegen Nichtigkeit nicht befolgen durfte. Sie war weder wegen eines fehlenden Ausschüttungsbeschlusses noch wegen eines Verstoßes gegen den gesellschaftsrechtlichen Gleichbehandlungsgrundsatz nichtig, weil alle Gesellschafter einverstanden waren, was im Innenverhältnis ausreicht. Die Weisung verlangte von Hörig aber eine gegen § 5a Abs. 3 GmbHG verstoßende Auszahlung und war aus diesem Grund nach § 134 BGB nichtig (Fall 296 Var. c). Die pflichtwidrige Befolgung der Weisung war auch sorgfaltswidrig i. S. d. § 43 Abs. 1 GmbHG. Hörig hat die Gesellschaft so zu stellen, wie sie bei pflichtgemäßem Handeln stünde. Daher haftet er der Gesellschaft wegen Verstoßes gegen § 5a Abs. 3 GmbHG nach § 43 Abs. 2 GmbHG auf Schadensersatz in Höhe von 1 000 EUR.

Eine darüber hinausgehende Haftung Hörigs nach § 64 Satz 3 GmbHG ist dagegen ausgeschlossen. Der Geschäftsführer Hörig hat der Gesellschaft durch Zahlung des verdeckten Gewinns an Caba zwar in Höhe von insgesamt 4 000 EUR Liquidität entzogen. Weitere Voraussetzung ist aber, dass die Zahlung zur Zahlungsunfähigkeit führen musste. Kausalität genügt also nicht: Es muss sich bereits zum Zeitpunkt der Zahlung klar abzeichnen, dass die Gesellschaft bei normalem Verlauf der Dinge ihre Verbindlichkeiten nicht mehr erfüllen können wird. Da die Insolvenz in Folge des Raubs nicht zu erwarten war, hat Hörig die ausgezahlten 4 000 EUR nicht nach § 64 Satz 3 GmbHG zu ersetzen.

Schrifttum: *Müller,* ZGR 2012, 81.

334. UG & Co. KG ohne Rücklagen

Dem Misserfolg mit der Bar zum Trotz glaubt Bober weiterhin an die Chancen der Gastronomie in Frankfurt (Oder). Er möchte er im kommenden Sommersemester einen Schnellimbiss am Bahnhof eröffnen und dazu eine neue UG gründen. Er hat aber keine Lust, in jedem Jahr ein Viertel des Gewinns zurückzulegen. Daher fragt er den findigen Steuerberater Thürling nach einer geeigneten Gestaltungsform. Was wird Thürling empfehlen?

Thürling wird Bober zu einer UG & Co. KG raten. Die UG sollte dabei mit möglichst niedrigem Stammkapital ausgestattet werden (1 EUR) und nach dem Gesellschaftsvertrag der KG weder kapital- noch gewinnmäßig beteiligt sein, sondern nur eine Haftungsvergütung von z. B. jährlich 10 % der Stammkapitalziffer erhalten. Bober selbst wird Kommanditist der KG. Wenn dann in der KG Gewinne anfallen, kann Bober sie sich in voller Höhe ausschütten. Die Konstruktion wirkt sich für ihn auch steuerlich positiv aus (vgl. Fall 220).

Diese Ausgestaltung der UG & Co. KG könnte allerdings gegen § 5a Abs. 3 GmbHG verstoßen: Die UG muss ein Viertel des erwirtschafteten UG-Gewinns thesaurieren (ansparen). Dieser Teil soll als Rücklage in der UG verbleiben, damit sie irgendwann zu einer „normalen" GmbH heranwachsen kann. Die Unternehmergesellschaft ist insofern nur als Übergangsform konzipiert. Hier dagegen kann die UG niemals eine Rücklage bilden, die auch nur annähernd die Größenordnung von

25 000 EUR erreichen könnte. Einige Autoren sahen deswegen in der UG & Co. KG eine unzulässige – § 5a Abs. 3 GmbHG umgehende – Rechtsformgestaltung. Sie haben sich aber nicht durchgesetzt. Denn § 5a Abs. 3 (wie auch § 1) GmbHG begründet keine Gewinnerzielungspflicht, sondern nur für den Fall der Gewinnerzielung eine Thesaurierungspflicht. Zudem hat der Gesetzgeber der UG keine maximale Lebensdauer verordnet, also nicht verhindert, dass sich die Rücklagenbildung und ein „Heranwachsen" zur GmbH (vgl. Fall 330) beliebig lange hinziehen können. Solange ersetzt der Warnhinweis „haftungsbeschränkt" einen weiter reichenden Gläubigerschutz.

*Kapitel 9. Aktiengesellschaft

1. Allgemeines

335. Geschichte des Aktienrechts

Welche historischen Vorläufer hat die heutige Aktiengesellschaft und welche Stationen gab es in der Geschichte des deutschen Aktienrechts?

a) Italienische Banken trugen bereits im 15. Jahrhundert Züge einer Kapitalgesellschaft. Unmittelbare Vorläufer der AG aber waren die Handelskompanien des 17. Jahrhunderts, z. B. die englisch-ostindische (1600) und die brandenburgisch-afrikanische (1682), die mit den Einlagen ihrer Mitglieder Handelsstützpunkte und -flotten für den Seehandel aufbauten. Die Kompanien erlangten durch staatlichen Hoheitsakt, den Oktroi, die Rechte einer juristischen Person. Hier begegnet man bereits dem Ausdruck „Aktie" für den Anteilsschein.

b) Das älteste deutsche Aktiengesetz ist das ganz unter dem Einfluss des *Code de Commerce* von 1807 stehende preußische Aktiengesetz von 1843. Eine erste umfassende Regelung für ganz Deutschland brachte 1861 das ADHGB in seinen Art. 207–249. Auch das ADHGB verlangte eine staatliche Genehmigung (Konzessionssystem).

c) Die erste Aktiennovelle von 1870 führte das Normativsystem ein. Seitdem haben die Gründer einen Anspruch auf Anerkennung, wenn die gesetzlichen Voraussetzungen vorliegen. An die Stelle der Aufsichtsbehörde trat der Aufsichtsrat als obligatorisches Organ. Zahlreiche Missbrauchsfälle in den sog. Gründerjahren veranlassten den Gesetzgeber in der Novelle von 1884 zu einer tiefgreifenden Reform. Sie brachte eine umfassende Änderung des Gründungsrechts und Vorschriften zur Sicherstellung der Kapitalaufbringung und Kapitalerhaltung. Damit war das Rückgrat für den im deutschen Recht mit besonderer Schneidigkeit bedachten Gläubigerschutz geschaffen. Ferner führte sie teils neue, teils verbesserte Individual- und Minderheitenrechte ein, die in ihrer Grundstruktur bis heute erhalten geblieben sind, z. B. die Anfechtungsklage (vgl. Fall 414).

d) In der Weimarer Republik gewannen einige wenige Aktionäre zum Beispiel durch das Bankenstimmrecht oder die Einführung von Mehrstimmrechtsaktien erheblich an Einfluss. So gewährte etwa eine einzige Aktie der Hamburger Elektrizitätswerke AG 308 000 Stimmen. Erst nach einigen spektakulären Unternehmenszusammenbrüchen infolge der Weltwirtschaftskrise wurden in der NotVO von 1931 erste Reformschritte durchgeführt. 1937 schließlich wurden die aktienrechtlichen Vorschriften des HGB durch das AktG ersetzt. Dieses enthielt erstmals Regelungen über Vorzugsaktien ohne Stimmrecht, die bedingte Kapitalerhöhung, das genehmigte Kapital und die Verpflichtung des Vorstandes auf das Allgemeinwohl.

e) Nach dem Zweiten Weltkrieg erfuhr die Unternehmensverfassung eine grundlegende Neuschöpfung durch die Mitbestimmung der Arbeitnehmer in den Aufsichtsräten der Aktiengesellschaften: Die Vorschriften des BetrVG 1952 finden sich heute im DrittelbG, wonach ein Drittel der Mitglieder des Aufsichtsrats aus Vertretern der Belegschaft bestehen muss, sofern das Unternehmen mehr als 500 Arbeitnehmer beschäftigt. Daneben gilt heute insbesondere das MitbestG von 1976 (vgl. Fall 377).

f) Die Aktienrechtsreform von 1959 und das heutige AktG von 1965 brachten eine Reihe technischer Verfeinerungen, insbesondere die Kapitalerhöhung aus Gesellschaftsmitteln (vgl. Fall 406) und die Verbesserung der Aktionärsinformation. Erstmals wurde das Recht der verbundenen Unternehmen (vgl. Fall 422) in den §§ 15 ff. und 291 ff. AktG gesetzlich geregelt.

Sonderregelungen für kleinere Aktiengesellschaften wurden 1994 eingeführt (vgl. Fall 338), seit 2004 steht Unternehmen eine neue Rechtsform zur Verfügung, die Europäische (Aktien-)Gesellschaft (SE; vgl. Fall 486). Für börsennotierte Aktiengesellschaften findet die Rechtsentwicklung weitgehend im Kapitalmarktrecht statt (vgl. Fall 354).

Schrifttum: *W. Hartung,* Geschichte und Rechtsstellung der Compagnie in Europa, 2000.

336. Zahl der Aktiengesellschaften

Wie hat sich die Zahl der Aktiengesellschaften in Deutschland entwickelt und welchen Anteil haben börsennotierte Gesellschaften?

Nach dem Ersten Weltkrieg und insbesondere nach dem Ende der Inflationsjahre war die Zahl der deutschen Aktiengesellschaften, die Anfang des 20. Jahrhunderts bei 5 000 gelegen hatte, bis 1925 auf 13 000 gestiegen, im Zuge eines Konzentrationsprozesses sowie fehlender Aktionärskultur in Deutschland bis 1983 aber wieder auf 2 100 Gesellschaften gefallen. Seitdem steigt ihre Zahl wieder stark an: So gab es 1995 bereits etwa 3 800 und 2016 rund 15 500 Aktiengesellschaften in Deutschland. An den Wertpapierbörsen notiert waren davon Anfang 2016 lediglich 939 deutsche Gesellschaften (539 im amtlichen und geregelten Markt, 403 im Freiverkehr in Frankfurt am Main; vgl. dazu Fall 354).

Der umsatz- und mitarbeiterstärkste deutsche Konzern war 2014 die Volkswagen AG mit einem Umsatz von 245 Mrd. EUR und 592 586 Mitarbeitern, während die SAP-Aktie Anfang 2016 mit 85,8 Mrd. EUR die höchste Börsenkapitalisierung (Kurs × Aktienzahl) aufwies.

337. Merkmale der AG

Welche Merkmale charakterisieren die Aktiengesellschaft aus Sicht
a) der Anteilseigner?
b) der Gläubiger?
c) des Unternehmens?
d) der Arbeitnehmer?

Zu a) Aus der Sicht der Anteilseigner: Die vermögensrechtlichen Verpflichtungen erschöpfen sich in einer einmaligen Kapitaleinlage; eine persönliche Haftung der Mitglieder für Gesellschaftsverbindlichkeiten sowie die Einführung zusätzlicher Pflichten scheiden aus. Bei der Auswahl der Geschäftsleiter ist man nicht auf den Kreis der Aktionäre beschränkt. Die Aktiengesellschaft ist die Idealform der offenen Publikums- und Anlagegesellschaft. Eine starke Bindung des Publikumsanteilseigners an die Gesellschaft braucht nicht zu bestehen; er kann über seine Beteiligung frei verfügen.

Zu b) Aus der Sicht der Gläubiger: Eigenkapital ist in Höhe des Grundkapitals (mindestens 50 000 EUR) aufzubringen. Es wird zusammen mit gewissen Rücklagen (vgl. etwa § 150 Abs. 4 AktG) gegen Ausschüttungen geschützt.

Zu c) Aus der Sicht des Unternehmens: Die AG ist die geeignete Organisationsform, um sich durch Ausgabe von Mitgliedschaften an den öffentlichen Kapitalmarkt zu wenden. Aus der Sicht der Gesellschaft ist die Funktion der Aktie nicht, dem Aktionär Eigentum, sondern umgekehrt, dem Unternehmen Eigenkapital zu verschaffen, das zeitlich unbegrenzt zur Verfügung steht. Da die Kapitalanleger schon wegen ihrer Vielzahl nicht an der Geschäftsführung mitwirken können – und typischerweise auch nicht wollen –, kommt es zur Trennung von Eigentum und Leitung *(ownership and control).*

Zu d) Aus der Sicht der Arbeitnehmer: Der Aufsichtsrat der AG ist ab 500 Arbeitnehmern zu $^1/_3$, ab 2 000 zu $^1/_2$ mit Vertretern der Arbeitnehmer zu besetzen (vgl. Fälle 377 ff.).

338. Kleine AG

Was versteht man unter der „kleinen AG"?

Das „Gesetz für kleine Aktiengesellschaften und zur Deregulierung des Aktienrechts" von 1994 sollte die AG für kleinere Unternehmen mit überschaubarem Gesellschafterkreis attraktiver gestalten und ihnen auf diese Weise mittelfristig den Zugang zum Kapitalmarkt erleichtern. Es definiert jedoch nicht *die* kleine AG als solche, sondern gewährt verschiedenen Gesellschaften, die (noch) nicht börsennotiert sind oder die andere Kriterien erfüllen, mehr Flexibilität.

Sind etwa einer Gesellschaft sämtliche Aktionäre namentlich bekannt, so kann die Hauptversammlung nach § 121 Abs. 4 AktG durch eingeschriebenen Brief an die Aktionäre einberufen werden, ohne dass dies in den Gesellschaftsblättern bekannt gemacht zu werden braucht. § 121 Abs. 6 AktG gewährt jeder AG die Möglichkeit, Einberufungsmängel zu heilen, sofern sämtliche Aktionäre anwesend sind (Vollversammlung) und den Beschlüssen nicht widersprechen. Auf der Hauptversammlung einer nicht börsennotierten AG ist die notarielle Beurkundung einfacher Beschlüsse nicht erforderlich; nach § 130 Abs. 1 Satz 3 AktG reicht statt dessen eine vom Vorsitzenden des Aufsichtsrats zu unterzeichnende Niederschrift aus. Seit 1994 ist die AG der GmbH schließlich insofern gleichgestellt, als nach § 2 AktG die Einmann-Gründung zulässig ist und neue Aktiengesellschaften mit weniger als 500 Mitarbeitern von der Mitbestimmung befreit sind.

Schrifttum: *Seibert/Kiem/Schüppen,* Handbuch der kleinen AG, 5. Aufl. 2008.

339. Europäisches Aktienrecht

Gibt es europäisches Aktienrecht?

Ja, zumindest gibt es starke, harmonisierende Einflüsse. Seit 1968 erlässt der Rat der Europäischen Gemeinschaften **gesellschaftsrechtliche Richtlinien,** die sich auf die Ermächtigung zur Koordinierung der Schutzbestimmungen für Gesellschafter und Dritte in Art. 50 Abs. 2 Buchst. g AEUV stützen. Im Aktienrecht ist die Angleichung am weitesten vorangeschritten. Die Richtlinien gelten nicht unmittelbar, sondern verlangen eine Umsetzung im nationalen Recht. Das ist richtlinienkonform auszulegen.

a) Die **Publizitätsrichtlinie** (Nr. 1) regelt zum Schutz Dritter u. a. die Offenlegung, die Gültigkeit der von Kapitalgesellschaften eingegangenen Verpflichtungen, die Nichtigkeit dieser Gesellschaften und die Handelndenhaftung im Gründungsstadium (vgl. Fall 340). Auch § 15 Abs. 3 HGB beruht auf dieser Richtlinie.

b) Die **Kapitalrichtlinie** (Nr. 2) harmonisiert die Gründung und die Kapitalgrundlagen der Aktiengesellschaften in der EU. Zahlreiche Vorschriften des AktG beruhen in ihrer jetzigen Form auf den Vorgaben der Richtlinie.

c) Die **Fusions**- sowie die **Spaltungsrichtlinie** (Nrn. 3, 6) für innerstaatliche und die **Verschmelzungsrichtlinie** für grenzüberscheitende Umwandlungen (Nr. 10) beeinflussten das UmwG.

d) Die **Jahresabschluss**- (Nr. 4), die **Konzernbilanz**- (Nr. 7) und die **Prüferbefähigungsrichtlinie** (Nr. 8) betreffen das Bilanzrecht, die seit 2004 geltende **Übernahmerichtlinie** das Kapitalmarktrecht.

e) Die **Zweigniederlassungs**- (Nr. 11) und die **Einpersonen-Gesellschaft-Richtlinie** (Nr. 12) betreffen nicht nur, aber auch die Aktiengesellschaft.

Eine vollständige Vereinheitlichung des Gesellschaftsrechts in den Mitgliedstaaten der Europäischen Union hat bisher nicht stattgefunden und wird auch nicht verfolgt.

Durch Verordnung werden jedoch neue europäische Gesellschaftsformen geschaffen: So steht grenzüberschreitenden Unternehmen neben der EWIV (vgl. Fall 485) und der Europäischen Genossenschaft (vgl. Fall 450) die Europäische (Aktien-) Gesellschaft zur Verfügung (Societas Europaea, kurz: SE; vgl. Fälle 486 f.). Trotz des gemeinsamen Rechtsrahmens handelt es sich hier allerdings nicht um eine vollständig vereinheitlichte Rechtsform, da die Regelung vieler Teilbereiche den nationalen Gesetzgebern überlassen wurde. Für die SE mit Sitz in Deutschland gelten insoweit das SE-Ausführungsgesetz (SEAG) und das Gesetz über die Beteiligung der Arbeitnehmer in der Europäischen Gesellschaft (SEBG).

Schrifttum: *Grundmann,* § 4.

2. Gründung der AG

340. Vor-AG

Die drei Gebrüder Kuhfuß wollen einen Schlachthof betreiben und errichten dazu die Frischfleisch-AG (Grundkapital: 400 000 EUR), an der sie sich zu je 33 % beteiligen. 1 % übernimmt Anwalt Schussel. Auf alle Einlagen wird das zur Anmeldung notwendige Viertel eingezahlt. Vorstand wird Frau Sanftmuth, die sogleich den Bau des Schlachthofs in Angriff nimmt. Bald darauf verlieren die Kuhfuß-Brüder ihr gesamtes Vermögen durch Spekulationen und bringen so auch die Vor-AG bei den heimischen Banken in Misskredit. Diese gerät in eine Krise, gibt die Eintragungsabsicht auf und stellt den Geschäftsbetrieb ein. Zu diesem Zeitpunkt stehen einem Aktivvermögen im Wert von 2 Mio. EUR Schulden in Höhe von 3 Mio. EUR gegenüber.
Da die Gebrüder Kuhfuß nicht zahlen, wollen sich die Gläubiger jetzt an den vermögenden Schussel und an Frau Sanftmuth halten. Diese meint, Schussel müsse die Unterbilanz allein ausgleichen und will im Namen der AG gegen ihn vorgehen. Gegen wen haben die Vor-AG und deren Gläubiger Ansprüche?

Die Vor-AG hat gegen Schussel einen Anspruch aus dem Gesellschaftsvertrag auf Zahlung der noch ausstehenden Einlage in Höhe von 3 000 EUR. Für die noch ausstehenden Einlagen seiner Mitgesellschafter muss er nicht aufkommen. Eine dem § 24 GmbHG vergleichbare Vorschrift gibt es im AktG nicht. Die analoge Anwendung kommt aufgrund der unterschiedlichen Interessenlage nicht in Betracht: Die Rechtsform der AG ist als Kapitalsammelbecken konzipiert und ausgestaltet. Damit lässt sich eine Einstandspflicht für die Mitgesellschafter nicht vereinbaren.

Darüber hinaus haftet Schussel der Gesellschaft aus **Verlustdeckungshaftung.** Obwohl lediglich für die GmbH höchstrichterlich entschieden (vgl. Fall 261), sollten auch die Gesellschafter einer Vor-AG das Risiko des Geschäftsbeginns vor Eintragung tragen. Jedenfalls bei Zustimmung zur Geschäftsaufnahme hat Schussel die Überschuldung daher anteilig, d. h. zu einem Prozent, auszugleichen. Die Vor-AG hat also einen Anspruch aus der Verlustdeckungshaftung in Höhe von 10 000 EUR gegen Schussel. Eine subsidiäre Einstandspflicht für die Verlustdeckungshaftung seiner Mitgesellschafter, wie sie im GmbH-Recht analog § 24 GmbHG gilt, kommt bei der als Kapitalsammelbecken konzipierten Rechtsform AG wiederum nicht in Betracht.

Die Gläubiger der Vor-AG können nach dem Innenhaftungskonzept Schussel persönlich nicht haftbar machen. Sie können aber in jedem Fall Frau Sanftmuth gemäß § 41 Abs. 1 Satz 2 AktG aus der Handelndenhaftung in Anspruch nehmen.

Beachte: Auch im Aktienrecht kann bei Eintragung eine Vorbelastungshaftung entstehen (vgl. zur GmbH Fall 260 Var. b).

Rechtsprechung: *OLG Karlsruhe* ZIP 1998, 1961; *OLG Hamm* NZG 2002, 867.

341. Verträge der jungen AG mit Aktionären

Die Q-Sportgeräte-AG wurde am 7.1. des vorvorigen Jahres mit einem Grundkapital von 50 000 EUR in das Handelsregister eingetragen. Harry verkaufte der AG am 2.1. dieses Jahres schriftlich einen großen Posten Besen zum üblichen Marktpreis von 5 200 EUR. Er hält zu diesem Zeitpunkt Aktien im Nennwert von 6 000 EUR. Die Besen sollen am 16.1. geliefert und bezahlt werden. Als Harry liefert, verweigert der mittlerweile neu ins Amt gewählte Vorstand Valdemort die Zahlung: Mit eigenen Aktionären geschlossene Verträge seien unwirksam. Kann Harry von der AG Zahlung verlangen?

Die Aktiengesellschaft kann grundsätzlich formlos wirksame Verträge mit ihren Aktionären schließen. Eine Ausnahme besteht bei einem ***Nachgründungs***vertrag, der nach § 52 Abs. 1 Sätze 1 und 2 AktG erst durch Zustimmung der Hauptversammlung und Eintragung des Vertrages wirksam wird. Damit soll die Umgehung der Vorschriften über die Einbringung von Sacheinlagen (§§ 27, 32 ff. AktG) sowie die Einflussnahme einzelner Gründer auf den „jungen" Vorstand verhindert werden. Harry ist mit mehr als 10 % an der AG beteiligt, der Vertrag ist innerhalb von zwei Jahren nach Eintragung geschlossen worden und er sieht vor, dass die AG die Besen für eine den zehnten Teil des Grundkapitals übersteigende Vergütung erwerben soll. Damit liegt ein Nachgründungsvertrag vor. Ob Harry Gründer der AG ist, spielt angesichts der Höhe seiner Beteiligung keine Rolle. Unerheblich ist auch, dass der Vertrag erst nach Ablauf der Zwei-Jahres-Frist erfüllt werden sollte. Die Ausnahme des Abs. 9 greift nicht, da der Kauf einer großen Menge Besen für ein in der Sportbranche tätiges Unternehmen kein laufendes Geschäft ist. Harry kann also erst dann Zahlung verlangen, wenn das in den Absätzen 2–8 vorgesehene Nachgründungsverfahren durchgeführt wurde.

Beachte: Die Nachgründungsvorschriften sind auf Kapitalerhöhungen und auf die GmbH nicht entsprechend anwendbar. Hier und bei allen Geschäften, die nicht unter § 52 AktG fallen, gelten die Regeln über die verdeckte Sacheinlage (vgl. Fall 269).

Schrifttum: *Reichert,* ZGR 2001, 554.

3. Rechtsverhältnisse in der AG und Gläubigerschutz

342. Kapitalerhaltung

Welche Gemeinsamkeiten und welche Unterschiede bestehen zwischen dem Kapitalschutzsystem in der GmbH (vgl. Fall 283) und demjenigen in der Aktiengesellschaft?

Das Grundprinzip ist für die beiden Kapitalgesellschaften dasselbe: Es soll ein bilanzieller Kapitalschutz eingerichtet werden. Er sorgt dafür, dass Vermögenswerte (Geld und andere Aktiva) des Unternehmens nur an die Gesellschafter ausgeschüttet werden dürfen, soweit sie weder zur Befriedigung der derzeitigen Gläubiger noch als Verlustpuffer für die künftigen Gläubiger erforderlich sind. Damit wird der finanzpolitische Spielraum der Organe der Kapitalgesellschaft eingeengt. Die Anforderungen sind indes bei der GmbH und bei der Aktiengesellschaft unterschiedlich streng ausgeprägt. Die beschränkte Auflösbarkeit von Rücklagen und die beschränkte Zuständigkeit der Hauptversammlung führen in der AG zu einer stärkeren Vermögensbindung:

Im Gegensatz zur GmbH wird der Kapitalschutz in der AG nicht nur in Höhe des gezeichneten und in der Bilanz ausgewiesenen Grundkapitals gewährleistet, sondern umfasst auch die Kapitalrücklagen sowie die gesetzliche Rücklage (§ 150 AktG, § 272 Abs. 2 HGB). So erhöht etwa ein Agio (vgl. Fall 255 Var. b) nur in der AG die Ausschüttungsschwelle. Die Grundkapitalziffer verliert damit an Bedeutung. Zudem kann die Ausschüttung des die Stammkapitalziffer übersteigenden Eigenkapitals in der GmbH jederzeit beschlossen werden, während Ausschüttungen in der Aktiengesellschaft erst nach Durchlaufen des formellen Gewinnfeststellungsverfahrens für das abgelaufene Geschäftsjahr zulässig sind (vgl. Fall 345). Als Berechnungsgrundlage für die Feststellung des ausschüttbaren Bilanzgewinns sieht § 58 AktG den Jahresüberschuss i. S. d. § 266 Abs. 3 A. V. HGB vor, sodass ohne Auflösung früher gebildeter Gewinnrücklagen nur der Gewinn des letzten Geschäftsjahres ausgeschüttet werden darf. In der GmbH darf mehr ausgeschüttet werden, nämlich über den festgestellten Gewinn (§§ 29, 42a GmbHG) hinaus alles Eigenkapital, das die Stammkapitalziffer übersteigt.

Bei verbotener Auszahlung bestehen Rückforderungsansprüche der Gesellschaft aus §§ 30, 31 GmbHG bzw. § 62 AktG auch gegen faktische Gesellschafter (*BGH* NJW-RR 2008, 421). § 812 BGB bleibt nur bei Doppelmängeln anwendbar (AG ficht ihre gemischte Schenkung an).

343. Kapitalschutznormen

a) Ein Aktionär verkauft sein Grundstück an seine AG und erhält 1 Mio. EUR, obwohl es nur 990 000 EUR wert war. Rechtsfolge?
b) Wie verhält es sich, wenn der Aktionär das Grundstück für 890 000 EUR von der AG erwirbt?
c) In Var. b lässt sich der Aktionär gern verurteilen, das Grundstück zurückzugeben, weil es zwischenzeitlich verseucht ist: Der Aktionär hatte fahrlässig mit Chemikalien hantiert. Muss er Ausgleich leisten?
d) Kommen auch Schadensersatzansprüche in Betracht?

Zu a) Die AG hat aus § 62 Abs. 1 Satz 1 AktG einen Rückgewähranspruch. Gesetzwidrig empfangene Leistung ist hier die überhöhte Kaufpreiszahlung der AG (verdeckte Rückgewähr). Sie verstößt gegen § 57 AktG. Die Vorschrift verbietet in Absatz 1 Satz 1, den Aktionären Einlagen zurückzugewähren, und in Absatz 3, mehr als den Bilanzgewinn an die Aktionäre zu verteilen.

Ein Verstoß gegen § 57 AktG macht weder das Verpflichtungs- noch das Erfüllungsgeschäft nichtig (*BGH* NZG 2013, 496, 497). Umstritten ist, ob der Aktionär einen Wertausgleich in Geld schuldet oder ob das Geschäft gegenständlich rückabzuwickeln ist. Für die Rückabwicklung in Natur (h. M. auch zu §§ 30, 31 GmbHG) spricht der Wortlaut, der Wegfall von Bewertungsproblemen und die an

§ 346 BGB angelehnte Entstehungsgeschichte. Meines Erachtens spricht etwas mehr für einen Anspruch auf Wertausgleich: Der ausschüttbare Gewinn (§ 57 Abs. 3 AktG, §§ 266 Abs. 3, 268 Abs. 1 Satz 2 HGB) wird nur wertmäßig ermittelt, vollwertige Deckung durch Gegenleistungs- oder Rückgewähransprüche schließen den Anspruch aus (§ 57 Abs. 1 Satz 3 AktG) und die wirksam vereinbarten Leistungen bleiben unberührt. Nur der **Wert** des Gesellschaftsvermögens verdient Schutz. Die AG kann 10 000 EUR Wertausgleich verlangen.

Bemerkt die Gesellschaft ihren Fehler vor der eigenen Leistung, steht ihr ein Zurückbehaltungsrecht aus § 242 BGB (*Dolo-agit*-Einrede) im Umfang von 10 000 EUR zu, denn nach eigener Leistung könnte sie in dieser Höhe aus § 62 Abs. 1 Satz 1 AktG vorgehen.

Zu b) Der umgekehrte Fall ist problematischer. Hier erwirbt der Aktionär das Grundstück unter Wert. Als Ausgleich muss er nach § 62 AktG m. E. 100 000 EUR nachzahlen. Wenn er das Geld nicht hat, wird er das Grundstück lieber an die AG zurückgeben als es an Dritte zu verkaufen, um die geschuldeten 100 000 EUR zu beschaffen. Meines Erachtens muss die AG sich darauf nicht einlassen.

Folgt man der h. M., kann die AG das Grundstück gegenständlich herausverlangen. Diesen Rückgewähranspruch, sagen viele, könne der Aktionär durch Zahlung der Wertdifferenz abwenden (Ersetzungsbefugnis). Seine Treuepflicht gebiete dem Aktionär die gegenständliche Rückgewähr nur, wenn die übertragene Sache für den Geschäftsbetrieb wesentlich sei.

Zu c) Ja. Der Anspruch aus § 62 AktG umfasst auch den Ausgleich zwischenzeitlicher Verluste, die bei der Gesellschaft nicht eingetreten wären (vgl. *BGH* NZG 2008, 467 zu § 31 GmbHG). Bei einer nur wertmäßigen Korrektur des Grundstückskaufs (Var. b) entfällt dieser zweite Wertausgleich, weil das verseuchte Grundstück beim Aktionär verbleibt.

Zu d) Ja. Der Aktionär kann insbesondere aus § 117 Abs. 1 AktG oder § 826 BGB haften, und zwar gesamtschuldnerisch mit Mitgliedern von Vorstand und Aufsichtsrat aus §§ 116, 93 Abs. 3 Nrn. 1, 2, 5 AktG.

344. Kapitalerhaltung und Rechnungslegung

Besteht ein Zusammenhang zwischen Kapitalerhaltung und Rechnungslegung?

Zwischen den deutschen Höchstausschüttungsregeln und dem deutschen Bilanzrecht besteht ein enger Zusammenhang: Das HGB schreibt vorsichtige Bewertungen vor, damit die Ausschüttungen im Gläubigerinteresse begrenzt bleiben. So dürfen wertvoll gewordene Vermögensgegenstände höchstens mit den Anschaffungs- oder Herstellungskosten angesetzt (§ 253 Abs. 1 HGB), gar nicht aktiviert werden dürfen gewisse wertvolle, aber immaterielle Wirtschaftsgüter wie z. B. selbst geschaffene Marken oder Kundenlisten (§ 248 Abs. 2 Satz 1 HGB).

Die deutschen Regeln gelten nicht im Rahmen der International Financial Reporting Standards (IFRS) für kapitalmarktorientierte Gesellschaften. Diese sind vorrangig an der Information der Aktionäre und nicht am Gläubigerschutz orientiert. Sie ersetzen die HGB-Regeln nur bei Konzernabschlüssen (§ 315a HGB). Freiwillige Einzelabschlüsse nach IFRS ersparen großen Gesellschaften i. S. d. § 267 Abs. 3 HGB nicht die gläubigerrelevante Ausschüttungsbemessung nach den HGB-Regeln, sondern nur deren Offenlegung im Bundesanzeiger (§ 325 Abs. 2a HGB).

345. Dividende

a) Welcher Zusammenhang besteht zwischen Umsatz, Gewinn und Dividende?
b) Wie und wann entsteht der Anspruch des Aktionärs auf Auszahlung der Dividende?

Zu a) Von den Umsatzerlösen werden zunächst alle Kosten (z. B. Material, Löhne, Steuern) abgezogen. Bei deren Berechnung verfügt die Verwaltung über beträchtliche bilanzpolitische Spielräume. Von dem verbleibenden Jahresüberschuss kann die Verwaltung in der Regel die Hälfte thesaurieren (§ 58 Abs. 2 AktG), ferner muss sie Verlustvorträge aus dem Vorjahr abziehen und die gesetzliche Rücklage bedienen (§ 150 Abs. 1 und 2 AktG); sie kann aber auch Gewinnrücklagen gewinnerhöhend auflösen (vgl. § 158 Abs. 1 Satz 1 Nr. 3 AktG). Den so gebildeten Bilanzgewinn darf die Hauptversammlung im Gewinnverwendungsbeschluss ganz oder teilweise von der Ausschüttung ausschließen (§§ 58 Abs. 3, 254 AktG). Die auf die einzelne Aktie anfallende Dividende bestimmt sich nach dem Anteil der Aktie am Grundkapital (§ 60 Abs. 1 AktG).

Zu b) Der Vorstand sorgt für Buchführung (§ 91 AktG) und stellt den Jahresabschluss **auf** (§ 170 AktG), der Aufsichtsrat stellt ihn **fest,** billigt ihn also (§ 172 AktG). Die Aktionäre können jetzt von ihrer AG verlangen, einen Gewinnverwendungsbeschluss herbeizuführen. Erst aus § 58 Abs. 4 AktG i. V. m. diesem Gewinnverwendungsbeschluss der Hauptversammlung ergibt sich ein Auszahlungsanspruch als echtes „Gläubigerrecht“, sodass der Aktionär von seiner AG nunmehr Leistung fordern kann. Auch Sachdividenden sind möglich (§ 58 Abs. 5 AktG).

Beachte: Aktionäre, denen infolge gesetzlicher oder statutarischer Bestimmungen (§§ 56 Abs. 3 Satz 3, 71b, 71d Satz 4, 328 AktG) einstweilen keine Mitgliedschaftsrechte zustehen, haben für diese Zeit endgültig kein Dividendenrecht und somit auch keinen Auszahlungsanspruch. Dagegen lebt das nur ruhende Dividendenrecht bei unvorsätzlich unterlassener Mitteilung gemäß §§ 20 Abs. 7 Satz 1, 21 Abs. 4 Satz 1 AktG unter der Voraussetzung des jeweiligen Satzes 2 rückwirkend vollständig wieder auf, wenn die Mitteilung nachgeholt wird.

346. Anspruch der Minderheit auf Dividende

Welche Möglichkeiten hat der Minderheitsaktionär, um eine angemessene Dividendenausschüttung auch gegen den Willen der Verwaltung oder der Mehrheitsaktionäre zu erreichen?

Praktisch kommt ein Druck, Dividenden auszuschütten, allenfalls von der Börse; die Überwachungsmöglichkeiten der Minderheit sind sehr gering und eher theoretisch:

a) Gemäß § 256 Abs. 5 Nr. 2, Abs. 7 i. V. m. § 249 AktG kann bei vorsätzlicher Unterbewertung von Vermögensposten der Gesellschaft gegen die Feststellung des Jahresabschlusses Nichtigkeitsklage erhoben werden.

b) Bei sonstigen nicht unwesentlichen Unterbewertungen oder einem unvollständigen Geschäftsbericht können Aktionäre gemäß § 258 Abs. 1, 2 AktG eine Sonderprüfung einleiten. Dazu benötigen sie 1 % des Grundkapitals oder den anteiligen Nennbetrag (§ 8 Abs. 3 Satz 3 AktG) von 100 000 EUR. Der Kurswert liegt meist um ein Vielfaches höher.

c) Der Gewinnverwendungsbeschluss der Hauptversammlung ist gemäß § 254 Abs. 1 AktG anfechtbar, wenn die Dividende nicht mindestens 4 % des durch Einlagen belegten Grundkapitals beträgt. Allerdings sind die weiteren Voraussetzungen so eng gefasst (die Lebens- und Widerstandsfähigkeit des Unternehmens darf nicht berührt sein usw.), dass § 254 AktG kaum zum Erfolg führen dürfte.

In summa: Der Kleinaktionär ist zwar nicht der Willkür, wohl aber einem sehr großzügig ausgeübten Ermessen der Verwaltung und der Aktionärsmehrheit ausgesetzt.

347. Thesaurierung im Konzern

Die Thüringer Feuerversicherung AG ist Alleinaktionärin der Thüringer Rechtsschutzversicherung AG, die ihrerseits alle Aktien der Badischen Hagelversicherung AG hält. In den Satzungen beider Untergesellschaften sind keine Bestimmungen über die Rücklagenbildung enthalten und die gesetzlichen Rücklagen sind aufgefüllt. In den Hauptversammlungen der beiden Untergesellschaften beschließt ihre Aktionärin, also die jeweilige Obergesellschaft, den gesamten Bilanzgewinn in die anderen Gewinnrücklagen einzustellen (§§ 58 Abs. 3 AktG, § 266 Abs. 3 A. III. 4 HGB). Einige Minderheitsaktionäre der Thüringer Feuerversicherung AG halten diese konzernweite Thesaurierung durch den Vorstand für unzulässig. Zu Recht?

Um das Aushungern von Minderheitsaktionären der Obergesellschaften zu erschweren, könnte § 58 Abs. 2 und 3 AktG entsprechend auf den Gesamtgewinn des Konzerns anzuwenden sein. Dann würden die Grenzen der Rücklagenbildung „konzerndimensional" gezogen, sodass die Hauptversammlung der Thüringer Feuerversicherung AG über die Hälfte des konzernweiten Jahresüberschusses beschließen könnte.

Eine analoge Anwendung würde voraussetzen, den Konzern im Rahmen des § 58 AktG als einheitliches Unternehmen anzusehen. Doch enthält das Gesetz keine sachnahe Parallelwertung und geht im Zweifel von der rechtlichen Eigenständigkeit der abhängigen Gesellschaften aus. Deshalb ist § 58 Abs. 2 und 3 AktG auf jeder Konzernebene uneingeschränkt anwendbar. Der angefallene Bilanzgewinn von Untergesellschaften kann daher vom Vorstand der jeweiligen Obergesellschaft in jeder Konzernebene vollständig geparkt werden. Die Rücklagenbildung in den Untergesellschaften spiegelt sich mittelbar auch bei den Aktionären der Muttergesellschaft in Form der Erhöhung des Werts der Beteiligung wider. Die vorliegende Gewinnverwendungsstrategie mit vollständiger Thesaurierung ist *de lege lata* zulässig.

348. Gewinnverwendung

Kann die Satzung die Hauptversammlung berechtigen und verpflichten, einen Teil des Bilanzgewinns anderweit zu verwenden (z. B. zugunsten der Arbeitnehmer, zu karitativen Zwecken usw.)?

Ja. Die Satzung kann die Hauptversammlung ermächtigen oder verpflichten, gemeinnützige Zwecke zu fördern oder Dritten etwas zuzuwenden. Sie kann die Gewinnverteilung sogar ausschließen. Anderenfalls ist sie nur berechtigt, den Bilanzgewinn in die Gewinnrücklagen einzustellen, auf neue Rechnung vorzutragen oder als Dividende an die Aktionäre auszuschütten (§ 58 Abs. 3 und 4 AktG).

349. Treuepflicht der Minderheit

Die Göttinger Gipswerke AG hat infolge von Umsatzverlusten und riskanten Spekulationen ihr Grundkapital vollständig aufgezehrt. Auf der einberufenen außerordentlichen Hauptversammlung stellt der Vorstand zur Deckung der Verluste ein mit den Gesellschaftsgläubigern abgesprochenes Sanierungskonzept vor, nach dem diese zum Verzicht auf Forderungen bereit sind. Zum Ausgleich der Bilanz soll das Grundkapital herabgesetzt und gleichzeitig erhöht werden. Die Sanierung der AG scheitert, weil Minderheitsaktionär Pessimus ohne Angabe von Gründen mit seinen 15 % aller Stimmen bei 50 %-iger Hauptversammlungspräsenz als einziger gegen die Kapitalherabsetzung stimmt.
Aktionär Treu meint, Pessimus habe die einzige, von allen Gesellschaftsgläubigern akzeptierte Sanierungsmöglichkeit blockiert und dadurch die Insolvenz der AG herbeigeführt. Er verlangt nunmehr Schadensersatz, weil seine Aktien infolge der Eröffnung des Insolvenzverfahrens vollständig wertlos sind. Zu Recht?

Ein Schadensersatzanspruch Treus ergibt sich aus § 280 BGB, wenn Pessimus seine gesellschaftsrechtliche Treuepflicht (vgl. Fall 13) verletzt hat. Auch die Minderheit muss Rücksicht nehmen und darf eigene Interessen nicht willkürlich über die gesellschaftsbezogenen Belange der übrigen Aktionäre stellen. Dem einzelnen Aktionär ist es daher im Rahmen des Verhältnismäßigkeitsgrundsatzes nicht erlaubt, bei aussichtsreichen Strukturmaßnahmen eine Verweigerungshaltung einzunehmen und die Sanierung aus eigennützigen Gründen zu verhindern (BGHZ 129, 136 – Girmes; vgl. zur GbR Fall 66). Pessimus musste erkennen, dass die angestrebte Sanierung die einzige Chance zur Insolvenzvermeidung darstellte. Seine Gegenstimme verhinderte die nach §§ 222, 182 AktG erforderlichen Dreiviertelmehrheiten und verletzte seine gesellschaftsrechtliche Treuepflicht. Als Folge muss Pessimus dem Treu den Wertverlust seiner Aktien erstatten.

Aufgrund der Eröffnung des Insolvenzverfahrens kann ein Schadensersatzanspruch der AG aus Treuepflichtverletzung nur vom Insolvenzverwalter geltend gemacht werden. Ein Ersatz des anteiligen Schadens direkt an Treu ist erst zulässig, wenn der geltend gemachte Betrag zur vorrangigen Befriedigung der Gläubiger nicht mehr benötigt wird (vgl. zum Problem des Doppelschadens Fall 371).

Schrifttum: *Lutter,* ZHR (162) 1998, 164.

4. Aktie und Aktienhandel

350. Begriff der Aktie

Welche Bedeutung hat die „Aktie" im Rahmen des Gesetzes?

Das AktG verwendet den Begriff Aktie in dreifacher Weise:

(1.) Zunächst bezeichnet das Wort einen bestimmten Bruchteil des Grundkapitals (vgl. § 1 Abs. 2 AktG und Fall 351).

(2.) Gleichzeitig versteht man unter Aktie das gesamte Mitgliedschaftsrecht; vgl. etwa die §§ 11, 12 Abs. 1 AktG und Fall 356. In diesem Sinne gebraucht man das Wort, wenn man sagt, dass aus der Aktie Ansprüche vermögensrechtlicher Natur, wie etwa der Dividendenanspruch, oder Mitverwaltungsrechte erwachsen.

(3.) Schließlich wird der Begriff Aktie inhaltsgleich mit Aktienurkunde verwandt (vgl. § 41 Abs. 4 AktG). Die Aktionäre können Verbriefung ihrer zunächst unverbrieften Aktien verlangen. Schließt die Satzung ihren Anspruch auf Einzelverbriefung aus (§ 10 Abs. 5 AktG), können sie verlangen, dass alle Mitgliedschaftsrechte in einer sog. Globalurkunde verbrieft werden und diese nach Maßgabe der §§ 2 ff., 9a DepotG hinterlegt wird.

Schrifttum: *Kindler,* NJW 2001, 1678; *Staake,* JA 2004, 247.

351. Inhaber- und Namensaktien

Was unterscheidet Inhaber- und Namensaktien? Wie überträgt man sie?

Werden Mitgliedschaften verbrieft, sind sie gutgläubig erwerbbar und besser umlauffähig. Sie können dann entweder auf den Namen oder auf den Inhaber lauten (vgl. §§ 10, 23 Abs. 3 Nr. 5 AktG). Lauten sie auf den Inhaber, sind sie nach §§ 929 ff. BGB (gegebenenfalls i. V. m. §§ 18 Abs. 3, 24 Abs. 2 DepotG) übertragbar und die §§ 793 ff. BGB sind analog anwendbar. Namensaktien hingegen sind Orderpapiere; ihre Übertragung erfordert nach § 68 Abs. 1 AktG zusätzlich ein Indossament, also eine schriftliche Erklärung auf der Urkunde. Eine Übertragung „nur" nach §§ 398, 413 BGB bleibt auch bei Verbriefung möglich, das Eigentum an der Urkunde folgt der Mitgliedschaft dann gemäß § 952 Abs. 2 BGB.

Die illegale Herkunft von Vermögen lässt sich kaum noch nachverfolgen, wenn der Täter davon z. B. Inhaberaktien schnell kauft und verkauft (Geldwäsche, § 261 StGB). Deshalb sind nach § 10 Abs. 1 AktG Namensaktien der Normalfall. Sie erhöhen die Transparenz (§ 67 AktG). Inhaberaktien darf eine nicht börsennotierte AG nur ausgeben, wenn sie den Anspruch auf Einzelverbriefung ausschließt und die Sammelurkunde bei einer zulässigen Stelle hinterlegt (§ 10 Abs. 1 Satz 2 Nr. 2, Abs. 5 AktG). Jedenfalls bis zur völligen Tilgung der Einlagepflicht muss die Aktie auf den Namen lauten; ebenso, wenn die Übertragung der Mitgliedschaft an die Zustimmung der Gesellschaft gebunden ist (sog. **vinkulierte Aktien;** vgl. § 68 Abs. 1 und 2 AktG).

352. Stückaktien

Wie unterscheiden sich Nennbetrags- und Stückaktien?

Bis 1998 gab es in Deutschland ausschließlich Nennwertaktien. Nach deren Umstellung von DM auf EUR hätten glatte Nennbeträge nur durch aufwendige Kapitalerhöhungen oder -herabsetzungen wiederhergestellt werden können. Deshalb hat der Gesetzgeber die Möglichkeit eröffnet, zwischen Nennwert- und Stückaktien zu wählen. Eine AG darf lediglich Aktien der einen oder anderen Gattung emittieren.

Eine Nennwert- oder **Nennbetragsaktie** beziffert genau jenen Teilbetrag des Grundkapitals, den sie verkörpert (§ 8 Abs. 2 AktG). Rechnerisch lässt sich das Grundkapital einer Gesellschaft, die Nennwertaktien in Umlauf hat, ermitteln, indem man die – u. U. auch unterschiedlichen – Nennbeträge ihrer Aktien addiert.

An der Börse und bei den meisten Neugründungen findet man heute **Stückaktien.** Sie weisen einen konkreten Nennbetrag nicht aus (§ 8 Abs. 3 AktG). Um den auf sie entfallenden anteiligen, einheitlichen Betrag des Grundkapitals zu ermitteln, ist das Grundkapital durch die – in der Satzung zu vermerkende – Anzahl der Stückaktien zu dividieren. Dieser Wert und der Nennbetrag einer Nennbetragsaktie dürfen den Betrag von 1 EUR jeweils nicht unterschreiten.

353. Aktienwert

Worin liegt der Unterschied zwischen Nennwert, Kurswert und Buchwert der Aktie?

a) Der **Nennwert** ist jener Betrag, den die Aktie als Bruchteil des Grundkapitals verkörpert. § 9 AktG nennt ihn geringsten Ausgabebetrag. Er ist bei Nennbetragsaktien beziffert, bei Stückaktien ermittelt er sich, wie gesagt, aus dem Grundkapital geteilt durch die Aktienanzahl.

b) Der **Kurswert** dagegen ist der Preis für eine Aktie einer börsennotierten Gesellschaft, der sich aufgrund von Angebot und Nachfrage ergibt. Der für eine Aktie zu zahlende Preis wird an der Börse für jedes Geschäft individuell festgestellt (laufende Notierung).

c) Als **Buchwert** bezeichnet man jenen Wert, mit dem die Beteiligung in der Bilanz eines Aktionärs bewertet ist.

354. Börsennotierung

Was ist eine börsennotierte Aktiengesellschaft und welche Rechtsfolgen knüpfen sich an die Börsennotierung und den Rückzug von der Börse?

a) Börsennotiert an einer deutschen oder ausländischen Börse ist eine AG, deren Aktien zu einem Markt zugelassen sind, der von staatlich anerkannten Stellen geregelt und überwacht wird, regelmäßig stattfindet und für das Publikum mittelbar oder unmittelbar zugänglich ist (§ 3 Abs. 2 AktG). Diese Voraussetzungen erfüllt in Deutschland der **regulierte Markt,** nicht aber der Freiverkehr. Beide werden zwar staatlich überwacht (§§ 3 Abs. 1 Satz 2, 7, 48 BörsG). Zur Regelung i. S. d. Gesetzes gehört aber auch die Zulassung und Einbeziehung von Aktien. Dafür sind nur beim regulierten Markt staatlich anerkannte Stellen zuständig, beim Freiverkehr hingegen der Börsen*träger* (vgl. §§ 32 und 48 Abs. 1 Satz 1 BörsG). Das ist meist eine AG, also gerade nicht die Börse als Anstalt öffentlichen Rechts (§ 2 BörsG).

b) Rechtsfolgen der Börsennotierung regelt das Aktiengesetz z. B. in § 130 Abs. 1 (mehr notarielle Beurkundungen) oder § 134 Abs. 1 (keine Höchststimmrechte).

Insbesondere auf börsennotierte Aktiengesellschaften findet zudem das **Kapitalmarktrecht** Anwendung. Es ist zwingendes Marktordnungsrecht, das dem Schutz des Kapitalanlegers dient. Der – private oder institutionelle – Kapitalanleger investiert in Aktien, Obligationen oder andere öffentlich vertriebene Finanztitel der Unternehmen. Im Kapitalmarktrecht geht es nicht um die gerechte Teilhabe an der Dividende und an der inneren Organisation einer AG, sondern um die richtige Ordnung des Marktes. Der Anleger muss durch Publizitätspflichten, die Prospekthaftung (vgl. Fall 235), das Verbot des Insiderhandelns und bei Übernahmen durch Pflichtangebote vor Fehlinvestitionen und Ungleichbehandlung geschützt werden. Regelungen zum Kapitalmarktrecht enthalten insbesondere das WpHG, WpÜG, BörsG und KAGB.

c) Der Rückzug von der Börse *(delisting)* ist Sache des Vorstandes und führt regelmäßig zu erheblichen Kursverlusten. Aktionärsschutz ist hier zwar nicht durch Art. 14 GG geboten. Er schützt die rechtliche Übertragbarkeit der Aktie, nicht aber ihre tatsächliche Verkehrsfähigkeit als schlichte Ertrags- und Handelschance (*BVerfG* NJW 2012, 3081, 3082). Aber ein Schutz der Aktionäre ist interessengerecht. Deshalb hatte der BGH vor einem Delisting einen Hauptversammlungsbeschluss und ein Barabfindungsangebot gefordert (NZG 2003, 280 – Macroton). Als er diese Rechtsprechung wieder aufgab (NZG 2013, 1342 – Frosta), entschied der Gesetzgeber in § 39 BörsG: Eines Hauptversammlungsbeschlusses bedarf es nicht. Nach den Regeln des § 31 WpÜG muss jedoch für die Aktien eine Geldleistung in Höhe des durchschnittlichen inländischen Börsenkurses der letzten sechs Monate angeboten werden (§§ 10 Abs. 1 Satz 1 oder 35 Abs. 1 Satz 1 WpÜG; vgl.

Fall 439). In Ausnahmefällen, z. B. bei Marktmanipulationen, kann vom schwerer ermittelbaren Unternehmens(ertrags)wert auszugehen sein (§ 39 Abs. 3 Satz 3 BörsG).

355. Namensaktien

A ist Inhaber von 200 Namensaktien der Agrippa Versicherung AG. Er ist in das Aktienregister eingetragen. A überträgt die Aktien auf B, indem er sie ordnungsgemäß indossiert und dem B übergibt. Allerdings wird B im Aktienregister nicht aufgenommen.
a) Ist B Eigentümer der Aktienurkunde?
b) Kann B an der Hauptversammlung der Agrippa AG teilnehmen?
c) Wie kann B seine Eintragung in das Aktienregister erwirken?
d) Könnte B an der Hauptversammlungsteilnahme gehindert werden, wenn er zwar in das Aktienregister eingetragen worden ist, die Übertragung der Aktien jedoch infolge Geschäftsunfähigkeit des A unwirksam ist?

Zu a) Ja. Die Eintragung im Aktienregister ist nicht Wirksamkeitsvoraussetzung für den Erwerb einer Namensaktie.

Zu b) Nein. Im Verhältnis zur Gesellschaft gilt immer noch A als Aktionär (§ 67 Abs. 2 Satz 1 AktG).

Zu c) Nach § 67 Abs. 3 AktG können Veräußerer oder Erwerber der Gesellschaft mitteilen und nachweisen, dass die Namensaktie übergegangen ist. Dann hat B einen einklagbaren Anspruch auf Eintragung in das Aktienregister gegen die Gesellschaft. Die einzutragenden Daten ergeben sich aus § 67 Abs. 1 AktG. Bei der in der Praxis häufigen Übertragung durch die depotführenden Kreditinstitute unter Beteiligung der Wertpapiersammelbank *Clearstream Banking AG* (über 90 % aller in EUR an deutschen Börsen gehandelten Aktien sind dort hinterlegt) erfolgt die Mitteilung im Wege automatischer Dateneinspeisung in das elektronische Aktienregister der AG, auf deren Richtigkeit die Gesellschaft grundsätzlich vertrauen darf.

Zu d) Nein. Die Legitimation eines Beteiligten (§ 67 Abs. 2 AktG) endet erst, wenn er der Löschung trotz Benachrichtigung nicht widersprochen hat (§ 67 Abs. 5 AktG) oder wenn er kraft rechtskräftigen Urteils zur Rücknahme des Widerspruchs verpflichtet wird. Die Aktiengesellschaft muss also zu ihren Gunsten und Lasten den Eingetragenen so lange als Aktionär gelten lassen, wie der durch die Eintragung entstandene Rechtsschein nicht zerstört ist. Es wäre sonst für die AG allzu einfach, die Stimmrechtsausübung eines ihr missliebigen Aktionärs zu verhindern.

Schrifttum: *Seibert,* FS Peltzer, 2001, S. 469.

356. Aktiengattungen

Können von einer Aktiengesellschaft Aktien mit unterschiedlichen Mitgliedschaftsrechten ausgegeben werden?

Nach § 11 AktG können Aktien unterschiedliche Rechte gewähren. Aktien mit gleichen Rechten bilden eine Gattung. Die verschiedenen Gattungen sind in Satzung und Bilanz publik zu machen (§§ 23 Abs. 3 Nr. 4, 152 Abs. 1 Satz 2 AktG).

Häufigstes Differenzierungsmerkmal sind unterschiedliche Vermögensrechte. So können bestimmte Aktien mit einer Vorzugsdividende ausgestattet werden, was nicht notwendig, aber in der Mehrzahl der Fälle mit dem Ausschluss des Stimmrechts verbunden wird (§ 139 Abs. 1 AktG), insbesondere, wenn Familiengesellschaften an die Börse gehen. Über den Wortlaut von § 11 AktG hinaus bilden auch Aktien mit gleichen Pflichten – etwa Nebenpflichten nach § 55 AktG – eine Gattung (RGZ 80, 95, 97).

Keine Gattung bilden die Aktien mit Sonderrechten. Diese gewähren einen höheren Bestandsschutz, weil die Änderung eines Sonderrechts der Einzelzustimmung des Aktionärs bedarf. Bei der nachteiligen Veränderung einer Gattung genügt dagegen ein Sonderbeschluss der benachteiligten Aktionäre (§ 179 Abs. 3 Satz 2 AktG), der nicht einstimmig sein muss.

357. Eigene Aktien

Als der Mehrheitsaktionär der Glas- und Spiegel-Manufactur AG Lüneburg sein Aktienpaket verkaufen will, wird es von der Aktiengesellschaft selbst erworben, um einen zu starken Rückgang der Börsennotiz zu verhindern.
a) Was spricht gegen, was für den Erwerb eigener Aktien?
b) War der hier beschriebene Erwerb zulässig?
c) Was ist die Rechtsfolge eines Erwerbs eigener Aktien, der dem gesetzlichen Verbot widerspricht?
d) Darf der Vorstand das Stimmrecht aus den erworbenen Aktien ausüben?

Zu a) (1.) **Gegen** den Erwerb spricht aus Sicht

(a) der Gläubiger: Eigene Aktien vermögen das Überschuldungsrisiko der AG nicht zu mindern. In der Krise nämlich, wenn sie gebraucht werden, verlieren sie ihren Wert. Sie sind deshalb als Sacheinlagen untauglich und dürfen nur aus ausschüttbarem Vermögen erworben werden (vgl. § 71 Abs. 2 Satz 2 AktG).

(b) des Kapitalmarkts: Der Erwerb steigert künstlich den Aktienkurs und begünstigt so die bisherigen gegenüber den künftigen Aktionären; umgekehrt beim Verkauf. Hält der Vorstand den Kurs trotz seiner Insiderkenntnisse zu Unrecht für zu niedrig und kauft die AG (spekulativ) eigene Aktien, fällt der Kurs später umso tiefer.

(c) vorstandsferner Aktionäre: Kauft die AG außerbörslich eigene Aktien zu teuer oder verkauft sie sie zu billig, verlagert sie unzulässig Vermögen auf die an diesen Kaufverträgen beteiligten Aktionäre und verletzt den Gleichbehandlungsgrundsatz.

(2.) **Für** den Erwerb eigener Aktien spricht aus Sicht

(a) vor allem des Vorstandes: Er kann so „feindliche“ Übernahmen verhindern (vgl. Fall 372).

(b) des Unternehmens: Aktienoptionsprogramme können mit gesellschaftseigenen Mitteln finanziert werden. Überschüssige Liquidität kann einfach abgebaut werden.

Zu b) Nein. Wegen der beschriebenen Gefahren ist der entgeltliche Erwerb erstens auf besondere Fälle der Schadensabwehr oder des technischen Durchgangserwerbs beschränkt sowie zweitens auf 10 % des Grundkapitals begrenzt (§ 71 Abs. 2 Satz 1 AktG). Beide Voraussetzungen sind nicht erfüllt: Der Kursrückgang schadet den Aktionären, nicht der AG, und diese will mehr als 10 % erwerben.

Zu c) Nach § 71 Abs. 4 AktG erwirbt die Gesellschaft ohne Rechtsgrund. Da der Veräußerer an seinem Anspruch auf Rückerwerb der Aktien aus § 812 BGB in der Regel nicht interessiert ist, stellen die §§ 71c, 405 Abs. 1 Nr. 4 Buchst. b und c, 407 AktG öffentlich-rechtlich sicher, dass rechtswidrig erworbene Aktien durch die AG wieder veräußert werden.

Zu d) Nein (vgl. § 71b AktG).

5. Organe der AG: Vorstand

358. Einfluss

Wie sind und waren Einfluss und Verantwortung in der selbstständigen Aktiengesellschaft nach dem gesetzgeberischen Willen verteilt?

Nach der Vorstellung des Gesetzgebers obliegt dem Vorstand die Gesamtleitung des Unternehmens („Führungsorgan"), dem Aufsichtsrat die Überwachung („Kontrollorgan", vgl. Fall 373) und der Hauptversammlung die Zuständigkeit für Satzungs- und Strukturänderungen („Basisorgan", vgl. Fall 389). Diese Kompetenzaufteilung auf drei Organe gilt im Aktienrecht seit der Novelle von 1870, wobei die Generalversammlung damals noch alle Kompetenzen per Satzungsbeschluss an sich ziehen konnte. Eine zwingende Zuständigkeitsverteilung sah erst das AktG 1937 vor. Es verlagerte den Schwerpunkt – dem Zeitgeist entsprechend – auf die Führungsrolle des Vorstandes. Der Hauptversammlung wurde jede Möglichkeit entzogen, auf die Geschäftsführung oder die Unternehmenspolitik unmittelbar Einfluss zu nehmen. Zwar kehrte das AktG von 1965 verbal zur Aktionärsdemokratie zurück. Die Zuständigkeit der Hauptversammlung ist jedoch weiter karg bemessen (§ 119 AktG). Sie besitzt weder Regierungs- noch Kontrollgewalt.

359. Machtstruktur

Obwohl die gesetzlichen Regelungen stets dieselben sind, ist die Macht in der Hauptversammlung und in der AG je nach der Struktur des Aktionärskreises unterschiedlich verteilt. Welche Typen von Aktiengesellschaften kann man grob unterscheiden?

a) Die typische deutsche AG mit Mehrheitsgesellschafter oder stabiler Gesellschaftermehrheit: Die Mehrheit der stimmberechtigten Aktien ruht in festen Händen, der Rest ist Streubesitz. Regelmäßig geht hier alle Gewalt von den Mehrheitsaktionären aus. Ob zur Mehrheitsbildung mehr als 50 % des Anteilsbesitzes erforderlich sind oder ob vielleicht schon 10 % genügen, richtet sich nach der Verteilung des Streubesitzes. Je größer der Streubesitz, desto weniger Aktien benötigt ein Großaktionär, um auf der Hauptversammlung die Mehrheit zu stellen. Als Gegengewicht dazu entspricht dem gesteigerten Einfluss tendenziell auch eine gesteigerte Verantwortung.

b) Die personalistische AG (mit kleinem, geschlossenen Mitgliederkreis): Es existiert eine vollständige Eigentümerkontrolle durch wenige Aktionäre. Diese wählen sich häufig selbst in Aufsichtsrat und Vorstand und bestimmen, was geschehen soll (z. B. Familien-AG; Einpersonen-AG). Die gesetzlich geregelte Gewaltenteilung zwischen den drei Organen reduziert sich somit zugunsten der unternehmerisch tätigen Aktionäre auf rein formale Anforderungen.

c) Die in Deutschland ganz seltene echte Publikumsgesellschaft mit Streubesitz ohne feststellbare Mehrheitsgruppe (z. B. Deutsche Bank, Bayer): Wer auch immer hier herrscht, jedenfalls sind es nicht die Aktionäre. Bei der Masse der Kleinaktionäre führen geringer Einfluss, Vielfalt der gehaltenen Aktien und hoher Zeitaufwand für die Einarbeitung und Verfolgung der vielstündigen Hauptversammlung dazu, sich gegen eine Teilnahme zu entscheiden („rationale Apathie“). Diese Lücke füllten früher nur die Depotbanken mittels des Depotstimmrechts (vgl. Fall 398). Folglich konzentrierte sich die Macht in den Publikumsgesellschaften auf eine Elite kaufmännisch und betrieblich geschulter Fachkräfte, die einer (ungenügenden) Kontrolle durch Dritte statt durch die Aktionäre unterliegen.

Mit dem technischen Fortschritt ist der Einfluss der Aktionäre ein wenig gewachsen: § 134 Abs. 3 Satz 5 AktG lässt auch Stimmrechtsvertreter der Gesellschaft zu (in den USA *„proxy voting“* genannt). Die AG kann ihren Aktionären dann ermöglichen, dem Stimmrechtsvertreter noch während der Hauptversammlung elektronische Weisungen zu erteilen und so das Abstimmungsergebnis zu beeinflussen. Die Satzung kann jetzt auch Briefwahl erlauben, sowie dass *online* über das Internet Hauptversammlungen übertragen und Stimmen abgegeben werden können (§§ 118, 134 Abs. 4 AktG).

360. Aufgabenfeld

Kennzeichnen Sie Stellung und Tätigkeitsbereiche des Vorstandes in der Aktiengesellschaft!

Die AG selbst ist nicht handlungsfähig, sondern handelt durch ihre Organe. Geschäftsführungs- und Vertretungsorgan ist der Vorstand. Die Vertretungsbefugnis ist unbeschränkbar (§ 82 Abs. 1 AktG). Der Aufgabenbereich (Geschäftsführung) des Vorstandes erstreckt sich auf alle mit der Führung des Unternehmens zusammenhängenden Fragen. Diese können im Rahmen des § 23 Abs. 5 AktG durch die Satzung (z. B. durch den Unternehmensgegenstand), ferner durch den Aufsichtsrat (§ 111 Abs. 4 Satz 2 AktG), die Hauptversammlung (§ 119 i. V. m. § 83 Abs. 2 AktG) oder eine Geschäftsordnung (§ 77 Abs. 2 AktG) eingeengt werden (§ 82 Abs. 2 AktG). Innerhalb des gesteckten Rahmens handelt der Vorstand eigenverantwortlich (§ 76 Abs. 1 AktG). Folglich konkretisiert er den in der Satzung verbindlich festgeschriebenen Unternehmensgegenstand. Er steht an der Spitze der Mitarbeiterhierarchie und entscheidet letztinstanzlich über den Betriebsablauf. Der Vorstand repräsentiert außerdem das Unternehmen gegenüber den Aktionären, der Belegschaft, den Vertragspartnern sowie der Öffentlichkeit.

361. Innere Organisation

Nach Umwandlung seiner GmbH in eine AG fragt der bislang für *Public Relations* zuständige Geschäftsführer, welche Regeln es für die innere Organisation des Vorstandes gibt und ob er sich künftig auch um Finanzierungsfragen kümmern müsse.

Auch in der AG ist die Geschäftsverteilung freigestellt, doch unterliegen alle Vorstandsmitglieder einer Gesamtverantwortung, also einer intensiveren gegenseitigen Kontrolle. Sie ist notwendig, weil die von der Gesellschafterversammlung der GmbH ausgehende Kontrolle (§§ 37 f. GmbHG) durch den typischerweise schwachen Aufsichtsrat der AG allein nicht geleistet wird.

Grundsätzlich sieht das Gesetz für einen mehrköpfigen Vorstand Gesamtgeschäftsführung und -vertretung vor (§§ 77 Abs. 1, 78 Abs. 2 AktG), die Satzung kann anderes bestimmen. So ist regelmäßig gemeinschaftliche Vertretung zweier Vorstandsmitglieder, selten Einzelvertretung vorgesehen. In Geschäftsführungsangelegenheiten entscheidet meist die Mehrheit, also auch in Finanzierungsfragen. Bestimmt werden kann aber gemäß § 77 AktG auch eine Geschäftsverteilung mit Einzelbefugnissen der Vorstandsmitglieder, welche sich klassisch nach Sachressorts wie z. B. Produktion, Verkauf, Finanz- und Rechnungswesen, Forschung, Personal, Rechts- und Steuerwesen oder nach Sparten wie beispielsweise Festnetz, Mobilfunk, Internet oder in Mischformen einteilen lassen. Trotz vereinbarter Einzel- oder Kollektivgeschäftsführung bleiben bestimmte, gesetzlich geregelte Aufgaben (z. B. §§ 83, 90–92 AktG) der Beschlussfassung des Gesamtvorstandes vorbehalten.

Hat der Aufsichtsrat ein Mitglied zum Vorstandsvorsitzenden bestellt (§ 84 Abs. 2 AktG), ist dieser *primus inter pares*. Die Satzung oder Geschäftsordnung können bestimmen, dass seine Stimme bei Stimmengleichheit eines mindestens vierköpfigen Vorstandes den Ausschlag gibt (Stichentscheid); sogar ein Vetorecht wird von der h. M. in nicht mitbestimmten Gesellschaften (kein Arbeitsdirektor) für zulässig erachtet. Niemals jedoch können sich der Vorsitzende oder bestimmte Vorstandskollegen gegen eine Mehrheit durchsetzen (§ 77 Abs. 1 Satz 2 Hs. 2 AktG), denn Führerprinzip und Kollegialorgan sind miteinander unvereinbar. Die Grundsätze werden vom *Corporate Governance Kodex* wiederholt (vgl. Fall 364).

362. Spenden

Der Vorstand der reichen Schöpf-AG beschließt
a) einen Kindergarten für die Kinder von Belegschaftsangehörigen zu errichten.

b) eine Stiftung zugunsten mehrerer Universitätsinstitute einzurichten.
c) den im Landesparlament vertretenen politischen Parteien eine Spende zukommen zu lassen.
Bei der wöchentlichen Besprechung zwischen Vorstands- und Aufsichtsratsvorsitzenden kommen diese Pläne zur Sprache. Der Aufsichtsratsvorsitzende hält sie für rechtlich bedenklich. Man beschließt, Sie als Justitiarin des Unternehmens um eine Stellungnahme zu bitten. Was werden Sie mitteilen?

Maßstab ist der statutarische Zweck der AG. Bezweckt sie Gewinnerzielung, so kann Gemeinnutz förderlich sein, um das Image und damit langfristig die Gewinnerzielung zu fördern. Der Begünstigte darf aber nicht durch persönliche Präferenzen von Vorstandsmitgliedern bestimmt sein; im Übrigen haben sie ein weites Ermessen (vgl. § 93 Abs. 1 Satz 2 AktG).

Zu a) Zusätzliche Sozialleistungen zugunsten der Belegschaft sind motivierend und, wenn die Finanzlage des Unternehmens dies erlaubt, gewiss zulässig.

Zu b) Die Förderung wissenschaftlicher, kultureller oder sportlicher Institutionen ist „in Maßen" mit § 76 Abs. 1 AktG vereinbar. Langfristig dient dies der Gewinnstabilisierung, weil es die Werbung unterstützt, den Absatz der Produkte des Unternehmens erhöht und insgesamt Ruf und Ansehen der Gesellschaft fördert (BGHSt 47, 187, 192 ff.).

Zu c) Ob Unternehmen alle oder einzelne politische Parteien durch Spenden unterstützen sollen und damit größeren Einfluss gewinnen, darüber lässt sich streiten. Parteispenden, die die Gewinnerzielung des Unternehmens zu konkret fördern, sind unzulässig, im Übrigen schützt das geltende Recht durch Transparenzerfordernisse (§ 25 Abs. 2 Nr. 7, Abs. 3 PartG, §§ 331 ff. StGB). Einen gleichen Einfluss aller Wähler fordern GG, PartG und AktG nicht.

Schrifttum: *Fleischer,* AG 2001, 171.

363. Unternehmensinteresse

Im Anschluss an diese Besprechung wird unter den Mitgliedern der Verwaltung länger darüber debattiert, ob man den sog. *Shareholder Value* (Vermögenswert für den Aktionär) zum Maßstab der Leitung eines Großunternehmens machen oder gleichermaßen Drittinteressen (der *Stakeholder*) oder das Gemeinwohl berücksichtigen müsse.

Die Debatte ist vielschichtig, interessant, aber ohne praktische Bedeutung. § 70 AktG 1937 verpflichtete den Vorstand, die Gesellschaft unter eigener Verantwortung so zu leiten, „wie das Wohl des Betriebs und seiner Gefolgschaft und der gemeine Nutzen von Volk und Reich es erfordern". Folge dieser sog. **Gemeinwohlklausel** war, dass der Vorstand einen sinnvollen Ausgleich zwischen Aktionären, Arbeitnehmern, Gläubigern und Allgemeinwohl herbeizuführen hatte.

Dass dahingehende Formulierungen 1965 in § 76 Abs. 1 AktG fehlen, erlaubt zwar keinen Gegenschluss. Nach ganz überwiegender Rechtsansicht ist das von der AG betriebene Unternehmen aber im Interesse der AG und d. h. im Interesse aller Aktionäre zu leiten. Alle übrigen Interessen haben sich unterzuordnen, soweit zwingendes Recht ihnen keinen Vorrang einräumt. So wird dem Sozialschutz der Arbeitnehmer u. a. durch die unternehmerische und betriebliche Mitbestimmung (vgl. Fall 377), dem Gläubigerschutz u. a. durch die Kapitalerhaltungsregeln (vgl. Fall 342) Rechnung getragen.

364. Corporate Governance

Die Debatte zum Unternehmensinteresse (voriger Fall) wurde seit der Jahrhundertwende abgelöst von der *Corporate-Governance*-Bewegung. In vielen, insbesondere allen EU-Staaten wurde in der Folge ein *Corporate Governance Kodex* aufgestellt. Was wissen Sie über Rechtsnatur, Inhalt, Sinn und Wirkung des Deutschen Corporate Governance Kodex?

a) Der Deutsche Corporate Governance Kodex (DCGK) ist ein Regelwerk eigener Art, das Leitlinien für die Unternehmensführung börsennotierter Unternehmen formuliert. Er wurde von einer Regierungskommission aufgestellt, die ihn jährlich an die wirtschaftliche Entwicklung anpasst.

b) Der Kodex enthält eine Zusammenstellung einschlägiger Gesetzesbestimmungen (u. a. aus dem AktG, HGB, MitbestG) sowie zusätzlicher Empfehlungen („soll") und Anregungen („sollte").

c) Der Kodex soll das Vertrauen in die börsennotierten Unternehmen stärken, indem er den aktuellen Standard *(best practice)* für verantwortungsvolle Unternehmensführung transparent darstellt.

d) Das Regelwerk hat keine Gesetzeskraft. Weicht eine börsennotierte Gesellschaft von den Empfehlungen ab, müssen Vorstand und Aufsichtsrat dies aber im Geschäftsbericht kennzeichnen und begründen (§ 161 Satz 1 AktG; sog. *comply or explain*). Abweichungen wurden im Laufe der Zeit seltener und betreffen oft Vergütungsregeln. Der Abschlussprüfer prüft, ob die Entsprechenserklärung abgegeben wurde, nicht, ob sie inhaltlich richtig war (§§ 316, 285 Nr. 16 HGB). Bei verschwiegenen Interessenkonflikten oder anderen schwerwiegenden und objektiv relevanten Informationsmängeln, können z. B. Entlastungsbeschlüsse anfechtbar sein (BGHZ 182, 272). Wird die Erklärung nicht oder nicht vollständig abgegeben, verletzen die Organmitglieder zwar ebenfalls eine Pflicht. Schäden ergeben sich daraus wohl kaum. Die Erklärung bindet nicht für die Zukunft. Wer anders handelt als erklärt, hat seine Erklärung anzupassen.

Schrifttum: *Hoffmann-Becking,* FS Hüffer, 2010, S. 337.

365. Compliance

a) Was versteht man unter Compliance?
b) Wer koordiniert die Compliance-Arbeit und welche Maßnahmen sind typisch?

Zu a) Compliance beschreibt organisatorische Maßnahmen zur Abwendung unternehmensinterner Regelverstöße. Die im angloamerikanischen Recht entwickelte Praxis ist Ausdruck der **Legalitätspflicht** des Vorstandes (*to comply* = befolgen). In Deutschland lässt sich infolge von Korruptionsskandalen und Kartellbußen eine zunehmende Professionalisierung der Compliance beobachten. Zwar bestehen bisher nur vereinzelt gesetzliche Vorgaben (z. B. § 33 WpHG), jedoch ergibt sich eine Handlungspflicht häufig aus dem Risikopotenzial, teilweise auch durch den Druck von Geschäftspartnern und Behörden (z. B. bei der Ausfuhr von Rüstungsgütern). Der DCGK (vgl. Fall 364) spricht Compliance an, konkretisiert aber nicht.

Zu b) Der Vorstand muss im Rahmen seiner Organisationspflicht das individuelle Gefahrenpotential des Unternehmens (gegebenenfalls konzernweit) bewerten und korrelierende Vorkehrungen treffen. Faktoren wie Unternehmensgröße, Branche, Internationalität oder Verstöße in der Vergangenheit sind hierbei beachtlich. Ein Verstoß gegen die Compliance-Verantwortung führt zur Haftung nach § 93 AktG (vgl. *LG München* NZG 2014, 345). Große Unternehmen richten nicht selten eigens ein Ressort ein. An der Spitze der Compliance-Tätigkeit steht der sog. *(Chief) Compliance Officer,* der dem Vorstand Bericht erstattet. Die Ausgestaltung und der Umfang der Maßnahmen hängen von der Risikolage ab. Übliche Maßnahmen sind anonyme Meldesysteme (internes *whistleblowing*), fortlaufende Schulungen der Mitarbeiter sowie teilweise auch interne investigative Befragungen *(audits)* und Durchsuchungen *(raids).*

366. Unabhängigkeit

Inwieweit können Aufsichtsrat und Hauptversammlung auf einzelne Geschäftsführungsmaßnahmen Einfluss nehmen?

Nach dem Modell des Gesetzgebers von 1937 und § 76 Abs. 1 AktG ist der **Vorstand unabhängig** von Weisungen oder sonstigen Einflussnahmen der Hauptversammlung oder des Aufsichtsrates (siehe aber § 308 Abs. 1 AktG und Fall 434 Var. b). In bestimmten Fällen ist der Vorstand verpflichtet, die Zustimmung des Aufsichtsrates zu Geschäftsführungsmaßnahmen einzuholen (§ 111 Abs. 4 Satz 2 AktG). Eine vergleichbare Verpflichtung gegenüber der Hauptversammlung besteht nur in seltenen Fällen (z. B. Holzmüller- und Gelatine-Entscheidung, vgl. Fall 390). Inwieweit im Übrigen Einfluss möglich ist, hängt von Persönlichkeit und Vernetzung der jeweiligen Akteure ab. Wenn es eine Mehrheitsgruppe gibt, ist der Vorstand ihrem Einfluss oft zugänglich (vgl. § 84 Abs. 1 und Abs. 3 Satz 2 AktG).

Rechtsprechung: *OLG Stuttgart* ZIP 2007, 231 – Daimler-Chrysler AG.

367. Verhaltenspflichten

In der Haftung des Vorstandes nach § 93 Abs. 1 AktG spiegelt sich das Pflichtenprogramm der Vorstandsmitglieder wider. Aus welchen Komponenten setzt sich die Verantwortlichkeit der Organmitglieder zusammen?

In Anlehnung an das US-amerikanische Gesellschaftsrecht setzt sich im europäischen Rechtskreis eine Gliederung der **Organpflichten** nach Sorgfaltspflicht *(duty of care)* und Treuepflicht *(duty of loyalty)* durch. Sie werden heute streng nach Inhalt und Maßstab getrennt.

a) Die Vorstandsmitglieder haben bei ihrer Geschäftsführung die Sorgfalt eines ordentlichen und gewissenhaften Geschäftsführers anzuwenden. Konkretisiert wurde die Generalklausel zuerst durch Rechtsprechung (BGHZ 135, 244: ARAG/Garmenbeck) und Rechtslehre, später auch durch den Gesetzgeber in § 93 Abs. 1 Satz 2 AktG: Das Gesetz verlangt von jedem Vorstandsmitglied und GmbH-Geschäftsführer (*BGH* NJW 2008, 3361), seine unternehmerischen Entscheidungen auf der Grundlage angemessener Information zum Wohl der Gesellschaft zu treffen *(business judgement rule)*. Dem Vorstand steht mithin ein beträchtlicher Handlungsspielraum zur Verfügung, wobei er selbstverständlich an das unternehmensintern durchzusetzende (vgl. Fall 365), zwingende Recht und die Satzung der AG gebunden ist. Unternehmerische Entscheidungen innerhalb des Spielraums sind keine Pflichtverletzungen, auch dann nicht, wenn sie sich als Misserfolg erweisen (*Ex-ante*-Betrachtung). Der unternehmerische „Freiraum" soll nicht nachträglich aus der rückblickenden Perspektive eines Gerichts eingedämmt werden.

b) Die Mitglieder des Vorstandes und des Aufsichtsrats werden mit der Loyalitätspflicht gehalten, alles zu unterlassen, was sie in Konflikt mit ihrer Treuhänderstellung bringen kann. Dazu gehört u. a. eine Geheimhaltungspflicht, ein Wettbewerbsverbot und vor allem die Pflicht, über das Vermögen der AG nicht nach Gutsherrenmanier zu verfügen (*BGH* NJW 2006, 522 – Ackermann) und Geschäftschancen nicht „auf ihre eigene Mühle" umzuleiten *(corporate opportunities doctrine)*.

Die Treueverpflichtungen der Organmitglieder werden vom Gesetz nur vereinzelt angesprochen (§§ 88, 89 und 93 Abs. 1 Satz 3 AktG).

Schrifttum: *Fleischer,* Handbuch des Vorstandsrechts, 2006, § 7 Rn. 46 ff.; *Wiedemann,* ZGR 2011, 183.

368. Notwendige Gehaltserhöhung

Dem Vorstandsvorsitzenden der Schöpf-AG, Himmel, wird in den USA ein höher dotierter Posten angeboten. Um ihren unbestritten besten Mann zu halten, beschließt in seiner Abwesenheit der Vorstand der Schöpf-AG einstimmig, Himmels Entgelt um 5,7 % zu erhöhen. Der Aufsichtsrat hält das für übertrieben und erwägt eine Strafanzeige und Ersatzansprüche gegenüber dem Vorstand. Zu Recht?

Aufgabe des Aufsichtsrats ist nicht nur die Vertretung der AG gegenüber den Vorstandsmitgliedern (§ 112 AktG), sondern gemäß § 87 AktG auch die Sachentscheidung über ihre Gesamtbezüge (Gehalt, Gewinnbeteiligungen, Aufwandsentschädigungen, Versicherungsentgelte usw.). Das beugt eigennützigen Insichgeschäften vor. Der Vorstand kann sich gegenüber dem Vorwurf der Pflichtverletzung nicht auf die *business judgement rule* nach § 93 Abs. 1 Satz 2 AktG berufen, denn diese gilt nur im sicheren Hafen seiner **Zuständigkeit.** Bei Einhaltung gesetzlicher, statutarischer oder anstellungsvertraglicher Pflichten ist dem Vorstandsmitglied kein Beurteilungsspielraum gewährt. Schon der Beschluss kann Untreue sein und die Auszahlung begründet Ansprüche aus §§ 280 (str.), 823 Abs. 2, 812 BGB und § 93 Abs. 2 AktG.

369. Durchsetzung der Vorstandshaftung

a) Wer setzt Schadensersatzklagen gegen den Vorstand nach § 93 Abs. 2 AktG durch?
b) Können auch Aktionäre oder Gläubiger der AG klagen?

Zu a) Die Gesellschaft wird bei Erklärungen gegenüber Vorstandsmitgliedern und bei Klagen gegen sie vom Aufsichtsrat vertreten (§ 112 AktG). Bei Abberufungen (§ 84 Abs. 3 AktG) und Klagen hält der sich jedoch sehr zurück. Denn ein Eklat schadet dem Ruf des Unternehmens. Vielmehr ist er geneigt, durch Vereinbarung von kurzen Amtszeiten (präventiv) oder durch einverständliches Ausscheiden (zum Teil mittels hoher Abfindungssummen, sog. *golden parachutes*) unfähige oder untragbar gewordene Vorstandsmitglieder „in aller Stille" loszuwerden. Unangemessene Abfindungen sind allerdings inzwischen als nach § 87 Abs. 1 AktG unzulässig erkannt (vgl. Fall 384) und gerichtlich verfolgte **Haftungsfälle** gegen Vorstandsmitglieder etwas häufiger anzutreffen. Der BGH hat in der *ARAG-Entscheidung* klargestellt, dass der Aufsichtsrat durchsetzbare Schadensersatzansprüche grundsätzlich geltend machen muss (vgl. Fall 388).

Zu b) Die Aktionäre können anders als im Konzernrecht (vgl. §§ 309 Abs. 4 Satz 1, 317 Abs. 4 AktG) nur unter den Voraussetzungen des § 148 AktG klagen. Während im ausländischen Recht Schadensersatzklagen eines einzelnen Aktionärs zugunsten der Gesellschaft weitgehend zulässig sind, beschränkt das deutsche Aktienrecht die Verfolgungsmöglichkeit auf eine Minderheitsbeteiligung. Der Schwellenwert der Klagemöglichkeit liegt nach § 148 AktG bei 100 000 EUR Nennwert (nicht: Börsenwert) oder einem Hundertstel des Grundkapitals. Um einem Missbrauch von Aktionärsklagen zu begegnen, ist außerdem dem eigentlichen Verfahren dort ein Zulassungsverfahren vorgeschaltet worden, in dem die Plausibilität des Vorwurfs der Unredlichkeit gerichtlich überprüft wird.

Auch die Gläubiger der Gesellschaft können unter den Voraussetzungen des § 93 Abs. 5 AktG den Schadensersatzanspruch aus § 93 Abs. 2 AktG geltend machen, und zwar zu ihrer und nicht zur Befriedigung der Gesellschaft (gesetzliches Verfolgungs- und Befriedigungsrecht). Dieser Weg hilft, wenn die AG nicht zahlen kann und ein Insolvenzverfahren zu teuer wäre.

370. Directors-and-Officers-Versicherung

Wie begegnen Vorstandsmitglieder den im vorigen Fall geschilderten Haftungsrisiken?

Wegen der hohen Haftungsrisiken können Vorstandsmitglieder eine D&O-Versicherung *(Directors' and Officers' Liability Insurance)* abschließen. Üblicherweise zahlt die AG die Versicherungsprämie als Teil der Gesamtbezüge. § 93 Abs. 2 Satz 3 AktG legt für diesen Fall einen verpflichtenden Selbstbehalt zulasten des Organmitglieds fest. Denn wer versichert ist, den regt das Haftungsrisiko nicht zu Sorgfalt an. Allerdings ist auch der Selbstbehalt selbst versicherbar, was den Präventionseffekt mindert.

371. Doppelschaden

Fritz Anton ist einer von mehreren Geschäftsführern der Rotopak GmbH, Nürnberg. Zu seiner Zuständigkeit gehört die kaufmännische Verwaltung von Beteiligungen. Die GmbH erwirbt 76 % der Trepel AG, Wiesbaden. Um eine einheitliche Konzernleitung zu gewährleisten, wird Anton vom Aufsichtsrat der AG als Mitglied des Vorstandes bestellt. In dieser Eigenschaft unterlässt er es, AG-schädigende Maßnahmen eines anderen Vorstandsmitglieds zu unterbinden; dazu gehört vor allem die Kostenübernahme für eine Privatyacht und für ein privates Flugzeug, die von dem anderen Vorstandsmitglied angeschafft wurden. Von der GmbH zur Rechenschaft gezogen, verteidigt er sich damit, dass auch andere Vorstandsmitglieder nichts gegen die Finanzierung eingewandt hätten. Kann die GmbH Schadensersatz verlangen?

Beachten Sie die beiden Doppelrollen: die GmbH als Be- und Anstellungskörperschaft ihres Geschäftsführers (a) und als Aktionärin der Trepel AG (b), Anton als Geschäftsführer dieser GmbH und als Vorstandsmitglied der AG (c):

a) Als Organträger kann die GmbH von ihrem Geschäftsführer nach § 43 Abs. 2 GmbHG Schadensersatz verlangen, wenn er seine Geschäftsleitungspflichten verletzt hat. Hier hatte Anton unter anderem die Aufgabe, sich um die kaufmännische Verwaltung der von der Rotopak GmbH gehaltenen Beteiligungen zu kümmern. An seiner Unabhängigkeit als Vorstandsmitglied der AG (§ 76 Abs. 1 AktG) ändert sich hierdurch nichts, da die Pflichten, die Trepel AG ordnungsgemäß zu führen und andererseits die Beteiligung der Rotopak GmbH zu „pflegen", identisch sind. Gegen diese Pflichten hat Anton sorgfaltswidrig verstoßen, als er als Vorstandsmitglied der Trepel AG nichts gegen die schädigenden Maßnahmen eines Vorstandskollegen unternahm; sein Veto hätte sicher genügt. Dass möglicherweise auch andere Vorstandsmitglieder ihre Aufsichtspflicht verletzt haben, lässt seine Haftung nicht entfallen. Auch wenn der Schaden unmittelbar nur bei der Trepel AG eingetreten ist, kann die GmbH den mittelbar in Form einer Wertverminderung ihrer Beteiligung erlittenen Schaden einfordern.

b) Als Aktionärin kann die GmbH möglicherweise Schadensersatz von Anton verlangen, weil er Organmitglied der Trepel AG ist. Doch steht der Anspruch aus § 93 Abs. 2 AktG der AG als unmittelbar Geschädigter zu. Auch über § 147 AktG kann die Mehrheitsaktionärin nur eine Leistung an die AG durchsetzen, nicht an sich selbst. Das wäre eine unzulässige Kapitalausschüttung. Dieser Rechtsgedanke hat sich in § 148 AktG und mittelbar in den §§ 117 Abs. 1 Satz 2, 317 Abs. 1 Satz 2 AktG niedergeschlagen. Er gilt auch dann, wenn der GmbH z. B. aus §§ 823, 826 BGB ein eigenes Recht zusteht: Leistung an sich selbst kann sie nur insoweit fordern, als unmittelbar eigene Schäden über den im Wertverlust der Aktien liegenden mittelbaren Schaden (Doppelschaden) hinausgehen. Für eine Haftung aus §§ 823, 826 BGB bestehen hier keine Anhaltspunkte. Das nach § 823 Abs. 1 BGB geschützte absolute Recht der Mitgliedschaft wird allein durch den Wertverlust der Aktie nicht verletzt. Diesen kann die GmbH als Aktionärin also nicht ersetzt verlangen.

c) Schadensersatz von Anton kann also die GmbH zwar nicht als Aktionärin verlangen (b), wohl aber als Körperschaft von ihrem Geschäftsführer (a). Zugleich kann die Trepel AG über § 93 Abs. 2 AktG gegen Anton als ihrem Vorstandsmitglied vorgehen und Schadensersatz verlangen. Damit entsteht für Anton das Problem der Doppelbelastung. Zu seinem Schutz könnte man ihm eine Einrede gewähren: Die GmbH ist aufgrund ihrer Treuepflicht gegenüber der Trepel AG verpflichtet, mit ihrer Anspruchsdurchsetzung (a) solange abzuwarten, bis die AG, vertreten durch den Aufsichtsrat, erklärt, ihren „vorrangigen" Anspruch nicht mehr geltend machen zu wollen. Nach dem BGH kann die GmbH sofort Zahlung an die unmittelbar geschädigte Trepel AG verlangen (*BGH* NJW 1987, 1077).

372. Übernahmeabwehr

Die börsennotierte Telefun-AG fürchtet eine feindliche Übernahme (vgl. Fall 375). Denn die ausschließlich für Unternehmenszerschlagungen bekannte Capital HAI Ltd. hat der Telefun AG mehrfach Erhöhungen ihr gehörender Stimmrechtsanteile, zuletzt 15 %, mitgeteilt und will wieder von sich hören lassen. Ein Übernahmeangebot hat sie nicht abgegeben.
a) Vorstand Meyer möchte von Ihnen wissen, ob und innerhalb welcher allgemeinen Grenzen Abwehrmaßnahmen zulässig sind.
b) Was sollte in dieser Situation zu Abwehr unternommen werden? Meyer kennt folgende Maßnahmen:
(1.) Vereinbarung exorbitanter Vorstandsabfindungen **(goldener Fallschirm)**;
(2.) Wiederbestellung der Vorstandsmitglieder für bis zu fünf Jahre nach einverständlicher Amtsniederlegung;
(3.) Verkauf von Patenten und Unternehmensanteilen, auf die es die Capital HAI Ltd. abgesehen hat **(Kronjuwelenverkauf)**;
(4.) Kapitalerhöhung verbunden mit der Option für alle Aktionäre außer der Capital HAI Ltd., die jungen Aktien zu Discountpreisen zu erwerben **(Giftpille)**;
(5.) Rückkauf eigener Aktien;
(6.) Suche nach freundlichen Übernahmeinteressenten **(weißer Ritter)**;
(7.) Vereinbarungen mit Vertragspartnern und Aktionären.
c) Die Capital HAI Ltd. hat ein Übernahmepflichtangebot abgegeben und veröffentlicht. Ändern sich die Abwehrmöglichkeiten?

Zu a) Es ist Aufgabe des Vorstandes, im Rahmen seines Leitungsermessens (§ 76 AktG) im Unternehmensinteresse zu entscheiden, ob und welche Übernahmeabwehrmaßnahmen ergriffen werden. Die befürchtete Zerschlagung der Telefun AG erlaubt es, sich gegen eine bevorstehende Übernahme zum Erhalt des Unternehmens zu verteidigen und z. B. den – leichter aufkaufbaren – Streubesitz zu verringern und die Kosten und Schwierigkeiten einer Kontrollübernahme zu erhöhen. Dabei sind vom Vorstand die allgemeinen aktienrechtlichen Rechtmäßigkeitserfordernisse zu beachten; etwa Schädigungsverbot (§ 93 AktG), Gleichbehandlungsgrundsatz (§ 53a AktG), Bestandssicherungspflicht (§ 91 Abs. 2 AktG), Verpflichtung des Vorstandes auf den Unternehmensgegenstand (vgl. § 179 AktG; BGHZ 83, 122, 130), Kapitalerhaltung (§ 57 AktG). Eine allgemeine Neutralitätspflicht besteht gegenüber der Capital HAI Ltd. nicht.

Zu b) (1.) Auch Abfindungszahlungen müssen angemessen sein (§ 87 AktG) und sich in der Höhe leistungsbezogen an Gehalt und weiterer Vertragsdauer orientieren. Damit scheidet der goldene Fallschirm als Abschreckungsstrategie gegen den potentiellen Erwerber aus.

(2.) Wiederbestellung ist möglich, also keine unzulässige Umgehung des § 84 Abs. 1 Satz 3 AktG (*BGH* NZG 2012, 1027, 1029).

(3.) Ein Kronjuwelverkauf ist unzulässig, wenn der Vorstand den statutarischen Unternehmensgegenstand dann nicht mehr verfolgen kann oder – wenn es sich für die AG um existenzielle Rechte handelt – gar ihr Bestand gefährdet ist.

(4.) Diese Giftpille verstößt gegen den aktienrechtlichen Gleichbehandlungsgrundsatz. Zudem erfordert eine schnelle Kapitalerhöhung (von der Hauptversammlung) genehmigtes Kapital (§§ 202, 203 AktG). Im Vorhinein kann man aber anregen, dass Arbeitnehmer oder befreundete Unternehmen Wandel- oder Optionsanleihen (§ 221 AktG; vgl. Fall 407) erwerben und bei Kontrollwechsel ausüben. Der Bieter muss sein Angebot dann auch auf diese Anleihen erstrecken, um eine erlangte Kontrolle nicht wieder zu verlieren.

(5.) Der Rückkauf eigener Aktien ist in begrenzter Höhe möglich (§ 71 Abs. 1 Nr. 8 AktG). Neben der Verringerung des Streubesitzes wird zusätzlich der Aktienpreis steigen und die Übernahme verteuern. Allerdings verlangt die Norm eine Ermächtigung durch die Hauptversammlung.

(6.) Die Suche nach einem weißen Ritter ist sinnvoll. Der AG verliert zwar ihre Unabhängigkeit, sichert aber ihren Fortbestand. Nützlich sind auch schon Ankerinvestoren, die mehr als 5 % erwerben und so einen späteren *Squeeze-out* verhindern können (§§ 39a ff. WpÜG; vgl. Fall 477 zu § 327a AktG).

(7.) Um die Lukrativität einer Übernahme zu senken, kann die AG mit ihren Vertragspartnern für den Fall eines Kontrollwechselns z. B. Sonderkündigungs- und Anpassungsrechte in Dauerschuldverhältnissen vereinbaren **(Kontrollwechselklausel).** Einzelne Aktionäre können sich der AG gegenüber verpflichten, die Beteiligungshöhe nach oben und unten begrenzen.

Zu c) Nach einem öffentlichen Angebot unterliegt der Vorstand zusätzlich dem kapitalmarktrechtlichen Behinderungs- und Vereitelungsverbot: Er darf keine Abwehrmaßnahmen unternehmen, die den Erfolg des Angebots verhindern, ausgenommen der Aufsichtsrat stimmt zu (§ 33 Abs. 1 WpÜG). Die Suche nach einem weißen Ritter bleibt aber zulässig. Im Weiteren sind Vorstand und Aufsichtsrat verpflichtet, das Angebot neutral zu bewerten (§ 27 WpÜG).

Schrifttum: *Tietje/Kraft* (Hrsg.), Arbeitspapiere Wirtschaftsrecht, Abwehrmaßnahmen gegen feindliche Übernahmen im Spiegel rechtspolitischer Diskussion und ökonomischer Sinnhaftigkeit, 2003 (auch im Internet).

6. Organe der AG: Aufsichtsrat

373. Aufgaben

Welches sind die wesentlichen Aufgaben des Aufsichtsrates einer Aktiengesellschaft?

Zu den wesentlichen Aufgaben des Aufsichtsrates gehört:

a) Vorstandsmitglieder zu bestellen und abzuberufen sowie ihr Anstellungsverhältnis zu begründen, zu ändern und zu beenden (vgl. §§ 84, 112 AktG);

b) die AG gegenüber dem Vorstand (§ 112 AktG) und ausnahmsweise gegenüber Dritten zu vertreten (etwa §§ 111 Abs. 2 Sätze 2 und 3, 78 Abs. 1 Satz 2 AktG);

c) die Geschäftsführung zu überwachen und vereinzelt sogar zu beschränken. Dazu dienen ihm die periodischen und angeforderten besonderen Berichte des Vorstandes (§ 90 AktG) und ein eigenes Einsichtnahme- und Prüfungsrecht (§ 111 Abs. 2 AktG). Der Aufsichtsrat kann Zustimmungsvorbehalte begründen (§ 111 Abs. 4 AktG) sowie eine Vorstandsgeschäftsordnung erlassen (§ 77 Abs. 2 AktG). Er entscheidet mit über die Rücklage von Gewinnen, prüft den Jahresabschluss und stellt ihn fest (§§ 58 Abs. 2 und 2a; 171, 172 AktG).

Es sind insbesondere diese mitwirkenden Kontrollmöglichkeiten, durch die eine etwaige Mehrheitsgruppe im Aktionärskreis über den Aufsichtsrat Einfluss auf die Geschäftsführung nehmen kann. Alle wichtigen Entscheidungen werden bereits im Vorbereitungsstadium zwischen Vorstand und Aufsichtsrat oder wenigstens seinem Vorsitzenden abgestimmt (vgl. auch Ziff. 3.1–3.6, 5.1.1 DCGK).

Schrifttum: *Henn/Frodermann/Jannott,* Kap. 8, II.

374. Beratungshonorar für Aufsichtsmitglieder

Als Rechtsanwalt Rolf in den Aufsichtsrat der Alban AG gewählt wird, nutzt deren Vorstand die Chance, Rolf gegen ein stündliches Honorar von 200 EUR auch für „die anwaltliche Beratung der AG" zu gewinnen. Der Aufsichtsrat stimmt zu. Rolf, der sich der Stimme enthielt, wirkte in den Folgemonaten im Umfang von 50 Stunden beratend beim Abschluss von Unternehmenskaufverträgen mit und verlangt dafür nun 10 000 EUR. Zu Recht?

Rolf beruft sich auf den Rechtsberatungsvertrag. Doch der könnte gegen § 113 AktG verstoßen und gemäß § 134 BGB nichtig sein. Denn über die Vergütung der Aufsichtsratstätigkeit entscheidet gemäß § 113 Abs. 1 Satz 2 AktG allein die Hauptversammlung. Der Vorstand darf nicht über die Vergütung seiner Kontrolleure entscheiden und der Aufsichtsrat sich nicht selbst bedienen. Die Zustimmung des Aufsichtsrates genügt nach § 114 AktG nur für Verträge **außerhalb** seines Aufgabenbereichs. Die „anwaltliche Beratung der Alban AG" umfasst hier aber auch Rolfs organschaftliche Pflichten: Nach § 111 Abs. 1 AktG schuldet er eine mitwirkende Überwachung, zu der neben nachträglicher Kritik auch die seinen besonderen Fähigkeiten entsprechende präventive Beratung bei wesentlichen Geschäftsführungsmaßnahmen gehört. Außerhalb dieses organschaftlichen Aufgabenbereichs liegen zwar auch Fragen, die eine besondere Beratungstiefe erfordern. Davon ist im Vertrag aber nicht die Rede. Er ist zu allgemein gefasst, somit nicht gemäß § 114 AktG genehmigungsfähig und daher wegen Verstoßes gegen § 113 AktG nichtig.

Ein Anspruch aus §§ 812 Abs. 1 Satz 1 Hs. 1, 818 Abs. 2 BGB bleibt möglich. Die Bereicherung erfolgte jedoch nicht ohne Rechtsgrund, denn Rolfs konkrete Leistungen gingen nicht über seinen ohnehin bestehenden Pflichtenkreis hinaus: Unternehmenskaufverträge sind wesentliche Geschäftsführungsmaßnahmen, zu denen Rolf ohnehin beraten musste. Er hat daher keinen Anspruch aus § 812 BGB; auch keinen aus §§ 670, 683 BGB: Er handelte nicht ohne Auftrag, sondern pflichterfüllend. Rolf hat keinen Anspruch auf Zahlung von 10 000 EUR.

375. Feindliche Übernahme auch des Aufsichtsrats

Die Corsen AG will ihre Konkurrentin, die mitbestimmungsfreie und nicht börsennotierte Wehrhaft AG, übernehmen und dann als Mehrheitsaktionärin Einfluss auf die Geschäftsleitung der Wehrhaft AG ausüben. Man will zügig die Kontrolle über den Aufsichtsrat erlangen, um die Neubestellung der bisherigen Vorstandsmitglieder zu verhindern und eigene Leute in den Vorstand wählen zu lassen.
Als Rechtsexperte werden Sie in das Beratungszimmer des erst vor kurzem auf fünf Jahre bestellten dreiköpfigen Aufsichtsrats der Wehrhaft AG gebeten und gefragt:
a) Was wird die Corsen AG tun, um Einfluss auf unseren Aufsichtsrat zu erlangen?
b) Aufsichtsratsmitglied Dr. Bleib ist in den Aufsichtsrat entsandt worden. Muss er um seinen Posten fürchten?
c) Erfährt der Aufsichtsrat, wie viele Anteile die Corsen AG jeweils bereits erworben hat?
d) Wie kann der Aufsichtsrat gegen die Übernahme vorgehen?
e) Wäre es für die Corsen AG einfacher, Einfluss auf die unternehmerische Leitung zu erlangen, wenn es sich bei der Zielgesellschaft um eine monistische SE (Societas Europaea) handeln würde?

Zu a) Die Corsen AG wird die fünf Jahre nicht abwarten wollen, sondern versuchen, genügend Aktien zu erwerben, um die Aufsichtsratsmitglieder mit einer

Stimmenmehrheit in der Hauptversammlung vorzeitig abzuberufen (vgl. § 103 Abs. 1 AktG).

Zu b) Dr. Bleib kann nur durch den Entsendungsberechtigten abberufen werden (§ 103 Abs. 2 AktG), nicht durch die Hauptversammlung. Diese kann die Entsendungsberechtigung durch Satzungsänderung entziehen (§ 179 AktG), der Entsendungsberechtigte muss aber zustimmen (§ 35 BGB).

Zu c) Die Corsen AG hat der Wehrhaft AG jeweils unverzüglich mitzuteilen, wenn sie (mit und ohne ihr zusätzlich zuzurechnende Anteile) zu mehr als 25 % am Kapital beteiligt ist (§ 20 Abs. 1–3 AktG) oder die Kapital- oder Stimmrechtmehrheit erlangt hat (§ 20 Abs. 4 AktG). Solange die Corsen AG gegen diese Pflichten verstößt, hat sie keine Rechte aus ihren Aktien (§ 20 Abs. 7 AktG). Zu den Mitteilungspflichten siehe Fall 432 (Mitte).

Zu d) Abwehrmaßnahmen einzuleiten ist Aufgabe des Vorstandes (§ 76 AktG; vgl. Fall 372). Der Aufsichtsrat hat insofern nur Kontrollfunktion.

Zu e) Die geschäftsführenden Direktoren einer SE, in vielerlei Hinsicht vergleichbar mit den Geschäftsführern einer GmbH, können jederzeit und ohne Grund abberufen werden (§ 40 Abs. 5 SEAG). Anders als nach § 84 Abs. 3 AktG ist ein wichtiger Grund also nicht erforderlich. Das erleichtert Übernahmen. Die Hürde besteht in der Abberufung der Verwaltungsratsmitglieder der SE. Sie entspricht der für die Abberufung der Aufsichtsratsmitglieder einer AG (vgl. § 103 AktG mit § 29 SEAG). Zur SE siehe Fälle 486 f.

376. Zusammensetzung des Aufsichtsrats

In der Cultura AG stehen vier der neun Aufsichtsratsmitglieder für eine Wiederwahl altersbedingt nicht mehr zur Verfügung. Vor Beginn der Kandidatensuche fragt man Sie, welche Regeln es für die ideale Zusammensetzung des Aufsichtsrats gibt.

Aufsichtsratsmitglieder sollen unabhängig, heterogen und fachlich geeignet sein. Fachliche Eignung erfordert, dass sie die anfallenden Geschäftsvorgänge auch ohne fremde Hilfe verstehen und sachgerecht beurteilen können (BGHZ 85, 293). Das AktG enthält nur wenige Regeln (lies etwa §§ 96, 100, 105 AktG). Für einige Branchen gibt es spezialgesetzliche Ergänzungen (z. B. § 147 Abs. 3 KAGB), die regelmäßig die Sachkunde betreffen. Ergiebige Empfehlungen finden sich dagegen im Deutschen Corporate Governance Kodex unter der Ordnungsziffer 5.4. Wichtige Regeln sind:

a) Dem Aufsichtsrat soll nach seiner Einschätzung eine ausreichende Anzahl unabhängiger Mitglieder angehören (Ziff. 5.4.2 DCGK). Sie sollen also zur AG, ihrem Vorstand oder ihrem kontrollierenden Aktionär in keiner persönlichen oder geschäftlichen Beziehung stehen, die einen Interessenkonflikt begründet (z. B. Großlieferanten, Banken). Das gilt eigentlich auch für Arbeitnehmervertreter. Ihre Unabhängigkeit wird formal aber durch Benachteiligungs- und Bevorzugungsverbote wiederhergestellt (vgl. § 26 MitbestG, § 9 DrittelbG).

b) Ist die AG börsennotiert und unterliegt sie dem MitbestG, MontanMitbestG oder dem MontanMitbestErgG ist die gesetzliche Geschlechterquote von 30 % zu beachten. Gemäß §§ 96 Abs. 2 Satz 6, 250 Abs. 1 Nr. 5 AktG führt ein Verstoß gegen die Quote zur Nichtigkeit der Wahl.

c) Der Wechsel von Vorstandsmitgliedern in den Aufsichtsrat soll nicht die Regel sein; ihm sollen nicht mehr als zwei ehemalige Vorstandsmitglieder angehören (Ziff. 5.4.4 und 5.4.2 DCGK). Denn sie könnten bestrebt sein, frühere Fehler zu vertuschen oder sich der Neuausrichtung des Unternehmens zu widersetzen.

d) Zur Nichtigkeit der Wahl (§ 250 Abs. 1 AktG) führen etwa Verstöße gegen die Geschlechterquote und § 100 Abs. 1 und 2 AktG. Bei spezialgesetzlichen Sachkundeerfordernissen schließt die gesetzlich garantierte Wahlfreiheit der Aktionäre die Anfechtbarkeit der Wahlbeschlüsse regelmäßig aus. Über Abweichungen vom DCGK muss ohnehin nur informiert werden und dies ist nicht Aufgabe der Hauptversammlung. Wurde sie über einen Kandidaten unzutreffend informiert, kommt ein Anfechtungsgrund aus § 243 Abs. 4 Satz 1 AktG in Betracht.

Schrifttum: *Grunewald,* NZG 2015, 609.

377. Mitbestimmungsgesetze

Beschreiben Sie die Arten und die Voraussetzungen der Unternehmensmitbestimmung!

Die Unternehmensmitbestimmung fördert Einfluss und Information der Arbeitnehmer und stellt sicher, dass Belange der Arbeitnehmer überhaupt bekannt sind. Sie wird durch Regeln zur Entsendung von Arbeitnehmervertretern in den Aufsichtsrat gewährleistet (§ 101 Abs. 1 AktG). Anders als die (zu unterscheidende) betriebliche Mitbestimmung nach dem BetrVG wird die **Mitbestimmung** im Aufsichtsrat nur für Gesellschaften in folgenden Rechtsformen angeordnet: AG, KGaA, GmbH, Genossenschaft und VVaG. Gesellschaften ohne obligatorischen Aufsichtsrat müssen einen solchen bilden, wenn sie den gesellschaftsrechtlichen Mitbestimmungsregeln unterfallen. Es gibt drei Arten der Unternehmensmitbestimmung (vgl. § 96 AktG):

a) Drittelbeteiligungsgesetz

Das niedrigste Mitbestimmungsniveau regelt das zu den anderen Mitbestimmungsgesetzen subsidiäre Drittelbeteiligungsgesetz: Sind in einer Gesellschaft der vorgenannten Rechtsformen in der Regel mehr als 500 Arbeitnehmer beschäftigt, so muss der Aufsichtsrat mindestens zu einem Drittel aus Arbeitnehmern bestehen (§§ 1, 4 DrittelbG). Für AG und KGaA gilt dies sogar unterhalb des Schwellenwertes, wenn sie vor dem 10.8.1994 eingetragen wurden und keine Familiengesellschaften sind (§ 1 Abs. 1 Nr. 1 Satz 2 DrittelbG). Denn die Mitbestimmung war früher für alle Aktiengesellschaften vorgesehen. Bereits bestehende Mitbestimmungsverhältnisse sollten Bestandsschutz genießen. Aufgrund der deutlichen Mehrheit der Vertreter der Anteilseigner ist die Stimmabgabe selbst von geringerer Bedeutung. An die 1 500 Unternehmen fielen im Jahr 2010 unter das DrittelbG.

b) Mitbestimmungsgesetz 1976

Gesellschaften in der Rechtsform der AG, KGaA, GmbH oder Genossenschaft mit in der Regel mehr als 2 000 Arbeitnehmern müssen ihren Aufsichtsrat je zur Hälfte aus Vertretern der Arbeitnehmer und der Anteilseigner besetzen, sofern sie nicht montanmitbestimmt sind (§§ 1 Abs. 1, 7 Abs. 1 MitbestG). Entsteht dadurch bei Abstimmungen eine Pattsituation, so hat der Vorsitzende bei einer erneuten Abstimmung über diesen Gegenstand eine zweite Stimme (§ 29 Abs. 2 MitbestG). Der Wahl des Vorsitzenden kommt damit entscheidende Bedeutung zu. Bei ihr haben die Vertreter der Anteilseigner das Übergewicht: Erreicht kein Kandidat im ersten Wahlgang die erforderliche Zweidrittelmehrheit, so wählen die Vertreter der Anteilseigner den Vorsitzenden allein. Sein Stellvertreter wird dann von den Arbeitnehmervertretern gewählt (§ 27 MitbestG). Bemerkenswert ist noch, dass sich unter den Arbeitnehmervertretern auch zwei bis drei Vertreter der im Unternehmen vertretenen Gewerkschaften befinden, die nicht dem Unternehmen angehören müssen (§§ 7 Abs. 2, 16 MitbestG). Ende 2014 gab es insgesamt 635 Unternehmen, auf die das MitbestG 1976 Anwendung fand. Davon waren 241 AGs, 340 GmbHs und 12 SEs.

c) Montanmitbestimmung

Der Aufsichtsrat einer AG oder GmbH, die der Montanmitbestimmung unterliegt, ist paritätisch besetzt. Hinzu kommt ein sog. neutrales Mitglied, das von beiden Gruppen gemeinsam bestellt wird. Der Montanmitbestimmung unterfielen zunächst nur Gesellschaften, die in der Montanindustrie (Bergbau, Eisen, Stahl; vgl. § 1 MontanMitbestG) tätig waren und mehr als 1 000 Arbeitnehmer beschäftigten. Der Anwendungsbereich ist darüber hinaus auf beherrschende Konzernunternehmen mit Blick auf den Unternehmenszweck erweitert worden (§§ 1–3, 16 MontMitbestErgG). Der Gesetzgeber wollte die Montanmitbestimmung gegen mitbestimmungsfeindliche Konzernumbildungen und Tätigkeitsverlagerungen schützen. 2011 gab es schätzungsweise noch knapp 30 Unternehmen, die der Montanmitbestimmung unterlagen.

d) Mitbestimmungsfrei sind Gesellschaften, die unter keine der vorstehenden Regelungen (a–c) fallen, also insbesondere nicht mehr als 500 Arbeitnehmer beschäftigen, außerdem sog. **Tendenzunternehmen** (Art. 5 Abs. 1 Sätze 2 und 3 GG) und Religionsgemeinschaften sowie ihre karitativen und erzieherischen Einrichtungen (vgl. § 1 Abs. 2 DrittelbG, § 1 Abs. 4 MitbestG).

Nach ausländischem Recht errichtete Gesellschaften unterliegen nach h. M. selbst dann nicht der Unternehmensmitbestimmung, wenn sie ihren tatsächlichen Verwaltungssitz in die Bundesrepublik verlegen. Keines der Mitbestimmungsgesetze will in die Struktur ausländischer Gesellschaften eingreifen. Dies bildet einen Ansatzpunkt, um der deutschen Mitbestimmung zu entfliehen. Für die SE und SCE bestehen Sonderregeln (vgl. Fall 487).

Hinweis: Informationen zur Mitbestimmung liefert die Hans-Böckler-Stiftung unter *www.boeckler.de.*

378. Die mitbestimmte GmbH

Gelten hinsichtlich der Mitbestimmung für die GmbH andere Regeln als für die AG?

Soweit die GmbH der Mitbestimmung unterliegt (vgl. Fall 377), benötigt auch sie einen Aufsichtsrat. Er wird zwar weitgehend nach denselben Regeln wie im Aktienrecht besetzt und organisiert (§ 1 Abs. 1 Nr. 3 DrittelbG und §§ 6, 25 MitbestG), hat aber eine schwächere Stellung. Anders als die Hauptversammlung kann nämlich die Gesellschafterversammlung durch Weisungen grundsätzlich direkten Einfluss auf die Geschäftsführung nehmen (§ 37 Abs. 1 a. E. GmbHG). Inwieweit dieser Einfluss in der mitbestimmten GmbH mit obligatorischem Aufsichtsrat eingeschränkt ist, ist seit langem umstritten. Unstreitig hingegen ist: Das Recht zur Be- und Anstellung sowie zum Widerruf und zur Kündigung der Geschäftsführer steht dem Aufsichtsrat nur zu, wenn er nach dem MitbestG gebildet wurde, denn § 31 Abs. 1 MitbestG verweist auf §§ 84, 85 AktG. Bei einem nach dem DrittelbG gebildeten Aufsichtsrat verbleiben diese Rechte – anders als in der AG – bei der Gesellschafterversammlung.

Rechtsprechung: BGHZ 135, 48, 52 f.

379. Mitbestimmung im Konzern

Die 1996 gegründete Tellur AG hat 400 Mitarbeiter. Die Ethin-Chemie-GmbH beschäftigt 1 800 Arbeitnehmer in der Polymerproduktion. Als die Tellur AG 100 % der Anteile der Ethin-Chemie-GmbH erwirbt, fordert die betroffene Gewerkschaft, dass für die Tellur AG ein Aufsichtsrat nach dem MitbestG gebildet wird. Der Vorstand der AG weist dieses Ansinnen mit Hinweis auf die geringe Zahl der Arbeitnehmer der Tellur AG zurück. Außerdem plane man, in den nächsten zwölf Monaten in beiden Gesellschaften zusammen 400 Stellen abzubauen.
a) Was kann die Gewerkschaft tun, um ihre Vorstellungen durchzusetzen, und wird sie Erfolg haben?
b) Wie ist der Fall zu entscheiden, wenn die Tellur AG ihrerseits von der Macro PAC AG (300 Arbeitnehmer) abhängig ist?
c) Die Aktionäre der Macro PAC AG fürchten die Mitbestimmung. Wie beraten Sie?

Zu a) Die Gewerkschaft kann das Statusverfahren nach § 98 AktG einleiten, in dem festgestellt wird, nach welchen Mitbestimmungsregeln der Aufsichtsrat zusammenzusetzen ist. Antragsberechtigt ist die Gewerkschaft nach § 98 Abs. 2 Nrn. 9 f. AktG, §§ 7, 16 Abs. 2 Satz 1 MitbestG. Entgegen der Vorstellung des Vorstandes werden der AG im Rahmen des § 1 MitbestG die Arbeitnehmer der GmbH gemäß § 5 Abs. 1 MitbestG (für das DrittelbG: § 2 Abs. 2) zugerechnet. Ob die beiden Gesellschaften zusammen „in der Regel“ mehr als 2 000 Arbeitnehmer beschäftigen, ist auf der Grundlage der Unternehmensplanung durch eine Prognose zu ermitteln. Als Richtwert für den Prognosezeitraum werden meist bis zu zwei Jahren angegeben.

An die Prognose eines Personalabbaus sind strengere Maßstäbe anzulegen: Die Maßnahmen müssen bereits verbindlich beschlossen sein und ihrer Umsetzung dürfen keine Hindernisse mehr im Wege stehen. Der nur „geplante" Personalabbau bleibt daher unberücksichtigt. Die Tellur AG muss einen Aufsichtsrat nach Maßgabe des MitbestG bilden.

Zu b) Gemäß § 5 Abs. 1 MitbestG werden die Arbeitnehmer der abhängigen Gesellschaften dem herrschenden Unternehmen (§ 18 Abs. 1 AktG), also der Macro PAC AG zugerechnet. Zweck der Vorschrift ist es, die Mitbestimmung dort anzusiedeln, wo die relevanten Entscheidungen fallen. Zwischengesellschaften wie der Tellur AG werden daher die Arbeitnehmer der von ihnen abhängigen Gesellschaften nicht zugerechnet, da die relevanten Entscheidungen in der Konzernspitze getroffen werden. Allerdings kennt das Mitbestimmungsrecht im Gegensatz zum Gesellschaftsrecht den „Konzern im Konzern". Danach findet auch eine Zurechnung auf der Zwischenstufe statt, wenn dort die wesentlichen Entscheidungen fallen. Dies kann aber nur ausnahmsweise dann angenommen werden, wenn die Konzernspitze die Leitungsmacht über eine bestimmte Enkelgesellschaft vollständig und dauerhaft an die Tochter abgegeben hat. Ein Beispiel dafür wäre eine Gesellschaft, die einen Konzern erwirbt und die bestehenden Strukturen unverändert lässt, sodass die wesentlichen Entscheidungen bezüglich der Enkelgesellschaften weiterhin in deren Mutterunternehmen fallen. Für das Vorliegen eines „Konzerns im Konzern" gibt es hier aber keinerlei Anhaltspunkte. Die Tellur AG ist also mitbestimmungsfrei, da sie selbst die Zahl von 500 Arbeitnehmern nicht erreicht und ihr keine Arbeitnehmer zugerechnet werden.

Zu c) Die Mitbestimmung, über deren Vorteile Sie aufklären, kann vermieden werden, indem man die einzelnen verbundenen Unternehmen oder die Konzernmutter in eine ausländische Kapitalgesellschaft und Co. KG (z. B. Ltd. & Co. KG) umwandelt. Eine Zurechnung der Arbeitnehmer aus der KG auf die ausländische Komplementärin ist – anders als bei der GmbH & Co KG (§ 4 MitbestG) – nicht möglich. Bei einer Umwandlung der AG in eine Kapitalgesellschaft & Co. KGaA bleibt der Aufsichtsrat zwar mitbestimmt; er hat wegen § 278 Abs. 2 AktG aber einen geringeren Einfluss auf den Komplementär als auf den Vorstand einer AG.

Schrifttum: *Henssler,* RdA 2005, 330; *Habersack,* AG 2007, 641.

380. Zufällige Mehrheiten verhindern

Die Hauptversammlung der Adam Nüssler AG, die der Mitbestimmung nach dem MitbestG 1976 unterliegt, hat mit großer Mehrheit die Aufnahme der folgenden Bestimmung in die Satzung beschlossen:
„§ 11. Der Aufsichtsrat ist nicht beschlussfähig, wenn mehr Vertreter der Anteilseigner als Vertreter der Arbeitnehmer fehlen."
Ist § 11 wirksam?

Die Bestimmung dient dem grundsätzlich nicht zu beanstandenden Ziel, Zufallsmehrheiten zu verhindern. Dem in § 11 der Satzung zum Ausdruck kommenden Bänkeprinzip hat der *BGH* (BGHZ 83, 151 – Bilfinger & Berger) aber eine klare

Absage erteilt: Alle Mitglieder des Aufsichtsrates haben die gleichen Rechte und Pflichten. Differenzierungen, die an die Zugehörigkeit zu einer Gruppe anknüpfen, sind unzulässig, sofern sie das Gesetz nicht ausdrücklich gestattet **(Homogenitätsprinzip).** Die Klausel ist daher nichtig (§ 241 Nr. 3 AktG). Die §§ 25 ff. MitbestG, aus denen das Homogenitätsprinzip abgeleitet wird, liegen im öffentlichen Interesse. Nimmt man an, dass § 28 MitbestG die Beschlussfähigkeit abschließend regelt, liegt auch ein Verstoß gegen diese Norm vor. Die Praxis akzeptiert bei Ungleichgewichten Vertagungswünsche.

381. Aufsichtsrat fehlerhaft besetzt?

Der Aufsichtsrat der Petropharma AG (15 000 Arbeitnehmer) beschließt am 12.7. über die zustimmungsbedürftige Ausgliederung von Betriebsabteilungen. Von den 16 Aufsichtsratsmitgliedern stimmen sieben Arbeitnehmervertreter gegen die Ausgliederung. Der leitende Angestellte Lemke stimmt mit dem Rest des Gremiums für den Vorschlag. Der Aufsichtsratsvorsitzende verkündet daher, dass der Aufsichtsrat die Zustimmung erteilt. Am nächsten Tag ermittelt Arbeitnehmervertreterin Teznik folgenden Sachverhalt: Dr. Beuter war bei seiner Wahl bereits Mitglied in neun Aufsichtsräten anderer Aktiengesellschaften, davon einmal als Vorsitzender. Arbeitnehmervertreter Lemke hatte bereits zum 30.6. seine Stellung gekündigt. Teznik zweifelt daher an der Beschlussfähigkeit des Aufsichtsrats und hält den Beschluss für nichtig.
a) Ist ein zustimmender Beschluss gefasst?
b) Wie kann Teznik gegen den Beschluss vorgehen?

Zu a) Unzutreffend ist die Ansicht Tezniks, dass der Aufsichtsrat schon allein deshalb nicht mehr wirksam beschließen kann, weil er die gesetzlich vorgeschriebene Mitgliederzahl nicht erreicht. Dies ergibt sich aus § 28 MitbestG, § 108 Abs. 2 Satz 4 AktG.

Der verkündete Beschluss könnte aber nicht gefasst sein, weil es an der nach § 29 Abs. 1 MitbestG notwendigen Mehrheit fehlt, wenn Beuter und Lemke zum Zeitpunkt des Beschlusses gar nicht Mitglieder des Aufsichtsrates waren. Fraglich ist daher, ob die beiden Stimmen ungültig sind. Die Wahl von Dr. Beuter durch die Hauptversammlung ist nach § 250 Abs. 1 Nr. 4 AktG nichtig, wenn dieser zum Zeitpunkt des Amtsantritts die nach § 100 Abs. 2 Satz 1 Nr. 1 AktG zulässige Höchstzahl an Aufsichtsratsmandaten bereits erreicht hatte. Diese liegt bei zehn, wobei nach Satz 3 die Tätigkeit als Vorsitzender doppelt zählt. Dr. Beuter konnte daher kein weiteres Aufsichtsratsmandat annehmen.

Das Aufsichtsratsmandat von Lemke könnte mit seinem Ausscheiden aus dem Unternehmen zum 30.6. gemäß § 24 Abs. 1 MitbestG aufgrund des Verlustes der Wählbarkeit erloschen sein. Als Vertreter der leitenden Angestellten nach § 15 Abs. 2 MitbestG gehört Lemke zu den Arbeitnehmervertretern, die nach § 7 Abs. 2 MitbestG Arbeitnehmer des Unternehmens sein müssen, um wählbar zu sein. Am 12.7. war sein Amt demnach bereits erloschen. Der Zustimmungsbeschluss ist wegen der Stimmengleichheit damit nicht gefasst.

Zu b) Teznik muss im Wege der allgemeinen Feststellungsklage geltend machen, dass der Aufsichtsrat der Ausgliederung am 12.7. nicht zugestimmt hat. Die Regeln der §§ 241 ff. AktG über die Behandlung rechtswidriger Hauptversammlungsbeschlüsse können auf Beschlüsse des Aufsichtsrates nicht übertragen werden. Die dort getroffene Unterscheidung zwischen nichtigen und anfechtbaren Beschlüssen und die besonderen Klagearten, deren Urteilswirkungen über die Parteien hinaus erstreckt werden, beruhen auf dem Bedürfnis nach Rechtssicherheit. Dieses Bedürfnis besteht bei Aufsichtsratsbeschlüssen nicht in diesem Maße, da sie regelmäßig nicht gegenüber einer unbestimmten Vielzahl von Personen wirken und auch nicht mit einer entsprechenden Publizität ausgestattet sind. Tezniks Feststellungsinteresse ergibt sich dabei bereits aus ihrer Stellung als Aufsichtsratsmitglied.

Rechtsprechung: BGHZ 122, 342.

382. Beschließende Ausschüsse

Die nicht der Mitbestimmung unterliegende Macrohard AG entwickelt und vertreibt Spezialsoftware und sucht einen neuen Vorstand für Entwicklung. In Anbetracht der erforderlichen Spezialkenntnisse kommt weltweit höchstens ein Dutzend Personen in Betracht, von denen selbstverständlich niemand ohne Anstellung ist. Um bei den Abwerbeverhandlungen größtmögliche Flexibilität und Diskretion zu gewährleisten, setzt der zwölfköpfige Aufsichtsrat gegen die Stimme Kleins einen Ausschuss ein, der aus zwei Aufsichtsratsmitgliedern besteht. Dieser soll die Verhandlungen führen und am Ende mit einem Kandidaten einen Anstellungsvertrag abschließen. Diesen Kandidaten soll der Aufsichtsrat dann anschließend zum Vorstand bestellen. Nach intensiven Verhandlungen hat der Ausschuss noch die Auswahl zwischen zwei Kandidaten. Mit einem von ihnen schließt der Ausschuss einen Anstellungsvertrag und schlägt anschließend seine Bestellung zum neuen Vorstand vor. Der Aufsichtsrat beschließt entsprechend. Klein, der noch einmal seine rechtlichen Bedenken zum Ausdruck bringt, wird überstimmt.
a) Ist der Anstellungsvertrag wirksam geschlossen?
b) Ist die Bestellung wirksam?

Zu a) Die Bildung von Ausschüssen ist ein wichtiges Mittel, um die Aufsichtsratsarbeit effektiv zu gestalten. Man unterscheidet dabei zwischen Aufgaben, die dem Ausschuss zur Vorbereitung von Beschlüssen des Aufsichtsrates übertragen werden, und solchen Aufgaben, die ihm wie hier zum Beschluss an Stelle des Aufsichtsrates übertragen werden (§ 107 Abs. 3 Sätze 1 und 3 AktG). Beschließende Ausschüsse sind jedoch erst mit drei Mitgliedern beschlussfähig (§ 108 Abs. 2 Satz 3 AktG). Der Anstellungsbeschluss ist daher nichtig. Sofern der Aufsichtsrat den Vertragsschluss nicht genehmigt, besteht daher kein Anstellungsvertrag zwischen der AG und dem Kandidaten.

Zu b) Auch die Bestellung ist unwirksam, wenn der Aufsichtsrat entgegen §§ 107 Abs. 3 Satz 3, 84 AktG die Entscheidung einem Ausschuss übertragen hat. Formal hat der Aufsichtsrat das neue Vorstandsmitglied zwar selbst bestellt. Der Aufsichtsrat hatte aber gar keine andere Möglichkeit, denn der Ausschuss hatte bereits mit allen möglichen Kandidaten verhandelt, sodass eine erneute Suche wahrscheinlich keinen Erfolg hätte. Dem Plenarvorbehalt widerspräche es, wenn die Entscheidung des Beschlussorgans derart präjudiziert werden könnte. Es hätte daher weitgehend allen Aufsichtsratsmitgliedern die Möglichkeit gegeben werden müssen, die Kandidaten der engeren Wahl persönlich kennen zu lernen. Eine Ausnahme wird man allerdings dort machen müssen, wo ein echtes Geheimhaltungsinteresse der Bewerber dagegensteht. Dafür fehlen hier Anhaltspunkte, sodass der Beschluss gegen § 107 Abs. 3 Satz 3 AktG verstößt und nichtig ist.

Beachte: Der Plenarvorbehalt gilt nach § 107 Abs. 3 Satz 3 AktG zwar nur für die Bestellung, betrifft aber auch eine Anstellung, die wie hier die Bestellung präjudiziert. Der Anstellungsbeschluss wäre daher auch bei korrekter Besetzung des Ausschusses unwirksam gewesen. Ein faktischer Zwang zur **Bestellung** lässt sich z. B. dadurch vermeiden, dass der Ausschuss die spätere Bestellung zur aufschiebenden Bedingung des Anstellungsvertrages erklärt.

383. Arbeitnehmerfreie Ausschüsse

Die Satzung der Adam Nüssel AG, die dem MitbestG 1976 unterliegt, enthält folgende Bestimmung:
„§ 15. (1) Die Beteiligung an anderen Gesellschaften unterliegt der Zustimmung des Aufsichtsrates.
(2) Der Aufsichtsrat bildet einen Beteiligungsausschuss, der über die Zustimmung beschließt.“
a) Ist § 15 Abs. 2 wirksam?
b) Der Aufsichtsrat beschließt gegen die Stimmen der Arbeitnehmervertreter, den Ausschuss einzusetzen und „ausschließlich mit Vertretern der Anteilseigner zu besetzen“. Die Arbeitnehmervertreter halten das für unzulässig. Sie sind ferner der Ansicht, dass sie ein Recht haben, jeden Ausschuss zu beschicken. Nehmen Sie Stellung!

Zu a) § 15 Abs. 2 der Satzung ist gemäß §§ 241 Nr. 3 analog, 23 Abs. 5 AktG nichtig, da er die in § 107 Abs. 3 Satz 1 AktG gewährte Delegationsautonomie des Aufsichtsrates beschränkt. Allein dem Aufsichtsrat obliegt es zu entscheiden, ob er seine Aufgaben mit Hilfe von Ausschüssen wahrnehmen will und wie er sie besetzt.

Zu b) Leitlinie des Aufsichtsratshandelns bei der Bildung von Ausschüssen ist die bestmögliche Wahrnehmung seiner Aufgaben. Die Auswahl muss sachlichen Gründen folgen, nicht der Gruppenzugehörigkeit (vgl. Fall 380). Der Besetzungsbeschluss ist also nichtig.

Umgekehrt haben die Arbeitnehmervertreter kein Recht, an jedem Ausschuss oder gar paritätisch beteiligt zu werden (str.). Allerdings werden für einen pauschalen **Ausschluss aller Arbeitnehmervertreter** kaum je sachliche Gründe vorliegen. In der Praxis wird ihnen daher üblicherweise in jedem Ausschuss zumindest ein Sitz gewährt.

Rechtsprechung: BGHZ 122, 342, 354 ff.

384. Ein goldener Fallschirm

Die englische *evan food* plc und die Frauesfrau (F) AG einigten sich nach längerer Übernahmeschlacht auf eine Übernahme der F AG. Ein Ausschuss, bestehend aus den Aufsichtsratsmitgliedern Dr. Kunf, Wickelz und Dr. Kermannac, bewilligte rückwirkend Anerkennungsprämien in Höhe von je 15 Mio. EUR für den (alten) Vorstand. Dr. Kunf war dort Vorstandsvorsitzender gewesen. In einem zweiten Beschluss bewilligten sie Anerkennungsprämien für den aktuellen Vorstandsvorsitzenden, Dr. Resse. Er hatte die Vergütungsbeschlussvorlagen angeregt und vorbereitet sowie die getroffenen Beschlüsse ausgeführt. Diese Zuwendungen begründete man im Wesentlichen damit, dass der Unternehmenswert der F AG durch die Leistungen der Zahlungsempfänger nachhaltig gesteigert worden sei, und damit, die Leistungen während der Übernahme zu belohnen. Kann die AG die Leistungen zurückfordern?

a) Die F AG könnte gegen ihre begünstigten Organmitglieder einen Anspruch auf Rückzahlung der *appreciation awards* aus § 812 Abs. 1 Satz 1 Alt. 1 BGB haben. Als Rechtsgrund kommt der Beschluss des Ausschusses in Betracht, der statt des Aufsichtsrats entscheiden konnte (§§ 112, 107 Abs. 3 AktG). Nur müssen dessen Beschlüsse wirksam sein.

(1.) Soweit mit dem ersten Beschluss Dr. Kunf begünstigt wurde, ist der Beschluss bereits aus formellen Gründen nichtig. Kunf durfte analog § 34 BGB als unmittelbar Begünstigter nicht mit abstimmen. Daher fehlte bereits die Beschlussfähigkeit des Ausschusses gemäß § 108 Abs. 2 Satz 3 AktG (vgl. Fall 382).

(2.) Der zweite Beschluss über die Vergütung des Dr. Resse, könnte materiell gegen das AktG verstoßen. Nach § 87 Abs. 1 Satz 1 AktG dürfen nicht nur die künftigen Aufgaben, sondern auch die schon erbrachten Leistungen berücksichtigt werden. Bei fehlender Rechtsgrundlage im Dienstvertrag hält die h. M. die Bewilligung einer nachträglichen Anerkennungsprämie nur für zulässig, wenn dem Unternehmen durch die freiwillige Zusatzzahlung (zukünftige) Vorteile zufließen und diese in einem angemessenen Verhältnis zu der entsprechenden Minderung des Gesellschaftsvermögens stehen. Ein solcher Vorteil ist hier nicht ersichtlich. Er liegt nicht bereits in den Leistungen bei der Übernahme; diese waren dienstvertraglich geschuldet. Wegen der bevorstehenden Übernahme ging von den Sonderzahlungen für die Begünstigten oder potenzielle zukünftige Führungskräfte auch keine Anreizwirkung aus, Überobligatorisches zu leisten und so für eine nachhaltige Unternehmensentwicklung (§ 87 Abs. 1 Satz 2 AktG) zu sorgen. Damit war der Beschluss nichtig. Die Auszahlung erfolgte ohne Rechtsgrund. Wurden aufgrund des Beschlusses der Dienstvertrag mit Dr. Resse angepasst (ein Verstoß gegen § 87 AktG erfasst nach h. M. nur den Beschluss, nicht den Dienstvertrag), so sind die Änderungen hier nach § 138 BGB wegen Missbrauchs der Vertretungsmacht und schwerer Äquivalenzstörung zum Schutz der Interessen der AG nichtig. Dr. Resse, der all dies veranlasst hatte, kann sich auch nicht auf § 817 Satz 2 BGB berufen. Die AG muss sich das Verhalten des Aufsichtsrates ausnahmsweise nicht entsprechend § 31 BGB zurechnen lassen, da das Nichtigkeitsurteil des § 138 BGB gerade die AG schützen soll.

b) Daneben haften Kunf, Wickelz und Kermannac nach §§ 116 Abs. 1 Satz 3, 93 Abs. 2 AktG. Sie verletzten eine aktienrechtliche Pflicht, indem sie die Zahlungen bewilligten. Der 3. Strafsenat des BGH (NJW 2006, 522) sah darin zugleich eine treupflichtwidrige Schädigung des durch die Aktionäre anvertrauten Gesellschaftsvermögens. Folgt man dem, führt das zu einer Haftung aller Mitwirkenden gemäß §§ 830, 823 Abs. 2 BGB, § 266 StGB. Die Praxis hilft sich vorbeugend mit Bonusklauseln in den Anstellungsverträgen.

Schrifttum: Spindler/Stilz/*Fleischer*, § 87 AktG Rn. 47 ff.

385. Doppelmandat

Gewerkschaftsfunktionär Holte ist Aufsichtsratsmitglied der Mobila AG und der Raceport AG, die beide Personenkraftwagen herstellen. In der Sitzung des Aufsichtsrates der Mobila AG erfährt er, dass der Vorstand Vorbereitungen trifft, um demnächst die Kleincar GmbH zu übernehmen und dann Arbeitsplätze einzusparen. Bei der nächsten Aufsichtsratssitzung der Raceport AG erfährt er, dass der dortige Vorstand gleiche Pläne hat, aber zusätzliche Arbeitsplätze schaffen will. Das gelingt am Ende nur, weil Holte Aufsichtsrat und Vorstand der Raceport AG über die Pläne des Konkurrenzunternehmens aufklärt und zur Eile mahnt. Als die Angelegenheit ans Licht kommt, verlangt die Mobila AG von Holte Ersatz ihres (nachweisbaren) Schadens. Holte beruft sich darauf, dass er als Aufsichtsratsmitglied nicht nur das Interesse der Mobila AG, sondern auch das der Raceport AG zu fördern habe. Muss Holte zahlen?

a) In Betracht kommt ein Anspruch der Mobila AG aus §§ 116, 93 Abs. 1 Satz 2 und Abs. 2 AktG wegen der **Verletzung der Verschwiegenheitspflicht.** Sie bezieht sich auf Tatsachen, deren Geheimhaltung im objektiven Interesse des Unternehmens liegt, bindet die Aufsichtsratsmitglieder also, solange und soweit nicht größere Gefahren von der Mobila AG abzuwenden sind. Wenn Holte wegen der Arbeitnehmerinteressen der Ansicht war, dass die Übernahme nicht im Interesse der Mobila AG liege, hätte er versuchen müssen, den Willensbildungsprozess im Aufsichtsrat dort zu beeinflussen, also innerhalb der gesetzlichen Kompetenzverteilung, nicht in der Öffentlichkeit oder gar beim Konkurrenten.

b) Auch seine Verpflichtungen als Aufsichtsratsmitglied der Raceport AG können Holtes Verhalten nicht rechtfertigen. Aufgrund der Ausgestaltung des Aufsichtsratsamtes als Nebenamt (§ 100 Abs. 2 AktG) sind solche Pflichtenkollisionen zwar in 5.4.2 DCGK missbilligt, aber nicht gesetzlich gelöst. Um Haftung zu vermeiden, sollte der Befangene bei kritischen Abstimmungen (1.) den Konflikt offenbaren und sich der Stimme enthalten, (2.) besser den Raum verlassen oder im Extremfall (3.) das Mandat niederlegen.

Holte hat seine Schweigepflicht schuldhaft verletzt und muss den entstandenen Schaden nach §§ 116, 93 Abs. 1 Satz 3 und Abs. 2 AktG ersetzen.

c) Außerdem kommt als Anspruchsgrundlage § 823 Abs. 2 BGB i. V. m. § 404 AktG in Betracht. Diese Norm schützt nicht nur die Gesellschaft, sondern auch die Aktionäre und Arbeitnehmer.

Rechtsprechung: BGHZ 64, 325 – Verschwiegenheitspflicht.

Schrifttum: *Wiedemann,* ZIP 1997, 1565.

386. Einfluss des Aufsichtsrats auf den Vorstand

Im Aufsichtsrat der nicht mitbestimmten Media Music AG kommt der Verdacht auf, dass der Vorstand außerhalb des Unternehmensgegenstandes Wertpapiergeschäfte tätigt, die für das Unternehmen ein untragbares Risiko darstellen. Der Vorstand bestreitet den Vorwurf, kann aber den Verdacht nicht ausräumen. In der nächsten Sitzung des Aufsichtsrates legt der Aufsichtsratsvorsitzende eigene Ermittlungsergebnisse vor: Der Vorstand hat in großem Umfang spekulative Wertpapiere erworben und plant, weitere hinzuzukaufen. Die dem Vorstand obliegenden Sorgfaltspflichten gebieten es demgegenüber, die vorhandenen Papiere zu verkaufen und keine neuen zu erwerben. Welche Möglichkeiten hat der Gesetzgeber dem Aufsichtsrat an die Hand gegeben, um dieses Ziel zu erreichen?

Der Aufsichtsrat hat kein Weisungsrecht gegenüber dem Vorstand. Der Aufsichtsrat kann also den Vorstand nicht zu einem positiven Tun wie dem Verkauf der Papiere zwingen, sondern nur eine entsprechende Empfehlung aussprechen.

Verbieten kann der Aufsichtsrat ein Geschäft, indem er nach § 111 Abs. 4 Satz 2 AktG einen Zustimmungsvorbehalt diese Art von Geschäften einführt. Für ein ganz bestimmtes Geschäft ist das nur im Notfall zulässig, denn die konkrete Geschäftsführung ist allein Sache des Vorstandes. Hier verdichtet sich dieses Recht des Aufsichtsrates sogar zu einer Pflicht. Führt der Vorstand das Geschäft dennoch durch, handelt er pflichtwidrig und ist gemäß § 93 Abs. 2 AktG zum Ersatz des daraus entstehenden Schadens verpflichtet.

Ist der Vorstand allerdings entschlossen, das Geschäft um jeden Preis durchzuführen, nützt auch der Zustimmungsvorbehalt nichts, da die Vertretungsmacht des Vorstandes nach außen gemäß § 82 Abs. 1 AktG unbeschränkt ist. Um das Geschäft zu verhindern bleibt dem Aufsichtsrat dann nur, die Mitglieder des Vorstandes gemäß § 84 Abs. 3 Satz 1 AktG abzuberufen. Mit Zugang der Abberufung ist der Vorstand seiner Vertretungsmacht beraubt, und zwar nach § 84 Abs. 3 Satz 4 AktG unabhängig davon, ob ein wichtiger Grund vorlag (was hier aber nicht zweifelhaft ist). Um den Verkauf der Papiere zu gewährleisten, bleibt dem Aufsichtsrat nach dem Gesetz ohnehin nur die Möglichkeit, einen neuen Vorstand zu bestellen, der den Verkauf durchführt.

387. Haftung im Aufsichtsrat

Der Vorstand der Jens Optika AG will die Anteile der Glasnost GmbH kaufen und bittet den Aufsichtsrat um die nach der Satzung erforderliche Zustimmung. Der nach dem DrittelbG gebildete Aufsichtsrat besteht aus drei Personen: (1.) Stefan, Vertreter der Aktionäre, von Beruf Steuerberater, (2.) Günther, Vertreter der Arbeitnehmer, von Beruf Dreher, und (3.) Carl-Albert, Vertreter der Aktionäre, von Beruf Professor für Optoelektronik.
Die Diskussion, die der Erteilung der Zustimmung vorausgeht, ist kurz, da Stefan den Vorgang geprüft hatte und seinen Kollegen in einem kurzen Bericht die Risikolosigkeit des Vorhabens dargestellt hat. Das Geschäft wird sodann vom Vorstand durchgeführt. Bald stellt sich jedoch heraus, dass die AG geschädigt worden ist: Aufgrund eines Additionsfehlers weist die Aufstellung der Vermögenswerte der GmbH, die zwei DIN-A4-Seiten füllt und die Stefan auch in seinen Bericht übernommen hatte, 600 000 EUR Guthaben mehr aus, als tatsächlich vorhanden ist. Der Fehler war nicht aufgefallen, weil weder der Vorstand noch Stefan bei der Prüfung der Unterlagen der Gesellschaft die umfangreiche Rechnung nachvollzogen hatten. Die beiden anderen Aufsichtsratsmitglieder hatten die in Stefans Bericht auftauchende Rechnung ebenfalls nicht nachvollzogen.
Zusätzlich stellt sich heraus, dass die GmbH noch Steuerschulden in Höhe von 1 Mio. EUR hatte, die bisher nicht bekannt waren, deren Vorhandensein Stefan aber aufgrund der vorgelegten Unterlagen und seiner Kenntnisse als Steuerberater leicht hätte erkennen können.
Als der Ruf nach Schadensersatz laut wird, verteidigen sich Carl-Albert und Günther mit Hinweis darauf, dass sie sich in derartigen Fragen aufgrund der größeren Sachkompetenz auf Stefan verlassen. Günther ist überdies der Meinung, dass er nicht über die notwendige Sachkunde verfüge, um derartige Dinge zu verstehen und als Arbeitnehmervertreter ohnehin nicht haften müsse. Hat die AG gegen die Mitglieder des Aufsichtsrates Anspruch auf Ersatz ihres Schadens?

a) Die AG könnte nicht nur gegen die Vorstandsmitglieder, sondern aus §§ 116, 93 Abs. 2 AktG auch gegen alle drei Aufsichtsratsmitglieder als Gesamtschuldner einen Anspruch auf Schadensersatz haben, weil sie die Vermögensaufstellung nicht nachgerechnet und den Kauf der Anteile nicht verhindert haben. Zur Sorgfalt eines ordentlichen und gewissenhaften Aufsichtsratsmitglieds gehört es, Mindestkenntnisse allgemeiner, wirtschaftlicher, organisatorischer und rechtlicher Art einzusetzen, die objektiv erforderlich sind, um alle normalerweise anfallenden Geschäftsvorgänge auch ohne fremde Hilfe verstehen und sachgerecht beurteilen zu können (vgl. Fall 376).

Dazu gehört die Fähigkeit, eine Addition von Vermögenswerten nachzuvollziehen, bei hohen Beträgen auch dann, wenn sie sich über zwei Seiten hinzieht. Stefan hat daher als der primär zur Kontrolle Berufene seine Sorgfaltspflicht verletzt. Aber auch Günther und Carl-Albert entlastet die Berufung auf das Ressortprinzip nicht. Zwar ist es sinnvoll, die Aufsichtsratsarbeit in Hinblick auf Spezialkenntnisse der Mitglieder zu organisieren. Die anderen Mitglieder haben aber weiterhin die Pflicht, die

Arbeit der Kollegen ebenso wie die Arbeit von Ausschüssen zu überwachen. Demnach durften die beiden anderen die überwiegende Arbeit dem Fachmann überlassen und ihre Entscheidung auf dessen Bericht stützen, mussten diesen aber gründlich überprüfen und etwaigen Fehlern und Unstimmigkeiten nachgehen. Diese Pflicht haben die beiden schuldhaft verletzt. Den entstandenen Schaden müssen nach §§ 116, 93 Abs. 2 Satz 1 AktG also alle drei als Gesamtschuldner ersetzen. Eine Haftungsmilderung nach den Grundsätzen der sog. beschränkten Arbeitnehmerhaftung kommt nicht in Betracht, da der Arbeitnehmervertreter im Aufsichtsrat unabhängig und eigenverantwortlich handelt.

b) Fraglich ist, ob die Aufsichtsratsmitglieder auch den Schaden aus den unerkannten Steuerschulden tragen müssen. Die Fähigkeit, derartige Haftungsrisiken einer zu übernehmenden Gesellschaft zu erkennen, gehört wohl nicht mehr zum Mindeststandard. Günther und Carl-Albert entlastet das, nicht jedoch Stefan. Denn wie auch sonst im Zivilrecht muss man Sonderwissen und vorhandene Fähigkeiten einsetzen. Weil er das Haftungsrisiko nicht erkannte, handelte Stefan schuldhaft pflichtwidrig und muss somit den durch die Steuerschulden entstandenen Schaden ersetzen.

Rechtsprechung: BGHZ 85, 293; *BGH* ZIP 2007, 224: Pflicht zur Chancen- und Risikoabschätzung.

388. Freunde helfen sich

Aus Gesellschaftsmitteln gewährt Dr. Bernd, langjähriger und inzwischen wohlhabender Vorstandsvorsitzender der Schumann Messgeräte AG, der niederländischen Atra B. V. ein zinsloses Darlehen in Höhe von 2,5 Mio. EUR. Deren einziger Gesellschafter ist sein in finanziellen Schwierigkeiten steckender Freund Sebastian. Laut Darlehensvertrag soll die Atra B. V. mit diesem Geld ein neuartiges Messgerät für die AG entwickeln. Die Atra B. V. hat bisher vorwiegend mit billigen Textilien gehandelt, verfügt also über keinerlei Erfahrung im Entwickeln von Messgeräten. Kurze Zeit später wird die B. V. insolvent. Das Geld bleibt verschwunden.
Der Aufsichtsrat billigt dem Vorstand wie sich selbst unternehmerischen Entscheidungsspielraum zu und beschließt, eventuell bestehende Schadensersatzansprüche wegen der großen Verdienste des Vorstandsvorsitzenden nicht geltend zu machen. Ist der Beschluss rechtmäßig?

Der Beschluss ist rechtswidrig, wenn der Aufsichtsrat dazu verpflichtet war, Schadensersatzansprüche gegen Dr. Bernd geltend zu machen. Aus §§ 111 Abs. 1, 112 AktG ergibt sich die Pflicht des Aufsichtsrates zu prüfen, ob **Schadensersatzansprüche gegen den Vorstand** bestehen (siehe unter a) und durchgesetzt werden sollen (siehe unter b).

a) Dem Vorstand stand bei seiner Darlehensvergabe ein weiter Handlungsspielraum zu (vgl. Fall 367). Angesichts der finanziellen Schwierigkeiten des Alleingesellschafters der Atra B. V. und ihrer fehlenden Erfahrung war dieser Spielraum allerdings überschritten, sodass nach § 93 Abs. 2 AktG ein Schadensersatzanspruch gegen Dr. Bernd unzweifelhaft besteht.

b) Schadensersatzansprüche muss der Aufsichtsrat grundsätzlich auch geltend machen. Er hat sich streng am Unternehmenswohl zu orientieren, das grundsätzlich die Wiederherstellung des Gesellschaftsvermögens verlangt. Nur wenn der Anspruch tatsächlich nicht durchsetzbar erscheint oder ausnahmsweise gleichwertige Belange der Gesellschaft gegen die Geltendmachung sprechen, z. B. weil das Ansehen der Gesellschaft in erheblichem Maße leiden würde, kann die Entscheidung anders ausfallen. Die Entscheidung des Aufsichtsrates war daher rechtswidrig.

Rechtsprechung: BGHZ 135, 244, 251 ff. – ARAG.

7. Organe der AG: Hauptversammlung

389. Aufgaben

a) Was ist eine Hauptversammlung? Wer kann sie einberufen bzw. absagen?
b) Grenzen Sie die Aufgaben der Hauptversammlung gegenüber den Aufgaben des Vorstandes ab!
c) Nennen Sie wichtige Aufgaben aus dem gesetzlichen Zuständigkeitsbereich der Hauptversammlung!

Zu a) Eine Hauptversammlung ist gemäß § 118 Abs. 1 Satz 1 AktG das Basisorgan, in dem die Aktionäre ihre Rechte ausüben. Der Vorstand kann sie einberufen (§ 121 Abs. 2 AktG) und, wenn dies in seinem Ermessen steht, auch wieder absagen.

Zu b) Die Hauptversammlung ist weder für die Geschäftsführung noch für eine allgemeine Kontrolle der Mittelverwendung zuständig. Sie beschließt in Fällen, die das Gesetz und – theoretisch – die Satzung bestimmt, oder auf Verlangen des Vorstandes (§ 119 AktG).

Zu c) Wichtige **Zuständigkeiten** sind in § 119 Abs. 1 AktG aufgezählt:

(1.) **Bestellung** (§ 101 Abs. 1 AktG) und **Abberufung** (§ 103 Abs. 1 AktG) von Aufsichtsratsmitgliedern;

(2.) **Entlastung** der Mitglieder von Vorstand und Aufsichtsrat (§ 120 Abs. 1 AktG), Vertrauensentzug (§ 84 Abs. 3 Satz 2 AktG), die Geltendmachung von Ersatzansprüchen (§ 147 Abs. 1 Satz 1 AktG) und der Verzicht auf oder der Vergleich über Ersatzansprüche (§ 50 Satz 1 AktG);

(3.) Entscheidung über die **Verwendung des Bilanzgewinns** (§ 174 Abs. 1 AktG), die Bestellung von Sonderprüfern (§ 142 Abs. 1 Satz 1 AktG);

(4.) **Satzungsänderungen** (§ 179 Abs. 1 Satz 1 AktG; vgl. Fall 401) und Kapitalmaßnahmen (§§ 182–240 AktG; vgl. Fälle 402–409);

(5.) **Strukturentscheidungen** wie die Zustimmung zum Abschluss und zur Änderung von Unternehmensverträgen (§§ 293, 295 Abs. 1 AktG), zur Eingliederung (§§ 319, 320, 327 Abs. 1 Nr. 1 AktG) sowie zur Übertragung des ganzen Gesellschaftsvermögens (§ 179a Abs. 1 AktG) und zu Umwandlungen i. S. v. §§ 1, 13, 193 UmwG.

Bei grundlegenden Geschäftsführungsmaßnahmen kann in Ausnahmesituationen eine durch Richterrecht entwickelte, ungeschriebene, zusätzliche Hauptversammlungskompetenz (vgl. Fall 390 Var. b – Holzmüller) bestehen.

390. Ungeschriebene Zuständigkeiten

Die Otto Thywissen AG betreibt satzungsgemäß einen Versandhandel mit Textilien und eine Druckerei, die auf Werbeprospekte spezialisiert ist. Während der Versandhandel seit Jahren keine Erträge mehr abwirft, entspricht der Wert der Druckerei inzwischen 80 % des Gesamtunternehmens (Anlagevermögen, Umsatz, Jahresüberschuss, Arbeitnehmer). Um mit dem Versandhandel wieder Gewinne zu erzielen, möchte der Vorstand die Internetversand24 GmbH übernehmen. 30 % der Aktionäre stimmen jedoch gegen die zur Finanzierung vorgesehene Kapitalerhöhung. Der Vorstand erwägt nun aus eigener Machtvollkommenheit
a) die Geschäftsanteile der GmbH dennoch zu erwerben und den Kaufpreis durch einen Kredit zu finanzieren,
b) den Geschäftsbetrieb der Druckerei auf eine neu zu gründende GmbH zu übertragen, in der GmbH eine Kapitalerhöhung durchzuführen und dann die Internetversand24 GmbH von der neu gegründeten GmbH erwerben zu lassen oder
c) die Übernahme durch den Verkauf der Druckerei zu finanzieren.
Der Vorstand bittet Sie um Rechtsrat.

Zu a) Der Erwerb einer unternehmerischen Beteiligung an einer anderen Gesellschaft erfordert dann keinen Beschluss der Hauptversammlung, wenn die Satzung die Konzernbildung (Konzernierung, Konzernöffnung) und damit die **Mediatisierung** der Hauptversammlungsrechte erlaubt.

Zu b) Wenn der Vorstand ein Unternehmenssegment auf eine Tochtergesellschaft überträgt, verliert die Hauptversammlung insoweit jede Zuständigkeit, vor allem für Gewinnfeststellung und Gewinnverwendung, Kapitalerhöhungen oder Umwandlungen. Die Herrschaft über die Tochtergesellschaft gehört vollständig in die Zuständigkeit der Geschäftsführung des Vorstandes und des Aufsichtsrats. Die Dispositionsbefugnisse der Verwaltung erweitern sich auf Kosten der Hauptversammlung und gegenläufig verkürzen sich die Einfluss- und Vermögensrechte der Aktionäre. Einer solchen einseitigen Zuständigkeitseindämmung ist der BGH entgegengetreten: Auch ohne ausdrückliche Erwähnung im Gesetz soll der Hauptversammlung eine ungeschriebene Zuständigkeit für Strukturänderungen zustehen, wenn diese in das mitgliedschaftliche Verwaltungsrecht des einzelnen Aktionärs eingreifen.

Nachdem der Anwendungsbereich der Holzmüller-Doktrin (BGHZ 83, 122) immer weiter ausgedehnt wurde, hat der BGH die Anforderungen im Jahre 2004 konkretisiert (BGHZ 159, 30 – Gelatine): Ungeschriebene Mitwirkungsbefugnisse kommen nur ausnahmsweise und in engen Grenzen in Betracht. Dazu muss die in Aussicht genommene Maßnahme qualitativ einer Satzungsänderung zumindest nahe kommen und quantitativ etwa die Ausmaße der Holzmüller-Entscheidung erreichen, also etwa 80 % des „Aktivvermögens" der Gesellschaft betreffen. Dies ist für die Ausgliederung der Druckerei als des wesentlichen Unternehmensteils der Fall. In dieser Situation kann nach der Rechtsprechung sogar eine Kapitalerhöhung in der ausgegliederten Tochtergesellschaft einen zustimmenden Beschluss der Hauptversammlung der Muttergesellschaft erfordern.

Auf eine Leistungsklage eines Minderheitsaktionärs müsste der Vorstand die Ausgliederung rückgängig machen. Ist das wegen schutzwürdiger Interessen Dritter nicht möglich, muss er lediglich eine Feststellungsklage fürchten. Einstweiliger Rechtsschutz kommt nur im Vorfeld der (im Außenverhältnis wirksamen) Maßnahme in Betracht.

Zu c) Gemäß § 179a Abs. 1 AktG erfordert der Verkauf der Druckerei einen Beschluss der Hauptversammlung, wenn die Druckerei als das ganze Vermögen der AG zu betrachten ist, wenn also, wie man sagt, der in der Satzung festgelegte bisherige Unternehmensgegenstand nun nicht weiter verfolgt werden kann. Dies bleibt hier aber möglich. Dennoch sprechen die Gründe der Holzmüller-Entscheidung dafür, eine ungeschriebene Zuständigkeit der Hauptversammlung anzunehmen, wenn die wirtschaftliche Bedeutung der Maßnahme die Ausmaße der Holzmüller-Entscheidung erreicht.

Schrifttum: *Fleischer,* NJW 2004, 2335; *Becker/Horn,* JuS 2005, 1067.

391. Ort der Hauptversammlung

Die Satzung der BBI-AG mit Sitz in Berlin sieht als Hauptversammlungsort Berlin, Wien oder Amsterdam vor. Ist dies zulässig?

Ja, das ist zulässig, denn § 121 Abs. 5 AktG ist dispositiv. Abweichungen finden ihre Grenzen in der Treuepflicht. Die Satzungsbestimmung des Versammlungsortes muss sachgerecht und am Teilnahmeinteresse der Aktionäre ausgerichtet sein (*BGH* NZG 2015, 18). Dies schließt Orte im Ausland nicht *per se* aus. Die Satzung muss aber eine hinreichende Eingrenzung und Bestimmbarkeit vorsehen; niemand darf den Tagungsort willkürlich bestimmen. Im Sinne der Aktionäre genügt es, wenn der Versammlungsort ohne unverhältnismäßig hohen Aufwand verkehrstechnisch erreichbar ist. Dies dürfte bei den genannten Städten der Fall sein.

Auch die Beurkundung der Hauptversammlungsbeschlüsse genügt der in § 130 Abs. 1 Satz 1 AktG vorgeschriebenen notariellen Form, wenn sie von einer dem Notar gleichwertigen Person vorgenommen wird. Die Gleichwertigkeit der Notare in Österreich, Deutschland und den Niederlanden wird in der Rechtsprechung gegenseitig anerkannt. Hauptversammlungsbeschlüsse, die an einem unzulässigen Ort gefasst wurden, sind wirksam, aber nach § 243 Abs. 1 AktG anfechtbar.

Die Regeln über die Wahl des Versammlungsorts gelten auch für GmbHs und SEs mit Sitz in Deutschland und als Ausformung der Treuepflicht wohl auch in den anderen Gesellschaftsformen.

Schrifttum: *Herrler,* ZGR 2015, 918; *Bungert/Leyendecker-Langner,* BB 2015, 268.

392. Antrags- und Rederecht

Zu Beginn der Hauptversammlung der Deutschen Chemiewerke AG stellt ein Aktionär
a) den Antrag, einen weiteren Punkt auf die Tagesordnung zu setzen.
b) mehrere Gegenanträge zu bestehenden Tagesordnungspunkten.
Muss der Versammlungsleiter das berücksichtigen?
c) Als dann weitere Aktionäre 60 Wortmeldungen einreichen, die unter anderem den Umweltschutz und das Verbot chemischer Waffen betreffen, erinnert der Versammlungsleiter dran, dass die Dauer der Versammlung nach der Satzung auf maximal sechs Stunden begrenzt ist und erwägt, nicht unternehmensbezogene Wortmeldungen auszuschließen, ähnliche Wortmeldungen nur durch einen Repräsentanten vortragen zu lassen und für die übrigen Wortmeldungen nur eine kurze Redezeit zu gewähren.

Zu a) Ein Tagesordnungspunkt muss vor der Hauptversammlung von einem bestimmten Aktionärsquorum (§ 122 Abs. 2 AktG) beantragt und vom Vorstand bekannt gemacht werden (§ 124 Abs. 4 Satz 1 AktG), sofern nicht alle Aktionäre erschienen und einverstanden sind (§ 121 Abs. 6 AktG).

Zu b) Aktionäre können noch in der Hauptversammlung Gegenanträge zu Punkten der Tagesordnung stellen (**Antragsrecht** gemäß §§ 126 Abs. 1, 124 Abs. 4 Satz 2 AktG). Ein Beschlussantrag zu einem Tagesordnungspunkt, zu dem kein Beschluss vorgesehen war, bedeutet hingegen eine Ergänzung der Tagesordnung (siehe dazu a).

Zu c) Hauptversammlungen mit einem durchschnittlichen Maß an wichtigen Personal- und Sachfragen dürfen auf sechs Stunden begrenzt werden (*BGH* AG 2010, 292, 294; vgl. auch Ziff. 2.2.4. DCGK und Fall 364). Insbesondere dann kann es der Versammlungsablauf erfordern, dass der Versammlungsleiter das Frage- und **Rederecht** der Aktionäre zeitlich angemessen beschränkt. Klarstellend kann ihn die Satzung oder Geschäftsordnung dazu ermächtigen (§ 131 Abs. 2 Satz 2 AktG). 60 Wortmeldungen beanspruchen bei einer durchschnittlichen Redezeit von zehn Minuten ohne Zwischenpausen bereits zehn Stunden. Der Versammlungsleiter muss jedoch auch Zeit für Erläuterungen des Vorstandes und die Abstimmung reservieren. Um dies zu gewährleisten, kann er Wortmeldungen ohne Bezug zum Unternehmen ausschließen und im Übrigen nur eine gegebenenfalls kurz bemessene, individuelle Redezeit gewähren. Eine Regelung, nach der Aktionäre mit gleich gelagerten Anliegen einen Repräsentanten wählen müssen, ist ebenfalls zulässig. Für die Aktionäre besteht eine gesellschaftsrechtliche Treuepflicht, einem sinnvollen Verfahren zur Abwicklung der Hauptversammlung zuzustimmen. Wenn alle Mittel zur zeitlichen Straffung der Hauptversammlung ausgeschöpft sind, bleibt dem Versammlungsleiter nur eine am Verhältnismäßigkeits- und Gleichbehandlungsgrundsatz orientierte generelle Beschränkung der Redezeit oder die Schließung der Rednerliste.

393. Auskunftsrecht

a) Wie ist das Auskunftsrecht des Aktionärs ausgestaltet?
b) Wie erklärt sich der Unterschied zum Auskunftsrecht eines GmbH-Gesellschafters?
c) In welchen Verfahren wird es durchgesetzt?

Zu a) Jedem Aktionär ist gemäß § 131 Abs. 1 AktG in der Hauptversammlung vom Vorstand Auskunft über die Angelegenheiten der Gesellschaft zu geben, soweit sie zur sachgemäßen Beurteilung des Gegenstandes der Tagesordnung objektiv erforderlich ist. Das Auskunftsrecht ist unabhängig von der Höhe der Beteiligung ein mitgliedschaftliches Individualrecht jedes Aktionärs. Es kann mangels höchstpersönlichen Charakters auch durch einen Vertreter ausgeübt, jedoch nicht ohne die Aktie übertragen werden. Besteht das Auskunftsrecht, ist zu prüfen, ob ihm der Einwand des Rechtsmissbrauchs oder ein Auskunftsverweigerungsrecht des Vorstandes entgegensteht: Er darf z. B. schweigen, soweit die Auskunft geeignet ist, der Gesellschaft einen nicht unerheblichen Nachteil zuzufügen (§ 131 Abs. 3 Satz 1 Nr. 1 AktG). Ob er begründen muss, ist strittig. – Außerhalb der Hauptversammlung erteilte Auskünfte müssen in der Hauptversammlung auf Verlangen wiederholt werden (§ 131 Abs. 4 AktG normiert eine positiven Ausprägung des Gleichbehandlungsgrundsatzes).

Zu b) Der Unterschied zwischen dem umfassenden Auskunftsrecht des GmbH-Gesellschafters und dem eingeschränkten Auskunftsrecht des Aktionärs findet seine Begründung in der Handelbarkeit der Aktien. Insbesondere bei börsennotierten Gesellschaften muss die Auskunftspflicht der Gesellschaft begrenzt werden, um Schutz vor Konkurrenzunternehmen zu gewähren. Weiterhin wäre aufgrund der hohen Anzahl von Aktionären ein jederzeitiges Auskunftsrecht kaum realisierbar oder mit unvertretbaren Kosten verbunden. Es war deshalb günstiger, ein umfassendes Auskunftsrecht nur dem Aufsichtsrat zu gewähren (§ 90 AktG).

Zu c) Nebeneinander kann im Auskunftserzwingungsverfahren nach § 132 AktG eine verweigerte Auskunft verlangt und der ohne sie gefasste Beschluss mit der Anfechtungsklage angegriffen werden (vgl. dazu Fall 415).

394. Einsichtsrecht

Gründlich ist Aktionär der Grünzweig Farben AG. In der Hauptversammlung, in der über die Entlastung des Vorstandes beraten wird, verlangt er Auskunft darüber, ob der Färberei Fröhlich GmbH besonders günstige Zahlungsbedingungen gewährt wurden, seit der Bruder des Vorstandsvorsitzenden deren Geschäftsanteile erworben hat. Diese GmbH werbe nämlich mit extrem günstigen Beschaffungspreisen.
a) Der Vorstandsvorsitzende verweigert die Auskunft, weil das Bekanntwerden etwaiger Preisdifferenzen dem Interesse des Unternehmens schade.
b) Gründlich verlangt nun Einsicht in die aktuelle Vertragsurkunde. Dies wird ihm verwehrt. Zu Recht?

Zu a) Die Familienbeziehung zwischen dem Vorstandsvorsitzenden und dem Alleingesellschafter eines Geschäftspartners rechtfertigt ein gewisses Misstrauen, welches durch dessen Werbung hier verstärkt wird. Die Frage betrifft die Integrität des Vorstandes. Die Auskunft ist daher objektiv erforderlich, um über seine Entlastung zu entscheiden. Somit besteht ein Auskunftsanspruch gemäß § 131 Abs. 1 Satz 1 AktG.

Dem Vorstand steht ein Auskunftsverweigerungsrecht gemäß § 131 Abs. 3 Satz 1 Nr. 1 AktG zu, wenn die Auskunft geeignet ist, der Gesellschaft einen nicht unerheblichen Nachteil zuzufügen. Das Interesse an der Aufdeckung von Pflichtverletzungen kann allerdings überwiegen, wenn bestimmte Tatsachen objektiv den hinreichenden Verdacht schwerwiegender Pflichtverletzungen der Verwaltung begründen und die Auskunft erforderlich ist, den Verdacht zu entkräften. So liegt der Fall hier.

Zu b) Ja. Ein Aktionär hat im Gegensatz zum Gesellschafter einer GmbH (§ 51a Abs. 1 GmbHG) kein Recht auf Einsicht in Gesellschaftsunterlagen. Er kann ausschließlich in der Hauptversammlung vom Vorstand nach § 131 Abs. 1 AktG eine mündliche Auskunft verlangen. In zwei Sonderfällen verdichtet sich die Auskunftspflicht zur Pflicht, eine Urkunde zu verlesen:

(1.) bei Verträgen, die für die Entwicklung der Gesellschaft (ihr Unternehmen, ihre innere Struktur) von lebenswichtiger Bedeutung sind (*BGH* NJW 1967, 1462);

(2.) wenn Anhaltspunkte dafür bestehen, dass bei der inhaltlichen Wiedergabe einer Urkunde etwas Wesentliches verschwiegen worden ist.

395. Erforderlichkeit der Auskunft

Nach Gründlich tritt der junge Rechtsanwalt und Vorzugsaktionär Dr. Eitel ans Mikrofon. Durch ausgefeilte Reden möchte er potenzielle Mandanten auf sich aufmerksam machen. Einprägsam verlangt er Auskunft über die konkreten Zahlungsbedingungen der Färberei Fröhlich (vgl. Fall 394). Da auch seine Fragen unbeantwortet bleiben, beantragt er vor dem zuständigen Landgericht: „Die Antragsgegnerin wird verpflichtet, dem Antragsteller durch ihren Vorstand die Frage zu beantworten, welche Zahlungsbedingungen der Färberei Fröhlich GmbH und anderen Kunden aktuell gewährt werden." Was wird das Gericht erwägen?

Das Fragerecht dient auch dazu, für die eigene Ansicht zu werben, es dient also auch stimmrechtslosen Vorzugsaktionären und stimmberechtigten Aktionären, deren Abstimmungsverhalten schon feststeht. Dr. Eitels Absicht, Mandanten zu werben, schließt sein Fragerecht nicht aus. Unerheblich ist schließlich, ob eine Auskunft das Abstimmungs**ergebnis** der Hauptversammlung beeinflussen konnte. Denn anderenfalls würde die Existenz eines Mehrheitsaktionärs die Auskunftsrechte erheblich einschränken.

Ob Dr. Eitels Antrag Erfolg haben wird, hängt davon ab, ob der Gesellschaft infolge der begehrten Auskunft ein nicht unerheblicher Nachteil gemäß § 131

Abs. 3 Satz 1 Nr. 1 AktG droht. Das Gericht muss daher die Vor- und Nachteile, die mit einer entsprechenden Auskunft verbunden sind, gegeneinander abwägen. Dabei steht dem Auskunftsanspruch regelmäßig nicht entgegen, dass das Bekanntwerden von Pflichtverletzungen des Vorstandes der Reputation des Unternehmens schadet, wenn die Gesellschaft in entsprechendem Maße von der Aufklärung profitieren kann. Durch das Bekanntwerden aller aktuell gültigen Zahlungsbedingungen droht der Gesellschaft jedoch ein weiterer Nachteil, da alle Kunden künftig dieselben günstigen Bedingungen verlangen würden. Da für die Frage der Pflichtverletzung nur eine Auskunft über die Besserstellung der Färberei Fröhlich GmbH erforderlich ist, wird das Gericht im Rahmen des FamFG-Verfahrens anregen, den Antrag formlos entsprechend zu berichtigen, und alsdann im Sinne Dr. Eitels beschließen. Weiteren Aufschluss über Inhalt und Nutzen der erfolgten Geschäftsabschlüsse würde eine Sonderprüfung (§ 142 AktG) bringen, die allerdings das dort bestimmte Quorum voraussetzt.

396. Auskunft über stille Reserven

a) Kann dem Aktionär als Eigentümer i. S. d. Art. 14 GG die Beantwortung der Fragen nach der Höhe der stillen Reserven verweigert werden?
b) Die Hauptversammlung beschließt, die AG in eine GmbH umzuwandeln. Kann der Beschluss wegen fehlender oder unrichtiger Informationen über die zu erwartende Höhe der Abfindung angefochten werden?

Zu a) Stille Reserven – ein älteres Auto wird mit 1 EUR bewertet – entstehen in der Bilanz z. B. durch Pauschalierungen, dürfen aber weder willkürlich gebildet noch stets belassen werden (lies § 253 Abs. 3 und 5 HGB). Auskunft über ihre Höhe darf der Vorstand verweigern (§ 131 Abs. 3 Satz 1 Nr. 3 AktG). Darin liegt eine verfassungsrechtlich zulässige Inhalts- und Schrankenbestimmung des Eigentums. Der Gesetzgeber durfte den hohen Aufwand der Berechnung und Offenlegung sowie das Geheimhaltungsinteresse gegenüber der Konkurrenz pauschalierend berücksichtigen (*BVerfG* NJW 2000, 129; a. A. *Siegel* u. a., ZIP 1999, 2077).

Zu b) § 243 Abs. 4 Satz 2 AktG schließt das aus, wenn das Gesetz – hier § 212 UmwG – solche Bewertungsrügen ins Spruchverfahren verweist. Dies erspart der Gesellschaft eine Registersperre und die ausscheidenden Gesellschafter erhalten später den vollen Wertausgleich.

397. Einführung von Höchststimmrechten

In der Hauptversammlung der nicht börsennotierten Mecklenburger Wasserwerke AG soll als Schutz gegen feindliche Übernahmen das Stimmrecht jedes Aktionärs erstmalig beschränkt werden, und zwar auf 5 % des Grundkapitals. Bei der Abgabe der Stimmen ergeben sich 30 000 Ja-Stimmen, 10 000 Nein-Stimmen und 60 000 Stimmenthaltungen.
a) Ist das Stimmrecht wirksam beschränkt?

b) Müssen stimmrechtsbeschränkte Aktionäre befürchten, dass ihr Stimmrecht durch zukünftige Beschlüsse weiter eingeschränkt wird?
c) Was ist zu beachten, wenn die Ja-Stimmen vom Bundesland Mecklenburg-Vorpommern kommen, das Anteile verkaufen, aber Einfluss behalten will?

Zu a) Um Höchststimmrechte einzuführen, genügt nach § 134 Abs. 1 Satz 2 AktG ein Beschluss der Hauptversammlung. Der ist allerdings satzungsändernd und bedarf neben der einfachen Mehrheit der abgegebenen Stimmen (§ 133 Abs. 1 AktG) gemäß § 179 Abs. 2 Satz 1 AktG zusätzlich einer Dreiviertelmehrheit des Kapitals. Das Stimmgewicht wird grundsätzlich nach dem Anteil am stimmberechtigten (§ 140 Abs. 2 Satz 2 AktG) Grundkapital gemessen. Stimmen- und Kapitalmehrheit sind somit grundsätzlich gleich. Sie fallen jedoch auseinander, wenn die Satzung bereits im Zeitpunkt der Abstimmung ein Höchststimmrecht vorsieht.

Da Stimmenthaltungen nicht mitzählten (vgl. Fall 40), ist die Satzungsänderung hier beschlossen. Der Beschluss erfordert nicht die Zustimmung derjenigen Aktionäre, deren Stimmrecht durch den Beschluss reduziert wird, wenn ihnen kein Sonderrecht (§ 35 BGB) eingeräumt war (BGHZ 70, 117, 119).

Zu b) Bereits stimmrechtsbeschränkte Aktionäre werden dadurch geschützt, dass die Mehrheit der abgegebenen Stimmen bei Satzungsänderungen mindestens drei Viertel des Kapitals repräsentieren muss (vgl. § 134 Abs. 1 Satz 6 AktG).

Zu c) Das Höchststimmrecht verstößt gegen die Kapitalverkehrsfreiheit. Dass das Land Mecklenburg-Vorpommern die Beschränkung durch einen privatrechtlichen Beschluss bewirkt hat, steht dem nicht entgegen (*EuGH* ZIP 2010, 2340).

398. Der Aktionär und seine Stimme

a) Arglos hat über seine Hausbank 100 Inhaberaktien der Brandenburger Solar AG erworben. Im Depotausdruck ist dazu „GS" vermerkt. Warum?
b) Arglos möchte sein Stimmrecht auf der Hauptversammlung wahrnehmen, ohne hinfahren zu müssen. Was kann er tun?
c) Die Solar AG möchte Arglos erlauben, unmittelbar von zu Hause aus abzustimmen. Ist das möglich?
d) Was muss die Bank tun, wenn Arglos sie bevollmächtigt?
e) Arglos möchte anonym bleiben. Geht das?
f) Was ist zu beachten, wenn die Bank selbst 20 % der Aktien der Brandenburger Solar AG hält?
g) Wirken sich in diesem Zusammenhang Pflichtverletzungen der Bank auf die Wirksamkeit der abgegebenen Stimmen aus?

Zu a) "GS" steht für Girosammelverwahrung und bedeutet, dass die Hausbank die Aktien zusammen mit gleichen Aktien anderer Kunden von einer Wertpapiersammelbank in einem einheitlichen Sammelbestand verwahren lässt. Sammelverwahrung ist gemäß § 5 Abs. 1 Satz 1 DepotG der Regelfall.

Zu b) Arglos kann sich auf der Hauptversammlung vertreten lassen (§ 134 Abs. 3 Satz 1 AktG; zu Satz 5 siehe Fall 359 Var. c). Daneben ist Briefwahl zulässig, die allerdings nicht zur Anfechtung berechtigt (§§ 118 Abs. 1 Satz 1, Abs. 2, 245 Nr. 1 AktG).

Zu c) Die Satzung kann ermöglichen, dass die Aktionäre auch durch elektronische Kommunikation (Zuschaltung) an der Hauptversammlung teilnehmen, i. S. d. § 245 Nr. 1 AktG also dort „erscheinen" und ihre Stimmrechte ausüben können (§ 118 Abs. 1 Satz 2 AktG).

Zu d) Wenn Arglos ein Kreditinstitut, eine Aktionärsvereinigung oder eine andere geschäftsmäßig handelnde Person bevollmächtigt, gilt § 135 AktG: Die Bank muss Arglos anbieten, auf der Hauptversammlung nach seinen Weisungen abzustimmen. Außerdem muss die Bank Vorschläge unterbreiten. Wenn Arglos den Vorschlägen der Bank nicht widerspricht und keine anderslautende Weisung erteilt, hat die Bank seine Stimmen vorschlagsgemäß abzugeben (§ 135 Abs. 3 Satz 1 AktG).

Zu e) Nach § 135 Abs. 5 Satz 2 AktG stimmt die Bank im Namen dessen ab, den es angeht. Man notiert „Vollmachtsbesitz" (vgl. § 129 Abs. 2 AktG). Die Anonymität des Aktionärs ist gewahrt. Alternativ kann Arglos gemäß § 129 Abs. 3 AktG einen anderen ermächtigen, das Stimmrecht im eigenen Namen auszuüben.

Zu f) Die Bank darf das Stimmrecht für Arglos nur ausüben, wenn er ihr eine ausdrückliche Weisung erteilt hat (§ 135 Abs. 3 Sätze 3 und 4 AktG).

Zu g) Pflichtverletzungen der Bank berühren die Wirksamkeit der abgegeben Stimmen nicht (§ 135 Abs. 7 AktG).

399. Stimmbindungsverträge

a) Kann sich ein Aktionär wirksam gegenüber einem anderen Aktionär verpflichten, seine Stimme in der Hauptversammlung zu den einzelnen Punkten der Tagesordnung in bestimmter Weise abzugeben?
b) Wie kann man Stimmrechtsvereinbarungen durchsetzen?

Zu a) Gemäß § 136 Abs. 2 AktG ist ein Vertrag nichtig, durch den sich ein Aktionär verpflichtet, nach Weisung der Gesellschaft, des Vorstandes, des Aufsichtsrats oder eines abhängigen Unternehmens das Stimmrecht auszuüben oder für die jeweiligen Vorschläge von Vorstand oder Aufsichtsrat zu stimmen. Nach § 405 Abs. 3 Nrn. 6 und 7 AktG ist die Gewährung besonderer Vorteile für ein bestimmtes Abstimmungsverhalten verboten, was gemäß § 134 BGB zur Nichtigkeit des Stimmenkaufs führt. Aus dem Umkehrschluss ergibt sich, dass andere Stimmbindungen zulässig sind (h. M.; BGHZ 48, 163, 170 ff. für die GmbH). Ein Aktionär kann sich somit gegenüber anderen Aktionären durch Stimmbindungsverträge (Konsortial- oder Poolverträge) wirksam zu einer bestimmten Stimmabgabe verpflichten. Der Sinn eines solchen Zusammenschlusses, durch den regelmäßig eine Gesellschaft bürgerlichen Rechts entsteht, besteht darin, durch das Bündnis verstärkten Einfluss zu gewinnen (vgl. Fall 73).

Zu b) Die Stimmabgabe in der Hauptversammlung ist eine Willenserklärung. Sie wird mit Rechtskraft des Urteils fingiert (§ 894 ZPO) und mit Zugang beim Versammlungsleiter wirksam (BGHZ 48, 163, 174). Auch wenn eine Verurteilung zur Einhaltung der eingegangenen Abstimmungsverpflichtung in der Regel zu spät kommen wird, kann eine Erfüllungsklage nicht generell ausgeschlossen werden. In der Praxis sichern Vertragsstrafeversprechen die Vertragstreue.

Schrifttum: Münchener Handbuch des Gesellschaftsrechts/*Weipert,* § 34 IV Rn. 78 f.

400. Entlastung

Nur zögerlich beschließt die Hauptversammlung der Grünzweig AG die Entlastung der Vorstandsmitglieder. Denn die Aktionäre hatten gewisse Bedenken gegen die Ordnungsmäßigkeit der Geschäftsführung, die der Vorstand nicht ausräumen konnte. Wenig später wird bekannt, dass Schadensersatzansprüche entstanden sind. Können sie noch durchgesetzt werden?

Die Schadensersatzpflicht von Vorstandsmitgliedern bestimmt sich nach § 93 Abs. 2 AktG. Durch die **Entlastung** könnte auf mögliche Ersatzansprüche verzichtet worden sein. Dieser Verzicht ist jedoch gemäß § 93 Abs. 4 Satz 3 AktG frühestens drei Jahre nach Entstehung des Anspruches möglich.

Aber auch eine nach Ablauf von drei Jahren erklärte Entlastung enthält anders als in GmbH, Genossenschaft oder Verein (vgl. Fall 35) keinen Verzicht auf (erkennbare) Ersatzansprüche (§ 120 Abs. 2 Satz 2 AktG). Die Hauptversammlung billigt lediglich die Geschäftsführung. In der AG führt die Entlastung nicht einmal zu einer Umkehr der Beweislast (*OLG Düsseldorf* AG 1996, 273, 274).

8. Satzungsänderung und Kapitalerhöhung

401. Satzungsänderungen

a) Warum sieht sich eine AG veranlasst, ihre Satzung zu ändern? Welche Anforderungen werden daran geknüpft?
b) Nennen Sie einige Beispiele für Satzungsänderungen, die nicht gleichzeitig Finanzierungsmaßnahmen der Aktiengesellschaft betreffen.

Zu a) Um von einzelnen Satzungsbestimmungen abweichen oder diese neuen Bedürfnisse anpassen zu können, bedarf es grundsätzlich einer Satzungsänderung. Als (formelle) Satzungsänderung bezeichnet man jedes Einwirken auf den Text der Satzungsurkunde. In der Regel wird damit zugleich die künftige Struktur und Organisation bestimmt (materielle Satzungsänderung); es gibt aber auch nur formelle (z. B. § 26 AktG) oder nur materielle (z. B. § 200 AktG) Satzungsänderungen.

(Formelle) Satzungsänderungen bedürfen eines Beschlusses der Hauptversammlung (§ 179 Abs. 1 Satz 1 AktG). Dieser bedarf der einfachen Stimmenmehrheit nach § 133 Abs. 1 AktG und einer Kapitalmehrheit (vgl. Fall 397) von drei Vierteln des in der Hauptversammlung vertretenen Kapitals nach § 179 Abs. 2 AktG. Ausnahmen kann das Gesetz selbst (z. B. § 113 Abs. 1 Satz 4 AktG) oder die Satzung enthalten (vgl. § 179 Abs. 2 Sätze 2 und 3 AktG). Der Beschluss bedarf der notariellen Beurkundung (§ 130 Abs. 1 AktG). Die Satzungsänderung wird erst mit der Eintragung in das Handelsregister wirksam (§ 181 Abs. 3 AktG).

Beachte: Zu einer in Sonderrechte eingreifenden Satzungsänderung ist die Zustimmung aller betroffenen Aktionäre (vgl. § 35 BGB, §§ 101 Abs. 2, 180 Abs. 1 und 2 AktG) oder ein zustimmender Sonderbeschluss erforderlich (vgl. §§ 141 Abs. 1 und 3, 179 Abs. 3 AktG; vgl. Fall 356).

Zu b) Ein wichtiges Beispiel bildet die Änderung des Unternehmensgegenstands, der in der Satzung festgelegt sein muss (vgl. § 23 Abs. 3 Nr. 2 AktG). Dieser legt die Grenzen der zu betreibenden Tätigkeit fest: z. B. „Fabrikation und Vertrieb von Schuhen" oder „Betrieb von Bank- und Börsengeschäften". Für seine Änderung kann in der Satzung nur eine höhere als die grundsätzlich erforderliche Dreiviertel-Kapitalmehrheit bestimmt werden (§ 179 Abs. 2 Satz 2 AktG). Er ist nicht zu verwechseln mit dem Gesellschaftszweck (Gewinnerzielung oder Bedarfsdeckung). Für dessen Änderung ist Einstimmigkeit i. S. d. § 33 Abs. 1 Satz 2 BGB erforderlich.

Andere Beispiele für Satzungsänderungen: Verlegung des Gesellschaftssitzes, Änderung der Firma oder der erforderlichen Mehrheit zur vorzeitigen Abberufung von Aufsichtsratsmitgliedern.

402. Arten der Kapitalerhöhung

Welche Arten der Kapitalerhöhung gibt es? Was kennzeichnet sie?

a) Bei der **nominellen** Kapitalerhöhung (Kapitalerhöhung aus Gesellschaftsmitteln; vgl. Fall 406) wird vorhandenes Vermögen verstärkt gebunden, indem Beträge aus den Rücklagen in das Grundkapital umgebucht werden (vgl. §§ 207 ff. AktG).

b) Bei der **effektiven** Kapitalerhöhung gibt die AG gegen Einlagen neue Aktien aus. Sie erhält also zusätzliches Eigenkapital. Beschließen kann die Hauptversammlung dazu (1.) eine **ordentliche** Kapitalerhöhung: Das Grundkapital soll alsbald um einen bestimmten Betrag erhöht werden (vgl. §§ 182 ff. AktG) oder (2.) eine **bedingte** Kapitalerhöhung: Das Grundkapital wird tropfenweise jeweils insoweit erhöht, als Aktienbezugsrechte ausgeübt werden, die die AG zu besonderen Zwecken begründet hat (vgl. §§ 192 ff. AktG) oder (3.) **genehmigtes** Kapital: Der Vorstand wird für höchstens fünf Jahre ermächtigt, das Grundkapital durch Ausgabe neuer Aktien um einen bestimmten Betrag zu erhöhen (vgl. §§ 202 ff. AktG).

403. Bezugsrecht

Anton Wunderlich hat gehört, dass an der Börse zurzeit wieder großartige Gewinnchancen bestehen. Da nach seiner Ansicht Banken bald wieder besonders gewinnbringend arbeiten, kauft er sechs Aktien der Deutschen Bank AG. Kurze Zeit später – der Aktienkurs ist inzwischen auf 40 EUR gestiegen

– erfährt er von seiner Depotbank, dass die Deutsche Bank zur Finanzierung einiger Fusionsprojekte eine Kapitalerhöhung im Verhältnis 10 : 1 durchführen, auf zehn alte also eine junge Aktie ausgeben und das Grundkapital um $^1/_{10}$ erhöhen will. Die neuen Aktien sollen 29 EUR kosten. Da Wunderlich nicht zehn alte Aktien hat, sieht er sich vor die Wahl gestellt, entweder die sechs Bezugsrechte seiner alten Aktien zu verkaufen oder – unter Zukauf von vier Bezugsrechten und Einzahlung der 29 EUR – eine neue Aktie zu erwerben. Beschreiben Sie Zweck, Inhalt und Wert des Bezugsrechts!

Das Bezugsrecht als Rechtsinstitut schützt die Interessen des Aktionärs, wenn die AG ihre Kapitalbasis erweitert. Dadurch sinken sein relativer Anteil am Gesellschaftsvermögen und sein Einfluss auf Entscheidungen der Hauptversammlung. Um diesen **Verwässerungseffekt** ausgleichen zu können, erlaubt ihm das Bezugsrecht, die jungen Aktien aus der Kapitalerhöhung selbst in dem Anteil zu zeichnen, mit dem er bereits zuvor an der Gesellschaft beteiligt war. Mit jedem Kapitalerhöhungsbeschluss spaltet sich ein konkreter Bezugsanspruch vom Bezugs(stamm) recht jedes Aktionärs ab und kann selbstständig an der Börse gehandelt werden. Der Bezugsanspruch richtet sich auf Abschluss eines Zeichnungsvertrages, kraft dessen die AG eine entstehende Mitgliedschaft zuteilen und der Zeichner seine Einlage leisten muss. Oft übernehmen andere Banken die Zeichnung und organisieren die Zuteilung (mittelbares Bezugsrecht; § 186 Abs. 5 AktG). Der rechnerische Wert von 10 + 1 Aktien beträgt hier 429 EUR, je Aktie also 429 EUR : 11 = 39 EUR. Da nur 29 EUR Einlage zu leisten sind, sind die zehn Bezugsrechte je 1 EUR wert und gleichen die Wertminderung jeder alten Aktie (von 40 auf 39 EUR) damit genau aus.

404. Bezugsrechtsausschluss

Zwischenzeitlich hat Wunderlich noch Aktien der börsennotierten Stoccardia Schwäbische Bärenbrauerei AG erworben. Aus der Einladung zur nächsten Hauptversammlung erfährt er, dass das Kapital um 20 % erhöht werden soll. Das Bezugsrecht der Aktionäre solle jedoch ausgeschlossen werden. In einem beigefügten Bericht begründet der Vorstand seinen Vorschlag: Die jungen Aktien sollen einem Erfinder zugeteilt werden, der ein neues Patent für ein technisches Verfahren zur Herstellung billigeren Bieres angemeldet habe; dieses Patent sei für die Gesellschaft von überragender Bedeutung; es dürfe unter keinen Umständen in die Hände der Konkurrenz fallen; der Erfinder sei aber nur bei Beteiligung an der Gesellschaft bereit, sein Patent einzubringen. Er freue sich nämlich auf Einfluss und Teilhabe im Erfolgsfall.
a) Wäre die Hauptversammlung der Gesellschaft berechtigt, den beabsichtigten Beschluss zu fassen?
b) Nachdem das Geschäft mit dem neuen Bier „boomt", möchte der Vorstand die Aktien an den europäischen Finanzplätzen unter Ausschluss des Bezugsrechts einführen, um das Produkt im Ausland besser vermarkten zu können. Der Ausgabekurs der neuen Aktien solle dem jeweils aktuellen Börsenkurs entsprechen und die Kapitalerhöhung auf 9 % des momentanen

Grundkapitals begrenzt sein. Darf die Hauptversammlung ein solches Vorgehen beschließen?

Zu a) Die Sacheinlage ist ein typischer und legitimer Anlass für den Bezugsrechtsausschluss: Das Unternehmen ist auf Vermögensgüter angewiesen, die nur gegen Gewähr von Beteiligungen zu erwerben sind. Hier hat der Vorstand rechtzeitig und ausreichend über die Gründe für den Bezugsrechtsauschluss i. S. d. § 186 Abs. 4 AktG berichtet; von einer ordnungsgemäßen Bekanntmachung ist auszugehen. Über Kapitalerhöhung und Bezugsrechtsausschluss muss nun nach § 186 Abs. 3 AktG in einem Beschluss mit qualifizierter Mehrheit entschieden werden.

Durch den Ausschluss des Bezugsrechts erleiden die Altaktionäre einen quotalen Verlust an der Stimmrechtsmacht und zusätzlich einen Vermögensnachteil, wenn die jungen Aktien unter ihrem inneren Wert (vgl. Fall 403) ausgegeben werden. Ist ihr Ausgabekurs „unangemessen niedrig", ist der Erhöhungsbeschluss zwar nach § 255 Abs. 2 AktG anfechtbar. In allen anderen Fällen aber fehlt ein gesetzlicher Schutz der Aktionäre gegen den Verlust ihrer Herrschaftsmacht.

Daher haben Rechtsprechung und Lehre den Bezugsrechtsausschluss inhaltlichen Beschränkungen unterworfen: Er ist – ähnlich den Beschränkungen der Ausschlussmöglichkeiten in anderen Gesellschaftsformen – als Eingriff in die Mitgliedschaft nur zulässig, wenn er zur Verwirklichung eines im Gesellschaftsinteresse liegenden sachlichen Grundes geboten und zur Durchführung dieses Ziels erforderlich und verhältnismäßig ist (BGHZ 71, 40, 43 ff. – Kali & Salz). Hier ergeben sich keine Bedenken: Das Patents zu erlangen liegt im Gesellschaftsinteresse; der Ausschluss des Bezugsrechts ist erforderlich, um für den Erfinder eine 20%ige Beteiligung bereitzustellen. Die Alternative, dass nämlich die AG unter Beachtung von § 71 Abs. 1 Nrn. 2 und 8 AktG schrittweise 20 % der Anteile kauft und weitergibt oder sie die entsprechende Kaufpreisschuld des Erfinders begleicht, würde Zeit beanspruchen und am Kapitalmarkt Nachfragedruck erzeugen und damit das Patent zulasten der Gesellschaft verteuern. Der Ausschluss ist auch verhältnismäßig, denn der Erwerb des Patents überwiegt das in einer Publikumsgesellschaft ohnehin geringe Interesse am Quotenerhalt der Aktionäre.

Zu b) Ja. Nach § 186 Abs. 3 Satz 4 AktG ist der Ausschluss des Bezugsrechts insbesondere dann zulässig, wenn die Kapitalerhöhung gegen Geldeinlagen 10 % des Grundkapitals nicht übersteigt und der Ausgabebetrag den Börsenpreis nicht wesentlich unterschreitet. Diese Regelung lässt sich als eine – wohl widerlegbare – Vermutung dafür deuten, dass in diesem Fall die Abwägung zwischen dem Gesellschaftsinteresse und den Individualinteressen der Altaktionäre einen Bezugsrechtsausschluss rechtfertigt.

405. Bezugsrechtsausschluss beim genehmigten Kapital

Kann auch der Vorstand im Rahmen des genehmigten Kapitals zum Ausschluss des Bezugsrechts ermächtigt werden und bedarf diese Ermächtigung und/oder der spätere Ausschluss der sachlichen Rechtfertigung?

Beim genehmigten Kapital kann die Hauptversammlung den Vorstand für fünf Jahre ermächtigen, das Grundkapital bis zu einem bestimmten Betrag durch Ausgabe von Aktien gegen Einlage zu erhöhen (§ 202 Abs. 1 und 2 AktG). Das Verfahren der Kapitalerhöhung wird dann durch einen im Ermessen des Vorstandes stehenden Beschluss in Gang gesetzt und richtet sich im Wesentlichen gemäß § 203 Abs. 1 Satz 1 AktG nach den Vorschriften über die reguläre Kapitalerhöhung, soweit sich nicht aus §§ 202–206 AktG etwas anderes ergibt. Wie bei der regulären Kapitalerhöhung besteht auch beim genehmigten Kapital die Möglichkeit, das gesetzliche Bezugsrecht der Altaktionäre auszuschließen. § 203 AktG eröffnet hierzu zwei alternative Verfahrensweisen: entweder das Bezugsrecht im Ermächtigungsbeschluss selbst verbindlich auszuschließen (§ 203 Abs. 1 i. V. m. § 186 Abs. 3 und 4 AktG) oder ausdrücklich den Vorstand zu Kapitalerhöhung und Bezugsrechtsausschluss zu ermächtigen (§§ 202, 203 Abs. 2 AktG).

Im zweiten Fall genügt es, dass die Maßnahme, zu deren Durchführung der Vorstand ermächtigt wird, der beschließenden Hauptversammlung allgemein und in abstrakter Form bekannt gemacht wird (BGHZ 136, 133, 139 – Siemens/Nold; krit. *Lutter,* JZ 1998, 50). Denn bei ihrer Entscheidung stehen die Bedingungen des konkreten Bezugsrechtsausschlusses meist noch gar nicht fest. Außerdem müsste der Vorstand seine Pläne auch den Wettbewerbern bekannt geben. Der sachlichen Rechtfertigung bedarf daher nur der spätere Bezugsrechtsausschluss durch Vorstand und Aufsichtsrat (§ 204 Abs. 1 AktG).

Berichten muss der Vorstand erst auf der folgenden Hauptversammlung (BGHZ 164, 241 – Mangusta/Commerzbank I zu §§ 203, 186 Abs. 4 Satz 2 AktG). Die Kapitalmaßnahme kann nun zwar nicht mehr rückgängig gemacht werden. Mit einer Feststellungsklage gegen die AG können die Aktionäre aber erneuten Verstößen entgegenwirken und Schadensersatzklagen vorbereiten (BGHZ 164, 249 – Mangusta/Commerzbank II).

Schrifttum: *Busch,* NZG 2006, 81.

406. Kapitalerhöhung ohne Einlagen

Die Bilanz einer Aktiengesellschaft weist im Geschäftsjahr neben einem Grundkapital von 1 Mio. EUR Gewinnrücklagen in Höhe von 500 000 EUR an einen Gewinn in Höhe von 1,6 Mio. EUR aus. Die Hauptversammlung beschließt, weitere 500 000 EUR in Gewinnrücklagen einzustellen und den Rücklagenbestand von jetzt ebenfalls einer 1 Mio. EUR zu nutzen, um auf jede Aktie eine Gratisaktie gleichen Nennbetrags auszugeben. Ist die Maßnahme der Hauptversammlung zu beanstanden?

Es handelt sich um eine sog. nominelle Kapitalerhöhung oder **Kapitalerhöhung aus Gesellschaftsmitteln,** bei der der AG keine neuen Mittel zugeführt werden, sondern das eigene Vermögen durch die Erhöhung des Grundkapitals stärker gebunden wird („Erhöhung der Staumauer", vgl. § 207 Abs. 1 AktG und Fall 342). Anders als Grundkapital dürfen nämlich Rücklagen (auf der Passivseite) zum Teil aufgelöst und Vermögensteile (auf der Aktivseite) damit ausgeschüttet werden

(§§ 150, 158, 170, 172 AktG, § 266 Abs. 3 A HGB). Sinn der nominellen Kapitalerhöhung im Übrigen: bessere Handelbarkeit „leichterer" Aktien; Aufmerksamkeit der Investoren; erleichterte Fremdfinanzierung durch höhere Kreditwürdigkeit der Gesellschaft. In dem Beispielsfall können gemäß § 208 Abs. 1 Satz 1 AktG a. E. auch die 500 000 EUR, die in der letzten Jahresbilanz noch nicht als Rücklagen ausgewiesen waren, in Grundkapital umgewandelt werden.

407. Wandelschuldverschreibung

Die Klisch AG hat für jeweils 5 Mio. EUR Gewinn- und Wandelschuldverschreibungen ausgegeben.
a) Was ist eine Wandelschuldverschreibung?
b) Welche Rechte haben die Inhaber der Gewinnschuldverschreibung in der jährlichen Hauptversammlung und worin bestehen die Unterschiede zur stimmrechtslosen Vorzugsaktie?

Zu a) Neben der Ausgabe von Aktien steht der AG auch die Ausgabe von Obligationen als Finanzierungsinstrument zur Verfügung. So nennt man Inhaberschuldverschreibungen i. S. d. §§ 793 ff. BGB, die dem Unternehmen die Aufnahme langfristiger Schulden am Kapitalmarkt ermöglichen. Im Gegensatz zur Aktie besteht ein Recht auf Rückzahlung des hingegebenen Kapitals. Ist mit der Obligation ein vertragliches Bezugsrecht auf Aktien verknüpft – meist mit Sperrfrist und bestimmtem Aktienausgabekurs – spricht § 221 AktG von Wandelschuldverschreibung *(convertible bond).* Diese kann so ausgestattet sein, dass die Aktien gegen Geld (Optionsanleihe) oder im Wege des Umtauschs, also gegen Einlage der Schuldverschreibung auszugeben sind (Wandelanleihe, vgl. § 194 Abs. 1 Satz 2 AktG).

Auf Wandelschuldverschreibungen haben die Aktionäre ein mitgliedschaftliches Bezugsrecht; ausgeben darf der Vorstand sie nur aufgrund eines Beschlusses der Hauptversammlung (§ 221 Abs. 1 und 4 AktG). Um später junge Aktien bereitstellen zu können, wird vorsorglich meist eine bedingte Kapitalerhöhung nach § 192 Abs. 2 Nr. 1 AktG beschlossen.

Zu b) Als andere mögliche Form einer Obligation verbriefen Gewinnschuldverschreibungen eine vom Gewinn der AG abhängige Zinszahlungsschuld und eine am Ende der Laufzeit fällige Rückzahlungsschuld der AG (vgl. § 221 Abs. 1 Satz 1 Alt. 2 AktG).

Der Inhaber einer stimmrechtslosen Vorzugsaktie erhält bei der Gewinnverteilung einen Vorzug (§§ 139 f. AktG). Wirtschaftlich ist der Unterschied aus der Sicht des Inhabers gering, rechtlich dagegen groß: Nur der Vorzugsaktionär ist als Gesellschafter zur Teilnahme an der Hauptversammlung berechtigt, nur er hat Auskunfts- und Anfechtungsrechte und in Ausnahmefällen auch die Stimmrechte (§ 140 AktG).

Erhebliche Unterschiede bestehen in der Besteuerung: Die AG kann nicht Dividende, wohl aber Zinsen für Obligationen als Betriebsausgaben abziehen, wenn sie ihren für die Körperschaft- und Gewerbesteuer maßgeblichen Gewinn ermittelt.

408. Kapitalherabsetzung

Die Hauptversammlung der deutschen Hochseeschifffahrt AG beschließt eine Herabsetzung des Grundkapitals von 20 Mio. EUR auf 10 Mio. EUR. Welche wirtschaftlichen Gründe können für den Beschluss maßgebend sein?

Eine Kapitalherabsetzung kann einem doppelten Zweck dienen:

a) Wegen des Kapitalerhaltungsgrundsatzes (§ 57 AktG) kann die Gesellschaft überflüssige Geldmittel den Aktionären nur bei entsprechendem Gewinn zukommen lassen. Soweit das Grundkapital im Wege einer ordentlichen Kapitalherabsetzung nach §§ 222 ff. AktG verkleinert wird (sog. effektive Kapitalherabsetzung), kann das zu seiner Deckung einst nötige Vermögen zusätzlich ausgeschüttet werden.

b) Verluste einer Gesellschaft können dazu führen, dass das Eigenkapital (Vermögen ./. Verbindlichkeiten) das Grundkapital nicht mehr deckt (Unterbilanz, vgl. Fall 283). Dies kann durch eine Herabsetzung des Grundkapitals bereinigt werden. Das Gesetz erlaubt hier auch das Verfahren der vereinfachten Kapitalherabsetzung (§ 229 Abs. 1 AktG). Sie muss stets nominelle Kapitalherabsetzung sein, darf also nicht zu Ausschüttungen an die Aktionäre führen (vgl. § 230 AktG). Künftige Gewinnanteile von mehr als 4 % können nur nach Ablauf einer Sperrfrist an die Aktionäre verteilt werden (§ 233 Abs. 2 AktG).

Eine solche nominelle Kapitalherabsetzung ermöglicht der Gesellschaft häufig, die zur Sanierung erforderlichen Geldmittel im Wege einer Kapitalerhöhung zu erhalten. Denn bei einer Unterbilanz läge der innere Wert der Aktien (vgl. Fall 403) unter ihrem geringsten Ausgabebetrag (§ 9 Abs. 1 AktG) und es würde sich kein Investor finden.

409. Müssen Kapitalherabsetzungen sachlich gerechtfertigt sein?

Unterliegt auch ein Kapitalherabsetzungsbeschluss grundsätzlich der materiellen Beschlusskontrolle?

Herabgesetzt wird das Grundkapital, bei Nennbetragsaktien auch deren Nennbetrag. Bei Stückaktien sinkt deren anteiliger Betrag am Grundkapital automatisch. Beides bedarf grundsätzlich keiner sachlichen Rechtfertigung – die Beteiligungsquote bleibt hier ja unverändert (BGHZ 138, 71, 75 – Sachsenmilch). Es genügt die qualifizierte Mehrheit nach § 222 Abs. 1 AktG.

Soweit aber der (bei Stückaktien: rechnerische) Mindestnennbetrag von 1 EUR unterschritten würde, werden Aktien zusammengelegt (§ 222 Abs. 4 AktG). Dabei können „Spitzen“ verbleiben. Unter „Spitzen“ versteht man überschießende Beträge, die sich im Abrechnungsverkehr, beim Umtausch von Wertpapieren und bei der Zusammenlegung von Aktien ergeben, etwa wenn aus 17 alten 13 neue Aktien werden sollen. So wäre etwa ein Kleinaktionär mit 25 Aktien gezwungen, rechtzeitig neun zusätzliche Aktien zu erwerben, acht Aktien zu verkaufen oder insoweit den

Verlust seiner Aktien nach § 226 AktG hinzunehmen. Eine **materielle Beschlusskontrolle** hält der BGH hier nicht für erforderlich, weil der Gesetzgeber die wechselseitigen Interessen bereits abgewogen habe. § 222 Abs. 4 AktG schütze die Aktionäre, weil Zusammenlegung ihrer Aktien subsidiär sei gegenüber der Herabsetzung des Nennbetrags. Außerdem müsse sich der Aktionär auch bei Kapitalerhöhungen entscheiden, ob er seine Beteiligungsquote durch den Zukauf aufrechterhalte oder deren Verminderung hinnehme (BGHZ 138, 71, 76 f.). Dieser Vergleich hinkt insofern, als eine Kapitalerhöhung nicht zum vollständigen Verlust Mitgliedschaft führen kann.

Der BGH hat deshalb in einer weiteren Entscheidung festgestellt, dass der Mehrheitsgesellschafter kraft seiner Treuepflicht gehalten sei, Sachentscheidungen vorzunehmen, bei denen die Interessen der Minderheitsaktionäre möglichst weit berücksichtigt werden, im gegebenen Fall also allen Aktionären den Verbleib in der Gesellschaft zu eröffnen (BGHZ 142, 167, 170 – Hilgers). Dem berechtigten Verlangen der Kleinaktionäre könnte im Falle einer Kombination aus Kapitalherabsetzung und -erhöhung zur Sanierung (vgl. Fall 408) ohne weiteres dadurch Rechnung getragen werden, dass die neuen Aktien mit geringeren Nennbeträgen ausgestaltet werden.

Schrifttum: *Krieger*, ZGR 2000, 885.

410. Squeeze-out

Winzig ist mit 3 % der Aktien an der Süß AG beteiligt. Die Heuschrecken-Investment AG, die die übrigen 97 % der Anteile hält, beschließt in der Hauptversammlung, Winzig gegen eine Barabfindung auszuschließen.
Winzig hält den Beschluss für unwirksam. Ein solches Verfahren verletze seine Eigentumsrechte. Zudem befürchtet er, dass die Hauptaktionärin aufgrund ihrer spekulativen Geschäftspraktiken nach Eintragung des Beschlusses die Abfindung nicht mehr wird aufbringen können. Deshalb erhebt er gegen den Beschluss Widerspruch zur Niederschrift und klagt innerhalb der Anfechtungsfrist. Das Registergericht lehnt die Eintragung des Beschlusses wegen der Anfechtung zunächst ab. Aufgrund eines von der Gesellschaft beantragten Beschlusses des zuständigen Prozessgerichts, wird der Übertragungsbeschluss schließlich doch ins Handelsregister eingetragen. Nunmehr macht die Hauptaktionärin geltend, dass Winzigs Klagebefugnis auf sie übergegangen sei. Winzig ist empört.
a) Hat seine Anfechtungsklage Aussicht auf Erfolg?
b) Was kann er tun, wenn er die Abfindung für zu niedrig hält?
c) Könnte die Heuschrecken-Investment AG das *Squeeze-out* ebenfalls durchführen, wenn ihre Kapitalmehrheit nur 70 % betrüge und sie sich für die Dauer des Ausschlussverfahrens ein Aktienpaket in Höhe von 25 % von anderen Aktionären „geliehen" hätte?

Zu a) Die Heuschrecken-Investment AG hat hier ein *Squeeze-out* nach §§ 327a ff. AktG beschlossen. Danach kann ein Hauptaktionär mit mindestens 95 % des Grundkapitals die Übertragung der Aktien von Minderheitsaktionären auf sich fordern und ist im Gegenzug verpflichtet, dem Minderheitsaktionär eine sog. Barabfindung zu gewähren. Verfassungsrechtliche Bedenken gegen diese Regelung bestehen aufgrund der gesetzlich vorgesehenen, vollumfänglichen Entschädigung nicht (*BGH* NZG 2006, 117).

Winzig könnte jedoch mit seiner Anfechtungsklage Erfolg haben, wenn der Hauptversammlung keine ordnungsgemäße Garantiererklärung eines Kreditinstituts nach § 327b Abs. 3 AktG vorlag, die den Minderheitsaktionär vor Zahlungsunfähigkeit des Hauptaktionärs schützt. Der Beschluss ist dann nach § 243 Abs. 1 AktG anfechtbar (*OLG Frankfurt* AG 2005, 657). Wurde er eingetragen, weil ein Gerichtsbeschluss die einer Anfechtung folgende Registersperre nach §§ 327e Abs. 2, 319 Abs. 5, 6 AktG überwunden hat, sind die Aktien bereits auf die Hauptaktionärin übergegangen. Das Rechtsschutzinteresse des während des Prozesses ausgeschlossenen Aktionärs ergibt dann der Umkehrschluss aus §§ 327 Abs. 2, 319 Abs. 6 Sätze 10 und 11 AktG: Erweist sich seine Klage als begründet, kann er von der Gesellschaft, die die Eintragung durch Gerichtsbeschluss veranlasst hat, Schadensersatz verlangen (*BGH* NZG 2011, 669, 670 Tz. 10). Das entspricht der Wertung von § 265 Abs. 2 ZPO. Winzig kann die Anfechtungsklage damit weiterverfolgen und im Erfolgsfall – soweit möglich – Rückübertragung der Aktien sowie Schadensersatz fordern.

Schrifttum: *Petersen/Wille,* NZG 2009, 856.

Zu b) Auf fristgemäßen Antrag eines ausgeschiedenen Minderheitsaktionärs hat ein Gericht im Spruchverfahren über die Höhe der Abfindung zu entscheiden (vgl. § 327f AktG).

Zu c) Grundsätzlich muss nach § 327a Abs. 1 AktG ein einzelner Aktionär 95 % der Anteile halten, um antragsberechtigt zu sein. Bei der sog. Wertpapierleihe (Sachdarlehen) ist der Entleiher aber auch Inhaber des Vollrechts, sodass der Heuschrecken-Investment AG 95 % der Anteile zustehen. Der Ausschluss nach Mehrheitserwerb könnte missbräuchlich sein, wenn Mitaktionäre so ohne sachlichen Grund verdrängt werden sollten. Doch besteht dieser Grund in der Regel schon darin, den „hohen Formalaufwand“ durch Minderheitsaktionäre vermeiden zu können (BGHZ 180, 154 Tz. 9). Missbrauch läge etwa vor, wenn Anlagegesellschafter ihre Aktien vorübergehend auf eine GbR übertragen, nur um einen **bestimmten** anderen Aktionär ausschließen zu können.

9. Rechtskontrolle fehlerhafter Beschlüsse

411. Fehlerarten

a) Was ist Zweck der gesetzlichen Regelung zur Nichtigkeit und Anfechtbarkeit von Hauptversammlungsbeschlüssen?
b) Welche Arten der Fehlerhaftigkeit von Hauptversammlungsbeschlüssen sind zu unterscheiden und wie wirken sie sich aus?

Zu a) Personengesellschafter können sich grundsätzlich jederzeit und gegenüber jedermann auf jeden Beschlussmangel berufen. Im Interesse der Rechtssicherheit soll dieser Weg den Aktionären nur bei speziellen, besonders schwer wiegenden

Nichtigkeitsgründen offenstehen; und auch dies nur, sofern die Nichtigkeit noch nicht geheilt ist (§§ 241, 242 AktG). Bei sonstigen Verstößen gegen Gesetz oder Satzung muss der Aktionär zunächst anfechten und kann dies nur unter den einschränkenden Voraussetzungen der §§ 245, 246 AktG. Im Interesse der Rechtssicherheit wird die Gerechtigkeit also weit zurückgedrängt.

Zu b) Es wird zwischen Nichtigkeit und Anfechtbarkeit unterschieden. Nichtigkeit bildet die Ausnahme, Anfechtbarkeit die Regel. Ähnlich wie bei einem fehlerhaften Verwaltungsakt wirken sich Fehler bei einem Beschluss in verschiedener Weise aus:

- **Nichtigkeit:** Der Beschluss kann von vornherein keine Rechtswirkung entfalten (beachte aber § 242 AktG); einer besonderen Geltendmachung der Mängel bedarf es nicht (vgl. § 241 AktG).
- **Anfechtbarkeit:** Der Beschluss ist gültig, aber rechtswidrig. Er kann mit der Anfechtungsklage angegriffen und durch rechtskräftiges Gestaltungsurteil vernichtet werden (vgl. §§ 243, 248 Abs. 1 AktG).
- **(Schwebende) Unwirksamkeit:** Auch ein nach obigen Kategorien gültiger Beschluss kann in seiner Wirksamkeit (besser würde man wie in § 158 BGB von „Wirkung" sprechen) von weiteren Voraussetzungen abhängen. Begründet der Beschluss etwa eine Nebenpflicht, wird er erst wirksam, wenn der betroffene Gesellschafter zustimmt und diese Satzungsänderung eingetragen wird (§§ 180 Abs. 1, 55 Abs. 1, 181 Abs. 3 AktG). In anderen Fällen bedarf es einer behördlichen Zustimmung. Das Fehlen solch weiterer Voraussetzungen unterfällt nicht den obigen Anfechtungs- und Nichtigkeitsgründen und kann in jedem Prozess eingewandt oder im Wege der allgemeinen, nicht fristgebundenen Feststellungsklage gemäß § 256 ZPO geltend gemacht werden.
- **Gar kein Beschluss** liegt vor (sog. Nicht- oder Scheinbeschluss), wenn die Mindestvoraussetzungen der Beschlussfassung nicht erfüllt sind, beispielsweise keine Hauptversammlung stattgefunden hat oder allein Nichtaktionäre abgestimmt haben.

412. Ladung zur Hauptversammlung, Stimmverbote

Am 1.3. wird in der Hauptversammlung der Krane Aufzüge AG, Braunschweig, die Entlastung des Vorstandsmitglieds Vent gemäß § 120 Abs. 1 AktG beschlossen. Der Aktionär Klages erhebt am 29.3. gegen die AG Klage und beantragt: „festzustellen, dass der Beschluss der Hauptversammlung der Beklagten vom 1.3., durch welchen dem Vorstandsmitglied Vent (Punkt 1 der Tagesordnung) Entlastung erteilt wurde, nichtig ist." Wird das Gericht der Klage stattgeben, wenn
a) die Bekanntmachung am 2.2. auf der Internetseite www.ebundesanzeiger.de (vgl. §§ 121 Abs. 4 Satz 1, 25) erfolgte?
b) in Var. a bei der Hauptversammlung dennoch alle Aktionäre anwesend waren?
c) der Vorstand die Hauptversammlung kurz nach dem angegebenen Beginn wieder absagt, obwohl sich die Aktionäre am Tagungsort eingefunden haben und zwei Stunden später dennoch tagen und den Beschluss fassen?

d) Vents Entlastung erkennbar mit Stimmen solcher Aktien erteilt wurde, die Vent selbst hält?
e) der Beschluss auch ohne Vents Stimmen die nötige Mehrheit gehabt hätte?
f) Wenn Klages zuerst nur Anfechtungsklage gegen die AG erhoben hätte, könnte er dann später noch Nichtigkeitsklage gemäß § 249 Abs. 1 Satz 1 AktG erheben, wenn die Anfechtungsklage als unbegründet abgewiesen wurde?

Zu a) Ja. Der Verstoß gegen § 123 Abs. 1 AktG, der die Einberufungsfrist regelt, führt allerdings nicht zur Nichtigkeit, sondern nur zur Anfechtbarkeit des Beschlusses wegen Gesetzesverletzung (§ 243 Abs. 1 Alt. 1 AktG). Denn die allgemeinen und die besonderen Nichtigkeitsgründe in §§ 241 ff. und 250 ff. AktG bilden einen **abschließenden Katalog.** Anfechtungs- und Nichtigkeitsklage verfolgen aber identische Rechtsschutzziele, nämlich die gerichtliche Nichtigkeitserklärung eines Hauptversammlungsbeschlusses mit *Inter-omnes*-Wirkung *(BGH* NJW 2009, 230; §§ 241 Nr. 5, 248 Abs. 1 Satz 1 AktG). Deshalb schließt der hier gestellte Antrag auf Feststellung der Nichtigkeit die Anfechtung mit ein (und umgekehrt; BGHZ 134, 364, 366). Die bei der Anfechtungsklage einzuhaltende Klagefrist von einem Monat nach § 246 Abs. 1 AktG wurde gewahrt. Erschien Klages nicht in der Hauptversammlung, folgt seine Anfechtungsbefugnis aus § 245 Nr. 2 AktG. Erschien er, oblag es ihm, gegen den Beschluss bis zum Ende der Hauptversammlung Widerspruch zur Niederschrift zu erklären (§ 245 Nr. 1 AktG).

Zu b) Nein. Nach § 121 Abs. 6 AktG brauchen die §§ 121–128 AktG bei einer sog. Vollversammlung nicht eingehalten zu werden.

Zu c) Nein, denn die Absage kam zu spät. Grundsätzlich darf der Vorstand die Hauptversammlung als *actus contrarius* zur Ladung auch wieder absagen. Dies gilt auch dann, wenn sie auf Verlangen der Aktionäre einberufen wurde. Wenn sich wie hier die Aktionäre zum angegeben Zeitpunkt eingefunden haben und die Einlasskontrolle erfolgte, ist eine Absage unwirksam, selbst wenn es an der förmlichen Eröffnung fehlt (vgl. *BGH* NJW 2015, 1227). Anderenfalls könnte der Vorstand unliebsamen Mehrheitsverhältnissen aus dem Weg gehen.

Zu d) Ja. Zwar liegt die geltend gemachte Nichtigkeit wieder nicht vor: V war von der Abstimmung über seine Entlastung ausgeschlossen. Ein Verstoß gegen § 136 Abs. 1 AktG hat aber nur die Nichtigkeit der abgegebenen Stimme gemäß § 134 BGB zur Folge. Der Beschluss selbst wird jedoch dadurch nicht nichtig (vgl. §§ 241 ff. AktG). Der Verstoß gegen das AktG ist jedoch ein Anfechtungsgrund gemäß § 243 Abs. 1 AktG.

Zu e) Nein. Nach der früheren Rechtsprechung wurde dies mit der fehlenden (potenziellen) Kausalität begründet. Nach der heute h. A. handelt es sich um einen Fall fehlender Relevanz (am Zweck der verletzten Norm orientierte wertende Betrachtung; vgl. Fall 41; BGHZ 160, 385, 392; 149, 158, 165 – Sachsenmilch III).

Zu f) Nein. Nach Ansicht des BGH liegt der vom herkömmlichen Streitgegenstandsbegriff abweichende Streitgegenstand der Nichtigkeits- und Anfechtungsklage in dem prozessualen Begehren, die Nichtigkeit des Hauptversammlungsbeschlusses anhand der dem Beschluss anhaftenden Mängel richterlich zu klären. Er umfasst demnach alle – auch nicht zum Gegenstand des Prozessvortrags gemachten – Mängel, die einem Hauptversammlungsbeschluss anhaften. Dies soll der Rechtssicherheit dienen (BGHZ 152, 1, 4 ff.). Die Nichtigkeitsklage würde als unzulässig abgewiesen.

413. Nichtige Beschlüsse

a) Sind satzungsändernde Hauptversammlungsbeschlüsse der Krane Aufzüge AG nichtig, in denen
(1.) der Vorstand ermächtigt wird, zur Stützung des Aktienkurses im Interesse der Gesellschaft auch dann eine Dividende auszuzahlen, wenn kein Bilanzgewinn festgestellt wurde?
(2.) dem Aufsichtsrat die Befugnis eingeräumt wird, Vergütungen für die Aufsichtsratstätigkeit in Zukunft selbst festzusetzen.
b) Wer kann gegen wen die Feststellung der Nichtigkeit beantragen?
c) Wird der Registerrichter die zu a) beschlossenen Änderungen in das Handelsregister eintragen und welche Rechtsfolge ist mit der Eintragung verbunden?
d) Wie ist die Rechtslage, wenn die Regelungen bereits in der Ursprungssatzung enthalten waren?

Zu a) Als Nichtigkeitsvorschrift kommt hier lediglich § 241 Nr. 3 AktG in Betracht. Danach ist stets zu prüfen, ob die Beschlüsse gläubigerschützende Normen verletzen, gegen andere im öffentlichen Interesse liegenden Bestimmungen (z. B. des Kartell-, Wettbewerbs- oder Mitbestimmungsrechts) verstoßen oder dem Wesen der AG widersprechen.

(1.) Der Beschluss geht über § 59 AktG hinaus und verstößt damit gegen § 57 Abs. 1 Satz 1 AktG. Die Ausschüttungssperre gemäß § 57 Abs. 1 Satz 1 AktG ist eine Regelung, die überwiegend zum Schutze der Gläubiger der Gesellschaft besteht. Der Hauptversammlungsbeschluss ist gemäß § 241 Nr. 3 Alt. 2 AktG nichtig.

(2.) Die Vergütung der Aufsichtsratsmitglieder ist gemäß § 113 Abs. 1 Satz 2 AktG entweder in der Satzung festzusetzen oder von der Hauptversammlung selbst zu bewilligen. Daher liegt ein Verstoß gegen die Satzungsstrenge vor (§ 23 Abs. 5 AktG). Teilweise sieht man schon darin einen Verstoß gegen das Wesen der AG. Durch den Beschluss wird außerdem eine Kompetenz der Hauptversammlung auf den Aufsichtsrat übertragen und dieser dadurch ermächtigt, in eigenen Angelegenheiten selbst zu entscheiden. Jedenfalls diese Kompetenzverschiebung, sagt man, widerspricht dem Wesen der Aktiengesellschaft i. S. d. § 241 Nr. 3 Alt. 1 AktG.

Zu b) § 249 Abs. 1 Satz 1 AktG: jeder Aktionär, der Vorstand sowie jedes einzelne Mitglied des Vorstandes oder des Aufsichtsrats. Beklagte ist die Krane Aufzüge AG, vertreten durch Vorstand und Aufsichtsrat. Nicht vertreten kann die Beklagte, wer (oder wessen Organmitglied) zugleich Kläger ist (§§ 246 Abs. 2, 249 Abs. 1 AktG).

Zu c) Nichtige Beschlüsse darf der Registerrichter nicht eintragen. Trägt er dennoch ein, wird die Nichtigkeit gemäß § 242 AktG in vielen Fällen mit Fristablauf geheilt.

Zu d) Die Heilungsvorschrift des § 242 AktG gilt entsprechend für nichtige Ursprungssatzungen (vgl. BGHZ 144, 365 ff.).

Schrifttum: *U. Huber,* FS Coing, Bd. II, 1982, S. 167, 177 ff.

414. Anfechtungsvoraussetzungen

Aktionär Faul hat sich auf der letzten Hauptversammlung der Golden-Eye AG von seinem Bruder vertreten lassen. Mit einer dort beschlossenen Kapitalerhöhung gegen Geldeinlagen ist er wegen des Bezugsrechtsausschlusses nicht einverstanden und bittet Sie als seinen Anwalt um folgende Auskünfte:
a) Kann er ohne Weiteres Anfechtungsklage erheben?
b) Kann er auch einen Beschluss anfechten, dem sein Bruder zugestimmt hat?
c) Muss er eine bestimmte Frist einhalten?
d) Vor welchem Gericht muss er klagen?
e) Auf welchen Anfechtungsgrund könnte er seine Klage stützen?
f) Hindert die Anfechtungsklage die Eintragung in das Handelsregister?
g) Welches prozessuale Mittel kann der Golden-Eye AG zu einer zeitnahen Eintragung verhelfen?
h) Kann Faul die Eintragung des Beschlusses in das Handelsregister verhindern?

Zu a) Ein Aktionär ist zur Anfechtung befugt, wenn er seine Aktie(n) schon seit Bekanntmachung der Tagesordnung hält und in der Hauptversammlung gegen den Beschluss Widerspruch zur Niederschrift erklärt hat (§ 245 Nr. 1 AktG). Ein etwaiger Widerspruch seines Bruders würde Faul nach § 164 BGB zugerechnet; die Vollmacht bedarf analog § 134 Abs. 3 Satz 3 AktG der Textform (§ 126b BGB). Begründet werden muss ein Widerspruch nicht.

Zu b) Faul fehlt die Anfechtungsbefugnis, wenn sein Vertreter dem Beschluss in Kenntnis des Mangels zugestimmt hat (vgl. § 166 Abs. 1 BGB und *BGH* NZG 2010, 943, 947). Solche Kenntnis – und damit widersprüchliches Verhalten – kommt nicht in Betracht, wenn der Mangel erst nach der Stimmabgabe entsteht, etwa durch unrichtige Feststellung des Abstimmungsergebnisses. Zur Anfechtbarkeit der Stimmabgabe gemäß §§ 119, 121, 143 BGB vgl. Fall 39.

Zu c) Die Klage muss binnen einer **Ausschlussfrist** von einem Monat nach der Beschlussfassung erhoben werden (§ 246 Abs. 1 AktG; beachte: Anfechtungsbefugnis und -frist sind hier Begründetheitsvoraussetzungen!)

Zu d) Ausschließlich zuständig ist das Landgericht, in dessen Bezirk die Gesellschaft ihren Sitz hat (§ 246 Abs. 3 AktG).

Zu e) In Betracht käme ein Verstoß gegen Gesetz oder Satzung nach § 243 Abs. 1 AktG. Das Gesetz erfordert, die §§ 182 ff., 255 AktG zu beachten und den Bezugsrechtsausschluss sachlich zu rechtfertigen (vgl. Fall 404).

Zu f) Erst mit der Eintragung ins Handelsregister wird der Kapitalerhöhungsbeschluss wirksam (§§ 184 Abs. 1, 181 Abs. 3 AktG). Ist eine Anfechtungsklage anhängig, so entscheidet das Registergericht mangels gesetzlicher Registersperre nach pflichtgemäßem Ermessen (§ 21 Abs. 1 FamFG), ob es die Eintragung des Beschlusses verfügt oder aussetzt. Dabei wägt es die Erfolgsaussichten der Klage mit dem Eintragungsinteresse der Gesellschaft summarisch ab.

Zu g) Die Gesellschaft kann im Freigabeverfahren nach § 246a AktG durch das – sachnähere – Prozessgericht feststellen lassen, dass die Erhebung der Klage der Eintragung nicht entgegensteht und Beschlussmängel die Wirkung der Eintragung unberührt lassen. Das kann sich aus einer Interessenabwägung ergeben (Nr. 3 des § 246a Abs. 2 AktG), aus einer mangelnden Erfolgsaussicht der Klage (Nr. 1) oder daraus, dass der Kläger eine Mindestbeteiligung nicht rechtzeitig nachweist (Nr. 2). Die Freigabe führt zur Registereintragung, zur Feststellung der Bestandskraft *inter omnes* und zur Durchführbarkeit des Beschlusses (§ 242 Abs. 2 Satz 5 AktG). Erweist sich die Anfechtungsklage später als begründet, hat der Aktionär zwar einen Schadensersatzanspruch gegen die Gesellschaft, kann die Wirkung der Eintragung aber nicht mehr beseitigen (§ 246a Abs. 4 AktG).

Zu h) Jedenfalls solange die Gesellschaft das insoweit speziellere Freigabeverfahren (noch) nicht beantragt hat, kann der Aktionär eine einstweilige Verfügung gemäß §§ 935 ff. ZPO beim Prozessgericht beantragen, mit der die Eintragung hinausgeschoben oder verhindert wird. Denn sein Anfechtungsrecht droht mit der Eintragung wirkungslos zu werden. An die Entscheidung hat sich der Registerrichter zu halten (§ 16 Abs. 2 HGB). Erweist sich die Anfechtungsklage später als unzulässig oder unbegründet, muss der Aktionär seiner Gesellschaft nach § 945 ZPO den Schaden ersetzen, der ihr durch die verzögerte Eintragung entstanden ist.

415. Unbeantwortete Fragen in der Hauptversammlung

a) Welche zwei prozessualen Möglichkeiten hat ein Aktionär, dessen Frage unzureichend behandelt wurde?
b) Berechtigt jede falsche Antwort des Vorstandes auf die Frage eines Aktionärs zur Anfechtung?

Zu a) Ein Aktionär, der meint, auf eine Frage in der Hauptversammlung zu Unrecht eine unvollständige oder keine Auskünfte erhalten zu haben, oder dass sein Fragerecht sonst unzulässig eingeschränkt wurde (vgl. Fälle 390–393), kann ein Auskunftserzwingungsverfahren nach § 132 AktG einleiten und gestützt auf §§ 243 Abs. 1, 131 Abs. 1 AktG Anfechtungsklage gegen den dennoch gefassten Beschluss erheben. Beides ist auch nebeneinander möglich, da sich die Verfahrensgegenstände unterscheiden. Ob das Auskunftserzwingungsverfahren auch bei einer unrichtigen Antwort Aussicht auf Erfolg hat, ist umstritten.

Zu b) Gemäß § 243 Abs. 4 Satz 1 AktG ist ein Anfechtungsgrund nur gegeben, wenn ein objektiv urteilender Aktionär die Erteilung der Information als wesentliche Voraussetzung für die sachgerechte Wahrnehmung seiner Teilnahme- und Mitgliedschaftsrechte angesehen hätte.

416. Anfechtungsklagen als Erwerbsquelle

Auf der Hauptversammlung der Traub AG wird beschlossen, mit der Mutter AG einen Gewinnabführungsvertrag zu schließen. Der Kleinaktionär Presser, dem der Vertragsschluss an sich egal ist, erhebt Widerspruch zu Protokoll und Anfechtungsklage mit der Begründung, die gemäß § 293f Abs. 1 AktG ausgelegten Dokumente seien unvollständig gewesen. Im ersten Schriftsatz lässt er vortragen, er sei gegen Zahlung einer sechsstelligen Summe zum Vergleich bereit.

a) Hat Pressers Klage Aussicht auf Erfolg?

b) Welcher weitere Anfechtungsgrund kommt in Betracht?

c) Kann die Traub AG von Presser wegen der Klage Schadensersatz verlangen?

d) Wie wäre es, wenn Presser eine Nichtigkeitsfeststellungsklage erhoben hätte?

e) Welches aktienrechtliche Verbot würde durch eine Zahlung an Presser verletzt und folgt daraus eine Rückzahlungspflicht?

Zu a) Zwar liefert der Verstoß gegen § 293g Abs. 1 AktG gemäß § 243 Abs. 1 AktG grundsätzlich einen Anfechtungsgrund. Die Klage ist dennoch infolge **individuellen Rechtsmissbrauchs** nach § 242 BGB mangels Anfechtungsbefugnis unbegründet, wenn sich der Kläger durch Klageerhebung einen Vorteil verschaffen will, auf den er einen Anspruch weder hat noch dessen Bestand er als plausibel ansehen durfte (BGHZ 107, 296, 311 – Kochs Adler). Presser ficht den Beschluss nur an, um sich den Lästigkeitswert des Rechtsstreits abkaufen zu lassen: Solange eine Klage gegen den Beschluss anhängig ist, wird ihn das Registergericht in der Regel nicht eintragen; der Gewinnabführungsvertrag wird gemäß § 294 Abs. 2 AktG nicht wirksam (vgl. Fälle 414 f.).

Zu b) Die Mutter AG könnte gegen das Verbot verstoßen, Sondervorteile zum Schaden der Gesellschaft(er) zu verfolgen (§ 243 Abs. 2 AktG). Vermutlich jedoch gewährt der Gewinnabführungsvertrag den anderen Aktionären nach §§ 304 f. AktG einen angemessenen Ausgleich für ihren Schaden.

Zu c) Die Traub AG könnte gegen Presser aus § 826 BGB einen Anspruch auf den durch die Klage verursachten Schaden haben, zu dem auch die Steuern zählen, die wegen der verzögerten Wirksamkeit des Gewinnabführungsvertrages entstehen (vgl. § 14 Abs. 1 KStG). Eine Schaden verursachende Anfechtungsklage ist sittenwidrig i. S. d. § 826 BGB, wenn sie infolge individuellen Rechtsmissbrauchs unbegründet ist. Für Sittenwidrigkeit spricht dabei, wenn die Klage nur auf formale, für die Interessen des Klägers unerhebliche Gründe gestützt wurde, der Kläger nur in geringem Umfang an der Gesellschaft beteiligt war, er in der Vergangenheit bereits eine Vielzahl von Anfechtungsklagen mit einem Vergleich beendet hat und sich allzu bereitwillig auf den Vergleichsvorschlag eingelassen hat (*OLG Frankfurt* NZG 2009, 222, 225).

Zu d) Eine rechtsmissbräuchliche Nichtigkeitsfeststellungsklage ist bereits unzulässig. Es fehlt am besonderen Rechtsschutzbedürfnis. Denn anders als bei der Anfechtungsklage geht es nicht um ein materiellrechtliches, privates Gestaltungsrecht, sondern um den Missbrauch des prozessualen Rechts, die Nichtigkeit eines Beschlusses feststellen zu lassen.

Zu e) Die Zahlung verstößt gegen § 57 Abs. 1 Satz 1 AktG. Das gezahlte Geld kann nach § 62 Abs. 1 Satz 1 AktG zurückgefordert werden (vgl. *BGH* NJW 1992, 2821).

Schrifttum: *Baums,* Gutachten F für den 63. DJT 2000.

417. Bedeutung der Beschlussfeststellung

Die 1 000 Stückaktien der Adlerbräu AG, Rosenheim, werden ausschließlich von Mitgliedern der Familie Multhaupt gehalten. In der Hauptversammlung beantragt Ralf Multhaupt, die Satzung vor dem anstehenden Börsengang zu ändern: Sofern nicht spezielle Satzungs- oder zwingende Gesetzesvorschriften entgegenstehen, werden Beschlüsse der Hauptversammlung mit einfacher Stimmen- und Kapitalmehrheit gefasst. Es werden 753 Stimmen für und 215 Stimmen gegen den Antrag gezählt. Darauf erklärt der Versammlungsleiter den Antrag für abgelehnt, da die erforderliche Stimmenmehrheit nicht erreicht sei. Diese Feststellung wird entsprechend beurkundet.
a) Ist der Beschluss wirksam?
b) Mit welchem prozessualen Mittel kann Ralf Multhaupt seinem Antrag gegebenenfalls noch zum Erfolg verhelfen?
c) Wie und in welcher Frist kann sich Aktionärin Langsam an dem Verfahren beteiligen und wie erfährt sie davon?

Zu a) Mit der Mehrheit der Stimmen gemäß § 133 Abs. 1 AktG und $^{3}/_{4}$ des Kapitals (vgl. Fall 397) kann gemäß § 179 Abs. 2 Satz 2 AktG für Satzungsänderungen einfache Kapitalmehrheit (vgl. Fall 401) vorgesehen werden, soweit nicht zwingende gesetzliche Vorschriften ein höheres Quorum verlangen (BGHZ 76, 191, 194). Die Feststellung des Versammlungsleiters war also unzutreffend. Gleichwohl gilt der Antrag als abgelehnt, wenn der Versammlungsleiter das verkündet hat und seine Feststellung in die notarielle Niederschrift aufgenommen wurde (vgl. RGZ 142, 123, 128; BGHZ 104, 66, 69).

Zu b) Die fehlerhafte Beschlussfeststellung ist ein Anfechtungsgrund i. S. d. § 243 Abs. 1 AktG (vgl. Fall 306 Var. b). Die gerichtliche Nichtigkeitserklärung gemäß § 248 Abs. 1 Satz 1 AktG allein macht den gewollten Beschluss jedoch nicht wirksam. BGHZ 76, 191, 197 f. eröffnet dem Aktionär deshalb (zusätzlich) die Möglichkeit der **positiven Beschlussfeststellungsklage;** sie erspart der AG eine neue Beschlussfassung. Damit ersetzt das Gericht nicht etwa einen mangelhaften Beschluss durch einen möglicherweise überhaupt nicht gefassten Beschluss, sondern stellt lediglich fest, was in Wahrheit beschlossen worden ist. Der (positiven) Feststellungsklage kommt somit über § 256 ZPO hinaus eine partielle Gestaltungswirkung zu. Folglich muss sie in derselben Frist erhoben und im selben Prozess behandelt werden wie die (negative) Anfechtungsklage (§ 246 Abs. 1–3 AktG analog). Das darauf ergehende Urteil wirkt analog § 248 Abs. 1 AktG *ex tunc* und mit der erweiterten Rechtskraftwirkung *inter omnes.*

Zu c) Aufgrund der weitreichenden Rechtskraftwirkung können sich auch andere Aktionäre durch Nebenintervention (§ 66 ZPO) am Verfahren beteiligen. Dies ist auch aufseiten der Gesellschaft und noch nach Ablauf der Frist nach § 246 Abs. 1 AktG, jedoch nur innerhalb eines Monats nach Bekanntmachung der Klage in den Gesellschaftsblättern möglich (§§ 246 Abs. 4 Sätze 1 und 2, 25 AktG analog; *BGH* NJW 1986, 2051, 2053).

Schrifttum: *Zöllner,* ZGR 1982, 623 ff.

10. Auflösung der AG

418. Schutz gegen Mehrheitsinteressen?

Der HED Europe Fonds erwirbt aufgrund eines öffentlichen Übernahmeangebots 80 % der Woll-AG. Der Vorstand folgt den Wünschen des neuen Mehrheitsaktionärs und schlägt auf der nächsten Hauptversammlung vor, die Gesellschaft aufzulösen. Das wird mit 80 % gegen 20 % beschlossen.
a) Kleinaktionär Treu hält das für rücksichtslos und erwägt, den Beschluss anzufechten. Wie beraten Sie?
b) Der Aufsichtsrat steht auf der Seite der Altaktionäre. Um Zeit zu gewinnen, beruft er den Vorstand ab und setzt einen neuen Vorstand ein. Der Fonds hält das für unzulässig und unwirksam. Wer hat Recht?

Zu a) Ein Auflösungsbeschluss nach § 262 Abs. 1 Nr. 2 AktG bedarf nach h. M. keiner sachlichen Rechtfertigung (vgl. Fall 409) und unterliegt keiner gerichtlichen Inhaltskontrolle. Die qualifizierte Mehrheit hat die Möglichkeit, das investierte Kapital wieder freizusetzen (*BVerfG* NJW 2001, 279, 281 – MotoMeter).

Zu b) Durch den Auflösungsbeschluss wurde aus der werbenden Aktiengesellschaft eine Aktiengesellschaft in Liquidation (AG i. L.). An die Stelle des Vorstandes treten als Vertretungsorgan gemäß § 265 Abs. 1 AktG die bisherigen Vorstandsmitglieder als Abwickler. Das Organ „Vorstand", dessen Zusammensetzung der Aufsichtsrat nach § 84 AktG bestimmt (vgl. Fall 386), existiert nicht mehr. Da das Ziel der Gesellschaft während der Abwicklung nur noch darin besteht, das Gesellschaftsvermögen in Geld umzusetzen, soll statt des Aufsichtsrats die Hauptversammlung auf die Auswahl der Abwickler unmittelbar Einfluss nehmen können (§ 265 Abs. 2 und 5 AktG). Recht hat also der Fonds. Der Aufsichtsrat kann gemäß § 265 Abs. 3 AktG beantragen, dass das Amtsgericht (§ 23 Abs. 1 und 2 Nr. 4 GVG) die Abwickler abberuft und neue bestellt. Der dazu erforderliche wichtige Grund – etwa schlechte Abwicklung – ist jedoch nicht ersichtlich.

*Kapitel 10. Konzernrecht

1. AG-Konzernrecht

419. Verbreitung

Welche Bedeutung hat der Unternehmensverbund in der Wirtschaftspraxis?

Zunächst wird man an die großen, börsennotierten Gesellschaften denken, die ihre Geschäftstätigkeit auf zahlreiche Tochter-, Enkel- und Urenkelgesellschaften verteilt haben. So gibt die Deutsche Bank in ihrem Konzernabschluss mehr als 700 verbundene Unternehmen an. Schätzungen gehen davon aus, dass ein Großteil der Aktiengesellschaften in Deutschland mit anderen Unternehmen im aktienrechtlichen Sinne (vgl. Fall 422) verbunden ist.

Der Unternehmensverbund ist jedoch nicht nur bei Groß-, sondern auch bei kleinen oder mittleren Unternehmen verbreitet. Man vermutet, dass wenigstens jede zweite GmbH einer Unternehmensverbindung angehört (vgl. Fall 442).

420. Gefahren bei Konzernbildung

a) Wie entwickelt sich typischerweise ein gefährdender Einfluss Dritter auf den Vorstand einer AG?
b) Albert Deissler, der mit 92 % an der Adios AG in Herzogenaurach beteiligt ist, erwirbt 51 % der Aktien der Steinbock AG. Welche Gefahren ergeben sich für die Steinbock AG aus dem Unternehmensverbund?

Zu a) Bedeutung kommt insbesondere der Übernahme bisher selbstständiger Unternehmen und der Ausgliederung von Betrieben in junge Tochtergesellschaften zu. Der Mehrheitsaktionär kann über den Aufsichtsrat, der sich vom Überwachungs- zum Leitungsorgan wandelt, in die Gesellschaft hineinregieren. Der Vorstand wird, anstatt das Unternehmen unter eigener Verantwortung zu betreiben, nur noch den Anregungen des Mehrheitsaktionärs folgen. Dessen Interessen werden sich mit denen der übrigen Aktionäre und Gläubiger (zumeist) nicht decken, jedenfalls dann nicht, wenn der Großaktionär über anderweitige unternehmerische Interessen verfügt. Dieser Konzernkonflikt bringt das ausgewogene System des Interessenausgleichs in der AG in Gefahr.

Zu b) Albert Deissler könnte seinen Einfluss nutzen, um (1.) der Adios AG ungesicherte Kredite und günstige Einkaufspreise bei der Steinbock AG zu verschaffen, (2.) Risikogeschäfte in der Steinbock AG zu konzentrieren, (3.) wertvolle Marken der Steinbock AG günstig auf die Adios AG zu übertragen, (4.) der Adios AG Geld zufließen zu lassen, das ihr die Steinbock AG als Beratungshonorar zu zahlen hat oder (5.) Geschäftschancen zu verlagern: Die Adios AG vermag Angebote der Steinbock AG bei Ausschreibungen stets geringfügig zu unterbieten.

421. Verschmelzung oder Konzernbildung?

Steht betriebswirtschaftlich fest, dass ein Unternehmen expandieren oder gemeinsam mit anderen Unternehmen geführt werden muss, so stellt die Rechtsordnung als Instrumentarien die Verschmelzung und Konzernierung zur Verfügung. Wo liegen die jeweiligen Vorteile?

Durch die Konzernierung entsteht eine gegliederte Unternehmensgruppe, durch Verschmelzung ein Einheitsunternehmen (§ 20 UmwG). Beide Organisationsformen haben ihre Vor- und Nachteile:

a) Vorteile der **Konzernierung** sind:

(1.) Sie erfordert weniger Kapitaleinsatz, da eine Gesellschaft jedenfalls nach einem Erwerb von über 50 % beherrscht, aber erst ab 75 % verschmolzen werden kann (§§ 50, 65 UmwG); mit einem mehrstufigen Konzernaufbau lässt sich der Kapitaleinsatz weiter verringern *(pyramiding).*

(2.) Mit Erhalt der juristischen Selbstständigkeit abhängiger Unternehmen kann man deren *Goodwill* (Firma, Kundenstamm) und Organisation (Führungspositionen) bewahren.

(3.) Die Beherrschung durch Gesellschaftsanteile kann jederzeit erweitert oder rückgängig gemacht werden; der Konzernaufbau erlaubt die Aufnahme und die Verabschiedung von Kooperationspartnern je nach Wirtschaftslage – erfahrungsgemäß hat allenfalls die Hälfte aller Unternehmensverbindungen dauerhaft den erhofften wirtschaftlichen Erfolg.

(4.) Infolge der rechtlichen Aufgliederung des Unternehmens wird der Unternehmensverbund von der Insolvenz einzelner Teile nicht erfasst; rechtlich selbstständige Teilbetriebe können zudem Vorteile ausländischer Rechtsordnungen nutzen.

(5.) Einige sehen es auch als Vorteil an, gegenüber Wettbewerbern und Kunden Machtzuwachs verschleiern zu können.

b) Vorteile eines **Einheitsunternehmens** sind:

(1.) eine straffere und billigere Organisation.

(2.) Die Auseinandersetzung um Mitwirkungs- und Informationsrechte von Mitgesellschaftern braucht nur an einer Stelle geführt zu werden.

(3.) Es muss kein eigener Konzernbetriebsrat eingerichtet werden; an der Spitze der Arbeitnehmervertretungen steht der Gesamtbetriebsrat.

422. Anwendungsbereich der Begriffsbestimmungen

a) Welche Bedeutung haben die Bestimmungen der §§ 15–19 AktG für den Unternehmensverbund?
b) In welchen Rechtsgebieten werden die Normen herangezogen?

Zu a) Der Gesetzgeber hat die Regelungen vorgezogen, um für das ganze Gesetz Begriffsbestimmungen der **„verbundenen Unternehmen"** festzulegen, an die verbundsrechtliche Rechtsfolgen anknüpfen. Im Mittelpunkt stehen dabei die **abhängige Gesellschaft** und das **herrschende Unternehmen,** das meist, aber nicht notwendig ebenfalls eine Gesellschaft ist. Voraussetzungen eines Verbundes sind gesellschaftsrechtlich vermittelter, beherrschender Einfluss (Anteil oder Beherrschungsvertrag) und eine anderweitige, wirtschaftliche – nicht nur private – Interessenbindung (Konzernkonflikt, vgl. Fälle 427–430). Darauf aufbauende Vorschriften finden sich im Wesentlichen zusammengefasst im dritten Buch des Gesetzes unter der Überschrift „Verbundene Unternehmen"; §§ 291 ff. AktG. Einzelfragen sind auch an anderer Stelle geregelt wie etwa in den §§ 20, 21 AktG betreffend Mitteilungspflichten oder in § 71d AktG, wonach der Erwerb von Aktien der Gesellschaft durch ein abhängiges oder ein in Mehrheitsbesitz der Gesellschaft stehendes Unternehmen den Vorschriften der §§ 71 ff. AktG unterstellt wird.

Zu b) Die §§ 15–19 AktG sind rechtsformneutral (vgl. Fall 426) und wurden im Laufe der Jahre auf die gesamte Rechtsordnung ausgedehnt. Mehrere Gesetze verweisen auf diese Normen; vgl. etwa für das Arbeitsrecht § 54 Abs. 1 BetrVG 1972 (Konzernbetriebsrat); § 5 MitbestG 1976 und § 2 DrittelbG (Konzernmitbestimmung); für das Kartellrecht § 36 Abs. 2 Satz 1 GWB (Zusammenschlusskontrolle). Die Entwicklung verläuft allerdings nicht geradlinig. Das Steuerrecht verwendet seine eigenen Tatbestandsvoraussetzungen (vgl. § 14 KStG zur Organschaft), das Bilanzrecht seine eigenen Begriffsbestimmungen (vgl. §§ 271 Abs. 2, 290 Abs. 1 und 2 HGB).

423. Begriff des Konzerns

Was versteht das Aktiengesetz unter einem „Konzern" und welche Bedeutung hat dieser Begriff im Aktienrecht?

Auch wenn das Recht der verbundenen Unternehmen meist als „Konzernrecht" bezeichnet wird, ist ein Konzern nur ein Spezialfall des Unternehmensverbunds, der in § 18 AktG definiert ist:

a) Konzerne werden dadurch gekennzeichnet, dass mehrere Unternehmen unter **einheitlicher Leitung** zusammengefasst sind. Das Gesetz unterscheidet zwischen dem Unterordnungskonzern (vgl. § 18 Abs. 1 AktG), bei dem zwischen den Konzernunternehmen ein Abhängigkeitsverhältnis besteht, und dem Gleichordnungskonzern (vgl. § 18 Abs. 2 AktG), bei dem dies fehlt. Letzterer ist allerdings nur selten anzutreffen, zumeist unter Beteiligung von Versicherungsvereinen auf Gegenseitigkeit.

b) Das Aktiengesetz knüpft an den Begriff des Konzerns nur wenige Rechtsfolgen an (vgl. die §§ 97 Abs. 1 und 100 Abs. 2 Satz 2 AktG).

Beachte: Die Regelungen der §§ 311 ff. AktG werden meist als solche der „faktischen Konzerne" bezeichnet; für ihre Anwendung bedarf es indes nicht der einheitlichen Leitung. Es genügt die Abhängigkeit einer Aktiengesellschaft oder Kommanditgesellschaft auf Aktien (vgl. Fälle 440 ff.).

424. System der §§ 16–18 AktG

In welchem Verhältnis stehen die §§ 16–18 AktG zueinander?

Die Vorschriften definieren für das Aktiengesetz die verschiedenen Arten der Unternehmensverbindungen. § 16 AktG betrifft die Mehrheitsbeteiligung an einem Unternehmen, § 17 AktG die Beherrschung eines Unternehmens und § 18 AktG schließlich die einheitliche Leitung mehrerer Unternehmen. Jede Form dieser Unternehmensverbindungen kann isoliert vorliegen, jede Kombination ist möglich. Steht beispielsweise ein Unternehmen in Mehrheitsbesitz, der dem Gesellschafter jedoch lediglich eine Minorität der Stimmrechte einräumt (vgl. § 134 Abs. 1 Satz 2 AktG und Fall 397), ist die Voraussetzung des § 16 AktG erfüllt, nicht notwendig jedoch ist die Gesellschaft zugleich beherrscht i. S. d. § 17 AktG. Oder: Eine Gesellschaft steht durch einen Unternehmensvertrag unter der einheitlichen Leitung eines anderen Unternehmens (vgl. § 18 Abs. 1 Satz 2 AktG), ohne dass letzteres bedeutend an der Gesellschaft beteiligt ist (vgl. § 291 AktG).

Das Gesetz vermutet nach § 17 Abs. 2 AktG bei einer Mehrheitsbeteiligung die Abhängigkeit der Gesellschaft von ihrem Gesellschafter und im Falle einer solchen Abhängigkeit wiederum nach § 18 Abs. 1 Satz 3 AktG, dass die betroffene Gesellschaft unter einheitlicher Leitung steht. Zumeist erfüllt eine Unternehmensverbindung den Tatbestand mehrerer Vorschriften der §§ 16–18 AktG.

425. Beherrschung bei Stimmrechtsbegrenzung

Die Nordostdeutsche Beteiligungs-AG (NOBAG), Schwerin, hält neben weiteren umfangreichen Beteiligungen 55 % der Aktien der nichtbörsennotierten Intercargo AG in Rostock, in deren Satzung eine Stimmrechtsbegrenzung auf 49 % festgesetzt ist. In den Hauptversammlungen der Intercargo AG erreicht die NOBAG aufgrund abwesender Aktionäre – die Hauptversammlungspräsenz lag in den vergangenen Jahren stets unter 90 % – regelmäßig eine Stimmenmehrheit. Beurteilen Sie die Beteiligung der NOBAG anhand der §§ 16–18 AktG!

a) Die Intercargo AG ist ein nach § 16 Abs. 1 AktG in Mehrheitsbesitz stehendes Unternehmen. Zwar hat die NOBAG nur die Kapital- und keine Stimmenmehrheit, doch genügt nach § 16 Abs. 1 AktG schon eine dieser Mehrheiten. Folglich darf die Intercargo AG beispielsweise nach § 56 Abs. 2 Satz 1 AktG Aktien der NOBAG nicht zeichnen und nach § 71d Satz 2 AktG nur begrenzt erwerben.

b) Eine Abhängigkeit i. S. d. § 17 Abs. 1 AktG liegt dann vor, wenn einem anderen Unternehmen die **Möglichkeit** offen steht, auf die AG einen beherrschenden Einfluss auszuüben. Einen solchen Einfluss hätte die NOBAG in der Hauptversammlung der Intercargo AG zwar nicht, wenn deren übrige Aktionäre vollständig präsent wären. Da sie dies nicht sind und die der NOBAG zustehenden Stimmrechte regelmäßig für eine Mehrheit ausreichen, kann sie die Intercargo AG beherrschen. Sollten tatsächliche Zweifel verbleiben, ist deren Abhängigkeit zu vermuten

(§ 17 Abs. 2 AktG). Insbesondere die §§ 311 ff. AktG sind daher auf das Beteiligungsverhältnis anzuwenden.

c) Schließlich stellt sich die Frage, ob es sich bei der Unternehmensverbindung um einen Unterordnungskonzern nach § 18 Abs. 1 Satz 1 AktG handelt. Er liegt dann vor, wenn die Einflussmöglichkeit des § 17 AktG zu einer einheitlichen Leitung, d. h. zur Gleichschaltung der Geschäftsführung, tatsächlich eingesetzt wird. Über den Grad der Einflussnahme durch die NOBAG ist hier nichts gesagt. Doch ist nach § 18 Abs. 1 Satz 3 AktG zu vermuten, dass die NOBAG als herrschendes und die Intercargo AG als beherrschtes Unternehmen einen Konzern bilden. Dies hat unter anderem zur Folge, dass bei der Berechnung der zulässigen Anzahl der Aufsichtsratsmandate der NOBAG-Vorstände die Mandate im Aufsichtsrat der Intercargo AG unberücksichtigt bleiben (vgl. § 100 Abs. 2 Satz 2 AktG).

426. GmbH

Handelt es sich im vorhergehenden Fall noch um verbundene Unternehmen i. S. d. AktG, wenn sowohl die Nordostdeutsche Beteiligungs-AG als auch die Intercargo AG in Gesellschaften mbH umgewandelt werden?

Ja. Die Definitionsnormen der §§ 15–19 AktG sind rechtsformneutral, d. h. sie gelten schlechthin für rechtlich selbstständige Unternehmen unabhängig von deren Rechtsform. Die Intercargo GmbH ist daher ein in Mehrheitsbesitz stehendes, ein abhängiges und ein Konzernunternehmen. Dagegen gelten die Vorschriften über Unternehmensverträge und faktische Konzerne, also die §§ 291–318 AktG, nur dann unmittelbar, wenn die **abhängige** Gesellschaft eine AG oder KGaA darstellt, hier also nicht.

427. Begriff des Unternehmens

a) Fürst Kalkstein ist mit qualifizierter Mehrheit an der Würzburger Hofbräu AG beteiligt; er ist Vorstandsvorsitzender und leitet als solcher die Geschäftsführung. Qualifiziert ihn die Mehrheitsbeteiligung zusammen mit seiner Organstellung als herrschendes „Unternehmen“?
b) Fürstin Kalkstein hält Mehrheitsbeteiligungen an der Nitrogen AG, Leverkusen, wie auch an der Porzella AG, Meissen. Interesse bringt sie diesen Gesellschaften namentlich am Tag der Dividendenausschüttung entgegen. Erfüllt sie den Unternehmensbegriff des § 15 AktG?

Die etwas karikiert gezeichneten Beispiele betreffen die Qualifikation eines maßgebenden Gesellschafters als Unternehmen. Es gibt keinen für alle Rechtsgebiete einheitlichen Unternehmensbegriff, dieser muss vielmehr aus Systematik und Zweck der jeweiligen Vorschriften entwickelt werden. Nicht nur im Arbeits-, Wettbewerbs- und Steuerrecht wird der Begriff deshalb unterschiedlich eingesetzt; selbst innerhalb des § 15 AktG ist zu unterscheiden, ob das Unternehmen zu schützen oder zu kontrollieren ist. Zu schützendes Unternehmen, an dem eine Beteiligung besteht, kann nur eine Gesellschaft sein, gleich welcher Form. An dieser Gesellschaft beteiligtes, zu kontrollierendes Unternehmen kann hingegen jeder Rechtsträger sein, der zwei Voraussetzungen erfüllt, nämlich (1.) **gesellschaftsrechtlich vermittelter Einfluss** und (2.) **anderweitige Interessenbindung:** Aufgrund weiterer, außerhalb der Gesellschaft liegender maßgeblicher Beteiligungen oder eigener Geschäftsbetriebe müssen also auch **andere wirtschaftliche Interessen** verfolgt werden können, die stark genug sind, um die ernste Besorgnis zu begründen, der Gesellschafter könnte um ihretwillen seinen Einfluss zum Nachteil der Gesellschaft geltend machen (Unternehmensgesellschafter; vgl. BGHZ 69, 334, 337 – VEBA/Gelsenberg). Wer nur an einer einzigen Gesellschaft beteiligt ist, auf die sich seine nennenswerten wirtschaftlichen Interessen beschränken (Privatgesellschafter), ist also kein Unternehmen, selbst wenn er diese Gesellschaft maßgeblich beeinflussen kann.

Zu a) Im Beispielsfall ist der Fürst als Mehrheitsteilhaber und Vorstandsvorsitzender sicher unternehmerisch tätig, aber eben nur in seiner eigenen Gesellschaft. Er ist deshalb kein Unternehmen i. S. d. §§ 16–18 AktG. So unterliegt er der allgemeinen Kontrolle von Mehrheitsmacht, aber nicht der Machtkontrolle im Unternehmensverbund.

Zu b) Die Fürstin wird durch die bloße Beteiligung an einer weiteren Gesellschaft noch nicht zum Unternehmen i. S. d. §§ 15 ff. AktG. Es muss vielmehr außerhalb der betrachteten Gesellschaft eine wirtschaftliche Interessenbindung hinzukommen. Welche Intensität diese haben muss, ist umstritten. Nach einer Mindermeinung soll es darauf ankommen, dass der Aktionär bei einer anderen Gesellschaft **tatsächlich leitend** seinen unternehmerischen Einfluss wahrnimmt. Demgegenüber lässt die h. M. zu Recht die bloße Beteiligung des Aktionärs an der anderen Gesellschaft genügen, wenn sie die **Möglichkeit** eröffnet, auf die dortige Unternehmenspolitik Einfluss zu nehmen. Denn dann ist der Interessenkonflikt, dessen Gefahren das Konzernrecht begrenzen soll, bereits gegeben. Folglich ist die Fürstin Unternehmen i. S. d. §§ 15 ff. AktG.

Schrifttum: *K. Schmidt,* AG 1994, 189; *Mülbert,* ZHR 163 (1999), 1.

428. Holding als Unternehmen

Zur Sicherung seines Familienbesitzes beschließt Fürst Kalkstein, die Beteiligung an der Würzburger Hofbräu AG neu zu organisieren: Die Familie Kalkstein bringt ihre sämtlichen Aktien in eine KG ein, die damit zur Holding-Gesellschaft wird. Alsdann wird das gesamte Anlagevermögen der AG, insbesondere der umfangreiche Grundbesitz, an die KG verkauft und sogleich wieder an die Würzburger Hofbräu AG verpachtet. Die einheitliche Leitung ruht wie bisher in den Händen des Fürsten Kalkstein, der persönlich haftender Gesellschafter der KG wird; die übrigen Familienmitglieder werden Kommanditisten. Sind die Voraussetzungen eines Konzernverbundes erfüllt?

Werden in einer reinen Holding ausschließlich mehrere Beteiligungen an derselben Gesellschaft zusammengefasst, so fehlt es an dem typischen **Konzernkonflikt** (vgl.

Fall 422), weshalb es sich um kein Unternehmen handelt. Betreibt die (Teil-) Holding hingegen ein eigenes operatives Geschäft oder bestehen weitere maßgebliche Beteiligungen, ist eine Kollision widerstreitender unternehmerischer Interessen nicht auszuschließen und die Unternehmenseigenschaft der Holding zu bejahen.

Die Tätigkeit der vom Fürsten Kalkstein gegründeten KG geht über die reine Verwaltung der Beteiligung an der Würzburger Hofbräu AG hinaus, da sie auch das ihr übertragene Anlagevermögen verwaltet und an die Brauerei verpachtet. Es kann deshalb zu einer Kollision der Interessen der AG einerseits und der KG andererseits kommen. Die KG ist zudem mehrheitlich (100 %) an der AG beteiligt, weshalb sowohl eine Beherrschung nach § 17 Abs. 2 und eine einheitliche Leitung nach § 18 Abs. 1 Satz 3 AktG zu vermuten sind.

Wer wie hier Fürst Kalkstein nur Komplementär der Obergesellschaft ist, ist mangels anderweitiger Interessenbindung nach der allgemeinen Definition kein (kontrollbedürftiges) Unternehmen. Die herrschende Literatur empfindet dieses Ergebnis als unbefriedigend und erstreckt die Unternehmenseigenschaft der Holding auf die hinter ihr stehende natürliche Person. Folgt man dem, ist Fürst Kalkstein kraft seiner Leitungsmacht ebenfalls Unternehmen. Die Würzburger Hofbräu AG, die KG und der Fürst bilden dann einen mehrstufigen Konzern nach §§ 18 Abs. 1 Satz 1, 17 Abs. 1 und 2 AktG.

Schrifttum: MünchKommAktG/*Bayer,* § 15 Rn. 30–34; GroßkommAktG/*Windbichler,* § 15 Rn. 31 ff.

429. Familie als herrschendes Unternehmen?

An der Thüringer Baubedarfs-AG sind unter anderem drei GmbHs beteiligt: die Erfurter Bau GmbH mit 25 %, die Jenaer Bau GmbH mit ebenfalls 25 % und die Weimarer Bau GmbH mit 5 %. An allen drei GmbHs halten Valentin und Wolfgang Schräuble paritätische Beteiligungen, die sie von ihrem Vater geerbt haben, und sie führen die Geschäfte weiter. In brüderlicher Verbundenheit vereinbaren sie, vor den Hauptversammlungen der AG ein einheitliches Stimmverhalten der drei GmbHs abzusprechen. Ist die AG ein abhängiges Unternehmen i. S. v. § 17 AktG und von wem wird sie gegebenenfalls beherrscht?

Wenn auch § 17 Abs. 1 AktG davon spricht, dass **ein** anderes Unternehmen einen beherrschenden Einfluss ausüben kann, so bedeutet diese sprachliche Fassung keine Beschränkung auf einzelne Unternehmen (vgl. BGHZ 62, 193, 196 ff. – Seitz).

Die drei GmbHs haben sich zusammengeschlossen, um ihr Abstimmungsverhalten zu koordinieren. Da diese Innen-GbR (vgl. Fälle 55 Var. c, 73) nicht nach außen auftritt, wird die AG unmittelbar von den drei GmbHs beherrscht. Sie nehmen die in der GbR gefällten Entscheidungen in ihren eigenen Beherrschungswillen auf.

Auch Valentin und Wolfgang Schräuble sind herrschende Unternehmen. Unternehmen sind sie aufgrund ihrer Beteiligung an mehreren GmbHs. Herrschend i. S. d. des § 17 Abs. 1 AktG ist jeder allein noch nicht, zusammen aber schon. Es genügt nämlich, wenn sich zwei paritätisch beteiligte Unternehmen – auch ohne organisatorisches oder vertragliches Band – beständig zu einer gemeinsamen Willensausübung zusammengefunden haben (BGHZ 74, 359, 363 – WAZ). Jede Gesellschaft ist deshalb von den Brüdern, also mehrfach, abhängig, die GmbHs unmittelbar und die AG mittelbar. Somit ist die AG sowohl gegenüber den drei Gesellschaften mbH als auch gegenüber Valentin und Wolfgang Schräuble ein abhängiges Unternehmen i. S. d. § 17 Abs. 1 AktG.

430. Gebietskörperschaften als Unternehmen

Sind Gebietskörperschaften (Bund, Länder und Gemeinden) Unternehmen i. S. d. §§ 15 ff. AktG, wenn sie sich, wie dies vielfach geschieht, an Handelsgesellschaften mehrheitlich beteiligen?

Ja, auch sie können als Inhaber von konzerntypischen Interessenkollisionen betroffen sein (BGHZ 69, 334, 344 – VEBA/Gelsenberg). Gebietskörperschaften werden sogar schon durch eine einzige unternehmerische Beteiligung zum Unternehmen (BGHZ 135, 107, 113 f. – VW/Niedersachsen). Denn eine solche Gesellschafterin wird sich nicht nur von den typischen Aktionärsinteressen, sondern ebenso von ihrer öffentlich-rechtlichen Aufgabenstellung leiten lassen. Für die zu schützenden Minderheitsaktionäre macht es keinen Unterschied, ob der Mehrheitsgesellschafter die Interessen der Gesellschaft aus anderweitigen wirtschaftlichen Interessen oder aufgrund politischer Zielsetzungen außer Acht lässt.

Schrifttum: *Schiessl,* ZGR 1998, 871; *Mülbert,* ZHR 163 (1999), 1.

431. Gefahren aus wechselseitiger Beteiligung

a) Welche Gefahren drohen bei wechselseitig beteiligten Aktiengesellschaften
(1.) der inneren Verfassung und
(2.) der Kapitalausstattung
b) und wie begegnet das Gesetz diesen Gefahren?

Zu a) (1.) Durch eine wechselseitige Beteiligung wird die Zuständigkeitsverteilung in der AG unterlaufen. Denn hat sich der Vorstand der ersten Gesellschaft in den Aufsichtsrat der zweiten Gesellschaft gewählt, so kontrolliert er dort einen Vorstand, der unter Umständen im Namen dieser zweiten Gesellschaft den Aufsichtsrat der ersten Gesellschaft bestimmt. Auf diese Weise entsteht für beide Gesellschaften eine autonome, d. h. von den übrigen Gesellschaftern unabhängige Verwaltungsmacht.

(2.) Die Gefahrenlage für die Kapitalausstattung der Gesellschaften stimmt weitestgehend mit jener bei dem Erwerb eigener Aktien überein. Die Anteile verkörpern, zumindest teilweise, die Beteiligung am eigenen Unternehmen. Man spricht deshalb auch beim Aufbau einer wechselseitigen Beteiligung von einer mittelbaren Einlagenrückgewähr (vgl. Fall 357).

Zu b) Nur wenn eine einfache wechselseitige Beteiligung i. S. d. § 19 Abs. 1 AktG vorliegt, findet § 328 AktG Anwendung, der eine Einschränkung des Verwaltungseinflusses bezweckt und deshalb eine Verkürzung verschiedener mitgliedschaftlicher Rechte der Beteiligten und gesteigerte Mitteilungspflichten vorsieht.

Ist mindestens eine der Gesellschaften **mehrheitlich** an der anderen beteiligt oder kann sie in dieser einen herrschenden Einfluss ausüben, finden nach § 19 Abs. 2 und 3 AktG die allgemeinen Regeln über Beherrschungs- und Abhängigkeitsverhältnisse Anwendung.

Schrifttum: *Emmerich,* NZG 1998, 622.

432. Relevante Beteiligungsquoten

Welche Rechtsfolgen ergeben sich aus bestimmten Beteiligungsquoten?

Einer Minderheit mit einer Beteiligung von 5 % des Grundkapitals gewähren § 122 Abs. 1 und 2 AktG das Recht, die Einberufung der Hauptversammlung und die Bekanntgabe von Gegenständen zur Beschlussfassung zu verlangen. Bereits mit 1 % besteht die Möglichkeit, Sonderprüfer zu bestellen und Schadensersatzansprüche der Gesellschaft gegen Vorstands- und Aufsichtsratsmitglieder selbst geltend zu machen, bzw. ab einer 10%igen Beteiligung durchsetzen zu lassen (§§ 142 Abs. 2, 147 Abs. 2, 148 Abs. 1 AktG). Aus dem Erwerb von über 50 % der Stimmrechte durch eine Kapitalgesellschaft kann die Pflicht zur Aufstellung eines Konzernabschlusses nach § 290 HGB resultieren. Mit 75 % ist die für Satzungsänderungen (§ 179 AktG), Umwandlungen (§§ 65, 125 UmwG) und den Abschluss von Unternehmensverträgen (§ 293 AktG) nötige Beschlussmehrheit erreicht, eine sog. Sperrminorität erfordert also mehr als 25 %. Gehören einem Aktionär 95 % des Grundkapitals, ist er zum Ausschluss der übrigen Aktionäre (sog. *Squeeze-out)* berechtigt (§ 327a AktG; vgl. Fall 410).

Um Aktionäre, Gläubiger und die Öffentlichkeit über Konzernverbindungen zu unterrichten, gelten Meldepflichten. Um Transparenz für die Anleger zu erreichen, schreibt § 21 Abs. 2 WpHG eine **Mitteilungspflicht** für jeden Aktionär vor, der durch Erwerb, Veräußerung oder auf sonstige Weise 3, 5, 10, 15, 10, 25, 30, 50 oder 75 % der Stimmrechte bestimmter börsennotierter Gesellschaften im Sinne dieses Gesetzes erreicht, überschreitet oder unterschreitet.

Hinsichtlich der Aktien einer nicht börsennotierten Gesellschaft (§ 20 Abs. 8 AktG) gilt nur eine eingeschränkte Meldepflicht (§§ 20, 21 AktG). Danach haben sowohl Unternehmen (vgl. Fälle 427 ff.) gegenüber der Gesellschaft als auch die Gesellschaft gegenüber anderen Kapitalgesellschaften das Erreichen von mehr als 25 % der Aktien oder einer Mehrheitsbeteiligung unverzüglich schriftlich mitzuteilen.

An bestimmte Beteiligungsquoten knüpfen auch andere Gesetze an: Erreicht ein Erwerber die Schwelle von 30 % der Stimmrechte, kontrolliert er i. S. d. § 29 WpÜG die Zielgesellschaft und ist, wenn er nicht befreit wurde, zur Abgabe eines Pflichtangebotes sowie der Veröffentlichung seiner Beteiligung verpflichtet (§ 35

WpÜG). Im Recht der Zusammenschlusskontrolle umsatzstarker Unternehmen verlangt das Kartellrecht mit den §§ 37, 39 GWB Anzeige und Anmeldung beim Bundeskartellamt, falls 25 oder 50 % des Kapitals oder der Stimmrechte überschritten werden. Bei grenzüberschreitenden europäischen Zusammenschlüssen gelten die Art. 3, 4 FusionskontrollVO.

433. System der §§ 291–328 AktG

Neben den Definitionsnormen in §§ 15–19 AktG (vgl. Fall 424) und verstreuten Einzelnormen, die diese Begriffe verwenden (vgl. z. B. Fall 425), enthält das Aktiengesetz ein eigenes Buch über verbundene Unternehmen. Wie ist es aufgebaut?

Der Aufbau der §§ 291 ff. AktG ist nur aus der Gesetzesgeschichte zu erklären. Absicht des Gesetzgebers war es ursprünglich, den Vertragskonzern mit Beherrschungsmöglichkeit und zwingenden Folgeverpflichtungen zur Verfügung zu stellen, dafür aber bei schlichter Abhängigkeit einer Tochtergesellschaft „Enthaltsamkeit“ zu verlangen (vgl. Fall 441). Der Gesetzgeber hat das Konzept aber verwässert und in den §§ 311 ff. AktG auch nichtvertragliche Konzernleitung (in sog. faktischen Konzernen) zugelassen. Damit ist es den Mehrheitsaktionären und der Verwaltung der Muttergesellschaft überlassen, zwischen vertraglichen und nichtvertraglichen Unternehmensverbindungen zu wählen. Entsprechend beruht nur die Minderheit der Konzerne auf vertraglicher Grundlage, was dann hauptsächlich auf steuerrechtliche Gründe (Organschaft; vgl. § 14 KStG) zurückzuführen ist.

An der Spitze des gesetzlichen Aufbaus stehen dementsprechend die regulären (Vertrags-)Konzerne, geordnet nach Voraussetzungen und Folgen der Unternehmensverträge (§§ 291–307 AktG). Es folgen Vorschriften für Leitungsmacht und Verantwortlichkeit, also für **Herrschaft** und **Haftung** des herrschenden Unternehmens, wobei zwischen den vertraglichen (§§ 308–310 AktG) und den nur tatsächlich verbundenen Unternehmen (§§ 311–318 AktG) unterschieden wird. Letztere Regeln sind unzulänglich und müssen ergänzt werden: entweder durch Analogie zum pauschalen Schutzsystem der §§ 302 f. AktG (im qualifiziert faktischen AG-Konzern; vgl. Fall 448) oder durch das Institut der allgemeinen Durchgriffshaftung zu Gunsten der Gläubiger und der Treuepflicht zu Gunsten der außenstehenden Gesellschafter (in der GmbH; vgl. Fälle 292–294, 447).

Ein eigener Abschnitt ist den jeweiligen Besonderheiten der eingegliederten (§§ 319–327 AktG) und wechselseitig abhängigen (§ 328 AktG; vgl. Fall 431) Unternehmen gewidmet. Schließlich regeln die §§ 327a–327f AktG mit dem sog. *Squeeze-out* das zwangsweise Ausscheiden von Minderheitsaktionären gegen Gewährung einer Barabfindung (vgl. Fall 410); Unternehmen (vgl. Fall 427) muss der Mehrheitsaktionär dazu nicht sein.

Schrifttum: *Emmerich/Habersack,* §§ 291 ff.

434. Unternehmensverträge

Die Vorstände der Volkswagen AG und der Audi AG möchten ihre Kooperation auf eine neue vertragliche Grundlage stellen.
Sie sind in der Rechtsabteilung der Volkswagen AG angestellt und werden vom Vorstand um folgende Auskünfte gebeten:
a) Welche Vertragstypen sehen die §§ 291 ff. AktG vor?
b) Könnte eine Bestimmung in den Vertrag aufgenommen werden, nach welcher der Vorstand der Audi AG den Weisungen der Volkswagen AG unter allen Umständen Folge leisten muss?

Zu a) Unter dem Oberbegriff der Unternehmensverträge fassen die §§ 291, 292 AktG Vereinbarungen zusammen, die regelmäßig tief in die Unternehmensstruktur eingreifen. Deshalb bedürfen sie der Zustimmung der Gesellschafterversammlung mindestens eines der beteiligten Rechtsträger. Ihr Inhalt ist vom Gesetz im Wesentlichen vorgegeben.

Die wichtigsten Unternehmensverträge sind der Beherrschungs- und der Gewinnabführungsvertrag, weil sie die Kapitalerhaltung bei der Untergesellschaft aufheben; vgl. § 291 Abs. 3 AktG. An ihre Stelle treten der Vermögensschutz der Untergesellschaft nach §§ 300 ff. AktG, die Pflicht zur Sicherheitsleistung (§ 303 AktG) zu Gunsten der Gläubiger sowie eine Mindestdividende und ein Austrittsrecht für die außenstehenden Aktionäre der Untergesellschaft (§§ 304, 305 AktG).

Weniger einschneidend sind die anderen Unternehmensverträge, die § 292 Abs. 1 AktG auflistet. Sie sind nach der Vorstellung des Gesetzgebers keine (satzungsgleichen) Organisationsverträge, sondern schuldrechtliche Verträge, für die die §§ 302 ff. AktG (Ausnahme: § 302 Abs. 2 AktG) nicht gelten. Stattdessen gelten bei faktischer Abhängigkeit die §§ 311 ff. AktG als Auffangregelung.

Abschluss, Änderung und Beendigung von Unternehmensverträgen werden in den §§ 293–299 AktG zwingend geregelt. Wichtig sind die Berichtspflicht des Vorstandes (§ 293a AktG), die Zustimmung der Hauptversammlungen (§ 293 AktG) sowie die Eintragung in das Handelsregister (§ 294 AktG).

Zu b) Eine besondere Rechtsfolge (nur) des Beherrschungsvertrages liegt darin, dass dem Vorstand der abhängigen Gesellschaft entgegen § 76 Abs. 1 AktG Weisungen erteilt werden können (§ 308 Abs. 1 AktG). Dieser ist verpflichtet, sie im Rahmen der §§ 134, 138 BGB zu befolgen, es sei denn, dass sie offensichtlich nicht den Belangen des herrschenden Unternehmens oder der gesamten Unternehmensgruppe dienen (sog. **Konzerninteresse**); § 308 Abs. 2 AktG ist zwingendes Recht. Der umfassenden Leitungsmacht steht eine weit reichende Verantwortlichkeit der Beteiligten nach §§ 309, 310 AktG gegenüber.

In der Praxis sind „Weisungen" nicht gebräuchlich. Die Mitglieder der Verwaltung der abhängigen Gesellschaft, die vom herrschenden Unternehmen berufen werden, richten sich von selbst nach den Interessen und Wünschen der Muttergesellschaft. Wie weit der Verwaltung ein eigener Spielraum eingeräumt ist, hängt von den Umständen des einzelnen Falles ab.

435. Folgen von Unternehmensverträgen

Die DUB-Schultheiss-Brauerei AG hat mit der Schlossquellbrauerei Heidelberg AG als abhängiger Gesellschaft einen Beherrschungs- und Gewinnabführungsvertrag abgeschlossen.
a) Welche Ansprüche ergeben sich daraus gegen die DUB-Schultheiss AG?
b) Hat der Abschluss des Beherrschungs- und Gewinnabführungsvertrages Folgen für die Zuständigkeit der Hauptversammlung der abhängigen Schlossquellbrauerei Heidelberg AG?

Zu a) Ein wirksam abgeschlossener Beherrschungs- oder Gewinnabführungsvertrag muss Folgendes vorsehen: Die außenstehenden Aktionäre der Schlossquellbrauerei haben die Wahl, entweder in der Gesellschaft zu verbleiben und dann gemäß § 304 Abs. 1 AktG wiederkehrende Geldleistungen **(Ausgleichszahlungen)** verlangen zu können oder aus der Gesellschaft auszuscheiden und sich einmalig **abfinden** zu lassen, entweder in Form von Aktien der herrschenden Gesellschaft oder in Geld (§ 305 Abs. 1 und 2 AktG). Schweigt der Vertrag zur Ausgleichszahlung, ist er nichtig (§ 304 Abs. 3 Satz 1 AktG), fehlt das Recht, gegen Abfindung auszuscheiden, wird es gerichtlich ergänzt (§ 305 Abs. 5 Satz 2 AktG). Schuldner beider Verpflichtungen ist das herrschende Unternehmen, also die DUB-Schultheiss-Brauerei. Anspruchsberechtigt ist jeder **außenstehende Aktionär,** also jeder Aktionär der Untergesellschaft mit Ausnahme der DUB als anderem Vertragsteil und mit Ausnahme eines etwaigen Unternehmens, an das die DUB ihren ganzen Gewinn ihrerseits abführen muss. Die Angemessenheit der Ausgleichszahlung ist anhand einer Prognose zu ermitteln (vgl. Fall 439). Hätte die abhängige Gesellschaft ohnehin einen Verlust erzielt, ist keine marktübliche Mindestverzinsung geschuldet: Wo eine Dividende nicht erwirtschaftet werden kann, brauchen die Aktionäre auch nicht gegen ihren Ausfall gesichert zu werden.

Zudem verpflichtet § 302 AktG die DUB, jeden während der Vertragsdauer sonst entstehenden Jahresfehlbetrag der Schlossquellbrauerei auszugleichen, also nicht erst in der Insolvenz. Der Anspruch steht der abhängigen AG zu und ist durch ihren Vorstand geltend zu machen; eigene Klagerechte der außenstehenden Aktionäre oder der Gläubiger sind nicht vorgesehen. Erst bei Beendigung eines Unternehmensvertrages steht den **Gläubigern** der Schlossquellbrauerei Heidelberg AG ein Anspruch auf Sicherheitsleistung aus § 303 AktG zu.

Zu b) Nein. Die Folgen des Beherrschungsvertrages beschränken sich nach § 308 AktG auf die Übernahme der Leitungsmacht, also auf den Einfluss des herrschenden Unternehmens auf das **Geschäftsführungsorgan** der abhängigen Gesellschaft. An der Zuständigkeit ihrer übrigen Organe, insbesondere der Hauptversammlung, ändert sich nichts. Freilich wird das herrschende Unternehmen dort in aller Regel über die Mehrheit verfügen und Satzungs- und Strukturänderungen durchsetzen können. Dazu bedarf es indes nach wie vor der vom Gesetz jeweils vorgeschriebenen (Kapital-)Mehrheit.

436. Gewinnabführungsverträge

Die Volkswagen AG und die Audi AG möchten nunmehr auch die Gewinnverteilung vertraglich regeln. Diesmal sind Sie mit der Beantwortung folgender Fragen betraut:
a) Was kennzeichnet den Inhalt eines mit einer abhängigen Aktiengesellschaft abgeschlossenen Gewinnabführungsvertrages nach § 291 Abs. 1 Satz 1 Alt. 2 AktG?
b) Spielt es eine Rolle, ob die Audi AG ihren gesamten oder nur Teile ihres Gewinns an die Volkswagen AG abgeben muss?
c) Wie werden fehlerhafte Unternehmensverträge behandelt?

Zu a) Mit dem Gewinnabführungsvertrag wird die abhängige AG verpflichtet, ihren ganzen Gewinn an den anderen Vertragsteil abzuführen. Da mit dem Abschluss eines Gewinnabführungsvertrages die Verpflichtung zur Verlustdeckung nach § 302 AktG zwingend verbunden ist, spricht man besser von Ergebnisübernahmevertrag. Steuerlich wird er begünstigt (z. B. Verlustverrechnung, keine Umsatzsteuer auf Innenumsätze; vgl. § 14 Abs. 1 Satz 1 KStG, § 2 Abs. 2 Nr. 2 UStG).

Zu b) Ja. Man unterteilt in organisationsrechtliche (§ 291 Abs. 1 AktG) und schuldrechtliche (§ 292 AktG) Unternehmensverträge. Für letztere, zu denen auch die Teilgewinnabführungsverträge gezählt werden, sind die weit reichenden Folgen eines Unternehmensvertrages deutlich abgeschwächt; vgl. §§ 292 Abs. 3 Satz 2, 300 Nr. 2, 301, 302 Abs. 2 AktG.

Zu c) Allgemein werden fehlerhafte Organisationsverträge nach den Grundsätzen über die fehlerhafte Gesellschaft (vgl. Fälle 102 ff.) behandelt. Voraussetzung für die Übertragbarkeit der Grundsätze ist jedoch neben dem Vollzug des Vertrages die Eintragung ins Handelsregister. Auf fehlende oder erfolgreich angefochtene Zustimmungsbeschlüsse der Hauptversammlung(en) sind die Grundsätze nicht anwendbar. Unternehmensverträge sind dann schwebend unwirksam und sie werden endgültig unwirksam, wenn die Zustimmung verweigert wird.

437. Auch Schadensersatz für das abhängige Unternehmen?

Der Beherrschungsvertrag zwischen der Volkswagen AG und der Audi AG (vgl. Fall 434) wurde so gestaltet, dass alle formalen und inhaltlichen Vorgaben erfüllt sind, er wird in das Handelsregister eingetragen und ist wirksam. Angenommen, der Vorstand der Volkswagen AG beschließt im Einvernehmen mit dem Aufsichtsrat, die Herstellung eines Spitzenprodukts „Audi DD Superstar" in eigene Regie zu übernehmen und in Zukunft im Mutterwerk in Wolfsburg herzustellen, um damit Synergieeffekte zu erzielen, und angenommen, die Audi AG gerät dadurch in eine existenzielle Krise, von wem und auf welcher Grundlage könnte sie dann Schadensersatz verlangen?

a) Regelmäßig wird eine Muttergesellschaft ihre Tochtergesellschaft (auch) in deren Interesse führen, weil ihr dies mittelbar selbst nutzt. Gefährliche Situationen, wie hier beschrieben, entstehen durch Geschäfte im gleichen Geschäftsbereich: Der Wettbewerb verdrängt dann Mutterinstinkte. **Existenzgefährdende Weisungen** sind auch bei Bestehen eines Beherrschungsvertrages im Interesse des Gläubigerschutzes und etwa vorhandener außenstehender Gesellschafter unzulässig.

b) Gegen die **gesetzlichen Vertreter** des herrschenden Unternehmens kommt ein Schadensersatzanspruch aus § 309 Abs. 2 Satz 1 AktG in Betracht. Die Verlustübernahmepflicht des Unternehmens nach § 302 Abs. 1 AktG schließt einen ersatzfähigen Schaden nach h. M. nicht aus. In der Praxis wird der Anspruch jedoch aus zwei Gründen nicht geltend gemacht: (1.) Die Beweislastumkehr aus § 309 Abs. 2 Satz 2 AktG bezieht sich nicht auf die Kausalität; (2.) außenstehenden Aktionären (§ 309 Abs. 4 Sätze 1 und 2 AktG) fehlt die Motivation zur Klage, da sie unabhängig von nachteiligen Weisungen durch § 304 AktG geschützt sind.

Zur Haftung des **herrschenden Unternehmens** selbst äußert sich das Gesetz nicht. Eine solche Haftung kann entweder aus seiner Stellung als Organträger nach § 309 Abs. 2 Satz 1 AktG i. V. m. § 31 BGB analog oder aus seiner Rolle als nicht sorgfältig vorgehender Vertragspartner (Verletzung einer Pflicht des Beherrschungsvertrages, §§ 280 Abs. 1, 241 Abs. 2 BGB) abgeleitet werden (str.).

Schließlich ist ein Anspruch der Audi AG gegen ihre **eigenen** Organmitglieder aus § 310 oder hilfsweise aus §§ 93, 116 AktG zu prüfen. § 310 AktG ist spezieller; er zieht den Kreis der Gesamtschuldner weiter und erlaubt eine Aktionärsklage. Nach seinem Abs. 3 greift § 310 AktG aber nicht ein, wenn die schädigende Handlung wie hier auf einer zu befolgenden Weisung beruht und diese korrekt umgesetzt wurde. Weisung ist jede Äußerung in der Erwartung, man werde ihr folgen, erst recht ein Vorstandsbeschluss. An eine Haftung nach den §§ 93, 116 AktG wäre zu denken, wenn der Vorstand der abhängigen AG die Produktion eigenmächtig eingestellt hätte. So lag es hier aber nicht.

438. Schutz gegen unzureichende Abfindung

In den Unternehmensverträgen zwischen der DUB-Schultheiss AG und der Schlossquellbrauerei Heidelberg AG ist vorgesehen, dass den außenstehenden Aktionären eine jährliche Ausgleichszahlung und ein Umtausch in Aktien des herrschenden Unternehmens angeboten werden. Schmale, ein Kleinaktionär der Schlossquellbrauerei, hält beide Angebote nicht für angemessen.
a) Kann er den einschlägigen Hauptversammlungsbeschluss der Schlossquellbrauerei mit Erfolg anfechten?
b) Welcher andere Rechtsbehelf steht ihm zur Verfügung?

Zu a) Nein, die Anfechtung kann nicht darauf gestützt werden, dass Ausgleich oder Abfindung nicht angemessen sind (vgl. § 304 Abs. 3 Satz 2 und § 305 Abs. 5 Satz 1 AktG).

Zu b) Für die Überprüfung der Angemessenheit von Ausgleichszahlung und Abfindung ist ein eigenes gerichtliches Verfahren vorgesehen (sog. **Spruchverfahren**).

Danach kann jeder außenstehende Aktionär bei dem zuständigen Landgericht (§ 2 Abs. 1 SpruchG) einen zu begründenden Antrag auf Bestimmung eines angemessenen Ausgleichs und einer angemessenen Abfindung stellen (§ 4 Abs. 2 SpruchG). Damit ist jedoch nur ein kleiner Teil der Verfahrensfragen spezialgesetzlich geregelt. Im Übrigen gilt die Generalverweisung des § 17 Abs. 1 SpruchG auf das FamFG. Das Landgericht bestellt einen gemeinsamen Vertreter für die nicht am Verfahren beteiligten außenstehenden Aktionäre; er wird im Rahmen des Verfahrens ihr gesetzlicher Vertreter. Zur Verfahrensbeendigung bedarf es neben der Rücknahmeerklärung der Antragssteller auch der Zustimmung des gemeinsamen Vertreters, der das Verfahren auch allein fortführen kann (§ 6 Abs. 3 SpruchG). Damit soll erreicht werden, dass der Antrag nicht „abgekauft" wird und die Antragsteller das Verfahren nicht dazu missbrauchen, sich zulasten der übrigen Aktionäre Sondervorteile zu verschaffen.

Schrifttum: *Windbichler,* § 33 VI.

439. Abfindungshöhe

Hauptaktionärin der Deutsch-atlantischen Telegrafen-Gesellschaft (DAT) war die Altana AG. Ihr Beherrschungs- und Gewinnabführungsvertrag sah für die außenstehenden Aktionäre u. a. eine Abfindung nach § 305 AktG vor. Das LG Düsseldorf hatte in einem Spruchverfahren gemäß § 1 Nr. 1 SpruchG (damals § 306 AktG) über die korrekte Abfindungshöhe zu entscheiden. Wie kann man den Wert eines Unternehmens und der zugehörigen Aktien bestimmen?

Der Wert eines Unternehmens kann nach verschiedenen Methoden bestimmt werden. Entscheidend ist, welcher Preis im geschäftlichen Verkehr gezahlt würde **(Verkehrswert).** Dieser ist richterlich anhand folgender Leitlinien zu schätzen (§ 287 Abs. 2 ZPO):

a) Die absolute Untergrenze ist der **Liquidationswert:** Von den addierten Verkaufswerten der einzelnen Vermögensgegenstände zieht man die Unternehmensschulden ab. Faktoren wie die Bekanntheit und Chancen des Unternehmens, der Kundenstamm oder besonderes *Know-how* werden nicht berücksichtigt.

b) Marktteilnehmer orientieren sich daher eher am **Ertragswert.** Nach ihrem Ertrag sind z. B. eine Sparbuchforderung über 1 Mio. EUR und ein Unternehmen gleichwertig, wenn beide jährlich Erträge von 10 000 EUR abwerfen. Bei einem Unternehmen muss man diesen Wert u. a. um einen Risikoabschlag wegen des gegenüber der Sparbuchforderung höheren Ausfallrisikos vermindern.

c) Nach früher h. M. sollte es auf den **Börsenkurs** nicht ankommen, weil er auch von Spekulationen oder unternehmensfremden Ereignissen beeinflusst sein könne; er galt lange als unseriös. Das BVerfG (BVerfGE 100, 289) sah das anders. Es verstoße gegen Art. 14 Abs. 1 GG, den Börsenkurs außer Betracht zu lassen, den die Publikumsaktionäre jederzeit hätten realisieren können. Er bilde eine (weitere) **Untergrenze** und komme nur in Betracht, wenn der Ertrags- und der Liquidationswert nicht höher sind (Meistbegünstigung des ausscheidenden Aktionärs).

Nach neuerer Rechtsprechung des BGH soll ein **Referenzkurs** Grundlage der Schätzung sein, der im Wesentlichen aus den nach Umsatz gewichteten Börsenkursen der letzten drei Monate vor Bekanntmachung der Strukturmaßnahme ermittelt werden soll (BGHZ 186, 229 Tz. 20). Damit werden keine Kurse berücksichtigt, die bereits von Abfindungsspekulationen beeinflusst waren.

Schrifttum: *Großfeld,* Recht der Unternehmensbewertung, 8. Aufl. 2016.

440. Faktische Abhängigkeit

Wie wäre der Fall 437 (VW produziert „Audi DD Superstar") zu beurteilen, wenn VW und Audi keinen Beherrschungs- und keinen Gewinnabführungsvertrag abgeschlossen hätten?

Ein Beherrschungsvertrag erlaubt, das Eigeninteresse der abhängigen Gesellschaft dem des herrschenden Unternehmens dauerhaft unterzuordnen, gewährt dafür aber einen Gesamtausgleich (vgl. Fall 435). Aber auch ohne Unternehmensvertrag kann das herrschende Unternehmen aufgrund seiner **praktischen Leitungsbefugnis** durch isolierbare Einflussnahme ein wesentliches Vermögensgut der Tochtergesellschaft an sich ziehen und damit schädigend auf deren Marktchancen einwirken. Davon sprechen die §§ 311 ff. AktG: Der Vorstand der abhängigen AG muss sich wegen § 76 Abs. 1 AktG dagegen wehren, auf Veranlassung des herrschenden Unternehmens eine vorteilhafte Geschäftsaktivität aufzugeben. Bleibt er erfolglos, ist der Vorgang in den Abhängigkeitsbericht nach § 312 AktG aufzunehmen; für die Einflussnahme ist ein Nachteilsausgleich nach § 311 AktG zu verlangen. Im Abhängigkeitsbericht beurteilt die Verwaltung der abhängigen AG, ob es vom herrschenden Unternehmen benachteiligt wurde und ob die Nachteile ausgeglichen worden sind. Erfolgt kein Ausgleich, machen sich das herrschende Unternehmen und seine gesetzlichen Vertreter schadensersatzpflichtig (§ 317 AktG). Zu weiteren Anspruchsgrundlagen in Sonderfällen vgl. Fall 448.

441. Konzerninterne Verrechnungspreise

Die Badische Motorenwerke (BMW) AG weist die Württembergische Motorradfabrik (WMF) AG, an der sie mehrheitlich beteiligt ist, an, in Zukunft die Herstellung der von BMW benötigten Getriebe zu übernehmen. Ein Beherrschungsvertrag besteht nicht. Kleinaktionär Moll der WMF AG möchte Schadensersatzansprüche gegen die BMW AG geltend machen, weil WMF für die Getriebeanlagen kein angemessenes Entgelt erhalte. Mit Aussicht auf Erfolg?

Der Fall spricht ein Kernproblem des Konzernrechts an, nämlich die korrekte Abwicklung der **Innengeschäfte** zwischen Mutter- und Tochtergesellschaft. Einzeltransaktionen oder Verkehrsgeschäfte innerhalb einer Unternehmensgruppe sind alltäglich und als solche nicht zu beanstanden. Freilich besteht die Gefahr der

Übervorteilung. Ihr kann durch Information und gerichtliche Überprüfung begegnet werden.

Die BMW AG hat die WMF AG veranlasst, ein für sie nachteiliges Rechtsgeschäft vorzunehmen. Anspruchsgrundlage für den Ersatz des ihr daraus entstandenen Schadens ist § 317 Abs. 1 Satz 1, Abs. 4 i. V. m. § 309 Abs. 4 Sätze 1 und 2 AktG. Als Aktionär kann Moll damit aber grundsätzlich nur Schadensersatzleistung an die WMF AG verlangen. Der Schadensersatzanspruch kann infolge des Zeitablaufs zwar über, wegen seines Sanktionszwecks aber nicht unter dem unterlassenen Nachteilsausgleich liegen.

In Frage steht hier die Angemessenheit konzerninterner Verrechnungspreise. Sie wird grundsätzlich durch einen Drittvergleich ermittelt: Korrektes Entgelt ist, was ein unabhängiger Vertragspartner für vergleichbare Leistungen zahlen würde (Marktpreis). Wenn ein solcher Vergleich nicht möglich ist, weil kein geeigneter Vergleichsmarkt besteht, weicht die Bewertung auf Ersatzmethoden (Wiederverkaufspreis- oder Kostenaufschlagsmethode) aus. Der Nachweis der Unangemessenheit ist für einen außenstehenden Kleinaktionär schwer zu führen. Molls Klage hat somit wenig Aussicht auf Erfolg.

Schrifttum: *Wiedemann/Fleischer,* in: Lutter et al. (Hrsg.), Handbuch der Konzernfinanzierung, 1998, § 29 III.

2. GmbH-Konzernrecht

442. Verbreitung

Sind GmbH-Konzerne in der deutschen Wirtschaft verbreitet?

Mit dem Wort „Konzern" verbindet sich in der allgemeinen Presse und weithin auch im juristischen Bewusstsein die Vorstellung eines „Superunternehmens". Unternehmensgruppen finden sich aber nicht nur für in- und ausländische Großunternehmen, sondern weit verbreitet auch in der mittelständischen Wirtschaft – teils zur Haftungsvermeidung (Unternehmensaufspaltung, vgl. Fall 187), teils zur Einhaltung arbeitsrechtlicher Schwellenwerte (der betrieblichen oder unternehmerischen Mitbestimmung, vgl. §§ 1, 9 BetrVG und Fälle 377, 379), teils zur Ausnutzung steuerrechtlicher Vorteile (§ 14 KStG). Die GmbH bietet sich wegen ihrer einfachen Führungsstruktur und insbesondere der Weisungsgebundenheit des Geschäftsführers als Tochtergesellschaft an. Man schätzt, dass von den 1 Mio. bestehenden Gesellschaften mbH etwa ein Drittel **abhängige** Konzerngesellschaften, insbesondere abhängige Ein-Personen-Gesellschaften darstellen.

443. Die GmbH im Vertragskonzern

Darf eine GmbH durch Abschluss eines Unternehmensvertrages zum abhängigen Unternehmen werden? Welche Regeln finden dann Anwendung?

Ja. Unmittelbar anwendbar sind die §§ 291 ff. AktG zwar nur, wenn das abhängige Unternehmen eine AG oder KGaA ist. Doch können Unternehmensverträge auch mit GmbHs geschlossen werden, wie § 30 Abs. 1 Satz 2 GmbHG zeigt. Mangels GmbH-spezifischer Regeln ist dann weitgehend das Vertragskonzernrecht des Aktienrechts heranzuziehen. Wegen der strukturellen Unterschiede zwischen AG und GmbH scheidet eine Gesamtanalogie zu den §§ 291 ff. AktG aber aus. Vielmehr ist für jede einzelne dieser Vorschriften zu prüfen, ob GmbH-rechtliche Normen eine Analogie erübrigen (keine Lücke) oder ihr entgegenstehen (keine Wertungsgleichheit). So kann der Unternehmensvertrag analog § 296 Abs. 1 Satz 1 AktG grundsätzlich nur zum Ende des Geschäftsjahres aufgehoben werden, außerdem sind analog § 294 Abs. 1 AktG gewisse Formalien zu beachten, wenn der Unternehmensvertrag ins Handelsregister eingetragen wird. Dass die Eintragung überhaupt nötig ist, ergibt sich schon analog § 54 Abs. 1 GmbHG (statt § 294 Abs. 2 AktG). Denn der Vertrag wirkt wie eine Satzungsänderung (BGHZ 105, 324 – „Supermarkt"). Ob Einstimmigkeit nötig ist, wenn die Gesellschafterversammlung der beherrschten GmbH über den Unternehmensvertrag beschließt, ist umstritten. Dagegen spricht § 293 Abs. 1 Satz 2 AktG, dafür neben § 53 Abs. 3 GmbHG auch § 33 Abs. 1 BGB: Man ändert den Zweck der GmbH, wenn man sie auf die Interessen des herrschenden Unternehmens ausrichtet.

§ 5a Abs. 3 GmbHG greift auch dann, wenn sich eine UG zur Abführung ihres ganzen Gewinns verpflichtet (§ 291 Abs. 1 AktG): Analog § 300 AktG hat die UG die gesetzliche Rücklage zu bilden und nur den übrigen Gewinn abzuführen.

444. Die GmbH im faktischen Konzern

Wie ist die Rechtslage, wenn ein Unternehmen eine GmbH nicht durch einen Unternehmensvertrag, sondern nur durch seine Einflussmöglichkeiten als Mehrheitsgesellschafter beherrscht?

Anders als § 76 Abs. 1 AktG erlaubt das GmbH-Recht (§ 37 Abs. 1 GmbHG) dem Mehrheitsgesellschafter, über die Gesellschafterversammlung Einfluss auf die Geschäftsführung auszuüben. Dieser Strukturunterschied sperrt die analoge Anwendung der §§ 311 ff. AktG auf den vertragslosen – sog. **faktischen** – GmbH-Konzern. Minderheitsschutz wird deshalb (nur) über die Treuepflicht des Mehrheitsgesellschafters erreicht, Gläubigerschutz (nur) durch § 30 GmbHG und die Existenzvernichtungshaftung aus § 826 BGB (vgl. Fall 292).

Neben diesem reaktiven Haftungskonzept wird auch der präventive Schutz der Minderheitsgesellschafter breit diskutiert (sog. Konzerneingangsschutz). Eine Möglichkeit besteht darin, alle Strukturänderungen, die zur Abhängigkeit führen, an das Einverständnis der Minderheit zu binden; eine zweite Möglichkeit ist, ihnen ein zwingendes Austrittsrecht zu gewähren (vgl. Fall 446 Var. b). Rechtsgrundlage für diesen Schutz ist auch hier die Treuepflicht des Mehrheitsgesellschafters, also des zukünftig herrschenden Unternehmens gegenüber seinen Mitgesellschaftern.

445. Kapitalerhaltungsgebot für Mächtige?

Augenstern und Müller gründen die Stein-Tiefdruck GmbH (S-GmbH); jeder ist mit 50 % beteiligt. Die S-GmbH hält ihrerseits 80 % an der Zeitdruckerei GmbH (Z-GmbH); die restlichen 20 % gehören dem Geschäftsführer Demol. Das Vermögen der Z-GmbH beträgt – wie ihr Stammkapital – 500 000 EUR und setzt sich je zur Hälfte aus einem Grundstück und einem Festgeldkonto zusammen, die dem späteren Bau des Druckereigebäudes dienen sollen.
Augenstern kauft der Z-GmbH das Grundstück für 150 000 EUR ab, um es anschließend gewinnbringend an sie zu vermieten. Müller und Demol stimmen dem in den Gesellschafterversammlungen zu. Ist der Vorgang rechtlich zu beanstanden?

Die Mitgesellschafter sind nicht schutzbedürftig, wenn entweder alle Gesellschafter gleichmäßig bedacht werden (Grundsatz der **Gleichbehandlung**) oder – wie hier – alle mit der Vorteilszuwendung an einen Gesellschafter einverstanden sind (keine Treuepflichtverletzung). Im Verhältnis zu den Gläubigern regiert der Grundsatz der **Kapitalerhaltung:** § 30 Abs. 1 GmbHG verbietet offene oder verdeckte Leistungen an die Gesellschafter ohne angemessene Gegenleistung, soweit dadurch das Eigenkapital der Gesellschaft unter ihr Stammkapital sinkt (vgl. Fall 283), also eine Unterbilanz oder gar Überschuldung herbeigeführt oder vertieft wird. Durch den Verkauf entsteht bei der Z-GmbH eine Unterbilanz in Höhe von 100 000 EUR, die zu einer Rückerstattungspflicht nach § 31 Abs. 1 GmbHG führt.

Die Besonderheit des Falles liegt darin, dass das gewinnbringende Geschäft nicht mit der herrschenden S-GmbH, sondern mit einem an ihr maßgeblich beteiligten Gesellschafter zustande kam. Daher muss das System der §§ 30, 31 GmbHG im Wege des Zurechnungsdurchgriffs auf „gesellschafternahe" Dritte erweitert werden (vgl. Fall 277). Zu ihnen zählen auch hälftig beteiligte Gesellschafter der Obergesellschaft. Daneben haftet der Geschäftsführer Demol der Z-GmbH, wenn dies zur Befriedigung der Gläubiger erforderlich ist (§ 43 Abs. 3 Satz 1 und 3 GmbHG).

446. Mehrheitsgesellschafter erwirbt Konkurrenzunternehmen

In der Süßwarenfabrik Süss GmbH, Stuttgart, ist Friedrich Kalmar Gesellschafter und Geschäftsführer. Er und seine Frau sind zu je 35 % beteiligt; die restlichen Anteile halten die Familien Süss und Waldleben.
Kalmar erwirbt ein insolventes Konkurrenzunternehmen und führt dieses unter der alten Firma als Alleininhaber fort. Als die Familien Süss und Waldleben davon erfahren, verlangen sie, dass Kalmar entweder das neu erworbene Unternehmen in die GmbH einbringt oder auf die Geschäftsführung in der GmbH verzichtet und evtl. seinen Anteil an seine Ehefrau abtritt. Kalmar ist dazu nicht bereit. Als daraufhin über seine Abberufung als Geschäftsführer abgestimmt wird, findet sich in der Gesellschafterversammlung keine Mehrheit. Was können die überstimmten GmbH-Gesellschafter unternehmen?

a) Der Sachverhalt bietet Anlass zur Erörterung eines **Konzerneingangsschutzes.** Eine selbstständige GmbH kann nicht nur dadurch in Konzernabhängigkeit geraten, dass die Mehrheit der Anteile von einem anderen Unternehmen erworben wird, sondern auch dadurch, dass der Mehrheitsgesellschafter sich in die Stellung des herrschenden Unternehmens „aufschwingt". Das geschieht, wenn er sich gleichzeitig maßgebend an einem anderen Unternehmen beteiligt (vgl. Fall 427 Var. b). Die Süss GmbH wird mit der Aufnahme des Fremdengagements durch Kalmar **abhängige Gesellschaft** i. S. v. § 17 AktG. Dabei wird der Familienbesitz Kalmar zusammengerechnet, wenn das Ehepaar sein Stimmrecht beständig einheitlich ausübt (BGHZ 62, 193, 199 – Seitz).

Ein Anspruch der Minderheitsgesellschafter auf Aufgabe der Geschäftsführung kann sich aus einem (vertraglichen) Wettbewerbsverbot des Geschäftsführers ergeben oder aus seiner Treuepflicht als Mitgesellschafter, die Unabhängigkeit der GmbH nicht ohne Kenntnis und Zustimmung der außenstehenden Gesellschafter aufzugeben. Analog § 112 HGB unterliegt der Geschäftsführer aber jedenfalls einem gesetzlichen Wettbewerbsverbot dahin, dass er kein konkurrierendes Handelsgewerbe betreiben darf. Weigert sich die Mehrheit in der Gesellschafterversammlung, den Geschäftsführer abzuberufen, so verstößt sie damit selbst gegen ihre Treuepflicht und der Gesellschafterbeschluss ist mit einer positiven Beschlussfeststellungsklage (vgl. Fall 417) korrigierbar. Denn die Abhängigkeit stellt eine ernste Gefahr für die Leistungs- und Wettbewerbsfähigkeit und damit den Bestand des bisher selbstständigen Unternehmens dar. Die Befreiung vom Wettbewerbsverbot steht deshalb nicht im freien Ermessen der Mehrheit, sondern müsste durch sachliche Gründe im Interesse der Gesellschaft gerechtfertigt werden, wofür der Sachverhalt keinen Anhalt gibt.

b) Ungesichert ist, ob ein Gesellschafter austreten darf, wenn er überstimmt wird und die GmbH so ihre Selbstständigkeit verliert (vgl. *Emmerich/Habersack,* Anh. zu § 318 Rn. 21). Man kann den wichtigen Grund zum Ausscheiden darin sehen, dass der Verlust der Selbstständigkeit der Kapitalgesellschaft eine einschneidende Veränderung der gesellschaftsrechtlichen Geschäftsgrundlage darstellt.

447. Existenzvernichtungshaftung im GmbH-Konzern

a) Nach welchen gläubigerschützenden Regeln haftet das herrschende Unternehmen im qualifiziert faktischen Konzern?
b) Welche Entwicklung nahm die Rechtsprechung in dieser Frage?

Zu a) Dem Schutz der Gläubiger dienen zunächst die Kapitalerhaltungsregeln (§§ 30, 31 GmbHG). Dieses Konzept stößt aber an seine Grenzen, wenn die Nachteile der abhängigen GmbH wegen der hohen Einflussdichte des herrschenden Unternehmens nicht mehr auf einzelne Handlungen zurückgeführt werden können **(qualifiziert abhängige GmbH).**

Vor allem in solchen Fällen kommt daher eine Haftung des herrschenden Unternehmens nach den Regeln über den existenzvernichtenden Eingriff in Betracht, einer Fallgruppe der vorsätzlichen sittenwidrigen Schädigung nach § 826 BGB (vgl.

Fall 292). Diese Existenzvernichtungshaftung verlangt einen kompensationslosen Eingriff in das Gesellschaftsvermögen, der zur Insolvenz führt oder sie vertieft. Der Eingriff muss sich als gezielter, betriebsfremden Zwecken dienender Vermögensentzug darstellen (BGHZ 173, 246 – Trihotel). Diese Haftung kommt auch noch in der Liquidationsphase in Betracht (*BGH* NJW 2009, 2127 – Sanitary). Der existenzvernichtende Eingriff schädigt die Gesellschaft. In besonderen Fällen können die Gesellschafter die Gesellschaftsgläubiger auch unmittelbar schädigen und aus § 826 BGB haften; eine materielle Unterkapitalisierung genügt dafür aber nicht (vgl. Fall 294). Echte „Durchgriffshaftung" lässt sich nur mit der Vermischung von Privat- und Gesellschaftsvermögen begründen (Waschkorblage, vgl. Fall 293).

Zu b) Das war nicht immer so. Zunächst ließ der BGH analog §§ 303, 322 AktG den Durchgriff der Gläubiger auf das herrschende Unternehmen zu (BGHZ 95, 330 – Autokran; BGHZ 115, 187 – Video). Das herrschende Unternehmen haftete also verschuldensunabhängig, weil ihm die hohe Dichte seiner Leitungsmaßnahmen (vielleicht) ermöglicht hatte, die abhängige GmbH und deren Gläubiger zu schädigen. Die Konzernhaftung war also eine Strukturhaftung, bevor sie durch die Existenzvernichtungshaftung ersetzt wurde. Diese war zunächst analog § 128 HGB als konzernunabhängige Außenhaftung konzipiert und sollte den Missbrauch der Rechtsform der GmbH durch Verlust des Haftungsprivilegs aus § 13 Abs. 2 GmbHG sanktionieren (BGHZ 151, 181 – KBV). Schließlich etablierte der BGH in seiner Trihotel-Entscheidung die Existenzvernichtungshaftung als Verschuldenshaftung nach den oben erläuterten Grundsätzen.

448. Existenzvernichtungshaftung im Aktienrecht?

Welche Auswirkungen hat diese Abkehr der Rechtsprechung vom qualifiziert faktischen GmbH-Konzern hin zu einer auf § 826 BGB gestützten Innenhaftung auf den qualifiziert faktischen AG-Konzern?

§§ 317, 318 AktG bieten keinen hinreichenden Schutz gegen missbräuchliche Zugriffe herrschender Gesellschafter auf Vermögen oder Liquidität einer faktisch abhängigen AG (vgl. Fall 440). Da die Haftung aus existenzvernichtendem Eingriff nach § 826 BGB nicht auf die Rechtsform GmbH beschränkt ist, spricht viel dafür, sie auch auf die AG anzuwenden. Deren Haftungssystem ist nicht abschließend; allgemeine Normen, die den Gläubigerschutz mittelbar verstärken, stören es nicht, sondern ergänzen es.

Eine andere Frage ist, ob es angesichts der Ansprüche aus §§ 117, 317 f. AktG und § 826 BGB zusätzlich weiterhin noch einer analogen Anwendung der §§ 302, 303 AktG auf den qualifiziert faktischen AG-Konzern bedarf. Der BGH hat sich dazu noch nicht geäußert. Das Tatbestandsmerkmal qualifizierter Abhängigkeit ist schwer zu konkretisieren. In der Rechtsfolge aber schützt die Analogie zu §§ 302 f. AktG eine abhängige AG gegen existenzgefährdende Maßnahmen etwas besser. Denn die AG kann bereits im Vorfeld der Existenzvernichtung den Nachteilsausgleich in Anspruch nehmen und braucht anders als nach § 317 AktG die schädliche Weisung nicht zu isolieren und anders als nach § 826 BGB ihre insolvenzvertiefende Wirkung nicht nachzuweisen.

449. Tochtergesellschaft ausgesaugt

Grieshaber ist mit 60 % an der Autohaus Mach GmbH beteiligt, einer Vertragshändlerin für Autos der Marke B&W. Um „Synergieeffekte“ zu erzielen, erwarb die Mach GmbH sämtliche Anteile an der nahe gelegenen Auto Talmann GmbH, welche ebenfalls B&W-Vertragshändlerin war. Grieshaber war alleiniger Geschäftsführer der Mach GmbH und steuerte den Geschäftsführer der Talmann GmbH. Der übertrug nach Ablauf von zwei Jahren die Kundenkartei und schrittweise den Kundenstamm der Talmann GmbH für das Neu- und Gebrauchtfahrzeuggeschäft unentgeltlich an die Mach GmbH. In der Folgezeit stellte Grieshaber den Geschäftsbetrieb der Autohaus Talmann GmbH ein und stellte einen Antrag auf Eröffnung des Insolvenzverfahrens, der mangels Masse abgelehnt wurde. Welche Ansprüche hat die Talmann GmbH?

Das Rezept ist einfach: Man erwerbe eine Konkurrenzfirma, entziehe ihr nach einer Schamfrist ihr wertvollstes Vermögensgut (hier: den Kundenstamm) und überlasse sie dann der Insolvenz. Die Talmann GmbH hat deshalb einen Anspruch aus § 43 Abs. 2 GmbHG gegen ihren eigenen Geschäftsführer (vgl. Fall 296 Var. c). Gegen ihre Gesellschafterin hat sie, da die Kundenkartei nicht bilanziert wird (§ 248 Abs. 2 Satz 2 HGB), zwar keinen Anspruch aus § 31 GmbHG, wohl aber aus § 826 BGB wegen existenzvernichtenden Eingriffs (vgl. Fall 292). Der BGH (ZIP 2005, 117) hat wegen desselben Eingriffs auch den verantwortlichen Gesellschafter der Obergesellschaft für haftbar erklärt: Es wäre unbillig, wenn sich derjenige, in dessen Händen die Entscheidungsstränge der verschiedenen Firmen zusammenlaufen, mit dem Hinweis auf seinen nur mittelbaren Anteilsbesitz der Verantwortung entziehen und die Gläubiger auf eine Inanspruchnahme der zwischengeschalteten Gesellschaft verweisen könnte. Im Rahmen des § 826 BGB kommt es also nicht auf Konzernmacht an, sondern auf Kausalität. Diese Haftung ist eine reine Innenhaftung; geschädigte Gläubigerin ist nur die Talmann GmbH, für sie handelt dann zumeist der Insolvenzverwalter. Sollte das Insolvenzverfahren mangels Masse abgelehnt werden (so hier), sind ihre Gläubiger auf den „Umweg“ verwiesen, erst gegen die Gesellschaft vorzugehen, einen Titel zu erwirken und nach der Pfändung und Überweisung der Gesellschaftsansprüche daraus gegen den Gesellschafter vorzugehen (*BGH* NJW 2007, 2689, 2693).

*Kapitel 11. Genossenschaft

1. Allgemeines

450. Geschichte

a) Beschreiben Sie die Geschichte des Genossenschaftswesens!
b) Skizzieren sie die Entwicklung des Genossenschaftsrechts!
c) Gibt es eine Europäische Genossenschaft?

Zu a) Ursprünge des Genossenschaftsgedankens, sich zu gegenseitiger Hilfe in einer Gemeinschaft zusammenzuschließen, werden gerne schon bei den frühzeitlichen germanischen Sippenverbänden und den nachfolgenden Dorf- und Markgenossenschaften angesiedelt. Diese Assoziationen waren aber – ebenso wie die städtischen Gilden des Handels und die Zünfte des Handwerks im Mittelalter – allumfassende Personalverbände mit Zwangscharakter. Erst mit der Industrialisierung entwickelte sich die moderne Genossenschaftsbewegung, in Ansätzen Ende des 18. und verstärkt ab Mitte des 19. Jahrhunderts. Sie war eine Reaktion auf den durch den wirtschaftlichen Liberalismus ausgelösten freien Konkurrenzkampf, der zu wirtschaftlichen und sozialen Machtungleichgewichten führte und die Existenz der Handwerker, Arbeiter und Kleinbauern bedrohte. Als Begründer der Genossenschaftsbewegung sind in Deutschland vor allem Schulze-Delitzsch für den städtischen Raum sowie Raiffeisen für den ländlichen Bereich zu nennen. Schulze-Delitzsch etwa gründete 1849 die ersten Rohstoffassoziationen der Tischler und Schuhmacher. Auf diese Weise sollten die Handwerker ihre Rohstoffe zu den gleichen Bedingungen einkaufen können wie größere Wettbewerber.

Zu b) Schulze-Delitzsch organisierte zunächst Sparvereine, die – basierend auf der Idee von Selbsthilfe und Eigenverantwortung – Nahrung, Heizung, Wohnungen, Versicherungsschutz sowie zur Vergabe von Kleinkrediten Geld vorhalten sollten. Er legte 1860 einen Gesetzesentwurf vor, der 1867 zum Preußischen Gesetz betreffend die privatrechtliche Stellung der Erwerbs- und Wirtschaftsgenossenschaften führte. Das heute geltende Genossenschaftsgesetz stammt von 1889 und wurde insbesondere 1973 und 2006 novelliert. Die Novelle 1973 näherte unter anderem mit der Stärkung der Stellung des Vorstandes (§ 27 Abs. 1 GenG) die eG der AG an und ermöglichte, die Nachschusspflicht vollständig auszuschließen (§ 6 Abs. 1 Nr. 3 GenG). Seitdem ist es auch ausnahmslos zulässig, durch satzungsändernden Beschluss den Geschäftsbetrieb auf Nichtmitglieder auszudehnen (§ 8 Abs. 1 Nr. 5 GenG).

Zu c) Den Gesellschaftstypus „Genossenschaft" gibt es in vielen EU-Mitgliedstaaten. Nach einem mehr als 30-jährigen Diskussionsprozess hat der Rat der EU durch Verordnung Nr. 1435/2003 den Gesetzesrahmen für das Statut einer Europäischen Genossenschaft (SCE – Societas Cooperativa Europaea) geschaffen. Der Bundesgesetzgeber setzte die Verordnung mit dem SCE-Ausführungsgesetz (SCEAG) 2006 in Deutschland um. Das Statut ermöglicht Genossenschaften, die in mehreren Mitgliedstaaten tätig sind, sich als dem EU-Recht unterliegende Körperschaften zu konstituieren. Bislang ist davon kaum Gebrauch gemacht worden.

Das SCEAG und die unmittelbar anwendbare Verordnung bilden den gesellschaftsrechtlichen Rahmen (Gründung, Struktur, Organe) der SCE. Daneben wird auf das Genossenschaftsrecht des Staates verwiesen, in dem die SCE ihren Sitz hat. Aus diesem Grunde gibt es keine gemeinschaftsweit einheitliche „Europa-Genossenschaft".

Schrifttum: *Aschhoff/Henningsen,* Das deutsche Genossenschaftswesen, 2. Aufl. 1995; *Stappel/Henningsen,* Die deutschen Genossenschaften, 2. Aufl. 1998.

451. Wirtschaftliche Bedeutung

a) Welche wirtschaftliche Bedeutung haben die Genossenschaften?
b) Welche Genossenschaftsarten sind am meisten verbreitet?
c) Wie verlief die Entwicklung der ehemaligen Landwirtschaftlichen Produktionsgenossenschaften (LPG) in der DDR?

Zu a) Nach einem Gründungsboom, der in mehreren Schüben von 1855 bis in die 1930er-Jahre anhielt, ist seit Kriegsende ein kontinuierlicher Rückgang der **Anzahl** der Genossenschaften von ca. 26 000 im Jahre 1950 auf ca. 5 600 im Jahre 2014 zu verzeichnen. Durch Zusammenschlüsse verbesserten die Genossenschaften die Leistungen für ihre Mitglieder bei gleichzeitig erheblich sinkenden Kosten. Außerdem wird der genossenschaftliche Zweck immer häufiger in anderen Rechtsformen wie z. B. in der Aktiengesellschaft verfolgt. Die Genossenschaftsorganisationen mit knapp 20 Mio. Mitgliedern bieten bundesweit rund 600 000 Menschen einen Arbeitsplatz.

Zu b) Mit über 18 Mio. Mitgliedern, einer Bilanzsumme von 1 354 Mrd. EUR und einem dichten Bankstellennetz haben die ca. 1 000 Kreditgenossenschaften (z. B. Volks- und Raiffeisenbanken) die größte wirtschaftliche Bedeutung. Allein in den Genossenschaftsbanken sind knapp 160 000 Mitarbeiter beschäftigt. Die Wohnungsbaugenossenschaften haben über 3 Mio. Mitglieder und bewirtschaften ca. 10 % der Mietwohnungen in Deutschland. Bedeutsam sind ferner die ca. 2 250 ländlichen Genossenschaften (Waren, Milch, Obst u. Gemüse, Wein, Fleisch, Agrar), die ca. 1 300 gewerblichen Genossenschaften (Handel, Handwerk, freie Berufe, Verkehr, Produktivgenossenschaften) und die 332 Konsum- und Dienstleistungsgenossenschaften (alle Zahlen: Ende 2015). Zurzeit entstehen im Energiesektor etliche Genossenschaften.

Zu c) In der DDR entstanden zunächst ab 1952 drei verschiedene LPG-Typen. Je nach diesem Typ brachten die Bauern ihren Boden, ihre Maschinen oder ihr Vieh in die Genossenschaft ein. Die LPG waren in der Regel auf Basis der Gemeinden organisiert. Nach Abschluss der sog. Kollektivierung der Landwirtschaft im Frühjahr 1960 existierten fast keine Einzelbauernwirtschaften mehr. Mitte 1970 gliederte man in LPG (Pflanzenproduktion) und LPG (Tierproduktion). Nach der Wiedervereinigung mussten sich die LPG den neuen gesellschaftlichen und wirtschaftlichen Gegebenheiten anpassen. Einige lösten sich auf und das Land wurde den Genossen zurückgegeben. Andere LPG bestehen bis heute als umgewandelte oder neu gegründete Kapitalgesellschaften (meist GmbH) oder Genossenschaften weiter.

452. Genossenschaftstypen in der Praxis

a) Welche Genossenschaftstypen haben sich in der Rechtswirklichkeit herausgebildet?
b) Was ist mit dem Begriff „genossenschaftlicher Verbund" gemeint?
c) Wie stellen Sie sich den Aufbau der EDEKA-Gruppe vor?

Zu a) Kaum noch vorhanden ist in der Bundesrepublik der traditionelle, von den Mitgliedern noch ehrenamtlich geleitete Genossenschaftstyp, bei dem die Geschäftsbeziehungen auf das Mitgliedergeschäft beschränkt sind und die Genossen bei gleichem Stimmrecht aktiv auf die Geschäftsführung Einfluss nehmen. Solche Genossenschaften, für die auch außerökonomische Zielsetzungen eine Rolle spielen, finden sich gelegentlich in der kulturellen Szene sowie im Sportbereich.

Heute herrscht der Typ der mitgliederstarken – von den Wirtschaftswissenschaftlern so genannten – Marktgenossenschaft mit einem professionellen Management vor, deren Geschäftspolitik auf den Markt und eine Ausdehnung des Nichtmitgliedergeschäfts ausgerichtet ist. Nach ihrem äußeren Erscheinungsbild gleichen die Marktgenossenschaften anderen erwerbswirtschaftlichen Unternehmensformen. Im Wesentlichen haben sich folgende Genossenschaftstypen herausgebildet: Kredit-, Einkaufs-, Absatz-, Produktiv-, Konsum-, Werk- oder Nutzungs- sowie Wohnungsbaugenossenschaften.

Zu b) Genossenschaften sind überwiegend im Verbund organisiert. Vom **genossenschaftlichen Verbund** spricht man, um das arbeitsteilige Zusammenwirken der Primärgenossenschaften und der Zentralgesellschaft (nicht zwingend eine Genossenschaft) sowie der dazugehörenden genossenschaftlichen Prüfungs- und Interessenverbände zu beschreiben. Mangels Mehrheitsbeteiligung, Abhängigkeit oder einheitlicher Leitung liegen aber in aller Regel keine verbundenen Unternehmen i. S. d. § 15 AktG vor. Vom Unterordnungskonzern unterscheidet sich der genossenschaftliche Unternehmensverbund dadurch, dass kraft schuldrechtlicher Abreden die Tochtergesellschaft als Verbundspitze die Leitungsfunktion ausübt.

Zu c) Der EDEKA-Kernverbund ist ein Beispiel für einen stark integrierten Verbund, Führungsaufgaben sind weitgehend auf die Verbundspitze übertragen. Die Rolle der Zentrale übernimmt die EDEKA Zentrale AG & Co. KG in Hamburg, deren persönlich haftende Gesellschafterin die EDEKA AG ist.

Entstanden ist EDEKA aus regionalen Genossenschaften. Anfang 2016 bilden neun Primärgenossenschaften mit insgesamt etwa 4 500 Mitgliedern (Einzelhändlern) das Fundament der EDEKA-Gruppe. Diese neun Primärgenossenschaften sind ihrerseits (1.) Aktionäre der EDEKA AG und (2.) insgesamt zu 50 % an jeder der sieben EDEKA-Regionalgesellschaften beteiligt (Großhandels-GmbHs, die die selbstständigen Händler und Filialbetriebe beliefern). Die anderen 50 % an diesen Großhandels-GmbHs hält die EDEKA Zentrale AG & Co KG, der dadurch ein großes Gewicht in der EDEKA-Gruppe zukommt. Die 4 500 EDEKA-Einzelhändler können sich an den Großhandels-GmbHs still beteiligen.

Die Primärgenossenschaften bezeichnet man auch als *Full-Service*-Genossenschaften, weil sie ihren Mitgliedern mithilfe der Verbundspitze ein breites Leistungsspektrum anbietet, welches über Laden- und Sortimentsgestaltung bis zur Vermietung geeigneter Grundstücke reicht. Gebildet wird die Verbundspitze von der EDEKA Zentrale AG, dem Prüfungsverband EDEKA Verband e. V. und der EDEKA-Bank AG.

Der hier vereinfacht dargestellte Aufbau der EDEKA-Gruppe ermöglicht es der Verbundspitze aufgrund schuldrechtlicher Abreden, den Verbund trotz der demokratischen Willensbildung in den Genossenschaften zentralistisch zu führen.

453. Charakteristika

Welche für die Genossenschaft charakteristischen Merkmale
a) lassen sich unmittelbar aus dem Genossenschaftsgesetz herleiten?
b) haben keinen Eingang in die gesetzliche Formulierung gefunden?

Zu a) Nach § 1 Abs. 1 GenG sind folgende **Merkmale** für die Genossenschaft wesentlich:

(1.) **Offene Mitgliederzahl:** Die eG ist körperschaftlich strukturiert, also in ihrem Bestand unabhängig von Eintritt und Ausscheiden einzelner Mitglieder. Im Unterschied zur AG gibt es keine durch die Stückelung des Grundkapitals in Kapitalanteile festgelegte Mitgliederstellenzahl. Sie zu ändern ist in der Genossenschaft weit weniger formalisiert (vgl. §§ 15, 65 GenG mit §§ 191, 237 f. AktG).

(2.) **Förderzweck:** Die Verfolgung eines nicht erwerbswirtschaftlichen, sondern primär förderwirtschaftlichen sowie auch sozialen oder kulturellen Zwecks zum Nutzen der Mitglieder wird herkömmlich als das grundlegende Abgrenzungskriterium zu anderen Gesellschaftsformen angesehen. Der Unternehmensgegenstand ist auf die Verfolgung dieses Zwecks fixiert. Die Förderung muss den Mitgliedern, die Einrichtungen und Leistungen der eG im Rahmen sog. Zweck- oder Fördergeschäfte in Anspruch nehmen, unmittelbar zugutekommen; die Mitglieder sind also wirtschaftlich gesehen zugleich **Träger und Kunden** des Unternehmens. Genossenschaften können aber auch Gewinne erzielen, vorrangig im nach § 8 Abs. 1 Nr. 5 GenG durch Satzung zulässigen Nichtmitgliedergeschäft. Über eine Wertsteigerung der Anteile und Ausschüttungen fließen diese Vorteile wiederum den Mitgliedern zu.

(3.) **Gemeinschaftlicher Geschäftsbetrieb:** Durch die Geschäftstätigkeit des genossenschaftlichen Unternehmens soll der Förderzweck erreicht werden. Gemeinschaftlich ist der Geschäftsbetrieb in dem Sinne, dass die eG als Hilfs- und Ergänzungsbetrieb für die Mitglieder dienen soll.

(4.) **Selbstverwaltung:** Die Mitglieder bestimmen ihre Angelegenheiten mittels gesellschaftsrechtlicher Verwaltungs- und Kontrollbefugnisse. Bei der Genossenschaft gilt das Prinzip der Selbstorganschaft, das heißt alle Organe können nur mit eigenen Mitgliedern besetzt werden, freilich können die bestellten Vorstands- oder Aufsichtsratsmitglieder auch noch nach ihrer Bestellung aufgenommen werden (§§ 8 Abs. 2, 9 Abs. 2 GenG). Die Entscheidungsfindung ist demokratisch; dem entspricht ein grundsätzliches Stimmrecht nach Köpfen (§ 43 Abs. 3 GenG).

Zu b) Schon vor der ersten Kodifikation hat sich ein allgemeiner Genossenschaftsgedanke gebildet, der im Gesetz nur teilweise seinen Niederschlag gefunden hat. Er umfasst wesentliche weitere Genossenschaftsgrundsätze:

(1.) **Selbsthilfe:** Die Mitglieder schließen sich freiwillig zusammen, um im wirtschaftlichen Wettbewerb bestehen zu können. Der Genosse nimmt die gemeinschaftlichen Leistungen durch Zusammenarbeit in oder mit der eG in Anspruch, fördert aber hierdurch und mit seiner Einlage seinerseits die anderen Genossen: „Alle für einen, einer für alle."

(2.) **Selbstverantwortung:** Die Genossen müssen für die Verbindlichkeiten der eG persönlich aufkommen. Dieser Grundsatz ist seit der Novelle von 1973 insofern eingeschränkt, als die Satzung die Nachschusspflicht der Genossen üblicherweise ausschließt (§ 105 Abs. 1 GenG).

454. Kaufmann, Körperschaft oder Kapitalgesellschaft?

Beschreiben Sie die Rechtsnatur der Genossenschaft!

Die eingetragene Genossenschaft ist gemäß § 17 GenG juristische Person und Kaufmann kraft Rechtsform. Sie ist auf Mitgliederwechsel angelegt und Körperschaft (vgl. § 1 Abs. 1, 65 GenG und Fall 16), also eine Sonderform des Vereins. Bei Regelungslücken im GenG ist daher zu prüfen, ob diese im Wege der Gesetzesanalogie zu den vereinsrechtlichen Vorschriften geschlossen werden können. In einer Primärgenossenschaft wird gemäß § 43 Abs. 3 GenG grundsätzlich nach Köpfen abgestimmt. Sie ist keine Kapitalgesellschaft (vgl. Fall 5 Var. c). Das GenG fordert auch bei Gründung kein Mindesteigenkapital. Von einer angemessenen Kapitalausstattung wird in der Regel aber die Mitgliedschaft der Genossenschaft in einem Prüfungsverband abhängig gemacht, die zu ihren Entstehungsvoraussetzungen gehört (vgl. §§ 11 Abs. 2 Nr. 3, 54 GenG).

455. Andienungspflichten

Nach der Satzung der Zentralmolkerei Schleiden eG ist jedes Mitglied verpflichtet, mindestens 90 % der wöchentlichen Butterproduktion an die Genossenschaft gegen ein bestimmtes Entgelt zum Verkauf zur Verfügung zu stellen. Bei einer satzungswidrigen selbstständigen Verwertung ist in der Satzung die Zahlung einer Strafe von 5 Cent pro kg nicht abgelieferter Milch vorgesehen; da man 1 kg Butter aus 25 kg Milch macht, sind als Geldstrafe 125 EUR pro 100 kg nicht abgelieferter Butter vorgesehen. Mitglieder der Zentralmolkerei sind Milchbauern und private Molkereien. Ley, der eine Molkerei betreibt, liefert der eG nur die Hälfte seiner Butterproduktion. Als das bekannt wird, verlangt die eG von Ley Zahlung einer entsprechenden Geldstrafe. Ley wendet ein, die Andienungspflicht sei
a) mit dem Förderzweck nicht vereinbar und
b) im Übrigen aus wettbewerbsrechtlichen Gründen zu beanstanden.
Muss er zahlen?

Zu a) Ein Anspruch auf Zahlung der Geldstrafe ergibt sich aus der Satzung, wenn die Strafbestimmung nicht gesetzeswidrig ist. So liegt es, wenn die ihr zugrunde liegende **Andienungspflicht** gegen den in § 1 Abs. 1 GenG verankerten Förderzweck verstößt. Eine solche Absatzbindung an sich ist aber unbedenklich: Die Genossenschaft kann die wirtschaftlichen Interessen ihrer Mitglieder durch den Ein- und Verkauf von Molkereiprodukten am effektivsten fördern, wenn sie über ein ausreichendes Produktangebot verfügt und Regelmäßigkeit der Anlieferung gewährleistet ist. Gegen den Förderzweck verstößt eine Andienungspflicht erst dann, wenn den Mitgliedern jede Möglichkeit für eine individuelle Gestaltung ihres eigenen Erwerbsbetriebs genommen wird. Das ist bei einer 90%igen Andienungspflicht noch nicht der Fall.

Zu b) Die Absatzbindung könnte eine Wettbewerbsbeschränkung i. S. d. § 1 GWB darstellen. Früher wurde eine Bereichsausnahme für Genossenschaften befürwortet: Wettbewerbsbeschränkungen seien im Rahmen des Förderauftrags „genossenschaftsimmanent“ und somit privilegiert. Der BGH (BB 1974, 1221 – Stromversorgungsgenossenschaft) hat erkannt, dass die Überprüfung eines Wettbewerbsverhaltens am Maßstab des § 1 GWB aufgrund der bestehenden Umgehungsgefahr nicht von der Wahl der Rechtsform durch die Beteiligten abhängen kann. Nach der **Immanenztheorie** findet § 1 GWB nur insoweit keine Anwendung, als die Wettbewerbsbeschränkung in der Rechtsform angelegt und für die Funktionsfähigkeit der eG unerlässlich ist. Die Absatzbindung macht die Zentralmolkerei zwar effektiver, zur Erhaltung der eG unerlässlich ist sie aber nicht. Entscheidend ist nach allgemeinen Regeln (§ 1 GWB), ob die jeweilige Satzungsbestimmung (als Beschluss einer Unternehmensvereinigung) eine spürbare Beeinflussung der Marktverhältnisse durch eine Beschränkung des Wettbewerbs bezweckt oder bewirkt. Die satzungsmäßige Andienungspflicht verstößt hier gegen § 1 GWB, weil sie dazu führt, dass die der eG angeschlossenen Mitglieder praktisch nicht mehr als im Wettbewerb stehende Verkäufer am Markt auftreten. Eine Ausnahme gilt nach § 28 Abs. 1 Nr. 1 GWB zwar für landwirtschaftliche Erzeuger (etwa Milchbauern), nicht jedoch für die lediglich verarbeitende Privatmolkerei des Ley. Dieser muss also nicht zahlen, da die Andienungspflicht zumindest ihm gegenüber unwirksam ist.

456. Kapitalschwäche

Inwiefern leiden Genossenschaften unter einer strukturellen Kapitalschwäche?

Ihr tatsächliches Eigenkapital ist stets durch mögliche Auszahlungen der Geschäftsguthaben an ausscheidende Mitglieder gefährdet (§ 73 GenG), ein Grund- oder Stammkapital gibt es bei Genossenschaften nicht. Allerdings kann nach § 8a GenG durch Satzung ein Mindestkapital bestimmt werden, welches durch die Auszahlung des Auseinandersetzungsguthabens von Mitgliedern nicht unterschritten werden darf. Für Investoren ist die eG relativ unattraktiv, da sie als Mitglieder nur eingeschränkt über ihre Mitgliedschaft verfügen können und beim Ausscheiden nicht an Rücklagen und stillen Reserven beteiligt sind. Nach der Neufassung des § 8 Abs. 2 GenG 2006 können zwar auch sog. investierende Mitglieder zugelassen werden, die

die genossenschaftlichen Förderleistungen nicht nutzen. Von dieser Möglichkeit ist bislang aber kaum Gebrauch gemacht worden; es dürften ja auch nur Investoren mit einer gewissen Nähe zum Förderauftrag der eG in Frage kommen. Schließlich halten die Stimmrechtsbegrenzungen des § 43 Abs. 3 GenG von der Übernahme mehrerer Geschäftsanteile und damit von nachhaltigen Investitionen ab.

Schrifttum: *Kühnberger,* DB 2004, 662; *Kober,* ZfgG 60 (2010), 37.

2. Gründung

457. Von der Vorgenossenschaft zur Eintragung

Wie entsteht eine Genossenschaft?

Eine Genossenschaft wird dadurch errichtet, dass sich in einer Gründungsversammlung mindestens drei natürliche oder juristische Personen als Gründungsmitglieder auf eine schriftlich abgefasste Satzung einigen und diese unterzeichnen (§§ 4, 5 GenG). Es entsteht eine **Vorgenossenschaft,** auf die Vorschriften des GenG anwendbar sind, soweit sie nicht die Eintragung voraussetzen. Ihre Haftungsverfassung entspricht der der Vor-GmbH (vgl. Fall 260; *BGH* ZIP 2002, 353). Der notwendige Inhalt der Satzung ist in §§ 6, 7, 36 Abs. 1 Satz 2 GenG festgelegt; daneben eröffnen insbesondere §§ 7a, 8, 38 Abs. 3 GenG fakultative Regelungsgegenstände. Die Anmeldung obliegt dem Vorstand (§ 11 Abs. 1 GenG). Die Entscheidung über die Eintragung trifft das zuständige Amtsgericht (§§ 10, 11a GenG, §§ 374, 376 f. FamFG, § 23a GVG).

3. Rechtsverhältnisse der Genossenschaft und der Mitglieder

458. Die finanziellen Aspekte der Mitgliedschaft

Was wissen Sie über die im GenG genannten Begriffe Geschäftsanteil, Geschäftsguthaben, Pflichteinlage und Haftsumme?

Alle genannten Begriffe beschreiben die finanzielle Seite der Mitgliedschaft (vgl. Fälle 11–13). Die Regelungen und die Terminologie des GenG weichen erheblich von GmbHG und AktG ab.

a) Der **Geschäftsanteil** bezeichnet den Betrag, bis zu dem sich die Mitglieder mit Einlagen an der Genossenschaft beteiligen können (§ 7 Nr. 1 GenG). Er legt als Rechnungsgröße die Obergrenze für eine finanzielle Beteiligung fest, gibt aber nicht Aufschluss darüber, wie viel Geld ein Mitglied tatsächlich eingelegt hat. Er wird daher auch nicht in die Bilanz der eG eingestellt. Einen Mindestbeitrag fordert das Gesetz für den Geschäftsanteil nicht. Nach § 7a Abs. 3 GenG kann die Satzung auch Sacheinlagen als „Einzahlungen" auf den Geschäftsanteil zulassen. Wegen des genossenschaftlichen Gleichbehandlungsgebotes muss jeder Geschäftsanteil gleich hoch sein. Es besteht die Möglichkeit, freiwillig oder aufgrund einer satzungsmäßigen Verpflichtung (§ 7a Abs. 1 und 2 GenG) mehrere Geschäftsanteile zu übernehmen. Soll die Verpflichtung zur Übernahme mehrerer Geschäftsanteile (Pflichtbeteiligung) nicht alle Mitglieder treffen, so muss sie nach bestimmten, dies sachlich rechtfertigenden wirtschaftlichen Merkmalen gestaffelt werden (§ 7a Abs. 2 Satz 2 GenG).

b) Durch die auf den Geschäftsanteil tatsächlich geleisteten Einlagen, Gewinnzuschreibungen und Verlustabschreibungen (§ 19 GenG) wird das **Geschäftsguthaben** jedes Mitglieds gebildet. § 21a GenG erlaubt die Verzinsung des Geschäftsguthabens, um den Erwerb der Mitgliedschaft attraktiver machen und so die Kapitalausstattung der eG zu verbessern.

Das Geschäftsguthaben darf bis zum Ausscheiden des Mitglieds weder ausgezahlt noch verpfändet werden (§ 22 Abs. 4 GenG); dies dient der Kapitalerhaltung. Solange der Geschäftsanteil nicht erreicht ist, muss der auf jedes Mitglied anfallende Gewinn vorbehaltlich anderweitiger Regelungen im Statut dem Geschäftsguthaben zugeschrieben werden (§ 19 Abs. 1 Satz 3 GenG). Das Geschäftsguthaben kann den Geschäftsanteil nicht übersteigen (§ 7 Abs. 1 Nr. 1 GenG). Überschießende Beträge führen zu einem schuldrechtlichen Rückzahlungsanspruch des Mitglieds, für den § 22 Abs. 4 Satz 1 Alt. 1 GenG nicht gilt.

c) Die **Pflichteinlage** bezeichnet den Betrag, den jedes Mitglied einzahlen muss, und beträgt einheitlich mindestens ein Zehntel des Geschäftsanteils (§ 7 Nr. 1 Hs. 2 GenG). Die auf die Pflichteinlage gerichtete Forderung der Genossenschaft kann nach h. M. weder abgetreten noch ver- oder gepfändet werden. Beim Einfordern der Pflichteinlagen müssen nämlich nicht die Drittgläubiger, sondern muss nach § 1 Abs. 1 GenG nur die Genossenschaft die sozialen Belange der Mitglieder fördern und deshalb die wirtschaftliche Leistungsfähigkeit jedes Mitglieds berücksichtigen (RGZ 135, 55, 58). Die Interessen der Drittgläubiger hält man für nachrangig.

d) Für den Fall der Insolvenz kann die Satzung eine unbeschränkte, beschränkte oder gar keine Haftung der Mitglieder vorsehen (§ 6 Nr. 3 GenG). Bei der beschränkten Haftung kann der Insolvenzverwalter die sog. **Haftsumme** einfordern. Diese gewährt auch vor der Insolvenz keine unmittelbare Zugriffsmöglichkeit der Gläubiger (Außenhaftung). Vielmehr stellt die Haftsumme wirtschaftlich eine Eigenkapitalreserve für den Fall der Insolvenz dar. Auch ein ausscheidendes Mitglied kann zum Nachschuss bis zur Höhe der Haftsumme verpflichtet sein (§ 73 Abs. 2 Satz 4 GenG). Die Haftsumme darf nicht niedriger sein als der Geschäftsanteil (§§ 119, 121 GenG).

459. Genossenmiete

Witwe Müller ist Mitglied der Wohnungsbaugenossenschaft „Trautes Heim eG", deren satzungsmäßiges Förderziel darin besteht, ihren Mitgliedern zu angemessenen Preisen gesunde und zweckmäßig eingerichtete Kleinwohnungen zu verschaffen. In dem mit der eG abgeschlossenen „Dauernutzungsvertrag" ist u. a. vorgesehen, dass das Recht zur Nutzung der Genossenschaftswohnung an die Mitgliedschaft bei der eG gebunden ist; bauliche Veränderungen bedürfen der Zustimmung der Genossenschaft. Die streitbare Witwe ist bei der Genossenschaft nicht sonderlich beliebt, weil sie federführend an der „Mietergemeinschaft Anstand statt Abrissprämie" beteiligt war.

a) Als die Witwe Müller ein Katzennetz am Balkon montiert, um ein Weglaufen ihrer Bengalkatze Balou zu verhindern, verlangt die eG, das Katzennetz am Balkon zu entfernen. Darf die eG das, wenn sie bei Nachbarwohnungen vergleichbare Katzennetze duldet?
b) Als die alte Dame im Januar stirbt, zeigt deren Tochter und Alleinerbin Elfriede Müller dies der eG sogleich an und zieht selbst in die schöne Wohnung ein. Im April kündigt die eG das Nutzungsverhältnis fristgemäß zum Schluss des im Dezember endenden Geschäftsjahres. Denn es interessieren sich bereits andere Mitglieder für die Wohnung. Elfriede widerspricht der Kündigung und beantragt Aufnahme in die eG; angesichts der unerfreulichen Auseinandersetzung mit Witwe Müller wird dies abgelehnt. Erfolgsaussichten einer Räumungsklage?

Zu a) Aus mietrechtlicher Sicht dürfte die eG von Frau Müller gemäß § 541 BGB verlangen, die vertraglich verbotene bauliche Veränderung zu unterlassen. Ein **Gleichbehandlungsgrundsatz** ist im Mietrecht nicht anerkannt, wohl aber im Genossenschaftsrecht: Die Genossenschaft ist ihren Mitgliedern im Rahmen des Förderauftrags (§ 1 Abs. 1 GenG) zur Treue verpflichtet, hat gleiche Rechte zu gewähren und darf nur die gleichen Pflichten auferlegen. Dies gilt für das mitgliedschaftliche Verhältnis und auch für Geschäftsbeziehungen zwischen der eG und ihren Mitgliedern, soweit sie sich auf den Förderzweck beziehen. Das ist hier der Fall, unabhängig davon, ob man ein Nutzungsverhältnis eigener Art mit stark körperschaftlichem Einschlag oder ein Mietverhältnis mit der Wohnungsbaugenossenschaft annimmt. Eine Ungleichbehandlung bedarf dann auch im Unrecht eines rechtfertigenden sachlichen Grundes, der hier fehlt. Auch von Witwe Müller kann die eG also die Entfernung des Katzennetzes nicht verlangen.

Zu b) Die Erbin ist nach § 1922 BGB in das Mietverhältnis nachgerückt. Von ihr kann die eG nach § 546 Abs. 1 BGB Räumung verlangen, wenn das Mietverhältnis nunmehr beendet ist, sei es aufgrund einer auflösenden Bedingung oder der Kündigung. Auf eine etwaige auflösende Bedingung kann sich der Vermieter zum Nachteil des Mieters nicht berufen (§ 572 Abs. 2 BGB). Es ist deshalb unerheblich, dass das Mietverhältnis an die Mitgliedschaft in der eG gebunden war und die Mitgliedschaft zum Geschäftsjahresende wieder erlosch (§ 77 Abs. 1 GenG).

Für eine außerordentliche Kündigung nach § 564 Satz 2 BGB war es im April zu spät. Erklärt hat die eG eine ordentliche Kündigung. Diese unterliegt den Vorschriften des sozialen Mietrechts auch dann, wenn man ein Nutzungsverhältnis auf mitgliedschaftlicher Grundlage annimmt. Für die Kündigung verlangt § 573 BGB ein berechtigtes Interesse, etwa – so die h. M. –, dass der Wohnungsnutzer wie hier nicht (mehr) Mitglied der eG ist und ein anderes Mitglied konkreten Wohnbedarf hat. Zum Schutz des Mieters muss hinzukommen, dass er den Beitritt in die eG ablehnt. Da Elfriede Müller einen Aufnahmeantrag gestellt hat, kann die Räumungsklage keinen Erfolg haben.

Schrifttum: *Flaute,* in: Hannemann/Wiegner, Münchener Anwaltshandbuch Mietrecht, 4. Aufl. 2014, § 33, Rn. 159 ff.

460. Genossenschaftliche Rückvergütung

Der Vorstand der Norddeutschen Handels eG – einer Konsumgenossenschaft mit über 25 000 Mitgliedern und einem Jahresumsatz von 1,34 Mrd. EUR – kann auf ein erfolgreiches Geschäftsjahr zurückblicken: Die Genossenschaft erwirtschaftete einen Überschuss im Mitgliedergeschäft in Höhe von 3,66 Mio. EUR. Der Vorstand beschließt daraufhin die Verteilung durch eine Warenrückvergütung in Höhe von 3 % des von jedem Mitglied mit der eG getätigten Umsatzes und verkündet das stolz auf der nächsten Versammlung. Die aufkommende Freude der Genossen wird getrübt durch das Mitglied Rechner, der gerade eine Ausbildung zum Steuerfachgehilfen begonnen hat und einwendet, die 3,66 Mio. EUR müssten als Gewinn der eG zunächst nach dem Körperschaftsteuergesetz versteuert werden. Hat er Recht?

Nein; Rechner muss sich mit den Eigenarten der genossenschaftlichen Rückvergütung vertraut machen. Erwirtschaftet die eG im Mitgliedergeschäft Überschüsse, so hat sie den Förderauftrag nach § 1 GenG nicht voll erfüllt, weil sie von den Mitgliedern über die bloße Aufwandsdeckung hinausgehende Leistungsentgelte verlangt hat. Soweit die Satzung das bestimmt, muss, sonst kann der Vorstand den Überschuss durch eine umsatzabhängige (Waren-)Rückvergütung an die Mitglieder weitergeben. Die Rückvergütung ist zwar im GenG nicht geregelt, aber allgemein als genossenschaftsspezifische Form der Überschussverteilung anerkannt und mitgliedschaftlicher Natur. Der Steuergesetzgeber trägt dem Rechnung: Der im Mitgliedergeschäft erwirtschaftete Überschuss wird nicht als Gewinn der eG behandelt, wenn eine Überschussverteilung durch Rückvergütung erfolgt; Rückvergütungen können dann gemäß § 22 KStG bei der Gewinnermittlung als Betriebsausgabe abgesetzt werden.

Findet keine Rückvergütung statt, kann der Überschuss stattdessen als Gewinn i. S. d. § 19 GenG versteuert und verteilt werden. Hierfür ist nicht der Vorstand, sondern die General- bzw. Vertreterversammlung zuständig (§§ 43a, 48 GenG). Die Gewinnverteilung richtet sich nicht nach dem Umsatz der Mitglieder, sondern nach dem Verhältnis ihrer Geschäftsguthaben. Gewinne soll die eG vor allem im Nichtmitgliedergeschäft erzielen.

4. Organe der Genossenschaft

461. Vorstand, Aufsichtsrat und Generalversammlung

Was wissen Sie über die Organe der Genossenschaft?

Gesetzlich zwingend vorgeschriebene Organe der Genossenschaft sind der Vorstand, der Aufsichtsrat und die Generalversammlung. Hat die Genossenschaft nicht mehr als 20 Mitglieder, kann ihre Satzung auf einen Aufsichtsrat verzichten (§ 9 Abs. 1 GenG).

a) Der **Vorstand** ist das Geschäftsführungs- und Vertretungsorgan der Genossenschaft (§§ 24 Abs. 1, 27 Abs. 1 GenG). Hat die Genossenschaft nicht mehr als 20

Mitglieder, kann die Satzung *ein* Vorstandsmitglied genügen lassen, ansonsten sind mindestens zwei Personen erforderlich (§ 24 Abs. 2 GenG). Ihre Haftung (§ 34 GenG) entspricht im Wesentlichen der in § 93 AktG. Die Bestellung sowie die Änderung des Vorstandes oder der Vertretungsbefugnis eines Vorstandsmitglieds (Gesamt- oder Einzelvertretung; § 25 GenG) sind gemäß §§ 11 Abs. 3, 28 GenG in das Genossenschaftsregister einzutragen, das insoweit eine dem Handelsregister vergleichbare Publizitätswirkung entfaltet (§ 29 GenG).

b) Der **Aufsichtsrat** überwacht die Geschäftsführung des Vorstandes. Die Satzung kann ihm weitere Aufgaben übertragen (§ 38 Abs. 3 GenG). So werden häufig bestimmte Geschäftsführungsmaßnahmen des Vorstandes an die Zustimmung des Aufsichtsrates gebunden. Anders als bei der AG (§ 111 Abs. 4 Satz 2 AktG) kann der Aufsichtsrat dieses Vetorecht nicht aus eigener Initiative an sich ziehen.

Der Aufsichtsrat besteht aus mindestens drei Personen (§ 36 GenG). Im Gegensatz zur AG und GmbH können nur solche natürlichen Personen in den Aufsichtsrat oder Vorstand gewählt werden, die Mitglieder der Genossenschaft, einer Mitgliedsgenossenschaft oder Vertreter von juristischen Personen sind, die ihrerseits Mitglied der Genossenschaft sind (Prinzip der Selbstorganschaft, § 9 Abs. 2 GenG); eine Ausnahme gilt für Arbeitnehmervertreter im Aufsichtsrat nach dem Drittelbeteiligungs- und dem MitbestG (vgl. Fall 377).

c) Zur Entscheidungskompetenz der **Generalversammlung** gehören alle Angelegenheiten der eG, die nicht durch Gesetz oder Satzung einem anderen Organ zugewiesen sind. Gemäß § 16 Abs. 1 GenG beschließt sie über Satzungsänderungen; darüber hinaus hat der Vorstand ihre Zustimmung zu Grundlagen- und Strukturentscheidungen herbeizuführen (vgl. Fall 464). Die Generalversammlung bestellt neben den Mitgliedern des Aufsichtsrats auch die des Vorstandes, sofern letztere nicht nach dem MitbestG oder – häufig – kraft Satzung vom Aufsichtsrat zu bestellen sind (vgl. §§ 24 Abs. 2, 36 Abs. 1 GenG). Sie stellt den Jahresabschluss fest, beschließt über die Verwendung des Jahresüberschusses und über die Entlastung von Vorstand und Aufsichtsrat (§ 48 GenG). Bei Genossenschaften mit mehr als 1 500 Mitgliedern kann die Satzung bestimmen, dass die Generalversammlung aus Vertretern der Mitglieder (Vertreterversammlung) besteht (§ 43a GenG).

462. Vertreterversammlung

Die Berliner Wohnungsbaugenossenschaft eG ist eine Genossenschaft mit über 3 700 Mitgliedern. Anstelle einer Generalversammlung besteht eine Vertreterversammlung mit 50 Vertretern.
a) Wer kann die Einberufung welcher Versammlung verlangen?
b) Zehn Vertreter verlangen vom Vorstand in einer von ihnen unterschriebenen Eingabe unter Anführung von Zweck und Gründen die Einberufung der Vertreterversammlung, die dieser aber ablehnt. Zu Recht?

Zu a) Besteht keine Vertreterversammlung, beruft der Vorstand die Generalversammlung ein (§ 44 Abs. 1 GenG), ausnahmsweise der Aufsichtsrat, wenn die

Satzung ihn dazu ermächtigt oder die Einberufung im Interesse der eG erforderlich ist (§ 38 Abs. 2 GenG). Nach § 45 Abs. 1 GenG ist die Generalversammlung ferner einzuberufen, wenn mindestens ein Zehntel der Mitglieder oder der in der Satzung hierfür bezeichnete geringere Teil dies verlangt.

Besteht eine Vertreterversammlung, beziehen sich die genannten Einberufungsrechte grundsätzlich nur auf sie. Denn die Generalversammlung hat ihre Beschlusszuständigkeit weitgehend abgegeben – aber nicht ganz: Sie kann eine Vertreterversammlung durch satzungsändernden Beschluss jederzeit wieder beseitigen. Unter anderem dazu kann die erwähnte Minderheit dann ausnahmsweise die Einberufung der Generalversammlung verlangen (§ 43a Abs. 1 Satz 2, Abs. 7 GenG).

Zu b) Ein Einberufungsrecht, wie es in § 45 GenG für eine Minderheit der Mitglieder vorgesehen ist, fehlt für Vertreter. Die Lücke ist nach den Wertungen des Gesetzgebers 2006 durch Analogie nicht zu schließen: Wenn bei großen (z. B. Kredit-)Genossenschaften mit zum Teil weit über 1 500 Mitgliedern nur – wie vorgeschlagen war – 150 von ihnen, also weniger als 10 %, die Einberufung der Versammlung fordern könnten, sei das (also erweiterter Minderheitenschutz) undemokratisch, missbrauchsanfällig und teuer. Man wird das auch für Vertreter hinnehmen müssen: In anonymen Gesellschaften haben zwar statt der Mitglieder oft nur die Funktionsträger genügend Zeit und Wissen, um Gesellschafterrechte auszuüben. In Genossenschaften ist ihr Vorsprung jedoch gering: Die Vertreter tagen meist nur jährlich (§ 48 Abs. 1 GenG) und auch die Mitglieder sind beruflich vorgebildet oder jedenfalls aufgrund der auch schuldrechtlichen Beziehung zur Gesellschaft oft gut informiert und motiviert, sich einem Einberufungswunsch anzuschließen. Wenn die Satzung nichts anderes vorsieht, werden die Mitglieder also nur in, und nicht außerhalb der Versammlung vertreten. Der Vorstand hat das Einberufungsverlangen der Vertreter folglich zu Recht abgelehnt.

Rechtsprechung: *KG* DZWir 1998, 465 ff. m. Anm. *Strieder.*

463. Geschäfsführungsbefugnis

Die Satzung der Winzergenossenschaft Neustadt/Weinstraße sieht vor, dass der Vorstand verpflichtet ist, Weisungen der Generalversammlung nachzukommen. Die Generalversammlung beschließt, eine neue Portugieser-Traube anzubauen. Als geeigneter Standort werden diejenigen Weinberge im Bezirk Musbach angesehen, an denen bislang mit mäßigem Erfolg eine Kerner-Traube angebaut wurde. Durch eine im Einzelnen genau festgelegte Begrenzung des Hektarertrages wird ein besonders hochwertiger Wein angestrebt. Die erforderlichen neuen Weinfässer sollen ebenso wie die Flaschenkorken in Portugal eingekauft werden. Der Vorstand wird angewiesen, entsprechende Maßnahmen zu ergreifen.

a) Ist der Vorstand an diesen Beschluss gebunden?

b) Wie wäre es, wenn die Satzung die Entscheidungskompetenz für den Weinanbau der Generalversammlung zuweist?

Zu a) Wie in der AG leitet der Vorstand die Genossenschaft weisungsfrei in eigener Verantwortung (§ 27 Abs. 1 Satz 1 GenG). Der Vorstand ist an den Beschluss also nicht gebunden.

Zu b) Anders als bei der AG (vgl. Fall 366) sind jedoch statutarische Einschränkungen der Leitungsmacht zulässig (§ 27 Abs. 1 Satz 2 GenG). Die Satzung darf der **Generalversammlung** sogar Maßnahmen der laufenden **Geschäftsführung** zuweisen: Ein unantastbarer Kernbestand der Leitungsmacht des Vorstandes für gewöhnliche Entscheidungen der Verwaltung ist – anders als im Aktienrecht – nicht anzuerkennen. Die Grenze zulässiger Satzungsgestaltung ist erst überschritten, wenn dem Vorstand kein eigenverantwortlicher Leitungsbereich zustehen soll und er zum bloßen Vollzugsorgan wird.

Derartige Bedenken bestehen hier nicht, da trotz der Satzungsregelung dem Vorstand weite Bereiche der laufenden Geschäftsführung (wie z. B. der Vertrieb des Weines) bleiben. Durch die Satzung lassen sich somit – zumindest für einzelne Sachbereiche – basisdemokratische Elemente hinsichtlich der Stellung der Generalversammlung verwirklichen. Diese flexible Lösung kann bei kleinen Genossenschaften und entsprechendem Sachverstand der Mitglieder sinnvoll sein. Die Führung größerer Genossenschaften erfordert freilich ein professionelles Management mit weitreichender Leitungsmacht.

Schrifttum: *Blomeyer,* ZfgG 43 (1993), 287 ff.; *Keßler,* in: Steding (Hrsg.), Genossenschaftsrecht im Spannungsfeld von Bewahrung und Veränderung, 1994.

464. Grundlegende Entscheidungen

Hätte der Vorstand in Fall 463 die Kompetenz, die im Nachbarort ansässige Fässer und Korken Produktionsgesellschaft mbH zu erwerben? Nach seiner Einschätzung wäre die Eigenproduktion wirtschaftlich vorteilhafter.

Anders als bei einer AG (vgl. § 119 AktG und Fall 390) ist die Generalversammlung stets dann einzuberufen – und zu befragen –, „wenn dies im Interesse der Genossenschaft erforderlich erscheint" (§ 44 Abs. 2 GenG). So liegt es bei grundlegenden unternehmerischen Entscheidungen wie hier dem Erwerb eines Unternehmens.

465. Die Herren des Vorstandes

Schlampert ist geschäftsführendes Vorstandsmitglied der „Kraut & Rüben-Absatzgenossenschaft eG". Die Ertragslage der eG verschlechtert sich dramatisch. Eine Analyse durch eine Unternehmensberatungsgesellschaft ergibt, dass für die schlechte wirtschaftliche Entwicklung insbesondere Mängel in der Unternehmensführung ursächlich sind. Daraufhin beschließt der Aufsichtsrat, die Bestellung Schlamperts zu widerrufen und das Anstellungsverhältnis fristlos zu kündigen. Schlampert will von Ihnen wissen, ob er noch Vorstandsmitglied ist und ob sein Anstellungsverhältnis noch besteht.

Der Widerruf der Organstellung und die außerordentliche Kündigung des Anstellungsvertrages sind rechtlich voneinander zu trennen.

a) Die Vorstands***be***stellung, die als körperschaftlicher Organisationsakt die organschaftlichen Rechte und Pflichten des Vorstandsmitglieds begründet, kann jederzeit und ohne Vorliegen eines wichtigen Grundes widerrufen werden (§ 24 Abs. 3 Satz 2 GenG). Anders als in der AG ist hierfür (mangels abweichender Satzungsbestimmung; § 24 Abs. 2 Satz 2 GenG) die Generalversammlung zuständig. Der Aufsichtsrat ist nach § 40 GenG nur zur **vorläufigen** Amtsenthebung befugt, kraft derer die Geschäftsführungs- und Vertretungsbefugnis ruhen. Der (endgültige) Widerruf war deshalb unwirksam.

b) Anstellung und Kündigung wären grundsätzlich Sache des Aufsichtsrats: Er ist nach § 39 GenG für die Vertretung der Genossenschaft gegenüber den Vorstandsmitgliedern zuständig. In der Genossenschaft fallen also Be- und Anstellungskompetenz in der Regel auseinander. Da das Vorstandsmitglied regelmäßig sein Amt nicht ohne vertragliche Grundlage ausüben wird, greift die fristlose Kündigung durch den Aufsichtsrat der (endgültigen) Widerrufszuständigkeit der Generalversammlung unzulässig vor.

Die Kompetenzverletzung macht die Kündigung unwirksam. Zwar ist die Vertretungsmacht des Aufsichtsrats analog § 27 Abs. 2 GenG unbeschränkt und unbeschränkbar. Doch gilt das nur im Verhältnis zu Dritten, nicht im Verhältnis zu Vorstandsmitgliedern (vgl. Fall 139.) Auch das Anstellungsverhältnis besteht also fort.

Rechtsprechung: *KG* ZfgG 47 (1997), 144 m. Anm. *Schiemann.*

466. One man – one vote

a) Warum gilt in Genossenschaften der Grundsatz „*One man – one vote*"?
b) Wieweit ist dieser Grundsatz heute eingeschränkt?

Zu a) Die Rechtsform der Genossenschaft soll offen und attraktiv sein für wirtschaftlich Schwache: Sie soll niedrige Einzelbeteiligungen zulassen und kapitalistische Mehrheiten sperren. Deshalb steht nicht Kapitalbeteiligung, sondern persönlicher Einsatz im Vordergrund. Zur Sicherung dieser Personenbezogenheit diente gut 100 Jahre lang der demokratische Grundsatz *„one man – one vote"*.

Zu b) Für Zentralgenossenschaften (vgl. Fall 452 Var. b) ist er ganz beseitigt (§ 43 Abs. 3 Satz 3 Nr. 3 GenG). In Primärgenossenschaften kann die Satzung ein bis zu dreifaches Stimmrecht gewähren, insbesondere für Mitglieder, die die Genossenschaft besonders fördern (§ 43 Abs. 3 Satz 3 Nr. 1 GenG). Sind in einer solchen Genossenschaft mehr als 3/4 der Mitglieder Unternehmer i. S. d. § 14 BGB, ist es seit 2006 auch möglich, höhere Mehrstimmrechte auszugeben. Kein Mitglied kann jedoch mehr als ein Zehntel der in der Generalversammlung anwesenden Stimmen ausüben. Das Ziel der Änderungen war, einen Anreiz für eine stärkere Kapitalbeteiligung zu schaffen (vgl. Fall 456), die Möglichkeit einer – dem Genossenschaftsrecht fremden – kapitalabhängigen Mehrheitsbildung aber zu begrenzen. So konnte die Kapitalstruktur der Genossenschaften aber nicht verbessert werden. Die Stimmmacht für das gewünschte Kapital war wohl zu unsicher (Absinken der Unternehmerquote, sonstige Beseitigung der Mehrstimmrechte gegen den Willen einiger Betroffener, Ausgabe einer Vielzahl weiterer Mehrstimmrechte à höchstens 10 %). Auch von der bereits vor 2006 gegebenen Möglichkeit, Dreifachstimmrechte zu gewähren, wurde wenig Gebrauch gemacht.

Schrifttum: *Baudenbacher-Oettinghaus*, AG 1985, 269.

5. Prüfung und Prüfungsverbände

467. Tätigkeiten der Prüfungsverbände

a) Welche Besonderheiten weist die genossenschaftliche Pflichtprüfung auf?
b) Welchen Tätigkeiten gehen genossenschaftliche Prüfungsverbände neben der Pflichtprüfung nach und inwiefern ist dies problematisch?

Zu a) Gemäß § 53 Abs. 1 GenG unterliegt die eG einer – in der Regel jährlichen – Pflichtprüfung durch den Prüfungsverband, dem sie als Pflichtmitglied angehört (§ 54 GenG; vgl. § 11 Abs. 2 Nr. 3 GenG: Eintragungsvoraussetzung); anders als die prüfungspflichtigen Kapitalgesellschaften (§ 318 HGB) darf sich die eG ihren Abschlussprüfer also nicht vor jeder Prüfung neu aussuchen.

Dem Prüfungsverband, der die Rechtsform eines e. V. haben soll (§ 63b Abs. 1 GenG), wird das Prüfungsrecht staatlich verliehen (§§ 63, 63a GenG). Als älteste Pflichtprüfung aller Gesellschaften war die genossenschaftliche Pflichtprüfung als Ausgleich für die ehrenamtliche organschaftliche Tätigkeit der meist geschäftsunerfahrenen Mitglieder gedacht. Sie soll damit auch die potenzielle Kapital- und Haftungsschwäche der eG ausgleichen und so die Mitglieder und die Gläubiger schützen. Eine Gewähr für eine ausreichende Kapitalausstattung der Genossenschaft bietet allerdings nur die Gründungsprüfung (vgl. § 11 Abs. 2 Nr. 3 GenG).

Der Umfang der Prüfung geht weiter als bei Kapitalgesellschaften (§ 317 HGB) und umfasst nicht nur die Richtigkeit von Jahresabschluss und Lagebericht, sondern alle Bereiche der Geschäftsführung (Effektivität der Mitgliederförderung und der Geschäftsführung und Geschäftspolitik). Lediglich diese Effektivität ist bei kleineren Genossenschaften zu prüfen (§ 53 Abs. 2 GenG). Eine obligatorische Jahresabschlussprüfung wäre für kleine Genossenschaften zu teuer.

Zu b) Prüfungsverbände können neben dem Primärzweck der Pflichtprüfung (Musszweck) eine weitergehende Wahrnehmung der Interessen ihrer Mitglieder (Kannzweck) in ihre Satzung aufnehmen (§ 63b Abs. 4 GenG). Da von dieser Möglichkeit auch umfangreich Gebrauch gemacht wird, haben sich die Prüfungsverbände zu vielseitigen Dienstleistungsunternehmen entwickelt, deren kostenpflichtige Angebotspalette Unternehmensberatung, Versicherungsvermittlung, Werbemaßnahmen, Fortbildung etc. umfasst. Bedenklich ist jedoch, dass die Verbände Druck auf ihre Mitglieder ausüben können. Es liegt beispielsweise nahe, dass den Genossenschaften, deren Jahresabschluss beanstandet wurde, eine Fortbildungsveranstaltung für ihre Mitarbeiter im verbandseigenen Schulungszentrum angeboten wird. Dies lähmt den Wettbewerb: „Angebote“ des Verbandes können nicht ausgeschlagen werden und außenstehende Dritte können vergleichbare Dienstleistungsangebote nicht zu konkurrenzfähigen Preisen anbieten, da alle Verbandsmitglieder – unabhängig von einer tatsächlichen Inanspruchnahme – die erforderliche Infrastruktur über ihre Beiträge mitfinanzieren.

Schrifttum: *Glenk,* Die eingetragene Genossenschaft, 1996, Rn. 611–639; *Großfeld/Noelle,* BB 1985, 2145.

6. Insolvenz

468. Sonderrecht bei Überschuldung

Welche Besonderheiten gelten für die Insolvenz der Genossenschaft?

a) Zahlungsunfähigkeit ist immer ein Grund für die Eröffnung des Insolvenzverfahrens (§ 17 InsO). Hinsichtlich der **Überschuldung** (§ 19 Abs. 1 InsO) differenziert das Sonderinsolvenzrecht der Genossenschaften danach, in welchem Maße die Mitglieder nach § 6 Nr. 3 GenG einer **Nachschusspflicht** unterliegen:

- Ist sie ausgeschlossen, so ist nach § 98 Nr. 2 GenG auch die Überschuldung Eröffnungsgrund.
- Ist sie beschränkt, gilt dasselbe, allerdings wird für die Feststellung der Überschuldung dem Gesellschaftsvermögen ein Viertel des Gesamtbetrages der Haftsumme aller Mitglieder hinzugerechnet (§ 98 Nr. 1 GenG).
- Ist sie unbeschränkt, ist allein die Zahlungsunfähigkeit Eröffnungsgrund, denn wie bei Personengesellschaften stehen die Privatvermögen natürlicher Personen als Zugriffsmasse zur Gläubigerbefriedigung (durch Nachschüsse in das Gesellschaftsvermögen) zur Verfügung (vgl. § 19 Abs. 3 InsO).

b) Verfahren: Die Einziehung von Nachschussansprüchen erfolgt im Umlageverfahren aufgrund einer vom Gericht für vollstreckbar erklärten Vorschussberechnung des Insolvenzverwalters, in der dieser die für den Ausgleich des Fehlbetrages notwendige Deckung ermittelt hat (§§ 106–109 GenG), oder aufgrund der Festlegung der Nachschusspflicht im Insolvenzplan (§ 105 Abs. 1 Satz 2 GenG).

*Kapitel 12. Umwandlungsrecht

469. Umwandlungen inner- und außerhalb des Umwandlungsgesetzes

a) Welche Umwandlungsarten gibt es?
b) Sind „Umwandlungen“ außerhalb des Umwandlungsgesetzes ausgeschlossen?

Zu a) Vier Formen der Umwandlung sind im Umwandlungsgesetz abschließend geregelt: Verschmelzung, Spaltung, Vermögensübertragung und Formwechsel (§ 1 Abs. 1 und 3 UmwG). Zur Umwandlung zugelassen sind jeweils nur bestimmte Rechtsträger.

Zu b) Andere Formen der Umstrukturierung, die sich aus dem sonstigen Gesellschaftsrecht ergeben, bleiben zulässig. Für Personengesellschaften erfreut sich z. B. das Anwachsungsmodell (vgl. Fall 472) einiger Beliebtheit. Ebenso kann eine Handelsgesellschaft einzelne Vermögensgüter (Betriebe, Werke) nicht nur durch Spaltung, sondern auch als Sacheinlage an eine andere Gesellschaft übertragen.

470. Vier Arten der Umwandlung

Erläutern Sie kurz die vier Umwandlungsarten nach dem Umwandlungsgesetz!

Bei Verschmelzung und Spaltung wird entweder das gesamte oder auch nur ein Teil des Vermögens übertragen. Sachenrechtlich geschieht dies nicht durch Einzelrechtsnachfolge, etwa nach den §§ 873, 929 ff. BGB, sondern im Wege der Gesamtrechtsnachfolge. Sofern ein Rechtsträger nicht sein gesamtes Vermögen überträgt, spricht man hinsichtlich der Teile, die übertragen werden, von „partieller Gesamtrechtsnachfolge“. Dabei wird das übertragene Vermögen nicht „bezahlt“, es werden vielmehr Anteile an dem übernehmenden Rechtsträger gewährt.

Bei der **Verschmelzung** (§§ 2 ff. UmwG) erlöschen die übertragenden Rechtsträger (§ 20 Abs. 1 Nr. 2 UmwG). Den Anteilsinhabern der übertragenden Rechtsträger werden Anteile oder Mitgliedschaften am neuen Rechtsträger entsprechend den im Verschmelzungsvertrag festgelegten Umtauschverhältnissen gewährt (§ 20 Abs. 1 Nr. 3 UmwG).

Das Gesetz unterscheidet zwischen Verschmelzung zur Aufnahme und Verschmelzung zur Neugründung. Bei der Verschmelzung zur Aufnahme geht das ganze Vermögen eines oder mehrerer Rechtsträger auf einen bereits **bestehenden** übernehmenden Rechtsträger über (§ 2 Nr. 1 UmwG). Bei der Verschmelzung zur Neugründung übertragen mindestens zwei Rechtsträger ihr gesamtes Vermögen auf einen, von ihnen dadurch gegründeten Rechtsträger (§ 2 Nr. 2 UmwG).

Bei der **Spaltung** (§§ 123 ff. UmwG) unterscheidet man zwischen Abspaltung, Aufspaltung und Ausgliederung. Diese Varianten können jeweils zur Neugründung oder zur Aufnahme erfolgen.

Bei der **Aufspaltung** überträgt ein Rechtsträger sein gesamtes Vermögen unter Auflösung ohne Abwicklung auf mindestens zwei Rechtsträger (§ 123 Abs. 1 UmwG). Der Spaltungsvertrag teilt die Vermögensgegenstände des übertragenden Rechtsträgers auf und bestimmt, in welchem Umtauschverhältnis seine Gesellschafter statt ihrer bisherigen Anteile Anteile an den übernehmenden Rechtsträgern erhalten (§§ 126, 131 Abs. 1 UmwG).

Bei der **Abspaltung** geht mit Eintragung nur ein Teil des Vermögens des übertragenden Rechtsträgers auf den übernehmenden Rechtsträger über (§ 123 Abs. 2 UmwG). Der übertragende Rechtsträger besteht daher auch nach der Abspaltung weiter. Die Anteilsinhaber des übertragenden Rechtsträgers werden hier entsprechend der im Spaltungsvertrag vorgesehenen Aufteilung zusätzlich Anteilsinhaber des übernehmenden oder des neuen Rechtsträgers (§ 131 Abs. 1 Nrn. 1 und 3 Satz 1 UmwG).

Die **Ausgliederung** gleicht weitestgehend der Abspaltung (§ 123 Abs 3 UmwG). Die neuen Anteile stehen hier aber dem ausgliedernden Rechtsträger selbst zu (§ 131 Abs. 1 Nr. 3 Satz 3 UmwG). Im Vermögen der Anteilseigner ändert sich nichts. Bei der Ausgliederung zur Neugründung entsteht daher stets eine Einpersonen-**Tochtergesellschaft** des übertragenden, ausgliedernden Rechtsträgers.

Der **Formwechsel** (§§ 190 ff. UmwG) ermöglicht es einem Rechtsträger, seine Rechtsform zu ändern. Z. B. kann eine KG identitätswahrend und ohne Vermögensübergang zur GmbH werden.

Vermögensübertragungen durch Gesamtrechtsnachfolge sind nur auf die öffentliche Hand und auf Versicherungsgesellschaften möglich (§ 175 UmwG). Ihr Anwendungsbereich ist entsprechend klein.

471. Bedeutung des Umwandlungsrechts

Welche Bedeutung hatte das Umwandlungsgesetz 1994 für das deutsche Gesellschaftsrecht?

Das Umwandlungsgesetz hat zur Vereinheitlichung des Gesellschaftsrechts beigetragen: Als Rechtsträger wurde auch die GbR anerkannt (§ 191 Abs. 2 Nr. 1 UmwG; vgl. Fall 59) und es ist weit weniger wichtig, ob Sondervermögen einer Gesamthand oder juristischen Person zugeordnet ist (vgl. Fall 61). Eine Gesamthand lässt sich **identitätswahrend** in eine juristische Person umwandeln (§ 202 Abs. 1 Nr. 1 UmwG). Das erübrigt den früher notwendigen Parteiwechsel im Prozess (§§ 263, 269 ZPO). Das Umwandlungsgesetz gewährleistet ferner den Gläubigerschutz beim Rechtsformwechsel, z. B. in § 204 UmwG. Deshalb sind Gesellschafter(gruppen) weniger an eine Gesellschaftsform gebunden und können ihre Zusammenarbeit leichter an wirtschaftliche Entwicklungen anpassen.

472. Von der Personen- zur Kapitalgesellschaft

Alf, Bernd und Claus sind Gesellschafter einer OHG. Weil sie aus Altersgründen die Geschäfte nicht mehr führen möchten, akzeptieren sie das Angebot des Dirk, Mitgesellschafter in seiner GmbH zu werden. Vermögen und Verbindlichkeiten der OHG – u. a. zwei Grundstücke – soll die GmbH übernehmen. Welche Gestaltungsmöglichkeiten haben die Beteiligten?

a) Sofern übertragender Rechtsträger eine Personengesellschaft ist, kann man die Rechtsfigur der **Anwachsung** nach § 738 Abs. 1 BGB ausnutzen: Die GmbH erhöht ihr Kapital. Als Sacheinlagen bringen Alf, Bernd und Claus ihre OHG-Anteile in die GmbH ein. So wird die GmbH einzige Gesellschafterin der OHG. Da sie zwei Gesellschafter benötigt, entfällt die OHG. Ihr Vermögen und ihre Schulden übernimmt ihre einzige Gesellschafterin. Die GmbH wird in entsprechender Anwendung des § 738 Abs. 1 BGB damit Rechtsnachfolgerin der OHG (vgl. *BGH* NJW 1993, 1194; WM 2002, 293, 295).

b) Die **Verschmelzung durch Aufnahme** ist in § 2 Abs. 1 Nr. 1 UmwG vorgesehen. Mit der Eintragung der Verschmelzung in das Register der GmbH erlischt die OHG, ihr Vermögen geht im Wege der Gesamtrechtsnachfolge über und auch Alf, Bernd und Claus werden Gesellschafter der GmbH.

c) Schließlich könnte die OHG ihr Vermögen als Sacheinlage in die GmbH einbringen. GmbH-Gesellschafterin wird dann zunächst die OHG. Deren Geschäftsanteil wird dann geteilt und notariell an die OHG-Gesellschafter übertragen (§§ 46 Nr. 4, 15 GmbHG). Die jetzt vermögenslose OHG wird aufgelöst und gelöscht (§§ 131 Abs. 1 Nr. 2, 157 HGB). Dieses Verfahren ist aufwendig und hat gegenüber der Umwandlung weitere Nachteile: Es verhindert die Enthaftung der Personengesellschafter nach § 45 UmwG, wenn nicht die Gläubiger der OHG einzeln einer befreienden Vertragsübernahme durch die GmbH nach § 415 BGB zustimmen. Zudem erfordert jede Grundstücksübertragung nach §§ 873, 925 BGB eine Auflassung.

473. Umwandlungsschritte

In welchen Schritten vollzieht sich eine Umwandlung?

Der Verfahrensablauf ist bei allen Umwandlungsvorgängen ähnlich und vollzieht sich im Wesentlichen in drei Hauptschritten:

1. Schritt: Rechtsgeschäftliche Grundlage

Ausgangspunkt ist ein Verschmelzungs- oder Spaltungs- und Übernahmevertrag der beteiligten Rechtsträger (§§ 4, 125, 176ff. UmwG). Da bei einer Spaltung zur Neugründung ein Vertragspartner fehlt, tritt an die Stelle des Vertrages dann der Spaltungsplan (§ 136 Satz 2 UmwG). Beim Formwechsel erfüllt der Umwandlungsbeschluss eine vergleichbare Funktion. Für alle Akte ist jeweils ein Mindestinhalt und die notarielle Beurkundung vorgeschrieben (§§ 5 f., 125 f., 135, 193 f. UmwG).

2. Schritt: Bericht, Prüfung und Gesellschafterbeschluss

Die Anteilsinhaber der beteiligten Rechtsträger werden durch einen Umwandlungsbericht über Einzelheiten (z. B. Umtauschverhältnis der Anteile, Ausgestaltung der neuen Beteiligung) unterrichtet. Der Bericht ist zu ihrem Schutz durch unabhängige Sachverständige zu prüfen (§§ 9–12 UmwG). Auf Grundlage der Informationen beschließen die obersten Gesellschaftsorgane der beteiligten Rechtsträger mit der vorgeschriebenen Mehrheit, in der Regel mit der Mehrheit für Satzungsänderungen. Auch diese Beschlüsse sind notariell zu beurkunden (§ 13 UmwG).

3. Schritt: Anmeldung und Eintragung

Die Umwandlung ist zur Eintragung in das Register der beteiligten Rechtsträger anzumelden. Bei der Verschmelzung erfolgt die **Eintragung** zunächst im Register jedes übertragenden Rechtsträgers (§ 19 UmwG). Sie erlöschen mit der anschließenden Eintragung in das Register des übernehmenden Rechtsträgers; dieser erhält Vermögen und Schulden und neue Anteilsinhaber. Bei der Spaltung gilt § 130 UmwG. Die Eintragung heilt bestimmte Fehler der Umwandlung (vgl. etwa §§ 20 Abs. 1 Nr. 4, 202 Abs. 2 UmwG).

474. Verschmelzung schlägt Abtretungsverbot

Bauer Benke möchte einen Reitstall errichten und beauftragt damit die Kesse GmbH. Doch kaum hat Benke das Werk abgenommen, verlangt eine Corsen GmbH den Werklohn; auf sie sei die Kesse GmbH verschmolzen worden. Das trifft zu, aber Benke beruft sich auf § 7 des Werkvertrages: *„Die Werklohnforderung ist nicht abtretbar.“* Muss Benke zahlen?

Die Werklohnforderung ist entstanden und aufgrund der Abnahme fällig (§ 641 BGB). Sie ist im Zuge der Verschmelzung nach § 20 Abs. 1 Nr. 1 UmwG auf die Corsen GmbH übergegangen, wenn das Abtretungsverbot nach § 399 Hs. 2 BGB nicht entgegensteht. Zwar ist die Gesamtrechtsnachfolge nach § 20 UmwG keine Abtretung. § 399 BGB findet jedoch gemäß § 412 BGB entsprechende Anwendung auf gesetzliche Forderungsübertragungen, vom Wortlaut her also auch auf Verschmelzungen nach § 20 Abs. 1 Nr. 1 UmwG. Seinem Sinn nach gilt § 412 BGB aber nur für Übergänge unter Lebenden, also nicht, wenn der bisherige Gläubiger vererbt oder kraft Verschmelzung als Rechtsträger wegfällt (§ 20 Abs. 1 Nr. 2 UmwG). Das Abtretungsverbot verhindert, dass der Schuldner Beziehungen zu zwei Gläubigern unterscheiden muss oder er versehentlich an den bisherigen Gläubiger zahlt, obwohl er die Abtretung kannte. Bei Verschmelzungen drohen diese Gefahren nicht, weil es den bisherigen Gläubiger nicht mehr gibt. Die Schuld würde mangels Gläubigers ersatzlos entfallen. Es käme zu einer massiven Wertverschiebung, die nicht bei der ins Auge gefassten Abtretung, sondern nur beim gesetzlichen Forderungsübergang aufträte. § 412 BGB will das nicht, denn er will die Rechtsfolgen des Vereinbarten nur verbreitern, nicht verschärfen. – Die Parteien könnten solch weitergehende Rechtsfolgen vereinbaren. Aber dafür fehlen hier Anhaltspunkte; sie finden sich jedenfalls nicht im Abtretungsausschluss. Benke muss zahlen.

475. Spaltung eines Einzelkaufmanns?

Karla lebt mit ihrer Familie in einem Haus im Grünen. Auf ihrem überwiegend privat genutzten, angrenzenden Gartengrundstück ist sie unter „Karlas Pflanzenhof e. K." erfolgreich. Im Wege der Umwandlung möchte sie ihr Gewerbe in eine GmbH auslagern.
a) Kann Karla ihr Unternehmen auf diesem Wege übertragen?
b) Kann sie auch ihr privates Grundstück übertragen?
c) Kann die neue GmbH als „Karlas Pflanzenhof GmbH" firmieren?

Zu a) Ja. Eine Einzelkauffrau kann an Umwandlungen in der Form beteiligt sein, dass sie ihr Unternehmen oder Teile davon ausgliedert (§§ 124 Abs. 1, 152 ff. UmwG).

Zu b) Ja. K kann auch Teile ihres Privatvermögens an die GmbH ausgliedern. § 152 UmwG spricht zwar nur von Übertragung des „Unternehmens". Doch dem wird das Privatgrundstück im Ausgliederungsbeschluss zugeschlagen. Die Übertragung ist allenfalls dann ausgeschlossen, wenn es um Verbindlichkeiten geht, die ihrer Art nach nicht in einem Unternehmen entstehen können (z. B. Unterhaltspflichten). So liegt der Fall hier jedoch nicht.

Zu c) § 125 Satz 1 UmwG erklärt die meisten vorstehenden Vorschriften für entsprechend anwendbar, nimmt § 18 UmwG für Abspaltung und Ausgliederung jedoch aus. Die Firmenfortführung, die § 18 UmwG sonst erlaubt, scheint bei Ausgliederungen also ausgeschlossen. Andererseits beinhaltet ein entsprechender Ausgliederungsbeschluss die Einwilligung zur Firmenfortführung, die § 22 HGB erlaubt. § 22 HGB anzuwenden wird durch §§ 125 Satz 1, 18 UmwG nicht ausgeschlossen. Denn § 125 Satz 1 UmwG will eine Vervielfachung von Firmen vermeiden: Weil bei *Auf*spaltungen der alte Firmenträger nicht fortbesteht, ist die Firmenfortführung hier erlaubt. So liegt es aber auch dann, wenn eine Einzelkauffrau ihr Unternehmen vollständig ausgliedert und ihre Firma folglich erlischt (§ 155 UmwG). – Der Schutz der Firma folgt dem allgemeinen Firmenrecht, insbesondere § 37 HGB.

476. Spaltung zu Null

Die Brüder Gert und Lars Vogel sind Gesellschafter der „Vogel Gartenbau und Landschaftsarchitektur GmbH". Am Gartenbau ist allerdings nur der praktisch begabtere Gert interessiert. Deshalb beschließen sie, ihre Gesellschaft zu „teilen": Gert soll Alleingesellschafter einer „Grünspecht Gartenbau GmbH" werden, die bisherige GmbH unter „Eule Landschaftsarchitektur GmbH" fortbestehen, Lars aber Mehrheitsgesellschafter sein. Ist dies mit den Mitteln des Umwandlungsgesetzes möglich?

In Betracht kommt eine Abspaltung zur Neugründung: Durch Abspaltung der Gartenbausparte entsteht die Grünspecht Gartenbau GmbH. Die Beteiligung der Brüder an den Gesellschaften richtet sich nach dem Spaltungsvertrag (§§ 135 Abs. 1, 126 Abs. 1 Nr. 10 UmwG). Ob Gert *Allein*gesellschafter der Grünspecht-GmbH werden kann, ist nach dem Wortlaut der §§ 123 Abs. 2, 126 Abs. 1 Nrn. 2–5, 10 UmwG allerdings zweifelhaft. Dort ist vom Umtauschverhältnis die Rede und stets nur im Plural von „Anteilsinhabern" und „Anteilen" an dem übernehmenden Rechtsträger. Zwingend ist der Wortlaut freilich nicht. Nach §§ 126 Abs. 1 Nr. 10, 128 UmwG bestimmt der Spaltungsvertrag, wie die Anteile aufgeteilt werden. Ist aber die sog. „nicht verhältniswahrende Spaltung" zulässig, spricht viel dafür, dass auch deren Extremfall, also ein Beteiligungsverhältnis von hundert „zu Null" eingeschlossen ist. Einen Kleinstanteil entstehen und anschließend übertragen zu lassen wäre sinnlos kompliziert. Denn Minderheiten – hier Lars – werden bereits durch das Zustimmungserfordernis in § 128 UmwG geschützt, Gläubiger nach §§ 22, 125, 133 UmwG. Und schließlich soll nach der Gesetzesbegründung zum UmwG 1994 auch die Auseinandersetzung von Gesellschaftergruppen und Familienstämmen im Wege der Sonderrechtsnachfolge ermöglicht werden. Hierfür bietet sich gerade die Spaltung „zu Null" an. Lars und Gert können die Abspaltung also wie geplant durchführen.

477. Verdächtiger Formwechsel

Linge hält 96 % der LSB GmbH. Die beiden übrigen Gesellschafter Schade und Burkhardt nutzen ihre Gesellschafterrechte intensiv. Oft fechten sie erfolgreich Gesellschafterbeschlüsse an. Linge möchte die „Störenfriede" loswerden. Er bietet an, ihre Anteile zum Verkehrswert abzukaufen. Als sie sich weigern, beschließt die GmbH mit Linges Mehrheit formell tadellos den Formwechsel der LSB GmbH in die L AG. Burkhardt und Schade sind misstrauisch.
a) Sie fragen, was Linge wohl mit dem Formwechsel beabsichtigt.
b) Schade ist entrüstet und will lieber sofort ausscheiden, als seine künftigen Aktien an Linge zu übertragen. Ist das möglich?
c) Burkhardt fragt, ob sie etwas gegen Linges Pläne unternehmen kann.

Zu a) Linge könnte beabsichtigen, die Regeln des AktG über das *Squeeze-out* (§§ 327a ff. AktG) für sich zu nutzen. Danach kann die Hauptversammlung beschließen, dass die Minderheitsaktionäre ihre Aktien gegen Gewährung einer angemessenen Barabfindung an den Hauptaktionär (ab 95 %) zu übertragen haben (vgl. Fall 410). Dem GmbH-Recht sind solche Regeln fremd. Nach erfolgter Umwandlung besteht für Burkhardt und Schade das Risiko, ihre Gesellschafterstellung zu verlieren. Anschließend könnte Linge die AG bei Bedarf wieder in eine GmbH rückumwandeln. Das Umwandlungsrecht hilft der Mehrheit also, sich Rechtsinstitute anderer Gesellschaftsformen nutzbar zu machen und so den Rechtsformzwang (vgl. Fall 6) materiell aufzuweichen. Solche Gestaltungsmacht erfordert Missbrauchsschutz.

Zu b) Ja. Schade kann Widerspruch gegen den Umwandlungsbeschluss zur Niederschrift erklären und die von der GmbH für diesen Fall anzubietende Barabfindung innerhalb der Frist des § 209 UmwG annehmen. Die Angemessenheit der Abfindung ist im Spruchstellenverfahren gemäß § 212 UmwG gerichtlich überprüfbar. Eine Pflicht zum Ausscheiden sieht das UmwG nicht vor.

Zu c) Burkhardt könnte den Umwandlungs- oder später den *Squeeze-out*-Beschluss anfechten. Beide Beschlüsse unterliegen materiell grundsätzlich keiner gerichtlichen Kontrolle. Bei formell einwandfreien Beschlüssen kann sich Burkhardt allenfalls auf Treuepflichtverletzung oder Rechtsmissbrauch stützen, wenn der Formwechsel einzig aus dem Grund erfolgt, sie aus der Gesellschaft zu drängen.

Sie ist vorliegend allerdings gut beraten, jedenfalls den Umwandlungsbeschluss nicht anzufechten. Der Nachweis des Rechtsmissbrauchs wird nach dem Sachverhalt misslingen. Allein die vage Gefahr eines abstrakt drohenden Ausschlusses aus der AG genügt nicht.

Stellt sich nach der Eintragung des Formwechsels heraus, dass der Verdacht von Treuepflichtverletzung oder Rechtsmissbrauchs aus obigen oder u. U. erforderlichen weiteren Gründen gerechtfertigt war, ist es für die Anfechtung des Umwandlungsbeschlusses wegen § 202 Abs. 3 UmwG zu spät. Dann sollte der *Squeeze-out*-Beschluss anfechtbar sein, wenn sich erst darin der Missbrauch manifestiert und die Minderheitsaktionäre zuvor keine realistische Möglichkeit zur Wahrung ihrer Rechte hatten. Dafür spricht als tatsächliche Vermutung – ähnlich der verdeckten Sachgründung (vgl. Fall 269) – etwa ein enger zeitlicher Zusammenhang. Ein weiteres Indiz ist gegeben, wenn nach erfolgreichem *Squeeze-out* die AG in eine GmbH zurück umgewandelt wird. In der Regel wird die Rückumwandlung aber erst beschlossen werden, wenn die Frist zur Anfechtung des *Squeeze-out*-Beschlusses abgelaufen ist. Dann kann Burkhardt nur noch wegen Verletzung der vor dem ersten Formwechsel bestehenden Treupflicht gemäß § 280 BGB von Linge verlangen, ihr wieder einen Anteil an der GmbH einzuräumen und entgangene Dividenden nachzuzahlen, wenn sie ihrerseits die Abfindung zurückgibt (Vorteilsausgleich).

Schrifttum: *Fleischer,* ZGR 2002, 757, 787; *Krieger,* BB 2002, 53, 61; a. A. *Schäfer/Dette,* NZG 2009, 1.

478. Welcher Gläubigerschutz gilt?

Die aufstrebende Softwareschmiede Macrosoft-KG besteht aus den Komplementären Schmitz, Buss und Noormann sowie dem Kommanditisten Jentzsch. Jentzsch hat seine Einlage voll erbracht und ist mit einer Haftsumme von 200 000 EUR im Handelsregister eingetragen. Die Gesellschafter beabsichtigen aus steuerlichen Gründen, in die Rechtsform einer GmbH zu wechseln.

a) Sie setzen das Stammkapital der künftigen Macrosoft-GmbH in deren Satzung mit 25 000 EUR fest, um sich eine gewisse Flexibilität für Entnahmen aus der Gesellschaftskasse zu erhalten. Bereits einen Monat nach dem Formwechsel schüttet die Gesellschaft an jeden ihrer Gesellschafter 20 000 EUR aus. Das bilanzielle Reinvermögen beträgt nach der Ausschüt-

tung 40 000 EUR. Der Gläubiger Blank fragt, ob ein derartiger Kapitalabfluss zulässig sei.
b) Das Vermögen der KG beträgt nach zwei durch hohe Investitionen verlustreichen Geschäftsjahren derzeit nur 130 000 EUR. Dennoch scheuen sich die Gesellschafter aus kosmetischen Gründen davor, das Stammkapital gegenüber den Haftsummen nach unten abzuändern und setzen es mit 200 000 EUR fest. Ist das Vorgehen der Gesellschafter zu beanstanden?

Zu a) Bei der Festsetzung des Nominalkapitals der Kapitalgesellschaft sind die Gesellschafter nur an die gesetzlichen Untergrenzen der § 5 Abs. 1 Satz 1 GmbHG, § 7 AktG gebunden. Denn sowohl innerhalb der KG (vgl. § 174 HGB) als auch der GmbH (vgl. §§ 58 ff. GmbHG) darf das Nominalkapital jederzeit herabgesetzt werden. Welche Rechtsfolgen an eine zulässige Verringerung des Nominalkapitals beim Formwechsel aus der Kommanditgesellschaft in eine GmbH oder AG zu knüpfen sind, ist bislang ungeklärt. Eine dauerhafte fiktive Fortführung der KG-Kapitalkonten zugunsten der Altgläubiger wäre mühsam. Besser wendet man die Regelungen des GmbHG zur Kapitalherabsetzung analog an: Die Gläubiger sind über die Verringerung der Haftsumme zu informieren. Ferner dürfen die durch die Herabsetzung der Haftsumme freigewordenen Aktiva nicht an die Kommanditisten ausgezahlt werden, solange nicht ein Jahr seit der Eintragung des Formwechsels verstrichen ist und die Gläubiger, die sich bei der Gesellschaft gemeldet haben, befriedigt worden sind oder Sicherheitsleistung erhalten haben (vgl. § 58 Abs. 1 Nr. 3 GmbHG).

Im konkreten Fall konnte also nach Herabsetzung des Nominalkapitals an den ehemaligen Kommanditisten Jentzsch gezahlt werden, ohne dass dessen persönliche Haftung gemäß § 172 Abs. 4 HGB wiederauflebte. Er ist jedoch analog § 30 Abs. 1 GmbHG zur Rückgewähr der 20 000 EUR verpflichtet, weil vor Ablauf des Sperrjahres ausgeschüttet wurde. Die Auszahlung an die Komplementäre ist aus Alt- und Neugläubigersicht unproblematisch, da jene für die Altverbindlichkeiten nach Maßgabe des § 224 UmwG fünf weitere Jahre persönlich haften.

Zu b) Ja. Gemäß § 220 Abs. 1 UmwG muss im Zeitpunkt des Formwechsels das Stammkapital der GmbH gedeckt sein, und zwar durch den – um die Schulden verminderten – Verkehrswert ihres Vermögens (vgl. Fall 439). Formwechsel vereinfacht die Sachgründung einer GmbH (vgl. § 197 UmwG), ändert aber nichts am Gebot der kontrollierten Kapitaldeckung.

Schrifttum: *Böttcher,* Gesellschafter- und Gläubigerschutz beim Formwechsel aus der Personen- in die Kapitalgesellschaft, 2006.

479. Grenzüberschreitende Umwandlungen

Der EuGH hat in verschiedenen Entscheidungen die Zulässigkeit grenzüberschreitender Umwandlungen befördert.
a) Stellen Sie die Rechtsentwicklung knapp dar.
b) Wie kann sich eine britische Ltd. in eine entsprechende deutsche Gesellschaftsform umwandeln?

Zu a) Ursprünglich verbat § 1 UmwG, EU-Auslandsgesellschaften in Umwandlungen einzubeziehen. Doch wenn ein Staat nur nationale Umwandlungen zulässt, verstößt das gegen die Niederlassungsfreiheit (Art. 49 AEUV) – so der EuGH für Verschmelzungen (SEVIC Systems, NJW 2006, 425), Formwechsel (Vale, NJW 2012, 2715) und sonstige Umwandlungen (Cartesio, NJW 2009, 569). In Reaktion auf die Rechtssache SEVIC-Systems wurde das Umwandlungsrecht durch die Richtlinie 2005/56/EG harmonisiert. In Deutschland wurden zur Umsetzung die §§ 122a ff. UmwG eingeführt. Diese regeln allerdings ausschließlich die Verschmelzung von Kapitalgesellschaften.

Im Übrigen besteht somit eine Regelungslücke. Die Niederlassungsfreiheit statuiert ein Diskriminierungsverbot. Ausländischen Gesellschaften muss eine Umwandlung daher unter den gleichen Voraussetzungen wie deutschen Gesellschaften möglich sein **(Äquivalenzprinzip).** Auch sonst dürfen keine praktischen Hindernisse entgegenstehen *(effet-utile).*

Zu b) Prüfen wir einen Formwechsel! Der kommt gemäß §§ 191, 3 Abs. 1 Nr. 2, 1 Abs. 1 Nr. 4 UmwG ausdrücklich zwar nur für deutsche Formen der Kapitalgesellschaft mit Sitz in Deutschland in Frage, wegen der Niederlassungsfreiheit EU-rechtskonform aber auch für britische Kapitalgesellschaften wie die Ltd. Die Ltd. kann sich also in eine dem deutschen Recht bekannte Rechtsform umwandeln (*numerus clausus* der Gesellschaftsformen).

Der Ltd. am ähnlichsten ist die UG (geringes Nominalkapital, Haftungsbeschränkung, keine Börsenfähigkeit der Anteile), die als Unterfall der GmbH von § 3 Abs. 1 Nr. 2 UmwG erfasst ist. Der Formwechsel in eine UG ist jedoch auch deutschen Rechtsträgern nicht möglich. Gemäß § 5a Abs. 1 GmbHG kann die Höhe des Stammkapitals von 25 000 EUR nur unterschritten werden, wenn eine UG „gegründet wird". Das ist hier zweifelhaft, weil der Formwechsel die Identität wahrt, also die „alte" Ltd. als UG fortbesteht. Sieht man demgegenüber im Formwechsel einen Sonderfall der Neugründung und das Vermögen der Ltd. als Sacheinlage, so verstößt die Umwandlung gegen § 5a Abs. 2 Satz 2 GmbHG. Diese Erwägungen gelten ebenso für die britische Ltd., Art. 49 AEUV verlangt keine **erleichterte** Umwandelbarkeit.

Der Ltd. am zweitähnlichsten ist die GmbH. Vor ihrem Formwechsel muss das gezeichnete Kapital der Ltd. gegebenenfalls auf 25 000 EUR erhöht werden, denn das gezeichnete Kapital der Ltd. wird zum Stammkapital der GmbH (§ 247 Abs. 1 UmwG). Die Kapitalerhöhung erfolgt grundsätzlich nach dem Recht der Ltd. (§ 243 Abs. 2 UmwG). Sie ist auch nach deutschem Recht möglich, dann unter der Bedingung, dass der Formwechsel wirksam wird.

*Kapitel 13. Hinweise zum europäischen und internationalen Gesellschaftsrecht

480. Internationale Rechtsangleichung

a) In welchem Umfang ist das deutsche Gesellschaftsrecht von ausländischem Recht beeinflusst worden?
b) Gibt es umgekehrt auch einen „Export“ deutschen Gesellschaftsrechts?

Zu a) Im 19. Jahrhundert war Frankreich die führende europäische Gesetzgebungsnation. Sie hat auch das deutsche Handels- und Gesellschaftsrecht wesentlich beeinflusst. Vorbild war der *Code de commerce* von 1806, der in Umrissen die OHG, die KG und die Aktiengesellschaft (samt KGaA) abbildete.

In der Gegenwart werden das deutsche und das europäische Aktienrecht maßgebend vom US-amerikanischen Recht der *corporation* (Recht der einzelnen Bundesstaaten) und vom Kapitalmarktrecht (US-Bundesrecht) beeinflusst. Der *legal transplant* (*Fleischer,* WM 2003, 1045; European Council of Foreign Relations – ECFR 2005, 384) hat sich bis in die Übernahme der amerikanischen Begriffsbildung durchgesetzt: *business judgement rule, corporate governance, compliance,* Insiderhandel, *Take-over*-Verfahren. Ansätze zu einer solchen Rezeption finden sich schon in den 1930er-Jahren bei der Einführung des bedingten und des genehmigten Kapitals (vgl. Fall 402). Die Übernahme amerikanischen Gedankenguts fand dann später in der Rechtsprechung und in den letzten Jahren auch in der Gesetzgebung statt – teils unmittelbar, wie beim Verbot des Insiderhandelns oder bei der Haftung für unrichtige oder lückenhafte Informationen, teils durch Vermittlung europäischer Richtlinien und Verordnungen.

Zu b) Im Gegenzug hat das deutsche Gesellschaftsrecht allen europäischen Nachbarn und zuletzt auch den Vereinigten Staaten eine unserer GmbH entsprechende Rechtsform als Kapitalgesellschaft für einen geschlossenen Mitgliederkreis zur Verfügung gestellt. Insgesamt führt der Austausch zwischen den Rechtsordnungen naturgemäß zu einer starken Annäherung des Gesellschaftsrechts nicht nur innerhalb der EU, sondern auch im Verhältnis zu den Vereinigten Staaten.

481. Zuzugsfreiheit für EU-Gesellschaften

Welche Folgen hatten die drei Grundlagenentscheidungen des EuGH (NJW 1999, 2027 – Centros; NJW 2002, 3614 – Überseering; NJW 2003, 3331 – Inspire Art) für
a) das deutsche internationale Gesellschaftsrecht?
b) das deutsche nationale Gesellschaftsrecht?

Die Folgen waren und sind in beiden Sachbereichen tiefgreifend.

Zu a) Das IPR des deutschen Gesellschaftsrechts ging jahrzehntelang von der sog. Sitztheorie aus: Maßgebend für das anzuwendende Gesellschaftsrecht (Gesellschaftsstatut) ist danach der Verwaltungssitz, also der Mittelpunkt der Tätigkeit des Unternehmens innerhalb des deutschen Hoheitsgebietes. Dieser Anknüpfungspunkt musste für Gesellschaften, die im EU-Ausland gegründet sind, nach der zitierten Rechtsprechung des EuGH aufgegeben werden. Man kann sich also einer ausländischen (und ausländischem Recht unterliegenden) Kapitalgesellschaftsform bedienen, um ein überwiegend in Deutschland tätiges Unternehmen zu betreiben. Reine Briefkastenunternehmen schützt die Niederlassungsfreiheit aber nicht. Erforderlich ist eine tatsächliche Ansiedlung der Gesellschaft im Gründungs- und Zuzugsland und die dortige Ausübung einer wirklichen wirtschaftlichen Tätigkeit (sog. *genuine link; EuGH* NJW 2012, 2715 – *VALE*).

Der BGH gab die Sitztheorie nur auf, soweit nach ausländischem Recht gegründete Kapitalgesellschaften im Inland Niederlassungsfreiheit genießen; für Gesellschaften aus Nicht-Mitgliedsstaaten gilt die Sitztheorie weiterhin. Inwieweit einzelne zwingende inländische Rechtsbereiche (z. B. das Deliktsrecht) europarechts-resistent sind und deshalb ausländische Normen des Gründungsstaates ersetzen, ist noch in der Diskussion – das nationale Gesellschaftsrecht gehört jedenfalls nicht dazu. Welches nationale Insolvenzrecht jeweils anwendbar ist, regelt die Verordnung (EG) Nr. 1346/2000 über Insolvenzverfahren (ab dem 26.6.2017: Verordnung (EU) 2015/848). Zur grenzüberschreitenden Umwandlung vgl. Fall 479.

Zu b) Der mit der EuGH-Rechtsprechung verbundene Wettbewerb durch Mobilität der europäischen Gesellschaftsformen wirkte sich in Deutschland sofort aus: Zunächst wuchs die Zahl niedergelassener englischer *private limited companies* rasant. Zur Abwehr schuf Deutschland im Jahre 2008 die UG (haftungsbeschränkt, vgl. Fall 330) und war damit recht erfolgreich: 2015 waren in deutschen Handelsregistern 115 644 (2011: 47 605) Unternehmergesellschaften und nur noch ca. 9 000 (2011: 19 500) Ltds (§§ 13d ff. HGB) eingetragen.

Schrifttum: *Lieder/Hoffmann,* GmbHR 2011, 561; *Roth,* ZIP 2012, 1744.

482. Wegzug deutscher Gesellschaften

Die Intrade GmbH ist in Hamburg tätig und im dortigen Handelsregister eingetragen. Sie erwägt, den Schwerpunkt ihrer Betätigung nach Mailand zu verlagern. Für eine dortige Verwaltungszentrale steht ein ehemaliges Bankgebäude bereits zur Verfügung.
a) Kann die Gesellschaft unter Beibehaltung ihres Hamburger Satzungssitzes ihren Verwaltungssitz vollständig nach Italien verlegen und als GmbH weiterexistieren?
b) Gilt etwas anderes, wenn sie auch ihren Satzungssitz nach Mailand verlegt?
c) Die Gesellschafter der kleinen, wohlhabenden Da Gama GmbH erwägen, sich privat in Portugal niederzulassen und ihre Gesellschaft mitzunehmen. Sie möchten sowohl deren Satzungssitz als auch deren Verwaltungssitz nach Lissabon verlegen. Wegen der größeren Akzeptanz einer einheimischen Gesellschaft möchten sie aber aus der GmbH in die Rechtform der *sociedade por quotas* wechseln und unter „Da Gama Lda“ (Limitada) firmieren. Ist dies möglich?

Zu a) Die h. M. in Deutschland ging bis 2008 davon aus, dass die Verlegung des **Verwaltungssitzes** ins Ausland **(Wegzug)** einen zwingenden Grund zur Liquidation darstelle bzw. der Beschluss zur Sitzverlegung als Auflösungsbeschluss umzudeuten sei, da die Gesellschaft ihre notwendige Verknüpfung zur inländischen Rechtsordnung löse. Das war ein Wettbewerbsnachteil für deutsche Gesellschaften und die neugefassten § 4a GmbHG und § 5 AktG sollten das ändern. Zwar verzichten sie nur auf das Erfordernis, dass Verwaltungs- und Satzungssitz identisch sein müssen, und erlauben jetzt die freie Wahl eines Satzungssitzes im Inland. Der Gesetzgeber verfolgte jedoch das weitergehende Ziel, dass der Verwaltungssitz einer Gesellschaft ins Ausland verlegt werden kann. Somit kann die Loslösung von der eigenen Rechtsordnung nicht mehr als Grund aufgefasst werden, die Gesellschaft aufzulösen. Die Gesellschaft kann formwahrend ihren Verwaltungssitz nach Mailand verlegen.

Zu b) Eine identitätswahrende Verlegung von Verwaltungs- und **Satzungssitz** ist weder nach alter noch nach neuer deutscher Rechtslage möglich, da ein ausländischer Sitz nicht in einem deutschen Handelsregister eintragungsfähig ist. Dies führt zur Auflösung; der Beschluss zur Satzungsänderung ist als Auflösungsbeschluss einzutragen. In der Entscheidung Cartesio (NJW 2009, 569) stellte der EuGH fest, dass eine solche Regelung auch nicht gegen die Niederlassungsfreiheit verstoße. Nach der Rechtsordnung der Mitgliedstaaten sei zu klären, ob die Gesellschaft ordnungsgemäß gegründet worden sei und ob sie diese Eigenschaft behalte. Dies umfasse es auch, der Gesellschaft zu verbieten, ihren Verwaltungs- oder gar – so in Deutschland – ihren Satzungssitz rechtsformwahrend ins Ausland zu verlegen.

Zu c) Das portugiesische Recht sieht vor, dass eine Gesellschaft ihre Rechtspersönlichkeit beibehält, wenn das Recht des Wegzugstaates es zulässt. Während das deutsche Umwandlungsrecht grenzüberschreitende **Verschmelzungen** in den Grenzen der §§ 122a ff. UmwG erlaubt (vgl. Fall 479), ist derzeit weder eine formwechselnde Umwandlung einer ausländischen Gesellschaft in eine Rechtsform deutschen Rechts (Zuzug) noch der Formwechsel einer deutschen Gesellschaft in eine solche ausländischen Rechts (Wegzug) möglich. Laut Cartesio wird Niederlassungsfreiheit aber beschränkt, wenn der Wegzugstaat die Gesellschaft dadurch, dass er ihre Auflösung und Liquidation verlangt, daran hindert, sich in eine Gesellschaft nach dem nationalen Recht des Aufnahmestaates umzuwandeln, soweit dies nach diesem Recht möglich ist. Eine solche Beschränkung sei nur durch zwingende Gründe des Allgemeininteresses zu rechtfertigen. Als solche erkennt der EuGH den Gläubigerschutz und den Schutz der Arbeitnehmer an. Ist dieser Schutz gewährleistet, kann der Wegzugstaat den umwandelnden Wegzug nicht verbieten. Dies unterstellt, kann sich die Da Gama GmbH, wenn sie die portugiesischen Gründungsvoraussetzungen erfüllt, in eine Lda umwandeln.

483. Limited Liability Partnership

Was versteht man unter einer LLP?

Mit Einführung der *limited liability partnership* im Jahre 2000 hat der Gesetzgeber des Vereinigten Königreichs eine Freiberuflerpersonengesellschaft ohne Gesellschafterhaftung erlaubt. Solche Haftung ist dort nur zu erwägen, wenn der Gesellschafter besonderes Vertrauen seines Vertragspartners in Anspruch genommen hat. Die LLP ist auch für Freiberufler in Deutschland attraktiv. Denn eine in England gegründete LLP kann nach Deutschland umziehen (vgl. Fall 481). Wie die PartG kennt sie keine Kapitalaufbringungs- und Kapitalerhaltungsvorschriften und unterliegt in Deutschland nicht der Gewerbesteuer und zurzeit in aller Regel auch nicht der Körperschaftsteuer. Freiberufler zahlen die – u. U. günstigere – Einkommensteuer (vgl. Fall 78). Wesentliche Fragen wie die alleinige Haftung des Gesellschaftsvermögens, Postulationsfähigkeit, Versicherungspflicht und Registrierungspflicht der LLP sind noch nicht abschließend geklärt. Nachteilhaft sind neben der Anmeldung einer Zweigniederlassung in Deutschland (§ 13d HGB) auch die hohen Kosten für die Organisation und für die Beratung zum englischen Rechtssystem sowie die dort strengeren Offenlegungs- und Publizitätsvorschriften.

Schrifttum: *Schnittker/Bank,* Die LLP in der Praxis, 2008, S. 1; *Lieder/Hoffmann,* NZG 2014, 127.

484. Im Wettlauf der Gesellschaftsformen holt Deutschland auf.

Benennen Sie Gemeinsamkeiten und Unterschiede zwischen der englischen Private Company Limited by Shares (Ltd.) und der UG (haftungsbeschränkt) hinsichtlich Kapitalaufbringung, Kapitalerhaltung und Haftung! Welche Rechtsform würden Sie einem Mandanten empfehlen?

a) Kapitalaufbringung: Den UG-Gründern erlaubt § 5a Abs. 2 Satz 2 GmbHG nur Geldeinlagen auf das Stammkapital (vgl. Fall 332). Bei der Ltd. kann das Haftkapital über Geld- und Sacheinlagen hinaus auch als Dienstleistung erbracht werden. Während der Betrag eines Gesellschaftsanteils der UG auf volle Euro lauten muss (§ 5 Abs. 2 GmbHG), kennt der *Companies Act 2006* für die Ltd. keine solche Regelung: Vielmehr kann der Betrag eines Anteils auch nur auf einen Penny lauten. Die Kapitalaufbringung ist bei der Ltd. ohnehin flexibler: Selbst wenn Zweifel an der Werthaltigkeit der Sacheinlage bestehen, erfolgt keine Prüfung durch das Registergericht. Mangels Registerkontrolle ist auch eine verdeckte Sachgründung (vgl. Fall 269) zulässig. Zur nachträglichen Haftung kommt es lediglich, wenn die Sacheinlage in Schädigungsabsicht überbewertet wurde. Unterhalb des Mindeststammkapitals von 25 000 EUR muss in der UG die festgelegte Stammkapitalziffer immer durch Volleinzahlung gedeckt werden (§ 5a Abs. 2 Satz 1 GmbHG); in der Ltd. ist es erlaubt, die Einlage auch in Raten zu erbringen. Zudem kennt das englische Recht keine gesetzliche Pflichtrücklage wie es für die UG in § 5a Abs. 3 GmbHG vorgesehen ist.

b) Kapitalerhaltung: Die Ltd. kennt zwar kein Mindestkapital, ist aber zum Teil strengeren Kapitalerhaltungsregeln als die UG oder die GmbH unterworfen: Eine Ltd. darf Vermögen nur aus Gewinnen, die sie seit Gründung erwirtschaftet hat, an die Gesellschafter ausschütten. Agios und Nachschüsse sind in der Limited somit gebunden. Im Gegensatz dazu kann die UG Auszahlungen bis zur Grenze des Stammkapitals vornehmen. Wesentlich eingeschränkt wird dieser Grundsatz aber durch die Regeln über die gesetzliche Rücklage in der UG (vgl. Fall 333).

c) Haftung: In beiden Gesellschaftsformen sind die Gesellschafter im Wesentlichen von persönlicher Haftung befreit. In Deutschland kann es in seltenen Fällen zu einer Innen- oder Außenhaftung aus § 826 BGB oder analog § 128 HGB kommen (vgl. Fälle 292–294); im Ergebnis ähnlich bejaht man in England eine Durchgriffshaftung *(piercing the corporate veil)* in engen Grenzen bei einer Verwendung der Ltd. als bloßer Fassade. Relevanter ist die Haftung der leitenden Organe: Der *Companies Act 2006* sieht in *sections* 171–177 einen umfangreichen Katalog von Pflichten für die *directors* vor, für deren Verletzung diese der Gesellschaft haften; diese Ansprüche können nach *section* 260 (3) CA 2006 auch von einzelnen Gesellschaftern geltend gemacht werden *(derivative claim)*. Demgegenüber knüpft das GmbHG in § 43 Abs. 2 GmbHG für die Haftung gegenüber der Gesellschaft wegen Pflichtenverstoßes nur an die Generalklausel des § 43 Abs. 1 GmbHG an. Das Recht der Ltd. kennt die Haftung der *directors* gegenüber den Gesellschaftsgläubigern wegen *wrongful trading* in Insolvenznähe, welche über vergleichbare Haftungstatbestände für Geschäftsführer der GmbH hinausgehen kann.

d) Für die Ltd. sprechen die Entbehrlichkeit einer notariellen Beurkundung der Gründung, die etwas schnellere Eintragbarkeit, geringfügig niedrigere Gründungskosten und eine flexiblere Kapitalaufbringung. Gegen die Ltd. sprechen für deutsche Mandanten die Unkenntnis eines fremden Rechts, die Probleme, wenn ein Prozess in England zu führen ist, die dort zum Teil wesentlich höheren Rechtsberatungskosten, ferner der in Deutschland bislang wohl etwas schlechtere Ruf der Ltd. und folglich ihre Schwierigkeiten, Kredit zu erlangen, sowie das Erfordernis, den Jahresabschluss sowohl in Deutschland als auch in England nach den jeweiligen Bilanzregeln aufzustellen. Hinzukommt ein höheres Haftungsrisiko der leitenden Organe. Einem in Deutschland verwurzelten Mandanten ist daher in der Regel keine Ltd., sondern eine UG zu empfehlen.

Schrifttum: *Just,* Die englische Limited in der Praxis, 4. Aufl. 2012.

485. EWIV

Was ist eine EWIV und worin unterscheidet sie sich von einer OHG?

Die Europäische wirtschaftliche Interessenvereinigung ist eine europäische Gesellschaftsform. Rechtsgrundlage ist die EWIV-VO von 1985. Anfang 2016 hatten 287 EWIV einen Sitz in Deutschland. Für sie gilt nachrangig das deutsche EWIV-AusführungsG. Dies wiederum verweist auf OHG-Recht, soweit Verordnung und Ausführungsgesetz nichts anderes regeln. Eine EWIV benötigt Mitglieder aus mindestens zwei Mitgliedsstaaten und soll Gewinne nicht für sich, sondern nur für ihre Mitglieder erzielen. Für diese übt sie nur Hilfstätigkeiten aus. Sie duldet Fremdgeschäftsführer, aber keinen Mehrheitsgesellschafter und höchstens 500 Arbeitnehmer, um eine Flucht aus der nationalen Mitbestimmung zu verhindern (Art. 3, 4, 17, 19, 21 EWIV-VO).

486. Grundlagen zur Societas Europaea

a) Nach welchen Normen lebt die Societas Europaea?
b) Was versteht man unter dem dualistischen und dem monistischen System?

Zu a) Rechtsgrundlage ist die SE-Verordnung (EG) 2157/2001, auch SE-Statut genannt. Nachrangig gilt zunächst das jeweilige nationale Ausführungsgesetz des Sitzstaates (für Deutschland das SEAG), dann das nationale Aktienrecht (Art. 9 Abs. 1 Buchst. c SE-VO). Die Arbeitnehmerbeteiligung regeln ergänzend die Richtlinie 2001/86/EG sowie in Deutschland das Gesetz über die Beteiligung der Arbeitnehmer in einer Europäischen Gesellschaft (SEBG).

Zu b) Zulässig ist in der SE neben der in Deutschland gewohnten vollständigen Funktions- und Personaltrennung in Aufsichtsrat und Vorstand (dualistisch) auch das sog. monistische System. Leitungsorgan ist hier der Verwaltungsrat, dem auch juristische Personen angehören können und der einer Muttergesellschaft mehr Macht verleiht: Er hat Weisungsbefugnis gegenüber den geschäftsführenden Direktoren (vgl. auch Fall 375 Var. e). Diese können in begrenzter Anzahl selbst Mitglieder des Verwaltungsrats sein (§ 40 Abs. 1 Satz 2 SEAG). Das Verhältnis zwischen Verwaltungsrat und Direktoren gleicht in vielerlei Hinsicht dem zwischen Gesellschaftern und Geschäftsführern einer GmbH. Die überwiegende Zahl der 372 SE in Deutschland ist dualistisch strukturiert.

Schrifttum: *Habersack/Verse,* § 13.

487. Mitbestimmung in der SE

Ist die SE mitbestimmt?

Die allgemeinen deutschen Mitbestimmungsregeln (MontanMitbestG, MitbestG und DrittelbG, vgl. Fall 377) gelten für die SE nicht. Wenn sie nicht als Tochtergesellschaft gegründet wird, ist die SE neue Rechtsform für bestehende Unternehmen (vgl. Art. 2 SE-VO). Deren Mitbestimmungsstandards sollen gegebenenfalls gesichert werden. Dies regeln die von den Mitgliedstaaten zur Umsetzung der SE-Richtlinie 2001/86/EG erlassenen SE-Beteiligungsgesetze: Anteilseigner- und Arbeitnehmerseite treffen eine Beteiligungsvereinbarung (§§ 1 Abs. 2, 21 Abs. 3 SEBG). Die Errichtung des Arbeitnehmergremiums und der Verhandlungsprozess sind kompliziert, langwierig (bis zu zwölf Monaten) und für die Gesellschaft teuer (§§ 4 ff., 20, 19 SEBG). Einigt man sich nicht, richtet sich die Arbeitnehmerquote im Aufsichts- oder Verwaltungsrat nach jenem Recht der beteiligten Gesellschaften, das die höchste Quote vorsieht (Auffanglösung; §§ 35 Abs. 2, 34 SEBG). Entsprechend gelassen können auf den ersten Blick die Arbeitnehmervertreter verhandeln, soweit ein an der Gründung beteiligtes Unternehmen bisher der Mitbestimmung unterlag. Und entsprechend zurückhaltend werden die mitbestimmungsarmen romanischen und angelsächsischen Gesellschaften sein, gemeinsam mit den mitbestimmten deutschen oder skandinavischen Gesellschaften eine SE zu gründen.

Deutschen Gesellschaften bietet die SE-Gründung die Möglichkeit, vor Erreichen der allgemeinen Mitbestimmungsschwellen von 500 oder 2 000 Arbeitnehmern den derzeitigen *Status quo* weitgehend festzuschreiben. Unabhängig davon, ob diese Arbeitnehmerzahlen später durch Einstellungen überschritten werden, braucht die Beteiligungsvereinbarung oder Auffanglösung kraft Gesetzes nur nachverhandelt zu werden, wenn gewisse strukturelle Änderungen der SE geplant sind (§§ 18 Abs. 3, 21 Abs. 1 Nr. 6 SEBG). Das wird selten der Fall sein.

EU-weit werden arbeitnehmerlose Vorrats-SEs – folglich ohne Beteiligungsvereinbarung – gegründet und eingetragen, aber auch kritisch beurteilt. In Deutschland sind solche Vorrats-SEs zur Eintragung zugelassen worden, müssen aber bei wirtschaftlicher Neugründung (vgl. Fall 257) die dann mögliche Verhandlung nachholen (*OLG Düsseldorf* ZIP 2009, 918).

Schrifttum: *Forst,* NZG 2009, 687; Spindler/Stilz/*Casper,* Art. 3 SE-VO Rn. 26, 30, 31.

Vorschriftenverzeichnis

Fette Zahlen bezeichnen die Artikel, Paragraphen bzw. Ziffern einer Vorschrift, magere Zahlen verweisen auf die Nummern der Fälle. *Kursive Zahlen* kennzeichnen Hauptfundstellen.

Stichwortverzeichnis

Die Zahlen verweisen auf die Nummern der Fälle.